W0339898

LE MYSTÈRE MUSSOLINI

Maurizio Serra
de l'Académie française

LE MYSTÈRE MUSSOLINI

L'homme. Ses défis. Sa faillite

PERRIN

© Perrin, un département de Place des Éditeurs, 2021

92, avenue de France
75013 Paris
Tél. : 01 44 16 08 00

ISBN : 978-2-262-08171-3
Dépôt légal : septembre 2021

Mise en pages : Nord Compo

Le Code de la propriété intellectuelle interdit les copies ou reproductions destinées à une utilisation collective. Toute représentation ou reproduction intégrale ou partielle faite par quelque procédé que ce soit, sans le consentement de l'Auteur ou de ses ayants cause, est illicite et constitue une contrefaçon sanctionnée par les articles L 335-2 et suivants du Code de la propriété intellectuelle.

À la mémoire de
Renzo De Felice et François Fejtö,
maîtres et amis.

« Il est bien difficile et malaisé d'avoir entière connaissance de la vérité des choses anciennes par les monuments historiques [...], attendu que l'histoire qui est écrite du vivant des hommes dont elle parle, et du temps des choses dont elle fait mention, quelquefois par haine et par envie, et quelquefois par faveur ou par flatterie, déguise et corrompt la vérité. »

Plutarque, *Vie de Périclès*
(traduction J. Amyot)

Avant-propos

Derrière le masque

Benito Mussolini (1883-1945) a toujours menti, du début à la fin de sa vie, parfois même sans s'en rendre compte. Cette vocation à la dissimulation permanente ne dérivait pas d'une tare caractérielle, d'une approche « florentine » de la vie politique, ni même d'un réflexe d'ancien conspirateur, mais plutôt d'un souverain mépris pour les hommes, tous interchangeables à ses yeux, qu'ils fussent alliés ou ennemis, complices devenus adversaires ou l'inverse, peu importe : pions insignifiants et culbutables à souhait, simples pièces du jeu d'échecs auquel il consacra ses ressources et son énergie jusqu'à s'engouffrer dans l'abîme qui s'ouvrait devant lui. S'il savourait l'adulation qui l'entoura pendant plus de vingt ans, servile certes, mais souvent spontanée aux heures fastes, il n'y crut jamais. « La foule est femme[1]. » Cet inaffectif, peu méditerranéen, qui rejette l'entrave des sentiments, n'arrivera jamais à surmonter le dédain des louanges qu'il sollicite. Le réalisme aurait dû l'instruire, la méfiance paysanne aurait pu le sauver ; ils le précipitèrent dans l'ignominie. Il avait puisé chez des théoriciens français, comme l'anthropologue Gustave Le Bon, auteur de *Psychologie des foules* (1895), et le socialiste dissident Georges Sorel[2], alors plus lus et influents en Italie que dans leur pays d'origine, l'idée que la violence est le moteur de l'action politique car les masses aveugles ne respectent rien d'autre. Mussolini ne mentait pas pour « réussir », pour être agréable, pour

1. Il cite cette formule de Le Bon dans ses *Entretiens* avec Emil Ludwig (1932), nouvelle édition présentée et annotée par M. Serra, Paris, Perrin, coll. « Tempus », 2016, p. 101.

2. Ses *Réflexions sur la violence* (1908-1919) deviendront un bréviaire de la jeunesse intellectuelle. Le Bon et Sorel s'inspirèrent d'ailleurs jusqu'au plagiat des travaux du patriote nationaliste, juriste et criminologue italien Scipio Sighele (1868-1913).

convaincre, ni même pour courtiser les suffrages, mais au contraire pour faire le vide autour de lui, pour imposer sa volonté de puissance à un peuple qui, trop civilisé, trop tolérant, trop habitué à pactiser, n'en voulut finalement pas.

Celui qui claironnait dans une pose nietzschéenne « Il faut faire de la vie un chef-d'œuvre tragique[3] » passera à la postérité comme un homme d'État failli, entraînant avec lui ses derniers acolytes. Sa disparition laissera dans l'identité nationale une plaie béante que le retour à la démocratie de l'Italie républicaine aura du mal à combler. Le philosophe libéral Benedetto Croce, après une sympathie initiale, était devenu un irréductible antagoniste du régime – « [derrière] ses 100 000 volumes de savant et ses 10 000 hectares de propriétaire foncier », éructait un Duce[4] sarcastique qui donna cependant l'ordre de ne pas lui tordre un cheveu et de laisser paraître ses livres : n'était-ce pas la meilleure démonstration de sa magnanimité ? À la chute du dictateur, Croce affirmera que le fascisme n'avait été qu'un « accident de parcours », une « parenthèse » de l'histoire italienne et européenne. La formule fit florès ; elle était malheureusement erronée. Certes, le fascisme, en tant que tel, s'achève en 1945 et ne reviendra plus[5] ; mais certaines de ses séquelles psychologiques flottent encore, et nous ne pourrons les surmonter pleinement tant que nous serons incapables de relire ce qui s'est effectivement produit alors, et pourquoi. L'histoire perd le droit de juger si elle ignore la faculté de comprendre.

Coincé entre les pulsions totalitaires des Lénine, Staline, Hitler et Mao – pour lesquels le pouvoir s'associe étroitement au bûcher –, et les gardiens du pré carré national, à la Franco, Salazar ou Pétain, Mussolini ne savait où se situer réellement et finit laminé par ses ambiguïtés, ses aveuglements et ses faiblesses. Il resta toujours à

3. Cité dans A. Aniante, *Mussolini*, Paris, Grasset, 1932, p. 41. Ce témoignage est intéressant car il fut rédigé à Paris par un jeune intellectuel qui hésitait encore entre fascisme et antifascisme.

4. Je garde la majuscule, qui est conventionnelle en français ; mais en italien on écrit aujourd'hui habituellement « duce ».

5. Dès le début de l'*Intervista sul fascismo*, accordée à l'historien américain Michael A. Ledeen (Bari, Laterza, 1975), Renzo De Felice, qui se trouvait au centre du débat après les premiers tomes de sa monumentale biographie mussolinienne, revendiquait l'exigence de séparer la recherche historique des polémiques instrumentales : « Le *fascisme historique*, tel qu'il s'est développé de 1919 à 1945, est mort et ne ressuscitera plus. C'est bien la raison qui nous permet de l'étudier avec la méthode et l'approche de l'histoire » (p. 6).

l'affût d'un destin exceptionnel à conquérir, dont il craignait qu'il pût lui échapper. Ces contradictions en font le plus sibyllin, le plus déroutant, le moins aisé à cerner de tous les dictateurs du xxe siècle[6]. Un perspicace rapport de police adressé au président du Conseil Orlando, le 4 juin 1919, capture déjà la duplicité du personnage :

> Il est très intelligent, circonspect, calculateur, indifférent à l'argent si ce n'est pour corrompre[7] ; mais également sensuel, émotif, vindicatif, dévoré par l'ambition. Il veut dominer, convaincu de représenter une force essentielle dans le destin de l'Italie, et n'acceptera jamais de jouer les seconds rôles[8].

Rien de substantiel ne changera par la suite. Et rien n'apparaîtra jamais de spontané chez cet impulsif. La dissimulation est une constante de sa personnalité du début à la fin, alors que l'homme reste inconstant dans ses diverses manifestations. Tout est théâtral en lui, et en même temps cérébral. Tel le héros de Maupassant, il met une « figure de carton sur la sienne[9] ». Ou encore, pareil au surhomme nietzschéen, dionysiaque et comédien à la fois, il est l'être du ressentiment, qui vit « dans l'instinct permanent de la défense et de l'attaque[10] ».

6. Comme l'affirme le diplomate et historien britannique Sir Ivone Kirkpatrick, dans la préface à sa biographie *Mussolini. Study of a Demagogue*, Londres, Odhams, 1963 : « J'ai bien connu également Hitler, mais il n'y a aucun doute que, des deux dictateurs, Mussolini était de loin le plus complexe et humainement le plus intéressant. »

7. Quelques années après son arrivée au pouvoir, Mussolini refusera le traitement de chef du gouvernement. Ce n'est qu'au moment de la République sociale qu'il acceptera un apanage pour rehausser son prestige fléchissant. Son patrimoine personnel n'était cependant pas négligeable : une entreprise agricole en Romagne, les droits d'auteur (mais pas autant que Hitler avec le *Mein Kampf* rendu obligatoire !) et la propriété du quotidien *Il Popolo d'Italia* dont le tirage et les ventes étaient évidemment gonflés, s'agissant de l'organe officiel du régime. La gêne dans laquelle se trouvera sa veuve, après 1945, ne dérivera pas seulement des procédures d'épuration, mais du fait que le Duce n'ayant jamais payé de cotisations sur le salaire qu'il ne touchait pas, elle n'avait droit à aucune pension de réversion. Cette impasse administrative ne sera résolue en sa faveur par le Conseil d'État qu'à la veille de sa mort, en 1979.

8. Si, malheureusement, aux côtés de Hitler… Le texte complet du rapport figure en appendice à De Felice, *Mussolini il rivoluzionario, 1883-1920*, Turin, Einaudi, 1965, p. 725-738.

9. G. de Maupassant, *Le Masque*, dans *Contes et nouvelles*, t. II, Paris, Gallimard, coll. « Bibliothèque de la Pléiade », 1979, p. 1138.

10. F. Nietzsche, *Ecce homo* (1888), I, 6.

Deux mensonges, tissés d'une main de maître, lui ont permis de conquérir le pouvoir. D'abord, l'idée, reprise de D'Annunzio, que la victoire militaire de l'Italie en 1918 aurait été « mutilée » à la conférence de la paix par la mauvaise foi et les intrigues des Alliés. Pourtant, le traité de Saint-Germain du 10 septembre 1919 avait accordé à Rome la plus grande partie de ses revendications territoriales au moment de l'entrée de la péninsule dans le conflit[11]. Ensuite, la prétendue menace d'une révolution bolchevique, prête à engloutir le pays encore fragilisé par les « deux années rouges » de 1919-1920. Or, ce sont les escouades fascistes qui vont saborder un État libéral qui a obtenu pacifiquement la fin de l'occupation des usines de Turin, Gênes et Milan par les ouvriers insurgés. La marche sur Rome couronnera cette double supercherie en annonçant le climat d'imposture dans lequel baignera toute l'aventure du régime et de son chef.

Tempérament opportuniste et distant derrière les poses d'histrion qui doivent épater la galerie, servi jusqu'à en être desservi par une mémoire sans faille, une curiosité vaste et superficielle dans tous les domaines, un don inné pour les langues, une culture brouillonne d'autodidacte, Mussolini se révélera souvent instable et ondoyant dans ses décisions majeures. À la conférence de Munich, les 29 et 30 septembre 1938, un diplomate expérimenté comme André François-Poncet sera très impressionné de voir le Duce dicter l'ordre des travaux, s'entretenir en allemand avec Hitler, en français avec Daladier, en anglais avec Chamberlain, tout en donnant l'illusion d'être devenu l'arbitre de l'Europe. Plus tard, dans le désœuvrement forcé de Salò, il se mettra à l'étude de l'espagnol, s'intéressera à la littérature russe et japonaise, traduira les livrets de Wagner et des passages de *Le Rouge et le Noir*. Certes, il s'exprimait dans toutes ces langues avec un fort accent et son vocabulaire était parfois réduit ou imprécis ; mais les sarcasmes sur le « jargon de garçon de café » de

11. Par le pacte secret de Londres du 26 avril 1915, conclu avec la France, le Royaume-Uni et la Russie tsariste. Il est vrai que le refus du président américain Wilson de reconnaître toute entente contraire à ses fameux « quatorze points » du 8 janvier 1918 attisait les revendications conflictuelles de l'Italie et de la nouvelle Yougoslavie sur l'Istrie et la Dalmatie en Adriatique orientale. Mais le traité italo-yougoslave de Rapallo du 12 novembre 1920, à la suite de l'équipée de D'Annunzio à Fiume, comporta une solution équitable de la question, que Mussolini lui-même avait saluée à l'époque. L'idée de la « victoire mutilée » n'était plus, dès lors, qu'un prétexte démagogique. On y reviendra.

Mussolini font partie de la vulgate dévalorisante sur le personnage qui en a autant caché le visage réel que les encensements de jadis.

Tacticien consommé au début et piètre stratège à la fin, politicien attiré par des vues discordantes, ne s'encombrant d'aucune idéologie définie autrement que par le culte de sa personne, il passa maître dans l'art de subjuguer les individus et les foules tant que sa capacité de séduction ne leur apparut pas doublée de fourberie. C'est ainsi que Churchill essaiera de justifier dans ses Mémoires l'attrait que Mussolini exerça sur lui dans les années 1920-1930. Le Duce souhaitait incarner une figure de condottiere ressuscité, après le choc de la Grande Guerre et de la révolution d'Octobre, d'homme nouveau[12] sachant arbitrer les enjeux planétaires, le verbe haut et le torse bombé[13]. Il tirait vanité de sa prestance face à la mise disgracieuse de maints partenaires, du « petit » roi Victor-Emmanuel III au Hitler engoncé de leur première rencontre en 1934, en passant par les dirigeants « bourgeois » français et anglais. Il évitait cependant de parader dans les actualités à côté de hiérarques athlétiques, et les opérateurs avaient l'ordre de ne pas les encadrer ensemble de trop près. Son disciple par maints aspects, Fidel Castro, qui trente ou quarante ans plus tard voltigera au basket ou au volley-ball devant les reporters étrangers, sera également sûr de remporter le match. Et, anticipant Mao, le « Grand Timonier », ce mauvais nageur se fera filmer en train de traverser à la brasse un bras de la mer plate d'Ostie ou de Riccione.

S'il a pondu toutes sortes de mots d'ordre et élevé avec une relative libéralité une pépinière de jeunes théoriciens, il se réserve le droit d'intervenir, de trancher, de modifier à sa guise. Le grand dramaturge Pirandello a pu dire du fascisme que « c'est un vase vide, que chacun remplit comme bon lui semble ». Pas *chacun* : mais le Duce assurément. Néanmoins, cet adepte de la modernité se révèle le plus

12. C'est le titre d'une des premières biographies qui lui aient été consacrées : *L'Uomo nuovo* (Milan, Mondadori, 1923), œuvre d'un écrivain non secondaire, Antonio Beltramelli, francophile en 1914-1915. En général, l'hagiographie mussolinienne garde encore dans les années 1920 une certaine tenue, qu'elle perdra dans les enflures de la période « césarienne ».

13. Mal à l'aise dans les contacts rapprochés et les bains de foule – il abolira la poignée de main pour des raisons hygiéniques, ce que nous pouvons mieux apprécier aujourd'hui à l'ère de la pandémie –, il ne s'exhiba torse nu que lors d'occasions ponctuelles, par exemple en moissonnant en 1924 pendant la campagne d'autosuffisance agricole, dite « bataille du blé ».

souvent en recul face aux défis qu'elle comporte. Les lames de fond du nouvel ordre mondial – l'ascension des États-Unis et la marginalisation de l'Europe, les remous du colonialisme, la primauté de la technique et de la finance, la découverte de l'énergie nucléaire – lui échappent, tout comme elles échappent aux Clemenceau, Poincaré et Lloyd George qui ont élaboré les traités de paix de la Grande Guerre en s'imaginant pouvoir refaire le « monde d'hier », à quelques variantes près, lors d'un nouveau congrès de Vienne. Perpétuellement adonné à surdorer son génie, étudiant ses poses « spontanées » dans les moindres détails, censurant les images peu avantageuses, Mussolini croit appartenir à un autre âge que ceux-là, alors qu'il en partage bon nombre de préjugés et de valeurs périmées. La politique étrangère lui apportera quelques modestes succès au début, suivis par une succession de déceptions et d'échecs cuisants. Et quand il se transformera en chef de guerre, son dilettantisme éclatera au grand jour. L'exaltation des « 8 millions de baïonnettes », qui dans le nouveau conflit devront conquérir le terrain de force, en ignorant la leçon des affrontements de 1914-1918, est une preuve de son retard face aux conceptions innovantes de l'Anglais Liddell Hart et des stratèges de la « guerre éclair » à Berlin. L'attaché militaire à Paris à la fin des années 1930 lui envoie les premiers ouvrages du colonel de Gaulle, ainsi que l'*Histoire de l'armée allemande* de Benoist-Méchin. Le Duce, qui lisait, ou du moins parcourait et soulignait toutes les nouveautés qu'il recevait, ne les honora pas de commentaires. Les effets de cette cécité seront catastrophiques lors de l'attaque de la Grèce et de la première campagne d'Afrique en 1940-1941, où le désastre fut évité de justesse grâce à l'intervention qu'il dut solliciter, la mort dans l'âme, auprès d'un Führer excédé. Le paradoxe est qu'il ne voulait pas « se dégonfler » face à son allié, croyant jouir d'un droit d'aînesse. Or, les généraux allemands étaient convaincus que la « non-belligérance » de l'Italie serait préférable à son intervention dans un théâtre jugé secondaire comme la Méditerranée, tandis que l'effort du Reich se concentrait déjà dans la préparation de l'opération *Barbarossa* contre l'URSS.

Mussolini connaissait sans doute, et en souffrait, l'expression dédaigneuse attribuée à Philippe Berthelot, longtemps éminence grise du Quai d'Orsay : « L'Italie, outil médiocre… » Aurait-il souhaité disposer d'un meilleur outil pour accomplir ses visées ? J'en doute. Le Géorgien Staline, qui ne sera jamais maître de la langue russe, écrasera le nationalisme régionaliste de ses premiers coéquipiers. L'Austro-Bohémien Hitler avait opté pour l'Allemagne dès 1914, par détestation de l'empire des Habsbourg qu'il voyait (non sans perspicacité) condamné à la dissolution. Le Croate Tito choisira la composante serbe comme fondement de la Yougoslavie populaire. Mussolini, plus cosmopolite que Staline, Hitler et Tito, exilé volontaire à vingt ans en Suisse, où il côtoya la crème du socialisme international, resta charnellement lié à son pays. Le fascisme fut ainsi un phénomène mussolinien mais intrinsèquement italien. Le marquis d'Azeglio, un des aristocrates patriotes du *Risorgimento*, avait déclaré, au moment de l'unité, en 1861 : « L'Italie est faite, il faut désormais faire les Italiens. » Le Duce entreprit d'éduquer ses compatriotes-sujets en exploitant des mythes abscons comme le césarisme et la romanité. Cette Italie, qu'il proclamait aimer d'une foi absolue, confondue avec un impérialisme tout aussi dévorant, ne comptait à ses yeux que comme point de départ d'une nouvelle épopée napoléonienne : l'ascension du Corse, « fils de personne », constitua son vrai modèle et l'exemple à imiter. Il précipitera sans vergogne son pays dans le conflit, le 10 juin 1940, « pour donner enfin une longue période de paix avec la justice à l'Italie, à l'Europe et au monde » : formule incongrue, visant à conjurer le manque d'enthousiasme populaire pour le conflit. Cinq ans plus tard, acculé au naufrage de ses illusions, ne pouvant reconnaître sa responsabilité dans le désastre, il s'inventera une dernière forfanterie pour la postérité en affirmant : « J'ai fait pour les Italiens tout ce que je pouvais. Je me suis trompé en les estimant un peuple, alors que dans leur profonde ingratitude, ils se sont montrés une plèbe[14] ! » Il n'arrivera pas à souhaiter, comme Hitler, dans les derniers jours du bunker, l'anéantissement de son pays et de son peuple, coupables d'avoir refusé son pacte suicidaire. Mais il ne démissionnera pas de l'imposture qui avait imprégné tout son parcours, digne d'un personnage en quête d'auteur du théâtre de Pirandello, confondant la réalité avec ses faux-semblants.

Jusqu'au bout il multipliera les tours de passe-passe, alors que la vengeance gronde, qui l'emportera avec ses secrets, vrais ou présumés.

14. G. Dolfin (chef de cabinet du Duce à Salò), *Con Mussolini nella tragedia, 1943-1944*, Milan, Garzanti, 1949, p. 28.

Même la page dégradante du Mussolini affublé d'un paletot allemand pour échapper à son châtiment est une variante du Napoléon en fuite de 1814, revêtu d'un uniforme autrichien, que Chateaubriand a décrit dans les *Mémoires d'outre-tombe*. Le dos au mur, qu'il ait prononcé ou non des mots enfin dignes du Corse – « Visez au cœur ! » –, il ne mentira plus, non parce qu'il sait qu'il ne peut plus se sauver – l'homme, sans être téméraire, n'était point lâche –, mais pour conserver sa place dans l'histoire.

*

* *

Plus de soixante-quinze ans se sont écoulés depuis l'effondrement sanglant du fascisme et la libération de l'Italie, le 25 avril 1945. Quelques mois à peine nous séparent du centenaire de la marche sur Rome (28 octobre 1922) qui donna à l'homme resté prudemment à Milan, prêt à s'éclipser à nouveau en Suisse si le bluff ne réussissait pas, la mesure de ce qu'il pouvait oser, en lui ouvrant les portes du pouvoir. La recherche scientifique sur Mussolini et sur le fascisme est imposante, sans mentionner la déferlante des témoignages et des souvenirs, souvent essentiels[15], parfois anecdotiques, extravagants, retouchés ou fabriqués – comme la saga des faux journaux du Duce, qui refait périodiquement surface depuis les années 1950 et constitue une pièce maîtresse des interprétations révisionnistes du dictateur. Cette documentation s'enrichit constamment de nouvelles contributions, en Italie et à l'étranger. Aucun protagoniste de l'histoire italienne, pas même Garibaldi ou Cavour, qui firent autant pour unifier l'Italie que Mussolini pour la défaire, n'aura suscité un intérêt semblable. Les doctrines philosophiques et juridiques, la littérature, la presse, la radio, le cinéma, la musique, l'architecture, l'urbanisme, l'enseignement, la propagande, le spectacle, la mode, le sport, jusqu'à la gastronomie, la publicité et les bandes dessinées : bref, les moindres aspects de la

15. Nous avons republié, chez ce même éditeur, les deux plus importants ouvrages sur la politique étrangère mussolinienne rédigés d'un point de vue fasciste : Le *Journal politique, 1937-1943* (2 tomes), du comte Ciano, préface de M. Serra, notes et commentaires d'E. Mattiato, Paris, Perrin, 2015, et *Du palais de Venise au lac de Garde. Mémoires d'un ambassadeur fasciste*, de F. Anfuso, préface et notes de M. Serra, Paris, Perrin, 2017.

vie quotidienne du régime ont été examinés sur toutes les coutures. Et l'obélisque MUSSOLINI DUX, qui n'a pas été démoli, sur le site du Foro Italico (forum « italique »), complexe sportif au nord de la capitale où se sont déroulés les Jeux olympiques de 1960, est encore une attraction pour les touristes du monde entier.

La France représente de ce point de vue un cas symptomatique, c'est la raison pour laquelle, après quelques hésitations qui ont finalement été dépassées grâce à la confiance de notre éditeur, nous nous sommes attelé au présent ouvrage. D'une part, l'intérêt pour le fascisme y connaît une longue tradition. Dès le début des années 1930, des écrivains exilés à Paris à des titres divers, comme le Malaparte frondeur de *Technique du coup d'État* (1931) et le Gaetano Salvemini résolument antifasciste de *Mussolini diplomate* (1932), ou A. Rossi (Angelo Tasca), à la veille du nouveau conflit, avec *Naissance du fascisme* (1938), avaient mis en garde les lecteurs avertis sur la nature belliciste et subversive d'un régime qui semblait s'ériger alors en défenseur d'une « paix des nations » musclée, antisociétaire, certes, mais équitable, telle que le dictateur l'avait esquissée devant le journaliste weimarien Emil Ludwig. Cette attitude changera considérablement avec l'affaire d'Éthiopie, l'avènement du Front populaire, la guerre civile espagnole et le rapprochement entre Mussolini et Hitler, les « deux caporaux » de la Grande Guerre. Cependant, à quelques exceptions près, le durcissement n'entraîna pas un effort d'analyse plus approfondi. Dans une Troisième République affaiblie, les calculs, voire les faux calculs, se multipliaient sur la meilleure façon d'assagir le Duce. Or celui-ci, convaincu de l'agonie du parlementarisme, ulcéré par les sanctions au moment de la guerre d'Éthiopie, aigri par l'impossibilité de forger une vaste alliance pour contenir Hitler, d'abord avec le pacte à Quatre (juillet 1933), puis lors de la conférence de Stresa (avril 1935), ne voyait plus dans ces ouvertures à contrecœur qu'une manifestation de la faiblesse des démocraties déclinantes.

Il faudra attendre une époque plus récente pour qu'émergent en France les premières interprétations systématiques du cas italien et de la place qui lui revient parmi les phénomènes totalitaires du XXe siècle[16].

16. Pour une vue d'ensemble, on se reportera à P. Milza, *Les Fascismes*, Paris, Imprimerie nationale, 1985 (édition de poche, Paris, Seuil, coll. « Points Histoire », 1991), et S. Berstein et P. Milza, *Dictionnaire des fascismes et du nazisme*, Paris, André Versaille Éditeur, 2010 ; rééd. Paris, Perrin, coll. « Tempus », 2014. Pour la dernière

Le premier noyau se trouve dans le séminaire sur l'Italie contemporaine (1918-1948), tenu à la Sorbonne en 1950 par Federico Chabod, grand historien et grand résistant valdôtain. Il y posait le problème du fascisme vu non comme une hérésie – la thèse de Croce –, mais comme une phase traumatique de l'histoire nationale. Les études biographiques ont ponctué cette réflexion, depuis les ouvrages encore bienveillants de Georges Roux[17] et d'André Brissaud[18], jusqu'à ceux, plus pondérés et documentés, de notre regretté ami Pierre Milza[19] et de Michel Ostenc[20], à compléter par l'éclairante étude des sources du « mussolinisme » par Didier Musiedlak[21]. Ajoutons-y d'excellents travaux de synthèse[22]. Le terrain est donc fertile. Pourtant la compréhension du fascisme *de* Mussolini – car, sauf quelques velléités qu'on découvrira, il n'y en eut et il ne pouvait y en avoir aucun autre – semble encore souvent conditionnée par une grille d'interprétation rapportée au contexte national. Or, le fascisme s'affirmera en France, dans sa variante traditionaliste-vichyssoise ou dans celle de la collaboration active en zone occupée, comme la conséquence directe de la défaite et de l'Occupation : rien de semblable n'est à l'origine du fascisme italien. De surcroît, le phénomène qui se mesure sur une courte durée en France – de juin-juillet 1940 à la libération de Paris, quatre ans plus tard, sauf l'insignifiante dérive de Sigmaringen – s'étire en Italie sur une période qui correspond à une génération et demie ou deux : ce qu'on appelle encore en Italie le *ventennio*[23]. Les conséquences en sont, dès lors, évidentes : régime d'*exception* en France, par effet et sous le poids d'une guerre perdue ; régime qui connaît en Italie une

mise au point, voir les études réunies dans O. Dard et D. Musiedlak (dir.), *La Crociata europea. Être nationaliste en régime de dictature*, Bruxelles, Peter Lang, 2020.

17. Paris, Fayard, 1960.

18. Paris, Éditions Robert Langeac, 1976.

19. *Mussolini*, Paris, Fayard, 1999.

20. *Mussolini. Une histoire du fascisme italien*, Paris, Éditions Ellipses, 2013.

21. *Mussolini*, Paris, Presses de Sciences Po, 2004.

22. Notamment : S. Romano, *Histoire de l'Italie du* Risorgimento *à nos jours*, Paris, Seuil, 1978 ; C. Brice, *Histoire de l'Italie*, rééd. Paris, Perrin, 2003 ; A. Giacone, G. Bertrand et J.-Y. Frétigné (dir.), *La France et l'Italie. Histoire de deux nations sœurs*, Paris, Armand Colin, 2016 ; F. Le Moal, *Histoire du fascisme*, Paris, Perrin, 2018.

23. En fait, vingt et un ans : 1922-1943. C'est à partir de 1922, « première année de l'ère fasciste », que le régime adoptera la numération romaine obligatoire : ainsi, par exemple, le jour de la déclaration de guerre sera indiqué comme 10 juin 1940/XVIII. La numération sera poursuivie à Salò, en 1943-1945, même si personne n'y croyait plus.

longue phase de *consolidation*, de *normalisation* et de *consensus* – nous nous pencherons sur cette dernière notion, encore très contestée –, avant que le désastre militaire ne vienne en détruire l'édifice. En outre, certains aspects constitutifs du fascisme français – dont le plus odieux : l'antisémitisme – n'apparaissent que tardivement dans le cas italien. Ce qui ne signifie évidemment pas qu'il faut les minimiser ni exonérer le régime d'un crime d'autant plus abject qu'il était en contradiction flagrante avec les proclamations officielles jusqu'à la veille de l'adoption des lois raciales, entre septembre et novembre 1938.

Ainsi, la République sociale italienne, couramment dite « de Salò » (septembre 1943-avril 1945), n'est connue du vaste public d'aujourd'hui que par des généralités et un film dément dans lequel Pasolini a déversé ses phantasmes nécrophiles et sexuels[24]. La culture de l'après-guerre a longtemps contesté le concept de « guerre civile » en niant à Salò toute légitimité et tout soutien populaire[25]. Le premier ouvrage scientifique sur la République sociale ne paraîtra qu'en 1962 et sera dû à un Anglais, Frederick W. Deakin, non à un Italien. Or, c'est bien à Salò, comme nous le verrons, que la matrice « nationale-socialiste » du premier fascisme trouvera son naturel et lugubre aboutissement : la « seconde ondée » révolutionnaire réclamée par les irréductibles dont, à ce stade, le chef agonisant se serait bien passé. En d'autres termes, si la République sociale n'aurait pu exister sans la présence et le contrôle de l'allié devenu son maître, Salò ne fut pas, du point de vue idéologique et conceptuel, une Italie « à l'heure allemande ».

Une vision réductrice voit encore dans la dictature mussolinienne une sorte de « tumeur bénigne », en comparaison de la version « maligne » des Hitler et Staline. Pourtant, si nous voulons adopter la métaphore, la

---

24. Ce qui est d'autant plus navrant que dès les années 1950-1960 avaient paru des œuvres marquantes, comme *Les Égarés* de Francesco Maselli, *La Longue Nuit de 43* de Florestano Vancini, *Le Commando traqué* de Giuliano Montaldo, véritable *Lacombe Lucien* italien, avec un excellent Jacques Charrier dans le rôle du jeune volontaire fourvoyé à Salò. À remarquer que tous ces metteurs en scène provenaient des rangs de la Résistance.

25. Cette position a été partiellement revue en 1991, en réponse notamment aux recherches de De Felice, dans l'ouvrage de référence d'un historien proche du PCI, C. Pavone, *Une guerre civile. Essai historique sur l'éthique de la résistance italienne*, édition française, Paris, Seuil, 2005 (les citations sont tirées de la dernière version italienne, plus ample, Turin, Bollati Boringhieri, 2009). Cas à peu près unique, Leo Valiani (Leo Weiczen), grand spécialiste de la Mitteleuropa et héros de la Résistance, avait dédié ses Mémoires, dès 1947 : « À tous les morts, ceux qui sont tombés de notre côté et de l'autre. » Le débat reste encore très vif.

gravité du mal permit aux Allemands[26], et avec plus d'effort aux Russes[27], d'extirper la tumeur. Mais une certaine ambiguïté demeure envers le « totalitarisme imparfait », voire le « totalitarisme à l'italienne[28] », moins impitoyable, moins jusqu'au-boutiste, moins mortifère que ses équivalents rouge ou brun. Il ne faut pas confondre les objectifs avec les méthodes du régime. Mussolini n'était pas d'un tempérament sanguinaire, c'est un fait. Sa truculence des débuts est une posture parmi d'autres. Il n'a jamais participé directement à une action de ses escouades, dont il a parfois, hypocritement ou tactiquement, déploré les excès. Il n'était pas possédé non plus par le goût de la violence abstraite d'un Lénine ou d'un Mao, utilisant l'instrument de la famine populaire à des fins politiques. Il n'a jamais liquidé d'acolytes encombrants dans des purges comme la Nuit des longs couteaux ou les procès de Moscou. Sa passivité tout au long de la séance du Grand Conseil du fascisme qui le renverse dans la nuit du 24 au 25 juillet 1943 est sidérante, non seulement pour un dictateur, mais également pour un chef charismatique et démocratique tel de Gaulle : je pense à sa grande allocution du 23 avril 1961, au lendemain du putsch d'Alger, « Au nom de la France, j'ordonne… ». D'où l'idée, longtemps colportée par la vulgate néofasciste, que le Duce était « bon » et « généreux ». Non : il était indifférent, animé par une sorte d'impassibilité rare dans l'histoire et le tempérament italiens. La violence était à ses yeux une manifestation regrettable mais inévitable du pouvoir révolutionnaire, dont il fallait s'efforcer d'endiguer les gaspillages en lui substituant la crainte, la soumission et la corruption, armes plus subtiles et efficaces. En homme physiologiquement sain, il ne tirait aucun plaisir de l'annihilation d'autrui. Mais cette approche ne modifie pas la nature d'une dictature et des instruments d'intimidation dont elle dispose : l'arbitraire, la délation, la censure, le contrôle de

26. Le long procès pour diffamation qui se tint à Londres de 1996 à 2000 et débouta le plus sophistiqué et pernicieux des « négationnistes », David Irving, a fait date dans les annales de la jurisprudence et de l'historiographie.

27. La différence étant que Staline remporta la « Grande Guerre patriotique », ce qui permit l'édification d'une mythologie héroïque et nationale du stalinisme, dont l'écho se perpétue jusqu'à Poutine. Voir tout dernièrement les considérations de R. Debray, *D'un siècle l'autre*, Paris, Gallimard, 2020, p. 53-58.

28. C'est le titre, agrémenté d'un point d'interrogation, qui a été donné à une synthèse française de la biographie de Renzo De Felice, préfacée par P. Milza, traduite par C. Brice, S. Gherardi et F. Mosca, Paris, Presses de la Fondation nationale de sciences politiques, 1988.

l'appareil policier et judiciaire, l'interdiction du permis de travail et de séjour ; bref le monopole de la violence d'État[29].

Il est vraisemblable qu'une des raisons qui portèrent Mussolini à se lancer en 1940 dans une guerre qu'il estimait courte et victorieuse – mis à part son aversion pour la notion de neutralité – ait été l'espoir d'amoindrir le rôle de la monarchie et du Vatican qui s'interposaient encore entre « son » peuple et lui. Un succès militaire suivi par une paix de compromis – car il ne souhaitait pas un triomphe du Troisième Reich qui l'aurait marginalisé – lui aurait permis de mettre au pas les secteurs de la vieille classe dirigeante encore relativement indépendants du régime : la Cour, l'armée, la marine, la diplomatie, la finance et même la magistrature. L'admiration envieuse qu'il éprouvait pour le pouvoir absolu d'un Hitler et d'un Staline (ou, dans le cadre démocratique, d'un Roosevelt) en est une autre preuve. L'accentuation totalitaire, qui se manifeste surtout à partir de la guerre d'Éthiopie, doit dessiner les contours d'une véritable religion de l'*État éthique* – tout par l'État, pour l'État et dans l'État[30] –, à l'inverse de l'aptitude congénitale à « composer » qu'il déteste chez ses compatriotes et souhaite extirper du caractère national.

Cependant, tout en acceptant l'articulation en différentes phases d'un régime de vingt et un ans, et sans négliger les accidents de parcours auxquels Mussolini réagit au gré des circonstances, on peut difficilement nier que la *mystique totalitaire* constitue, dès la naissance du mouvement fasciste, trois ans avant la prise du pouvoir, l'essence de son action. Mussolini donnera dix formulations différentes de son programme, à partir de celui révolutionnaire du « Saint-Sépulcre » en 1919[31], en passant par le fascisme régime ou fascisme d'État (de 1925-1926 jusqu'au début des années 1930), pour en arriver à la

29. Je citerai le cas, point exceptionnel, du professeur de piano de ma mère et de ses sœurs, le maestro Pedrini, vieil antifasciste connu et persécuté par la police. Renvoyé sans pension du conservatoire de Milan, délaissé par ses employeurs apeurés, à l'exception de ma grand-mère et de quelques autres, il refusa d'écrire au Duce pour invoquer sa clémence (ce qui était habituel) et choisit un soir d'ouvrir le robinet du gaz dans son habitation.

30. Voir E. Gentile, *La Voie italienne au totalitarisme. Le parti et l'État sous le régime fasciste*, Paris, Éditions du Rocher, 2004. Dès 1981, De Felice avait intitulé *L'État totalitaire, 1936-1940* le cinquième volume de sa monumentale biographie de Mussolini, qui est une histoire du fascisme et de la société italienne vus par le biais de son principal protagoniste.

31. Du nom de la place de Milan où furent fondés, le 23 mars 1919, les « faisceaux italiens de combat », première incarnation du parti fasciste. *Sansepolcrismo* est le néologisme qui désigne le fascisme des origines, dont les appels revivront dans la République sociale.

dérive totalitaire, avant mais surtout après l'essor de l'axe Rome-Berlin en 1936. Mais l'objectif ne change pas : le corporatisme et le nationalisme fascistes doivent remplacer les idéaux de l'internationalisme socialiste ou « sociétaire » de la SDN. Le fait que Hitler le dépasse désormais largement dans la fascination ou la haine qu'il suscite dans le monde entier, en particulier auprès des jeunes, le révulse. Mais au lieu de le remettre sur le chemin du bon sens, ce sentiment d'infériorité le poussera à une compétition délirante et perdante avec celui qui, d'emblée, se révèle le plus fort.

Mussolini n'avait rien d'un idéaliste et abhorrait toute interprétation philosophique qui mettrait l'homme au centre d'une vision harmonieuse de l'existence. Seul le combat comptait à ses yeux et seule l'issue du combat l'intéressait : « S'arrêter, c'est mourir[32] », affirmera-t-il, pour une fois sans mentir. Le retour tardif à la religion de l'anticlérical des débuts naît de la conviction que l'Église garde une autorité qui pourra lui servir le moment venu. C'est le fil rouge qui va du concordat de 1929, une de ses indéniables réussites diplomatiques, à la rencontre sans issue à l'archevêché de Milan, le 25 avril 1945, entre les membres du Conseil de la Résistance et un Duce finissant, trois jours avant son exécution. Cette page dramatique est digne d'un opéra de Verdi. Mais comme on meurt souvent chez Verdi (comme chez Wagner), il faut prendre ce dénouement au sérieux. L'homme qui refuse de se rendre court alors consciemment à sa perte. Né dans la violence, le fascisme italien était destiné à périr dans la violence, en emportant son chef avec lui.

Son pessimisme historique ne s'accommodait d'aucun aménagement doctrinaire, mais seulement de transitions tactiques et d'accélérations soudaines face à la nature ondoyante de la société italienne, beaucoup plus souple, moins homogène et « héroïque » que celle des systèmes qu'il admirait : l'URSS, le Troisième Reich, le Japon impérial. Tout en portant le prénom du restaurateur de la République mexicaine, Benito Juárez, idole de son père, Mussolini ne se voyait pas destiné à un rôle de *libertador* romantique, de « héros du Nouveau Monde ». L'unité tardive de l'Italie n'avait pu se constituer qu'au prix d'alliances

32. Mussolini, *La Doctrine du fascisme*, Florence, Vallecchi, 1930, p. 10. Il s'agit de la version française d'une synthèse des deux articles rédigés pour l'*Encyclopédie italienne Treccani* respectivement par le philosophe Giovanni Gentile et par l'historien Gioacchino Volpe, deux grands intellectuels de la génération précédente ralliés au régime.

étrangères et d'arrangements entre les différentes factions du *Risorgimento*, à commencer par le refus de Victor-Emmanuel II de changer de nom et de « numération » en devenant roi d'Italie, le 17 mars 1861. Mussolini se considérait en revanche comme le « refondateur » d'un État s'identifiant intégralement avec le régime, pour lequel il forgera la formule d'État éthique, par opposition à l'État « neutre » des régimes bourgeois. Homme encore relativement jeune et en bonne santé (il vient d'avoir cinquante-sept ans en 1940, quand tout commence à péricliter), il refuse de se poser le problème – d'ailleurs insoluble – d'une succession et, sans se réfugier dans les volutes de l'hitlérisme millénaire, confie qu'il aura le temps de façonner une nation qui portera son empreinte pour l'avenir. Si tel était son dessein, il lui aurait fallu pour le réaliser la prudence manœuvrière d'un Franco, d'un Salazar, ou d'un Tito : l'opposé de son tempérament et de sa vision. Heureusement, peut-on en conclure d'un point de vue italien et européen, malgré le prix à payer d'une déroute militaire doublée d'une guerre civile.

*

* *

Les conflits fratricides fascinent. Tout visiteur d'une bibliothèque publique aux États-Unis y trouvera plus d'ouvrages sur la guerre de Sécession (1861-1865) que sur les guerres mondiales, la guerre froide ou celle du Vietnam. En France, la bibliographie sur l'Occupation et la Résistance, y compris les romans, dépasse largement celle sur le débarquement en Normandie qui fut pourtant le facteur principal de la libération du pays. D'autre part, si l'ignorance est une arme des dictatures, l'oubli devient la ressource, peut-être inévitable, d'une démocratie retrouvée, lorsqu'un passé trop lourd ne passe pas, ou du moins pas encore. Ce procédé d'occultation est aussi vieux que notre civilisation. Cornélius Népos, dans sa vie de Thrasybule, relate que ce général athénien, après la guerre victorieuse du Péloponnèse, promulgua « une loi dite de l'oubli, selon laquelle nul ne pouvait être puni pour des actes précédemment commis ». Charles II, revenu sur le trône d'Angleterre après l'exécution de son père et la fin de la révolution de Cromwell, prononce un *Act of Oblivion and General Pardon* (1660). Et ainsi de suite, jusqu'à nos jours.

La nullité administrative et politique des actes de l'État français – régime défini comme félon, juridiquement et symboliquement rayé de l'histoire de France – décrétée par le général de Gaulle absolvait *de facto* de toute responsabilité collective les « 40 millions de pétainistes » de 1940 (et après), juges, fonctionnaires, militaires et policiers compris[33]. Le refus du chancelier Adenauer, qui pourtant n'avait pas été personnellement compromis, d'affronter la question de l'héritage du nazisme dans une République fédérale allemande « régénérée » dérivait de la conviction que le temps guérit de tous les maux et qu'il fallait laisser à une autre génération d'Allemands la tâche de s'interroger sur l'identité nationale. En Espagne, le Caudillo se gardera d'autoriser le retour des Bourbons, tout en préparant le jeune Juan Carlos à reprendre un jour le trône. Le *Pacto del Olvido*, ou pacte de l'oubli, conclu par les partis politiques pour inaugurer la transition postfranquiste, après la mort du dictateur en 1975, s'expliquait par la même exigence de prendre ses distances d'avec une longue et douloureuse période de divisions. Il faudra attendre encore dix ou vingt ans pour que l'historiographie espagnole offre une lecture de ces événements. Les choses ne se sont pas passées différemment au Portugal, qui pourtant n'avait pas connu les lacérations d'une guerre civile. En Grèce, l'insurrection communiste de 1946-1950 et sa répression, qui firent plus de victimes en proportion que la guerre civile espagnole, seront officiellement refoulées pendant au moins trente ans. Quant à la plupart des pays de l'Est, le poids de deux dictatures consécutives – les régimes fascisants puis vassalisés des années 1930-1940, suivis par les « Républiques populaires » d'importation soviétique – retardera l'essor de la réflexion historique jusqu'à la chute du Rideau de fer.

Rien de tel ne joue dans l'Italie de l'après-fascisme. Qu'un pays se réveille du cauchemar de vingt ans d'oppression suivis par un conflit catastrophique en voulant tourner définitivement la page peut nous paraître compréhensible, même louable. Mais il aurait fallu pour cela un souci de clarté que l'Italie, revenue à la démocratie, tiraillée entre la croisade anticommuniste du Vatican de Pie XII (lequel fut, à sa façon, un grand patriote italien) et l'empreinte encore stalinienne du

33. Voir les considérations d'É. Anceau, « Fermer les plaies à la Libération », dans *Les Élites françaises. Des Lumières au grand confinement*, Paris, Passés composés, 2020, p. 248-252.

plus imposant parti communiste de l'Occident, n'était sans doute pas en mesure d'accomplir. On ne peut nier que le pays ait dépassé, dans l'ensemble honorablement et dans un souci authentique de renouveau et d'espoir, les avatars de son histoire récente. Cela ne veut pas dire que l'épuration légale et surtout extralégale n'y ait pas connu, comme en France et ailleurs, des pages sanglantes, notamment, et jusqu'en 1948 au moins, dans le « triangle de la mort » de la plaine du Pô, où il s'agissait parfois de liquider des membres de la vieille classe dirigeante, sous prétexte bien commode de « fascisme ». Inversement, tout comme en France et même en RFA, des personnages très compromis ont pu passer scandaleusement entre les gouttes de l'épuration pour reprendre leur place dans l'administration ou la vie sociale de l'après-guerre.

Heureusement, les aspects positifs ont pesé plus lourd. Les deux confrontations capitales de l'après-guerre – le référendum de juin 1946, qui assura la victoire de la république sur la monarchie, et les élections de 1948, qui virent la défaite du front communiste-socialiste face aux modérés démocrates-chrétiens, libéraux, républicains et sociaux-démocrates – se déroulèrent dans l'ordre, avec une forte participation, y compris de l'électorat féminin, dans un climat de maturité civique qui surprit les observateurs étrangers. De là, à travers l'adoption d'une Constitution très en avance sur son temps, le pays reprit sa place dans la communauté internationale. D'État vaincu et conquis, amputé de territoires adriatiques d'implantation italienne millénaire par les traités de Paris de 1947, l'Italie deviendra rapidement l'un des membres fondateurs du processus d'intégration européenne : un idéal datant du lendemain de l'autre guerre, que Mussolini avait eu en horreur. Cet acquis est incontestable et aucun travestissement souverainiste, populiste ou démagogique ne saurait en miner le bien-fondé[34]. La démocratie parlementaire renaissait sur des bases solides, bien plus solides qu'avant 1922 ; solide, elle l'est encore aujourd'hui, en espérant qu'elle le restera demain, dans un monde interconnecté et globalisé où l'Europe ne pourra compter que réellement unie.

Toutefois, incapables de choisir le parti – peut-être hypocrite – du silence pour cicatriser leurs plaies, comme ce fut le cas ailleurs, les Italiens, intellectuels en tête, ont entrepris dès la Libération une

34. Je renvoie à l'exhaustif *Dictionnaire des populismes*, sous la direction d'O. Dard, C. Boutin et F. Rouvillois, Paris, Les Éditions du Cerf, 2019.

campagne de lacération qui a tourné à l'autoflagellation collective et qui mériterait d'être mise en question non seulement par des historiens et des sociologues, mais aussi par des psychologues et des psychanalystes. La destruction des archives du parti fasciste dans la phase finale du conflit, à la suite des bombardements alliés, et le blanchiment accordé aux orphelins du régime, reconvertis en zélotes « progressistes », alimentèrent une avalanche de conversions plus ou moins authentiques, rarement objectives. La rhétorique du *resistenzialismo* – le « résistentialisme », néologisme qui se passe de traduction – a souvent remplacé un examen de conscience trop pénible[35]. Il était dès lors bien plus facile de désigner comme boucs émissaires celles et ceux qui, comme Malaparte, n'avaient eu ni le culot ni l'astuce, ni les moyens ni l'occasion, d'embellir à temps leur passé.

Pendu par les pieds le 29 avril 1945, alors qu'une grande partie de ses compatriotes d'aujourd'hui n'étaient pas encore nés, le corps du Duce gêne encore[36]. Et pourtant… Contrairement à des impressions superficielles, le fascisme n'a pas laissé de relent de nostalgie, sauf chez quelques pathétiques *fedelissimi* qui se défoulent dans le folklore des anniversaires ou la violence des stades, comme on l'observe, hélas, dans bien d'autres pays, de l'ouest à l'est de notre continent[37]. Il ne faut pas certes pas négliger ces symptômes, mais évoquer un « danger fasciste » ne doit pas non plus devenir un alibi pour détourner l'attention des retards et des problèmes bien plus réels de nos sociétés[38]. Un malaise flotte encore autour de la figure de Mussolini, que la vitalité irrépressible du tempérament national n'arrive toujours pas à dissiper. Il est encore difficile pour certains Italiens d'accepter l'idée que le pays ait traversé une histoire malgré tout « commune » de 1922 à 1945.

35. Je redonne la parole à De Felice : « Le fascisme a fait d'innombrables dégâts, dont celui de laisser en héritage à certains antifascistes une mentalité fasciste d'intolérance, de vexation, de négation de l'adversaire » (*Intervista sul fascismo*, p. 7).

36. Voir notamment l'ouvrage marquant de S. Luzzatto, *Le Corps du Duce. Essai sur la sortie du fascisme*, Paris, NRF-Gallimard, 2014. Mes citations sont tirées de la dernière version italienne, *Il corpo del duce*, Turin, Einaudi, 2019.

37. Il est d'ailleurs intéressant d'observer que les appels de certains mouvements d'extrême droite dans l'Italie aujourd'hui s'en prennent à la « rapacité » du capitalisme allemand de Mme Merkel. Qu'en aurait pensé le Mussolini de l'Axe ?

38. Un jeune historien, F. Le Moal, l'a très bien dit dans la conclusion de son *Histoire du fascisme* qui porte le titre : « Le fascisme est mort ».

On dira qu'il s'agit d'une question essentiellement italienne, alors que cet ouvrage est rédigé pour un public français. C'est vrai, comme il est vrai que ce livre s'attache à dépeindre Mussolini tel qu'il fut derrière le masque, non à figer l'image qui en demeure. Mais il nous semble indispensable de poser ces interrogations dès le départ, car elles accompagneront notre démarche au fil des pages qui suivent. Aucun personnage historique, quels que furent son rôle et son influence, ne peut être interprété en dehors de son contexte mais également du nôtre. Nous avons synthétisé plusieurs événements, négligé des dizaines de personnages mineurs, supprimé des centaines de notes et de références bibliographiques en privilégiant celles disponibles en français. Autrement, nous aurions dû nous lancer dans une énième biographie de mille pages, qui n'était pas notre but. Le lecteur nous permettra aussi d'avoir puisé dans la mémoire familiale quelques éléments et souvenirs qui pourront servir à baliser la route. Notre souci était de lui fournir, aussi objectivement que nous pouvions le faire, les clés principales du « mystère Mussolini ». À lui de juger si nous avons gagné notre pari et mérité sa confiance.

Rome-Paris, printemps 2021

PREMIÈRE PARTIE

L'HOMME

« La froideur est la plus grande qualité d'un homme destiné à commander. »

Napoléon

1

Ses origines

D'autres anoblissent leur extraction. Mussolini, comme Lénine[1], a prolétarisé la sienne. Socialiste, puis nationaliste et fasciste, il ne supportait pas d'être issu du milieu petit-bourgeois que son idéologie abominait. La vulgate du « fils du forgeron », qu'il fit longtemps entretenir par ses hagiographes[2], n'avait d'exact que son point de départ, et encore. Alessandro Mussolini (1854[3]-1910), dit Sandrein en dialecte local, gaillard moustachu bâti en force, le rire franc que son fils n'aura jamais, était né à Montemaggiore, un hameau de la commune de Predappio, Clochemerle romagnol de quelques milliers d'habitants rattaché à la province de Forlì. Il était effectivement forgeron et maréchal-ferrant de son état, mais cette activité l'occupait beaucoup moins que son rôle de meneur syndical et révolutionnaire. Il prêchait à grands mots la révolte contre *i padroni*, les propriétaires terriens, les notables et le haut clergé détenteur de vastes privilèges depuis l'époque préunitaire, lorsque la Romagne était un fleuron prospère des États du pape. Après une jeunesse turbulente, ayant eu plusieurs fois maille à partir avec la justice, Alessandro s'assagit un peu lors de sa rencontre avec une belle et pieuse institutrice du chef-lieu, Rosa Maltoni (1858-1905). Elle imposa à l'anticlérical forcené un mariage catholique en bonne et due forme, alors que l'union libre était courante dans les milieux anarchisants, ce qui prouve qu'elle savait faire prévaloir

1. Sans oublier certains leaders démocratiques, comme le Premier ministre travailliste anglais Harold Wilson, dans les années 1960.
2. Encore en 1960, une bienveillante biographie de M. Caudana s'intitulera *Il figlio del fabbro* (Rome, Centro Editoriale Nazionale, 2 vol.).
3. Mussolini indique dans ses premiers écrits autobiographiques la date de 1856. C'est celle de 1854 qui est la bonne.

ses vues. Fille d'un vétérinaire qui ne voulut jamais rencontrer son gendre, Rosa était issue d'un milieu plus normé et prospère que son mari, mais le clivage social entre eux n'était pas aussi net qu'on l'a parfois dit. Si Alessandro fut le premier Mussolini à s'émanciper de la terre, on ne peut le qualifier pour autant de prolétaire : son père Luigi, ou Gigione – ce qui signifie « le gros Louis », mais également « le vantard, l'esbroufeur » –, ancien garibaldien ruiné sur le tard, provenait d'une lignée de petits exploitants agricoles[4].

Alessandro s'était créé une culture éclectique d'autodidacte. Il se vantait de savoir par cœur des chapitres entiers du *Capital*, dont il ne comprenait sans doute pas un mot, écrivait des articles incendiaires sur des feuilles aux titres tonitruants : *La Revendication*, *La Lutte* ou *Le Soleil de l'avenir*. Il entretenait des rapports avec les principaux chefs du mouvement ouvrier, comme Andrea Costa (1851-1910), premier député socialiste du royaume d'Italie, et Amilcare Cipriani (1844-1918), légendaire héros de la Commune, rescapé du bagne en Nouvelle-Calédonie. Élu conseiller municipal de Predappio, Alessandro faillit devenir maire d'un autre hameau, Dovia, où il s'était entre-temps installé avec les siens. Quant à la forge, il était devenu à son tour un *padroncino*, avec quelques apprentis sous ses ordres, ayant les moyens de s'acheter la première batteuse de blé moderne du canton, ce qui, peut-être, inspirera au jeune Benito son intérêt pour la technique et les moteurs[5]. S'il est donc douteux que le père ait pratiqué à fond le travail manuel, lui préférant d'interminables palabres tartarinesques avec ses compagnons ou les hôtes de passage, il est certain que le fils n'y a jamais été forcé, contrairement à ses dires[6]. La scène relatée par la plus sophistiquée de ses muses, Margherita Sarfatti, selon laquelle Benito, déjà lancé à la conquête du pouvoir, arrêta un jour son bolide devant la maison natale où, entouré par les

4. Voir P. Monelli, *Mussolini petit bourgeois*, traduction française, Paris, Gallimard, 1955, p. 18-22.

5. Voir l'enquête de V. Emiliani, *Il paese dei Mussolini*, Turin, Einaudi, 1984. L'auteur est issu d'une branche de cousins éloignés de Mussolini qui restèrent fidèles à leurs origines socialistes et en payèrent le prix.

6. Et aux affirmations de ses hagiographes, comme Beltramelli, *L'Uomo nuovo*, *op. cit.*, p. 83. À Lausanne, à l'été 1903, il travaillera comme journalier chez un marchand de vins et surtout comme maçon : « Emploi qui se prêtait à toutes les métaphores pour celui qui avait pour ambition de construire la nouvelle Italie » (Musiedlak, *Mussolini*, Paris, Presses de Sciences Po, 2004, p. 25).

villageois, il « fit retentir l'enclume avec force et adresse, tandis que ses yeux brillants lançaient d'autres éclats tout autour[7] », appartient à l'inépuisable réservoir de la forfanterie mussolinienne. Tout au plus il aura donné quelques coups de marteau en faisant attention à ne pas abîmer ses mains délicates.

Alessandro et Rosa formeront un couple uni, malgré leurs différences politiques et religieuses, sans compter le penchant du mari pour la boisson qui provoqua chez leur aîné une répulsion précoce envers l'alcool ainsi que le tabac et le café. Il sera toujours mal vu dans le groupe dirigeant fasciste de boire et de fumer, en tout cas en présence du chef. En famille également : seule la fille adorée du Duce, Edda, pourra griller cigarette sur cigarette et se resservir en whisky, même à table. Si Alessandro avait également un penchant marqué pour le jupon, dont son fils héritera, cette fois à part entière, il devait se tenir à carreau, car Rosa n'était pas seulement très volontaire, elle jouissait d'une autorité rare pour une femme à cette époque et dans ce milieu. Qu'on ne s'imagine pas une sainte âme, confite en dévotion, à l'égal de la mère du futur Staline. Son activité d'institutrice, menée vaillamment jusque dans des contrées escarpées rejointes à dos d'âne, l'abécédaire à la main en guise de missel, lui valut un fort ascendant sur une population rurale encore largement analphabète. À sa façon, elle était déjà une vestale de l'émancipation féminine. De là découle sans doute le respect que Benito, si *macho* en apparence, manifestera toute sa vie pour les femmes à poigne, y compris Claretta Petacci, la seule qu'il aimera vraiment de ce qui pouvait tenir lieu, chez lui, d'amour fou.

C'est donc à Dovia, dans la maison familiale partagée entre la forge et la salle de classe, qu'il naquit, le 29 juillet 1883. Pour une fois, Alessandro avait eu le dernier mot : baptême, soit, mais à condition de donner au nourrisson le prénom de Benito, comme son idole, le *libertador* mexicain Benito Juárez García, suivi d'Andrea (Costa) et d'Amilcare (Cipriani). *Nomen est omen* : si Alessandro avait opté pour le prénom du coéquipier de Juárez, Villa, on se demande si un plus débonnaire *Pancho* Mussolini aurait eu le même destin[8]… Son

7. M. Sarfatti, *Dux*, première édition, Milan, Mondadori, 1926, avec une préface de Mussolini, p. 19-20. Le livre fut régulièrement réimprimé jusqu'aux lois raciales de 1938.

8. Après l'avènement du régime, l'Italie sera bien évidemment peuplée de petits Benito à l'état civil (et de quelques Adolfo, en hommage à l'Axe), dont plusieurs semblent

frère cadet s'appellera Arnaldo (1885-1931), en souvenir du moine hérétique Arnaud de Brescia, brûlé en 1155 pour avoir dénoncé la corruption de l'Église ; et sa sœur, Edvige (1888-1952), selon la vogue du romantisme germanique et wagnérien alors diffus dans l'Italie du Nord, tout particulièrement en Romagne[9]. Quand son tour arrivera, Benito sera plus prévisible dans le choix des prénoms de ses propres enfants (légitimes)[10].

L'enfance des petits Mussolini fut sereine, voire heureuse, même si dans ses habiles « confessions » successives Benito en a noirci les conditions matérielles, certes modestes, mais sans la pénurie qu'il décrit : le matelas de feuilles mortes et la soupe de légumes mangée en commun[11]. Pourquoi cet « excès de misérabilisme », se sont demandé des biographes scrupuleux[12] ? On pourrait presque y voir un investissement cynique sur l'avenir. La légende de l'homme venu du peuple qui aimait le peuple survit encore un peu de nos jours, même si elle relève, heureusement, du folklore[13]. En revanche, le premier à avoir décortiqué les origines sociales et psychologiques de Mussolini, ce « concentré typique du petit bourgeois italien, enragé et féroce », en l'opposant au vrai chef prolétaire Lénine, sera Gramsci, dans un long article de 1924[14]. Or c'est bien le dictateur petit-bourgeois, non le rebelle socialiste d'antan, qui décidera de modifier l'apparence de

avoir légèrement modifié leur prénom par la suite. On a parfois affirmé que c'était le cas du leader socialiste *Bettino* Craxi, né en 1934.

9. Originaires de la même région et nées à la même époque, ma grand-mère paternelle se prénommait Ildegonda et l'une de ses deux sœurs, Ysolde (l'autre Maria, sait-on jamais…).

10. Après Edda (née en 1910), dont le prénom reprenait cette vogue germanique (mais en hommage aussi à l'héroïne d'Ibsen Hedda Gabler), viendront Vittorio (né en 1916, au cours de la guerre victorieuse), Bruno (né en 1918), Romano (né en 1927), dont le prénom est une exaltation de la romanité, et Anna Maria (née en 1929).

11. Dans la même page des souvenirs consacrés à la mémoire de son frère (*Vita di Arnaldo*, Milan, Il Popolo d'Italia, 1932, p. 46), il décrit d'ailleurs « les neuf draps de lin fin que ma mère gardait dans un bahut ». Alors, pourquoi faire dormir les enfants dans un lit de fortune ?

12. Comme Milza, *Mussolini*, Paris, Fayard, 1999, p. 9, et D. Mack Smith, *Mussolini*, Londres, Weidenfeld & Nicolson, 1981 (nous citons de la version italienne revue par l'auteur, Milan, Rizzoli, 1981, p. 11-12).

13. Un répertoire des « sottises qui continuent à circuler sur le fascisme » a été établi par F. Lippi, *Mussolini ha fatto anche cose buone*, Turin, Bollati Boringhieri, 2019.

14. Analysé avec finesse par L. Canfora, dans *La natura del potere*, Bari, Laterza, 2010, p. 21-27, traduction française : *La Nature du pouvoir*, Paris, Les Belles Lettres, 2010.

son bourg natal, devenu Predappio Nuova (Predappio la Neuve). Voici la description édifiante qu'en donne un voyageur français :

> L'arrivée n'est pas sans causer quelque déception. J'avais dans les yeux l'image de l'humble maison natale de Mussolini, et je trouve une bourgade toute neuve, avec une large avenue bordée de villas, des édifices publics que l'on sent trop importants pour la population actuelle et bâtis dans ce style d'immeubles administratifs qui, en Italie comme en France, ne sait pas s'adapter au décor. Le *viale* est planté d'arbres et de lauriers-roses offerts par la municipalité de Rome. On pense à une station thermale en construction[15].

Certains chercheurs, dans les pas de De Felice[16], ont insisté sur le rôle d'Alessandro comme premier inspirateur politique de son rejeton. C'est également lui qui l'initie à la grande littérature universelle. Il lui offre son exemplaire défraîchi des *Misérables*, livre impie que maman Rosa voudrait jeter au feu. Jean Valjean gardera longtemps une place de choix parmi les modèles du jeune Benito, qui s'inventera un arbre généalogique paysan, remontant au XIIIe siècle, hérissé de prétendus ancêtres toujours en lutte contre les pouvoirs constitués. Tout au long du *ventennio*, des « cousins » à la parenté parfois douteuse (on en dénombrera 2 400 !)[17] s'adresseront au secrétariat du Duce pour invoquer son aide afin d'éponger des dettes ou régler une affaire d'héritage. Dans la plupart des cas, le couple Mussolini y donnait suite sur les fonds d'une société de bienfaisance créée à cet effet : l'« Opera Pia Mussolini Benito e Guidi Rachele ». Certains de ces personnages, mais pas tous, loin de là, se retrouveront à Salò, où la « pagaille romagnole dans l'antichambre », selon son chef de cabinet exaspéré, empêchait le chef déchu de travailler, ou du moins de faire semblant.

Cette haine froide de Benito pour la classe dominante – car tout est déjà froid et calculé chez lui, même ses impulsions – s'affermira dans les deux années passées au collège des Salésiens de la ville toute

15. G. Faure, *Au pays du Duce* (mars 1934), dans *Automne, suivi de deux pèlerinages italiens*, Paris, Bibliothèque Charpentier, 1934, p. 161-188.
16. Cf. *Mussolini il rivoluzionario*, *op. cit.*, p. 5-9.
17. Dolfin, *Con Mussolini nella tragedia*, *op. cit.*, p. 70.

proche de Faenza, où sa mère a pu l'inscrire en septembre 1892. Il s'y découvre différent des camarades plus fortunés, qui l'humilient, mais aussi, idéologiquement, de tout le monde. Ce sont ses premiers pas de rebelle en marge de la société. Après plusieurs actes d'insoumission, il sera renvoyé du collège pour avoir blessé un camarade d'un coup de canif et continuera sa scolarité dans des établissements laïcs, jusqu'à obtenir le diplôme d'instituteur en 1901. L'avenir d'un nouveau petit fonctionnaire est-il ainsi tracé ? En apparence seulement, car, ayant satisfait les aspirations de sa mère, il penche encore du côté des influences paternelles. En 1902, il émigre en Suisse pour éviter le service militaire et ne pas servir l'État oppressif. Il change d'avis deux ans plus tard et revient en Italie pour effectuer « honorablement » son service, sachant qu'une condamnation pour insoumission entraverait sa carrière politique. Après quoi, pour survivre, il acceptera un poste de pion et de remplaçant dans une école de Tolmezzo, dans le Frioul, n'arrivant pas à obtenir celui, mieux rétribué, de greffier de la mairie[18]. Au contact des milieux socialistes plus sophistiqués de Genève et de Lausanne, il se rend peu à peu compte qu'Alessandro incarne une vision romantique, fumeuse, sanguine plus que sanguinaire de la révolution, incapable de modifier les données d'une société dont les enjeux le dépassent. L'aversion de Benito pour les utopies et les utopistes naît probablement alors. Lorsque, après la mort de son épouse, Alessandro quittera Predappio et la forge pour devenir aubergiste et cabaretier – une profession si peu anarchiste… –, l'image du père, ivrogne braillard et bâfreur, chavire définitivement à ses yeux[19]. Alessandro est un perdant, un vaincu. Lui ne le sera pas.

En revanche, de sa mère institutrice, son « plus grand amour[20] », il héritera, mis à part l'énergie et la discipline d'airain, un souci pointil-

18. Monelli (*Mussolini petit bourgeois, op. cit.*, p. 33) a pu interroger quelques-uns de ses anciens élèves : « Il est diligent en classe, mais il s'ennuie. »

19. Dans les années 1930 surtout, il était obsédé par l'idée qu'on pût lui attribuer quelque tare héréditaire et interdit toute mention non seulement de la maladie vénérienne contractée dans sa jeunesse, mais également de l'alcoolisme de son père. Rappelons que Hitler occultera encore plus l'image de son père, Alois Schicklgruber, dont les troubles mentaux étaient connus.

20. On retrouve cette confidence dans un livre signé par Mussolini, *My Autobiography*, Londres, Hutchinson, 1928, p. 21. L'ouvrage fut en fait rédigé, sous sa supervision, par son frère Arnaldo et l'ancien ambassadeur américain à Rome, Richard Washburn Child, un des premiers admirateurs du Duce sur la scène internationale. De retour aux États-Unis, Child s'efforcera en vain d'établir un lien direct entre le dictateur et Roosevelt. La

leux pour le bon usage de la langue – contre le patois et les inflexions dialectales. Il gardera néanmoins en famille l'habitude locale de placer un article devant les prénoms féminins – *la* Rachele, *l'*Edda – et, malgré ses efforts de diction, il ne perdra jamais l'accent du pays[21]. Cet orateur chevronné aura toujours du mal à prononcer *fascismo* à la place du romagnol *fassismo*, que les frondeurs transformeront en *fessismo* (néologisme à partir de *fesso*, « idiot »). Les parodies de l'intonation et de la mimique du Duce fleuriront en Italie en même temps que la vague d'adulation à son égard. Parmi les plus célèbres – et paraît-il, réussies –, celles que son gendre, Galeazzo Ciano, improvisait dans les salons de l'aristocratie romaine et qui contenaient parfois des indiscrétions politiques ou diplomatiques. Informé par la police, le Duce laissait généralement courir, ce en quoi il avait peut-être tort.

Du maître d'école qu'il a brièvement été, il conservera le goût pédant pour la réponse précise dans les détails, ce que les Italiens appellent *nozionismo*, ou connaissance des (seules) notions, par opposition à la faculté d'en tirer des explications d'ordre général. Il prendra vite l'habitude de cocher des citations dans des carnets et de les apprendre par cœur pour épater ses interlocuteurs, surtout les dignitaires ou journalistes étrangers. Une fois installé au pouvoir, il interrogera à brûle-pourpoint des ambassadeurs, des préfets, des amiraux, des directeurs de quotidiens sur la courbe démographique de tel État, le taux d'analphabétisme dans une province reculée, le tonnage d'un paquebot ou encore le tirage d'un insignifiant journal d'étudiants. Ses admirateurs, et même ses adversaires, ont souvent défini le futur Duce comme le « rédacteur en chef de l'Italie », au vu de sa passion débordante pour le journalisme. Il rédigera et publiera des milliers d'articles et d'éditoriaux, d'une plume souvent acérée, sous son propre nom ou quelque pseudonyme évocateur, jusqu'aux dernières semaines de sa vie – de quoi remplir une grande partie des cinquante volumes de ses œuvres complètes.

citation, néanmoins, a de quoi surprendre, car Mussolini s'est en général peu exprimé sur sa mère : s'agissait-il de rassurer le public anglo-saxon sur ses sentiments filiaux ?

21. On a parfois évoqué une similitude avec Hitler qui est impropre. Le Führer conservait la prononciation rocailleuse de ses montagnes, parfois inintelligible dans ses (fréquents) moments d'hystérie ou d'extase, et son emploi de l'allemand était parfois fautif. L'italien de Mussolini était, en privé comme en public, rond, oratoire, très scandé pour dissimuler l'accent, mais parfaitement compréhensible. De surcroît, dans ses meilleurs discours et ses articles, il privilégiait les phrases courtes et les formules martelées, faciles à retenir.

Mais on néglige à quel point il souhaitait être considéré, avant tout, comme l'« instituteur en chef » du pays, aux prises avec une classe de 45 millions d'élèves indisciplinés : d'où l'idée qu'il n'aurait pas voulu « viriliser » les Italiens, mais plutôt les « infantiliser »[22].

Avant même d'être une révolution, le fascisme deviendra ainsi une gigantesque entreprise de pédagogie nationale pour « faire enfin les Italiens[23] ». Il y a certes une composante didactique dans tous les systèmes totalitaires, y compris ceux nés d'une défaite comme le régime de Vichy. Ce qui distingue le fascisme italien est, d'emblée, l'idée que le peuple doit s'identifier *intégralement* à la nation : la fracture entre ces deux éléments a provoqué la longue ère de morcellement et de soumission de la péninsule envers l'étranger. L'unification tardive du pays et l'épreuve victorieuse de la Grande Guerre ont corrigé ce retard, mais d'une façon encore insuffisante et partielle. La démocratie parlementaire s'est montrée incapable de souder les différentes « classes sociales », terme marxiste qui sera remplacé par celui de « corporations ». La mission du nouveau régime sera par essence pédagogique, corporatiste, antimatérialiste et anti-individualiste : « L'État fasciste a sa propre conscience, sa propre volonté, qui le caractérisent comme État éthique[24]. » Réponse, qui se veut objective et scientifique, aux chimères d'Alessandro et de ses compagnons.

Mussolini a beaucoup glosé sur son intimité avec les dirigeants de l'Internationale : on trouve ici, comme toujours chez lui, une part d'affabulation. Il n'en demeure pas moins qu'il disposait, au moins jusqu'en 1914, d'un vaste réseau de relations dans ces milieux où il était souvent apprécié. Si les conditions matérielles de sa vie furent

22. Voir notamment G. A. Borgese, *Goliath. The March of Fascism*, New York, Viking Press, 1937. Il existe de ce témoignage d'un grand écrivain exilé aux États-Unis (où il deviendra le gendre d'un autre illustre protagoniste de l'exil intellectuel, Thomas Mann) une version française, malheureusement abrégée, traduite par R. Étiemble et postfacée par L. Sciascia : *Goliath, la marche du fascisme*, Paris, Desjonquères, 1986.

23. Cette notion sera reprise par un laudateur britannique du Duce (et du Führer), le correspondant diplomatique européen du *Daily Mail*, George Ward Price, qui réunira ses entrevues dans un livre retentissant, *I Know These Dictators*, Londres, Harrap, 1937. La thèse de fond est que Hitler avait rendu confiance à une nation allemande qui existait avant lui, alors que Mussolini avait « créé » les nouveaux Italiens. Malgré ces louanges (et les faussetés qui l'accompagnaient), le Duce fut déçu par l'ouvrage. Ludwig avait été un interlocuteur d'un tout autre calibre, qu'il regrettait sans doute.

24. Mussolini, *La Doctrine du fascisme*, *op. cit.*, II, 10.

alors très dures, il ne connut ni la marginalité du jeune Hitler sur les pavés de Vienne, ni les péripéties du braqueur de banques « Koba » (Staline) dans le Caucase. La période passée en Suisse constitue la véritable université populaire de Benito. Il y approfondit la connaissance des langues étrangères en traduisant des classiques du mouvement ouvrier comme *Paroles d'un révolté* de Piotr Kropotkine ou *Au lendemain de la révolution sociale* de Karl Kautsky, ainsi que des romans de gare français pour s'assurer un gagne-pain. Il frôle, de près ou de loin, toute la constellation du syndicalisme révolutionnaire en exil : des Russes, des Allemands, des Polonais, des Français, très souvent des Juifs. On compte parmi eux plusieurs personnalités d'envergure, comme le Belge Émile Vandervelde, avec lequel il ne s'entendra jamais : ministre des Affaires étrangères en 1925-1927, Vandervelde essaiera d'ailleurs de créer un « cordon sanitaire » autour de l'Italie fasciste. Mais la rencontre décisive est celle avec la militante russe-ukrainienne-italienne Angelica Balabanoff, une de ses premières « éducatrices » (et maîtresses), qui le surnomme affectueusement « Benitouchka ». C'est elle qui lui fera découvrir son troisième modèle reconnu, après Napoléon et Nietzsche : le philosophe Max Stirner, auteur d'un réquisitoire confus et illisible contre les théories libérales, *L'Unique et sa propriété* (1844), qui connut un regain de popularité dans le climat enflammé qui préparait la guerre[25]. Mussolini suit également à Lausanne les cours du grand sociologue et économiste Vilfredo Pareto, dont la théorie des élites aura sur lui un impact considérable[26]. Nous en retrouverons plus tard l'écho grossier dans des affirmations du genre : « La masse, pour moi, n'est rien d'autre qu'un troupeau de moutons, tant qu'elle n'est pas organisée. Je nie qu'elle puisse se gouverner elle-même. Il faut la diriger au moyen de deux rênes : l'enthousiasme et l'intérêt. »

25. « Avec Stirner je disais que les dieux, tous les dieux, sont morts. Stirner et Nietzsche m'avaient ouvert les yeux », déclare-t-il à un jeune scribe enthousiaste censé recueillir son autobiographie intellectuelle. Cf. Y. De Begnac, *Taccuini mussoliniani, 1934-1943*, édition établie par F. Perfetti, Bologne, Il Mulino, 1990, p. 16, 392. Le titre allemand, *Der Einzige*, garde dans l'interprétation de Stirner, chère à Mussolini, une nuance de « seul *survivant* », qui se perd dans la traduction française.

26. Selon De Felice, *Mussolini il rivoluzionario*, *op. cit.*, p. 38-40, si Mussolini suivit les cours de Pareto, il n'y eut aucun rapport personnel entre eux. Cependant, le sociologue, à la veille de sa mort, en 1923, apportera son soutien à la marche sur Rome et aux premiers pas du régime.

Ces propos, où pour une fois il ne ment pas, sont exprimés dans un livre dont le dictateur interdira peu après la circulation[27].

À son retour en Italie, Benito est ainsi devenu un adepte du socialisme scientifique ou élitiste, même s'il affiche encore des positions « maximalistes », contre la tendance « réformiste » du groupe dirigeant du parti. Cependant, tout ce qui est confusément revendicateur, échevelé, comme si souvent dans les révoltes et jacqueries de l'Italie centrale, l'offusque et renforce sa vision d'un pouvoir distant, didactique, colbertien, en émule du parvenu corse devenu empereur. L'évolution se précisera tout au long de sa formation. Le vrai tournant aura lieu en juin 1914, à la veille de la Grande Guerre. Chef reconnu du courant le plus radical du parti et directeur de son quotidien, l'*Avanti !*, il enflammera les grévistes des Marches, de Toscane et de Romagne au cours de la « semaine rouge » qui fera une vingtaine de victimes[28]. La répression policière et l'opposition à la grève de la majorité de la population lui feront comprendre que le peuple n'est pas une force en soi mais seulement l'instrument aveugle d'une volonté politique supérieure. D'adversaire des pouvoirs constitués, il s'apprête ainsi à devenir un inconditionnel de la prééminence de l'État, doublé d'un propagandiste tout aussi incandescent de l'entrée de l'Italie dans le conflit. Le rejet des idéaux internationalistes de la part d'un meneur qui, la veille encore, se réclamait d'un pacifisme intransigeant, proche de la dénonciation de la « guerre capitaliste » par Lénine, se révèle certes opportuniste, mais également cohérent. Rappelons les dates principales de ce cheminement : le 26 juillet 1914, il a encore publié dans l'*Avanti !* un éditorial intitulé « À bas la guerre ! » ; le 18 octobre, il s'y prononce en faveur d'une « neutralité active » de l'Italie. Deux jours plus tard, il est écarté de la direction du quotidien. Le 15 novembre apparaît son nouveau journal, *Il Popolo d'Italia*, déjà belliciste. Enfin, le 29, il est expulsé du parti socialiste.

Les financements d'industriels intéressés par les approvisionnements militaires et l'argent français y jouèrent un rôle, notamment par l'entremise de l'ambassadeur Camille Barrère, du dirigeant socialiste

27. Ludwig, *Entretiens*, *op. cit.*, p. 156-157.

28. Cette émeute populaire (7-14 juin 1914), exploitée par la gauche du mouvement socialiste dont Mussolini était alors l'astre émergent, déclencha une grève générale. Le gouvernement de l'époque parvint à la résoudre sans recourir aux lois d'exception réclamées par les milieux les plus conservateurs.

(puis communiste) Marcel Cachin et du journaliste Filippo (Pippo) Naldi. Mais ils n'en furent pas la cause première, contrairement à ce qu'on a longtemps affirmé[29]. Il est, inversement, difficile de penser à une « crise de conscience » longtemps mûrie[30], ni à la découverte subite de la patrie en danger[31], alors qu'elle ne l'était pas et qu'aucun des belligérants n'avait décidé de l'attaquer. Ces formules creuses révèlent la difficulté qu'éprouvèrent ses hagiographes eux-mêmes à justifier cette volte-face. Quant à l'idée selon laquelle il aurait eu alors l'intuition que la guerre ouvrirait la voie à l'insurrection fasciste, c'est de la pure jactance[32]. Elle sera amplifiée par ses thuriféraires, qui feront remonter à 1914 les débuts de la « révolution de 1922[33] ».

Alors, pourquoi parler de cohérence ? D'une part, le refus de la neutralité correspond, en 1914-1915 comme en 1939-1940, à un penchant irrépressible de sa personnalité ; d'autre part, il est convaincu, dans les deux cas, de miser sur le vainqueur : les pays de l'Entente anglo-franco-russe dans la Première Guerre mondiale, le Reich hitlérien dans la Seconde. En d'autres termes, ce qui l'attire comme un aimant est déjà, exclusivement, le pouvoir. Pour y parvenir, il lui faut un instrument maniable et efficace : ce que le parti socialiste, avec ses éternelles querelles entre factions, n'est pas et ne pourra jamais devenir. Et puis, le socialisme internationaliste est condamné par le conflit. Les ouvriers et les paysans sont descendus dans les rues de Berlin et de Londres, de Paris et de Vienne, pour invoquer la guerre aux côtés des bourgeois. Les apôtres de la paix ne l'ont pas compris et Jean Jaurès l'a payé de sa vie[34]. S'il faut passer par les tranchées pour conquérir une nouvelle légitimité nationale, autant pour Benito

29. Je renvoie au chapitre très documenté « La crisi della guerra », dans De Felice, *Mussolini il rivoluzionario*, *op. cit.*, p. 221-287. Naldi fut longtemps un passeur influent entre l'Italie et la France. Pendant l'Occupation, tout en gardant ses entrées à Vichy, il établit des contacts suivis avec la Résistance. Une de ses filles épousera l'écrivain communiste Roger Vailland.

30. Comme le prétend Sarfatti, *Dux*, *op. cit.*, p. 140-146.

31. Beltramelli, *L'Uomo nuovo*, *op. cit.*, p. 241-250.

32. Mussolini, *My Autobiography*, *op. cit.*, p. 48-50.

33. A. Turati (alors secrétaire du parti fasciste), *Una rivoluzione e un capo*, Rome-Milan, Biblioteca del Littorio, s.d. (mais 1928), p. 143.

34. L'assassinat, le 31 juillet 1914, de Jaurès – pour lequel Mussolini aura souvent des propos d'estime – l'avait particulièrement impressionné. « J'ai pensé que c'était un de ces faits que la fatalité des événements entraîne après elle », dira-t-il à Ludwig (*Entretiens*, *op. cit.*, p. 123). Au début de 1922, de passage à Paris, il ira voir de près

y aller et prouver qu'il ne se limite pas à prôner le combat mais accepte d'y prendre part.

De l'avis général, il fut un bon soldat, point fanatique comme le caporal Hitler, mais scrupuleux dans l'accomplissement du devoir et respecté par ses camarades. Son journal de guerre, qui couvre la période de septembre 1915 à mars 1917, jusqu'à sa démobilisation pour blessure (causée par une erreur dans un lancement de projectile), fut écrit dans un évident souci d'autopromotion et publié, au fil de la rédaction, dans les colonnes du *Popolo d'Italia*. On y trouve des expressions toutes à son avantage : « Le colonel me propose de rédiger la chronique du régiment. Je lui réponds que je préfère rester dans les tranchées avec mes hommes. » Il fait aussi mention du bombardement de l'hôpital militaire par l'aviation ennemie. Il évite cependant d'affirmer, comme il le fera plus tard à Ludwig, que c'est dans le but de le supprimer que les Autrichiens auraient visé l'hôpital, de même qu'il ne revendique plus d'avoir été opéré sans anesthésie[35]. Ces bravades exceptées, il s'agit d'un document sobre et assez fiable sur la vie au front, et c'est la seule œuvre de Mussolini aujourd'hui disponible en édition courante[36]. Ajoutons-y, cependant, un codicille : au moment de la crise d'Éthiopie, il se laissera convaincre de transmettre un message au public anglo-saxon sur ses intentions de paix, dont voici le prophétique passage principal :

> Peut-on imaginer qu'après avoir servi comme soldat dans les tranchées, et avoir vu des hommes réduits en bouillie devant mes yeux, je serais désireux de plonger l'Italie, *si seulement je pouvais l'éviter*, dans une nouvelle guerre européenne[37] ?

---

le café du Croissant, où Jaurès fut tué, « qui m'a plus ému que le mur des Fédérés » (confidence faite à De Begnac, citée par Milza, *Mussolini*, *op. cit.*, p. 295).

35. À Price, il affirmera avoir été opéré… vingt-sept fois, toujours sans anesthésie ! (Cf. *I Know These Dictators*, *op. cit.*, p. 128.) Au cours de la Seconde Guerre mondiale, la propagande fera circuler de fausses nouvelles semblables, comme celle du Duce survolant le front aux commandes de son avion personnel.

36. Il en existe une vieille version française : *Mon journal de guerre*, Paris, Flammarion, 1935. Il signera également, en 1937, une longue préface à un recueil de *Témoignages étrangers sur la guerre italienne 1915-1918* publié comme tiré à part en français. Le but est alors de raviver l'esprit des tranchées chez les Chemises noires de la dernière génération.

37. Price, *I Know These Dictators*, *op. cit.*, p. 116. Le message fut boycotté par le Foreign Office, l'excuse fournie à Rome par l'ambassadeur, Sir Robert Graham, étant que la diction du Duce n'était pas suffisamment claire. L'enregistrement partiel qui nous est parvenu prouve au contraire que l'anglais de Mussolini, quoique très accentué, était intelligible.

Cette tentative d'expliquer son revirement politique présuppose un Mussolini non seulement sans scrupule – ce qu'il est assurément déjà –, mais aussi sans allégeance idéologique, prêt à se servir de tout et de tous pour réaliser ses objectifs. À partir de ce moment, la « trahison » du « renégat » deviendra une accusation constante de la gauche antifasciste, avant et après l'instauration du régime : la preuve que l'homme n'a ni foi ni loi. C'est là sans doute que le bât blesse, car il vouera désormais à ses anciens camarades une haine viscérale, plutôt rare chez lui et presque sans comparaison avec celle qu'il porte à ses autres adversaires. Cette rancune n'épargnera même pas des cousins ou des amis d'enfance – y compris l'inoffensif idiot du village qui a osé le traiter publiquement de girouette – qui auront droit à leur ration de coups et de prison : ils le connaissent mieux que les autres et doivent en payer le prix[38]. Comme quelques hameaux de la province conservent une majorité de gauche, la répression y sévira avec acharnement. Le dernier maire démocratiquement élu de Predappio, le socialiste-communiste Domenico Ciro Farneti, mourra en 1925, comme tant d'autres, des suites des blessures reçues au cours d'une attaque squadriste.

La rupture est donc nette et irréparable. Néanmoins, Mussolini attendra encore quelques années avant de donner une pleine formulation au nationalisme incandescent des premiers « faisceaux de combat », créés à Milan le 23 mars 1919[39]. Pourquoi ? Tout simplement, parce qu'il veut exploiter le climat houleux de l'immédiat après-guerre : la révolution d'Octobre, les troubles en Allemagne, les premiers désaccords à la conférence de la paix, la « victoire mutilée » de l'Italie, l'équipée de Fiume. Nous y reviendrons dans la deuxième partie. Limitons-nous à observer ici que cette ductilité n'est pas exclusivement tactique. Si le pouvoir est le but unique du futur Duce – titre « romain » que ses premiers acolytes lui ont déjà décerné –, il le double d'un projet de révolution nationale qui s'oppose à l'option internationaliste définitivement récusée. Traître

38. Le livre cité d'Emiliani en détaille plusieurs autres cas. Il faut ajouter qu'après la Libération l'épuration dans la ville de Forlì et les communes avoisinantes sera particulièrement sévère.

39. Comme l'a démontré G. Salvemini dans les premières pages de *Mussolini diplomate*, Paris, Grasset, 1932.

ou renégat, peu (lui) importe désormais : il a trouvé sa vocation et la place qui lui échoit *dans* – et à la fois *contre* – la société établie qu'il se propose de miner de l'intérieur. Il faut également revenir au refus des valeurs « tièdes » qu'il manifeste dès ses débuts. S'il existe une constante, chez ce touche-à-tout idéologique, c'est bien là qu'elle réside : « Incarnation autoproclamée du peuple, il en parle la langue. Et sur ce point, il est considéré comme l'inventeur d'un nouveau style politique destiné aux masses[40]. » Malaparte, dans les années 1930, lorsqu'il n'est plus opportun de le rappeler, mettra encore l'accent sur la formation socialiste du Duce en suscitant le courroux de l'intéressé :

> La lutte contre la bourgeoisie était beaucoup plus populaire chez les fascistes que la lutte contre le prolétariat. Les troupes d'assaut étaient composées en grande partie d'ouvriers, de petits artisans et de paysans. Et puis, la lutte contre la bourgeoisie, c'était déjà la lutte contre le gouvernement, contre l'État. [...] Pour la bourgeoisie, rien n'était moins légal, rien n'était moins acceptable que cette violence fasciste si chaleureusement applaudie tant qu'elle s'était exercée contre les organisations prolétariennes[41].

C'est vrai, à condition de ne pas négliger la nature utilitaire de ce rapport au peuple. L'idée d'un fascisme « modernisateur » a fait l'objet de nombreuses études[42]. Dès le début, Mussolini exalte ce peuple aux contours indéfinis dans la mesure où il lui sert et où il pourra l'asservir, alors que la bourgeoisie demeure une classe sournoise, ondoyante, peu fiable, difficile à encadrer et mobiliser. Il va feindre de promouvoir la concorde entre les classes sociales, alors que son pouvoir se fonde sur un état de confrontation permanente, que *lui* seul pourra arbitrer et contrôler. Il dira aux bourgeois : je suis votre rempart contre la vindicte des masses ; et aux prolétaires : sans moi les possédants vous saigneraient, comme toujours ils l'ont fait dans l'histoire. Cette tactique, rassurante et menaçante à la fois,

---

40. Musiedlak, article « Mussolini », dans *Le Dictionnaire des populismes*, *op. cit.*, p. 720-722.

41. C. Malaparte, *Technique du coup d'État*, Paris, Grasset, 1931, p. 252-253.

42. Voir autour de ce débat, E. Gentile, *Renzo De Felice, l'historien dans la cité*, Paris, Les Éditions du Rocher, 2008.

lui réussira tant qu'il ne jugera pas le moment venu de se lancer dans l'épreuve de force de la nouvelle guerre mondiale, où il perdra rapidement l'appui des uns et des autres.

Son amour claironné pour le sport et l'activité physique suit également cette pente : spadassin, il s'est battu en duel, comme D'Annunzio et plus tard Malaparte, contre des adversaires politiques ou des journalistes. Le sang cependant coule peu : il en sortira sans peine[43]. Tout au long de sa vie, malgré un régime alimentaire strict, en partie imposé par l'ulcère qui le tourmente (des légumes et des fruits, du riz blanc, très peu de viande et de féculents mais du pain à volonté[44], ni café ni dessert, rarement un doigt de vin allongé avec de l'eau minérale), il luttera vainement contre l'embonpoint. Sa carrure épaisse lui vient du côté paternel, jurant avec une certaine finesse des traits, des poignets et des chevilles qui provient de sa mère. À la pétanque prolétaire, il préfère l'équitation ou le tennis, et fera construire dans le parc de sa demeure romaine un des premiers courts privés du pays. En revanche, il est un des rares Italiens de son époque – et de la nôtre… – à n'éprouver qu'une passion mitigée pour le football. Certes, les deux Coupes du monde remportées par les *azzurri*, en 1934 et 1938, seront célébrées comme des triomphes du régime, d'autant plus que la seconde finale aura lieu… en France. Il n'ira pas assister aux Jeux olympiques de Berlin, qui se déroulent dans un climat assez libéral[45], laissant la place au prince héritier Humbert, de peur de faire de la figuration à côté de Hitler, bien que l'équipe italienne y gagne un lot respectable de médailles et que le Führer y soit humilié par les prouesses du Noir américain Jesse Owens, vrai triomphateur des Jeux[46]. L'athlétisme et la natation l'ennuient, mais il faut bien développer le physique des nouveaux Italiens dont

43. Il continuera à prendre des leçons d'escrime et son thuriféraire anglais rapporte qu'il « s'exerce sans masque » (Price, *I Know These Dictators*, *op. cit.*, p. 110). Encore l'exhibition du courage physique…

44. Il exaltera le pain comme aliment principal du peuple (voir la deuxième partie).

45. En particulier, la campagne antisémite fut suspendue, mais durant quelques semaines seulement.

46. Le film que Leni Riefenstahl, la cinéaste en titre du Troisième Reich, tournera sur *Olympia* est un tel hommage aux prouesses d'Owens qu'on a pu parler à son sujet d'un racisme renversé. Elle y donnera une suite idéale dans ses reportages des années 1960-1970 consacrés au peuple africain des Noubas.

l'apparence chétive, surtout celle des recrues méridionales, lui a tant déplu dans les tranchées de la Grande Guerre. Ses deux fils aînés se succéderont à la présidence de la Fédération italienne de boxe. Des stades et des piscines « Mussolini » ou « Dux » (parfois les deux, autant faire du zèle...) surgissent jusque dans les bourgades les plus reculées, là où n'arrivent parfois encore ni l'électricité ni l'eau courante[47]. Leur fréquentation y est gratuite, généralement obligatoire pour tous les garçons. L'éducation physique des filles est un sujet plus délicat, mais les obstacles dérivent (surtout dans le Mezzogiorno) beaucoup plus des usages locaux et des préjugés de l'Église que de la volonté du régime. On a beaucoup insisté sur l'opposition du fascisme à l'émancipation sportive de la « femme au foyer ». Pourtant, lorsque Ondina Valla établira à Berlin le record du monde du 80 mètres haies, elle sera désignée par Mussolini comme un exemple pour toute la jeunesse italienne, tandis que le Vatican fera la moue.

La maîtrise technique deviendra aussi un des fleurons du régime et un des vecteurs de l'image du Duce, qui s'exhibe au volant de voitures vrombissantes et aux commandes de l'avion qu'il pilote impavidement[48]. Là encore, difficile d'imaginer rien de moins prolétaire, à une époque où les classes populaires doivent se contenter d'admirer de loin ces coûteux passe-temps. Pendant les manœuvres militaires comme au front, Mussolini expliquera, de préférence devant les caméras, à des constructeurs et à des ingénieurs qui en savent dix fois plus que lui – mais contraints de se taire – comment améliorer un modèle de tank ou de sous-marin. Il ne manquera pas de disciples en ce

---

47. Un des (nombreux) écrivains qui publièrent dans l'après-guerre des Mémoires « adaptés » raconte comment la misère le poussa à adhérer au fascisme et décrit son village natal comme un tas de masures encrottées. Il évite de préciser que ledit village, mis à part les ruines d'un imposant château, disposait déjà d'un stade moderne et bien équipé.

48. Un peu trop même... Le caustique ambassadeur Anfuso raconte comment, lors de la rencontre avec Hitler en Prusse-Orientale en août 1941, après une inspection conjointe du front russe, « Mussolini déclara qu'il allait piloter l'appareil. Tout le monde pâlit, mais personne n'eut le courage de faire une objection. Le Duce pilota pendant trois quarts d'heure. Hitler ne souffla mot, mais je suis certain que la plaisanterie ne lui agréa point et qu'elle sembla aux SS un demi-attentat. Quand le moment fut venu d'atterrir, le pilote du Führer le lui déconseilla, car les passagers, sauvés des Soviétiques, ne voulaient pas finir par des mains italiennes, même illustres. Mussolini regagna mal volontiers sa place, reçut les compliments d'usage ; toutefois les paroles du Führer n'eurent pas la même chaleur que celles dont il usait pour le féliciter d'avoir combattu le marxisme » (*Du palais de Venise*, *op. cit.*, p. 223).

domaine : de Castro à l'actuel dictateur nord-coréen Kim Jong-un. L'aviation reste son sujet favori : exaltée et fortement financée par le régime, elle aura droit à l'appellatif de « fascistissime », alors que l'armée de terre et surtout la marine conservent une réputation plus traditionnelle et royaliste[49]. D'Annunzio et les futuristes avaient mis à la mode du jour le « vent héroïque de la rapidité[50] » ; la Grande Guerre a consacré les pilotes de chasse comme idoles populaires. Le vol est la vogue du moment en Europe, aux États-Unis et même en Union soviétique :

> L'avion devient l'instrument moderne de l'héroïsme, célébré à droite comme à gauche, un symbole de solitude aristocratique, d'élévation au-dessus de la boue des tranchées, l'image du progrès technique et du retour à un code d'honneur désormais disparu, ou presque, parmi la troupe[51].

Mussolini sera donc pilote, comme ses deux fils aînés. Les vols transatlantiques donneront une grande renommée internationale au régime en temps de paix ; le recours massif à l'aviation en Espagne et – moins glorieusement – en Éthiopie servira comme démonstration des capacités militaires de la nouvelle Italie. Son pilote personnel, l'as Angelo Tondi, arrivera maintes fois à résoudre les impairs de pilotage du Duce. Cependant Dédale brûlera, métaphoriquement, les ailes de sa créature, Icare. Bruno Mussolini mourra à vingt-trois ans, en août 1941, dans l'essai d'un prototype de bombardier. Les funérailles de ce jeune homme simple et direct marqueront un des derniers moments où « son » peuple s'associera à la douleur digne d'un père plutôt que d'un chef à l'autorité déjà ébranlée[52].

Le faux prolétaire et vrai petit bourgeois a-t-il été tenté, en contrepartie, par le contact avec les classes dirigeantes traditionnelles ? Allait-il

49. La vulgate néofasciste a longtemps dénoncé la « trahison des amiraux », réputés non seulement monarchistes mais anglophiles, comme une des causes de la déroute militaire en Méditerranée. D'où procès et polémiques sans fin dans l'après-guerre.

50. Ainsi D'Annunzio, au début de son roman *Forse che sì, forse che no* (1910) consacré aux nouveaux défis de l'automobile et de l'aviation.

51. M. Serra, *Une génération perdue. Les poètes guerriers dans l'Europe des années 1930*, Paris, Seuil, 2015, p. 81 et suivantes.

52. Sur la couverture du livre de méditations qu'il lui consacrera, *Je parle avec Bruno* (Montreux, Éditions de l'Aigle, 1942), son fils figure en tenue de pilote de combat.

préparer, par le truchement de l'homme d'État respectable, le passage de Buonaparte à Napoléon ? S'étant servi du socialisme comme d'un tremplin, allait-il tourner casaque et renier ses racines ? Non, l'homme restera jusqu'au bout intimement socialiste : à sa façon, bien sûr. Pendant les dix premières années du régime, jusqu'au tour de vis des années 1930, il aura généralement privilégié une image plutôt rassurante, afin de relativiser celle de l'ancien chef de bande. Il se fait photographier à l'hippodrome et dans des restaurants à la mode, la cigarette à la bouche (lui qui déteste le tabac) et en chapeau haut de forme, qu'il quitte immédiatement une fois les clichés pris – clichés qui seront reproduits dans les gazettes et les actualités. À la sortie de 10 Downing Street, résidence du Premier ministre britannique, qu'il visite quelques semaines après la prise du pouvoir, sa mine est renfrognée, mais la tenue, chapeau melon et manteau au col de fourrure, impeccable. Il s'entoure de jeunes diplomates et de maîtres de cérémonie censés lui apprendre les règles du protocole et du bon ton, même s'ils ne parviennent pas toujours à le convaincre de prendre un bain quotidien. Il apparaîtra parfois à ses interlocuteurs le visage ombré d'une barbe de deux ou trois jours : il avait la peau du visage très sensible (encore un trait maternel, sans doute) et n'apprit jamais à se raser tout seul sans saigner. Son barbier personnel l'accompagnera jusque dans la dernière cavale, en avril 1945. Il exhibe dans un premier temps les décorations étrangères, comme la cravate de l'ordre de Malte ou la grand-croix de la Légion d'honneur que lui remet l'ambassadeur de France, Camille Barrère, au palais Farnèse, au moment où Paris essaie d'amadouer le nouvel homme fort de la péninsule. Les deux personnages se détestaient d'ailleurs, car Barrère, comme nous l'avons déjà dit, avait été l'intermédiaire entre son gouvernement et le Mussolini « interventionniste » de 1914-1915, et savait trop de choses qu'il fallait désormais oublier. L'ambassadeur sera donc « invité » à prendre sa retraite en novembre 1924, après vingt-sept années d'une activité inlassable à Rome, où il avait assumé ses fonctions depuis 1897.

On a souvent colporté l'image d'un Duce aux manières grossières, surtout à table[53]. Un diplomate français, qui l'observe lors d'un de ses premiers dîners officiels, en a laissé un portrait bien différent :

53. Mack Smith affirme qu'il en avait un tel complexe qu'il évitait de prendre ses repas en public (*Mussolini*, *op. cit.*, p. 139). L'historien oublie les soucis diététiques du dictateur.

Un peu de raideur et d'automatisme, mais pas d'impair. Sa voisine de table note de sa part un regard observateur sur la quantité de couverts d'argent dont son assiette est entourée, mais de chacun il se sert à propos. Dans la conversation tenue en français, il ne cherche pas à briller, et à la fin du repas se prête de bonne grâce à signer les menus. Il s'est fait vite à être le point de mire de tous les regards et à évoluer dans un monde qui n'était pas le sien[54].

Cette aménité changera avec le temps et le pouvoir. La métamorphose est patente lors d'un dîner d'État, offert quelques années plus tard au Premier ministre grec, Venizélos :

L'invité, un peu voûté, avait l'allure d'un affable professeur. Mussolini, rigide, distant, en face de lui, mangeait à peine et ne souriait jamais, ignorant les dames à sa droite ou à sa gauche. L'impression était celle d'une timidité instinctive devant des circonstances inhabituelles. Il regardait devant lui et ne savait pas où mettre ses mains. Son manque de naturel était évident[55].

Il gardera jusqu'au bout (on le remarque même dans les photos de la pendaison par les pieds en avril 1945) l'habitude paysanne de revêtir un tricot de corps de laine ou de coton. Mais pour l'heure il s'habille avec un soin de dandy et ne néglige pas de paraître dans la loge du président du Conseil à l'opéra et au théâtre, en humant une rose rouge qu'il jette à l'entracte à une cantatrice ou une comédienne en vue. Voici la description d'une de ses dernières apparitions mondaines, au début de 1933 :

Le premier acte terminé, tous les yeux se fixèrent sur la loge présidentielle qui était déjà vide. Il se tenait dans le couloir, les mains dans les poches, seul, les yeux cernés de rouge, le teint

54. F. Charles-Roux, *Souvenirs diplomatiques. Une grande ambassade à Rome, 1919-1925*, Paris, Fayard, 1961, p. 228-229. Le cadre était celui de l'ambassade du Brésil. Cyprienne, fille cadette de Charles-Roux revenu plus tard à Rome comme ambassadeur près le Saint-Siège (1932-1940), épousera un diplomate italien, le prince Marcello del Drago, proche collaborateur de Ciano : le couple figure dans un chapitre de *Kaputt* de Malaparte. Sa sœur aînée fut l'écrivaine Edmonde Charles-Roux, épouse de Gaston Defferre.

55. P. Vita-Finzi, *Giorni lontani*, Bologne, Il Mulino, 1989, p. 207-208.

cireux. La foule avançait, passait devant lui, indifférent et puissant. Les hommes levaient timidement la main droite, les femmes marchaient en ouvrant imperceptiblement les jambes. Il répondait d'un signe de la tête, sans ôter les mains de ses poches. Tout à coup, ses yeux se fixèrent sur le fond du couloir, où je ne bougeais pas avec la dame qui m'accompagnait : il ne dévisageait que ces deux-là, qui ne défilaient pas[56].

Végétarien ou presque, il aime les animaux, mais là encore, pourvu qu'ils contribuent à son image. Il élève un lionceau, dont le parti lui a fait cadeau, et quand le moment viendra de le livrer au jardin zoologique de Rome, il ira le visiter quelquefois avec ses enfants (et les journalistes). Il offre à ses admirateurs, et surtout à ses admiratrices, des instantanés de la Hongroise Ghitta Carell et d'autres photographes en titre de la bonne société, où il campe parfois en violoniste dans un désordre bohémien de partitions, de vases de fleurs et de coussins. Il avait un certain talent musical, hérité par son fils Romano qui deviendra dans l'après-guerre un jazzman réputé. Les premiers biographes, comme la Sarfatti, s'épanchent sur ce don avec ravissement, et il y eut même des publications consacrées au *Mussolini violoniste*. Après quoi cette image dut lui paraître trop frivole et il donna l'ordre de ne plus en parler[57]. Il oubliera également la référence à un prétendu Mussolini compositeur et luthiste, établi à Londres au XVIIIe siècle[58]. Mais il prendra grand soin de ses mains jusqu'au bout : son seul luxe, à Salò, sera une séance de manucure tous les quinze jours. Il se fait élire membre des deux clubs les plus huppés de la capitale, le Cercle de la Chasse et celui des Échecs, où il ne mettra jamais les pieds, à la différence du néocomte Galeazzo Ciano di Cortellazzo[59] : celui-ci

56. C. Alvaro, *Quasi una vita. Giornale di uno scrittore*, Milan, Bompiani, 1959, p. 101-102. Ce grand écrivain fut un bon témoin de son époque : oublions la petite note finale d'antifascisme, glissée pour ses lecteurs d'après guerre. Mais la description est, dans l'ensemble, fiable.

57. En Italie, mais pas à l'étranger. Encore dans les années 1930, Price affirmera que le violon est sa détente préférée et détaille son répertoire fort exigeant : Palestrina, Bach, Beethoven et Brahms. (Cf. *I Know These Dictators*, *op. cit.*, p. 112.)

58. Cf. *My Autobiography*, *op. cit.*, p. 18-19.

59. Le titre avait été attribué à son père par le roi, en 1925, à la demande de Mussolini, formellement en reconnaissance des exploits (indéniables) de l'amiral Ciano durant la Grande Guerre, en réalité pour le remercier du soutien qu'il avait apporté au Duce défaillant au moment de l'affaire Matteotti (voir la deuxième partie).

baignera avec délice dans un milieu qui ne fera rien pour le sauver au moment de sa perte. Ce n'est finalement qu'une pose d'annunzienne, parmi d'autres ; mais à la différence du poète parvenu abruzzais, qui aurait aimé naître prince romain, Mussolini méprise ce monde suranné. Il n'y cultive pas de relations masculines : erreur d'appréciation et faute d'orgueil car aucun courtisan ne viendra l'informer, au printemps et à l'été 1943, que le roi médite puis prépare son renvoi. Et dans la longue liste de ses conquêtes féminines, parfois d'une nuit, souvent même pas, on n'en connaît aucune de haut lignage, alors que les beautés au sang bleu s'agglutinaient aux pieds (plats) de Ciano. Même l'ancien cheminot Farinacci, chef reconnu des intransigeants fascistes, avait une maîtresse en titre d'une illustre famille milanaise, la marquise Carla Medici del Vascello, qui mourut à ses côtés en 1945. Ce n'est qu'à Salò que Mussolini recevra, pour de fugaces colloques intimes, deux ou trois dames de l'aristocratie ; mais il s'agissait de fascistes exaltées, se déclarant prêtes à mourir avec lui, ce dont il n'avait pas la moindre envie.

Dans les premières années du régime, il rentre le soir à l'hôtel ou dans sa modeste chambre de pensionnaire haut perchée sur les toits de la vieille ville. Le prince Torlonia ne lui a pas encore offert pour un loyer symbolique un petit hôtel particulier sur la via Nomentana, agréable et spacieux mais point luxueux pour les critères de l'époque, près de la résidence où le roi Victor-Emmanuel et sa famille vivent tout aussi bourgeoisement, loin du Quirinal et de ses fastes ex-pontificaux[60]. Il se fait servir un quart de poulet, une corbeille de fruits et une bouteille d'eau minérale et travaille inlassablement ses dossiers, parfois jusqu'à l'aube. Sur sa table de travail il a placé un fer de cheval rouillé, un porte-bonheur recueilli une nuit d'hiver, alors qu'il n'était encore personne, dans un square de Milan, piazzale Loreto, là où sa dépouille sera pendue vingt-trois ans plus tard. Il songe déjà à l'étiquette « Grand Siècle » ou napoléonienne qu'il inaugurera au palais de Venise : ses collaborateurs doivent se tenir

60. Les Mussolini résideront à la villa Torlonia de 1925 au 25 juillet 1943. Le Duce y fera bâtir, mis à part le court de tennis déjà mentionné, un abri souterrain jamais utilisé. Le château moyenâgeux de la Rocca delle Caminate, en Romagne, qui sera confisqué à la Libération, lui avait été offert comme demeure d'été par souscription populaire en 1927. Mussolini accepta le don en précisant que la propriété redeviendrait domaine public à sa mort.

debout, au garde-à-vous, en attendant que toute l'Italie se mette en uniforme. C'est un peu exagéré : certains camarades de la première heure continuèrent à le tutoyer (mais personne ne l'appellera plus Benito), alors que son gendre Ciano n'eut jamais ce privilège et ne fut jamais invité à s'asseoir devant lui. Italo Balbo, « quadrumvir » de la marche sur Rome et protagoniste des exploits aériens du fascisme, fut sans doute le seul qui, ne trouvant pas un fauteuil digne de son imposante carrure, s'asseyait nonchalamment sur un coin du bureau, sans se soucier d'un Duce qui le mitraillait du regard, livide de fureur devant une telle outrecuidance.

Il n'a jamais fréquenté aucun de ses acolytes en privé ni mis les pieds dans un salon, une maison particulière – y compris l'appartement du nouveau quartier chic romain des Parioli, où les jeunes Ciano entretenaient bruyamment une cohorte d'obligés –, une réserve de chasse, une gentilhommière, encore moins une brasserie ou une pâtisserie, comme Hitler. « Le DUCE, chef du gouvernement, vous remercie et regrette de ne pouvoir accepter votre invitation » deviendra une formule standard de son cabinet. Il ne frayera avec le souverain que dans des occasions officielles, où il déteste figurer au second rang, comme l'impose le protocole royal. Après avoir renoncé au théâtre et à l'opéra, sauf à l'occasion de quelques premières ou soirées de gala[61], il se fait projeter des films chez lui, en famille, et va généralement se coucher avant la fin de la séance. D'ici quelques années il se cantonnera aux visites et aux manifestations publiques, minutieusement programmées et organisées, et perdra le contact avec le pays qu'il croit avoir façonné à son image et qui est devenu un immense village Potemkine.

L'aristocratie romaine – et italienne en général – s'est inventé par la suite une renommée de frondeuse à l'égard du régime, qu'elle ne mérite largement pas[62]. À quelques exceptions près, cet univers

61. Là encore, il faut toujours surprendre et épater l'assistance. En 1932, lors de la représentation d'un opéra de Mozart à la Fenice de Venise, il fera vider la loge présidentielle de toutes les autorités pour que les hommes ne s'interposent pas entre cette musique sublime et lui. Il reste figé pendant trois heures, marmoréen et immobile, en faisant taire tous les murmures dans la salle. En 1937, lors d'un concert wagnérien à Rome, c'est l'inverse : il renonce à la place d'honneur qui lui est attribuée, achète son billet au guichet et s'installe dans le parterre au milieu du public timoré.

62. Voir comte F. Sarazani, *Alla corte del Duce. L'aristocrazia romana e il fascismo*, Florence, Le Lettere, 2015.

clos n'a pris ses distances avec le fascisme – tout comme les junkers prussiens devant Hitler – que pour retarder les réformes agraires dans ses énormes *latifundia* et conserver le contrôle de ses très rentables banques privées. Mussolini, tout en accordant à ces privilégiés des compensations parfois exorbitantes, ne les a jamais pris au sérieux et s'en est servi comme un dresseur d'ours, alors que des observateurs étrangers, dont un François-Poncet pourtant réaliste, ont pu croire que ces personnages aux noms parfois antiques de princes et de condottieres pourraient reprendre la place qu'ils avaient détenue à l'époque de l'Italie féodale et arrêter la marche du pays vers la guerre. Une illusion semblable animera les Alliés, après 1945, convaincus à tort que les vieilles classes dirigeantes pouvaient arrêter la progression du communisme en Italie. Bien plus averti qu'eux, le pape Pie XII avait préparé en catimini les nouveaux cadres de la Démocratie chrétienne, issus de la moyenne et petite bourgeoisie, et même du peuple, qui gouverneront le pays durant une longue phase de l'après-guerre.

Les deux seuls centres d'opposition au fascisme dans ce milieu n'apparaîtront que tardivement, à la veille de la crise de l'été 1943 : l'un, autour de la princesse Marie-José de Belgique, épouse de Humbert, prince de Piémont, héritier au trône, regroupe pour l'essentiel des intellectuels ; l'autre, sous l'impulsion directe du roi Victor-Emmanuel III, ne regroupe personne car le monarque se méfie de tous, surtout de sa belle-fille. Mussolini se montrera plus circonspect à l'encontre des grands industriels et financiers et de leurs influents contacts internationaux. Après tout, si le fascisme a « marché » sur Rome, il est né (et mourra) à Milan, la ville la plus dynamique et la plus moderne du pays. Le dictateur a besoin d'eux et les respecte, tant qu'ils ne manifestent aucune attitude frondeuse. Lorsque le chef d'entreprise et grand collectionneur d'art turinois Riccardo Gualino, un des pionniers de l'industrie cinématographique, se trouvera en délicatesse avec le régime, le Duce n'hésitera pas à l'envoyer au *confino* sur l'île de Lipari durant près de deux ans (1931-1932) : une leçon pour tous ses pairs.

En définitive, quitte à y revenir plus tard, nous pouvons déjà affirmer que Mussolini n'a conclu avec les classes dirigeantes qu'un pacte d'intérêts mutuels, un mariage de raison, d'abord pour délivrer le pays de la prétendue menace bolchevique, puis pour endiguer les revendications du prolétariat ; mais rien de plus. Certes, les propriétaires fonciers de Vénétie et de la vallée du Pô – surtout les petits et moyens possédants qui se sentaient le plus menacés – avaient financé les escouades fascistes dans le but d'éviter l'occupation des terres par les *braccianti*, les paysans démunis et les travailleurs agricoles, revenus enhardis – et encore plus appauvris – du carnage des tranchées. Dans les villes, les industriels avaient fait de même face aux grèves ouvrières – mais leurs financements, sur lesquels nous disposons aujourd'hui d'une documentation assez précise, furent encore plus modestes. On peut raisonnablement affirmer aujourd'hui, contre une théorie longtemps prédominante, que ni avant la marche sur Rome ni même un peu après, le grand capital ne misa *exclusivement* sur Mussolini et le fascisme. Les grandes fortunes souhaitaient plutôt l'avènement d'un gouvernement fort, confié à un notable, de préférence un militaire : un nouveau Mac-Mahon ou un Hindenburg. Les fascistes y auraient figuré en position minoritaire, pour assurer le maintien de l'ordre, sans aucune influence sur les mesures économiques et sociales où on craignait leurs dérapages révolutionnaires. Mussolini, qui le savait, agit exactement dans la direction contraire. Après la « marche » victorieuse, il refusa le poste de ministre de l'Intérieur : ce ne sont pas les miettes qu'il voulait, mais tout le pouvoir, et pour lui seul. Son bluff réussit. Le lendemain, il l'obtenait.

La formule de « régime-refuge[63] » pour les classes aisées semble appropriée. Certains hommes d'affaires, tout au moins les plus lucides, « européens » et cosmopolites d'entre eux, continueront par la suite à ne pas aimer le régime, son volontarisme économique et ses défis grandiloquents, surtout dans la phase de l'« autarchie » des années 1930[64]. Mais ils finiront par l'accepter, le réalisme ou le « patriotisme d'entreprise » aidant. Le journal du sénateur et grand entrepreneur Alberto Pirelli reflète éloquemment cette approche toute pragmatique[65]. Contrairement au cliché, aujourd'hui périmé, d'un fascisme au service du capital, un fond de méfiance réciproque caractérisera toujours leurs rapports. Chez Mussolini – comme chez Hitler et même chez les marxistes Staline et Mao –, le culturel (nationaliste)

---

63. M. Luciolli, « Mussolini, homme de gauche », *Revue des Deux Mondes*, décembre 1983.

64. Voir plus loin, dans la deuxième partie.

65. A. Pirelli, *Taccuini 1922-1943*, Bologne, Il Mulino, 1984.

l'a largement emporté sur l'économique[66], dans la conviction que, de toute façon, « l'intendance suivra ». Certes, il donna des gages, limita d'une main de fer les revendications syndicales des paysans et des ouvriers ; mais il ne s'agissait que d'accommodements intéressés. Les propriétaires terriens du Sud l'abandonneront sans regret après le tournant de 1943 et la division du pays. Les industriels et financiers du Nord accepteront la République sociale parce qu'ils ne pourront pas faire autrement, et pour sauvegarder leurs biens et leurs usines.

Mussolini, à la différence de son inspirateur Napoléon, n'a pas voulu créer une aristocratie de régime, ni même de parti comme les bolcheviks ou Hitler. Il veille également à éviter, dans la mesure du possible, toute intimité entre les hiérarques, et se réjouit qu'ils se détestent ou se jalousent, selon l'éternel principe du *divide et impera*[67]. Le brevet honorifique de « fasciste de la marche sur Rome », censé désigner les premiers adhérents du mouvement, ne fut jamais qu'un expédient rhétorique comportant de très modestes bénéfices, contrairement à ce qui se passait en URSS et dans le Troisième Reich[68]. Les appels aux « camarades de la première heure et aux Chemises noires de la révolution », qui ponctuent les discours mussoliniens, n'auront, dans la plupart des cas, aucune valeur effective. Il a toléré – et même sollicité – que certains de ses coéquipiers, plus vaniteux, reçoivent un titre de noblesse, tout en le refusant pour lui et pour sa famille. Intimement socialiste, il n'a pas compris à quel point la Couronne pouvait encore attirer et amadouer d'anciens irréductibles. Il ne put éviter que Galeazzo Ciano devînt, comme lui, chevalier de la très sainte Annonciade, la plus ancienne distinction honorifique de la maison de Savoie, et de ce fait, formellement, un « cousin du roi »,

66. Selon la belle formule de P. Ory, *Qu'est-ce qu'une nation ? Une histoire mondiale*, Paris, Gallimard, 2020, p. 409-410.

67. Cela vaut aussi pour leurs familles. L'ambassadeur Bruno Bottai, fils du puissant hiérarque qu'on rencontrera plus loin, m'a raconté qu'il fut filmé par une troupe des actualités cinématographiques en train de s'exhiber en tenue de *Balilla* (« petit fasciste ») à côté du fils aîné de Galeazzo Ciano. Le programme était censé montrer aux Italiens l'éducation « spartiate » des rejetons du régime. Or, les deux enfants, très mal à l'aise, se rencontraient pour la première fois et ne se revirent plus.

68. J'ai retrouvé celui de mon grand-père paternel, officier de la réserve, que des scrupules légalitaires ou les cors aux pieds incitèrent à rebrousser chemin après la première étape. Le brevet porte le n° 96230 : pas très héroïque, attendu que les marcheurs furent environ… 26 000. À sa mort, en 1936, la famille put néanmoins ajouter dans le faire-part le rituel « *fascista della marcia su Roma* ».

censé être consulté sur toutes les délibérations d'intérêt national. Il y subodorait – avec raison – la tentative de son gendre de s'émanciper de sa tutelle et de se préparer à lui succéder un jour, avec l'agrément du souverain. Il finit par céder, comme il le fit presque toujours, aux pressions de sa fille Edda. Un autre – et plus redoutable – de ses concurrents, Dino Grandi, obtiendra la même décoration, en 1943, alors qu'il se rapproche du monarque pour mettre au point le coup d'État qui doit l'évincer. Nous en reparlerons le moment venu.

D'un point de vue idéologique, Mussolini ne pouvait accepter l'idée que le fascisme s'enferre dans les castes du passé. L'État éthique totalitaire ne pouvait le tolérer ; et cet État c'était *lui*, seulement lui. Sa gestion du pouvoir consistera, au gré des circonstances, des humeurs et des soupçons, à écarter des collaborateurs trop remuants ou trop ambitieux – jamais physiquement, en général avec un autre bon salaire ou un strapontin de sénateur ou de conseiller d'État –, pour les remplacer, de plus en plus souvent, par d'inoffensives nullités. Et il fermera souvent les yeux sur des affaires de corruption ou de mœurs lorsque cela lui permettra de tenir sous contrôle les responsables. Quelques adjoints tombés en disgrâce, comme Augusto Turati, secrétaire du parti de 1926 à 1930, ou des camarades des débuts, comme Leandro Arpinati, connurent le *confino* et la prison ; mais ce fut plutôt l'exception que la règle. Le fascisme, du moins jusqu'au règlement de comptes de Salò, ne connaîtra pas l'équivalent des méthodes staliniennes ou hitlériennes pour liquider les adversaires internes. Les hommes, nous l'avons dit, lui étaient indifférents, tous méprisables, tous interchangeables : ce fut sa grande ressource, avant de devenir une des raisons de sa perte. Par conviction et par mission, Mussolini ne pouvait envisager d'autre totalité que la sienne.

2

Son tempérament

Les dictateurs ont rarement le sens de l'humour : Mussolini n'en eut aucun. Un journaliste qui suivit attentivement ses débuts nous en offre déjà un portrait crédible, auquel il y aura peu à ajouter par la suite :

> On aurait dit un pasteur protestant, incapable de sourire. Il arrivait avec son secrétaire, une mallette à la main qu'il ne confiait à personne[1]. Les fascistes du coin l'entouraient pour le fêter. Il les glaçait d'un regard. Les bons mots fusaient, les rires gras et les quolibets sur des adversaires. Il répondait du bout des lèvres : « Fort bien, je vois surgir parmi vous l'humour fasciste. » Il s'en serait volontiers passé. Les autres, perplexes, enchaînaient à tue-tête les refrains belliqueux des escouades. Je l'ai vu ouvrir et fermer la bouche mécaniquement comme un poisson, un peu comme ceux qui, à l'Église, font semblant d'entonner les hymnes sacrés dont ils ignorent les mots. À ce moment, il devait sans doute regretter son violon. Dès qu'il prenait la parole, personne n'avait le droit de répondre. Il s'habituait ainsi à cette solitude politique qui allait devenir sa gloriole et sa condamnation[2].

Cette approche ne changera jamais. Le pouvoir ne fera que durcir les traits que la nature avait façonnés[3]. Tout est figé, dissimulé, apprêté, bien avant la mise en scène césarienne des années 1930 : « Il

1. Curieuse anticipation de la fin : voir l'épilogue.
2. E. Radius, *Usi e costumi dell'uomo fascista*, Milan, Rizzoli, 1964, p. 199-200.
3. « Un misanthrope avec une vision extrêmement sombre de la nature humaine », selon Mack Smith, *Mussolini*, *op. cit.*, p. 143.

émane le pouvoir de la volonté, comme un radiateur incandescent[4]. » Si l'enfant et l'adolescent avaient manifesté la fougue et même la violence du tempérament romagnol, le militant a tôt appris à se maîtriser. Mais cet homme sans sentiments restera toujours en proie à ses ressentiments. Avec ses camarades socialistes puis fascistes, ou avec les recrues de son régiment, il peut se montrer cordial, décontracté, en évitant cependant toute familiarité. Il vient d'une région connue pour la salacité du langage et la verdeur de l'imagination, qu'on retrouvera dans les nombreux films de Fellini consacrés à son terroir, des *Vitelloni* aux *Voix de la lune*. Mais Fellini, Romagnol de la mer (Rimini), était différent d'un Romagnol de la plaine comme Mussolini. Ce sont des nuances qui comptent, à quelques dizaines de kilomètres près, dans un pays aux mille clochers comme l'Italie, surtout à l'époque. Or, Benito est prude, déteste les termes grossiers, les lazzis à double sens, les plaisanteries de caserne : là encore, c'est la mère qui prime. Il ne s'intéresse pas aux potins licencieux sur la vie privée de ses pairs, mais il éprouvera une fascination morbide pour les informations concernant les « perversions » sexuelles attribuées à Hitler et à ses compères. N'y voyons pas un souci d'humanité de sa part : cela ne sert qu'à le raffermir dans l'idée qu'il incarne un modèle de dictateur « romain » viril et équilibré face à la barbarie « tudesque ».

Il y a parfois un côté – apparemment – burlesque dans les virées des squadristes et dans les humiliations qu'ils infligent à leurs ennemis – comme les pancartes insultantes ou les nœuds coulants qu'ils doivent porter – en les promenant dans les rues. La purge à l'huile de ricin n'est cependant pas une mesure si « innocente », lorsqu'on y mêle des clous, du cambouis ou des acides qui infligent des lésions permanentes, provoquant la cécité ou la mort des victimes[5]. Le chef n'y assiste jamais, ne s'en mêle pas, ne s'en réjouit pas : cela ne l'intéresse que par le gain politique qu'il peut en tirer. Une fois le pays « pacifié » et son pouvoir consolidé, le Duce confiera en 1934 au metteur en scène Alessandro Blasetti la tâche de réaliser l'épopée officielle du squadrisme. Ce sera *La Vieille Garde*, film influencé

4. Price, *I Know These Dictators*, *op. cit.*, p. 108.

5. Un dissident slovène expirera après avoir dû avaler une forte dose d'huile de moteur.

par le cinéma soviétique des Eisenstein et Poudovkine, hymne à la réconciliation nationale derrière les idéaux de la révolution fasciste[6]. Plus tard, au moment de l'Axe, lorsqu'il apprendra que des fascistes éméchés, en visite de « fraternisation » dans le Troisième Reich, ont squatté la « maison du peuple » nazie qui les accueille et attenté à la vertu des *Fräulein*, il voudra les faire fusiller pour l'exemple. Ses collaborateurs obtiendront, non sans peine, que ces militants trop vifs soient rapatriés en douce. Pendant la nouvelle guerre, en haranguant les soldats au front, il les incitera à « haïr l'ennemi », sachant sans doute que c'est la qualité, ou le défaut, qui manque le plus à ses troupes.

Les historiens ont insisté sur ses emportements, son émotivité, l'incohérence de maintes de ses décisions et non-décisions, surtout pendant le conflit. Pourtant, un graphologue observerait que son écriture – et il rédigeait ou corrigeait à la main plusieurs dizaines de pages chaque jour – varie très peu du début à la fin : elle reste précise, contrôlée, bien espacée, lisible, avec peu de ratures ; on n'éprouve aucune difficulté à la déchiffrer. Et ses sautes d'humeur, même dans les pires moments, ne ressembleront jamais aux accès d'hystérie de Hitler, aux crises d'atonie nerveuse de Staline suivies de bordées d'insultes ordurières, ou encore aux excès alcooliques qui pouvaient laisser Churchill à demi inconscient pendant des jours entiers. Un dessin de 1923, lorsqu'on avait encore le droit de rire (un peu), représente le Duce en trois différents moments : « Il sourit, il rit ouvertement, il éclate d'un rire homérique… », dit la légende. Mais sur l'image, il apparaît de plus en plus irrité, et à la fin en proie à une rage folle. Pourtant l'homme n'était pas dépourvu de ce que les Allemands appellent *Galgenhumor*, ou « humour de l'échafaud ». Pendant un temps, il collectionnera les caricatures qui lui sont consacrées dans la presse internationale et demandera aux diplomates un peu interloqués de les lui faire parvenir ponctuellement[7]. Et lors de son emprisonnement sur l'île de Ponza, fin juillet-début août 1943, il notera avec un certain amusement qu'un de ses adversaires, le chef

6. Blasetti tournera, toujours avec l'appui de Mussolini, son chef-d'œuvre, le patriotique *1860*, sur l'expédition de Garibaldi en Sicile. La dernière séquence, coupée dans l'après-guerre, montre des garibaldiens survivants qui défilent à côté des Chemises noires.

7. On n'a jamais retrouvé cet abondant dossier que plusieurs témoins se souviennent d'avoir entrevu.

abyssin Imerù, avait été hébergé précédemment, sur ses ordres, dans la même demeure[8].

Il emploiera rarement des termes injurieux pour désigner ses adversaires[9], qu'il qualifiera tout au plus d'« idiots » ou de « sots », termes qui, comme par hasard, sont fréquents dans le langage scolaire de l'époque. On les retrouvera dans les pires circonstances, comme le discours prononcé à Trieste, le 18 septembre 1938, pour annoncer l'introduction des lois raciales, démentie jusqu'à la veille : « Ceux qui veulent faire croire que nous avons obéi à des imitations ou à des pressions d'ailleurs [*sic*] sont de pauvres imbéciles [*poveri deficienti*] dignes de notre mépris ou de notre pitié. » Rarement il aura menti avec plus de forfanterie et de bassesse. Il définira comme *poveraccio*, « pauvre diable », tel Premier ministre fantoche pendant l'occupation italo-allemande de la Grèce[10], n'imaginant pas que trois ans plus tard ce terme ira à merveille au Duce défaillant de Salò... Dans l'intimité, il lui arrivera de qualifier le roi de « demi-portion », ou de dire de Roosevelt que « dans l'histoire on n'avait jamais vu un peuple dirigé par un paralytique »[11]. Il traitera Churchill d'« ivrogne répugnant », Staline de « sauvage sanguinaire », et sans doute Hitler aussi. Mais il évitera de le dire en public : l'ancien conspirateur sait que l'ennemi d'aujourd'hui peut devenir l'allié de demain. Le polémiste Mussolini conservera jusqu'au bout le goût des formules assassines. L'une des plus célèbres – et, avouons-le, réussies – est celle par laquelle, à Salò, il dénoncera les intellectuels qui ont retourné leur veste, oubliant les bénéfices reçus et les profits qu'ils ont accumulés pendant le *ventennio*, comme des « kangourous géants[12] ». Pendant la République sociale, il rédigera des notes et des articles plus virulents et parfois plus efficaces que ses discours ampoulés de la phase « césarienne »,

8. Mussolini, *Storia di un anno. Al tempo del bastone e della carota*, Presidenza Centrale Opera Balilla, Posta da campo 711, [1944], p. 56. Ici, par la suite, *Histoire d'une année*.

9. Selon Monelli (*Mussolini petit bourgeois, op. cit.*), il pouvait à l'occasion se montrer grossier avec des hommes et même des femmes. Mais les témoignages recueillis par cet auteur ne sont pas toujours objectifs. Il fait ainsi grand cas des « souvenirs » de l'huissier du palais de Venise, Quinto Navarra, qui ne sont pour la plupart qu'un tissu de supercheries rafistolées par un autre journaliste connu. Cf. *Valet de chambre chez Mussolini*, Paris, Bader-Dufour, 1949.

10. Anfuso, *Du palais de Venise, op. cit.*, p. 196.

11. *Journal politique* du comte Ciano, II, *op. cit.*, à la date du 28 mai 1941, p. 336.

12. Article du 11 décembre 1943 paru dans *Corrispondenza repubblicana*, l'agence de presse de la République sociale.

comme si l'écriture devait le consoler de sa déconfiture et le racheter aux yeux de la postérité. Cas à peu près unique parmi ses contemporains, avec Churchill et de Gaulle, il n'y eut aucune « plume » pour ses discours, messages et articles[13]. Tous, ou presque, furent rédigés par lui et corrigés jusqu'à la moindre virgule car, contrairement aux apparences, il détestait improviser.

Des hôtes de marque étrangers, ministres, diplomates, industriels, journalistes, seront surpris par la courtoisie distante et raide d'un homme chez qui ne perce aucun reflet de chaleur méditerranéenne, sauf dans le regard fiévreux, extrêmement mobile, « dont la noirceur veloutée scintillait dans la pénombre[14] », toujours aux aguets, qui semble tout voir, se méfier de tout et ne rien concéder, comme le plus calculateur des marchands de campagne. « Ces yeux immenses, trop expressifs pour exprimer un sentiment personnel[15] », écrira un autre témoin. Lors de sa première apparition diplomatique, à la conférence de Lausanne sur le Proche-Orient (1922-1923), quelques semaines après la marche sur Rome, il se fait photographier, en habit, pantalon rayé et guêtres, « flanqué de Poincaré à sa droite et de lord Curzon à sa gauche, dans une pose napoléonienne, la main droite passée dans une ouverture du gilet[16] ». Les Anglais surtout – du roi George V, en visite officielle en Italie en 1924, à Sir Austen Chamberlain, le ministre des Affaires étrangères conservateur et sa femme, qui éprouveront pour lui une réelle sympathie – apprécient son maintien impeccable, sa connaissance des dossiers, la précision des termes ou de concepts qu'il a souvent appris ou révisés la veille. Doit-on voir dans cette composition élaborée du personnage un complexe d'infériorité péniblement maîtrisé, comme on l'a souvent affirmé ? J'ai étudié à la loupe des centaines de clichés de Mussolini, parfois rares – comme l'accueil

13. La seule exception connue est une série d'articles pour des journaux américains dans les années 1920, qui furent écrits par la polyglotte Sarfatti sous sa supervision.

14. Ludwig, *Entretiens*, *op. cit.*, p. 75. Encore quinze ans plus tard, le médecin militaire allemand qui le soigne à Salò note dès leur première rencontre : « Malgré son apparence souffrante, je fus immédiatement fasciné par le regard aux yeux grands et saillants, où se reflétait tout ce qui passait à ce moment dans son âme » (G. Zachariae, *Mussolini si confessa*, nouvelle édition, Milan, Rizzoli, 2004, p. 17).

15. L. Longanesi, *Un morto tra noi*, Milan, Longanesi, 1952, p. 23. On comprend aisément de quel « mort entre nous » il s'agit…

16. Charles-Roux, *Une grande ambassade à Rome*, *op. cit.*, p. 222-223. Il s'agit en fait d'un agrandissement, sans les délégations au complet.

réservé à l'aéronaute et océanaute suisse Auguste Piccard, à son arrivée à l'aéroport de Rome – et je n'en suis pas convaincu. Toujours crispé, jamais naturel, certes ; mais fièrement « fils de personne », il se sentait promu à un destin à nul autre pareil. L'apparition de Hitler changera tout. Le diplomate anglais Sir Ivone Kirkpatrick, qui en tant que premier conseiller de l'ambassade britannique à Rome au début des années 1930 eut plusieurs occasions de le voir de près, en a laissé un portrait perspicace et nuancé :

> Il est difficile de fixer en un cadre précis son caractère fluide, presque kaléidoscopique. Dire qu'il était sot signifie ignorer sa virtuosité et son habileté tactique qui, cependant, le portèrent à effectuer des erreurs grossières de jugement. Il unissait à une certaine lâcheté de fond une bonne dose de courage. Généreux par orgueil plutôt que par charité, il pouvait se montrer souvent vindicatif et amoral. Imprévisible, romantique et instable, il savait interpréter tous les rôles, et c'est la raison pour laquelle de tous les jugements qui ont été prononcés sur lui, positifs ou négatifs, aucun n'est véritablement concluant. Il eut droit à la renommée mais ne fut jamais un « grand ». Son pragmatisme agile et imaginatif se heurtait à une incapacité foncière à croire jusqu'au bout à la part qu'il avait choisi d'assumer, ce qui au fond le rendait pathétique. Malgré tous ses défauts, et malgré tout le mal qu'il a fait à l'Italie et au monde, je ne puis penser à lui sans une certaine compassion[17].

Sa mimique, déjà boursouflée par les poses « chapliniennes » des discours au balcon[18], reste très contrôlée loin des feux de la rampe : en privé il peut encore s'efforcer de paraître simple, même s'il n'est jamais spontané et rarement à l'aise. Les rares moments de détente sont consacrés au menu peuple, qui le rassure dans sa nature de chef *réel* de la nation, tandis que le roi n'est plus, à ses yeux, qu'un figurant qu'il faudra neutraliser tôt ou tard. Les diplômes remis aux ouvriers et agriculteurs stakhanovistes, les dons modestes aux mères porteuses de fertile engeance, les bals populaires, où il se fait photo-

17. Kirkpatrick, *Study of a Demagogue*, *op. cit.*, p. 194-195.

18. Il est dommage que dans son célèbre film *Le Dictateur* (1940), où il offre un portrait saisissant du Führer, Chaplin se soit limité, dans le cas du Duce, à une caricature amusante mais superficielle.

graphier en amorçant de malhabiles pas de danse au bras d'une paysanne, avant de s'éclipser, comme d'habitude, font partie intégrante de l'imagerie mussolinienne. Comme les distributions de prix, qu'il affectionne : n'oublions pas l'ancien instituteur. Ma mère, à quinze ans, en uniforme de « jeune Italienne », veste noire et jupe blanche, se précipite devant le cortège du dictateur, en visite à Milan, pour lui présenter une composition rédigée par toute la classe qui exalte « ce que le Duce fait pour notre patrie » (le contraire aurait surpris) :

> Il a fait immédiatement arrêter la voiture et renvoyer les policiers qui m'entouraient. Il a lu le texte lentement, à mi-voix, et l'a plié soigneusement pour le mettre dans sa poche en disant : « C'est très bien. Je te remercie et remercie tes camarades. » Il m'a caressé la joue, sous les applaudissements de la foule, et m'a congédiée *en souriant*, comme un père de famille.

Encore heureux qu'il ne lui ait pas reproché une faute de grammaire ou de syntaxe... En revanche, le fils du maréchal de l'air Italo Balbo, le seul hiérarque fasciste qui en 1940 s'opposa ouvertement à la guerre, m'a confié :

> Le bruit courait déjà que mon père avait été abattu non pas par une erreur des batteries antiaériennes italiennes, mais par un ordre du Duce, qui jalousait cet ancien acolyte. Pourtant, lors des funérailles à Rome, lorsqu'il m'a épinglé sur la vareuse la médaille d'or de mon père, cordial et presque affectueux mais *sans le moindre sourire*, j'ai eu l'impression qu'il était sincère. Qui sait[19] ?

Dans son traité *L'Humour* (1908), qui préfigure sa future vocation de dramaturge, Pirandello insistait sur le fait que l'humour, qui transforme la vie en parodie, représente un attribut essentiel de la sensibilité moderne :

> Dans certains moments de silence intérieur où l'âme se délivre des fictions habituelles et où nos yeux deviennent plus aigus et pénétrants, nous voyons la vie dans une nudité aride et inquiétante.

19. Témoignage à l'auteur. Voir mon *Malaparte. Vies et légendes*, édition définitive, Paris, Perrin, coll. « Tempus », 2012, p. 242-244.

[...] Nous voilà pris par une étrange impression, comme si tout à coup nous pouvions percevoir une réalité différente de celle que nous percevons normalement, au-delà de la fiction coloriée de nos sens, au-delà même de la vision humaine et des formes de notre raison[20].

Mussolini incarne parfaitement ce dilemme, dont il néglige la portée philosophique mais non les conséquences politiques qui peuvent lui convenir. Au fond, c'est encore une variation de l'*Ecce homo* nietzschéen : comment être surhomme et comédien à la fois. Le chef élève son peuple à une dimension tragique de l'existence que seul le combat pour la vie peut justifier : cette opération reste foncièrement parodique, donc *humoristique*, car elle dévalorise l'histoire par rapport au mythe. De là vient également le sens affûté de la mise en scène – se prendre au sérieux pour pouvoir être pris au sérieux – qui caractérisera jusqu'à la dernière séquence son parcours de comédien-tragédien, ou, politiquement, de démagogue. Ses dons de communicant conserveront toujours une part de simulation. Thomas Mann prêtera à l'illusionniste chevalier Cipolla (« oignon »), dans son récit *Mario et le Magicien* (1930), des traits incontestablement mussoliniens. « Il a de l'humour, un humour féroce qui se donne carrière en un rire assourdi. Mais il ne comprend pas la plaisanterie : personne n'oserait lui raconter une grivoiserie ni un calembour[21] », note un de ses interlocuteurs. D'où, à nouveau, la référence à son modèle :

Napoléon fut appelé « l'indivertible », celui que rien ni personne ne pouvait divertir ni égayer. De ce point de vue, au moins, l'élève a dépassé le maître. Il est incontestable que l'admiration qu'il éprouve envers lui-même a créé un manque d'intérêt absolu pour tout le reste[22].

20. L. Pirandello, *L'Umorismo*, dans *Saggi e interventi*, Milan, Mondadori, 2006, p. 939. La fascination exercée par l'œuvre du dramaturge sicilien sur Mussolini, au-delà des rapports cordiaux entre les deux hommes, est illustrée par la fréquence de réflexions parfois lucides à son sujet, qui figurent dans les *Taccuini mussoliniani*, *op. cit.*, de De Begnac.

21. Ludwig, *Entretiens*, *op. cit.*, p. 68. Il lui confiera notamment : « Une fois [en prison], j'en ai profité pour lire *Don Quichotte* et je me suis splendidement amusé » (p. 79).

22. Borgese, *Goliath*, *op. cit.*, p. 213.

C'est le reflet d'une indifférence morale intime. Un médecin appelé au chevet du Duce, lors de la maladie mystérieuse qui le frappe à l'automne 1942, puis à nouveau en février 1943, le définira (plus tard) « cliniquement [comme] un tempérament aboulique[23] ». Nature bipolaire ? C'est fort possible. Les tensions qui le fouaillent sont contrôlées à l'extérieur mais le minent intérieurement. Puisque l'Histoire est tragique, l'homme, qui est un loup pour l'homme (*Homo homini lupus*), ne respecte ses semblables que s'ils sont plus forts que lui. Parfaite caractérisation de son rapport avec Hitler, l'élève ayant rapidement surclassé le maître ; après quoi, et pour les mêmes motifs, l'admiration pour Staline prendra le relais en 1944-1945. Du début à la fin, cette dynamique ne changera pas : en 1924, il ne veut (peut-être) pas la mort de son dénonciateur à la Chambre, le socialiste Matteotti, mais « seulement » qu'on le force à se taire ; et si cela entraîne un assassinat, eh bien, il l'assumera, en invoquant la raison d'État confondue avec sa propre permanence au pouvoir[24]. Vingt ans plus tard, il n'exige pas la tête de son gendre Ciano qui a voté contre lui la nuit du Grand Conseil, mais il ne fera rien pour le sauver lorsque les durs du parti réclameront et obtiendront son exécution après un procès fantoche[25]. Les principaux crimes du fascisme – des bombardements au gaz en Éthiopie aux exécutions d'otages pendant la Seconde Guerre mondiale, en passant par l'appui accordé aux terroristes roumains, hongrois, bulgares et croates, pour

23. Il s'agit du professeur Arnaldo Pozzi, désigné par le grand clinicien Cesare Frugoni qui soignera également dans l'après-guerre le leader communiste Togliatti. On pensa d'abord à un cancer, ou même à un empoisonnement. C'était en réalité une manifestation aiguë de l'ulcère gastroduodénal dont Mussolini souffrait depuis sa jeunesse et qui l'avait déjà obligé, en janvier-mars 1925, au lendemain de l'affaire Matteotti, à réduire ou annuler ses engagements publics. Il se remettra quelques semaines plus tard. Cf. De Felice, *Mussolini l'alleato*, t. I, *L'Italia in guerra 1940-1943*, vol. 2, *Crisi e agonia del regime*, Turin, Einaudi, 1990, p. 1077-1084.

24. Mussolini a été porté à l'écran par d'excellents comédiens (et parfois de moins bons), de Rod Steiger à Claude Brasseur, de Bob Hoskins au jeune Filippo Timi. Mais aucun n'égale à nos yeux le suisse Mario Adorf dans un film un peu didactique de F. Vancini, *L'Affaire Matteotti* (1973). La séquence dans laquelle le dictateur se couvre le visage, apprenant le meurtre de son adversaire, comme s'il voulait se dire « Si près du but, je vais tout perdre », est d'un effet stanislavskien.

25. Voir la reconstruction détaillée dans ma préface au *Journal politique* du comte Ciano, *op. cit.*, et plus loin, ici, dans la troisième partie.

ne pas parler de la persécution antisémite – ne seront pour lui que des accidents de parcours, justifiés par la lutte pour la survie. À Salò, il émettra quelques molles protestations à destination des Allemands ou des extrémistes qui l'entourent, se penchera sur le cas individuel d'un partisan, d'un déserteur, d'une veuve ou d'un orphelin, mais fera en sorte d'ignorer la dimension effarante de la guerre civile. En témoignent ses lettres à Claretta ; et c'est sans doute une des raisons pour lesquelles il ordonnera en vain à sa maîtresse de les détruire.

Ces éléments se retrouvent, curieusement anticipés, dans la seule tentative de fiction romanesque de Mussolini, *La Maîtresse du cardinal, Claudia Particella*, publiée dans le journal socialiste *Il Popolo*, de Trente, du 20 janvier au 11 mai 1910. La légende se perpétue, chez ceux qui ne l'ont pas lu, d'un texte libertin, pour ne pas dire pornographique. Ce récit truffé de rebondissements dignes d'un feuilleton à la Ponson du Terrail ne fut à l'origine qu'une sinécure alimentaire ; mais il ne mérite pas entièrement le discrédit dans lequel la postérité l'a plongé. Mussolini avouera qu'il s'agissait à l'époque de sa principale source de revenus, et que par conséquent il multiplia les péripéties d'une intrigue assez floue. Il ajoute cependant que « ce travail me passionnait comme narrateur d'une histoire populaire[26] » : et là, nous nous rapprochons de la réalité. Le parti pris anticlérical et scandaleux du titre n'importe ici que comme point de départ. L'action se situe vers 1640, au sommet des luttes religieuses et politiques menées par la Contre-Réforme contre l'hérésie luthérienne qui menace les États du pape. La jeune et belle Claudia constitue la passion sénile de l'évêque Carlo Emanuele Madruzzo, qui avait dû jadis entrer dans les ordres, suivant la tradition et les vœux de sa puissante famille, pour devenir prince régent de Trente. Une fois son devoir accompli, ayant assuré la paix et le bien-être d'un peuple peu reconnaissant, le cardinal veut obtenir du pontife Innocent X la dispense qui lui permettra de couronner son rêve d'amour. Mais Claudia, la courtisane « aux yeux noirs comme ceux du diable », que le menu peuple tient pour une « sorcière capable de tous les méfaits », est à l'origine de l'arrestation de sa rivale, la nièce du cardinal, Filiberta, héritière de l'immense fortune des Madruzzo, enfermée dans un donjon où

26. De Begnac, *Taccuini mussoliniani*, *op. cit.*, p. 21.

elle attend la mort. Claudia complote avec l'intrigant frère Benizio (*sic*), esclave de ses grâces érotiques à peine entrevues. Le cardinal, offensé par le refus du pape de lui consentir le retour à l'état laïc, décide de se révolter contre l'Église, « en retrouvant les fiers propos de la virilité qui ne sait renoncer à la vie ni à l'amour ». Claudia meurt, peut-être empoisonnée par Don Benizio sur l'ordre de la curie romaine, et le cardinal accorde à sa maîtresse de somptueuses funérailles dans le dôme de la ville, défiant le courroux du clergé, des notables et du peuple ; après quoi, « il traînera la chaîne de ses jours jusqu'à sa mort », une quinzaine d'années plus tard[27].

Dédaigné ou traité de simple curiosité par la plupart des historiens, ce prétendu « roman historique » aurait dû au contraire intéresser les biographes avertis, peut-être même les psychanalystes. Car il est difficile de nier que le jeune et déjà « indivertible » auteur l'a parsemé de clins d'œil et de détails révélateurs, à tel point qu'on pourrait y voir une certaine ironie de sa part. Mis à part l'ambigu et lascif Don Benizio, nous trouvons parmi les personnages mineurs une Rachele, dont le prénom est comme par hasard celui d'une jeune fille que Mussolini a déjà rencontrée à Predappio, qui deviendra son épouse et la mère de ses cinq enfants légitimes. Quant au cardinal, ses bonnes intentions de législateur confrontées à sa faiblesse d'homme victime de la passion ne font-elles pas penser aux contradictions d'Alessandro Mussolini ? Si nous voulons trouver un message idéologique dans le livre, c'est bien l'idée que le pouvoir conservateur (l'Église de Rome) continuera à écraser les velléités de révolte des insurgés tant qu'ils n'auront pas la force d'aller jusqu'au bout de leurs projets. Et le peuple se rangera toujours, inévitablement, du côté du vainqueur.

Après l'instauration du régime, Mussolini reprendra une certaine activité littéraire indirecte, en inspirant ou en révisant plusieurs scénarios sur des sujets historiques pour le théâtre et le cinéma de son collaborateur en titre, le dramaturge et metteur en scène Giovacchino Forzano[28]. Le fruit le plus connu de leur association sera la pièce napoléonienne

27. Mussolini, *L'amante del Cardinale. Claudia Particella*, édition établie et commentée par P. Orvieto, Rome, Salerno Editrice, 2009.

28. J'ai brièvement évoqué dans ma biographie *Italo Svevo, ou l'Antivie*, Paris, Grasset, 2013, le cas de la fille de Forzano, Concetta, patiente de Freud, ce qui fut à l'origine d'un échange controversé de dédicaces, en avril 1933, entre le dictateur et le père de la psychanalyse.

Les Cent Jours (*Campo di maggio*, 1930), dont Forzano tirera un film quelques années plus tard. L'œuvre sanctionne symboliquement cette analogie avec l'Empereur, qui s'atténuera successivement au profit du mythe césarien-romain[29]. Plus question d'humour ni d'ironie : le condottiere, forgé par la volonté et les luttes, est dorénavant seul, face à l'avenir. Son tempérament vacillant et son mysticisme nébuleux le poussent à croire que le Destin travaille pour lui.

Changement de temps et de décor : nous sommes à l'été 1931. Un écrivain de vingt-quatre ans, espoir de l'intelligentsia fasciste dans sa Sicile natale, Vitaliano Brancati, débarque à Rome, « serrée, compacte dans son sirocco, où les femmes et les monuments se ressemblent », pour l'audience tant convoitée au palais de Venise. Longue attente dans un salon désert. Puis un huissier aboie son nom et le conduit au fond d'un couloir, jusqu'à une double porte capitonnée :

> La porte semble s'éloigner, se cacher, s'approcher comme si elle devait fuir, s'entrebâiller, puis s'ouvrir toute grande. La salle brille, parfaitement astiquée, meubles sombres, murs dressés d'étoffes, parquet luisant. Il est là, grand[30], seul, unique, au milieu des choses qui l'entourent sans arriver à refléter son image. Je salue et me fige au garde-à-vous. Il quitte le rebord de la fenêtre et vient vers moi. Sa voix me semble inconnue, tant elle est caressante : « Approchez, Brancati, je vous connais et j'ai lu votre dernier travail. Qu'écrivez-vous actuellement ? » Il aime le titre de mon roman, nous parlons d'Anatole France, de Balzac, de Tolstoï, de Zola, ces colosses qui guident comme lui des masses énormes d'hommes, mais aussi de jeunes auteurs contemporains. Il porte une large vareuse estivale, sa voix est calme et cordiale, il interroge et il écoute. [...] L'audience terminée, je quitte la salle, et au moment de sortir, je me retourne pour saluer. Il est là, tout au fond, à nouveau inapprochable. J'ignore qui il est au juste et ne puis le juger historiquement, car son œuvre n'est pas achevée. Mais il y

29. Dans une publication pour l'enfance des années 1930, consacrée aux *Eroi e condottieri italiani*, Napoléon précède chronologiquement Garibaldi dans la liste des gloires nationales : ce qui visait par anicroche à justifier les revendications fascistes sur la Corse.

30. Avec son mètre soixante-huit, Mussolini était dans la moyenne des Italiens de son temps ; mais on ne pouvait le qualifier, physiquement, de « grand ». Or, il tenait à la comparaison implicite avec le roi Victor-Emmanuel III, surnommé *Sciaboletta* (« petit sabre »), dont la taille minuscule et le physique ingrat suscitaient la risée des « durs » fascistes.

a certainement en lui un sens de l'existence : quelque chose parle en lui, qui me fait sursauter. Et le fait de l'avoir approché physiquement se traduit en un grand bourdonnement de la mémoire, comme une source profonde[31].

L'extase du jeune intellectuel, qui couvre trois ou quatre pages de la version originale de son livre, est prévisible : on pourrait citer des dizaines d'exemples semblables. Ce qui surprend, en revanche, est qu'un texte hérissé de tant de clairs-obscurs et de sous-entendus ait pu paraître intégralement dans la presse de l'époque, avec l'approbation manifeste d'en haut. Mussolini, si sensible à la flatterie servile, y apparaît comme un être dont le destin s'ouvre à tous les rebondissements et n'a pas encore atteint son zénith. Le texte est en réalité flatteur au second degré car il nimbe le chef de mystère. Son histrionisme et son assurance sont tels qu'il peut se complaire dans des nuances qui ne sont pas ouvertement flatteuses. Tous les articles, interviews, entretiens, le concernant (même indirectement) étaient soumis à sa lecture-censure préalable, avec le résultat d'encombrer son bureau et ses journées de travail. En règle générale, il se montrait plus tolérant envers des jeunes brillants comme Brancati, voués à un avenir littéraire prometteur ; il leur concédait des audaces impensables pour d'autres. Cette attitude relativement libérale se raidira à partir de l'Axe. La louange absolue qui entoure le Führer lui fait comprendre que, là comme ailleurs, il doit s'y conformer.

L'exercice du pouvoir comporte chez tout dictateur, même le plus sanguinaire, un équilibre subtil entre la capacité de rassurer – d'où vient sa *popularité* – et celle de susciter la crainte – réceptacle de son *autorité*. Mussolini a longtemps joué d'une main de maître sur les deux tableaux. Les premiers cinquante ans de l'unité italienne avaient été caractérisés par la médiation de la démocratie libérale. Grâce à ses rouages – la Couronne, le Parlement, le gouvernement, l'armée, la police, la propriété agricole, l'industrie, la finance, etc. –, elle arrivait tant bien que mal à endiguer les gouffres qui existaient entre les différentes régions et les différentes mentalités. L'Église, dont l'influence restait considérable, surtout dans le Sud, ne s'était pas

31. Passages tirés de l'article de V. Brancati, « La mia visita a Mussolini », *Critica Fascista*, 1er août 1931, recueilli dans *Racconti, teatro, scritti giornalistici*, Milan, Mondadori, 2003, p. 1628-1634.

encore réconciliée officiellement avec l'État laïc, qui lui avait arraché Rome par la force en 1870 et avait mis fin au pouvoir temporel des papes. Dès le début du XXe siècle, on avait pu obtenir l'accès graduel des catholiques et des socialistes réformateurs à la vie politique nationale. Mais le vieux chef libéral, Giovanni Giolitti, artisan de cette ouverture, considérait que le pays était encore trop fragile, en 1914-1915, pour renoncer à sa neutralité. Il fut renversé, et la Grande Guerre, même victorieuse, changea radicalement la donne[32].

La stratégie de Mussolini consistera, à l'inverse de ses prédécesseurs, à accentuer ces clivages et à déstabiliser plus encore le tissu social du pays, tout en invoquant un retour à l'ordre qui consistait en la mise en place de *son* ordre, le prétendu rempart contre la violence et l'anarchie. Alors qu'il claironnait avoir fondé le fascisme pour sauver l'État de droit, son action visait à en miner les bases. Le parlementarisme, non le bolchevisme, devint son véritable adversaire. Toute l'histoire du *ventennio* sera dominée par la dialectique entre le « fascisme-mouvement » – dont les buts restent foncièrement ceux de la révolution préconisée par les « faisceaux de combat » en mars 1919 – et le « fascisme-régime » – qui accepte les compromis avec les classes dirigeantes traditionnelles pour se maintenir au pouvoir : ce que les historiens appellent la « constitutionnalisation » de la dictature. L'équilibre entre la gauche et la droite du fascisme italien – pour nommer ainsi, en simplifiant, les deux pôles extrêmes, au sein desquels il faudrait distinguer plusieurs courants et plusieurs moments – ne pourra, de ce fait, être assuré que par le chef charismatique ; c'est la grande intuition de Mussolini, qui sera copiée par Hitler. L'État éthique aurait dû devenir l'aboutissement naturel du totalitarisme fasciste, où se fondent mouvement et régime. Convaincu d'être désormais à la fois assez *populaire* et assez *autoritaire* pour souder ces deux tendances, le Duce de juin 1940 entrera en guerre dans l'illusion d'achever la construction de son édifice et sera enseveli sous ses ruines. Vue sous cet angle, cette décision absurde et irrationnelle – dictée en partie, mais en partie seulement, par le refus de « se dégonfler » face à Hitler – apparaît comme parfaitement cohérente avec une vision de la vie et de la lutte d'où la neutralité est exclue.

32. Voir les pages consacrées à « L'Italie vers la guerre » dans mon *D'Annunzio le Magnifique*, Paris, Grasset, 2018, p. 374-386.

L'histrionisme suit cette courbe et évolue selon les différentes phases et les différentes incarnations de l'homme public Mussolini : agitateur, chef de bande, dictateur, démiurge tout-puissant, commandant militaire, comparse agonisant de Salò à l'œil terne de bête traquée. De taille médiocre, comme la plupart des dictateurs de la première partie du xxe siècle – y compris Lénine, Staline et Tito, alors qu'il « dépasse » Churchill d'un ou deux centimètres[33] –, il a compris dans les tranchées, et dès son retour du front, que le port de l'uniforme impressionne plus les foules que le débraillé des anciens camarades socialistes ou les capes et les chapeaux à large bord des anarchistes. Les « Chemises noires » – on discute encore de nos jours sur qui en fut réellement l'inventeur – vont donc devenir un symbole d'une jeunesse disciplinée et courageuse : le modèle néomilitaire qu'il imposera un jour à tous ses compatriotes, à partir de l'enfance[34]. L'Opera Nazionale Balilla (l'Œuvre nationale Balilla), du nom d'un adolescent génois qui déclencha en 1746 une révolte antiautrichienne, sera créée dès 1926, répartie en plusieurs branches selon l'âge et le sexe, puis transformée, dix ans plus tard, en GIL, Gioventù Italiana del Littorio (Jeunesse italienne du licteur)[35]. Mais tout au long des années de lutte, et même après la prise du pouvoir, Mussolini alternera chemise noire et veston bourgeois – et sera même parfois affublé d'un canotier, d'un chapeau melon et d'un parapluie – selon les nécessités, les circonstances et les interlocuteurs.

Cette dualité ne s'est jamais plus efficacement exprimée que dans la journée du 30 octobre 1922, quarante-huit heures après la marche sur Rome, car il s'est fait attendre pour être sûr d'avoir gagné. Vers 11 heures du matin, arrivé de Milan en wagon-lit, accueilli à la gare par les vivats de ses fervents, le visage fermé, sans le moindre air de triomphe, il porte la chemise noire sous une vareuse. C'est habillé de la sorte, après une pause rapide à l'hôtel, qu'il se présentera à l'audience royale[36]. On sait aujourd'hui que la phrase « J'apporte à

33. Comme la plupart de ses interlocuteurs de la Troisième République, Flandin excepté. Le « grand Charles » n'était pas encore apparu à l'horizon…

34. Ces structures, qui feront florès dans toute l'Europe fascisante, étaient surtout inspirées de l'organisation des pionniers soviétiques.

35. Voir la deuxième partie.

36. « *I wore a black shirt.* » Mussolini, *My Autobiography*, *op. cit.*, p. 177. Il ne reste cependant pas de photo connue de cette rencontre.

Votre Majesté l'Italie de Vittorio Veneto[37] », c'est-à-dire l'héritière de la victoire dans la Grande Guerre, est apocryphe. Il aurait au contraire essayé de justifier cette tenue peu réglementaire qui risquait d'offusquer le très pointilleux souverain. Quand, à 19 h 30, il reviendra au Quirinal pour présenter au roi la liste de son premier gouvernement de coalition, il aura revêtu le frac et coiffé le chapeau haut de forme qu'exige le protocole ; ne reste inchangée que l'expression figée, comme s'il n'arrivait pas encore à croire à son triomphe. La désinvolture avec laquelle il passe en ces heures décisives de l'accoutrement du révolutionnaire au costume de l'homme d'État – et il continuera de le faire, surtout au cours de la première décennie du régime – illustre sa virtuosité d'acteur. C'est également habillé avec un soin glaçant, robespierrien, qu'il prononcera le 16 novembre à la Chambre le célèbre « discours du bivouac », qui préfigure la fin de la démocratie parlementaire. Quoi qu'on en ait dit par la suite, ce texte martelé, de quelques minutes à peine, là où avaient résonné les verbeuses palabres de ses prédécesseurs, fut d'une rare efficacité :

> Je pouvais vaincre absolument [*stravincere*] et je me suis imposé des limites. Je me suis dit que la meilleure sagesse est celle qui ne nous abandonne pas après la victoire. Je pouvais transformer cette salle morne et grise en un bivouac de fidèles, verrouiller le Parlement et constituer un gouvernement uniquement fasciste. Je pouvais, oui, mais je n'ai pas voulu le faire, *du moins dans cette première phase*[38].

C'est nous qui soulignons la dernière phrase : selon plusieurs témoignages, Mussolini fit, avant de la prononcer, une pause lourde de menaces. Il a alors trente-neuf ans, est dans la force de l'âge, a de l'énergie : personne ne peut, c'est-à-dire ne veut, l'arrêter[39]. Lénine,

37. Bataille victorieuse de l'armée italienne sur l'Autriche-Hongrie (24 octobre-3 novembre 1918), qui mit fin au conflit sur le front italien. La via Veneto de Rome, illustrée par le film de Fellini et les exploits de la *dolce vita*, est en fait la via *Vittorio* Veneto.

38. Il obtint la confiance à une très large majorité (306 oui, 116 non, 7 abstentions). Parmi les votes favorables, on enregistra ceux de son archirival Giolitti et des deux principaux représentants du Parti populaire italien (la première Démocratie chrétienne) : le futur président du Conseil De Gasperi et le futur président de l'Italie républicaine Gronchi.

39. C'est sans doute la raison pour laquelle, dans la Constitution de 1948, sera introduit l'article 84 (jamais modifié à ce jour), selon lequel le président de la République

Staline, Franco, en civil ou en uniforme, garderont toujours plus ou moins la même allure. Lui, non : le caméléon malapartien domine, du moins jusqu'en 1932-1933 ; après quoi, le masque césarien et le port presque permanent de l'uniforme de premier caporal de la milice le figeront dans un seul rôle : celui qui le perdra. Ce choix aussi est à double tranchant : d'une part, ainsi que nous le verrons, la milice a été formellement subordonnée dès les années 1920 à l'appareil de sûreté de l'État ; d'autre part, Mussolini veut symboliquement prouver qu'il est toujours prêt à lancer ses « troupes » à la conquête du pays. Ce n'est pas un hasard si, dans la nuit du 24 au 25 juillet 1943, lorsqu'il sera mis en minorité par ses associés dissidents, l'un d'eux le décrira comme « le grand comédien vieilli, qui pour la première fois dans sa longue et triomphale carrière ne savait plus son texte et bredouillait ses mots[40] ».

doit être âgé d'au moins cinquante ans (et, dans la pratique, bien au-delà) : un cap qui devait être considéré comme « rassurant »... Ainsi, Valéry Giscard d'Estaing en 1974 et Emmanuel Macron en 2017, s'ils étaient italiens, n'auraient pu devenir chef de l'État.

40. L. Federzoni, *Diario inedito (1943-1944)*, Florence, Pontecorboli, 2019, p. 19.

3

Ses proches

« Je n'ai jamais eu d'amis dans ma vie ! » Cette phrase un peu mélodramatique, rapportée par son chef de cabinet à Salò[1], est sans doute une des rares occasions où Mussolini n'ait pas menti. Or, s'il n'en eut pas, c'est avant tout parce qu'il n'en voulut jamais, trop méfiant, trop replié sur lui-même, n'accordant à autrui que des miettes de bienveillance, y compris à ses intimes. Maints observateurs ont évoqué la proverbiale solitude du pouvoir : elle enserre les dictateurs – bien davantage que les leaders démocratiques, qui sont (heureusement) contrôlés par leurs électeurs – dans un étau frigide d'où souvent seule la mort peut les délivrer. Pourtant, la démesure shakespearienne, la folie pathologique des Hitler, Staline, Mao et Pol Pot n'ont pas grand-chose à voir avec le cas, humainement plus « normal », d'un homme qui fut constamment entouré d'une cohorte de fidèles, parfois plus attachés à Benito qu'à Mussolini, bien qu'il s'efforçât de rendre les deux dévotions inséparables. Il n'y aura jamais, dans l'histoire « privée » du régime, des après-midi dansants à Berchtesgaden, où Eva Braun sert le thé, ou des parties de pêche à l'esturgeon, où Staline sourit derrière sa pipe aux membres du Politburo qu'il s'apprête à liquider. Toute détente faisait horreur à Mussolini, et s'il y aura un Duce torse nu, il n'y aura jamais de fascisme en pantoufles. Pour découvrir un chef plus attentif, plus disponible au contact, impatient de faire connaître *sa* vérité, il faudra attendre la déchéance de Salò. Hormis les femmes, que nous retrouverons au chapitre suivant, seuls quelques cas méritent d'être rapidement évoqués.

1. Dolfin, *Con Mussolini nella tragedia*, *op. cit.*, p. 294.

Le premier est incontestablement son frère Arnaldo, plus jeune d'un an et demi. Aucun doute sur l'intimité qui les lie, fondée sur la dévotion absolue du cadet et son absence d'ambition politique : deux éléments indispensables et rassurants. Au physique ils se ressemblent, mis à part la chevelure en désordre et la forte myopie qui confèrent au puîné une apparence assez bonasse ; au moral, ils se ressemblent beaucoup moins. Arnaldo est d'un naturel doux, la larme facile, peu belliqueux, porté à la réflexion et au compromis ; qui plus est, il a hérité la ferveur religieuse de sa mère. Très lié à ses racines, sans avoir partagé la jeunesse aventureuse de cet aîné qu'il vénère, il incarne un autre penchant du tempérament romagnol et provincial : celui des petits notables, métayers, receveurs, commerçants, souvent francs-maçons, qui se rencontrent le dimanche dans les foires de marché, jouent aux cartes et trinquent dans les estaminets, où ils chantent (généralement faux) des airs de Verdi ou entonnent des couplets anticléricaux. Ils financent les coopératives socialistes, mais également les œuvres de la paroisse – car après tout, le curé est un bon bougre bien de chez nous – contre la pellagre, l'analphabétisme ou l'exploitation des mineurs dans les campagnes : car il y a un fond moral, hugolien, d'entraide et d'émancipation sociale dans leur milieu foncièrement républicain. C'est vraisemblablement la vie qui aurait été celle d'Arnaldo si le destin ne lui avait imposé un grand frère aussi encombrant, que dès l'enfance il veut sauvegarder des excès de son tempérament avec le singulier sens de protection qu'ont parfois les petits envers les grands. Au cours des ans, il deviendra le dépositaire de tous les secrets de Benito : depuis le financement de ses activités politiques jusqu'à la gestion du cas tragique et embrouillé de l'enfant que le futur Duce aura en 1915 d'une compagne des années passées à Trente, Ida Dalser. Cette femme sensible et survoltée, qui affirmait avoir contracté un mariage civil avec Mussolini avant l'union de ce dernier avec Rachele Guidi, lança une campagne de presse à la suite de laquelle son ancien amant, arrivé au pouvoir, la fit soumettre à des mesures de police. Il n'est cependant pas prouvé[2] qu'elle ait été enfermée dans plusieurs hôpitaux psychiatriques jusqu'à son décès, en 1937, sur un ordre du dictateur – qui n'a pas été retrouvé. Arnaldo se chargea discrètement de l'éducation du petit Benito Albino, que

2. Ainsi que l'affirme le réalisateur Marco Bellocchio dans son film *Vaincre* (2009).

son père naturel avait doté d'une rente viagère. L'adolescent fut adopté par un oncle maternel et devint officier de marine. Mais des troubles psychiques, hérités de sa mère, provoqueront également son internement dans un asile, où il mourra en 1942. Si l'histoire est lamentable pour nos mœurs actuelles, elle n'était pas rare à l'époque, loin de là, en Italie comme ailleurs[3].

Étranger aux méfaits des squadristes, peu apprécié par les durs du mouvement et respecté par la plupart des adversaires, Arnaldo intervint à plusieurs reprises pour inciter à la modération un aîné qui ne l'écoutait que quand bon lui semblait et le traitait volontiers de « sacristain » ou de « mauviette », le faisant éclater en sanglots au détriment de son cœur déjà faible. Dans les coulisses, c'était un fort travailleur et un bon organisateur, qui se consacra à la propagande, au journalisme, à la réforme de l'agriculture, son modeste domaine de compétence, ainsi qu'aux associations d'anciens combattants et aux œuvres de bienfaisance. Il dirigera le quotidien de son frère[4], fondera l'Institut d'assurance des journalistes[5] et l'École de mystique fasciste de Milan, nommée d'après son deuxième fils, Sandro Italico, mort prématurément, pour réconcilier la révolution fasciste avec la doctrine chrétienne. Cette activité inlassable mais effacée ne lui permit jamais d'exercer, comme on l'a parfois prétendu, un ascendant quelconque sur le Duce. Le seul domaine où on peut lui attribuer une influence appréciable est le rapprochement avec les milieux de l'Église, qui ouvrit le chemin aux accords du Latran, en février 1929. Nous en reparlerons dans la deuxième partie.

Arnaldo, épuisé par cet écrasant labeur, incapable de se remettre de la mort de son fils, tourmenté par une relation extraconjugale qu'il

3. Une curieuse comparaison peut être tracée avec l'un des fils de Gramsci, également très perturbé, qui devint officier de la marine marchande. Je l'ai rencontré à Moscou au début des années 1980 : dodu et souriant, discrètement protégé par les autorités, il ne parlait pas un mot d'italien et esquivait le sujet d'un père sur lequel il ne savait sans doute pas grand-chose.

4. En janvier 1922, Mussolini a également créé une revue idéologique, *Gerarchia*, confectionnée par Arnaldo, dont le Duce assumera la direction avant de la laisser à son neveu Vito. Cette publication, dont le comité est d'abord composé d'intellectuels en vue comme Margherita Sarfatti, l'historien Gioacchino Volpe, le peintre et écrivain Ardengo Soffici et d'autres, deviendra en cours de route un haut-parleur des dérives césariennes du dictateur.

5. Qui existe toujours, selon le statut très généreux de l'époque, mais a pris après la guerre le nom d'un opposant du régime, Giovanni Amendola.

vivait comme un pénible cas de conscience (encore une différence avec l'autre !), s'effondra, terrassé par une crise cardiaque, à quarante-six ans, à la fin de 1931. Il laissa un testament dans lequel il déclarait : « Je demande humblement pardon si j'ai fait du mal à qui que ce soit et confie mon âme à la miséricorde divine. » Il sera inhumé sur un lopin de terre sur lequel le régime érigera un buste de pierre dont il ne voulait sans doute pas. On a beaucoup spéculé sur le rôle que cet homme probe et digne – mais sans grand caractère – aurait pu jouer dans les crises des années 1930 : le rapprochement avec l'Allemagne nazie, les lois raciales, la marche vers la guerre. À coup sûr, tout cela l'aurait horrifié : et après ? Ces hypothèses généreuses restent invérifiables. L'idée qu'Arnaldo ait été une sorte de Joseph Bonaparte ou de Raúl Castro, prêt à succéder à son frère le moment venu, est absurde. Politiquement, il ne faisait pas le poids, et ses connaissances des mécanismes de l'État et des enjeux de la politique internationale demeuraient sommaires. Benito ne le recevait plus qu'avec une irritation mal dissimulée et Rachele – qui elle, au contraire, comptait beaucoup pour son mari – ne l'avait jamais porté dans son cœur. Au fond, il disparut à temps pour laisser une image non ternie à la postérité. Sa mort inspirera au frère son meilleur écrit littéraire – quoique truffé de ses habituelles fanfaronnades –, cette *Vie de Sandro et Arnaldo* où il réunira dans le même volume le texte touchant dédié par Arnaldo à la mémoire de son fils et ses propres souvenirs de leur enfance commune. Le congé final ne manque pas d'une certaine noblesse, d'autant plus qu'à partir de ce moment le Duce a psychologiquement les mains libres et n'a plus de comptes à rendre à personne :

> Pour sa mort j'ai souffert et souffrirai, je sens son départ comme un feu secret, qui m'accompagnera toujours. J'en porterai le poids pour lui également, afin que son labeur, sa peine, sa douleur ne soient pas dispersés et que sa mémoire soit honorée. Afin que les idéaux qui furent les siens puissent triompher et durer, même et surtout au-delà de ma propre vie[6].

Suit la sœur cadette, Edvige, que cinq ans séparent de Benito : une belle personne brune et volontaire, ressemblant beaucoup à maman

6. Mussolini, *Vita di Sandro e di Arnaldo*, Milan, Ulrico Hoepli, 1934, p. 210.

Rosa. On a voulu en faire la confidente privilégiée de son frère, dépositaire de son prétendu journal et de lettres compromettantes : je crois plutôt qu'elle en fut la boîte aux lettres dans quelques affaires mineures, surtout avant l'avènement du régime, et qu'elle le servit ensuite de manière effacée, la seule qu'il tolérait. Edvige savait que son dévouement aurait pu engendrer la jalousie des deux autres femmes qui contrôlaient alors la vie de Benito : Rachele et Edda. Peu encline à la compétition, elle n'essaya jamais de se tailler un rôle public. Elle épousa un petit fonctionnaire qui deviendra maire (*podestà*), sans lustre ni dégâts, de la commune voisine de Premilcuore, et ne visita Rome que dans les rares occasions où Mussolini l'invita et où Rachele autorisa sa présence. Elle n'eut droit à aucun privilège, que d'ailleurs elle ne demanda pas, et la plupart des Italiens ne surent même pas que le Duce avait une sœur. Son existence en marge aurait pu s'écouler sans heurts. Mais la tragédie de l'histoire ne l'épargnera pas : son fils, officier dans la garde nationale républicaine de Salò, se rendit aux partisans à la Libération et fut massacré avec quarante-deux de ses camarades, le jour même où son oncle était fusillé à quelques dizaines de kilomètres de distance. Edvige ne se départit plus de sa réserve et de son deuil. Après sa mort, en 1952, une journaliste qui avait su gagner sa confiance publia un livre de souvenirs où elle parlait de son frère en des termes que l'affection aveuglait, affirmant notamment qu'il avait dû introduire les lois raciales sur la pression allemande, ce qui est faux. Mais le savait-elle[7] ?

Des autres membres mâles de la famille, la postérité a également transmis une image sans grand relief. Les deux fils adultes, Vittorio, sportif et cinéaste[8], et Bruno, l'aviateur, ne gardent finalement qu'une place secondaire dans l'aventure familiale, justifiée par un modeste niveau intellectuel dont leur géniteur était conscient. À Salò, Vittorio se signalera pour ses positions intransigeantes, devenant l'encombrant secrétaire d'un père qui appréciait peu son désir de se mettre en relief, surtout auprès des Allemands. Quant aux neveux, le plus proche de Benito fut l'aîné d'Arnaldo, Vito (1912-1963), qui succédera à la mort de son père à la direction du quotidien familial. À la tête de l'insignifiante École de mystique fasciste, il montrera

7. Edvige Mancini Mussolini, *Mio fratello Benito*, Florence, La Fenice, 1957.

8. Il sera notamment, sous le pseudonyme de Tito Silvio Mursino, le scénariste d'un bon film de propagande de guerre, *Un pilote revient* (1942), de Rossellini, le futur cinéaste… antifasciste de *Rome, ville ouverte* (1945).

quelques velléités culturelles et doctrinales, sans plus. On reparlera de lui dans l'après-guerre, lorsqu'il polémiquera avec un de ses fils devenu communiste, et de ce fait un des « trophées » du PCI. Parmi les nombreux apparentés, le seul qui possède une certaine personnalité est le comte Vanni Teodorani Fabbri (1916-1964), issu d'une ancienne lignée aristocratique de Forlì, dont un autre membre épousa une des sœurs de Gianni Agnelli. Marié à la fille d'Arnaldo, chef du cabinet militaire du Duce à Salò, titre qui n'existait quasiment que sur le papier, il s'efforcera de doter la République sociale d'une dignité combattante et d'obtenir le rapatriement des militaires italiens faits prisonniers lors du revirement du 8 septembre 1943 et détenus en Allemagne[9]. Après le conflit, Teodorani reprendra une intense action de publiciste et de militant dans le parti néofasciste, le MSI, dont il animera la composante la plus modérée, catholique-nationale, non sans des clins d'œil aux partis de gauche. Il a laissé un journal, publié récemment, où il s'efforce de présenter l'image d'un Mussolini souvent mis hors de lui par l'arrogance de l'occupant nazi et horrifié par les abominations de la guerre civile[10].

C'est pourtant dans une occasion presque familiale qu'on aura vu le Duce, pour la première et la dernière fois, au bord des larmes en public. Ce ne fut pas au cours des funérailles de Bruno, l'aviateur, lorsque son visage resta figé jusqu'à l'inexpressivité, mais pendant une rencontre avec la presse internationale, en 1936. Le chef des correspondants étrangers dans la capitale, après un bref discours de circonstance, lui présenta tout à coup une poupée : « Nous savons que la fille de Votre Excellence se remet d'une grave maladie. Nous vous prions de lui faire parvenir ce don avec les vœux des journalistes et de leurs familles[11]. » Mussolini, pris au dépourvu, n'arriva pas à retenir son émotion, ses yeux immenses s'embuèrent, il articula quelques propos sans y arriver. Immédiatement après, l'acteur prit la relève : il saisit la poupée de ses mains tremblantes[12], la pressa sur son

9. Voir plus loin, dans la troisième partie.

10. V. Teodorani, *Quaderno 1945-1946*, Cesena, Editrice Stilgraf, 2014.

11. Il s'agissait de sa dernière-née, Anna Maria, frappée d'une poliomyélite alors incurable.

12. En 1944, à un banquet au Kremlin, on remit à Staline l'épée d'honneur offerte par le roi George VI et le peuple britannique « aux vaillants défenseurs de Léningrad et de Stalingrad ». Les mains du despote géorgien tremblaient tellement (effet de l'émotion ou de la vodka ?) qu'il dut passer l'arme à un aide de camp pour ne pas la faire tomber à terre.

cœur, se tourna vers le mur et resta en silence à la caresser pendant de longues minutes. Un des présents dira plus tard : « On aurait dit la Duse[13]. » Puis, sans remercier, comme si cela eût été désormais superflu, il débita d'une voix égale l'allocution préparée à l'avance.

Hors du cercle familial, et des limites précises qu'il lui assigne, on ne peut parler de proches de Mussolini que pendant des phases très précises de sa vie. La période socialiste, jusqu'à la Grande Guerre, est sans doute, comme nous l'avons dit, la plus fertile en rencontres nationales et internationales. L'homme à la recherche du rôle à assumer, le comédien qui ne connaît pas encore son répertoire, le touche-à-tout idéologique qui brasse les formules comme bon lui semble est saisi par une véritable boulimie de contacts. Il approche les vestales russes du socialisme, comme Angelica Balabanoff, déjà citée, ou Anna Kuliscioff, alors très influentes dans les milieux italiens. Margherita Grassini, grande bourgeoise cosmopolite, mariée à un autre représentant de l'intelligentsia juive vénitienne, l'avocat Cesare Sarfatti, tombe amoureuse de lui à la veille des événements de 1914. Elle élargit l'éventail de ses lectures, enrichit ses connaissances et sa vision du monde, lui enseigne les bonnes manières. Leur entente continuera jusqu'à la fin des années 1920, par-delà l'aventure fasciste qu'elle partagera dans un premier temps. Son influence auprès du Duce déclinera bien avant les lois raciales de 1938, qui obligeront la Sarfatti et sa famille à s'exiler en Argentine. À son retour en Italie, elle essaiera de reprendre une certaine activité intellectuelle, mais le nom de Mussolini restera collé au sien jusqu'à sa mort, en 1961[14].

Après quoi, surtout dans la dérive césarienne des années 1930, on aura du mal à trouver de véritables partenaires, hommes ou femmes, à un personnage qui se sera entièrement replié sur lui-même. Le protocole de ses audiences, qui nous est parvenu dans un état presque complet (la phase de Salò exceptée) et dans un ordre impeccable[15], indique parfois jusqu'à dix ou douze rencontres par jour, à une moyenne

13. Eleonora Duse (1858-1924) est une des plus grandes comédiennes de son temps.

14. Il existe en français une excellente biographie de cette femme hors du commun : F. Liffran, *Margherita Sarfatti : l'égérie du Duce*, Paris, Seuil, 2009.

15. « Segreteria particolare del Duce. Carteggio riservato (1922-1943) », Archivio centrale dello Stato, Rome, en espérant que la digitalisation électronique puisse préserver du dépérissement cette exceptionnelle documentation.

d'un quart d'heure chacune. On y trouve une profusion de noms, illustres et anonymes, italiens et étrangers, dans tous les domaines : les philanthropes suisses, les milliardaires américains ou les membres de la famille Wagner y côtoient l'aveugle de guerre ou la mère, généralement paysanne, d'une flopée de petits futurs fascistes. Pour chacun, une courte notice rédigée par un des secrétaires[16] précise, avec la date et l'heure, l'objet de l'entretien et les suites à lui donner. Mussolini était très fier de son rôle affiché de « premier serviteur de l'État », qui accaparait sa longue journée de travail. Il se lève vers 6 ou 7 heures. Un brin de toilette, un verre de lait bu à petites gorgées et deux tranches de pain frais légèrement grillé en guise de petit déjeuner, puis une heure d'exercices physiques, parfois deux le dimanche. À son arrivée au bureau, à 9 heures pile, il compulse une abondante sélection de coupures de la presse italienne et étrangère et les dossiers réservés de police, qu'il souligne de son célèbre crayon bleu ou rouge et marque de son non moins célèbre « M » à trois jambes : « Procéder. M » ; « Ne pas donner suite. M » ; « Me tenir informé. M », et ainsi de suite. Puis commencent les audiences. Aucune interruption à l'heure du déjeuner (une tartine au miel, une salade de fruits, des pamplemousses de préférence, et un pot de crème fraîche, précurseur du yaourt), si ce n'est dans des occasions officielles. Il s'accorde une tisane vers 16 heures et continue ainsi jusqu'au soir. Sur le coup de 19 heures, rarement plus tard avant la guerre, il quitte son bureau pour dîner en famille : riz, blanc de poulet, légumes et fruits. Les Mussolini n'ont pas de vie sociale et ne reçoivent jamais. L'amiral Ciano et sa femme, leurs seuls « amis » connus, auront franchi le seuil de la villa Torlonia peut-être trois ou quatre fois en quinze ans, y compris à l'occasion du mariage d'Edda avec Galeazzo. La détente n'est pas fasciste, la conversation polie non plus. Suivent les actualités cinématographiques et la projection d'un film, souvent limitée, comme nous l'avons déjà dit, à la première partie, car le Duce se couche vers 22 heures, en emportant un livre avec lui. Les rares invités admis dans l'intimité sont presque toujours les mêmes : aucun hiérarque, quelques

16. Trois collaborateurs se succéderont dans les fonctions de chef du secrétariat particulier du Duce : Alessandro Chiavolini, décédé en 1958 sans avoir révélé les secrets dont il était le dépositaire, Osvaldo Sebastiani, abattu à Salò, en 1944, par les partisans, enfin Nicola De Cesare, qui dévoilera dans l'après-guerre une série de dossiers concernant les rapports avec l'Allemagne nazie et le coup d'État du 25 juillet 1943.

collaborateurs (le metteur en scène Forzano, le directeur de la cinématographie Luigi Freddi, son photographe ou son pilote personnel) et des camarades de classe ou de sport de ses enfants, qu'il interroge sur leurs études et leurs aspirations… en répondant généralement à leur place. Derrière la famille, dans la tradition patriarcale des campagnes, le personnel au complet[17]. C'est tout. Même la relation avec Claretta Petacci, qui disposait d'une petite suite au palais de Venise[18], où son amant la rencontrait l'après-midi, entre deux entretiens et deux dossiers, ne changea pas grand-chose à cet emploi du temps immuable confinant à la maniaquerie.

Il avait néanmoins un certain goût pour les appels téléphoniques, qui pouvaient avoir lieu même tard dans la soirée, en provenance de la villa Torlonia. Peut-être savait-il que c'était un des procédés favoris de Staline pour apeurer ses sujets. Le but était essentiellement d'entretenir l'idée que « le Duce ne dort jamais ». Si, par exemple, il appelait le fonctionnaire de service d'un ministère ou d'une préfecture, la « conversation » se déroulait, plus ou moins, de la façon suivante. Je pastiche à peine les témoignages que je tiens de collègues diplomates de cette génération :

Voix du standard téléphonique de la présidence du Conseil :

– Fonctionnaire de service ? Votre nom…

– Premier secrétaire X, *Viva il Duce !*

– Restez en ligne, le chef du gouvernement vous parle…

Courte attente, puis voix martelée à l'accent romagnol mal apprivoisé :

– On signale dans nos eaux territoriales, au large de la Sicile, une escadre navale britannique dont je sais par-fai-te-ment avoir autorisé le passage, inutile de me le rappeler… [X n'a évidemment rien dit] Sir Austen Chamberlain m'avait écrit avant-hier à ce sujet : *I would be personally indebted to you, My Dear Prime Minister and Friend, to kindly authorize…* [accent peu oxonien,

17. Mussolini était correct avec les domestiques et beaucoup plus facile à satisfaire dans ses nécessités quotidiennes que sa femme. Mais il ne donnait jamais de pourboires et ignorait le simple geste d'un don pour Noël ou la naissance d'un enfant. Comme avec ses autres collaborateurs, il ne tolérait aucune familiarité. Son chauffeur dira qu'ils n'échangèrent que dix mots en dix ans.

18. Salon, chambre à coucher, salle de bains avec bidet mais sans baignoire (Monelli, *Mussolini petit bourgeois*, *op. cit.*, p. 171).

mais diction claire] Elle devait être composée de cinq frégates, de trois torpilleurs et d'un navire-hôpital, se dirigeant vers Suez. Or… [pause menaçante] *nos* services de renseignements, dont vous mesurez l'efficience par rapport à la *vôtre* [bref ricanement : X promet mentalement de se rendre en pèlerinage à Assise avec toute sa famille], me signalent QUA-TRE [le ton monte] torpilleurs. J'attends une explication pour demain matin 8 heures, sans faute.

– Ce sera fait. *Viva il Duce !*

Entre-temps Mussolini a raccroché, sans bonjour ni bonsoir, selon l'étiquette fasciste qui a aboli les formules périmées de politesse bourgeoise. Inutile d'ajouter que le lendemain matin – alors que toute la nuit la Marine, les Affaires étrangères et *tutti quanti* s'affairent autour de ce quatrième torpilleur de malheur… – le maître d'école en chef de la nation, tout heureux d'avoir tapé sur les doigts de ces élèves indisciplinés, a déjà oublié l'objet de sa demande et destine le volumineux rapport qu'il reçoit à 8 heures exactement à la corbeille à papier, sans même lui accorder un regard.

L'attitude varie vis-à-vis des intellectuels, peintres, musiciens, écrivains, savants et sommités académiques. Elle peut être respectueuse avec les aînés, les Pirandello, Marconi, Gentile, Mascagni : une déférence où perce toujours l'intonation du pouvoir, un brin caustique, voire condescendante, selon les cas, le but étant de faire reluire l'omniscience du Duce, mécène et protecteur des arts et de la science. Avec ceux qu'il connaît de longue date il garde un tutoiement sans effusion : « Mon cher camarade Marinetti, j'ai hâte de te revoir. » Sous-entendu… le plus tard possible, car l'appui trop criard des futuristes ne lui est plus indispensable, et parfois le gêne. À D'Annunzio, qu'il appelait jadis son maître, et qui, de l'exil du Vittoriale, s'est réduit à l'encenser en échange de quelques prébendes, il n'adresse que de courts messages factuels, dédaigneux entre les lignes : « Je te remercie d'avoir accepté la présidence de l'Académie d'Italie. Ta présence à Rome n'est pas indispensable. Je t'embrasse[19]. » Avec les jeunes pousses de la littérature, du cinéma, de l'architecture et des arts plastiques, il se délecte à jouer toute la gamme des nuances d'un dompteur d'animaux. S'il veut les encourager, cela donnera à peu près ceci :

19. Télégramme du 22 septembre 1937, dans *Carteggio D'Annunzio-Mussolini*, édition établie par R. De Felice et E. Mariano, Milan, Mondadori, 1971, p. 375.

X ? J'ai parcouru votre dernier roman/essai/recueil de poèmes/pièce de théâtre/biographie, etc. Du bon travail assurément, bien pensé, bien rédigé, à la hauteur des défis de l'ère fasciste. J'apprécie la dédicace [évidemment, sans remercier] *Au Duce, grâce auquel nous existons.* Même vos défauts ont la marque d'un certain talent. Vous avez trop lu Ovide et Tolstoï [qu'X n'a jamais lus], mais il y a pire comme modèles [ton railleur]. Je vous signale un subjonctif douteux, p. 114, mais c'est peut-être une licence poétique et je respecte votre liberté de créateur. Continuez et venez me voir.

Si au contraire il veut manifester un auguste courroux, le ton change :

X ? J'ai parcouru votre dernier roman, etc. Vos intentions sont bonnes, je n'en doute pas, mais le résultat est faible, décadent, franchouillard. Quant à la dédicace, *Au Duce, sans lequel nous ne serions rien*, elle est si ridicule qu'elle frôle l'antifascisme dissimulé. J'es-pè-re que ce n'est pas votre intention, n'est-ce pas ? [Ricanement menaçant.] Et, p. 114, votre emploi du subjonctif est une faute grossière. Je pense qu'une période de plusieurs mois en Somalie/Libye/Éthiopie, dans la rédaction d'un journal pour nos troupes victorieuses, vous permettra de mûrir. J'ai déjà signalé aux responsables que vous vous porterez volontaire dès demain. Ne me remerciez pas [ton railleur], de toute façon la région est pacifiée, vous ne risquerez rien. Au retour, venez me voir.

Même la détente en famille est toujours théâtrale et professorale. Ruggero Zangrandi, un adolescent romain, camarade de classe inséparable de Vittorio Mussolini, avec lequel il anime un journal de lycéens, est admis dans l'intimité de la villa Torlonia. Trente ans plus tard, devenu un influent publiciste de gauche tourmenté par son passé, il publiera un des meilleurs et des plus honnêtes récits autobiographiques de sa génération, *Le Long Voyage à travers le fascisme*. On y trouve des souvenirs révélateurs comme celui-ci :

Il conversait avec nous sur le ton d'un comédien qui interpréterait Shakespeare. [...] Lorsqu'il jouait avec nous au ballon, il prétendait toujours gagner la partie, bien qu'il fût à vrai dire un piètre joueur. Ses commentaires, ses conseils, qu'il s'agît de notre journal ou des programmes scolaires, étaient prononcés d'une manière sentencieuse, oratoire, comme si au lieu de se trouver en face de trois ou quatre gosses, il avait eu devant lui un parterre de fascistes exaltés. Dans la pièce où nous nous tenions d'habitude, il y avait deux billards : Mussolini nous infligea une théorie emmerdante sur l'influence débilitante de ce jeu. [...] L'été, sur la plage près d'Ostie, où le souverain lui avait octroyé l'usage d'un petit chalet isolé dans la propriété royale, il arrivait vers 11 heures de son pas pesant de bersaglier, se déshabillait dans une chambrette près de la nôtre, n'esquissait que quelques mouvements de brasse car il était mauvais nageur, suivis d'une course revigorante, puis il se rôtissait pendant une bonne heure au soleil. Il ne partageait pas notre repas, le sien étant exclusivement à base de fruits et de yaourt. « Les Bulgares, nous expliqua-t-il, ont une extraordinaire longévité parce qu'ils font une large consommation de lait caillé, spécialement de jument. » Un jour, Vittorio se permit une boutade. Mais Mussolini était imperméable à l'humour : interloqué, il regarda son fils sans comprendre[20].

À partir des années 1930, il va systématiquement promouvoir des disciples, souvent obscurs et sans expérience, censés renouveler la lymphe du fascisme des origines. L'objectif, plus politicien, semblable à celui de Staline à la même époque, est d'endiguer la vieille garde dont il s'est toujours méfié et dont il se méfie de plus en plus ; mais il souhaite également forger une nouvelle génération de dirigeants qui lui soient entièrement dévoués. Le bilan sera négatif car la personnalité du Duce écrase tous ceux qui l'entourent. Quand il décidera, non sans hésitations et sur l'insistance d'Edda, de confier, en juin 1936, les Affaires étrangères à Galeazzo Ciano, le choix se révélera hasardeux : son gendre commencera immédiatement à s'agiter pour se mettre en vue et, implicitement, briguer sa succession. Trois ans plus tard, fin octobre 1939, alors que la guerre mondiale sévit déjà en Europe, il nomme à la tête du parti Ettore Muti, volontaire médaillé dans la Grande Guerre à quinze ans, aviateur et grand baroudeur, de tous les combats de l'Italie fasciste, de l'Éthiopie à l'Espagne. Mais cet athlète à la psychologie d'éternel adolescent, que D'Annunzio avait

20. Je synthétise ainsi un long passage, p. 26-29, de la version française du livre, parue chez Laffont en 1963. Isolé et incompris, Zangrandi se suicidera en 1970, à la suite d'une grave dépression nerveuse.

surnommé à Fiume « Gim aux yeux verts », se révélera un piètre organisateur et demandera lui-même à quitter son poste pour repartir se battre au front, la seule chose qu'il savait faire. On pourrait citer d'autres cas semblables, tout aussi décevants ; ce qui prouve à quel point le Duce césarien, obsédé par le souci de contrôler tout et tous, perdait progressivement le sens de la réalité. Ainsi a-t-on pu dire que le fascisme, né pour exalter la jeunesse, fut abandonné à la fin principalement par les jeunes qui ne voulurent pas mourir pour lui. Il y aura certes les irréductibles de la République sociale et de la guerre civile. Mais nous verrons que Mussolini supportera mal leur adoration fanatique pour le chef qu'il n'est plus.

C'est néanmoins, paradoxalement, à Salò que le Duce déchu et désœuvré trouvera ses deux derniers interlocuteurs privilégiés. Le premier fut Hidaka Shinrokurō, l'ambassadeur du Japon. Ce fonctionnaire myope et feutré, né à Fukuoka en 1893, avait débuté sa carrière en France, puis à la SDN, à Genève, pour devenir ensuite un des architectes diplomatiques de la satellisation par Tokyo du Mandchoukouo chinois. En tant que consul général à Nankin, il aurait essayé de limiter les massacres commis par l'armée impériale, selon sa déposition au Tribunal international de l'après-guerre pour les crimes en Extrême-Orient. Fin octobre 1942, il fut nommé ambassadeur à Rome, mais il ne prit possession de son poste que le 27 avril 1943, trois mois avant la chute du régime. Seul diplomate étranger, il réussit rapidement à gagner la confiance du Duce. Hidaka, qui abritait une âme d'esthète derrière son port imperturbable, établit également des rapports suivis avec les milieux culturels, notamment avec Marinetti et sa jeune et belle épouse, également poétesse, Benedetta Cappa, dite Benny, dont il devint intime.

Hidaka avait suivi en mars 1944 le gouvernement de la République sociale à Salò, peut-être à la demande de Mussolini qui appréciait sa discrétion et sa loyauté. Nous ne disposons pas de beaucoup d'éléments sur la nature de leurs relations ; mais les témoignages qui nous sont parvenus prouvent que le Duce recevait toujours volontiers l'émissaire du pays du Soleil-Levant, généralement sans témoins. Si leurs échanges tournaient autour du dernier mirage de Mussolini – la paix séparée avec Staline –, il est vraisemblable qu'ils se soient aussi entretenus d'art et de littérature, et de cette spiritualité orientale qui l'avait toujours fasciné. Dans les bandes d'actualités de Salò, Hidaka, impassible en col dur et manteau croisé, est immédiatement reconnaissable derrière un Mussolini émacié dans son uniforme trop grand. Est-ce à lui que le Duce aurait remis à la fin une mallette de documents et peut-être même son fameux journal[21] ? À ce jour, rien n'a pu être prouvé ni vérifié, malgré une avalanche de ouï-dire. Hidaka, écarté du service diplomatique en 1946 et mort à la fin des années 1950, n'a rien révélé à ce sujet, quoique de temps en temps on reparle d'un coffre qu'il aurait déposé dans une banque suisse au printemps 1945, avant de regagner sa patrie. Le seul texte connu de sa main, qui ne concerne pas directement Mussolini, est un court récit de souvenirs sur Marinetti, rédigé dans un italien parfait jusqu'à l'artifice, accompagné de l'ode en langue française que le poète futuriste lui avait transmise, en hommage aux aviateurs kamikaze. Ces deux écrits me furent confiés par De Felice et Luce Marinetti, fille du poète, et j'ai pu les publier en appendice à un de mes livres[22].

L'autre compagnon des derniers temps du locataire insomniaque de la villa Feltrinelli, au bord des eaux moroses du lac de Garde, ne sera pas un disciple exalté, mais un camarade de ses lointaines années de révolte, Nicola Bombacci (1879-1945). Malgré son nom (véritable) belliqueux, équivalent romagnol de « bombarde », et sa barbe de bouc à la Lénine, il était le plus inoffensif des hommes, un des fondateurs avec Gramsci du Parti communiste d'Italie (comme il s'appelait alors) en 1921. Cet opposant acharné du fascisme avait eu droit à son brave refrain squadriste : « Avec la barbichette de Bombacci / nous ferons des paillassons / pour Mussolini ! » Il commencera néanmoins à se rapprocher du régime dans les années 1930. D'ailleurs, pressentant peut-être ce revirement, le Duce avait donné l'ordre à la police de ne pas le toucher, lui faisant même allouer un modeste salaire de traducteur du russe[23]. Il est possible que le dictateur l'ait

21. On a cité un autre Japonais, le journaliste Ono Shichiro, correspondant en Italie du quotidien *Mainichi Nichimichi* depuis 1937, également échoué à Salò, dont le nom revient alors avec une certaine fréquence dans la correspondance entre Mussolini et Claretta.

22. S. Hidaka, « Stati d'animo di F. T. Marinetti » (Tokyo, 31 août 1946), avec un portrait d'Hidaka, dans M. Serra, *Al di là della decadenza. La rivolta dei moderni contro l'idea della fine*, Bologne, Il Mulino, 1994, p. 72-85.

23. Il accorda également ce traitement préférentiel à la poétesse russe-lituanienne Eva Kühn, veuve du philosophe et journaliste libéral Giovanni Amendola, décédé à

alors utilisé comme intermédiaire officieux avec les milieux soviétiques qui entretenaient avec l'Italie fasciste, comme nous le verrons, des contacts plus suivis qu'on ne le croit communément. Expulsé du parti communiste désormais clandestin, Bombacci fonde en 1935, avec des subventions venues directement de Mussolini, une revue, *La Verità* (« La Vérité », une *Pravda* italienne), qui prône l'entente entre les deux grandes nations « prolétaires », l'Italie et l'URSS, contre la concentration capitaliste. La publication aura d'abord une certaine audience et réunira des signatures assez prestigieuses ; mais la virée vers l'Allemagne nazie lui ôtera rapidement toute signification. Mal vu par les dirigeants fascistes, dont on peut comprendre la méfiance, Bombacci ne jouera plus aucun rôle pendant la guerre et sombrera dans l'insignifiance. Au moment de la naissance de la République sociale, il imaginera enfin pouvoir réaliser ses idéaux de « rouge-noir ». Contre l'avis de ses proches, Mussolini le nomma conseiller personnel, ce qui ne signifiait pas grand-chose, si ce n'est qu'ils passaient de longues heures ensemble, jusque tard dans la nuit, à discuter de tout en évitant de compter les jours qui leur restaient à vivre. Beaucoup de choses les rapprochaient : les origines régionales, le collège des Salésiens dont ils avaient été expulsés l'un et l'autre, leurs débuts parallèles d'instituteurs et d'agitateurs, leurs lectures disparates d'autodidactes, les hommes et les femmes qu'ils avaient rencontrés jadis. N'exagérons pas la portée sentimentale de leurs rapports : pour le Duce, calculateur jusqu'au bout, Bombacci pouvait se révéler à nouveau – qui sait ? – un émissaire utile auprès des Soviétiques. En tout cas, il figura en bonne place dans le cortège du dictateur fuyant désespérément vers la mort. Interrogé après son arrestation par un chef partisan – « C'est toi, l'ancien communiste ? » –, il aurait répondu le poing levé. Il fut fusillé puis pendu par les pieds auprès de son ancien compagnon et des derniers fidèles qui se demandaient sans doute ce que faisait cet hurluberlu parmi eux.

Cannes en 1926 des suites des agressions fascistes. Leur fils, Giorgio, sera longtemps un des représentants de l'aile dogmatique du PCI, une sorte de Jacques Duclos italien, respecté néanmoins pour sa lucidité et son équilibre. Son épouse française, une ancienne des FTP, mourra de chagrin quelques heures après lui, en 1980.

4

Ses femmes

Un poncif machiste dur à mourir veut que le pouvoir attire les femmes. Mussolini n'en avait pas besoin. Pourvu par la nature et l'héritage familial d'un physique appréciable et d'un tempérament peu porté aux abus, on peut le considérer, selon les classifications sommaires en vogue, comme un être sexuellement primaire, longtemps adepte de la formule connue des « cinq minutes, douche comprise[1] ». N'entrons dans ce genre de détails que pour nous ériger contre un autre poncif selon lequel le fascisme aurait été une sorte d'érotisation de la politique[2]. Mussolini n'avait aucun intérêt pour ce genre de débats (et d'ébats). Il était, nous l'avons dit, personnellement prude : encore une influence maternelle. Dès sa jeunesse, l'idée d'annunzienne ou « française » de la volupté lui est étrangère ; arrivé au pouvoir, il multiplie les interdits contre la liberté des mœurs : non seulement les homosexuels, mais les célibataires des deux sexes seront mal vus et socialement stigmatisés. Ses vues en la matière sont, dès le début, très conservatrices et nullement révolutionnaires : les femmes servent au repos du guerrier et à pourvoir la nation en nouveaux guerriers.

1. Le petit livre de l'écrivain G. Fusco (auquel on doit des textes beaucoup plus intéressants sur la guerre en Grèce et en Russie) *Mussolini et les femmes*, traduction de C. Cavallera, Paris, Le Serpent à plumes, 2010, est divertissant, sans plus.

2. C'est ce qui rend fascinant et déroutant à la fois le pamphlet de C. E. Gadda, *Éros et Priape. De la fureur aux cendres*, Paris, Christian Bourgois, 1990. Rédigé sous le manteau pendant la guerre, ce texte d'une violence baroque, qui décortique la libido fasciste, est l'œuvre d'un grand écrivain, très prisé par son disciple Pasolini, qui se sentait à la fois attiré par le fascisme, dans son goût de la jeunesse, et séparé de celui-ci par son homosexualité coupable. Il me semble que c'est plutôt du fascisme (puis de l'antifascisme virulent) de l'auteur et non de celui que le régime imposa à l'Italie qu'il est question dans ce texte.

La biologie prime sur l'instinct. Certes, la période socialiste, surtout l'exil en Suisse, lui avait permis de rencontrer des femmes émancipées qui, même sur ce point précis, l'étaient plus que lui. Mais ces expériences ne laisseront pas de traces profondes sur une psychologie nietzschéenne ou stirnérienne qui se méfie des volutes du plaisir et évalue froidement le coefficient d'énergie déployé (ou gaspillé) dans des ardeurs de mâle par rapport à ce qu'exige la lutte politique.

Ainsi, des innombrables femmes qu'il a côtoyées, et ce jusqu'aux derniers jours de Salò, rares sont celles qui ont véritablement compté pour lui. Dans les lettres et les messages dont elle l'inondera jusqu'à la fin, Claretta n'arrive pas à cacher sa jalousie devant le flot de visiteuses reçues par son amant. Celui-ci, quand il n'arrive pas à l'éviter, lui répond ce qu'on répond toujours, bourgeoisement, dans des cas semblables : « Il n'y a rien de sérieux », « simple défoulement », « de toute façon je ne la reverrai plus… » et autres banalités en vigueur. Il est vrai que l'époque où des égéries ont compté pour lui est désormais lointaine. Dans certains cas, comme avec Balabanoff ou Sarfatti, qui n'étaient pas des reines de beauté, c'est l'intellect et l'intérêt qui priment, autrement dit ce qu'elles peuvent lui apprendre, les livres qu'elles peuvent lui conseiller, les portes qu'elles peuvent lui ouvrir… Il s'agit, brutalement dit, de pédagogie socio-politique et littéraire, payée avec des coucheries sans importance à ses yeux. Dans d'autres cas, comme probablement celui d'Ida Dalser, la sensualité intervient, jusqu'à l'obnubiler. Alors il s'éloigne, pour ne pas enfreindre ses priorités et la mission à laquelle il s'est voué. Entre ces deux pôles, on peut mentionner des rencontres pour le moins excentriques, comme celle avec la militante et écrivaine anarchiste, féministe et libertaire Leda Rafanelli (1880-1971), qui passera par le futurisme pour se convertir à l'islam après un séjour en Égypte, s'engagera dans la lutte de libération arabe contre le colonialisme et finira sa longue et tumultueuse existence en exerçant la profession de chiromancienne. Rafanelli, dont l'œuvre intarissable, pas moins d'une centaine de livres et d'opuscules, est aujourd'hui redécouverte, même en France, eut une brève relation avec Mussolini vers 1913-1914, ce qui lui vaudra une modeste pension dans l'entre-deux-guerres.

Beaucoup plus tard, il retrouvera un bonheur fugace auprès d'une ravissante auxiliaire de Salò, avec laquelle il s'enferme en tête à tête dans son bureau. Or, il ne s'agit pas, comme le croit une Claretta outragée, de la maîtresse qui l'a remplacée dans son cœur, mais d'une fille naturelle dont il a longtemps été séparé. Nous verrons qu'Elena Curti, née en 1922, à la veille de la marche sur Rome, d'une relation entre Mussolini et une dame de la société milanaise, sera la seule rescapée du dernier convoi du Duce. Dans l'après-guerre, elle restera proche des anciens combattants de la République sociale mais éloignée de l'activité politique. Elle embarrassera d'ailleurs les dirigeants du MSI néofasciste en proférant des déclarations cassantes à leur encontre.

En fin de compte, ce chapitre peut se limiter à trois noms, d'ailleurs dramatiquement enlacés. Le premier, d'un point de vue chronologique, est celui, plusieurs fois déjà cité, de Rachele Guidi (1890-1979), une jeune fille d'humble origine (mais le simple fait d'avoir fréquenté l'école primaire la classait au-dessus des misérables *braccianti*) dont la mère, veuve, était devenue la compagne d'Alessandro Mussolini après la mort de sa femme Rosa. Elle connaissait donc Benito depuis l'enfance mais le perdit de vue pendant quelques années, lorsqu'il alla s'installer en Suisse, tandis qu'elle trouvait un emploi comme femme de ménage, à quatorze ou quinze ans, dans le chef-lieu de Forlì. Elle subit probablement alors des attentions « excessives » de la part de ses employeurs, ce qui était courant à l'époque, et son caractère fut formé très tôt dans une haine des privilèges et des privilégiés, moins froidc mais plus rancunière que celle de son futur mari. Blonde, potelée et malicieuse dans sa jeunesse, elle vieillira précocement : à quarante ans, après son dernier accouchement, en 1929, on l'appela officiellement Donna Rachele, sorte de titre de première dame (ce qui irritait apparemment la reine Hélène), et, derrière son dos, « la vieille paysanne ». Le Duce se montrera d'ailleurs de plus en plus rarement en public en sa compagnie. Mais au début, ce fut le coup de foudre, à tel point que Benito, dans un rare accès de tempérament romagnol, aurait menacé de se – et de la – tuer si la famille n'acceptait pas leur union. Pourtant, à l'époque, il n'arrivait toujours pas à se débarrasser d'Ida Dalser. Rachele et Benito se marieront deux fois : d'abord civilement, en décembre 1915 (Edda est déjà née, en 1910), alors qu'il est soldat ; puis, religieusement, dix ans plus tard, pour paver la voie à la normalisation des relations avec l'Église.

On peut supposer que leurs rapports physiques devinrent par la suite moins fréquents, pour ne pas dire platoniques, ce que Rachele aura la coquetterie de nier dans ses Mémoires. Mais leur complicité demeura très intense jusqu'à la fin. Rachele fut sans doute la seule personne qui exerça un ascendant sur lui, même quand il connaîtra le véritable amour adulte avec Claretta. Le scandale d'une séparation aurait été calamiteux dans les conditions et dans l'Italie d'alors – et au lendemain du concordat avec l'Église. Abandonner la mère de ses cinq enfants – dont les deux derniers étaient en bas âge et la dernière handicapée – aurait pu nuire de façon déterminante à l'image publique du dictateur, y compris dans la base du parti ; sans parler du fait que Rachele, si tolérante avec ses aventures, ne l'aurait pas laissé faire sans réagir. Au-delà de ces considérations, et en dépit des promesses mensongères qu'il renouvelait à son infortunée maîtresse, il éprouvait une réelle dépendance envers elle. Rachele seule pouvait le sermonner, et si nécessaire l'« engueuler », pendant des heures. Il écoutait tête basse et l'interrompait rarement en essayant de justifier ses choix. Mais il ne suivait pas toujours ses conseils et ses admonestations. La *vox populi* lui en prête essentiellement deux. En 1936, après la conquête de l'Éthiopie, elle lui aurait dit : « Partons, tu ne pourras pas faire mieux et tu seras regretté au lieu d'être exécré. » Et après la nuit du Grand Conseil, le 25 juillet 1943 : « Tu dois les faire arrêter ! » (variante : « Tu dois les faire fusiller ! »). Dans les deux cas, d'un strict point de vue politique, on ne peut nier sa sagacité. Cependant les dictateurs meurent rarement comme d'honnêtes retraités, et il le savait. Dans cette femme acariâtre, obstinée, sans illusions sur la vie, le pouvoir et les hommes, revivait-il l'autorité que sa mère avait exercée sur lui ? Gardons-nous d'un excès de psychologisme, d'autant que rien ne le prouve. Au fond, il ne résolut l'énigme qu'au tout dernier moment, comme nous le verrons : sa femme se sauverait avec leurs deux derniers enfants, tandis que lui trouverait la mort avec sa maîtresse, n'ayant plus rien d'autre à lui offrir.

Les historiens ont rarement été généreux avec Rachele, les témoins non plus. À son retour au pays natal, le journaliste (et lointain cousin) Emiliani, qui a interrogé les derniers survivants, trouvera parfois chez eux un mot de sympathie humaine pour Benito, plus fréquemment pour Arnaldo et Edvige, presque jamais pour Rachele. C'est qu'il y avait deux aspects divergents dans cette nature qu'on aurait tort de considérer comme une âme simple. D'un côté, on trouvait chez elle la *rezdora*, terme dialectal qui désigne la femme du fermier, vraie administratrice du domaine et des ressources familiales, dont l'autorité dissimulée est d'autant plus efficace. Beaucoup plus sévère avec ses enfants et ses petits-enfants que ne l'était son mari, elle adorait Vittorio, blond et joufflu comme elle, tandis qu'elle eut toujours des relations difficiles avec Edda, l'image crachée de son père, les deux femmes se trouvant constamment en compétition pour gagner le cœur de Benito. Elle vitupérait les grands airs de sa fille aînée, devenue comtesse et protagoniste de la *dolce vita* du régime. Elle se méfia toujours de Ciano et de ses ambitions de prince héritier, même s'il est peut-être exagéré de lui attribuer un rôle dans la fin de son gendre et dans les esquives d'un Mussolini titubant pour ne pas lui accorder la grâce. Inutile d'ajouter que sa haine de Claretta fut d'emblée implacable et que seule l'assurance que lui donna le Duce qu'il ne quitterait jamais le toit familial pour sa maîtresse lui évita de passer à des solutions plus expéditives. Officiellement, elle ne veillait qu'à son ménage, ainsi qu'au verger et au poulailler aménagés à la villa Torlonia, cultivant et cueillant personnellement les herbes médicinales qui pouvaient soulager l'intestin délicat de son homme. Presque une anticipation de son destin ultérieur, car, après une longue période d'épuration à Ischia, Rachele rentrera en 1957 à Predappio. Privée de ressources, ne pouvant obtenir une pension de réversion sur le salaire de chef du gouvernement que son mari avait refusé – et tous leurs biens ayant au demeurant été séquestrés –, elle ouvrira une trattoria fréquentée par les « nostalgiques » et quelques curieux de passage ; elle y fit la cuisine presque jusqu'à sa mort.

À cette image assez rassurante d'une femme plutôt casanière – Zangrandi relate qu'avant de préparer le goûter pour les garçons et leurs amis, elle leur passait une main dans le dos pour voir s'ils étaient en nage et devaient préalablement se soumettre au rite de la douche – s'en ajoute une autre, qui l'est moins. Car elle avait le goût de l'intrigue et il y avait chez elle un côté Elena Ceauşescu. Elle veillait à la caisse, ayant connu la misère, d'autant plus que son mari y était indifférent. Elle gérait une prospère propriété agricole, achetée en Romagne avec les revenus du *Popolo d'Italia*, et entretenait des rapports d'affaires avec un entrepreneur d'origine suisse qui avait amassé une fortune dans les travaux publics financés par le régime, dont on arriva à dire qu'il était son amant, ce qui était sans doute faux. À défaut de culture, son intelligence était vive et son intuition toujours aux aguets de ce qui pouvait arriver. Peu portée sur la religion, elle protégeait un herboriste et « médecin » campagnard alors très connu en Romagne, Augusto Rotondi, dit Zambuten[3], auquel on attribuait des guérisons miraculeuses et la fertilité de femmes stériles. Avait-elle ses propres convictions politiques ? Si le pouvoir ne lui était pas indifférent, loin de là, son réalisme la portait à se méfier des dérives césariennes et impériales des années 1930. Intimement hostile aux milieux de la monarchie – cette républicaine de cœur se vantait de n'avoir jamais mis les pieds au Quirinal –, elle s'était créé sa propre cour d'obligés et de délateurs. Le plus tristement connu fut Guido Buffarini Guidi (1895-1945), longuement sous-secrétaire, puis ministre de l'Intérieur à Salò, un de ces magouilleurs au talent dévoyé, dont l'histoire italienne – avant, pendant et même après le fascisme – est hélas fertile. Il deviendra également le confident de Claretta… pour le compte de qui il était censé épier Rachele. Cette virtuosité ne lui évitera pas de payer le prix de ses peu reluisants services.

Dans l'après-guerre, Rachele accorda plusieurs entretiens, surtout pour des raisons alimentaires, et signa deux ou trois livres qui n'ajoutent pas grand-chose à notre connaissance du Duce. D'une façon générale, d'ailleurs, tous les témoignages issus du clan Mussolini (à l'exception, peut-être, de celui d'Edvige) sont plutôt décevants, comme si le fond cadenassé de l'homme échappait même à sa famille. En réalité, Rachele savait beaucoup plus de choses qu'elle ne l'a avoué et elle connaissait son mari sur le bout des doigts. Elle a choisi de se taire sur l'essentiel, pour ne pas desservir l'image de lui qu'elle souhaitait léguer à la postérité : celle d'un homme trahi, non d'un traître. Il existe cependant un film documentaire révélateur, réalisé par leur fils Vittorio après son retour en 1967 de l'exil en Argentine. Tout ce qu'on y raconte sur Mussolini – qui respectait toujours ses adversaires, aurait été contraint par Hitler à introduire les lois raciales (encore !), ne voulait pas la guerre et ainsi de suite – est sans intérêt historique. En revanche, les séquences consacrées à Rachele, parfois tournées par des amateurs, sont saisissantes : de l'assignation à Ischia,

3. Autre terme dialectal, signifiant « guérisseur », du nom du médecin genevois Jean Bouttin, qui, chassé par la Réforme, s'installa à Forlì à la fin du XVIIe siècle. Rotondi-Zambuten, qui exerça toujours gratuitement sa profession et mourut pauvre en 1950, était encore si populaire pour ses bienfaits que la municipalité de Forlì donna son nom à une rue de la ville.

entourée de pêcheurs qui viennent lui baiser la main, jusqu'à son retour à Predappio, souriante au milieu des animaux de basse-cour. Elle avait récupéré sur le tard la beauté que les drames et les soucis lui avaient ôtée. Altière, le visage presque sans rides, les yeux bleus métalliques, un fichu de paysanne sur ses nattes blanches, la voix claire et l'accent traînant, elle fixe sur la caméra le regard implacable de celle qui n'a rien oublié ni pardonné.

Nature ardente, insoumise, nourrie de tous les contrastes que le Duce avait su – provisoirement – maîtriser par le triomphe politique, Edda avait connu depuis l'enfance, à la différence de ses frères, la vie de conspirateur de son père. La complicité qui les rapprochait était si forte que Benito, pourtant peu porté à dévoiler ses rares affections, déclarait : « Quiconque touche Edda, touche à la prunelle de mes yeux ! » On a d'ailleurs colporté la légende selon laquelle elle aurait été le fruit d'une relation entre Mussolini, alors jeune meneur socialiste, et la Balabanoff ou une autre militante socialiste. On a également évoqué une sorte de relation incestueuse entre eux, ce qui est encore plus absurde. Irrégulière et anticonformiste, imprévisible dans ses humeurs et ses comportements, un peu exhibitionniste aussi, elle en rajoutait volontiers. Elle affirme avoir été la première femme en Italie à oser le pantalon, à fumer en public, ou encore à conduire une voiture. Ce n'est pas vrai, mais cela correspondait au personnage fatal qu'elle s'était forgé sur le modèle des stars « maudites » de Hollywood, comme Louise Brooks (avec laquelle sa ressemblance est frappante) ou Jean Harlow, plus tard la Michèle Morgan de *Quai des brumes*. Edda portait en elle les germes d'extrémisme antibourgeois du fascisme des origines, qui reparaîtront avec l'alliance allemande, puis dans la guerre civile. Alors que presque tout la rapprochait de son père et l'éloignait de sa mère, elle partageait avec cette dernière la capacité de haïr presque physiquement ses ennemis, ou ceux qu'elle considérait comme tels. Mais elle voulait également pénétrer – par effraction, à sa manière – dans l'enceinte de la haute société. Ciano n'avait pas été son premier choix d'amoureux : un prétendant d'origine patricienne, qui avait eu le culot de demander aux parents de quelle dot ils nantiraient leur fille, fut immédiatement éconduit de la villa Torlonia, heureux de s'en tirer à si bon compte. Le jeune diplomate Galeazzo, qui la soumit à une cour enveloppante, ne suscitait pas non plus leur enthousiasme. Rachele le trouvait trop *leccato*, « léché », factice et bellâtre. Benito hésitait également : les choix, un peu plus tard, de Vittorio et de Bruno, qui épousèrent des jeunes filles anonymes[4], correspondaient mieux à son désir d'éviter toute « dynastisation » du fascisme. Deux facteurs le firent céder. D'une part, Galeazzo était fils de l'amiral Costanzo, dit « mâchoire » pour son âpreté au gain : un officier de marine à la moustache buissonnante et au physique compact de grognard napoléonien, dont l'appui avait été indispensable au dictateur au moment de l'affaire Matteotti, quand les soutiens vacillaient autour de lui. Par ailleurs, le jeune élu, déférent et serviable, semblait témoigner au futur beau-père la même allégeance indéfectible. La suite prouvera à Mussolini que, pour une fois dans sa vie, il avait eu tort.

Les « noces de régime » furent célébrées le 24 avril 1930, avec une pompe qui mit mal à l'aise le Duce pour l'une de ses dernières apparitions en jabot et chapeau haut de forme, égaré dans cette bonne société qu'il méprisait et qui le lui rendait bien. Après la cérémonie, incapable de se séparer d'Edda, il monta seul en voiture, sans garde personnelle, et suivit pendant une centaine de kilomètres les mariés qui allaient s'embarquer vers Capri pour leur lune de miel. C'est elle qui, finalement, exaspérée, l'invita à rebrousser chemin. Il resta encore quelque temps pantois au bord de la route, avant de revenir à Rome où l'accueillirent les airs moqueurs de Rachele. En l'espèce, il ne s'agissait pas seulement de l'amour possessif qu'il éprouvait pour sa fille, ce qui peut humainement nous toucher, mais de la conviction qu'elle était la seule de ses enfants à avoir hérité d'au moins une part de son talent politique. Tout ce qu'il fit à partir de ce moment pour permettre à l'astre de Ciano de grandir – en six ans à peine, il deviendra son dauphin officieux, détesté par les « durs » du régime – sera dicté par l'insistance d'Edda qui, ne pouvant s'élever à ce rôle comme femme, désirait ardemment qu'il fût attribué par procuration à son mari. J'ai suscité un tollé dans l'assistance, à une présentation de la nouvelle édition de la plus complète biographie du malheureux ministre[5], en déclarant que Ciano n'est pas mort fusillé

4. Vittorio, après une première épouse dont il avait eu deux enfants, épousera en exil une héritière italo-argentine. Quant à la femme de Bruno, restée veuve à vingt ans, elle se noiera en 1946 avec l'officier anglais qui l'accompagnait en canot à moteur.

5. G. B. Guerri, *Galeazzo Ciano. Una vita (1903-1944)* (1979), nouvelle édition, Milan, La Nave di Teseo, 2020. Le lecteur français dispose également de l'excellent ouvrage de M. Ostenc, *Ciano, le gendre de Mussolini*, Paris, Perrin, 2014.

le 11 janvier 1944 au polygone de Vérone, mais véritablement le jour de son mariage, quand cet homme agréable, léger et brillant, qui dans les conditions normales d'un pays normal serait devenu un bon ambassadeur et rien de plus, entra dans la famille la plus puissante et la plus redoutable d'Italie.

Cela dit, malgré les trois enfants qui naîtront rapidement – deux garçons et une fille –, Edda ne se voyait nullement limitée au rôle de femme au foyer et de conseillère dans l'ombre accepté par sa mère. Elle obtint que son père lui confiât des missions de propagande et de relations publiques à l'étranger, notamment en Amérique latine, qui furent en général bien reçues. Comme lui, elle avait le don des langues et un certain charme brusque, qui, uni à son nom, fascinait les interlocuteurs. Lorsque l'hebdomadaire *Time* lui consacra sa couverture, le 24 juillet 1939, le Duce, qui jalousait tout le monde, en fut ravi. Sportive et courageuse (elle se sauvera à la nage de l'incendie d'un navire-hôpital pendant la guerre), elle ne cachait pas d'autres passions moins mussoliniennes : le jeu, le tabac, l'alcool, les nuits passées au milieu d'admirateurs éméchés. Le couple qu'elle formait avec Galeazzo, très uni à sa façon désinvolte, suscitait tous les ragots, y compris au sujet de parties fines et d'amitiés qu'on qualifiait alors de contre nature. Son goût du luxe et des dettes s'étalait dans des rapports de police, peut-être exagérés pour la noircir[6]. Mussolini menaçait de représailles les « médisants » ; puis la convoquait au palais de Venise pour la mettre en garde et la gourmander. Edda le dévisageait, partait d'un rire grinçant, écrasait le mégot sur le parquet – il n'y avait pas de cendrier sur sa table de travail –, niait tout et l'embrassait sur le front, après quoi il fondait comme une chandelle[7].

6. De toutes les comédiennes qui l'ont incarnée à l'écran, nulle n'égale le dramatisme de Silvana Mangano, muse de Visconti, dans *Le Procès de Vérone* (1963) de Carlo Lizzani. On perçoit entre les deux femmes, qui dans la vie se connaissaient bien, une affinité réelle. La performance d'Alessandra Martines dans la série télévisée *Edda*, de G. Capitani (2005), est moins troublante mais également excellente.

7. La princesse Cyprienne del Drago, née Charles-Roux, qui m'honora de son amitié et de sa confiance, me raconta cet épisode : « C'était à un dîner à la résidence de l'ambassadeur français au Saint-Siège. Le Duce avait exceptionnellement accepté l'invitation de mon père, qu'il connaissait et estimait depuis l'époque de Barrère. Les deux hommes s'enfermèrent longuement en tête à tête, rejoints par Galeazzo, et nous attendions au salon, en petit comité : Edda, mon mari et moi, un autre couple ou deux de l'ambassade. Enfin, nous passâmes à table. Le dîner devait durer une heure au maximum, sans aucun raffinement culinaire, car "le Duce mange ce que mange le

Extrêmement sensible à son double statut de fille et d'épouse, et au respect qui lui était dû, elle pouvait se révéler également dangereuse. Elle s'acharnait particulièrement contre les muses de son père tombées en disgrâce. Parmi les nombreux témoignages qui nous restent de ses années fastes, citons encore celui de l'écrivain Corrado Alvaro :

> La comtesse Pecci Blunt a par inadvertance invité à la même soirée Edda Ciano et Margherita Sarfatti, qui feignent de s'ignorer, même si elles se sont bien connues à une autre époque. À l'arrivée d'Edda, le cénacle autour de la Sarfatti s'évapore, tous les convives prennent d'assaut la table des Ciano. Vers 23 heures, je propose avec l'écrivain Bontempelli à la Sarfatti de la raccompagner chez elle. Edda se tenait debout dans un des salons et il nous fallut passer devant elle. Mme Sarfatti, en sortant, lui dit poliment « Bonsoir comtesse ». « Bonsoir », répondit-elle sèchement. Et, alors que nous allions franchir le seuil, d'une voix haut perchée : « Qui est cette femme[8] ? »

Edda était incontestablement fasciste – pas seulement mussolinienne –, beaucoup plus que son mari en tout cas, et elle le resta quasiment jusqu'au bout. Pronazie aussi ? Disons qu'elle était encore plus convaincue que son père du déclin des démocraties européennes, et révulsée par la façon dont Paris et Londres avaient traité l'Italie, donc le Duce, donc *elle*, au moment de la guerre d'Éthiopie. Le revirement se produira à l'hiver 1943-1944, lorsqu'elle luttera, toutes griffes dehors, pour sauver Galeazzo d'une condamnation et d'une exécution décidées d'avance. Mussolini hésitera, Hitler (mais non Ribbentrop) s'en lavera les mains[9] et les fascistes irréductibles obtien-

peuple italien". Le cuisinier avait su néanmoins qu'il préférait les légumes aux pâtes et composé une entrée exquise d'asperges au beurre. À table, Mussolini échangea quelques propos polis dans son français excellent avec mon père mais ignora tous les convives. Il ne regardait que sa fille, assise en face de lui : si elle reprenait des asperges, il en reprenait. Si elle souriait, il souriait. À un certain moment, Edda, qui était déjà à moitié ivre, lui envoya un baiser du bout des doigts. Il rougit comme une tomate et je vis ses mains trembler. »

8. Alvaro, *Quasi una vita*, *op. cit.*, p. 108. Nous sommes en 1933, les lois raciales ne sont pas encore à l'ordre du jour mais la situation personnelle de la Sarfatti est déjà compromise.

9. Ainsi que je l'ai précisé dans ma préface au *Journal politique* du comte Ciano, *op. cit.*, le Führer était indifférent aux éléments sur la duplicité nazie contenus dans

dront la peau du « traître ». Ce dénouement entraînera la rupture définitive entre le père et la fille, dont le dictateur n'arrivera pas à se remettre au cours des mois qui lui restent à vivre.

Confinée à la Libération sur l'île de Lipari, au large de la Sicile, où tant d'antifascistes (et de fascistes dissidents, comme Malaparte) avaient subi le même traitement, Edda y tomba amoureuse d'un partisan communiste, petite histoire curieuse mais éphémère. Elle se réconciliera sans grande conviction avec sa mère, dans le but de donner aux trois enfants du couple Ciano un semblant de sérénité et d'harmonie familiale : sans succès d'ailleurs, car leur existence en sera meurtrie à jamais ; comment aurait-il pu en être autrement[10] ? Edda reprendra alors son éternel et insatisfait périple dans la jet-set internationale, loin de la politique, toujours lacérée par le regret des deux hommes de sa vie, avant de s'éteindre en 1995. Je l'avais croisée quelques années plus tôt, dans un salon romain. Si je ne me trompe pas, Andy Warhol venait d'exprimer l'intention de lui consacrer un de ses célèbres portraits iconoclastes. Elle était étendue dans une pose alanguie sur un divan, élégante et très mince, presque anorexique quand ce n'était pas encore la mode[11], un verre de whisky à portée de main, une cigarette dans l'autre, farouche et imposante, les traits anguleux presque aztèques, comme gravés dans le roc, le regard charbonneux et un peu fou de Benito, dans le cercle d'invités qui se tenaient à une distance respectueuse. Rossano Brazzi, jadis jeune premier du cinéma des années 1930, reconverti en *latin lover* à Hollywood, réglait aimablement le trafic autour d'elle. J'ai demandé au maître de maison si je pouvais lui parler du passé. Il m'a répondu « *Lascia perdere !* », « Laisse tomber ! », ce que j'ai fait et me suis toujours reproché.

Les crachats (et le reste) qui ont souillé le beau visage d'albâtre de Claretta, lors de la macabre exhibition piazzale Loreto, à Milan, le 29 avril 1945, ne furent ni les premiers ni les derniers qu'elle dut essuyer durant sa courte vie et après sa mort. Elle venait d'avoir

le journal du ministre italien. Ce n'était pas le cas de Ribbentrop, qui pensait déjà à comment sauver sa peau dans le cas d'une victoire alliée.

10. L'un d'eux se laissera convaincre de faire paraître dans les années 1990 un livre au titre affligeant, *Quand grand-père fit fusiller papa*, qui n'eut heureusement aucun écho.

11. L'amie qui m'accompagnait observa néanmoins qu'elle avait des flancs abondants. Rien n'échappe à une femme qui scrute une autre femme.

trente-trois ans, dont treize passés à l'ombre du Duce, son amant, son modèle et, en fin de compte, son vrai bourreau. Les traces qu'elle a laissées dans l'imaginaire collectif sont celles, assez conventionnelles, de la courtisane vaporeuse et frivole, de la Manon Lescaut qui se rachète ou se damne définitivement (selon les avis) en partageant le destin de son maître. Sa fin n'aura longtemps suscité aucun sentiment de culpabilité ni même d'embarras chez les vainqueurs. « Traînée », « prostituée » sont les termes qui la désigneront habituellement dans l'immédiat après-guerre, même sous la plume de personnalités comme Gaetano Salvemini revenu d'Amérique[12]. Une pornographie lugubre s'y greffe sur ses prétendus talents horizontaux. Il y a eu un machisme du régime, c'est bien connu. Y aurait-il un relent de machisme dans l'antifascisme ?

La jeune fille était sans doute rêveuse, douée d'un tempérament romanesque, mais aucunement frivole. Clarice ou Clara, dite Claretta, chouchoutée depuis l'enfance pour ses airs espiègles, était issue d'une famille de la bourgeoise d'affaires qu'on appelait à Rome le *generone*, « les gens à sous », un milieu incomparablement supérieur à celui de Mussolini. Son père, médecin réputé, était originaire de la riche colonie italienne d'Alexandrie d'où provenaient également les poètes Marinetti et Ungaretti, et proche des milieux du Saint-Siège ; sa mère appartenait à une famille romaine en vue (alors comme aujourd'hui) : un de ses membres, officier des grenadiers et médaille d'or, mourra en combattant contre les Allemands lors de la bataille de Rome des 8-10 septembre 1943[13]. Les trois enfants du couple reçurent une éducation ouverte pour l'époque, en particulier dans le domaine artistique. Claretta envisagea alors une carrière de concertiste, sa sœur cadette, Maria, s'orientait vers le théâtre et le cinéma, et l'aîné, Marcello, qui deviendra la bête noire de l'histoire, vers la médecine, selon la tradition paternelle. Rien ne semblait déranger l'existence sans heurts d'une famille fortunée et unie. Malheureusement, Claretta, comme des milliers de jeunes Italiennes de toutes les classes sociales, était secrètement amoureuse du Duce. La légende, qui n'en est peut-être pas une, veut que pour elle le coup de foudre

12. Qui pourtant était intervenu sans succès pour sauver du peloton d'exécution le collaborationniste Jean Luchaire, fils de sa seconde épouse.

13. Voir plus loin, dans la troisième partie.

ait été bien précoce : à dix ans, lorsqu'elle le voit surgir au milieu de la foule sur la place du Quirinal, au lendemain de la marche sur Rome, elle se met à lui envoyer des baisers, suscitant les reproches de la grand-mère scandalisée qui l'accompagne. Plus tard, elle lui adresse des lettres surexcitées que le destinataire ne lit même pas : il en reçoit des tonnes. Entre-temps, elle s'est fiancée avec un distingué officier d'aviation, beau garçon de surcroît. Ses parents soupirent de soulagement, convaincus que cette passion d'adolescente s'épuisera dans les volutes de l'imaginaire[14].

L'histoire ne se passera pas ainsi. Le dimanche 24 avril 1932, date que Claretta fêtera toujours comme le début de leur idylle, l'auto de la famille Petacci, qui roulait en direction d'Ostie, conduite par un compassé chauffeur du Vatican, croisa l'Alfa Romeo dernier modèle que Mussolini conduisait personnellement. Elle le reconnut immédiatement et lança l'immanquable *« Viva il Duce ! »* qui causa quelque perplexité chez ses parents, d'autant que le fiancé était également à bord. Par un réflexe qu'il dut peut-être regretter par la suite, Mussolini, comme d'habitude sans gardes du corps (visibles, en tout cas), s'arrêta au bord de la route, ce que la voiture des Petacci dut faire également. Il ôta ses bésicles, bomba le torse et sortit du véhicule pour adresser quelques propos bienveillants à ces bourgeois figés dans le salut romain. La suite était dès lors prévisible, et l'histoire sera banale : celle de l'homme mûr qui découvre la volupté dans les bras d'une très jeune compagne mais ne veut ni ne peut quitter l'épouse légitime mère de ses enfants. Il est fort probable qu'il ait espéré, au moins au début, qu'en épousant son aviateur la jeune fille ne lui accorderait que des rencontres torrides et sans risques. Les choses ne se déroulèrent pas ainsi. Certes, Claretta finit par céder aux conventions conjugales deux ans plus tard. Mais elle n'oublia pas – c'est un euphémisme ! – celui qui était déjà son amant. Le mariage à peine consommé se traduisit par un divorce à Budapest, vu que cela n'était pas possible en Italie. Le Duce, condescendant, fit s'envoler le pilote le plus loin possible, comme attaché de l'air à Tokyo. Là encore,

14. Parmi ses biographies, souvent encombrées de potins douteux, la plus sensible et juste nous semble encore celle de F. Bandini, *Claretta*, Milan, SugarCo, 1960. Le livre plus anecdotique de R. Gervaso, *Claretta*, Milan, Rizzoli, 1982, soutient la thèse selon laquelle elle n'aurait été finalement pour Mussolini qu'un divertissement devenu trop encombrant à la fin, ce que personnellement je ne crois pas.

rien d'original : Moshe Dayan et tant d'autres hommes puissants utiliseront pareil stratagème dans des affaires semblables.

Il fut d'abord flatté, puis emporté, médusé, rétrogradant en sa présence de chef de la nation à simple adolescent en peine d'amour. Elle lui ouvrit une dimension de la vie intime qu'il ignorait totalement. De tous les dictateurs du XXᵉ siècle, Mussolini est sans doute le seul qui connut ainsi la passion amoureuse[15] ; mais cela ne modifia ni n'« humanisa » en profondeur son caractère, c'était trop tard. Claretta arborait au physique ce qui l'attirait le plus : une bouche bien dessinée, une poitrine généreuse, des hanches robustes, avec des traits racés, l'ovale pur du visage, les mains nerveuses, les jambes longues et fines. Et puis, elle lui tenait tête, trop fière pour tomber dans le panneau des grossiers couchages mussoliniens. Bien vite, elle obtint un témoignage de leur union, ce qu'il n'avait accordé à aucune de ses maîtresses. Des visiteurs attentifs, admis aux audiences du palais de Venise, découvraient désormais sur le bureau du Duce, à côté du porte-plume, de l'encrier et de la pile bien rangée des dossiers du jour, une statuette en plâtre à deux sous, de celles qu'on vend dans les foires de village, arborant l'inscription : « Deux cœurs et une cabane. » Le triomphe n'était qu'apparent car Claretta ne partagera jamais la cabane de son homme. Comme elle était également cultivée et sportive, il lui accordait des randonnées à cheval sur la voie Appienne, des après-midi de ski sur les monts de Terminillo, au nord de Rome, des week-ends en cachette sur les plages de Rimini ou de Riccione, des soirées passées à lire ensemble des poèmes ou à écouter des enregistrements de Beethoven et de Schubert ; mais rien de plus, et certainement aucune vie en public. Plus triste encore, elle perdit l'enfant qu'elle attendait de lui. Elle se défoulait, faute de mieux, en répondant chaque jour à l'abondant courrier qu'elle recevait du menu peuple, qui s'adressait à « Son Excellence Madame Claretta Petacci », parfois même à « Madame Petacci-Mussolini », pour solliciter des subsides (qu'elle payait de sa poche), voire une photo dédicacée ou une mèche de cheveux. Ce n'était ni une intrigante ni une petite Pompadour du régime, nous l'avons dit[16]. Mais il est humainement

15. On pourrait à la rigueur penser à Staline et à sa seconde femme, Nadejda Allilouïeva, qui se suicida, ne pouvant survivre à la cruauté de l'homme qu'elle vénérait.

16. Ce que De Felice a décrit avec délicatesse dans le beau portrait qu'il lui consacre (*Mussolini l'alleato. Crisi e agonia del regime*, *op. cit.*, p. 1060-1076).

compréhensible qu'elle voulût grandir aux yeux de son homme, qui la considérait alors comme un beau jouet, sans plus.

Car toute l'Italie fut bientôt au courant de la liaison : Rachele, alertée et furibonde, veillait au grain. Le « flic » Buffarini Guidi, Fouché huilé aux allures de sacristain, faisait déjà l'aller-retour entre les deux femmes, les assurant toutes deux de son dévouement[17]. Au printemps 1943, se rendant compte que la relation était trop connue – et voulant (peut-être ?) la protéger –, Mussolini décida d'y mettre fin et lui fit barrer l'entrée « confidentielle » du palais de Venise. Mais comme elle annonça l'intention de se suicider, et qu'on pouvait craindre qu'elle le fît, il dut céder. On a beaucoup fabulé (on le faisait déjà à l'époque) sur la fortune que le clan Petacci aurait amassée à l'ombre de la relation adultérine. Le journaliste Paolo Monelli, qui mena la première enquête sérieuse dès 1948, a prouvé qu'il n'en était rien et que le Duce, économe comme toujours, « ne déboursa pas un liard » pour la somptueuse villa que les Petacci avaient bâtie sur la colline de la Camilluccia, au nord de Rome[18]. Les cadeaux qu'il lui offrit furent modestes, jusqu'à la pingrerie. Il est vrai cependant qu'il favorisa la carrière cinématographique de la sœur cadette de Claretta, Maria, qui deviendra à l'écran Myriam di San Servolo, italianisée en Miria après les lois raciales de 1938. Elle aura l'excellente idée de s'expatrier à la dernière heure avec ses parents, en Espagne, où elle tournera encore dans des films sans relief, avant de rentrer en Italie pour s'éteindre, oubliée de tous, en 1991. Un cas plus troublant est celui de Marcello, qui se croyait promis à un destin de prince dépravé à la Borgia. Claretta adorait cet aîné poseur et charmeur et fut involontairement à l'origine de sa perte, Mussolini, de guerre lasse, lui accordant les faveurs qu'il refusait à ses propres enfants – aucun d'eux, sauf Edda, ne connut de privilège visible. Le résultat ? Capturé et fusillé par les partisans, Marcello sera pendu par les pieds à côté de sa sœur et de Mussolini.

17. Il est facile de noircir ce personnage, et on l'a fait abondamment. Pourtant, bon combattant dans la Grande Guerre, Buffarini fut, dans les années 1920, un *podestà* (maire) avisé de sa ville natale, Pise, et il sauvera à Salò des résistants et des Juifs, peut-être en échange d'avantages.

18. Monelli, *Mussolini petit bourgeois*, *op. cit.*, p. 171, 296-299. Bandini, *Claretta*, *op. cit.*, le confirme avec plus de détails.

Nous verrons dans la dernière partie que Claretta, en retrouvant son « Ben » pendant les six cents jours de la République sociale – cloîtrée dans une villa proche de la sienne, ne goûtant que des restes de leur intimité –, s'illusionna d'avoir enfin des conseils politiques à lui offrir. Elle l'incita à tenir tête à Hitler : « Tu dois te présenter à lui en condition de parité absolue, revendiquant ton droit à l'autonomie[19] », se disant prête à se rendre à Berlin pour le rencontrer elle-même ! Elle le somma de renvoyer les extrémistes qui l'entouraient et de sortir de sa demeure-geôle pour rechercher le contact avec la population souffrante. Sa nature impétueuse essayait de le soustraire à l'aboulie dans laquelle il glissait inéluctablement : « Ta force physique sexuelle est encore pleine d'ardeur[20]. » Bref, Claretta caressa une dernière fois l'espoir, qui l'avait toujours animée, de lui être devenue indispensable. On a parfois l'impression qu'elle fut la seule Italienne heureuse dans l'horreur de la guerre civile. Quand elle comprit que tout était fini, plus lucidement que lui, avec cette détermination des femmes aimantes que les hommes connaissent si mal, elle n'hésita pas à le suivre jusqu'au bout.

19. Lettre du 21 avril 1944, p. 164-165, dans Mussolini, *A Clara. Tutte le lettere a Claretta Petacci, 1943-1945*, édition établie par L. Montevecchi, Mondadori, Milan, 2011.

20. *Ibid.*, lettre non datée, fin juillet 1944, p. 241.

5

Ses hommes

Inutile de répéter que Mussolini, en bon dictateur, était pétri de rancœur et soupçonneux envers tout coéquipier conservant une base réelle de pouvoir et pouvant lui faire de l'ombre. Il faudrait néanmoins nuancer, selon les périodes et les événements, au cours du régime ; et comme la simplification s'impose ici, je me limiterai à proposer trois catégories d'hommes, par ordre croissant d'importance. L'aventure de Salò est une tout autre affaire, que je réserve pour la dernière partie de ce livre.

La première catégorie, qui constitue la dernière par sa signification politique, est celle des *technocrates*. De ce point de vue, l'historien impartial doit avouer que, surtout dans la première décennie, peut-être même plus tard, jusqu'à la campagne d'Éthiopie et au rapprochement avec l'Axe, le régime – peut-on dire le pays ? – ne fut pas trop mal desservi par un certain nombre de personnalités que le Duce appela au gouvernement. Tout d'abord, Giovanni Gentile, qu'on désigne encore, superficiellement, comme le « philosophe du régime », alors qu'il se trouvera souvent en porte-à-faux avec les directives venues d'en haut et la prétendue culture officielle. Il ne siégera au ministère de l'Instruction qu'en 1922-1924, avant que sa personnalité trop forte ne l'éloigne des querelles politiciennes. Mussolini aura plus de chance avec les Finances, confiées à des techniciens d'envergure qui s'étaient formés dans le cadre de l'Italie libérale : l'économiste Alberto De Stefani (de 1922 à 1925), le grand entrepreneur Giuseppe Volpi de Misurata, surnommé « le dernier doge de Venise » (1925-1928)[1], Antonio Mosconi

1. Cet homme aux multiples initiatives, qui semblait sortir de la Renaissance, fut également le promoteur de la *mostra* internationale du cinéma de Venise. Sa meilleure biographie est celle de S. Romano, *Giuseppe Volpi*, Milan, Bompiani, 1979.

(1928-1932) et Guido Jung (1932-1935), tous artisans du rapprochement entre le régime, les milieux d'affaires et les centres productifs du pays. Le Duce gardera également à sa place le banquier Bonaldo Stringher, premier gouverneur de la Banque d'Italie de 1900 jusqu'à sa mort, en 1930. Parmi les juristes, le Napolitain Alfredo Rocco, garde des Sceaux de 1925 à 1932, sera l'auteur des lois « liberticides » ou « fascistissimes », mais également d'un code pénal moderne dont l'essentiel sera conservé par l'Italie républicaine. On pourrait mentionner une dizaine d'autres personnages qui disposèrent parfois d'une certaine capacité d'action. Si quelques-uns d'entre eux avaient choisi le fascisme par intérêt, d'autres, comme Volpi, Jung ou Stringher, connus et appréciés dans les milieux de la finance internationale bien avant l'ascension de Mussolini, étaient plutôt des notables au service du gouvernement en place, un peu comme les *Vernunftrepublikaner*, les républicains non de cœur mais de raison de Weimar. Le dictateur, qui avait besoin d'eux, surtout au début, les laissait faire. Dans la « marche » – la vraie ! – vers la mise en place de l'État éthique, qui devait couronner son pouvoir, ce n'étaient à ses yeux que des hommes compétents, politiquement inoffensifs. Il songeait déjà à les remplacer, le moment venu, par de jeunes collaborateurs entièrement dévoués : et nous avons déjà anticipé que ses choix, dans la seconde moitié des années 1930, seront pour la plupart très négatifs. Mussolini utilisera couramment la nomination comme conseiller d'État et sénateur du royaume, régulièrement ratifiée par le souverain, pour se défaire de ces ministres, banquiers, diplomates et autres hauts fonctionnaires qui ne lui servaient plus. Et dire que l'abolition du Sénat figurait au programme du fascisme révolutionnaire de 1919…

Viennent ensuite les *ralliés*, les représentants des formations nationalistes, monarchistes, conservatrices, qui n'ont pas participé à la mouvance fasciste et l'ont parfois combattue, mais qui ont fini par capituler face à la capacité manœuvrière de Mussolini, comme le feront les patriotes allemands du *Stahlhelm* (Casque d'acier) devant Hitler. Les *camicie azzurre* (Chemises bleues) nationalistes, qu'on pourrait rapprocher des Croix-de-Feu en France, disposaient au début d'effectifs équivalents, sinon supérieurs, aux Chemises noires, et elles étaient prêtes à participer à la défense de Rome en octobre 1922. Moins d'un an plus tard, leur formation sera dissoute sans résistance, comme l'organisation paramilitaire des catholiques, les Chemises blanches. Les anciens combattants et les légionnaires d'annunziens rescapés de Fiume suivront la même pente, avec un peu plus de combativité. Les seuls qui opposeront une dernière résistance seront, bien évidemment, les Chemises rouges et les « *arditi* du peuple » socialistes et communistes ; mais sans aucune chance de succès face à la force de frappe conjuguée de l'armée et de la milice fasciste. Le Duce méditait de mettre au rancart ces ralliés de la vingt-cinquième heure ; mais, dans certains cas, ils se retournèrent contre lui. Ainsi l'ancien leader nationaliste Luigi Federzoni, devenu président du Sénat, gardera des rapports discrets avec le souverain et sera un des exécutants du coup d'État du 25 juillet 1943. Un autre participant à la conjuration du Grand Conseil, le militaire piémontais Cesare Maria De Vecchi di Val Cismon, avait été un des quadrumvirs de la marche sur Rome. Mais sa loyauté allait avant tout au roi, ce qui lui vaudra la réputation de plus monarchiste des fascistes ou de plus fasciste des monarchistes.

Nous arrivons ainsi aux *inconditionnels*, catégorie à l'intérieur de laquelle il faudrait pouvoir en distinguer une demi-douzaine d'autres, selon l'âge, la formation, le milieu social et d'autres paramètres encore. Ainsi, l'amiral Costanzo Ciano est un monarchiste devenu fasciste, alors que son fils Galeazzo suivra plutôt le chemin inverse. Le noyau dur, ou si l'on veut l'aristocratie du parti, est néanmoins représenté par les meneurs squadristes, dits également les *ras*, selon le terme emprunté aux chefs des bandes d'Abyssinie[2], qui ont conquis le terrain par la force au cours de la guerre civile larvée de 1919-1922, qu'il s'agisse des territoires dévastés par la guerre (le Frioul, la Haute-Vénétie, le Trentin, Trieste et le pourtour de la Haute-Adriatique) ou de la plaine du Pô jusqu'à la Toscane et l'Ombrie. En revanche, l'implantation du squadrisme a été relativement plus faible dans les régions liées à la Couronne (Piémont, Ligurie, Sardaigne) et dans l'Italie méridionale, à l'exception des Pouilles. Cette nomenklatura a été indispensable à Mussolini pour conquérir le pouvoir ; maintenant qu'il est dans ses mains, il s'efforcera pendant vingt ans de la tenir en échec et d'éviter qu'elle se coalise contre lui. C'est finalement ce

2. Le terme a en italien une nuance menaçante, proche de « caïd » ou de « séide » en français. Il évoquait non seulement les guerriers abyssins qui avaient défait les Italiens lors de la bataille d'Adoua en 1896, mais également l'emploi des gaz (en italien, *gas*) durant la Grande Guerre.

qui se produira, lorsque l'impensable aura lieu en 1943 : la soudure entre les anciens « durs » et le roi pour liquider le Duce.

Dans cette nébuleuse, on peut évoquer rapidement des figures qui connaîtront un sort funeste. Achille Starace (1889-1945) sera pendant huit ans (1931-1939) un secrétaire du parti tellement déconsidéré qu'il suscitera des gags infinis : « Le camarade Starace s'habille en esquimau pour aller acheter une glace. » Mussolini, d'abord rassuré par la dévotion aveugle de cet acolyte à l'inculture triomphante et à la sexualité trouble, finira par se rendre compte de sa sottise et par le renvoyer, en en faisant le responsable de l'impréparation du pays et de la milice fasciste au conflit. À Salò, le Duce refusera de le recevoir et le fera emprisonner sous une accusation improbable de complot. L'homme qui rêvait de mettre toute l'Italie en tenue de gymnastique mourra, on peut le dire, comme il avait vécu : abandonné de tous, il se défoulait par de longues séances de jogging dans les parcs de Milan ; reconnu à la Libération au cours d'une de ses randonnées quotidiennes, il subit un procès expéditif, après lequel on le promena dans les rues de la ville dans un camion découvert, où il se tint droit sous les insultes, les cailloux et les déchets lancés héroïquement par la foule. Arrivé piazzale Loreto, il descendit gaillardement de la fourgonnette, leva le bras pour un salut fasciste et fut fusillé, avant d'être pendu par les pieds à côté de son chef et de ceux qui l'avaient précédé. Il avait si souvent été ridicule qu'on n'avait guère prévu qu'il pût être admirable à l'heure suprême.

Le journaliste Manlio Morgagni (1879-1943) est un ancien socialiste de Forlì, proche depuis toujours des frères Mussolini, qu'il a suivis dans un tournant interventionniste de 1914-1915 et dans la création du *Popolo d'Italia*. Dès 1924, il se verra confier la direction de l'agence de presse nationale, à laquelle il conservera le nom de son fondateur, Guglielmo Stefani, un patriote du *Risorgimento*. Il en fera un organe d'information moderne et efficace, dans les limites d'une dictature, sur le modèle de l'Agence France-Presse et de l'anglaise Reuters, en privilégiant dans la mesure du possible la compétence de ses collaborateurs. Le 26 juillet 1943, apprenant que le Duce a été arrêté, et tout en ne courant personnellement aucun risque, protégé par son statut de sénateur, il se tire une balle dans la tête après avoir écrit une dernière lettre de fidélité à son maître. C'est le seul hiérarque qui ait choisi de le faire, mais ce n'est pas le seul suicide parmi les fascistes. Giovanni Preziosi (1881-1945), un prêtre défroqué, qui deviendra le plus sinistre « théoricien » antisémite du fascisme italien, puis « inspecteur général de la race » sur pression allemande, à Salò, se jettera, enlacé à sa femme, d'une fenêtre de son appartement milanais à la Libération. Encore un exemple : Francesco Maria Barracu (1885-1945) est un bon militaire qui a perdu un œil et obtenu une médaille d'or en Éthiopie, auquel son bandeau noir donne un air féroce que l'homme ne mérite peut-être pas. Nommé sous-secrétaire à la présidence du Conseil pendant la République sociale, il essaiera en vain d'endiguer les crimes des bandes paramilitaires. En même temps, il cultive des idées folles, comme la création d'une « légion sarde » et la militarisation de Milan, qu'il veut transformer en « Alcazar du fascisme » dans les derniers jours de la guerre civile. À Dongo, sur le lac de Côme, il sera arrêté et fusillé avec les fuyards du dernier convoi.

Nous avons gardé pour la fin de cette morne galerie le cas sans doute le plus affligeant et emblématique : celui d'Aldo Finzi (1891-1944), issu d'une famille aisée de Vénétie d'origine juive[3], as de l'aviation pendant la Grande Guerre dans l'escadrille de D'Annunzio, puis champion motocycliste. Cet esprit perpétuellement insatisfait, pétri de volontarisme rebelle, se rapprochera au début des années 1920 de Mussolini, qui le nommera sous-secrétaire à l'Intérieur dans son premier gouvernement et sous-inspecteur général de l'aviation. Compromis dans l'affaire Matteotti, Finzi en deviendra un des boucs émissaires et sera obligé de quitter la politique active, tout en conservant un rôle important dans la réforme de l'armée de l'air. En 1938, après l'introduction des lois raciales, il commencera à critiquer ouvertement le régime et sera condamné à une peine de *confino*. Après la chute de Mussolini en 1943, il entrera dans les rangs de la Résistance. Arrêté et torturé, il sera fusillé par les SS dans le massacre des Fosses ardéatines à Rome, le 24 mars 1944[4].

3. L'historien M. Sarfatti, auteur d'un volume très documenté, *Gli ebrei nell'Italia fascista* (Turin, Einaudi, 2000, p. 22), a contesté cette attribution traditionnelle, en soulignant que Finzi, né de parents de religion mixte, et lui-même baptisé, ne fut pas écarté en 1938 pour des raisons raciales mais politiques. Or, De Felice avait déjà prouvé que Finzi se rapprocherait de la communauté juive, à la fin de 1942, quelques mois avant son meurtre.

4. Voir plus loin, dans la troisième partie.

Le fascisme était né dans la violence et finissait dans la violence, comme son chef. Certes, nombreux furent les responsables qui, à la Libération, arrivèrent à échapper, comme en France et ailleurs, aux rigueurs de l'épuration par des revirements, des astuces, des accointances ou la protection des Alliés. Quelques-uns d'entre eux essaieront pathétiquement de relever la tête jusque dans les années 1970. Le plus pittoresque sera le prince Junio Valerio Borghese. Ce descendant d'une dynastie millénaire de l'aristocratie romaine, officier de marine d'une bravoure exceptionnelle qui lui valut la médaille d'or pour ses actions en Méditerranée en 1941, avait adhéré à la République sociale à la tête de sa formation d'élite d'infanterie de marine, la X Mas (Xe Flottiglia MAS). Tant que son action fut limitée au théâtre adriatique où, maintenant son indépendance envers le commandement allemand, la X Mas parvint à ralentir l'avancée des troupes de Tito vers Trieste, Borghese put compter sur une certaine faveur locale. Mais, à la suite d'attentats contre ses officiers, il engagea sciemment sa division dans la répression antipartisane et perdit rapidement tout crédit aux yeux de la population. Condamné et amnistié à la fin de la guerre, il deviendra le premier président du parti néofasciste, le MSI. En 1970, il sera impliqué dans une tentative bâclée de coup d'État qui prit le nom, bien excessif, de *Golpe Borghese*. Il finira sa vie en exil à Cadix, protégé par la bienveillance de Franco et son titre de grand d'Espagne[5].

En définitive, les cas que nous avons décrits, et bien d'autres, serviront à montrer au lecteur que le fascisme ne fut pas – loin de là ! – la pantalonnade qu'on allègue encore si désinvoltement de nos jours. Ce fut une histoire tragique, du début à la fin.

Revenons aux origines du mouvement. Cinq coéquipiers de Mussolini, que nous pouvons donc appeler ses proches, même s'il faudrait plutôt les désigner comme ses adversaires internes, sortent rapidement du lot : Balbo à Ferrare, Arpinati et Grandi à Bologne, Farinacci à Crémone et Bottai à Rome. On pourrait y ajouter Michele Bianchi (1883-1930), autre quadrumvir de la marche sur Rome et premier secrétaire du parti fasciste, de 1921 à 1923, puis sous-secrétaire à

5. Cette pochade a inspiré un film divertissant et fin de Mario Monicelli, *Nous voulons les colonels* (1973).

l'Intérieur et ministre des Travaux publics. Mais cet ancien syndicaliste révolutionnaire, le seul qui était à ce stade réellement proche de Mussolini, glissa peu à peu dans l'ombre et sa mauvaise santé le conduisit à une mort précoce. Quant à Ciano, deux raisons ne permettent pas de l'inscrire dans ce premier cercle : né en 1903, il avait manqué de peu l'expérience de la guerre et des luttes successives, qui était commune à tous les autres, les *trinceristi*, les hommes des tranchées. D'autre part, ses allures de dauphin présumé cristallisèrent rapidement contre lui l'acrimonie générale. Il est impressionnant de constater, en lisant son journal, à quel point cet homme gâté mais intelligent n'arrive pas à comprendre la haine qu'il suscite, notamment chez ceux qui s'inclinent devant son pouvoir et seront les premiers à réclamer sa tête.

Italo Balbo (1896-1940) s'est taillé, même chez ses adversaires, une réputation de d'Artagnan du fascisme. Sa prestance virile (même si un léger bégaiement ne lui permettait pas d'être aussi un orateur efficace), ses exploits aéronautiques, son opposition affichée aux lois raciales et à l'alliance nazie, sa mort controversée au début d'un conflit dont il ne voulait pas[6] semblent justifier cette renommée. Pourtant, à peine démobilisé, à vingt-cinq ans, il avait été un des premiers organisateurs des bandes fascistes dans la plaine du Pô. Sa légion personnelle, baptisée romantiquement « Caliban », sema la terreur dans toute la région, incendia les coopératives socialistes et occupa militairement, dès le printemps 1922, le château des ducs d'Este à Ferrare, le premier monument historique d'Italie où flottera le drapeau noir[7]. Balbo, surnommé « bouc de fer » par Malaparte, fut l'un des stratèges de la marche sur Rome et pas seulement le plus hardi des quadrumvirs, qu'il ait ou non convaincu un Mussolini encore récalcitrant à se lancer dans l'aventure, comme il s'en vantera par la

6. Un avion anglais lancera le lendemain une gerbe de fleurs sur l'emplacement où s'était écrasé son avion, avec un message qui déplut à Mussolini et ne fut pas diffusé en Italie : « La Royal Air Force exprime ses sincères condoléances pour la mort du maréchal Balbo, un grand condottiere et un valeureux aviateur que le sort plaça dans le camp adverse. » C'est, je crois, un geste presque sans équivalent dans l'histoire de la Seconde Guerre mondiale.

7. Dans son *Diario 1922*, Milan, Mondadori, 1932, rédigé probablement par son ami Quilici dans un style d'annunzien parfois délirant, Balbo s'efforce de donner rétrospectivement une image chevaleresque de cette « épopée ». On peut en douter.

suite. La page la plus équivoque de son histoire personnelle fut son rôle présumé d'instigateur dans la bastonnade qui coûta la vie, le 23 août 1923, à Don Giovanni Minzoni, un prêtre du diocèse de Ferrare que son dévouement pour les pauvres et son action de chapelain militaire dans la Grande Guerre avaient rendu très populaire. Or, Don Minzoni, contre l'avis de la hiérarchie catholique, s'était immédiatement érigé contre les violences squadristes. Les divers procès intentés, sous le régime et après, n'ont jamais pu remonter jusqu'aux véritables responsables du meurtre.

Pendant le *ventennio*, au fur et à mesure que son expérience s'élargissait au contact des milieux de l'industrie aéronautique internationale, Balbo s'était orienté vers des positions plus modérées. À New York, à Chicago, au terme de ses vols transatlantiques, le maréchal de l'air avait salué la foule en délire en agitant sa casquette, plutôt que de faire le salut romain. Même lorsque la jalousie de Mussolini le poussera en marge du pouvoir, il ne renoncera pas à faire entendre sa voix, de plus en plus critique, dans toutes les instances du parti et de l'État, notamment au Grand Conseil du fascisme où il était désormais quasiment le seul à intervenir contre l'ordre du jour préparé d'avance par le cabinet du Duce et ratifié par tous les membres. Nommé gouverneur de la Libye en 1934, il s'y montra bon pacificateur et administrateur éclairé. Il parraina la création d'infrastructures et de villages modernes pour la population arabe, qu'il respectait et qui le respectait. Dans la maturité, la chevelure de mousquetaire s'était clairsemée et il s'était épaissi : il avait toujours aimé la bonne chère et la belle vie, n'était point indifférent aux honneurs et menait un train de vie princier qui faisait parfois jaser et lui valut le surnom de *Sciupone l'Africano* (« l'Africain dépensier »). De Mussolini, il disait en riant, dans son épais dialecte ferrarais, *al puvret' no'ss god niant*, « le pauvre homme ne jouit de rien ». Peu sensible aux sollicitations intellectuelles, il protégeait néanmoins un certain nombre de journalistes et d'écrivains, qui devaient certes entretenir sa renommée mais lui étaient en retour sincèrement dévoués. Tous les hiérarques, à l'imitation du chef, avaient leur propre organe de presse. Celui de Balbo était le *Corriere Padano*, dirigé par son ami intime, l'excellent et honnête journaliste Nello Quilici, qui mourra à ses côtés, lorsque l'avion du maréchal sera abattu au-dessus de Tobrouk, le 28 juin 1940, par une batterie italienne qui l'avait pris pour un avion de reconnaissance anglais. L'annonce officielle parlera « d'action de bombardement ennemi », dans le but d'écarter les bruits qui couraient sur une responsabilité de Mussolini ; aujourd'hui elle semblerait exclue. Peut-on en déduire que la notoriété de Balbo et ses qualités réelles en faisaient un concurrent dangereux pour le Duce ? Théoriquement oui, mais seulement théoriquement. Nourrissait-il des vues bonapartistes ? Il serait vain d'y répondre. Il s'était battu pour éviter le conflit, convaincu que le sort de l'Italie était bien plus important que celui du régime. Mais en 1940, il avait perdu son pari : ainsi que me l'a raconté son fils, alors adolescent, « il nous a dit qu'il ne sortirait pas vivant de la guerre[8] ». Et là, toutes les hypothèses s'arrêtent.

Des historiens pourront être surpris de l'inclusion dans cette liste restreinte de Leandro Arpinati (1892-1945), qui ne jouera jamais les premiers rôles politiques, disparaîtra de la scène au début des années 1930 et n'exercera plus aucune activité publique jusqu'à sa fin tragique. La raison principale en est que sa parabole éclaire la rivalité sous-jacente, jamais éteinte, entre fascisme-mouvement, ou « vrai » fascisme, et fascisme-régime. L'itinéraire d'Arpinati est semblable à ceux d'autres personnages que nous avons déjà présentés : de l'anarcho-syndicalisme à l'interventionnisme dans la Grande Guerre, puis au squadrisme. Il domine son fief de Bologne[9], où il a été impliqué dans des actes de violence parfois meurtriers, comme l'assaut de la mairie du palais d'Accursio, qui fera une dizaine de victimes en novembre 1920. Mécanicien et cheminot au physique de poids lourd, Arpinati était parti à la conquête du prolétariat de la ville, alors que son concitoyen, l'avocat Dino Grandi, homme non moins dur mais plus policé, préférait monter à l'assaut des beaux quartiers et de la notabilité apeurée. Son hostilité à la marche sur Rome – « cette fanfaronnade » – signalait déjà l'indépendance de son caractère. Il avait des qualités réelles d'organisateur et une passion pour les sports de masse, l'athlétisme, la natation, le cyclisme, le football, opposés aux

8. Cf. Serra, *Malaparte. Vies et légendes*, *op. cit.*, p. 242-244.

9. Après avoir été une des villes les plus « noires » du fascisme, Bologne deviendra, de 1945 et jusqu'au début des années 1990, le fleuron de l'administration municipale du PCI. Aujourd'hui la municipalité garde encore une majorité de centre gauche, mais les enjeux sont bien différents.

sports « bourgeois » : l'escrime, l'équitation et le tennis. Mussolini s'imagina qu'il deviendrait le Porthos ou le Peppone du fascisme. Il en fera une sorte de mini-Duce de l'Italie sportive, convaincu que cet adjoint aux mains plus larges (apparemment) que son cerveau suivrait ses instructions à la lettre. Erreur.

La popularité d'Arpinati gagna rapidement toute l'Italie, amplifiée par l'aura propre du sport et alimentée par une réputation de droiture qui impressionnait ses compatriotes. « Le gros Leandro », à la mine joviale sous son éternelle casquette cabossée, affublé d'une veste trop étroite et d'un pantalon en tire-bouchon, devint l'équivalent du *dicke Hermann* (le « gros Hermann », Goering) sous le Troisième Reich, en tenant compte bien sûr des différences entre les deux régimes. Il ressemblait plutôt, en plus corpulent, au Thorez du Front populaire. L'ancien squadriste semblait avoir dépassé ses penchants violents et plaidait pour la libération des anciens adversaires politiques. Il tutoyait tout le monde, recevait tout le monde, embrassait tout le monde. On le photographiait jouant à la pétanque, dévorant des tresses de saucisses, vidant des bouteilles de gros rouge ou s'exhibant au bras de fer dans les fêtes foraines, des grappes de bambins pendus à son cou ou à ses bras musclés. Bref, le populiste accompli, rayonnant, sans complexe. Il couvrit l'Italie de stades, de piscines et de gymnases DUX, jamais en son propre nom, mais également de crèches et de bibliothèques populaires car cet autodidacte respectait hautement la culture. Si d'autres hiérarques, comme Starace, rêvaient de mettre l'Italie au pas de course, lui voulait au moins le faire dans la bonne humeur. Son autorité personnelle était telle qu'il annula en 1926-1927 le résultat de la finale entre la Juventus et Turin, en raison de la corruption suspectée d'un joueur. Mais comme l'équipe qui suivait au classement était celle de Bologne, dont il était un supporter enthousiaste, il se retrouva devant un choix cornélien ; il décida finalement d'annuler le championnat, cas unique, je crois, dans l'histoire du football italien.

Arpinati avait beau apparaître comme l'homme lige du Duce, il était surtout fidèle à ses origines « sociales-fascistes » et de surcroît ne voulait pas se borner au sport et au folklore. Sans grand enthousiasme, Mussolini le nomma vice-secrétaire du parti, fonction dans laquelle son adjoint lui apporta un soutien précieux au moment de l'affaire Matteotti. Mais cela n'advint qu'après une confrontation dramatique.

Alors qu'on cherchait encore le cadavre du député socialiste et qu'un Mussolini livide ne savait plus sur quel pied danser, Arpinati se précipita à Rome. Il culbuta les huissiers et se propulsa dans le bureau du président du Conseil qu'il dévisagea froidement : « Regarde-moi dans les yeux. C'est toi qui l'as fait tuer ? » « Non, je te jure... », répondit Benito en se tortillant sur son fauteuil. « Bon, alors fais saisir ces vauriens et tu seras à nouveau notre chef. » Après quoi, il se tourna vers l'assistance et lança : *Viva il Duce !*

Nous connaissons déjà suffisamment notre protagoniste pour savoir qu'il ne pouvait pardonner, et ne pardonnera jamais, une telle humiliation. Pourtant il subissait l'ascendant d'Arpinati et lui confia encore des fonctions importantes ; mais l'autre, trop intransigeant, se mettra rapidement en porte-à-faux avec les ordres reçus. Sous-secrétaire à l'Intérieur, il refuse les fonds secrets du ministère pour soudoyer espions et informateurs, « cette vermine ». Il dénonce inutilement la corruption, les enrichissements, les abus des hiérarques et de leurs sous-traitants. Il gifle un industriel venu lui offrir un pot-de-vin, au risque de lui disloquer la mâchoire, et n'impose pas l'inscription au parti à ses fonctionnaires. Tenu de plus en plus en lisière, hostile au trône et à l'autel, et plus tard aux lois raciales, il maintient en revanche le contact avec d'anciens camarades de la première heure. Ils tiennent des conciliabules, surveillés par la police, sur la « trahison » croissante de leurs idéaux. En 1933, Starace et Buffarini Guidi arrivent à soumettre un dossier bien ficelé au Duce ; après quoi Arpinati sera exclu du parti, puis envoyé six ans au *confino* sur l'île de Lipari sous l'imputation grave d'« attitude hostile aux directives de l'État », c'est-à-dire du régime. Relaxé en 1936, il se retire dans sa ferme modèle près de Bologne ; on n'entendra plus parler de lui jusqu'à la crise de 1943.

Arrive la République sociale et Mussolini, qui a déjà un pied dans la fosse, se souvient de cet ancien coéquipier charismatique qui peut lui redevenir utile. Il l'appelle et lui propose le poste de président du Conseil, ne voulant garder pour lui que le titre honorifique de Duce. L'idée est astucieuse : à l'autre de se débattre entre occupants nazis, fascistes fanatiques, population ébranlée et Résistance grandissante ; à lui de gérer d'en haut un État fantoche et de s'en tirer au mieux. Arpinati écoute, remercie et décline : la guerre civile, ce n'est pas son affaire. Il repart pour sa ferme où, jusqu'à la fin du conflit, il hébergera tous ceux qui sonnent à sa porte : déserteurs allemands et italiens, parachutistes alliés, partisans et Juifs. Et arrive, après Salò, la Libération. L'avant-veille, le 22 avril, Arpinati sert, comme chaque soir, la soupe aux convives réunis autour de la grande tablée paysanne. On entend des pas, sa fille va ouvrir[10]. Un commando d'hommes masqués fait irruption et tire à bout pourtant. Le premier atteint est son fraternel ami de toujours, le résistant et avocat socialiste Torquato Nanni[11], qui s'est placé en bouclier devant lui. Arpinati s'affaisse à son tour, criblé de balles. Vendetta pour les méfaits liés à l'essor du fascisme ? Décision froide de supprimer un homme encore trop populaire ? Les reconstructions sont nombreuses ; aucune n'est à ce jour concluante.

Roberto Farinacci (1892-1945) est également un ancien cheminot et syndicaliste socialiste, originaire de Crémone, en Lombardie, mais fils d'un inspecteur de police méridional. L'intelligence souple, l'activité inlassable, un talent brillant de meneur et de tribun en feront, du début à la fin, la bête noire et le plus redoutable concurrent de Mussolini dans la base du parti. Il a pris possession militaire de sa ville dès la veille de la marche sur Rome. C'est le début fulminant de son ascension, couronnée par une nomination comme secrétaire du parti en 1925-1926. Mais Farinacci doit bientôt céder sa place, sous la menace de son arrestation pour fraude et abus de pouvoir. Sa capacité de nuisance continuera néanmoins à s'exercer jusqu'à la fin parallèle des deux « frères ennemis ». Avocat habile et retors, il obtiendra d'un tribunal domestiqué l'absolution des responsables et des peines accessoires pour les assassins de Matteotti. Le jeune écrivain Aniante en offre un portrait truculent et cependant admiratif :

> Avec la cravache qu'il tenait à la main, ses yeux féroces et ses mâchoires peu rassurantes [...], ce révolutionnaire de trente

10. On lui doit un beau livre, évidemment conditionné par l'amour filial : G. Cantamessa Arpinati, *Arpinati, mio padre*, Rome, Il Sagittario, 1968. Sur le cas Arpinati, voir également L. Salvatorelli et G. Mira, *Storia d'Italia nel periodo fascista*, Turin, Einaudi, 1964, p. 582-583, qui évitent cependant de mentionner sa fin.

11. Figure limpide de militant socialiste et camarade de jeunesse de Mussolini, Nanni avait refusé de le suivre dans l'après-guerre. En 1924, il fut séquestré par des nervis fascistes, qui s'apprêtaient à l'exécuter. Arpinati accourut avec ses hommes pour le délivrer, l'arme à la main. C'est dire le climat qui régnait entre bandes fascistes rivales.

ans, enfant du peuple, prit en main le parti, cassa les reins aux opposants et se battit comme un lion pour le fascisme intégral. Sans l'effort titanesque de Farinacci, sans son courage de fou déchaîné, Mussolini aurait difficilement pu résister à la bourrasque[12].

Mais à partir de ce moment, son influence commence à décliner. Tout au long du *ventennio*, il arrivera à contrôler d'une main de fer sa « seigneurie » de Crémone en créant un prix artistique « fascistissime », en opposition avec la ligne plus libérale de Bottai. Le Duce parviendra à l'éloigner des fonctions officielles, tout en multipliant les attestations d'estime et en étouffant les rumeurs (et les preuves) sur ses enrichissements véreux. La vanité de l'homme étant aussi connue que sa vénalité, il le couvrira de décorations, notamment au moment de la guerre d'Éthiopie où Farinacci perdra la main droite non pas au combat, mais en pêchant à la grenade dans les eaux paisibles d'un lac : ce qui lui valut, de la part d'un vrai soldat comme Ettore Muti, le surnom de Martin-pêcheur[13].

Personnage grotesque et brute épaisse ? Loin de là. Farinacci n'était pas pour autant le théoricien raffiné que ses obligés ont présenté à l'époque. Il n'a laissé, dans une avalanche d'écrits de circonstance, qu'un seul ouvrage significatif : une prolixe *Histoire de la révolution fasciste*, rédigée par des scribes et publiée en 1940, calquée sur le modèle de l'*Histoire de la révolution russe* de Trotski. Mais c'était incontestablement un animal politique, doté d'une intelligence manœuvrière hors du commun. Les hiérarques ne s'aimaient généralement pas entre eux. Farinacci les détestait et les méprisait tous : or, cette fureur robespierrienne, qui aurait dû l'isoler, contribuait à le rendre populaire. On écrit encore beaucoup à son sujet, sans arriver à percer entièrement la personnalité d'un homme que De Felice considérait, à raison, comme le seul véritable antagoniste de Mussolini, le seul capable d'exprimer un fascisme alternatif à celui du Duce. Bon psychologue, il connaissait mieux que personne toutes les oscillations du tempérament mussolinien et cherchait à en profiter au mieux. La définition de Doriot ou de Déat italien, parfois utilisée à son égard, n'est qu'une comparaison sommaire. Nerveux

12. Aniante, *Mussolini*, *op. cit.*, p. 76.

13. Dans toutes les actualités successives, on verra Farinacci saluer constamment en levant le bras gauche, le droit restant immobile.

et cassant dans sa jeunesse, puis trapu, sanglé dans des uniformes ou des costumes croisés toujours un peu tape-à-l'œil, on l'aurait pris dans la maturité pour un riche marchand de province entretenant des danseuses. À défaut de véritable épaisseur humaine, le personnage avait de l'audace et un charme insinuant qui pouvait s'exercer même sur des adversaires. Son inclination vers l'Allemagne nazie, qui précède celle du Duce, ne sert qu'à provoquer ce dernier. S'il est le premier hiérarque à entamer une campagne anticosmopolite et antijuive, en accord avec l'antisémite Preziosi, bien avant les lois raciales de 1938, son but est toujours de mettre au pied du mur un Mussolini qui hésite à rompre avec Londres et Paris pour ne pas se jeter dans la gueule du loup. Si des fonds allemands sont entrés dans ses caisses, ce qui est probable, ils lui servaient à brandir le drapeau du fascisme jusqu'au-boutiste des débuts, tout en cultivant les accointances avec l'industrie et en peaufinant ses entrées à la Cour, y compris dans l'entourage du prince Humbert, et même au Vatican. La réputation de « nazi-fasciste » forcené qui l'accompagne jusqu'à ce jour semble en fin de compte assez surfaite et imprécise. L'idéologie, au sens rigoureux, dogmatique du terme, comptait encore moins pour lui que pour Mussolini : c'est tout dire.

Farinacci n'aura plus qu'une idée fixe et une seule perspective d'action : créer des difficultés à son chef dans l'intention de le remplacer. Or, il est en proie, quand l'occasion se présente, aux mêmes hésitations qu'il dénonce chez Mussolini. On pense à ces virtuoses du football ou des échecs qui, quand le moment de la performance tant attendue arrive, ratent l'occasion de leur vie. Observateur militaire pendant la guerre d'Espagne et au début du nouveau conflit mondial, en Albanie, il envoie à Rome des mémoires lucides sur les caractéristiques du *Blitzkrieg* et les retards de l'armée italienne, mais se cantonne à une polémique perdante contre l'état-major. Pendant la guerre, malgré une profusion d'articles et de discours incendiaires, il compte de moins en moins : la base fasciste, qui s'effrite au rythme des défaites militaires, ne le suit plus. Sa plus grande chance survient en juillet 1943 : fort du soutien nazi, il pourrait essayer de se substituer au Duce défaillant lors de la nuit du Grand Conseil. Il se limite à proposer un ordre du jour anodin, mi-figue mi-raisin, qui sera englouti dans la confrontation qui s'opère entre les membres du Grand Conseil déjà acquis au putsch royal et les derniers fidèles mussoliniens. Réfugié à l'ambassade allemande à Rome, puis exfiltré à Munich et Marienbad, il reviendra à l'automne dans une République sociale où il ne jouera finalement aucun rôle. Effleuré par le procès de Vérone pour son attitude ambiguë, il évitera prudemment de témoigner contre Ciano et les autres inculpés. Mussolini, qui le craint toujours, veillera à ce qu'il soit exonéré.

Lui aussi ratera sa fuite, et pourtant... L'homme que les partisans arrêtent, le 27 avril 1945, avec son chauffeur et sa maîtresse, la marquise Carla Medici del Vascello, transporte douze valises de bijoux, de devises et de documents vers la frontière suisse. Blessée au moment où la voiture tente de forcer le point de contrôle, sa compagne mourra quelques jours plus tard sans reprendre connaissance : un destin qui n'est pas sans rappeler celui d'Hélène de Portes, l'égérie de Paul Reynaud, fin juin 1940. Pourtant, face au « tribunal du peuple » dans la petite ville lombarde de Vimercate, un Farinacci défiant, toutes griffes dehors, improvise une harangue véhémente devant ses juges et la population massée : « Camarades ! Je viens du peuple, je n'ai jamais servi que le peuple. Que le peuple me juge, qu'il me condamne s'il le faut, mais qu'il prouve d'abord que je l'ai trahi ! » Il sait parfaitement qu'il n'a aucune chance de s'en sortir, mais il ne veut pas terminer sa vie en comparse ; sans Mussolini, le vrai ténor du fascisme c'était – enfin ! – *lui*. Il y a des hochements de tête favorables, des fluctuations dans l'assistance, après tout, l'homme n'a exercé aucune fonction à Salò, il n'a participé directement à aucune rafle[14]... On décide prudemment d'écourter les débats. Amené sur la place principale, Farinacci refuse d'être fusillé dans le dos, se retourne comme Ciano à Vérone, et, atteint mortellement à la poitrine, s'écroule en criant *Viva l'Italia !*. Il y a des êtres dont la mort est meilleure que la vie[15]. Mais qui sommes-nous pour le dire ?

Nous avons gardé pour la fin de ce chapitre les noms croisés de Dino Grandi (1895-1988) et de Giuseppe Bottai (1895-1959), car

14. Oui mais quand même... Au début de la guerre civile, il aura lancé des colonnes de son journal, *Il Regime fascista*, de Crémone, un appel accablant : « Œil pour œil et dent pour dent ! » Cf. Pavone, *Una guerra civile*, *op. cit.*, p. 236.

15. En mai 2011, le petit-fils de Farinacci, un médecin apolitique, respecté pour son dévouement et sa compétence à l'hôpital de Crémone, s'est tué d'un coup de fusil de chasse au cœur sur la tombe du grand-père.

il s'agit incontestablement des deux personnalités à la plus grande envergure intellectuelle issues du fascisme. Ils eurent l'intelligence politique de ne pas s'opposer à leur chef avant la crise de juillet 1943 ; mais l'un se voyait destiné à une succession naturelle, au moment où l'Italie sortirait de la guerre, sous l'égide des Alliés, tandis que l'autre savait que le fascisme était mort ce jour-là. Grandi, après une jeunesse houleuse à l'ombre de l'insurrection noire, où plusieurs fois il avait osé mettre en discussion la primauté de Mussolini, s'en était rapidement affranchi. Le monde de la diplomatie le déprovincialisa et le transforma au point qu'il s'y trouva à l'aise, à la différence de son chef qui ne le lui pardonna jamais. De 1929 à 1932, il devint un ministre des Affaires étrangères respecté dans les assises internationales pour sa compétence, sa finesse et sa modération[16]. Il s'était converti au « locarnisme » et à l'esprit « sociétaire », même si dans ses Mémoires il a tendance à rehausser la portée de son engagement. C'était d'ailleurs la phase où le Duce tenait à rassurer les chancelleries sur le caractère, sinon pacifique, du moins réaliste de son approche des relations internationales. Grandi – assisté en cela par un personnel diplomatique encore largement préfasciste et a-fasciste – fut l'interprète attitré de cette attitude, un peu comme Maksim Litvinov le sera pour la politique étrangère de l'URSS des années 1930. Les tensions ne manquèrent pas, surtout avec la SDN que Mussolini détestait, en attendant la crise qui éclatera au moment de la guerre d'Éthiopie. Les positions jugées trop souples de Grandi, notamment en matière de désarmement, et les bonnes relations qu'il avait nouées avec ses pairs occidentaux suscitèrent la méfiance grandissante du dictateur qui avait déjà prévu un large remaniement ministériel à l'occasion de la première décennie du régime pour favoriser le passage à l'État éthique. Il reprit en main le portefeuille des Affaires étrangères et essaya d'envoyer Grandi le plus loin possible, comme ambassadeur à Washington. Mais celui-ci résista et obtint le poste alors plus influent de Londres.

Cette désignation ne sera pas sans conséquences. L'Angleterre était la nation avec laquelle le fascisme souhaitait conserver les meilleurs

16. On a souvent mentionné la jeunesse de Ciano pour aggraver ses fautes ou l'en exonérer ; mais Grandi n'avait lui-même que trente-six ans lorsqu'il devint ministre, comme d'ailleurs Balbo ou Bottai. Le fascisme formait vite ses hommes, mais il fallait être passé sous les fourches caudines de ses luttes.

rapports, bien avant le Troisième Reich. Les sympathies pour le régime y étaient diffuses, depuis les conseillers du prince de Galles, futur roi Édouard VIII, jusqu'à des personnalités relativement en marge mais toujours influentes, comme Winston Churchill. Pendant sept ans, Grandi s'emploiera à renforcer ces liens. Épaulé par une intelligente épouse et servi par une vie mondaine très brillante, il deviendra le plus fêté et reçu des représentants étrangers à la cour de Saint-James, accueilli dans tous les milieux, accompagné d'une renommée de Don Juan qui ne desservait pas sa mission[17]. L'animosité que son arrogant collègue allemand Joachim von Ribbentrop nourrissait à son encontre rehaussait également son image. Aucun doute que Grandi ait essayé de préserver la collaboration italo-britannique et qu'il se soit inversement opposé, dans la mesure du possible, au rapprochement avec l'Allemagne nazie. Cependant, l'historien reste perplexe en lisant sous sa plume que « pendant sept ans, à Londres, j'ai continué à désobéir [à Mussolini][18] ». L'examen des très nombreux rapports envoyés au Duce laisse une sensation double, comme double était la nature de l'homme. D'un côté, il l'informe avec acuité sur la situation anglaise – ses commentaires sur la crise dynastique de 1936 sont très lucides – et s'efforce de mettre en relief toutes les marges de coopération qui restent encore à exploiter entre les deux pays. De l'autre, il emberlificote son interlocuteur dans des nuées d'encens et lui fait croire que jamais les Britanniques ne seront en mesure de faire la guerre à la grande puissance fasciste. Grandi s'est justifié par la suite en observant qu'un langage plus direct aurait provoqué son rappel. C'est possible. Une impression désagréable, néanmoins, demeure devant un tel mélange de courtisanerie et de duplicité.

À la veille de la guerre en Europe, Grandi se voit confier les fonctions de garde des Sceaux. Mussolini estime sans doute que, dans ce rôle plus technique, il ne pourra pas lui nuire. Or, l'homme, plus ondoyant que jamais, élevé au titre de comte de Mordano (le hameau où il est né, près de Bologne), en profite pour se rapprocher des militaires, des anciens parlementaires et ministres préfascistes,

17. En poste à Londres dans les années 1990, je fus présenté lors d'une réception à une vieille dame ratatinée qui croulait sous les titres de noblesse et les émeraudes. Elle entreprit de me parler de Grandi, « qui a laissé *the most delicious* souvenirs à nous toutes... ».

18. D. Grandi, *Il mio paese. Ricordi autobiografici*, Bologne, Il Mulino, 1985, p. 381.

et surtout de la Cour. Le souverain le nommera au début de 1943 chevalier de la très sainte Annonciade et « cousin du roi », passant outre à l'avis d'un Mussolini désormais impuissant. C'est le point de bascule. Grandi deviendra dès lors la cheville ouvrière du complot qui se trame entre le Quirinal, l'armée et les fascistes dissidents. Il présentera, lors de la séance du Grand Conseil, dans la nuit du 24-25 juillet, l'ordre du jour qui provoquera la chute du dictateur : nous y reviendrons dans la troisième partie. Limitons-nous à conclure ici que le Talleyrand du fascisme n'aura réussi son pari qu'à demi. Exilé au Portugal, puis au Brésil, il mènera pendant trente ans une action discrète d'influent conseiller de grandes entreprises. Rentré en Italie dans les années 1970, il y sera courtisé par les éditeurs et les historiens auxquels il offrira, disert et réticent à la fois, sa propre version des faits.

À la différence des bourgeois Balbo et Grandi et des prolétaires Arpinati et Farinacci, le Romain Giuseppe Bottai – seul non-Septentrional de l'*inner circle* fasciste – est issu d'un petit milieu marchand : son père tient un commerce de vins et spiritueux aux portes de la Ville éternelle, que d'ailleurs il gardera ouvert, sans aucun avantage particulier, pendant l'ascension de son fils. Celui-ci est un garçon vif et industrieux, à l'incompressible passion littéraire. Futuriste, interventionniste dans la Grande Guerre, légionnaire avec D'Annunzio à Fiume, il adhère au fascisme dès 1919, alors que ses professeurs lui prédisent une belle carrière universitaire. Après la marche sur Rome, il entame sa carrière politique : sous-secrétaire puis ministre des Corporations (1926-1932), gouverneur de la capitale, puis d'Addis-Abeba en 1936. Mais sa véritable vocation reste la culture. De 1936 à 1943, il sera un infatigable et éclairé (dans les limites du régime) ministre de l'Éducation nationale. Là encore, on observe un dédoublement, non pas au niveau du caractère, car l'homme est entier, mais de l'idéologie, où il l'est moins. Appuyé, ou plutôt toléré par un Mussolini convaincu que cet adjoint réfractaire aux basses intrigues le servira sans barguigner, Bottai devient, contre les Farinacci et autres intransigeants, le porte-parole de l'ouverture aux intellectuels, en échange d'une adhésion qui est souvent de pure forme aux directives du régime. Ce n'est pas un hasard si la plus connue de ses publications porte le titre audacieux de *Critica fascista*[19]. Il parraine, du nord au sud, des dizaines de revues, de fondations, de journaux universitaires, d'expositions, de bourses, de prix littéraires et artistiques : une déferlante d'initiatives où transitera la presque totalité de l'intelligentsia italienne du *ventennio*, qu'elle soit fasciste ou pas. Quelques-uns l'admettront encore dans l'après-guerre ; la majorité essaiera de le faire oublier. Cette recette inspirera à la Libération l'« appel d'offres » que le leader communiste Togliatti (comme Thorez et Aragon en France) lancera aux intellectuels de tout bord – surtout s'ils se sont compromis – pour qu'ils rejoignent les drapeaux de l'avenir radieux en échange d'un coup d'éponge sur leur passé.

Bottai réalisera en somme pour la culture ce qu'Arpinati a accompli pour le sport : d'ailleurs les deux hommes, que tout le reste séparait, se ressemblaient par la probité, l'indifférence aux honneurs (à l'inverse de Costanzo Ciano et de Grandi, Bottai refusera un titre de noblesse) et la moralité de leur vie privée. Il y avait cependant un bémol, car bien qu'il apparût comme un libéral, Bottai se considérait comme le seul véritable idéologue du fascisme, et le terme facétieux qu'un historien a employé à son sujet de « Dr Goebbels *à l'amatriciana* » garde une base de vérité, même si les Allemands se méfiaient de lui. Cet homme, dont les écrits théoriques sont assez nébuleux[20], semblait réellement convaincu, du moins jusqu'à la guerre, que le fascisme représentait l'avenir de l'humanité. Au fond, le destin personnel de Mussolini, malgré la loyauté qu'il lui témoigna longtemps, lui importait relativement peu : sa véritable obsession était la bataille de l'Occident contre la décadence et la mort. Cette vision le poussera vers des positions dogmatiques qui contredisent, mais seulement à la surface, son comportement tolérant et souple à l'égard des intellectuels. Car, plus encore peut-être que son maître, et pour des raisons moins personnelles, il veut pérenniser le fascisme à travers l'instauration de l'État éthique. Le rapport qu'il lira au Grand Conseil du fascisme, le 6 octobre 1938, sur le bien-fondé des

19. Le titre se voulait aussi une réplique à la revue de l'antifasciste Croce, *La Critica*, tolérée par le régime, qui en limitait cependant la circulation.

20. En revanche, les deux volumes de son journal (1935-1944 et 1944-1948) publiés dans les années 1980 par son biographe et meilleur spécialiste, G. B. Guerri, sont un document d'un intérêt historique et psychologique considérable, surtout dans la première partie. Là encore, on peut esquisser une comparaison avec Goebbels.

lois raciales, est un document atterrant qui aura beaucoup compté pour disqualifier son nom[21]. L'antisémitisme n'était pour Farinacci qu'une composante parmi d'autres de sa panoplie politicienne : il n'y croyait pas plus qu'au Père Noël. Dans le cas de Bottai, c'est moins sûr. À la séance, on entendit Balbo (ce qui ne figure pas, et pour cause, dans les minutes) lancer en zézayant un : « Pauvre c... ! » Bottai, imperturbable, un mince sourire sur ses lèvres fines, continua de débiter son texte d'une voix égale, sous le regard approbateur de Mussolini, dans le silence embarrassé de l'assistance. En janvier 1939, reprenant le programme de sa charte des Corporations (1927)[22], il présentera une charte de l'École qui, à la veille du nouveau conflit mondial, préconise l'intégration de tous les enfants et adolescents, indépendamment de leur extraction et de leur niveau d'instruction, qu'ils soient apprentis ouvriers ou agricoles, artisans, élèves ou lycéens des grandes écoles, dans la construction organique de l'État. C'est la pépinière des cadres – on croirait lire, en plus extrémiste, le Renan de *La Réforme intellectuelle et morale* – qui assurera la continuité du régime *après* ses responsables actuels, et donnera à l'Italie la première place dans la lutte pour la sauvegarde de l'héritage humaniste et chrétien (le terme « judéo-chrétien » ayant bien sûr disparu) dans un monde mécanisé et métissé. Il amorcera d'ailleurs plus tard un retour au catholicisme sous la houlette d'un grand ecclésiastique, Don Giuseppe De Luca.

Au cours de la guerre, une crise se développe en lui qui le portera à adhérer à la conjuration contre le Duce, dont il deviendra la figure de proue avec Grandi, si différent de lui à tout point de vue. Quelle en est véritablement la cause, d'autant plus qu'il proclamera jusqu'au bout son attachement intime à Mussolini[23] ? Il serait trop compliqué d'y revenir et cela ne regarde pas directement notre récit. Il suffira de dire que Bottai, condamné à mort par contumace au procès de Vérone en janvier 1944, avec tous les signataires de l'ordre du jour Grandi, s'engagera sous un faux nom dans la Légion étrangère, où il

21. Les associations antifascistes et la communauté juive interviendront, en 1995, pour empêcher qu'une rue de la capitale lui soit dédiée.

22. Voir plus loin, dans la deuxième partie.

23. Il s'en explique (à sa façon) dans un témoignage, *Vent'anni e un giorno* (les « vingt ans » étant ceux du fascisme, le « jour » le 24 juillet 1943), Milan, Garzanti, 1949 : titre qui a peut-être inspiré l'ouvrage homonyme de Jorge Semprun paru en 2003.

combattra avec distinction et le grade de brigadier jusqu'à la chute du Troisième Reich[24]. Après une brève épuration, il reprendra dans les années 1950 une activité de publiciste assez vigoureuse mais sans influence sur le destin de l'Italie républicaine. Comme tous les rescapés, il n'avait survécu au fascisme que pour devenir, relativement jeune encore, un homme du passé.

Mussolini n'avait pas tort d'affirmer à Ludwig qu'« un Duce numéro deux ne viendrait pas ». Comme nous venons de le voir, aucun de ses principaux acolytes ne réunissait les qualités requises pour le concurrencer ou, moins encore, prétendre lui succéder. Mais ce qui compte était la fin de la phrase : « ... et s'il venait, l'Italie ne le supporterait pas[25]. » Connaissait-il son Plutarque ? « Que la Grèce n'eût su porter deux Lysandre[26]. » Heureusement, peut-on ajouter : le numéro un avait fait suffisamment de dégâts.

24. G. Bottai, *Legione è il mio nome*, Milan, Garzanti, 1950, refondu dans le deuxième volume de son journal.

25. Ludwig, *Entretiens, op. cit.*, p. 166. De même chez Price, *I Know These Dictators, op. cit.*, p. 146.

26. *Vie de Lysandre*, dans *Vie des hommes illustres*, I, traduction Amyot, Paris, Gallimard, coll. « Bibliothèque de la Pléiade », 1951, p. 1000.

6

Ses pays

Mussolini s'est vanté auprès d'interlocuteurs surtout étrangers, qui pouvaient moins vérifier ses dires, d'avoir acquis une vaste expérience du monde[1]. En fait, s'il voyagea plus que Staline ou Hitler, son expérience se limitait à l'Europe – et encore. Mais surtout, il claironnait une prédilection et un flair dans les relations internationales, qui se traduisirent par ses pires décisions, entraînant son échec final.

Nous avons déjà parlé de la Suisse : elle fut le premier refuge du jeune rebelle et aurait pu devenir celui du moribond de Salò si les circonstances l'avaient permis : mais y croyait-il réellement ? On peut en douter. À part cela, et ses rapides apparitions diplomatiques à Lausanne, en 1923, puis à Locarno, en 1925, la Suisse est la nation phare de la neutralité, et comment imaginer un Mussolini neutre ? Ce principe, nous l'avons déjà dit, s'opposait à sa nature et à sa vision belliqueuse du monde.

La France, en revanche, fut le véritable réceptacle de ses amours et de ses rancunes. Malgré son engouement pour le romantisme allemand, la culture française était au cœur de sa formation : Victor Hugo et Napoléon bien sûr, mais aussi Stendhal lui tiendront compagnie jusqu'à ses derniers jours. Nous verrons plus loin à quel point l'obsession d'avoir été éconduit par les gouvernements successifs de la Troisième République le poussera vers l'alliance avec Hitler. René Benjamin, prix Goncourt 1915, futur ministre et plume du maréchal Pétain, qui lui rend visite en pleine crise d'Éthiopie, rapporte cet échange : « "Je suis sûr que vous aimez la France." Il me donna son regard le plus

1. Derechef, il cite à Ludwig sa visite à la demeure au Cap de Cecil Rhodes, le paladin de l'expansion coloniale anglaise (*Entretiens*, *op. cit.*, p. 209). Or, Mussolini ne se rendit jamais en Afrique du Sud.

profond : "Je l'aime… et j'attends qu'elle fasse sa vraie révolution."[2] » Dès 1940, le pays envahi et divisé ne comptera pratiquement plus à ses yeux : s'il a le bon sens (et la pudeur) de ne pas aller parader à Paris, où flotte la croix gammée, il réduit au strict minimum les contacts avec les émissaires de Vichy. Il ne profitera pas de l'avantage relatif que lui donne la mise entre parenthèses, du côté français, de la peu reluisante guerre des Alpes, ni du bénéfice qu'il pourrait tirer du comportement de ses troupes, qui évitent de procéder dans la zone d'occupation italienne aux exactions contre les Juifs et les persécutés politiques. Il ne croit pas à la résurrection de la France libre, néglige la portée du phénomène de Gaulle, ignore l'importance du débarquement allié en Afrique du Nord de novembre 1942. En définitive, c'est une histoire d'amour ratée, et il déteste les ratages.

L'Angleterre garde une tout autre signification stratégique à ses yeux : aucun attachement sentimental, la politique d'abord. Avant Hitler, il est convaincu qu'il n'y a pas d'opposition réelle entre les intérêts du Royaume-Uni et ceux des dictatures continentales. Au fond, et c'est l'ironie amère de l'histoire, Mussolini aurait préféré l'Angleterre à l'Allemagne comme partenaire privilégié, de même que Hitler aurait préféré Albion à Rome. Dès les années 1920, le Duce a entretenu de bonnes relations personnelles et de travail avec les gouvernants britanniques, qu'ils soient conservateurs, comme Sir Austen Chamberlain, ou travaillistes, comme James Ramsay MacDonald, ainsi qu'avec des leaders alors en veilleuse, dont le plus connu est Churchill. Grandi, à Londres, contribue à huiler les engrenages. Lorsqu'en janvier 1932, en visite à Rome, son disciple, le chef des *Blackshirts*, Sir Oswald Mosley, qui a reçu d'importants fonds italiens, lui demande s'il serait prêt à appuyer un coup de force dans l'île, le Duce met brusquement fin à l'entrevue, craignant une provocation[3]. Certes, le Royaume-Uni, plus encore que la France, deviendra le chef de file de l'opposition internationale au fascisme au moment de la guerre d'Éthiopie, puis de la guerre d'Espagne. Mais les accords de Pâques, conclus à Rome en 1938 entre Mussolini et le Premier ministre Neville Chamberlain

2. R. Benjamin, *Mussolini et son peuple*, Paris, Plon, 1937, p. 251-252.

3. J'ai pu reconstituer et publier en Italie le récit intégral de la visite à Rome de Mosley sur la base du journal d'Harold Nicolson, qui l'accompagnait, déposé au Balliol College d'Oxford. La version anglaise de Sir H. Nicolson, *Diaries and Letters*, II, *1930-1939*, Londres, Collins, 1966, n'en contient qu'une synthèse.

(demi-frère de Sir Austen), ont normalisé les rapports entre les deux pays, alors que Paris rechigne encore à le faire. Quelques mois plus tard, à Munich, Mussolini croit célébrer son triomphe diplomatique. Ce n'est qu'un répit. Il n'a prévu ni l'agressivité de Hitler, face à la Pologne, l'année suivante, ni la déclaration de guerre anglaise, qui entraîne celle de la France. Tout au long du conflit, il sera impressionné par la résistance britannique à la guerre éclair, par les victoires d'Albion contre des troupes italiennes largement supérieures en hommes (mais non en matériel) en Afrique orientale et occidentale, par l'action paralysante de la Royal Navy en Méditerranée, enfin par l'inexpugnabilité de Malte. A-t-il envisagé alors un armistice avec Londres ? Si l'idée le démange de temps à autre, il sait que son allié, devenu son maître, ne le permettra jamais. A-t-il encore voulu jouer la carte Churchill dans les dernières heures de Salò ? Nous essaierons de répondre à cette question à la fin de notre récit.

L'Allemagne est, évidemment, le centre du problème. Nous avons vu que dans ses premiers pas, on trouve l'influence de Nietzsche et Stirner mais également de Bismarck, qu'il tient pour l'égal de Napoléon dans la seconde moitié du XIXe siècle. Mais ces références pâlissent avec l'apparition de l'astre hitlérien. En dix ans, de 1934 à 1944, les deux dictateurs se rencontrèrent dix-huit fois, parfois pendant plusieurs jours, en traversant tous les stades dans leurs rapports, de la méfiance à l'alliance, jusqu'à la débâcle finale[4]. S'agissait-il d'une complicité inévitable ? Oui et non. D'abord, sur le plan personnel. À l'admiration maladive pour son aîné politique, que Hitler manifestera jusque dans ses délires du bunker de Berlin, Mussolini opposa une répugnance qui, elle aussi, ne se démentira jamais. « Barbare » est la définition courante qu'il donne du national-socialisme, non sans parfois une pointe d'admiration. Nous savons qu'il ne croyait politiquement qu'à la force ; le Führer était – ou semblait – fort, les démocraties, non. Là, comme partout, l'intérêt primait et le conduisit à la politique du pire, qui était en l'espèce la pire des politiques. Ce faux calcul cynique finira par l'engloutir. La machine militaire allemande l'éblouit et, jusqu'à la fin, il cultivera l'illusion que les « armes secrètes » du Führer puissent renverser la situation. Il essaiera de soulager ses humiliations militaires en cultivant l'autre illusion que

4. Cf. P. Milza, *Conversations Hitler-Mussolini*, Paris, Fayard, 2013.

les peuples de l'Europe, soumis à la domination nazie, finiraient par le choisir comme « bouclier ». Mais en 1942-1943 il esquivera les tentatives des dirigeants hongrois et roumains – et même certains messages de l'état-major allemand – pour plaider auprès du Führer la cause d'une paix séparée. C'est dire à quel point son instinct politique s'était irréparablement compromis. D'ailleurs il n'était plus à ce stade un allié du Reich, mais le premier de ses satellites, et il le savait.

Les autres pays européens ne l'intéressent, en fin de compte, que comme monnaie d'échange dans son ambitieuse politique étrangère. Dès les années 1920, contredisant ses affirmations sur la recherche d'un ordre international « équilibré », nous verrons qu'il fomente et finance les mouvements extrémistes et terroristes qui bourgeonnent dans l'Europe centrale et balkanique. Mais bientôt c'est l'Allemagne nazie qui deviendra la référence de ces groupuscules, et Mussolini se verra rétrogradé au rôle de second couteau. Quant à l'Albanie, qui gravite dans la sphère d'influence italienne dès la fin de la Grande Guerre, elle sera annexée en avril 1939, au terme d'une tartarinade militaire voulue par Ciano avec l'assentiment mou de son beau-père. L'année suivante, l'attaque de la Grèce, autre machination du gendre, se révélera une opération catastrophique.

La guerre civile espagnole comporte des enjeux plus complexes, que nous examinerons plus tard. Une chose doit être anticipée : Mussolini n'aura finalement pas compris que ce conflit avait pour Franco un contenu essentiellement national. La confrontation idéologique entre dictatures continentales et communisme internationaliste ne présentait pour le Caudillo qu'un intérêt accessoire. S'il eut besoin des contingents italiens et allemands pour gagner sa *cruzada*, il ne voulait rien concéder à ses alliés, surtout pas la participation d'une Espagne meurtrie à un nouveau conflit mondial. L'intervention dans la guerre civile espagnole se soldera pour l'Italie fasciste par un coûteux engagement militaire sans la moindre contrepartie ni le moindre avantage. Pour le Duce, qui s'était trouvé en face d'un interlocuteur plus rusé et calculateur que lui, ce fut une débâcle d'amour-propre doublée d'un retentissant fiasco diplomatique.

Mussolini, malgré son intérêt pour le New Deal et son admiration réticente pour Roosevelt, n'a pas mesuré – pas plus que Hitler au demeurant – l'immense potentiel des États-Unis et le rôle déterminant du Nouveau Monde dans les enjeux internationaux. Tocqueville fait cruellement défaut parmi ses lectures d'autodidacte. Certes, la vaste communauté italo-américaine de l'Amérique du Nord, comme celle de l'Amérique latine, est très largement acquise au fascisme, pour des motifs d'orgueil national. Fiorello La Guardia, élu premier maire italo-américain de New York en 1934, ne cache pas au début ses sympathies mussoliniennes, pour des raisons électorales. Mais il se récriera vite car sa mère est une Juive de Trieste, et il dénoncera bientôt Hitler et son *poodle*, son « caniche » de Rome. C'est un signal, parmi d'autres, que les Italo-Américains sont, avant tout, américains. Mussolini ne tient aucun compte de ces avertissements. Au lendemain de Pearl Harbor, il prendra la plus démente de ses décisions : devançant un Hitler qui hésite encore, il déclare la guerre aux États-Unis ! L'impact à l'intérieur de l'Italie sera dévastateur. Il est vraisemblable que le Duce et le fascisme aient entamé leur chute dès l'entrée en guerre, le 10 juin 1940 ; il est certain que le régime se soit dissous à partir du 11 décembre de l'année suivante, lorsqu'il apparut évident que le conflit, devenu « mondial », n'avait plus aucune chance d'être victorieux.

Restent le Japon et l'URSS. Dans le premier cas, nous avons déjà mentionné l'admiration que Mussolini éprouve pour le pays du Soleil-Levant : elle venait de sa jeunesse, quand la victoire du lointain et alors méconnu pays d'Asie sur l'empire des tsars, abominé par l'Internationale socialiste, avait eu un retentissement énorme dans toute l'Europe, et particulièrement en Italie[5]. Un petit contingent japonais s'était illustré avec vaillance sur le front italien pendant la Grande Guerre. D'Annunzio avait joué un rôle dans ce climat avec son exaltation des légionnaires nippons à Fiume et son projet d'un raid aérien Rome-Tokyo, qui sera effectué par l'as Arturo Ferrarin en 1920. Cette admiration était partagée par Victor-Emmanuel III[6] : les visites en Italie du prince héritier Hirohito (1921) puis de son

5. En dialecte émilien-romagnol, *togo* désigne encore un individu habile et malin : terme dont on attribue l'origine aux triomphes de l'amiral Togo Heihachiro sur la flotte russe en 1904-1905.

6. Très bourgeois dans sa vie personnelle, mais imbu de son rôle de descendant de la plus ancienne dynastie régnante d'Europe, Victor-Emmanuel considérait que seule la famille royale nippone avait un droit d'aînesse comparable, en Asie, à celui de la maison de Savoie. Il partageait, en 1914-1915, avec l'empereur Taisho, outre la passion pour la philatélie et la numismatique, une détestation pour le « parvenu » Hohenzollern, Guillaume II, ce qui ne fut pas sans influence sur la déclaration de guerre des deux pays à l'Allemagne.

frère cadet, Takamatsu (1930), furent resplendissantes, et on leur réserva des honneurs dignes de chefs d'État. Côté moins reluisant, le militarisme impérialiste et xénophobe japonais avait également puisé une partie de ses sources et de ses mots d'ordre à Rome plutôt qu'à Berlin. Pendant la guerre, les rapports entre les deux alliés resteront cordiaux et sans frictions, d'autant plus que le Duce ne partageait pas le préjugé racial à leur encontre qui restait ancré, malgré tout, chez Hitler et les nazis. Pourtant, on ne peut parler d'une relation très profonde. Le Japon restera essentiellement pour lui, jusqu'aux derniers jours, un possible médiateur avec Staline. C'est tout.

L'URSS est une autre affaire. Dès 1924, l'homme qui était allé au pouvoir pour « sauver » l'Italie du bolchevisme avait effectué un coup de maître diplomatique en devenant le premier leader occidental à reconnaître le gouvernement soviétique. Dans l'entre-deux-guerres, l'approche du régime demeurera sur cette ligne antinomique, conjuguant durcissement à l'intérieur et ouverture diplomatique à l'extérieur. D'une part, la dénonciation des procès de Moscou, des grandes purges et des agissements du Komintern ; de l'autre, une attention soutenue et intéressée à l'accroissement de l'hégémonie soviétique, conjuguée à une fascination pour le « tsar rouge » partagée par Hitler. Staline fera preuve d'un réalisme semblable, ce qui mit plus d'une fois en difficulté les exilés antifascistes réfugiés en Union soviétique[7]. Les rapports officiels et officieux entre les deux pays ne s'interrompirent jamais, pas même au cours de la guerre civile espagnole. Nous verrons qu'en 1940 Mussolini essaiera de conclure son propre pacte de non-agression avec l'URSS, qui échouera par l'opposition de Berlin. La guerre sur le front de l'Est lui donnera rapidement toute la mesure de la puissance soviétique, dont il se dit conscient bien avant le tournant de Stalingrad. L'astre de Staline grandira à ses yeux jusqu'à la catastrophe finale ; la velléité d'une paix séparée avec l'URSS deviendra son idée fixe pendant la République sociale. Mais, comme toujours chez Mussolini, on aura du mal à distinguer entre opportunisme et idéologie conséquente. Et puis, il connaissait suffisamment les communistes pour savoir qu'ordre de Staline ou pas, ils auraient sa peau le moment venu – et ils l'eurent en effet.

7. Togliatti, nominalement numéro deux du Komintern après Dimitrov, n'arrivera à survivre que par une exceptionnelle capacité d'adaptation aux directives mouvantes de Staline. Tous les communistes italiens en Union soviétique – dont son beau-frère, Paolo Robotti, torturé et rescapé du Goulag – n'eurent pas la même chance.

7

Son Dieu ?

Lénine et Staline, Hitler, Mao et Pol Pot ne croyaient en rien au-delà de cette vie sur terre. Tel est sans doute le bon choix pour un dictateur sanguinaire. Ses crimes ne seront comptabilisés qu'au tribunal des pertes et profits de l'Histoire, qui est volontiers ondoyant et divers. Franco et Salazar, en revanche, pétris de scrupules religieux, s'entouraient de confesseurs qui les rassuraient sur le bien-fondé de leurs agissements et la survie de leur âme. Mussolini est encore un cas à part dans cette peu avenante compagnie.

Le jeune rebelle, qui a esquivé le séminaire mais non la lecture du bréviaire de maman Rosa, flirte avec un anticléricalisme très à la mode dans les milieux anarchistes et socialistes. En 1904, installé en Suisse, il rédige un pamphlet « scientifique » censé prouver l'inexistence de Dieu, *L'Homme et la Divinité*. Après quoi, il somme le Tout-Puissant de comparaître devant l'assistance médusée de la Maison du peuple de Lausanne, se fait prêter une montre et lui accorde cinq minutes pour se manifester et incinérer l'impie qu'il est – ce qui aurait épargné pas mal de malheurs à l'Italie et à l'Europe[1]. Dieu a autre chose à faire ce jour-là et l'épargne : match nul, applaudissements et quelques sifflets. Ce défi ridicule, qui correspond d'ailleurs à une certaine mentalité « rationaliste » de l'époque, est une démonstration éclatante de son histrionisme mais ne signifie pas grand-chose. C'est encore à Lausanne, lors de la conférence alliée de 1923, qu'un diplomate de la délégation italienne surprend le Duce, lors d'une pause dans les négociations, plongé dans la lecture d'un

1. Cette anecdote savoureuse est reproduite dans toutes les biographies. De Felice, qui lisait tout, estimait néanmoins que la brochure n'était pas dépourvue d'intérêt.

petit livre. C'est une version française du Nouveau Testament que vient de lui offrir une dame suisse, ouvert à la parabole du semeur de l'Évangile de saint Luc[2].

Le premier programme du fascisme révolutionnaire, en 1919, exige la « confiscation de tous les biens des congrégations religieuses ». Là encore, de la tactique et rien de plus. En réalité, Mussolini a déjà mûri l'idée – toujours dans la filiation de Napoléon ! – qu'en Italie on peut certes parvenir au pouvoir sans l'apport de l'Église, mais qu'on ne peut le conserver contre elle. Il connaît suffisamment l'histoire de son pays pour savoir que l'État laïc, qui a conquis son unification en 1870, en arrachant militairement Rome au pape, souffre encore d'un problème identitaire. Le patriotisme des masses et du bas clergé dans la Grande Guerre – le haut clergé se confinant souvent dans des positions plus attentistes et pacifistes – a réconcilié l'ensemble des catholiques avec la nation, mais pas encore tout à fait avec l'État. Or, cela ne suffit pas pour consolider le nouveau régime tel qu'il le conçoit. Son frère Arnaldo l'exhorte à franchir le Rubicon. Parvenu au pouvoir, il muselle les courants anticléricaux de la base du mouvement, élimine de la doctrine du fascisme conçue par le philosophe Gentile les références à l'« actualisme philosophique », c'est-à-dire à l'esprit « pur » (laïc), qui recouvre et justifie toutes les formes de l'existant. Sur un versant plus pratique, il épouse religieusement Rachele en 1925 et fait baptiser ses trois enfants déjà nés. Avait-il des croyances plus profondes ? On a attribué une certaine influence à un docte jésuite, le père Pietro Tacchi Venturi, qui a participé aux négociations entre le régime et le Saint-Siège et figure parmi ses interlocuteurs. Il est cependant malaisé de formuler des conclusions univoques : le Mussolini de la maturité ondoie sur ce sujet entre un vague théisme et l'habituel nietzschéisme d'autodidacte. À la fin de la *Vie d'Arnaldo*, il note :

> Mais tout ce qui a été fait ne pourra pas être effacé, tandis que mon esprit, désormais délivré de la matière, vivra, après la petite vie terrestre, la vie immortelle et universelle de Dieu[3].

2. D. Varè, *Laughing Diplomat*, Londres, John Murray, 1938, p. 215.
3. Cette citation figure sur la dalle commémorative placée à l'entrée de la chapelle Mussolini au cimetière de San Cassiano, à Predappio.

La mort de son fils Bruno l'a ébranlé, même s'il le nie, à lui-même et aux autres[4]. La poliomyélite qui a frappé sa dernière-née, Anna Maria, lui pose d'autres interrogations intimes[5]. Au fil des défaites militaires, puis à Salò, il glissera parfois dans un fatalisme aux accents mystiques, comme s'il devait assumer et expier le sacrifice de la patrie, en oubliant qu'il en est la cause. Une photo, dont l'authenticité est discutée, le montre à genoux, lors de la courte détention sur l'île de Ponza, en août 1943, en train de recevoir les sacrements[6]. À Salò, il compulse Platon, Aristote, les Évangiles, des livres de sagesse hindoue et tibétaine, remémore sa rencontre avec Gandhi. « Si Dieu est juste, nous *devrions* vaincre[7] ! », s'écrie-t-il, alors que sa déchéance approche. Ses derniers fidèles l'écoutent tenir des propos déistes ou panthéistes, sans arriver à se faire une idée réelle des certitudes qui l'animent. Dans sa lettre testamentaire à Rachele, écrite dans la nuit du 25 au 26 avril 1945, il lui « jure devant Dieu » qu'elle a été la seule femme qu'il ait vraiment aimée, et que « Bruno, du ciel, nous assistera ». C'est peut-être un peu choquant quand on s'apprête à mourir avec sa maîtresse, mais la nature humaine est complexe. Des interprètes bienveillants ont évoqué une résipiscence tardive ; d'autres, plus sévères, une ultime mascarade victimiste. Encore une fois, une dernière fois, Mussolini aura emporté son mystère avec lui.

4. Avec Victor-Emmanuel III, Staline, Eden, le prince Inoue et le général Giraud, il appartient ainsi au nombre restreint des dirigeants qui auront perdu un fils ou une fille au cours du conflit.

5. Elle arrivera néanmoins à se marier et aura deux enfants (dont une fille prénommée Edda, comme sa tante et marraine). Anna Maria poursuivra dans l'après-guerre une carrière d'animatrice à la radio, sous un transparent pseudonyme, respectée par ses collègues pour sa gentillesse et son professionnalisme, jusqu'à sa mort précoce, en 1968, à l'âge de trente-neuf ans.

6. S'agit-il d'un photomontage ? Les auteurs se sont posé la question en reproduisant l'image. Cf. De Felice et L. Goglia, *Mussolini. Il mito*, Bari, Laterza, 1983, p. 16.

7. Lettre à Claretta du 10 octobre 1943, dans *A Clara*, *op. cit.*, p. 76. C'est moi qui souligne le conditionnel.

DEUXIÈME PARTIE

SES DÉFIS

« Il n'existe point de fortitude, là où manque la raison. »

Cicéron, *Les Tusculanes*, IV

1

La marche sur Rome aura-t-elle lieu ?

Le fascisme n'est pas né pour réagir à une fragilisation de la société italienne en 1918-1919, comme il l'a prétendu ; mais au contraire pour l'élargir et l'exploiter à fond. Ce point est capital : il dévoile le levier qui permettra à Mussolini d'accéder au pouvoir et qui le destinera à le perdre vingt ans plus tard, au moment où ses concitoyens se réveilleront – sous le choc d'une guerre perdue – de l'irréalité dans laquelle l'illusionniste les avait plongés.

Certes, le pays a payé très cher en pertes humaines et en destructions sa participation à la Grande Guerre, mais pas plus que ses alliés ou ses adversaires. Pour la première fois dans les temps modernes, les Italiens, toutes classes sociales et origines régionales confondues, ont remporté une *guerra di popolo*, ou, comme on l'appelle aussi, la « quatrième guerre d'indépendance », après les trois épreuves du *Risorgimento*[1]. Cet aboutissement aurait dû renforcer le patriotisme et la cohésion de la péninsule. Les catholiques et les socialistes réformateurs, qui ont participé aux gouvernements d'union sacrée, ont apporté leur soutien à la dynastie, garante de la nation face à l'épreuve suprême. Victor-Emmanuel III, le *Re soldato*, que rien, ni dans son apparence ni dans son caractère, ne destinait à la popularité, est le symbole de la victoire. Même ses gaucheries caractérielles – son manque d'empathie, sa taciturnité, son horreur du sentimentalisme et de la rhétorique – tournent en sa faveur pour l'ériger en représentant d'un peuple tenace et sobre, loin des clichés « mandolinistes » d'un passé encore récent. La situation économique est très grave, d'autant plus que ce sont les

1. Les trois guerres contre l'Autriche (1848-1849, 1859, 1866) qui assurèrent l'unité nationale. La principale fut la deuxième, remportée avec l'appui décisif de Napoléon III.

régions du Nord, les plus développées, qui ont été directement touchées par le conflit, parfois occupées et pillées par l'ennemi, comme le Frioul et la Haute-Vénétie en 1917-1918. L'épidémie de grippe « espagnole » – l'ancêtre, en plus meurtrier, du coronavirus – fait des ravages partout, surtout dans les campagnes[2]. Les infrastructures et les transports ont subi des dégâts immenses ; le matériel et les fonds manquent pour les remplacer. Mais dans une Europe meurtrie et ébranlée dans ses fondements, l'Italie semble avoir gagné le pari risqué qui l'a conduite à intervenir dans le conflit. Et pourtant…

Les premières fissures sont d'ordre diplomatique. Quand s'ouvrira la conférence de la paix à Paris, le 18 janvier 1919, l'Italie est le seul des vainqueurs qui ait rayé de la carte la grande puissance – l'empire des Habsbourg – qui avait conditionné ses destinées pendant des siècles. Ce résultat était encore impensable au moment des négociations avec les Alliés pour la stipulation du pacte de Londres, en avril 1915. D'ailleurs, la dissolution de l'Autriche-Hongrie a moins été le souhait de Rome que du Royaume-Uni et surtout de la France dans la dernière phase du conflit[3]. Il y aura un problème allemand pendant l'entre-deux-guerres ; il n'y aura plus de vrai problème autrichien, jusqu'à l'Anschluss de 1938[4]. C'est un gain considérable, confirmé par le traité de Saint-Germain du 10 septembre 1919, qui valide l'incorporation à l'Italie de la plupart des territoires dits « irrédents » (Trentin et Haut-Adige, ou Tyrol méridional, Trieste[5], Istrie et Dalmatie occidentale, avec ses îles), c'est-à-dire ses principaux buts de guerre. Ce n'est pas la totalité du « butin » escompté, car les Alliés ont fait alors des promesses en partie incompatibles avec la création d'un royaume des Serbes, des Croates et des Slovènes, sous le sceptre des Karadjordjević, proclamé le 1er décembre 1918. De surcroît, le président américain Wilson, qui

2. Il est intéressant d'observer que ce fléau fut à peine mentionné dans les négociations des traités, comme s'il s'agissait d'un phénomène tout à fait secondaire.

3. Cf. F. Fejtö, *Requiem pour un empire défunt*, préface de M. Serra, nouvelle édition, Paris, Perrin, coll. « Tempus », 2014.

4. On peut néanmoins se demander, au vu des drames successifs, s'il n'aurait pas été préférable de conserver un rôle fédérateur à la République autrichienne, au centre d'une union ou association de l'Europe centrale et danubienne. Mais était-ce praticable alors ? Nous en avons longuement débattu dans F. Fejtö et M. Serra, *Le Passager du siècle. Guerres, révolutions, Europes*, Paris, Hachette, 1999.

5. Occupée par les troupes italiennes dès le 3 novembre 1918 : il s'agit d'une annexion de fait pour laquelle on adopta le terme lyrique de « rédemption ».

n'a pas reconnu l'ensemble des traités secrets de la Grande Guerre, a annoncé le 8 janvier 1918, alors que le conflit est encore en cours, ses « quatorze points », qui postulent un principe d'autodétermination – le « droit des peuples à disposer d'eux-mêmes » – aussi noble dans sa formulation qu'inapplicable ou fourvoyant dans ses conséquences. Ainsi, la nouvelle Tchécoslovaquie comportera sept nationalités et la Yougoslavie neuf. L'Italie a néanmoins obtenu l'essentiel de ses revendications et le parti des « réalistes » pousse à Rome un soupir de soulagement.

Or, c'est un sentiment de défaite diplomatique qui va prévaloir et qui sacrifie la raison au profit des émotions populaires, comme si souvent dans l'histoire. D'Annunzio – et non Mussolini, ainsi qu'il le prétendra plus tard – lance alors la formule de la « victoire mutilée » par les machinations et les égoïsmes des Alliés. Chaque vainqueur, confronté à la saignée que toutes les nations ont subie et aux vents révolutionnaires qui proviennent de Russie, veut imposer ses priorités aux autres. La crispation identitaire prévaut partout, au détriment de l'idéalisme wilsonien. Ne revenons pas sur les causes bien connues qui lézardent d'emblée les traités de paix et constitueront le plus grand obstacle aux principes d'une durable réconciliation européenne. L'équipée de Fiume – principal port commercial de l'ancienne couronne de Hongrie, revendiqué à la fois par les Italiens et les Yougoslaves[6] – se soldera par une sédition matée au prix d'une cinquantaine de morts (tous italiens) lors du « Noël de sang » 1920, que le commandant D'Annunzio, commotionné par un obus, appellera « le jour de la honte, où les frères ont tiré sur leurs frères[7] ». Elle ne mérite toutefois pas d'être qualifiée, comme cela a souvent été colporté, d'anticipation de la marche sur Rome. En fait, si Mussolini – dont l'attitude a été ondoyante tout au long de cette aventure – a appris quelque chose, c'est bien ce qu'il *ne doit pas* faire pour conquérir le pouvoir[8]. Mais Fiume n'est que le reflet des remous qui agitent en profondeur la société italienne. La « nationalisation des masses », phénomène de portée européenne sur lequel un autre de mes regrettés maîtres, George L. Mosse, a écrit des

6. Et *non* attribué par la conférence de Paris à la Yougoslavie, ainsi qu'on a pu le lire encore récemment, à l'occasion des célébrations pour Fiume-Rijeka, capitale européenne de la culture en 2020. Certains tropismes nationalistes ont la dent dure...

7. Ils tirèrent des deux côtés. Un véritable massacre fut évité de justesse.

8. Je renvoie, pour plus de précisions, à mon *D'Annunzio le Magnifique*, *op. cit.*, troisième partie, chapitre III.

pages magistrales[9], y trouvera un terrain aussi fertile que dans les pays défaits en 1918 : de l'Allemagne des corps francs et de l'opposition à la « misérable » république de Weimar, à la Hongrie de l'éphémère république des Conseils du bolchevik Béla Kun. La démobilisation des cadres de l'armée contribue à jeter de l'huile sur le feu. Des jeunes qui ont subi le baptême du feu à dix-huit ou vingt ans se réadaptent mal à un mode de vie encalminé, comme si rien ne s'était passé. La classe politique libérale et sociale-réformiste, qui a réussi tant bien que mal à maintenir le pays uni dans l'épreuve de la guerre, n'a pas d'avenir ni de mythes à leur offrir. Ils vaquent à la recherche d'un idéal, d'un mot d'ordre, d'un chef. Le fascisme et, d'un autre point de vue, le communisme se préparent à les recruter.

À la fin de la guerre, Mussolini n'est rien, moins que rien. Ses camarades socialistes d'antan ont fait le vide autour du renégat. Nous avons vu que sa conduite au front a été honnête, mais il ne s'est pas particulièrement distingué. Il aura beau faire proclamer par ses partisans que « la guerre, c'est la révolution[10] », les anciens combattants se méfient de lui et leurs associations repoussent ses premières avances. Son journal vivote et les financements manquent. Pour exister politiquement, il rue dans les brancards, dénonce tout et tous selon son flair et les opportunités qui se présentent, sans le moindre souci de cohérence. Il reste en même temps à l'affût des accommodements possibles, courtise D'Annunzio comme les dirigeants libéraux qu'il vitupère officiellement, du vieux menhir Giolitti[11] au jeune et modernisateur économiste Francesco Saverio Nitti, président du Conseil en 1919-1920 : les deux seuls hommes politiques qui auraient pu enrayer son ascension, si le roi ne les avait pas lâchés. Il multiplie les clins d'œil à droite et à gauche, y compris vers les « populaires », les catholiques socialement engagés, animés par un prêtre sicilien, Don Luigi Sturzo, qui bouscule les hiérarchies vaticanes compassées et deviendra un irréductible opposant au

9. Voir notamment, en traduction française, *De la Grande Guerre au totalitarisme. La brutalisation des sociétés européennes*, Paris, Hachette Littératures, 1999, ainsi que son œuvre maîtresse, *The Nationalization of the Masses : Political Symbolism and Mass Movements in Germany from the Napoleonic Wars through the Third Reich*, New York, Fertig, 1975 et éditions augmentées.

10. G. Volpe, *L'Italie en marche*, Paris, Nouvelles Éditions Latines, 1933, p. 344.

11. Le surnom qu'il s'était mérité par sa carrure et son imperturbabilité.

fascisme. Son obsession est de ne pas rester en marge des événements, de rater sa grande occasion avant même qu'elle ne se produise. Il sait quel est son but : le pouvoir, bien sûr. Mais comment y parvenir ?

Les historiens débattent encore sur le rôle de Mussolini dans la formation des « faisceaux de combat », d'abord nommés « faisceaux de la nouvelle Italie »[12], premier noyau du fascisme, créés à Milan, le 23 mars 1919. Des participants – dont le nombre varie selon les estimations d'une cinquantaine à deux ou trois cents – se réunissent dans une salle de... l'Union des commerçants de la place San Sepolcro à Milan, ce qui ne manque pas d'ironie s'agissant d'un embryon de mouvement révolutionnaire. D'où l'expression de « fascisme *sansepolcrista* », aux accents dûment lugubres, qui redeviendra d'actualité à Salò. Mussolini, faute de mieux, a finalement décidé de jeter son dévolu sur cet agrégat pittoresque de futuristes, d'*arditi* – les troupes de choc de la dernière phase du conflit –, de syndicalistes en rupture avec le mouvement ouvrier, d'insatisfaits et de marginaux, après avoir vainement sonné à toutes les portes dans les mois précédents. Mais il garde ses arrière-pensées et refuse de transformer le *Popolo d'Italia* en organe politique des faisceaux[13]. C'est la stratégie des deux fers au feu qu'il poursuivra opiniâtrement jusqu'à la conquête du pouvoir, et même après[14]. Le programme extrémiste des faisceaux doit apeurer les classes moyennes plus que les couches populaires ; mais Mussolini veut garder les coudées franches pour devenir le grand rassembleur de la nation le moment venu. Un exemple typique sera la double manchette de son journal pour la fête du 1er mai 1919 : « Prolétaires ! Brisez la tyrannie des politiciens ! Messieurs du gouvernement, écoutez la voix de la classe ouvrière[15] ! » En France, Doriot aura eu un bon maître.

Cette virtuosité va lui permettre d'augmenter rapidement sa marge de manœuvre et de passer, en trois ans et demi, de l'insignifiance à la mainmise sur l'État. Il survivra politiquement à une éclipse qui

12. Au lendemain de sa rupture avec les socialistes, Mussolini avait déjà parrainé, à la fin de 1914, la naissance d'un « faisceau d'action révolutionnaire interventionniste » pour prôner l'entrée de l'Italie dans la Grande Guerre.

13. De Felice, *Mussolini il rivoluzionario*, *op. cit.*, p. 512-513.

14. À l'ère de la République sociale, il essaiera de justifier le choix de jadis : « Un tournant républicain donné à la marche aurait compliqué les choses » (*Histoire d'une année*, *op. cit.*, p. 110-112). On pourrait tracer un parallèle avec l'élimination des SA par Hitler en 1934, sauf que Mussolini évita de faire couler le sang : une différence non secondaire entre l'ascension du fascisme et celle du nazisme.

15. Cf. Salvatorelli-Mira, *Storia d'Italia nel periodo fascista*, *op. cit.*, p. 85-86.

aurait pu lui être fatale, lorsque l'octogénaire Giolitti réussira à régler pacifiquement l'occupation des usines du nord de l'Italie et à mettre fin aux « deux années rouges », le *biennio rosso* de 1919-1920, où l'élan révolutionnaire semblait devoir l'emporter. Les élections de 1921 se solderont par un échec pour les fascistes, mais avec un bon score personnel pour leur chef : ils n'obtiendront que 37 parlementaires, contre 123 socialistes, 108 populaires et 58 libéraux, auxquels il faut ajouter une centaine de députés de centre droit. Ce n'est qu'une accalmie : les violences squadristes redoubleront d'intensité et d'efficacité. La gauche, déjà affaiblie par le sectarisme des anarchistes, se divise lors de la création à Livourne, le 21 janvier 1921, du Parti communiste d'Italie dont le programme semble plus orienté contre les socialistes et les populaires que contre les fascistes[16]. Les classes moyennes réclament le retour à l'ordre à n'importe quel prix. Mussolini joue sur tous les tableaux et arrive à freiner son tempérament primesautier comme l'exubérance de ses acolytes. Il sait que désormais le temps travaille pour lui.

Enhardi par le précédent communiste, il s'est finalement décidé à fonder le PNF (Parti national fasciste) à Rome, les 7-9 novembre 1921, après avoir bien compté ses troupes : 2 200 faisceaux regroupent désormais 320 000 adhérents, recrutés pour la plupart dans le nord et le centre du pays, de la Vénétie julienne à l'Ombrie. Tous doivent prêter serment de verser leur sang pour la révolution. Tous et *toutes*, car on a déjà constitué des groupements féminins dans un pays, comme d'ailleurs la plupart des pays en Europe, où les femmes n'ont toujours pas le droit de vote[17]. La base des militants multiplie les appels à une action démonstrative : la future marche sur Rome. Mussolini l'a-t-il conçue ? Douteux. L'a-t-il voulue ? Encore moins probable. L'opportunisme l'a

16. Le lecteur français dispose de l'analyse classique d'A. Tasca, *Naissance du fascisme. L'Italie de l'armistice à la marche sur Rome*, Paris, Gallimard, 1967. Publié en 1938 – l'auteur en exil ayant pris le pseudonyme d'Amilcare Rossi –, cet ouvrage qui insistait sur la responsabilité du sectarisme de la gauche dans la montée du fascisme a été très contesté dans l'après-guerre, à cause également de l'itinéraire personnel de Tasca, qui rejoignit Vichy en 1940. La thèse n'en demeure pas moins encore largement valable de nos jours. On pourrait en dire autant de l'agonie de la république de Weimar en Allemagne.

17. Salvatorelli-Mira, *Storia d'Italia nel periodo fascista*, *op. cit.*, p. 203-206. Parmi les premières recrues féminines du faisceau de Trieste, il y aura, dès 1919, l'épouse et la belle-mère de l'écrivain Italo Svevo, qui essaieront vainement de faire valoir cette ancienneté au moment des lois raciales de 1938. Cf. Serra, *Italo Svevo, ou l'Antivie*, *op. cit.*, p. 271-273.

rendu hésitant. Il ne veut pas tout perdre par un geste intempestif du jour au lendemain. Ses bandes disparates peuvent servir à maîtriser les ligues socialistes et « blanches » (catholiques), ou des groupuscules d'opposants ; mais elles ne feraient pas le poids face à une armée bien encadrée et disciplinée. Il ne veut surtout pas répéter l'échec du « Noël de sang » d'annunzien. Certes, le fascisme a acquis des sympathisants parmi les militaires et à la Cour, comme l'amiral Costanzo Ciano, et deux des futurs quadrumvirs de la marche, le général De Bono et le président des anciens combattants piémontais, De Vecchi. Mais le roi est un Sphinx et nul ne peut prédire comment il réagira.

Deux facteurs déterminent la décision de Mussolini, ou plutôt son acquiescement aux pressions que les *ras* – surtout Balbo et Bianchi, les deux autres et bien plus influents quadrumvirs – exercent sur lui depuis des semaines. D'abord, le gouvernement dirigé par l'incolore Luigi Facta, un adjoint de Giolitti, a convoqué tous les partis, sauf les républicains et les communistes, à une grande manifestation patriotique à Rome, le 4 novembre, quatrième anniversaire de la victoire sur l'Autriche-Hongrie. D'Annunzio, qui rechignait, aurait dû en être l'orateur principal, en présence du roi et de toutes les autorités. L'initiative, probablement conçue par le « menhir » Giolitti, visait essentiellement à mettre Mussolini au pied du mur. Son absence aurait signifié que les fascistes refusaient par principe une réconciliation nationale et patriotique ; sa présence, qu'il cautionnait implicitement le système des partis qu'il dénonçait. Et Benito n'ignorait pas que ces mêmes partis multipliaient les conciliabules pour former un gouvernement d'union nationale qui aurait exclu les « rouges », mais également les « noirs ». Il fallait donc contrer les organisateurs de la manifestation du 4 novembre avec une initiative imprévue. En second lieu, Mussolini était conscient que l'inertie aurait eu des conséquences néfastes sur le contrôle de ses troupes. Farinacci, pour ne citer que lui, briguait ouvertement sa succession en dénonçant ses tergiversations. Déjà, un an plus tôt, les « durs » du parti avaient saboté un « pacte de pacification » conclu entre Mussolini et les socialistes, en l'obligeant à faire demi-tour pour sauver son leadership. « La situation ne permettait pas d'autres solutions[18] », affirmera-t-il, évitant d'en préciser les raisons.

18. Mussolini, *My Autobiography*, *op. cit.*, p. 160.

Dans cette situation, il ne lui reste plus qu'à lever l'hypothèque et à accélérer les préparatifs de la marche sur Rome en convoquant une réunion des dirigeants fascistes à Milan, le 16 octobre 1922, pour mettre au point les derniers détails. Le deuxième congrès du PNF se tient à Naples du 24 au 26 octobre. Mussolini, tout en refusant de lancer à la tribune « Vive le roi ! », comme le souhaitent De Vecchi et l'aile monarchiste du parti, donne l'ordre d'éviter toute confrontation avec l'armée, « à laquelle il faudra manifester des sentiments de sympathie et de respect[19] ». Sa présidence des travaux reste très circonspecte. Après quoi, il passe des journées fébriles à multiplier les contacts avec les milieux de l'industrie, de la finance et même de cette franc-maçonnerie qu'il fustige ouvertement, dont le rôle dans ces événements a suscité beaucoup d'interrogations. Il a discrètement approché le duc d'Aoste, cousin détesté du roi, nimbé du qualificatif de « duc invaincu » dans la Grande Guerre : un homme dont les ambitions dynastiques et les sympathies pour le fascisme sont bien connues. Il offre en même temps à Victor-Emmanuel III les gages d'une loyauté menaçante en écrivant le 23 août dans le *Popolo d'Italia* : « La Couronne n'est pas en jeu, à moins que la Couronne ne souhaite se mettre en jeu. » Il maintient un dialogue à distance avec son principal adversaire, Giolitti, par l'intermédiaire d'un haut fonctionnaire du ministère de l'Intérieur, le préfet Lusignoli, ainsi qu'avec des parlementaires de presque toutes les formations, directement ou par le biais de son frère Arnaldo. Il sait surtout qu'il n'y a plus, à ce stade, aucun risque d'insurrection « rouge », le seul élément qui pourrait impliquer une réaction massive de l'armée. Il entreprend par précaution le tour des garnisons, où il ne trouve chez les commandants qu'une vague bienveillance à son égard, dans l'attente des ordres du souverain. Bref, il demeure en proie aux doutes et évitera de prendre la tête de la marche, dont le quartier général sera installé à Pérouse.

Vingt-six mille fascistes[20], braillards avinés pour la plupart, en chéchia et chemise noire, armés de gourdins et de mousquetons, poignards

19. Cf. De Felice, *Mussolini il fascista. La conquista del potere (1921-1925)*, Turin, Einaudi, 1966, p. 346-348.

20. Le régime, voulant présenter la marche comme un grand mouvement de masse, distribuera généreusement par la suite les diplômes de participation, même à ceux qui n'avaient effectué qu'une étape et n'étaient jamais entrés à Rome. J'ai cité dans la première partie le cas de mon grand-père paternel.

brandis, convergent sur Rome alors que le chef dont ils scandent le nom se terre prudemment à Milan, prêt à gagner la Suisse en cas de déconfiture. L'armée et les carabiniers royaux, qui stationnent autour de la capitale en tenue de combat, peuvent aisément leur tenir tête. Le commandant de la place de Rome, le général Emanuele Pugliese, a élaboré un plan de défense efficace qui lui a déjà permis de disperser la première colonne sans ouvrir le feu. Quelques coups de canon et le gros des « marcheurs » s'évanouira dans la nature. Mais il aurait fallu pour les stopper la détermination que l'État libéral avait montrée à Fiume, et qu'il n'avait plus[21]. On essaiera de justifier cette paralysie en parlant de quelques milliers de soldats en face des « 100 000 participants à la marche », ce qui est archifaux[22]. Quand le roi demanda l'avis du conseil de défense, le chef d'état-major, le général Armando Diaz, lui répondit : « Sire, l'armée est fidèle, mais il vaudrait mieux ne pas la mettre à l'épreuve. » Ce n'était pas le pinacle de l'héroïsme pour un officier élevé au titre de duc de la Victoire, et qui d'ailleurs allait devenir ministre de la Guerre dans le premier cabinet Mussolini. Le général Pugliese, en revanche, assure que ses troupes sauront faire leur devoir. On omit de l'écouter. Le gouvernement fit preuve de plus de décence, sinon de fermeté. Le Conseil des ministres, à l'aube du 28 octobre, donna mandat à Facta de soumettre au souverain la proclamation de l'état de siège. Victor-Emmanuel III semblait favorable à cette mesure le soir précédent ; mais à 9 heures du matin, il change d'avis et ne signe pas le décret, au prétexte de vouloir éviter une guerre civile. Ne craint-il pas plutôt une crise dynastique, étant donné que le duc d'Aoste a été ovationné par les squadristes à l'étape de Pérouse ? Par ailleurs, des sondages discrets conduits au cours de la nuit ont permis au souverain de comprendre que presque tous les partis, y compris les socialistes, veulent éviter une épreuve de force.

21. Les 26 000 Chemises noires auraient-elles montré la même détermination que les 1 500 légionnaires fiumains, prêts à mourir sur place ? Je ne crois pas. Le matériel humain était différent, les chefs aussi : D'Annunzio était un immense poète, un héros de guerre et un patriote aveuglé mais visionnaire. Mussolini, à ce moment, n'est encore rien d'autre qu'un politicien.

22. Malaparte, dans *Technique du coup d'État*, *op. cit.*, p. 260, en fera monter le nombre à « 200 000 », et il ajoute : « Partout où les forces de police tentent de chasser les Chemises noires, les attaques échouent sous le feu des mitrailleuses fascistes », ce qui relève de la pure invention. Il y eut quand même une vingtaine de victimes lors d'affrontements dans les quartiers populaires.

Il partagera donc cette honteuse reddition avec l'ensemble de la classe politique. Facta doit s'incliner : le pauvre homme ne pouvait se doter de pouvoirs que le *statuto albertino*, la Constitution du royaume, ne lui accordait pas si son roi les lui refusait. Une tentative de confier le gouvernement à Salandra, l'homme de 1914, avec Mussolini aux Affaires étrangères ou à l'Intérieur, échouera en quelques heures. Le chef des fascistes a gagné et prend tout son temps pour arriver à Rome, où il « ramasse » le pouvoir – comme de Gaulle le fera en 1958. Il s'offrira le luxe d'ordonner la démobilisation des « marcheurs » après une dernière parade triomphale dans les rues de la capitale[23].

Le mythe selon lequel la marche sur Rome a sauvé l'Italie du bolchevisme triomphe donc. Mais comment juger l'événement en soi ? S'agit-il d'une subversion révolutionnaire ou d'un expédient pour légaliser une révolution qui n'eut pas lieu[24] ? Au fond, les deux thèses ne sont pas incompatibles, surtout pour Mussolini. L'ère fasciste commence, même si la dictature ne débutera officiellement que trois ans plus tard.

Cette tragi-comédie aura au moins inspiré un chef-d'œuvre d'humour grinçant : le pamphlet *La Marche sur Rome… et autres lieux*, rédigé au début des années 1930 à Paris par l'exilé Emilio Lussu[25]. Il s'agit, avec *Fontamara* (1933) d'Ignazio Silone[26] et *Le Christ s'est arrêté à Eboli* (1945) de Carlo Levi[27], d'une des œuvres marquantes de l'antifascisme militant. L'itinéraire de l'auteur est symptomatique des convulsions de l'immédiat après-guerre. Lussu (1890-1975), issu d'une famille d'exploitants agricoles sardes, a tôt appris à n'avoir peur de rien. Il a dix ou douze ans lorsque le garde-chasse de la propriété familiale lui met un fusil entre les mains face à un sanglier en rut : « C'est toi ou lui. » Officier volontaire qui accumule les décorations durant la Grande Guerre, il participe du début à

23. L'histoire ne se répète pas mais elle autorise des parallèles. Luciano Canfora a ainsi analysé un « précédent » dans *La prima marcia su Roma*, Bari, Laterza, 2009 : il s'agit de la marche d'Octave, le futur Auguste, en 43 av. J.-C.

24. La question est au centre de l'excellente analyse sous presse de D. Musiedlak, *Le Mythe de la marche sur Rome*, qui offre des perspectives que nous ne pouvons approfondir ici.

25. E. Lussu, *La Marche sur Rome… et autres lieux*, Paris, Gallimard, 1935.

26. I. Silone, *Fontamara*, dernière édition Paris, Grasset, coll. « Les Cahiers rouges », 2020.

27. Disponible dans la coll. « Folio », Gallimard.

la fin aux combats de la légendaire « Brigata Sassari », surnommée *Dimonios*, « les démons », ou *rote Teufel*, « les diables rouges », par le commandement autrichien. Démobilisé à la fin des hostilités, il sera l'un des fondateurs du Parti sarde d'action, dont le programme n'est pas très éloigné de celui du fascisme *sansepolcrista*. Il négocie d'ailleurs une fusion entre les deux mouvements, ce qu'il néglige de détailler dans son livre. Mais bientôt d'insurpassables rivalités personnelles et politiques vont surgir : les « sardistes », républicains et jacobins, sont nettement plus à gauche que les fascistes mussoliniens. Après la marche sur Rome, dont il nous offre une version lucide et bouffonne à la fois, Lussu demeure le principal obstacle à la fascisation de l'île. Agressé et blessé, il continuera sa lutte contre le régime naissant. Fin 1926, il rentre chez lui à Cagliari. Le dénouement aura lieu dans une atmosphère de *Règlements de comptes à O.K. Corral*. J'en reproduis quelques passages, afin que le lecteur d'aujourd'hui puisse se plonger dans l'atmosphère de l'époque :

> Pendant que je dînais dans un restaurant, on avait fait fermer les théâtres, les cinémas, tous les lieux publics ; les squadristes circulaient en armes, on préparait l'expédition punitive contre moi. Le garçon qui me servait avait été sous mes ordres pendant la guerre. Il était devenu fasciste, mais ne pouvait oublier le respect qu'il devait à son ancien supérieur : « Mon capitaine, je vous en supplie, ne rentrez pas chez vous. » Une minute après, j'étais chez moi. Mon appartement était au premier, avec cinq fenêtres sur la place, la plus centrale de la ville, qui était déserte. Aux autres étages, silence. Les familles s'étaient réfugiées ailleurs. Je commence à préparer ma défense. Un fusil de chasse, deux revolvers d'ordonnance, deux massues ferrées de l'armée autrichienne, trophées de guerre. La colonne s'attaque à ma maison avec des cris de mort. Elle est commandée par l'avocat comte C., mon vieux camarade et ami[28]. La clameur sur la place était démoniaque. Un des balcons fut atteint. Je fis feu contre le premier qui se présenta. Le malheureux fut précipité en bas. En un clin d'œil, la place fut vide. Plus une âme dans mon escalier[29].

28. Le fils de ce personnage, également avocat, me raconta qu'il avait réussi à faire rencontrer, dans son bureau, au début des années 1970, Lussu et son père. Ils se serrèrent la main sans un mot, la mine sombre, et repartirent en se tournant le dos.

29. Lussu, *La Marche sur Rome… et autres lieux*, *op. cit.*, p. 220-224.

Ce coup de fusil acquiert une signification métaphorique dont l'auteur lui-même n'était peut-être pas conscient. Si le général Pugliese avait pu tirer un seul obus, les « marcheurs » se seraient vraisemblablement dispersés avec la rapidité des lyncheurs de Lussu. L'histoire est parfois faite par l'action, plus souvent par l'inaction, c'est-à-dire la lâcheté.

Condamné pour meurtre sans les circonstances atténuantes de la légitime défense, Lussu arrivera à s'enfuir et à conduire pendant vingt ans, de France, d'Angleterre puis des États-Unis, une inlassable activité d'opposant au régime. Il participera notamment au complot pour assassiner le dictateur qui conduira à l'exécution de l'anarchiste Schirru en 1931. Son heure semble enfin venue à la chute du régime, lorsque à plus de cinquante ans il anime la résistance romaine contre l'occupation nazie en septembre 1943, puis il essaie de se faire parachuter derrière les lignes allemandes. Mais la nouvelle donne politique joue contre lui. Le destin gaullien qui aurait pu être le sien lui tournera le dos. Ses idéaux libertaires et son tempérament réfractaire aux compromis – à la limite, il faut le dire, du sectarisme – l'éloignent des partis qui se sont reformés dans la Résistance. À la Libération, il sera brièvement nommé ministre du Ravitaillement mais n'exercera plus aucun rôle majeur et vivotera dans les courants socialistes de l'après-guerre, poussé par sa jeune épouse poétesse[30] vers des positions gauchistes, politiquement insignifiantes. Je me souviens d'avoir croisé plusieurs fois, à la sortie du lycée, cet anti-Mussolini manqué et désœuvré, encore très militaire dans son maintien, grand et maigre, un pardessus démodé frileusement boutonné jusqu'au col, qui contemplait les nénuphars de l'étang de la villa Borghèse d'un regard courroucé, comme s'il s'attendait à voir surgir une Chemise noire de derrière les buissons, prêt à dégainer le premier. Il semblait appartenir à un âge plus dur et plus fort que le nôtre.

30. Sœur de l'historien et officier italo-britannique Max Salvadori, que nous retrouverons dans l'épilogue.

2

Un dictateur s'installe dans ses meubles

La période qui va de 1922 à 1926 correspond à une transition vers la dictature qui parachèvera la mainmise de Mussolini sur les rouages de l'État. Elle est caractérisée, néanmoins, par une grande effervescence intellectuelle et politique : c'est l'automne de la liberté en Italie[1]. Il faut d'ailleurs distinguer deux phases : avant et après l'enlèvement et le meurtre, le 10 juin 1924, du député socialiste Giacomo Matteotti, qui a révélé au Parlement et au pays l'étendue des crimes et des fraudes électorales du PNF, ainsi que les financements occultes et les complicités dont disposent Mussolini et son frère Arnaldo. Matteotti, quoique malade des poumons, est un bel homme athlétique[2], que l'honnêteté personnelle, la méticulosité avec laquelle il épluche les dossiers et même la cohérence de son engagement pacifiste et antimilitariste ont auréolé d'un dangereux charisme. Les fascistes ont vainement essayé de discréditer ce Jaurès italien, qui s'est opposé à la guerre impérialiste et a prêché la réconciliation entre les peuples de l'Europe[3]. Je ne reviens pas sur les détails de cette ténébreuse affaire,

1. Je renvoie à la reconstruction minutieuse dans les chapitres V et VI de la *Storia d'Italia nel periodo fascista, op. cit.*, de Salvatorelli-Mira. Les deux auteurs furent alors très engagés dans la dernière bataille d'opposition légale au fascisme.

2. Ce qui fut probablement à l'origine de sa mort. Au lieu d'accepter stoïquement, comme tant d'autres, la « correction » que lui auraient administrée les sicaires fascistes, il réagit furieusement en assénant un violent coup de pied dans le bas-ventre du chef du commando, l'Italo-Américain Amerigo Dumini. Celui-ci, fou de rage, le poignarda à plusieurs reprises avec son acolyte Giuseppe Viola.

3. Tout au long du *ventennio*, des bouquets de fleurs seront déposés de temps en temps la nuit à l'endroit de son enlèvement sur les berges du Tibre (à l'emplacement de l'actuel et assez laid monument qui lui a été consacré dans l'après-guerre). La police les faisait disparaître à l'aube. Mussolini serait personnellement intervenu pour éviter une surveillance nocturne qui aurait facilement permis d'appréhender les responsables.

retracée dans ma biographie de Malaparte, qui y fut lourdement impliqué. Les historiens sont encore partagés sur la volonté de Mussolini de supprimer son implacable adversaire et accusateur. Un ordre explicite à la Tcheka, l'organisation des tueurs fascistes, qui avait repris le nom et les méthodes de son modèle soviétique, n'a jamais été retrouvé. Mais il n'existe aucun doute sur sa responsabilité morale et politique, qu'il revendiquera lui-même à la Chambre, tout en se limitant à écarter quelques collaborateurs trop compromis.

Entre-temps, la meilleure partie de l'opinion publique, se réveillant de son engourdissement après la marche sur Rome[4], se lance dans une courageuse campagne de résistance. Des adversaires intrépides, comme les libéraux et les socialistes Amendola, Salvemini, Guglielmo Ferrero, Salvatorelli, Mira, les frères Carlo et Nello Rosselli et, après quelques fluctuations, le chef de file des populaires, Don Luigi Sturzo, sans parler des communistes, conspuent la dictature naissante. Les grands quotidiens encore démocratiques, comme *La Stampa* de Turin et le *Corriere della Sera* de Milan, dénoncent les atteintes à la liberté de la presse : leurs propriétaires et directeurs, les grands bourgeois et sénateurs Frassati et Albertini, seront bientôt contraints de quitter la scène. Un jeune surdoué turinois de vingt ans, Piero Gobetti, lance une revue, *La Rivoluzione liberale*, et une maison qui arbore une devise grecque : « Qu'ai-je à faire avec les esclaves ? » Tabassé par les squadristes, ce tuberculeux mourra en exil à Paris. En 1925, deux manifestes divisent les esprits : en mars, celui des intellectuels fascistes, dont le premier signataire est Gentile ; en mai, celui des intellectuels antifascistes, dont l'initiative revient à l'ami intime, avec lequel il a rompu, Benedetto Croce. C'est encore un débat relativement civilisé, mais l'institution, en novembre 1926, d'un organisme d'exception adapté de l'URSS, le Tribunal spécial pour la défense de l'État, marque un tournant dramatique. Le vieux leader socialiste Filippo Turati arrive à s'expatrier en France, où il décédera en 1932. Dix-neuf membres de la direction du parti communiste, déjà arrêtés à plusieurs reprises, seront condamnés à de lourdes peines de

On a voulu y lire des scrupules ou une sorte de superstition de sa part, ce qui ne serait pas incompatible avec la psychologie tourmentée du dictateur.

4. Umberto Terracini, un des plus lucides et anticonformistes représentants du groupe dirigeant communiste, avouera dans un entretien télévisé des années 1970 que le parti n'avait prévu ni la soudaineté ni le succès de la marche.

détention en 1928. Le plus connu d'entre eux, Antonio Gramsci, s'éteindra en 1937 dans une clinique de Rome où le régime lui a permis d'être transféré à la veille de la mort. Le procureur avait déclaré à son procès : « Il faut empêcher ce cerveau de fonctionner pendant vingt ans. » Voilà qui est fait. Mais les cahiers de prison, justement célèbres, publiés dans l'après-guerre, témoignent que ce cerveau de premier ordre n'avait jamais cessé de penser, de juger et de s'interroger prophétiquement jusqu'à la fin[5].

Mussolini a suivi minutieusement, implacablement, tous ces cas et bien d'autres. Plus tard, en « se confiant » à ses scribes, il aura des paroles d'estime et de regret pour ces adversaires[6]. Je crois, au contraire, qu'il leur vouait une rancune farouche, celle de l'homme qui a gagné (provisoirement) la bataille politique et perdu pour toujours l'enjeu moral. Ni maman Rosa ni même papa Alessandro ne l'auraient approuvé d'outre-tombe : il le sait et en souffre, ce qui peut le rendre méchant. Sans entrer dans un psychologisme vaseux, son dédoublement pirandellien, ou si l'on veut déranger un encore plus grand nom, shakespearien, ne pouvait accepter que des hommes moralement bien supérieurs à lui puissent entraver son ascension vers le pouvoir. C'est la raison pour laquelle il se montrera magnanime envers ceux qui tourneront casaque dans les années 1920-1930. S'il n'a pu les écraser, il les achètera. Il est toujours plus rassurant de mépriser que de haïr.

Dans cette ligne, dès 1922-1923, alors qu'il montre patte blanche dans ses premiers cabinets de coalition, il a déjà prévu de se débarrasser des derniers représentants de la vieille Italie parlementaire le moment venu. Il n'a besoin que d'un prétexte : il en trouvera aisément deux. D'abord, c'est l'autorité du chef qui prime et qui exige un renouvellement profond de l'appareil politique. Il poursuit par conséquent et cyniquement la « double voie légale-étatique et illégale-fasciste[7] », qui doit à la fois rassurer et apeurer les masses et la

5. Rappelons au passage le débat incandescent autour de la première publication des cahiers dans l'après-guerre, qui fut lourdement censurée par le PCI à cause de ses vues trop libertaires, voir M. A. Macciocchi, *Pour Gramsci*, Paris, Seuil, 1974.

6. Les enfants en bas âge de Matteotti seront élevés comme « pupilles de la nation », ce qui ne diminuera en rien, plus tard, leur engagement antifasciste et leur participation à la Résistance. Des historiens affirment que Mussolini aurait fourni sur ses fonds personnels, à travers Arnaldo, une aide financière substantielle à la veuve : la question est très controversée.

7. Salvatorelli-Mira, *Storia d'Italia nel periodo fascista*, *op. cit.*, p. 259.

bourgeoisie. Il confie en 1925-1926 le parti à son rival Farinacci, qui, très populaire dans la base des militants, incarne l'intransigeance de la « révolution » fasciste et l'âme du squadrisme. Le message est clair : sans mon écran, vous aurez affaire à lui. C'est la continuité logique du plan esquissé dès la marche sur Rome. Les élections d'avril 1924 se tiennent dans un climat d'intimidation et de violence. Pourtant elles ne réussissent pas à briser le système des partis, malgré l'introduction du scrutin majoritaire, renforcé par une prime qui accorde les deux tiers des sièges à l'alliance qui a obtenu au moins un quart des voix[8]. La Liste nationale (*listone*), composée de fascistes et de formations apparentées, s'impose aisément. Mais près de cent cinquante députés d'opposition parviennent à se faire élire, pour la plupart des populaires et des socialistes (dont Matteotti), mais aussi dix-neuf communistes, tandis que le parti s'apprête à entrer dans la clandestinité. Pour Mussolini, c'est un affront et un signal : il doit passer outre. Il y aura un dernier sursaut de dignité parlementaire, le 26 juin 1924, alors que le corps de Matteotti n'a pas encore été retrouvé à la périphérie de la capitale. Cent vingt-trois députés quitteront l'hémicycle de la Chambre pour protester contre la responsabilité du gouvernement. Cette noble mais stérile initiative – dite « sécession de l'Aventin », par référence à l'histoire romaine – desservit ses initiateurs, qui furent déchus de leur mandat[9].

Le second prétexte lui est offert par certains de ses opposants. Nous avons vu que Mussolini a toujours soigneusement évité de se mêler aux « expéditions punitives » de ses troupes. Ses mains délicates de violoniste manqué n'ont caressé un gourdin ou une grenade

8. Mon père me raconta qu'au bureau de vote de Bologne, où il avait accompagné mon grand-père, il assista à l'agression d'un militant socialiste ou républicain, rossé par des nervis fascistes sous l'œil indifférent de la police et des passants. Cela m'a fait penser au souvenir assez précis que je garde, celui d'un enfant de cinq ou six ans, d'une autre bastonnade, début 1961, à la sortie de mon école maternelle, à Passy. Des ouvriers maghrébins qui rentraient du travail furent entourés par les gendarmes, roués de coups et embarqués dans un panier à salade, sous les applaudissements de la foule.

9. Un cousin de mon grand-père paternel, le sénateur Alberto Giovannini, qui était alors secrétaire du Parti libéral, s'opposa en vain à la sécession et au piège mussolinien qu'il entrevoyait. On lui reprocha par la suite certaines accointances avec le régime jusqu'en 1943, après quoi il passa décidément à l'opposition et sera plusieurs fois ministre dans l'après-guerre. Je me souviens de ce « tonton » rondouillard, très ressemblant à Jacques Duclos, qui me parlait gravement comme à un adulte (attitude assez fréquente à l'époque).

que devant les caméras ou au milieu de ses braves. Cependant les attentats redoublent, auxquels il survivra avec une enviable baraka[10]. Quelques-uns sont des improvisations : Violet Gibson, l'instable fille du lord chancelier d'Irlande, lui égratigne le nez d'un coup de revolver, le 7 avril 1926 à Rome. Elle sera immédiatement expulsée et enfermée dans un hôpital psychiatrique en Angleterre. Les photos du dictateur, un large sparadrap sur le visage, feront rapidement le tour du monde. Mais trois autres cas, en succession rapide, sont beaucoup plus sérieux. L'épisode le plus complexe concerne le complot ourdi en novembre 1925 par le député socialiste Tito Zaniboni et le général Luigi Capello, l'un des commandants de la Grande Guerre, auquel on avait attribué – fort douteusement – la responsabilité de la déroute de Caporetto. Zaniboni sera arrêté dans une chambre d'hôtel au moment où il s'apprête à faire feu sur Mussolini avec un fusil de précision. Capello et lui seront condamnés à trente ans de réclusion dans un procès qui n'exclut pas la responsabilité de fascistes dissidents[11]. Le 11 septembre de l'année suivante, l'anarchiste Gino Lucetti, provenant de Marseille, lance contre la voiture du Duce une bombe rudimentaire, qui rebondit contre le châssis et explose à terre. Le dictateur en profitera pour lancer une violente campagne contre la protection accordée par la France aux réfugiés antifascistes. Enfin, un mois plus tard, Anteo Zamboni, un garçon de quinze ans, tire sur Mussolini en visite à Bologne et le rate de peu ; il sera hideusement lynché par les squadristes. Des fascistes viendront encore poignarder son cadavre pour « laver » la tentative de meurtre[12].

Dès les premières années au pouvoir, Mussolini fera mettre au point un service d'ordre sophistiqué pour donner l'impression que seul « son » peuple le protège lors des bains de foule qu'il a d'ailleurs en horreur. Les attentats sont une excellente excuse pour mettre en place, en 1925-1926, les « lois fascistissimes » auxquelles il pensait sans doute dès le début, véritable soubassement de la dictature. On

10. Marguerite Yourcenar racontera l'histoire d'une conjuration contre le Duce dans un roman peu connu, *Denier du rêve* (Paris, Grasset, 1934). Certains détails sont précis : elle devait avoir ses contacts parmi les antifascistes.

11. Le nom de D'Annunzio, ami et correspondant de Zaniboni, sera effleuré dans les débats. Cf. mon *D'Annunzio le Magnifique*, *op. cit.*, p. 610-612.

12. Cf. Luzzatto, *Il corpo del duce*, *op. cit.*, p. 27-29. L'officier qui intervint pour bloquer Zamboni (et essayer de le soustraire au lynchage) était le père de l'écrivain Pasolini.

s'est généralement concentré sur le caractère liberticide de ces décrets d'exception, ce qui est incontestable ; or, leur minutie et leur ampleur manifestent déjà chez Mussolini l'idée dominante d'inscrire le régime dans la longue durée[13]. Alors que la vie administrative très floue du Reich « millénaire » sera dominée par les improvisations et les états d'âme du Führer, en flagrant déni de la tradition prussienne, Mussolini reste fidèle au modèle colbertien-napoléonien pour poser les jalons de l'État éthique. S'il n'obtient pas (et n'obtiendra jamais, à cause de l'opposition du souverain) de « constitutionnaliser » le titre de Duce, il modifie au moins celui de président du Conseil en « chef du gouvernement et Premier ministre[14] ». D'autres normes juridiques renforcent les pouvoirs de l'exécutif, en dehors du contrôle parlementaire, bâillonnent le droit d'expression, abolissent les derniers vestiges de « partitocratie ». Le dictateur reprend également en main le ministère de l'Intérieur, qu'il avait confié à Federzoni en échange de l'appui des nationalistes ; il ne le lâchera plus jusqu'à sa chute en juillet 1943. Il nomme immédiatement huit préfets politiques qui proviennent des rangs du parti, d'autres suivront, l'exception deviendra la règle. Le régime est né.

13. Ainsi que le soulignait A. Aquarone dans l'ouvrage fondamental en la matière, *L'organizzazione dello Stato totalitario*, édition définitive, Turin, Einaudi, 2003.

14. La République réintroduira prudemment, en 1946, celui de président du Conseil qui est encore en vigueur.

3

Du côté du plus fort

On distingue habituellement deux phases essentielles dans la politique étrangère mussolinienne : une, plutôt réaliste, dans la première décennie du régime, où il cherche encore à composer avec les puissances européennes, surtout Londres, mais également Paris ; l'autre, plus agressive, à partir de 1932-1933, prépare le tournant antioccidental qui sera marqué par la campagne d'Éthiopie, la guerre civile espagnole, la création de l'Axe et le nouveau conflit. Deux interprétations majeures ont été formulées à ce sujet : l'idée d'un Mussolini purement opportuniste et tactique, lequel agit en fonction de l'intérêt du moment et des occasions qui se présentent ; ou au contraire la vision d'un dictateur révolutionnaire qui s'est déjà tracé le but de renverser l'ordre continental issu (tant bien que mal) des traités de la Grande Guerre. Ainsi, selon un spécialiste anglais : « Dès ses premières années au pouvoir, Mussolini fut un élément destructeur de la stabilité européenne[1]. »

La vérité se situe à nos yeux entre les deux[2]. Du début à la fin de son aventure, Mussolini se rangera toujours du côté du plus fort, en valorisant le plus possible sa contribution, ce que son adjoint Grandi synthétisera dans la formule du « poids déterminant ». Le mythe (car malheureusement c'en est un) de la « sécurité collective », qui fait florès dans l'immédiat après-guerre, ne l'a jamais séduit ni même tenté. Dès son arrivée au pouvoir, il pose la question à ses collaborateurs :

1. C. Seton-Watson, *Italy from Liberalism to Fascism, 1870-1925*, Londres, Methuen & Co, 1967, p. 861.

2. Ainsi que l'affirme un autre grand historien, Sir Lewis Namier, *Personalities and Powers*, Londres, Hamilton, 1955, p. 121 et suivantes.

l'Italie doit-elle rester (pour un temps) dans la Société des Nations, ou doit-elle sortir « en claquant la porte[3] » ? Il n'est cependant pas le seul à dénoncer et prévoir la faiblesse du dispositif « sociétaire[4] ». Afin de pouvoir peser, il cherchera alors un partenaire privilégié qui variera selon les circonstances. Il avait exprimé cet opportunisme dès son engagement pour la guerre en 1914-1915 ; désormais, il y apportera un supplément d'audace et de cynisme. Au fond, il introduit un procédé que de Gaulle utilisera dès l'essor de la France libre : comme je suis le plus faible, je dois trépigner pour qu'on me prenne au sérieux. De ce fait, l'idée d'un Mussolini dilettante en politique étrangère nous semble à nuancer, au moins dans cette première phase où il obtint quelques résultats incontestables, quoique éphémères.

Le réalisme semble inspirer ses débuts sur la scène internationale. À la conférence interalliée de Londres (9-11 décembre 1922), puis à celle de Paris (2-4 janvier 1923) quelques mois à peine après la prise du pouvoir, il se prononce en faveur de la thèse de Poincaré, revenu au pouvoir avec la Chambre bleu horizon, concernant les « garanties productives » que l'Allemagne doit donner en échange du moratoire sur le paiement des réparations de guerre. C'est un renversement de la ligne plus prudente de ses prédécesseurs libéraux, Giolitti et Nitti, lesquels visaient plutôt à obtenir l'annulation, ou tout au moins la réduction substantielle des emprunts contractés par tous les États engagés dans le conflit. Les dettes de guerre de l'Italie étaient considérables à l'égard des États-Unis et de l'Angleterre, moins importantes envers la France. Rome n'avait donc aucun intérêt immédiat à appuyer les revendications de Poincaré. Pourtant, alors que les Britanniques refusent de le faire, Mussolini donne son adhésion à la ligne dure : les troupes franco-belges pénètrent dans la Ruhr le 11 janvier 1923. Certes, Paris aurait pris cette (funeste) décision indépendamment du soutien italien ; mais ce fut une agréable surprise pour les nationalistes français et pour le Quai d'Orsay, après les affrontements entre les deux capitales à la conférence de la paix, car « la participation

3. Il utilise cette expression en français. Cf. Varè, *Laughing Diplomat*, *op. cit.*, p. 215.

4. Ainsi un modéré tel que Nitti pourfendra l'inaptitude de la SDN dans ses écrits de l'exil, notamment *La Démocratie*, Paris, Félix Alcan, 1933. Comme le dira admirablement le philosophe et homme d'État de l'Espagne républicaine Salvador de Madariaga, qui fut pour un temps directeur pour le désarmement à Genève : « Ce n'est pas la Société des Nations qui a fait faillite ; ce sont les nations de la société. »

de l'Italie à l'occupation administrative et à l'exploitation du bassin minier et industriel nous était utile. Elle était le désaveu d'un grand allié à l'abstention et à la réprobation des Anglais[5] ».

On peut trouver plusieurs explications à cette décision, dont la plus évidente est de créer un obstacle à la formation d'un bloc franco-anglais pour gérer le contexte de l'après-guerre[6]. Mais il y a une seconde interprétation, plus subtile : Mussolini, conscient des remous francophobes au-delà du Rhin, s'employait également à envenimer les relations entre Paris et Berlin. Il avait prudemment évité de participer militairement à l'initiative franco-belge, n'ignorant pas à quel point l'occupation de la Ruhr déjouerait les espoirs d'une réconciliation franco-allemande. Si donc, dans l'immédiat, il se range du côté du plus fort, il élargit sa capacité d'action pour saper le cadre d'une entente européenne dans laquelle l'Italie fasciste ne garderait qu'une place de figurant. Quand il déclame à la Chambre que sa politique étrangère restera « indépendante », il veut dire, en termes à peine dissimulés, qu'il se prépare à bousculer les équilibres du continent dont il souhaite devenir le perturbateur attitré, à défaut de pouvoir en être le dominateur. Nous avons cité de Gaulle, mais c'est surtout à Talleyrand qu'il pense alors[7].

Il le prouvera tout de suite après, lors de la crise de Corfou qui éclate fin août 1923, à la suite du meurtre sur le territoire grec de Ioannina du général italien Tellini, chef de la mission chargée par la conférence des ambassadeurs de Paris – organe rattaché à la Société des Nations – de déterminer les frontières de l'Albanie. C'était un événement navrant mais secondaire dans le climat houleux de la région ; cependant, Mussolini, sans la moindre preuve, accusa du crime le gouvernement d'Athènes, auquel il réclama la formation d'une commission d'enquête sous supervision italienne, l'identification, le jugement et l'exécution des coupables, une indemnité de 50 millions de lires et une cérémonie d'« expiation » au cours de laquelle le drapeau grec serait baissé devant le drapeau tricolore… Les deux dernières demandes surtout étaient inacceptables, car, au-delà de l'humiliation, elles impliquaient juridiquement

5. Charles-Roux, *Une grande ambassade à Rome*, *op. cit.*, p. 232.

6. Salvemini, *Mussolini diplomate*, *op. cit.*, p. 25-28, Milza, *Mussolini*, *op. cit.*, p. 406-408.

7. Un éminent historien antifasciste réfugié à Genève, Guglielmo Ferrero, l'esquissera dans sa grande étude : *Reconstruction. Talleyrand à Vienne, 1814-1815*, Paris, Plon, 1940, nouvelle édition, Paris, De Fallois, 1996.

la responsabilité grecque dans l'affaire. Or Mussolini avait escompté le refus d'Athènes, pour procéder à une démonstration de force. Le 31 août, après un bombardement de la flotte qui fit plusieurs victimes civiles, ses troupes débarquèrent dans l'île de Corfou. La conférence des ambassadeurs se réveilla de sa torpeur diplomatique pour rappeler – ce qui était correct – que le général Tellini était bien un officier italien, mais que son mandat dépendait de ladite conférence et non du gouvernement de Rome. La Grèce investit de la question la Société des Nations, qui se révéla impuissante à trancher. La France se rangea du côté de Mussolini, en lui rendant la courtoisie de la Ruhr, alors que le Royaume-Uni appuya son protégé hellénique. Le Duce avait obtenu ce qu'il voulait et mit fin à l'occupation italienne en échange d'une seule des conditions posées, « le paiement de l'indemnité de 50 millions de lires, dont il alloua généreusement une partie aux victimes du bombardement, [alors que] le coût de l'entreprise, pour le Trésor italien, avait été de 80 millions[8] ».

Faux pas de novice ? Oui et non. Il avait profité de l'occasion pour montrer à l'Europe et au monde, mais aussi à l'opinion nationale, que sa politique étrangère musclée avait obtenu la mortification d'un petit pays et la déconfiture de l'abhorrée SDN. Sur le plan général, il en tira la conclusion qu'il pouvait se montrer résolu, tant qu'il ne risquait rien. Élément accessoire : malgré l'adhésion de Rome aux protocoles de la conférence de Washington sur le désarmement naval (1921-1922), la flotte italienne restait en état de guerre, même si elle avait montré son efficacité contre un bien modeste objectif, dépourvu de défenses modernes. Tout le reste – y compris la découverte des assassins de l'infortuné Tellini, qui n'étaient probablement qu'une bande de bandits locaux – lui était parfaitement égal. Ce qu'il courtisait, et obtint, fut la popularité que cette déplorable rodomontade lui valut à l'intérieur du pays. Même pour des conservateurs de la vieille école comme Salandra – qui avait été son rival pour la conquête du pouvoir après la marche sur Rome –, l'Italie relevait enfin la tête[9].

8. Salvemini, *Mussolini diplomate*, *op. cit.*, p. 41.

9. Cf. R. J. B. Bosworth, *Italy and the Wider World, 1860-1960*, Londres et New York, Routledge, 1996, p. 40-43.

Ces deux exemples indiquent déjà de façon claire l'attitude que Mussolini s'apprête à inaugurer dans les relations internationales – qui aurait dû frapper ses interlocuteurs comme une évidence. Ce ne fut pas le cas. Les égoïsmes et les méfiances de l'après-guerre jouèrent longtemps en sa faveur. Sir Austen Chamberlain, le fringant ministre des Affaires étrangères du Royaume-Uni, n'est ni fasciste ni fascisant, quoi qu'on en ait dit. Il toise avec condescendance l'Italien derrière son monocle, un peu comme le fera Mme Thatcher avec le général Pinochet[10]. Mais enfin, ce trublion peut servir, s'il s'agit de contrôler l'intransigeance française. À Paris, en revanche, aux vieux contentieux bilatéraux – le statut des 130 000 Italiens de Tunisie[11], le règlement des travailleurs frontaliers, les divergences en Méditerranée et dans les Balkans – s'ajoute l'animosité du Quai d'Orsay, des milieux parlementaires radicaux et socialistes, des intellectuels progressistes (la droite c'est une autre affaire), entretenue par l'activité de plus en plus remuante des émigrés antifascistes. Le Cartel des gauches arrive au pouvoir en mai 1924 et durcit le ton face aux demandes italiennes. Le petit capital de l'appui mussolinien à l'occupation de la Ruhr s'effrite. La France refuse d'accorder une rectification de la frontière avec la Libye et sur la Côte française des Somalis, ainsi qu'une participation italienne au chemin de fer d'Addis-Abeba. À noter que ces concessions seront faites par Laval en 1935 et renouvelées sans effet par Reynaud en mai 1940, à la veille de l'entrée de Mussolini dans le conflit. Lorsqu'en avril 1926 Balbo, sous-secrétaire à l'Armée de l'air, est acclamé par la communauté italienne au cours d'une visite de propagande à Tunis, la France répond en effectuant d'imposantes manœuvres navales devant Bizerte. Mussolini en personne se rendra alors en Libye et y tiendra des propos incendiaires. Il sera d'autant plus irrité par l'intransigeance française que deux ans plus tard l'Espagne, qui n'avait pas été un Allié de la Grande Guerre, finira par admettre

10. Ce n'est pas tout à fait vrai, car ses papiers privés montrent que Chamberlain éprouvait une réelle sympathie à l'égard de Mussolini, et sa femme encore plus. Salvemini traitera après la guerre Austen Chamberlain et son demi-frère Neville de « voyous ». Le fougueux intellectuel antifasciste se gardera d'en dire autant de Churchill, devenu intouchable.

11. Ce statut privilégié, datant d'une convention de 1896, avait été suspendu par Clemenceau en 1918. Malgré l'appui de Poincaré, Mussolini n'obtiendra pas son renouvellement. La question redeviendra d'actualité au moment des accords avec Laval sur la question éthiopienne et encore en 1939-1940.

l'Italie dans l'administration internationale du port de Tanger. Mais surtout, lors d'une entrevue à Rapallo, Chamberlain, sans consulter Paris, lui a accordé un vague droit d'intérêt privilégié en Éthiopie, qui sera sanctionné par un échange de notes du 14-20 décembre 1925, en contrepartie d'un engagement italien à observer le *statu quo* dans le régime des eaux et la navigation du Nil[12]. À partir de ce moment, Mussolini commencera à envisager l'idée de transformer la « concession » ainsi obtenue en principe d'intervention coloniale-impériale.

Les accords de Locarno, en octobre 1925, représentent un espoir pour tout le continent, autour du rapprochement entre le Français Briand et l'Allemand Stresemann. Pour l'Italie fasciste, cette nouvelle donne n'est pas un avantage : elle risque de mettre à mal la conception « révisionniste » des traités de paix en Europe centrale et balkanique qui est un des fleurons de la politique expansionniste du régime. En septembre 1924, alors que la Société des Nations a approuvé un protocole de Genève pour le règlement des conflits internationaux, l'Italie a essayé de limiter la portée du document. Mussolini boude les négociations « locarnistes » mais finit par comprendre qu'il doit se montrer plus malléable. Chamberlain s'est précipité à Rome pour solliciter sa présence aux travaux. Il hésite néanmoins à se rendre à la conférence, où la délégation italienne sera guidée par l'affable Grandi[13], car il redoute l'hostilité de ses anciens camarades socialistes après les remous de l'affaire Matteotti : le ministre belge Vandervelde refusera ostensiblement de lui serrer la main. Il n'assiste qu'à la séance finale, sans piper mot, ignore les festivités, ramasse avec une mauvaise grâce inhabituelle le bouquet tricolore que lui tend une écolière, évite toute déclaration à la presse et repart, son chapeau melon vissé sur la tête, aussi furtivement qu'il était arrivé. La normalisation de l'équilibre continental n'est ni son affaire ni son but : elle ne lui accorderait qu'un strapontin dans le spectacle des Grands. Souhaite-t-il déjà un nouveau conflit ? Peut-être pas, ou du moins pas encore. Mais la réconciliation anglo-franco-allemande, qui comporte la garantie des

12. Accord italo-égyptien du 6 décembre 1925 parrainé par Londres.

13. Lequel, rétrospectivement, aura raison de préciser que Mussolini ne crut jamais à l'esprit de Locarno ; mais également de stigmatiser les responsabilités franco-anglaises de l'après-Briand-Chamberlain, « qui rendirent l'accord inopérant, au moment où il devait et pouvait servir ». Cf. *Il mio paese*, *op. cit.*, p. 222-224.

trois puissances sur les frontières de l'Europe centrale, n'est certainement pas dans ses vœux. Ce qui le rassure, c'est qu'il n'y croit pas ; et là, malheureusement, il aura raison.

On assiste traditionnellement à une surévaluation de Locarno, comme du moment de l'après-guerre, où tous les espoirs étaient autorisés. Pourtant, les principaux protagonistes – et non seulement Mussolini – gardaient intactes leurs arrière-pensées. Chamberlain souhaitait éloigner progressivement le Royaume-Uni d'un continent trop turbulent, avec la courtoisie d'honnête homme qui gouvernait sa vision des affaires : une attitude qui n'est pas sans rappeler celle des partisans actuels d'un Brexit modéré. Briand voulait renforcer le contrôle sur l'Allemagne, qui lui importait beaucoup plus que le sort des alliés mineurs de la France. Stresemann, le plus lucide – et intellectuellement le plus dominateur –, l'ancien nationaliste wilhelminien devenu *Vernunftrepublikaner*, « républicain de raison » (et non de cœur), restait convaincu que l'Allemagne devait redevenir grande pour se convertir réellement à la paix : au fond, c'était l'héritage bismarckien qu'il souhaitait actualiser[14]. Ainsi, des historiens lucides et non conformistes ont-ils pu mettre l'accent sur la « nature équivoque » du locarnisme[15].

Les rivalités nationales restent vives et les appétits également, comme on le verra en 1938-1939 lorsque la Pologne et la Hongrie prendront part au dépècement de la Tchécoslovaquie. À son retour, Mussolini se cantonne dans un silence courroucé. Il attendra près de deux ans pour voir apparaître les premières fissures dans l'édifice de Locarno. Dans l'ample discours programmatique dit « de l'Ascension », prononcé à la Chambre le 26 mai 1927, il tiendra des propos railleurs, où perce l'irritation d'être traité comme un laissé-pour-compte :

> Vous vous souviendrez qu'il y a deux ans je me suis rendu à Locarno, plaisante bourgade sur les rives du lac Majeur. Il fallait être présent, afin de prouver que l'Italie, sur le même plan que l'Angleterre, donnait sa garantie à la paix sur le Rhin et en Europe.

14. Ce qui ne signifie nullement nier la sincérité du tournant démocratique de Stresemann après la Grande Guerre. La mort par surmenage, à cinquante ans à peine, en 1929, du seul homme d'État allemand qui aurait pu arrêter Hitler fut une immense tragédie pour son pays et pour l'Europe.

15. Le terme fut utilisé notamment par Sir Lewis Namier (à l'origine un Juif polonais qui connaissait la fragilité de l'Europe centrale) dans *Personalities and Powers*, *op. cit.*, p. 134.

> Mais aujourd'hui l'esprit de Locarno, invention de chimistes, nous semble sérieusement décoloré. Les nations dites « locarnistes » s'arment furieusement et on ose même parler de la guerre que ces démocraties aux principes immortels devraient promouvoir contre l'irréductible Italie fasciste et antidémocratique. [...] Alors, le devoir précis et fondamental de l'Italie fasciste est celui de préparer toutes ses forces armées, de la terre, de la mer et du ciel. Cette préparation va exiger encore quelques années[16].

Il doit néanmoins louvoyer. Il n'a ni les moyens ni le prétexte pour essayer de perturber l'ordre international comme il le souhaiterait. Il se limite à percer des créneaux, là où il le peut. Cette détente lui servira pour perfectionner la mainmise sur les rouages de l'administration, liquider les restes des partis et des syndicats indépendants, tester l'efficacité des lois « fascistissimes », introduire le code de procédure pénale de 1930, enfin, donner naissance à l'État corporatif, avant-coureur de l'État éthique de la décade suivante. Le fascisme des origines change de peau. Mussolini décide d'écarter Farinacci du secrétariat du PNF, dont il fera un organe amorphe, entièrement soumis à ses ordres. Les *ras* du mouvement ont beau garder leur base locale, à Rome ils comptent de moins en moins. La loi électorale de 1928 réprime toute tentative d'opposition à l'intérieur du parti. Le Duce seul décidera qui est éligible et, par conséquent, sera élu.

Mais il ne perd pas de vue pour autant la politique étrangère. Il a remporté un franc succès à la conférence de Lausanne, en juillet 1923, en obtenant de Paris et de Londres la normalisation des rapports avec la Turquie de Mustafa Kemal Atatürk, après l'échec du traité de Sèvres[17] : l'archipel du Dodécanèse est attribué à l'Italie. Il se consacre également à accroître le protectorat sur l'Albanie, où il appuie le plus résolu des chefs de clans locaux, Ahmed Zogu, qui deviendra en 1928 le roi Zog Ier (et dernier). Il renforce les rapports avec le Portugal où Salazar se profile comme l'homme du moment en

16. Mussolini, *Discorso dell'Ascensione. Il regime fascista per la grandezza d'Italia*, Rome, Libreria del Littorio, 1927, p. 70-72.

17. Cet accord, qui faisait partie des traités de paix de la Grande Guerre, avait été signé le 10 août 1920 entre les Alliés et l'Empire ottoman. Cependant, ses clauses furent abolies à la suite du soulèvement nationaliste d'Atatürk, qui conduisit à la proclamation de la République turque, et de sa campagne victorieuse contre la Grèce.

attendant la création, en 1932, de l'*Estado Novo* proche des théories corporatistes du fascisme. La situation est plus complexe en Europe centrale et danubienne. Rome a signé les traités de paix du côté des puissances alliées, mais Mussolini s'érige désormais en paladin des États « révisionnistes », qui se battent pour en alléger voire en supprimer les clauses. L'Autriche devient l'élément principal de cette stratégie. L'ancien empire des Habsbourg, ennemi héréditaire de l'indépendance italienne, a été remplacé, après un intermède socialiste, par une petite république cléricale et autoritaire, orientée vers son voisin méridional comme débouché naturel, car le traité de Saint-Germain a interdit ce rattachement à l'Allemagne qui correspond déjà aux vœux d'une majorité de la population germanique. Cette situation flatte l'amour-propre du Duce, bien qu'il n'y soit pour rien. À ce stade, la possibilité d'un Anschluss est d'ailleurs encore plus mal vue à Rome qu'à Londres ou Paris : l'intérêt essentiel de l'Italie consiste à éviter qu'une nouvelle puissance austro-allemande porte sa frontière au col du Brenner.

La Hongrie historique a été plus mutilée encore par les traités de paix. Comme l'Autriche, elle n'est réduite qu'à un moignon d'État difficilement viable, et de fortes minorités magyares sont désormais incluses dans les nouvelles frontières de la Roumanie et de la Yougoslavie. Le renversement de la république des Conseils bolchevique de Béla Kun par une coalition internationale dirigée par la France, en août 1919, a fait émerger un homme fort en la personne du « régent », l'amiral Miklós Horthy de Nagybánya, dont les vues ultraconservatrices et nationalistes sont appréciées par le Duce, et vice versa.

Vienne et Budapest, les ennemis de la Grande Guerre, vont ainsi devenir les pièces maîtresses de la tentative mussolinienne de créer une sphère d'influence agressive dans la région. Ces avortons de l'ancien empire, insatisfaits et vindicatifs, doivent contrecarrer l'influence de la Petite Entente conclue en 1921, sous l'égide de la France, entre la Tchécoslovaquie, la Yougoslavie et la Roumanie, dont seule la première est (à peu près) une démocratie parlementaire. En avril 1926, le retour au gouvernement à Bucarest du très autoritaire et fascisant général Alexandru Averescu est bien vu à Rome car les compagnies italiennes ont des intérêts dans le pétrole roumain ; mais il faut ménager l'irrédentisme magyar. De surcroît, le pays pullule de formations d'extrême droite, dont la principale sera le mouvement légionnaire de la Garde de fer, créé en 1927 par le *Căpitanul* Corneliu Zelea Codreanu, qui s'inspire ouvertement des Chemises noires mais exhale des relents mystiques et millénaristes inconnus en Italie[18]. La Bulgarie, également révisionniste, dont le tsar Boris III épousera en 1930 la princesse Jeanne de Savoie, une des filles du roi Victor-Emmanuel III, peut constituer un autre satellite utile dans les Balkans. Mussolini refuse de s'associer aux démarches franco-anglaises pour inciter le gouvernement de Sofia à réprimer l'action des organisations secrètes, les *comitadjis*, qui souhaitent détacher la Macédoine de la Grèce et de la Yougoslavie. Enfin, la résurrection de la république de Pologne, autre résultat essentiel des traités de paix, conduira au pouvoir en 1926 le maréchal Józef Piłsudski, héros de la campagne contre l'Armée rouge, ce qui autorise les espoirs de Rome. Les rapports entre les deux pays seront intenses jusqu'à la guerre, et nous verrons que le Duce plaidera en vain auprès de Hitler le maintien d'un semblant d'indépendance polonaise.

C'est surtout envers Belgrade que se manifeste toute la duplicité mussolinienne. Dans un premier temps, le Duce a donné l'impression de vouloir normaliser les rapports avec la Yougoslavie, État antirévisionniste par excellence, unifié à la conférence de la paix par la volonté de Paris et de Londres autour de la dynastie serbe. Le dictateur se conforme à la lettre au traité de Rapallo, conclu le 12 novembre 1920 par Giolitti avec les gouvernants de Belgrade, qui sera suivi par le traité de Rome du 27 janvier 1924 qui en perfectionne le cadre. Dès son arrivée aux affaires, il pousse le zèle jusqu'à réprimer les revendications des autonomistes italiens et à ordonner aux préfets de mettre au pas les meneurs fascistes locaux, sans parler des anciens légionnaires de D'Annunzio qui ne trouvent aucune grâce à ses yeux. L'équipée de Fiume est une affaire classée qui lui laisse un mauvais souvenir à cause du comportement ambigu qu'il a tenu à l'époque. Les rebelles romantiques, c'est fini, désormais seul l'État peut agir. La Yougoslavie, affaiblie par ses rivalités ethniques, doit être minée de l'intérieur, sans heurts apparents, dans la plus stricte

18. L'influence de Codreanu, exécuté en 1938 lors de la répression du gouvernement royaliste contre la Garde de fer, sera sensible chez tous les jeunes intellectuels roumains de sa génération, bien connus depuis en Occident : de Mircea Eliade à Émile Cioran, d'Eugène Ionesco à Vintila Horia. Même Mihail Sebastian, d'origine juive, subira pour un temps son ascendant, ainsi qu'en témoigne son admirable *Journal 1935-1944*, Paris, Stock, 1998.

application des accords conclus. Les premiers financements aux *oustachis*, terroristes croates antiserbes et antiroyalistes, datent du milieu des années 1920 ; bientôt on organisera des camps d'entraînement secrets pour leurs adeptes dans le sud de la botte, dans les Pouilles, confiés à des instructeurs de l'armée et de la milice.

Pour couronner cette phase, Mussolini se débarrasse également de certains professionnels qui, sans être antifascistes, ont essayé de conserver une relative crédibilité et continuité à la politique extérieure de la péninsule. L'inamovible secrétaire général du ministère des Affaires étrangères, Salvatore Contarini, un Sicilien flamboyant, anglophile et francophile, dont le savoir-faire et la pondération sont appréciés à l'étranger, doit démissionner en 1926, débordé par les agissements des émissaires mussoliniens qu'il n'arrive plus à contrôler. Son départ montre que le Duce n'a plus besoin de précepteurs[19]. Comme, après tout, nous sommes à Rome, et non à Moscou (ou bientôt à Berlin), Contarini, protégé par son fauteuil de sénateur, évite une balle dans la nuque. Le secrétariat général sera aboli quelques mois plus tard : toutes les décisions émanent dorénavant du cabinet du ministre, dont Mussolini garde l'intérim en attendant de le confier à Grandi. La carrière s'exécutera, à quelques rares exceptions près, sans réagir. Le dictateur, tout en se méfiant des ambassadeurs, mettra des gants avec eux[20]. La diplomatie sera un des secteurs de l'administration, avec l'armée et la magistrature, où il limitera les greffes de militants fas-

19. Il accordera néanmoins un certain rôle à un ancien patriote et député nationaliste de Trieste, Fulvio Suvich, sous-secrétaire aux Finances puis aux Affaires étrangères (1932-1936). Suvich, ardemment opposé à l'Anschluss et à Hitler, œuvrera pour la dernière tentative de rapprochement entre Mussolini, la France et l'Angleterre à Stresa, avant d'être « exilé » pour un temps comme ambassadeur à Washington.

20. Il utilisera néanmoins, tout comme Grandi et Ciano après lui, l'instrument de la mise à la retraite anticipée pour se débarrasser élégamment de certains chefs de mission jugés trop « mous ». L'un d'eux raconte dans ses Mémoires un épisode divertissant et (assez) crédible. Il fut rappelé de son poste à la commission du désarmement de Genève mais le Duce voulut le recevoir en visite de congé au palais de Venise. L'entretien se déroula dans un cadre professionnel et courtois. L'ambassadeur (qui avait le droit de s'asseoir devant le Duce, comme tout haut fonctionnaire) fit un exposé détaillé. Mussolini prenait des notes et posait des questions techniques : on s'imagine mal Staline ou Hitler en faire autant. À la fin, l'ambassadeur (lui aussi protégé par un fauteuil de sénateur et ses entrées à la Cour) ajouta : « Et puis, monsieur le Premier ministre, nous disposons d'une arme létale, en quantité largement supérieure à nos adversaires. » « Laquelle, monsieur l'ambassadeur ? Vous ne l'avez pas mentionnée… », rétorqua Mussolini, surpris. « L'encens, monsieur le Premier ministre. »

cistes, sauf parmi les consuls, censés multiplier les soutiens au régime parmi les influentes communautés italophones dans le monde. Cette relative mansuétude ne lui vaudra guère de reconnaissance, puisqu'en juillet 1943, après sa chute, aucun haut fonctionnaire ni chef de mission, sauf Anfuso, alors à Budapest, n'acceptera de le suivre à Salò.

L'idée qu'il ait d'emblée conçu de mettre l'Europe à feu et à sang, dans l'attente du nouveau partenaire que le destin lui apporterait, semble donc excessive. Le souci principal de Mussolini reste encore d'éviter l'isolement et de se maintenir, coûte que coûte, aux premiers rangs de la politique internationale. Ce n'est pas seulement une question de prestige, auquel il est par ailleurs très sensible, mais d'autorité, pour démontrer que lui seul a pu donner à l'Italie un rang international sans précédent (ce qui est fort contestable). S'il reste aux aguets de toutes les possibilités de déstabilisation du continent – et partant d'agrandissement de son aura – qui peuvent se présenter, il considère encore Londres et Paris comme ses interlocuteurs privilégiés : nous reparlerons à point nommé de l'Allemagne. Il compense son manque d'enthousiasme pour la Société des Nations et les utopies pacifistes – comme le Pacte Briand-Kellogg d'août 1928, qui condamne le recours à la guerre – en adhérant aux protocoles de désarmement à la conférence de Londres de janvier-avril 1930. Il poursuit en même temps une diplomatie parallèle tous azimuts.

La normalisation des rapports avec le Saint-Siège est un autre objectif majeur. Dès son arrivée au pouvoir il a envoyé des messages rassurants au Vatican : l'anticléricalisme *sansepolcrista* du premier fascisme est mort et enterré. Quelques mois plus tard, il rencontre en secret le secrétaire d'État, cardinal Pietro Gasparri. Les négociations, très complexes, se poursuivront entre deux émissaires confidentiels : le conseiller d'État Domenico Barone et l'avocat Francesco Pacelli, frère du futur pape Pie XII[21]. Avec la signature des accords du Latran, le 11 février 1929, Mussolini réussit, là où tous ses prédécesseurs avaient échoué, à mettre fin à la « question romaine » : il obtient l'acceptation par le Saint-Siège de l'appartenance définitive de la Ville éternelle à

21. Salvatorelli-Mira, *Storia d'Italia nel periodo fascista*, *op. cit.*, p. 447 et suivantes. Nous savons aujourd'hui que Mussolini supportait mal Barone, gentilhomme napolitain de culture française, juriste compétent qui résistait avec finesse à la plupart des pressions cléricales. Il mourut avant la fin des négociations, ce qui... facilita la tâche.

l'Italie, en échange de la pleine reconnaissance de droit – et non seulement de fait, comme c'était le cas depuis 1870 – de la souveraineté et extraterritorialité de la Cité du Vatican. Le résultat aurait dû lui permettre de devenir l'intercesseur des rapports entre l'Église et l'État, en évitant qu'ils puissent se coaliser contre le régime. Ce n'est pas un hasard, quoique cela ne corresponde pas à la réalité, s'il attribuera son évincement, le 25 juillet 1943, à la tentative du roi d'« obtenir l'appui des forces ecclésiastiques[22] ». Or, les réserves demeurent très vives de l'autre côté du Tibre également. Et la facture sera salée, bien au-delà de ce que le Duce escomptait. Mussolini est allé très loin en acceptant le catholicisme comme seule religion d'État[23], ce qui permettra à l'Église d'œuvrer puissamment dans tous les secteurs de la société italienne, de l'éducation au droit civil, et de préparer, à travers l'organisation de l'Azione Cattolica et d'autres institutions proches de la curie, ses propres cadres pour l'après-régime : cette Démocratie chrétienne qui deviendra la force politique principale de l'Italie républicaine jusqu'au début des années 1990 (et le serait probablement restée sans la chute du mur de Berlin). Quand Mussolini se rendra compte de la menace que cela représente pour l'État éthique ou totalitaire, il sera trop tard. Le concordat aura néanmoins un retentissement considérable à l'étranger : à partir de ce moment, les catholiques de toute l'Europe, souvent hostiles à la dictature fasciste, notamment en France et en Belgique, devront s'incliner devant le régime bénit par Pie XI, qui désignera publiquement l'ancien rebelle socialiste et mécréant comme l'« homme de la Providence[24] ». Hitler suivra cet exemple lors du *Reichskonkordat* du 20 juillet 1933, dont les termes seront bien plus favorables au Troisième Reich naissant

22. Mussolini, *Histoire d'une année*, *op. cit.*, p. 33-34.

23. Il aurait probablement cédé sur l'expiation formelle qu'exigeait le Vatican : le démantèlement de la statue de Giordano Bruno, érigée sur la place de Campo dei Fiori à Rome, là où le dominicain hérétique fut livré aux flammes, en 1600. Le monument, œuvre du sculpteur franc-maçon Ettore Ferrari inaugurée en 1889, était devenu un des symboles de la nouvelle Italie laïque. Le Duce, qui comme premier geste de bonne volonté avait dissous dès 1925 l'association de libres-penseurs dédiée à Bruno, finit néanmoins par se ranger aux objections de Giovanni Gentile, chef de file du courant « anticonciliatoire ». En revanche, les œuvres du philosophe rejoignirent alors celles de Bruno dans la mise à l'Index.

24. Des historiens et juristes proches du Saint-Siège ont essayé, après la guerre, de relativiser cette formule dont l'impact fut alors considérable et tout à l'avantage du dictateur.

– à commencer par le serment prêté à l'État par tous les évêques – et susciteront de graves cas de conscience chez les catholiques allemands opposés au nazisme.

Le Duce n'a cependant aucune intention de se cantonner dans une politique extérieure cléricale et conservatrice, à l'autrichienne. Il regarde avidement au-delà des confins de l'Europe occidentale. La reconnaissance de l'URSS a été pour lui un succès incontestable[25]. L'Union soviétique, dont il a déploré publiquement l'absence à Locarno, est désormais une puissance établie, avec laquelle il faut maintenir les contacts, et si possible les renforcer[26]. Tout anticommuniste qu'il se proclame, il ne croit pas à l'action des groupuscules de l'émigration « blanche », présents également en Italie, et a refusé de les financer. Moscou apprécie et réserve à l'ambassadeur italien des égards qui ne sont pas accordés à la plupart des autres représentants occidentaux. Le 24 novembre 1930, le commissaire aux Affaires étrangères, Maksim Litvinov, rencontre à Milan son homologue Grandi dans un climat de grande cordialité. Ils se reverront l'année suivante à Genève. Grandi écrira à Mussolini que le dirigeant soviétique a insisté sur l'intérêt commun des deux pays à créer un « grand bloc révisionniste européen[27] », dirigé principalement contre la France. Le Duce recevra à son tour Litvinov, en décembre 1933, au palais de Venise, trois mois après la signature à Moscou d'un pacte bilatéral d'amitié et de non-agression. La photo officielle montre les deux hommes assis des deux côtés du bureau du Duce, dans une attitude à la fois grave et affable. Lointaine paraît désormais l'époque où les squadristes brûlaient l'effigie de Lénine et foulaient aux pieds les drapeaux rouges. Nous verrons que Mussolini essaiera de continuer son *Ostpolitik* jusqu'après le début de la Seconde Guerre mondiale.

25. Formellement, le cabinet MacDonald, au Royaume-Uni, avait précédé Mussolini de quelques jours, en février 1924. Mais l'Italie avait déjà conclu avec l'URSS un accord commercial qui équivalait à une reconnaissance *de facto*. Quelques mois plus tard, une affaire d'espionnage (la « lettre de Zinoviev ») entraînera un nouveau refroidissement des rapports anglo-russes, dont Mussolini saura profiter.

26. Il citera à Ludwig (*Entretiens, op. cit.*, p. 182) les grands barrages sur le Dniepr construits par l'ingénieur Angelo Omodeo. En fait, la plupart des œuvres hydrauliques commissionnées par les Soviétiques à l'équipe italienne furent interrompues en 1937, après l'adhésion de Mussolini au pacte anti-Komintern.

27. Cf. De Felice, *Mussolini il duce*, I, *Gli anni del consenso (1929-1936)*, Turin, Einaudi, 1974, p. 371.

La Turquie demeure un facteur clé de sa stratégie révisionniste. En décembre 1930, le ministre des Affaires étrangères Tewfik Rouchdi se rend à Rome pour des pourparlers très attendus : un fil rouge unit les deux pays et le fascisme se montre favorable à une présence croissante d'Ankara dans les affaires européennes. Mussolini est attiré par la personnalité et l'action d'Atatürk et on envisage une rencontre au sommet, qui finalement n'aura pas lieu. Le monde arabe est également entouré d'honneurs : l'émir Mohammed Seif el-Islam, fils de l'imam du Yémen, a visité l'Italie en 1927 et sera suivi par d'autres dignitaires de la région. À cette date, Mussolini a déjà décidé de subventionner secrètement les formations indépendantistes arabes au Moyen-Orient, ainsi que les organisations sionistes en Palestine. Mais jusqu'à son intervention dans le nouveau conflit mondial, il évitera de prendre des engagements explicites envers ces différents mouvements : préserver le rapport avec Londres reste prioritaire à ses yeux.

L'Inde avait suscité en Italie un vaste élan de sympathie intellectuelle dès avant la Grande Guerre. Mussolini y ajoutera une dimension politique. Rabindranath Tagore, premier prix Nobel de littérature non occidental en 1913, ami de Romain Rolland, dont il partage les vues pacifistes, sera accueilli à Rome en mai-juin 1926, avec les honneurs réservés à un chef d'État, y compris une audience au Quirinal. Mussolini en personne, cas à peu près unique, assiste au premier rang à la conférence que donnera au Capitole le poète et philosophe indien, proclamé citoyen d'honneur de la Ville éternelle dans le silence suspicieux du Vatican. En décembre 1931, la visite de deux jours effectuée par Gandhi, qui arrive de Londres, sera non moins retentissante. Le Duce n'hésite pas à le recevoir, alors que le pape Pie XI[28] et même le roi Victor-Emmanuel III évitent de le faire. Les actualités reprennent toutes les phases du séjour, notamment la rencontre de Gandhi avec une formation d'éclaireurs « Balilla », qui d'abord lui présentent leurs armes-jouets puis l'entourent pour l'embrasser. Les photos du Mahatma, en dhoti blanc et sandales, qui promène sa chèvre dans le parc de la villa Torlonia au côté du dictateur en civil, empressé et respectueux, demeurent parmi les images les plus incongrues et les moins connues de l'histoire du fascisme. L'attraction entre les deux hommes fut telle que Gandhi prononcera

28. Gandhi ira quand même se recueillir dans la chapelle Sixtine.

à son retour en Inde des propos très louangeurs à l'égard du Duce et du régime – propos qui lui seront plus tard reprochés. Mussolini est plus impressionné par le petit homme en pagne que par l'aristocratique et un peu dédaigneux Tagore, admiré par les dames de la bonne société romaine. Il a lu préalablement l'autobiographie du Mahatma, traduite en italien et préfacée par Gentile. Au sortir de leur entretien[29], il confiera à Rachele : « C'est un saint, un génie qui se sert d'une arme inconnue en politique : la bonté. » Il gronde ses enfants qui sont partis d'un fou rire devant l'insolite personnage : « Apprenez que ce petit homme avec sa chèvre fait trembler un empire[30] ! » Mais avec ses collaborateurs réapparaît le vieux Benito, incrédule et sceptique à l'idée que l'Inde puisse se débarrasser de la domination britannique par la non-violence et la résistance passive. L'intérêt du fascisme italien pour l'action de Gandhi déclinera rapidement. Trois ans plus tard, accueillant au Capitole une délégation d'étudiants asiatiques – indiens, chinois et indochinois –, l'objectif politique devient plus explicite. Le Duce déclare que « dans les maux dont souffre l'Asie, dans ses ressentiments, nous voyons réfléchi notre propre visage historique ». Avis aux anciens empires coloniaux… Le 6 janvier 1934, il invitera au palais de Venise un leader de l'indépendantisme indien bien plus radical que Gandhi, Subhas Chandra Bose, qui deviendra le chef du gouvernement provisoire de l'Inde libre, soutenu par les Allemands et les Japonais, et prônera la campagne militaire contre les troupes britanniques en Asie. Pendant la guerre, Mussolini essaiera sans succès d'obtenir de ses deux alliés un appui formel aux revendications des mouvements de libération arabes et asiatiques. En 1941, il s'efforcera encore de promouvoir un projet de déclaration tripartite sur l'indépendance de l'Inde et de la péninsule arabe, qui suscitera une vague sympathie à Tokyo mais sera finalement sabordé par Hitler[31].

La crise économique qui s'abat en Europe à la suite du krach de Wall Street (29 octobre 1929) semble justifier le bien-fondé

29. Il y en eut peut-être deux : au palais de Venise puis, le lendemain, à la villa Torlonia.

30. Cité dans Kirkpatrick, *Study of a Demagogue*, *op. cit.*, p. 189.

31. La référence principale est, encore une fois, un ouvrage de R. De Felice, *Il fascismo e l'Oriente. Arabi, ebrei e indiani nella politica di Mussolini*, Bologne, Il Mulino, 1988.

des théories corporatistes sur les dégâts de la finance « rapace » et « occulte », alors que l'État seul doit régler les rapports entre capital et travail. Les images des longues files de chômeurs aux États-Unis sont reproduites dans la presse fasciste avec autant de zèle que dans la presse soviétique. Les films et les livres américains qui portraiturent la Grande Dépression sont immédiatement distribués ou traduits avec éclat dans la péninsule. *Les Raisins de la colère*, le roman de John Steinbeck sur la Grande Dépression, sera lu et commenté partout. Mais bientôt la crise atteint le vieux continent. L'Italie, dont les faiblesses structurelles – surtout dans le Mezzogiorno –, l'absence de matières premières et la dépendance envers les marchés internationaux demeurent des plaies flagrantes, sera frappée de plein fouet. Le fascisme avait remporté précédemment quelques succès bien claironnés. D'abord la « bataille du blé », cette campagne d'autosuffisance lancée en 1924 avec le slogan « Italiens, aimez et respectez le pain ! », qui semble anticiper, à gauche, celui du Front populaire : « Le pain ! La paix ! La liberté ! » ou, à droite, celui de la Phalange espagnole de son protégé José Antonio Primo de Rivera : *« ¡ Por la Patria, el pan y la justicia ! »* Puis la « bonification intégrale » et l'assainissement des marais pontins, un territoire de 1 200 kilomètres carrés dans la partie méridionale du Latium, infesté pendant des siècles par la malaria[32]. Enfin, la défense de la devise nationale : l'objectif, revendiqué par Mussolini, de « quota 90 » (c'est-à-dire un taux de change d'une livre anglaise contre 90 lires) sera atteint en 1927-1928, mais entraînera une contraction déflationniste et la réduction du pouvoir d'achat des salariés. Des ministres compétents, comme Volpi et Jung, considéraient qu'un taux de 1/120 aurait été plus soutenable pour l'économie italienne. La création, en 1931, de l'Institut mobilier italien (IMI), suivie, en 1933, par celle de l'Institut de reconstruction industrielle (IRI), deux entités encore existantes de nos jours, fut l'œuvre de techniciens qualifiés, convaincus de servir leur pays, sans affinités réelles avec le fascisme[33]. Mussolini dut leur laisser une large autonomie

32. Sur l'émancipation d'une famille d'agriculteurs pendant l'assainissement des marais pontins, voir le roman-témoignage d'A. Pennacchi, *Canal Mussolini*, Paris, Liana Lévi, 2012.

33. Le plus influent de ces technocrates fut le financier franc-maçon napolitain Alberto Beneduce. Cette forte tête avait prénommé démonstrativement ses trois filles adorées Idea Nuova Socialista, Vittoria Proletaria et Italia Libera. Mussolini nourrit toujours pour lui un grincheux respect. Après l'avoir limogé à la fin des années 1930,

dans la difficile conjoncture de l'époque. Cette relative ouverture se manifesta encore avec la loi bancaire de 1936, qui disciplinait l'accès au crédit et qui restera en vigueur jusqu'aux années 1990, accompagnant le « miracle économique » de l'après-guerre. Ces conceptions s'opposaient aux fondements de l'État éthique, laissant une marge considérable à l'initiative privée. Après quoi, le Duce se lancera dans une nouvelle phase de dirigisme autoritaire de l'économie, dont le mirage de l'« autarchie » montrera toutes les limites.

il le fit nommer sénateur (dans la meilleure tradition de promotion-sanction) et lui fit décerner une carte de membre honoraire du parti fasciste, auquel Beneduce avait toujours refusé de s'inscrire. L'une des bourses de la Banque d'Italie porte toujours le nom de ce grand patriote.

4

« Roma doma ! »

Le fascisme a créé, du début à la fin, une cascade d'appels, de slogans, de devises (et a suscité une infinité de calembours). De bons esprits ont même affirmé qu'il n'avait rien inventé d'autre, mis à part les prétendues vertus purgatives de l'huile de ricin. Une des expressions qu'on lui attribue, et que Mussolini utilisa parfois, mais sans l'avoir inventée, est celle de « jeter le cœur au-delà de l'obstacle ». Elle exprime parfaitement le volontarisme du dictateur, mais également, et surtout, son impossibilité croissante de fournir des réponses rationnelles aux exigences de l'État et de la société qu'il prétendait réformer ou, mieux, « révolutionner ». C'est le dilemme qui se pose au début des années 1930, alors que le régime est déjà consolidé à l'intérieur du pays et qu'il semble triompher de toutes les oppositions, y compris les fascistes dissidents. La pratique du *confino*, la relégation dans des bourgades ou des îles inhospitalières, s'est entre-temps développée, en favorisant la délation et le chantage : elle sera parfois dure, parfois tolérable, et assouplie par des mesures de pardon, comme dans le cas de Malaparte[1]. La dictature glisse inéluctablement vers un système totalitaire ? À partir de ce moment, il serait plus correct de parler de « césarisme mussolinien ».

Lors du remaniement ministériel du 20 juillet 1932, le Duce assume l'intérim de trois ministères : Affaires étrangères (après le renvoi du « sociétaire » Grandi), Colonies et Corporations. Il les cumule avec l'Intérieur où il choisit comme adjoint, après des hommes qui ont

1. Le cinéma, quand il est fiable, peut favoriser la réflexion historique. C'est le cas de *La Villégiature* (1973), titre ironique d'un film du sensible metteur en scène Marco Leto, hanté par cette problématique car son père fut l'un des chefs de la police fasciste.

su lui tenir tête comme Finzi et Arpinati, le complaisant et sinistre Buffarini Guidi. Il y ajoutera, l'année suivante, les portefeuilles de la Guerre et de l'Aéronautique, qu'il a repris à Balbo. Hormis quelques technocrates de plus en plus rares, il ne s'entourera plus que de stipendiés inoffensifs entièrement à ses ordres. La seule exception, nous l'avons dit, sera Bottai, ministre de l'Éducation nationale de 1936 à 1943, l'idéologue qui lui sera utile dans la campagne de propagande pour créer un nouveau type d'Italien. Le parti et la milice suivent la même trajectoire aux mains d'une succession de nullités ; il en connaît les limites, mais au moins ils n'oseront pas se mettre en travers de son chemin. Il y a déjà eu Farinacci, ça suffit comme cela.

Sommes-nous, désormais, à Rome ou à Byzance ? Mussolini, despote moderne ou satrape oriental ? Cette boulimie de fonctions, de quoi abattre le bœuf ou « mulet national », comme il aime se définir en privé[2], n'est-elle pas plutôt la démonstration d'une insurmontable méfiance[3] ? Un témoin français qui lui rend alors visite peut ainsi conclure : « Le vrai drame de la personnalité de Mussolini fut son effroyable solitude. Jamais dictateur, ayant un tel pouvoir, ne fut, dans ses rapports individuels, si loin des hommes[4]. » À la différence d'un Hitler, dont la paresse bavarde et la nonchalance administrative ont été soulignées par ses meilleurs biographes[5], Mussolini, nous l'avons dit, prendra toujours très au sérieux son rôle de premier employé de l'État, poussé jusqu'au superflu. On trouve par exemple aux archives les demandes de congés des fonctionnaires, soumises à son attention et marquées de son « M » caractéristique. Tout au long du *ventennio*, sauf dans ses déplacements, rares sont les journées où

2. L'endurance et l'esprit de sacrifice de cet animal l'avaient rendu très populaire dans les chroniques de la Grande Guerre. Le légendaire mulet des Alpins Scudela (« Écuelle ») fut décoré de la médaille d'or militaire en 1918 et a mérité sa statue à la villa Borghese de Rome.

3. Est-ce un trait des autocrates ? Un de mes maîtres en diplomatie me raconta que, lors de sa première rencontre en 1956 avec Nasser, devenu l'homme fort des colonels égyptiens, il le trouva épuisé sur un fauteuil : « Voyez-vous cette pile de dossiers urgents sur mon bureau ? Je dois tout faire. Personne, absolument personne en qui je pourrais avoir confiance… »

4. H. Lagardelle, *Mission à Rome. Mussolini*, Paris, Plon, 1955, p. 169. Cet ancien socialiste, camarade de jeunesse de Mussolini, conduit alors sa propre « diplomatie parallèle » pour tenter de rapprocher les deux pays et trouver une issue à la crise éthiopienne.

5. Notamment S. Haffner, dans ses remarquables *Considérations sur Hitler*, nouvelle édition, Paris, Perrin, 2014.

il a passé moins de huit à dix heures d'affilée à son bureau, un pot de yaourt ou un sachet de pistaches à portée de la main, armé de son crayon bleu-rouge, partant à l'assaut de piles de paperasse. Il n'a plus de conseillers attitrés après la mort d'Arnaldo, qu'il consultait d'ailleurs de moins en moins. Claretta lui apporte une vague de jeunesse, mais ne compte ni politiquement ni intellectuellement à ses yeux : elle prendra une éphémère revanche à Salò. Le Duce s'isole du commun des mortels, sauf pour les audiences, qui se résument la plupart du temps à des transmissions d'ordres à ses subalternes, et lors des visites officielles, dont il a établi le programme dans les moindres détails car il déteste les imprévus.

Il tient toujours à donner une image d'invulnérabilité. Dans les innombrables bandes d'actualités et les milliers de clichés de l'époque, n'apparaît presque jamais le service d'ordre, pourtant renforcé après les attentats des années 1920. Mussolini vient de découvrir les ouvrages de l'historien allemand Ernst Kantorowicz, grand intellectuel d'origine juive proche du courant de la révolution conservatrice, qui s'exilera aux États-Unis à l'arrivée de Hitler. Il veut prouver que le « corps du roi[6] », c'est-à-dire désormais du Duce, est mystique et sacré. Il évite les visites à l'étranger, même là où il serait encore bien accueilli, comme à Vienne, Budapest, Sofia, Tirana ou Ankara. Au cours des années 1930, il ne se rendra plus qu'en Allemagne (visite officielle, en septembre 1937, puis conférence de Munich l'année suivante) et en Libye, même pas dans sa « créature » : l'Éthiopie conquise. Pendant la guerre, il ne passera que quelques heures sur le front grec-albanais, se rendra à nouveau en Libye, puis en Ukraine pour y inspecter les lignes avec Hitler ; il aura le bon goût de ne parader ni à Paris ni dans aucune des capitales où flotte la croix gammée. S'il reçoit encore des personnalités internationales, ce sera dans un décor froid et guindé, mais en faisant toujours montre d'une parfaite correction[7]. Sir Austen Chamberlain a dû quitter le Foreign

6. E. Kantorowicz, *Les Deux Corps du roi. Essai sur la théologie politique du Moyen Âge*, dernière édition, Paris, Gallimard, coll. « Folio », 2020. Mussolini ne pouvait pas connaître cette œuvre, publiée après la guerre, mais il lut avidement l'anticipation que Kantorowicz en avait donnée dans sa biographie de Frédéric II publiée en 1927.

7. La version selon laquelle, pendant la crise éthiopienne, il aurait fait longuement attendre l'envoyé britannique Anthony Eden, le 24 juin 1935, avant de le recevoir, dépoitraillé et en savates au retour d'une excursion à Ostie, est démentie par des sources fiables. L'ambassadeur Pompeo Aloisi, un diplomate de la vieille école peu attiré par

Office en 1929, et sauf une courte période ultérieure comme lord de l'Amirauté, ne retrouvera plus de fonctions politiques à son niveau[8]. Churchill, qui deux ans plus tôt a couvert publiquement d'éloges le Duce : « Si j'étais italien, j'aurais été entièrement avec vous dès le début[9] », effectue sa traversée du désert. Poincaré, avec lequel il avait forgé une bonne entente personnelle au moment de l'affaire de la Ruhr, meurt en 1934, mais a démissionné du gouvernement cinq ans plus tôt. Après, Mussolini n'aura plus d'interlocuteur privilégié jusqu'à Hitler. Hélas !

L'Italie dont il parle inlassablement, sur laquelle il déverse le flot de ses articles et de ses discours, n'est plus à ses yeux qu'un pays largement imaginaire, qu'il connaît de moins en moins et dont il arrive mal à comprendre les exigences. Comme il s'occupe désormais de tout, l'ancien instituteur est convaincu de tout savoir et pense que les avis contraires découlent du sabotage ou du défaitisme. Lorsque par exemple il proclame à Turin, le 23 octobre 1932, que « la misère de toute famille me cause une douleur physique », cette misère, qu'il n'a jamais réellement expérimentée, contrairement à ce qu'il affirme, reste une abstraction. Au fond, il considère qu'une cure d'amaigrissement virilisera ce peuple que des siècles de domination étrangère ont failli abâtardir (notion qui annonce les lois raciales). D'ailleurs l'homme est resté d'une grande sobriété : après les sanctions de l'affaire d'Éthiopie, puis pendant la guerre et à Salò, son cabinet aura l'ordre de transférer automatiquement aux sans-abri et aux associations de

le fascisme, auteur d'un important *Journal 1932-1936*, Paris, Plon, 1957, affirme au contraire que « l'entretien s'est déroulé dans le calme, sur un ton mesuré » (p. 281). Selon Lagardelle, *Mission à Rome*, *op. cit.*, p. 138-139, aux allusions désobligeantes du patricien Eden, le Duce aurait rétorqué : « Je ne suis que le fils d'un forgeron, mais je sais me tenir. » Mais il s'agit vraisemblablement d'une repartie qu'il inventa après coup. Selon Price, Mussolini aurait désarçonné son interlocuteur en lui disant : « Je parle au diplomate ou à l'ancien capitaine qui a servi vaillamment pendant la guerre dans le King's Rifles Corps ? » (*I Know These Dictators*, *op. cit.*, p. 152.)

8. Sir Austen était un yachtman accompli. Son épouse, lors d'une escale à Livourne, en septembre 1926, épingla l'emblème du parti fasciste sur son tailleur, sous les vivats de la petite foule massée sur le port.

9. Conférence de presse à l'ambassade britannique à Rome, le 20 janvier 1927, au lendemain de la rencontre entre Mussolini et Churchill, qui est alors chancelier de l'Échiquier dans le cabinet Baldwin. Churchill saluera à nouveau publiquement, le 18 février 1933 à Londres, le « génie romain incarné par Mussolini ». Il se limitera à l'admettre plus tard dans quelques phrases contournées de ses Mémoires.

bienfaisance tous les colis alimentaires, vestimentaires ou médicaux adressés au Duce[10]. S'il reste indifférent au luxe, il inaugure la pompe césarienne qui va susciter à l'étranger non pas la crainte qu'il espère, mais de plus en plus les sarcasmes et les caricatures : celle de Sennep, moquant le « César de carnaval », amusera toute la France. Sa « figure de cuisinier assassin[11] » fait le tour du monde, désormais pour de mauvaises raisons. Comme l'avait dit son maître Napoléon : « Du sublime au ridicule, il n'y a qu'un pas. » Le dictateur, dépourvu de sens de l'humour, n'arrive plus à distinguer entre portrait flatteur et portrait-charge. Ses hagiographes lui trouvent, bien évidemment, une « tête d'empereur romain[12] », mais ce sont des précédents puisés plutôt dans la statuaire du Bas-Empire. Lorsque l'écrivain et humoriste Leo Longanesi, alors « archifasciste », lance la formule « Mussolini a toujours raison ! », le Duce, incapable d'en cueillir l'ironie camouflée, l'approuve et la fait reproduire partout. Le culte de la personnalité est né. L'imagerie mussolinienne entre dans tous les foyers. Des millions de bustes, de portraits, d'affiches, de bannières, de cartes postales à la signature ronéotypée sont à l'honneur dans tous les lieux publics et tous les foyers, jusqu'aux pissotières et aux bordels. Ainsi que l'écrit un autre voyageur français plutôt bienveillant, l'essayiste et journaliste Maurice Bedel :

> Ce masque exprimant la volonté d'être dur, on se heurte à lui de quelque côté que l'on se tourne, dans les salles de rédaction, chez le confiseur, chez le perruquier, dans les cabines téléphoniques, chez le marchand de tabac [...]. C'est une obsession. C'est à se demander s'il garde cet air-là en dormant. Mais dort-il ? Cesse-t-il, pendant de courts moments, d'être un demi-dieu porté par une destinée violente[13] ?

Mais où est passé l'homme ? Il s'éclipse derrière ses reproductions, retranché, calfeutré, inatteignable, esclave du mythe qu'il entretient,

10. Même avant cela, il avait institué un système de bons pour les démunis. J'en ai un sous les yeux : « Attribuer à la camarade, veuve XY, une vache à lait. D'ordre du DUCE », destiné à une paysanne qui avait obtenu de le rencontrer.

11. J. Green, *Les Années faciles. Journal 1926-1934*, à la date du 5 janvier 1931, Paris, Le Livre de Poche, 1973, p. 126.

12. Price, *I Know These Dictators*, *op. cit.*, p. 108.

13. M. Bedel, *Fascisme an VII*, Paris, Gallimard, 1929, p. 9-10.

en attendant d'en devenir la victime. S'est-il fait prendre alors à son propre jeu ? La plupart des biographes l'affirment : je serais plus prudent. La nature double de l'homme partagé entre mensonge et réalisme est toujours présente, même si elle n'arrivera pas à le soustraire à ses mauvais penchants. Quel autre dictateur, quel autocrate aurait écrit, à l'heure de son triomphe, les lignes suivantes ? Napoléon, peut-être :

> Au fond, ce n'est pas grand-chose que ma vie. Il n'y a là rien d'extraordinaire, pas une aventure exceptionnelle, point de nouveaux systèmes conçus. C'est une existence mouvementée, voilà tout[14].

Rome, tel qu'il en conçoit le rayonnement, est un autre mythe, l'essor d'une religion politique brouillonne aux justifications historiques évanescentes[15]. Certes, il l'a conquise par la force en 1922, mais le mouvement révolutionnaire est né à Milan, qui en demeure la « capitale morale ». Le préjugé anticlérical a été aussi virulent, à ses origines, que l'antiparlementarisme. L'iconographie de *l'Italia turrita e stellata*, l'Italie femme dantesque, nimbée des mille tours et étoiles de sa glorieuse histoire municipale, est présente dès les débuts du fascisme en opposition à Rome. Vue de Trieste, de Crémone, de Ferrare, de Bologne, de Florence, de Pérouse, les autres bastions principaux du squadrisme, la Ville éternelle reste le centre des intrigues papistes et des magouilles démocratiques que le Mussolini socialiste puis *sansepolcrista* avait dénoncées et vitupérées. La révolte contre les pâtes, la *pastasciutta* pacifiste et amollissante, plat favori (et quasiment exclusif) de la plèbe romaine, était déjà inscrite au programme futuriste : « Le règne des lions va rajeunir la capitale de la podagre[16] ! », avait annoncé Marinetti dès 1909. Mais les temps ont changé. Le 21 avril 1924, « Noël de Rome[17] », le chef du gouvernement accepte la citoyenneté d'honneur de la Ville éternelle[18]. L'année suivante, une gigantesque tête de la déesse Rome,

14. Cité dans Aniante, *Mussolini*, *op. cit.*, p. 1.

15. Cf. Musiedlak, *Mussolini*, *op. cit.*, p. 295-303 ; Ostenc, *Mussolini*, *op. cit.*, p. 185-186.

16. Marinetti, manifeste *Uccidiamo il Chiaro di Luna !* (avril 1909), dans *Teoria e invenzione futurista*, édition établie par L. De Maria, Milan, Mondadori, 1983, p. 14-26.

17. Anniversaire de sa fondation (légendaire) le 21 avril 753 av. J.-C. Bien qu'officiellement aboli à la Libération, c'est encore un jour férié pour les bureaux et les écoles de la capitale.

18. Le Moal, *Histoire du fascisme*, *op. cit.*, p. 230-231.

haute de 5 mètres et pesant 30 tonnes, sera dévoilée par le Duce[19]. Après les fastes de l'Antiquité et ceux de la papauté, la splendeur de la Renaissance et du baroque, et par-delà l'amour mitigé que les Savoie, restés de cœur très piémontais, éprouvent pour la capitale, l'heure est venue pour le régime de s'approprier une histoire ou métahistoire qui fasse rêver les masses au nom du puissant Empire romain de l'Antiquité. L'État éthique a besoin d'un centre propulseur, d'un point d'irradiation en Italie et dans le monde. Les célébrations du *Decennale* de la « révolution » – qui n'en fut pas une… –, en octobre 1932, en marqueront l'apothéose.

À Rome, Mussolini a inauguré aussi, en octobre 1929, l'Académie royale d'Italie, conçue sur le modèle français, afin d'y faire converger les grands représentants intellectuels de la nation et du « génie latin », indépendamment (jusqu'à un certain point…) de leur affiliation idéologique et de leurs vues esthétiques. Pour ce faire, il met en veilleuse une gloire bien plus illustre : l'Académie des Lyncéens, la plus ancienne institution scientifique et humaniste d'Europe, née en 1603 sur l'impulsion de Galilée. Ainsi, sous la présidence de Marconi d'abord, puis celle nominale de D'Annunzio qui n'y mettra jamais les pieds, d'aimables prosateurs classicistes et écrivains régionalistes y côtoient dans la bonne entente les modernistes et avant-gardistes Pirandello, Papini, Soffici, Bontempelli et Ungaretti, ainsi que l'incendiaire Marinetti. Des spécialistes réputés dans différents domaines – philologues, juristes, archéologues, géographes, historiens, économistes, démographes – y siègent à côté de sommités de la science comme Fermi et le mathématicien Francesco Severi, seul membre d'origine juive, plus tard converti au catholicisme[20]. Côté musical, si Puccini est déjà mort, après avoir prononcé du bout des lèvres de très floues expressions de sympathie à l'égard du régime, on enrôle ses appréciables rivaux et successeurs : Mascagni, Pizzetti et Respighi, sans compter l'intarissable prêtre-compositeur Don Lorenzo Perosi, dont les requiem font pleurer toute l'Italie. Le disert cardinal Gasparri, élu en hommage au concordat, s'y entretient avec des francs-maçons et des libres-penseurs. Une seule femme, la

19. Cf. L. Di Nucci, « L'Italia "romana e fascista" », dans G. Belardelli (dir.), *L'Italia immaginata. Iconografia di una nazione*, Venise, Marsilio, 2020, p. 251-271.

20. Il en sera écarté, mais non exclu, après les lois raciales de 1938.

(bonne) poétesse Ada Negri, ancienne compagne et amie socialiste de Mussolini, y sera admise en 1940[21]. Cette Arcadie plutôt digne et inoffensive gardera un semblant d'existence pendant la République sociale, lorsque Gentile en acceptera la présidence et en transférera le siège à Florence, avant d'être dissoute à la Libération[22].

L'architecte Marcello Piacentini anticipe l'Albert Speer du Troisième Reich dans une conception grandiloquente de l'urbanisme, qui se veut esthétique et idéologique à la fois. Même ses détracteurs dans l'après-guerre devront reconnaître qu'il fut un visionnaire et que l'école d'architecture des années 1930 (Moretti, Brasini, Giò Ponti, Nervi, Del Debbio, etc.) fut une des plus performantes de la première moitié du XXe siècle en anticipant notamment l'essor du dessin industriel. Néanmoins, parmi de nombreux exemples du remaniement de la capitale, dont quelques-uns furent réussis, je préfère en choisir un qui ne le fut pas. Le mausolée d'Auguste était un immense monument funéraire construit par l'empereur, aux alentours du champ de Mars, pour lui-même, sa famille et ses successeurs de la dynastie julio-claudienne, dont Tibère, Caligula et Nerva. Une partie de l'emplacement, dévasté par des siècles d'incurie et de spoliations[23], avait été transformée en amphithéâtre en 1780, puis remaniée au début des années 1820 par l'architecte Giuseppe Valadier, auquel on doit la restauration du Colisée. Moins d'un siècle plus tard, à la suite de considérables travaux de réfection, le théâtre devint l'auditorium de l'Augusteo, une des plus importantes salles de concerts d'Europe, à l'acoustique parfaite et à la vue imprenable, qui attira à Rome les plus grands virtuoses de l'époque et un public de connaisseurs[24]. C'est par

21. Elle était pauvre et vivait dans un couvent, sans rien lui demander. Il le sut et l'aida discrètement. Une autre preuve que, dans ses rapports avec les femmes, il ne manquait pas (parfois) d'une certaine délicatesse. Encore la mère en lui.

22. Gentile ne sera pas le seul académicien exécuté dans un attentat de la Résistance. Grièvement blessé en février 1944, l'éminent étruscologue Pericle Ducati s'éteindra quelques mois plus tard des suites de ses blessures. Il est vrai qu'à Salò, à la différence de Gentile, il s'était signalé par ses positions intransigeantes.

23. On a répertorié des centaines de fragments du mausolée dans des musées et des collections privées du monde entier, notamment en raison du commerce des antiquités auquel se livrèrent, après la libération de Rome, en juin 1944, des soldats des troupes alliées. Mais bon nombre de pièces échappent encore à tout inventaire.

24. Le prestigieux chef d'orchestre Carlo Maria Giulini me confia que la plus grande douleur de sa carrière fut la destruction de l'Augusteo, où il avait débuté comme alto dans l'ensemble à cordes de l'orchestre.

ailleurs dans le Teatro Augusteo que s'était tenu en novembre 1921 le congrès constitutif du PNF, que Mussolini voulut transférer de Milan à Rome. Mais en 1936-1937, il décida de procéder à sa démolition pour élargir l'aménagement rationaliste de l'affreuse place Augusto Imperatore actuelle[25]. Sur les photographies de l'époque, on le voit donner allègrement le premier coup de pioche, en béret basque et pull-over, de cette œuvre de destruction. Le site archéologique n'est toujours pas ouvert au public de nos jours… et là au moins, ce n'est pas la faute du Duce. Il s'agissait alors pour lui, avant tout, d'une exigence d'ordre politique et symbolique. Dans la seconde moitié des années 1930, la dérive césarienne laissera de plus en plus la place à l'exaltation d'Auguste, le grand stabilisateur de l'Empire, qui imposa à l'Orient la *pax romana*. César redeviendra d'actualité avec la campagne de propagande contre la France, la « Gaule », qui prépare l'attaque de 1940[26].

C'est naturellement à Rome que se tiendra, à l'autel de la Patrie[27], la plus bizarre manifestation de mystique nationale du *ventennio*. La « Journée de la foi » y sera proclamée le 18 décembre 1935, un mois après le déclenchement du « siège économique » décrété par la Société des Nations contre l'Italie coupable d'avoir envahi l'Éthiopie. La reine Hélène, de noir vêtue et chapeautée, ôte d'un geste grave son alliance en or et celle de son époux[28] qu'elle dépose dans une urne. Elle est suivie par Mussolini et Rachele et par les dignitaires du régime et de l'État. Le cortège s'achève avec des dizaines de couples de jeunes mariés venus de toutes les régions d'Italie qui répètent le même geste. D'Annunzio, Marconi, Gentile et Marinetti suivront leur exemple, alors que Pirandello présentera la plaque de son prix Nobel et le prince Humbert son collier de la très sainte Annon-

25. Le seul survivant du désastre fut l'Ara Pacis (l'autel de la paix d'Auguste), jouxtant le Tibre, que l'architecte Vittorio Morpurgo sut préserver avec une intervention sobre et respectueuse, en 1938. Il a été défiguré au début des années 2000 par une sorte de caserne des pompiers, complétant la destruction systématique d'un des hauts lieux de la Rome antique.

26. Cf. l'analyse de Canfora, *La Nature du pouvoir*, *op. cit.*, p. 37-41.

27. Voir C. Brice, *Le Vittoriano. Monumentalité publique et politique à Rome*, Rome, Publications de l'École française de Rome, 1998. Le monument dix-neuviémiste dédié à Victor-Emmanuel II dénature l'harmonie de la place de Venise en masquant la vue du Capitole. Cela dit, on peut au moins lui trouver une justification patriotique.

28. Le souverain ne se privera pas de ce symbole du seul bonheur de sa vie ingrate et enverra à la place des lingots d'une valeur bien supérieure.

ciade. Même un opposant connu comme Benedetto Croce sacrifie sa médaille en or de sénateur. Le Duce offre tous les dons reçus de visiteurs, délégations et dignitaires étrangers, ne gardant chez lui, à la villa Torlonia, qu'une petite vitrine d'horreurs, selon le caustique Anfuso, qui sera pillée au lendemain de sa chute. On a encore du mal à concevoir aujourd'hui que des centaines de milliers d'Italiens feront de même, dans la plupart des cas spontanément, en échange d'alliances en fer et d'attestations pour la forme. La « récolte de l'or pour la patrie » continuera dans les semaines suivantes, confiée aux comités féminins du parti, avec la bénédiction de l'Église. Le résultat s'élèvera à trente-sept tonnes d'or et cent quinze d'argent, comptabilisées par la Banque d'Italie et ratifiées par la Cour des comptes, dont les Allemands rafleront la dernière tranche à la fin de 1943. Ce fut une manifestation imposante d'adhésion populaire que l'Italie n'avait jamais vue auparavant et qu'elle ne connaîtra plus par la suite.

L'exploitation du mythe de César et de la Rome impériale, entre les XIXe et XXe siècles, n'est pas un phénomène exclusivement italien[29]. Pourtant, il est difficile de concevoir aujourd'hui à quel point cette récupération était ancrée dans le subconscient populaire[30]. Le cri de *« Roma o morte ! »* est l'appel fédérateur des différentes familles politiques qui ont édifié la jeune nation. La prise de la Ville éternelle, le 20 septembre 1870, marque à la fois l'aboutissement de l'unité nationale et la disparition des États pontificaux[31]. Le comte de Cavour, le Bismarck italien, qui personnellement n'aimait pas Rome et mourut avant d'y mettre les pieds, croyait néanmoins que sans sa capitale naturelle l'Italie ne pourrait pas s'émanciper de siècles de divisions féodales et de servitude étrangère. Tous les dictateurs du XXe siècle envisagent une capitale à la hauteur de leur démence, une revanche dans la pierre sur l'Occident bourgeois et mercantile. Lénine et Staline ont fait de Moscou la réponse au Saint-Pétersbourg des tsars.

29. Ainsi que le souligne G. L. Mosse, *Masses and Man. Nationalist and Fascist Perceptions of Reality*, New York, H. Fertig Inc., 1980.

30. Cf. l'ouvrage d'un grand italianisant catholique, peu suspect de sympathies envers le fascisme : M. Vaussard, *De Pétrarque à Mussolini. Évolution du sentiment nationaliste italien*, Paris, Librairie Armand Colin, 1961.

31. Cette date, avec le 4 novembre, anniversaire de la victoire dans la Grande Guerre, sera célébrée comme fête nationale jusqu'en 1929, lorsqu'elle sera abolie à la suite des accords du Latran. L'Italie postfasciste et républicaine l'a aussi, prudemment, négligée.

Hitler, qui déteste Berlin à l'architecture médiocre, trop rattachée à la dynastie des Hohenzollern, et la moins nazifiée des métropoles allemandes, confiera à Albert Speer le soin de redessiner la future mégapole du Reich millénaire, pour laquelle il a déjà choisi le nom de *Welthauptstadt Germania.* Mais il ne la fera pas bénéficier des deux « titres de gloire » accordés respectivement à Munich – *Hauptstadt der Bewegung*, « capitale du mouvement (national-socialiste) » – et à Nuremberg – *Stadt der Reichsparteitage*, « ville des rassemblements du parti ». Même Franco, si prudent, si avaricieux, fera de la *Valle de los Caidos*, la « vallée des tombés au combat », construite à partir de 1940 sur la route de Madrid par les prisonniers républicains, le siège officiel des gloires de l'*alzamiento nacional.* Mussolini ne pouvait manquer à l'appel. Le 5 septembre 1937, lors du rassemblement de 30 000 fascistes dans la Ville éternelle, il termine son allocution en lançant : « Et rappelez-vous bien que *Roma doma !*, Rome domine ! » Pas mal trouvé comme nouveau mot d'ordre à un peu plus d'un an de la conquête de l'Éthiopie et de la proclamation de l'empire... Peut-il alors imaginer que le temple de ses fortunes deviendra quelques années plus tard le symbole de sa faillite ? Le 10 juin 1940, il lit la déclaration de guerre depuis le balcon du palais de Venise, devant une foule ébahie, qui réagit apathiquement aux vivats des inconditionnels arrivés des fédérations de province en autocars affrétés par le parti. Après cela, les fenêtres de son bureau resteront presque toujours closes pour toute la durée de la guerre, car il n'aura plus de bonnes nouvelles à annoncer à ses sujets. En juillet 1943, à la veille de sa chute, il hésitera à se rendre dans les quartiers bombardés par les Alliés, alors que le pape Pie XII y est ovationné. Après quoi, la capitale, qu'il ne reverra plus, lui tournera le dos. C'est à Milan, le 16 décembre 1944, qu'il prononcera, comme nous le verrons, le spectral « discours de la rescousse », accueilli par un enthousiasme auquel il ne s'attendait pas. À Salò, il ne lui restera plus qu'à divaguer : « Rome ! Cette Rome que j'avais faite grande, majestueuse, unique ! Vraiment, j'avais rêvé ! », écrira-t-il à Claretta[32]. Même à cette heure décisive, il n'arrive pas à comprendre à quel point ce rêve fracassé est devenu le cauchemar de son peuple.

32. Mussolini, *A Clara*, *op. cit.*, p. 73. À la date du 10 octobre 1943.

Or, ce peuple est-il innocent, vierge, a-t-il été trompé, comme il l'a prétendu et déclamé après coup ? Mussolini se le demande ; on peut en douter aussi. Nous entrons ainsi dans les sables mouvants du *consenso*, l'adhésion des masses au fascisme triomphant. Lorsque Renzo De Felice, le premier, a posé systématiquement la question, ce grand historien, qui provenait à l'origine de la gauche, s'est retrouvé face au feu de file des zélotes de l'interprétation traditionnelle selon laquelle les Italiens avaient « subi » une dictature toute-puissante. Cette thèse est aujourd'hui intenable, pour plusieurs raisons, dont la principale est que le régime jouissait de l'appui apparemment inconditionnel – ou, si l'on veut, de la complicité intéressée – des autres centres du pouvoir (la monarchie, l'armée, l'Église) et, partant, se présentait comme le vrai dépositaire et ordonnateur de l'identité nationale. La consolidation du fascisme provenait du fait qu'une génération entière, née *grosso modo* entre 1905 et 1930, n'avait pratiquement rien connu d'autre et ne disposait pas, à de rares exceptions près, de modèles alternatifs. Un des slogans alors à la mode sera « Livre et fusil/fasciste parfait » : la rime se perd en français, mais le message sommaire reste. La guerre mondiale changera en profondeur cet état d'âme confiant ou conformiste (difficile de trancher entre les deux) et provoquera un examen de conscience, parfois douloureux, souvent réticent[33]. Il est significatif qu'une bonne partie des cadres de l'antifascisme et de la Résistance soient venus des GUF (groupes universitaires fascistes) et des « Lictoriales » – compétitions dans les domaines du sport, de l'art, de la culture, inaugurées en 1932 et interrompues en 1940, qui couronnaient la fine fleur de la jeunesse. Ces manifestations annuelles, à partir de sélections méritocratiques dans tout le pays, étaient à l'origine réservées aux universitaires. Mais Bottai, sur l'exemple soviétique et avec l'agrément de Mussolini, décida d'y ajouter en 1936 une section du travail pour les jeunes agriculteurs, ouvriers et artisans. Les prix décernés ne comportaient qu'un diplôme, mais ils ouvraient la porte à des emplois bien rétribués dans les différents secteurs de la vie culturelle et de la presse.

33. À côté du témoignage de Zangrandi, déjà cité, mentionnons au moins celui de F. Gambetti, au beau titre *Gli anni che scottano* (« Les années qui brûlent »), Milan, Mursia, 1967. L'auteur deviendra dans l'après-guerre un représentant de la tendance « sociale-nationale » et antistalinienne du PCI. Ostracisé par les dirigeants du parti, il terminera sa vie comme libraire. Un homme entier, que j'ai croisé.

L'ensemble forme un palmarès imposant, où on retrouve la plupart des futurs intellectuels de l'après-guerre, même si peu d'entre eux l'ont admis par la suite[34]. En 1937, Mussolini coiffe le tout d'un ministère de la Culture populaire, que les Italiens préfèrent appeler par son acronyme, « Minculpop », à la même sonorité désobligeante qu'en français. Il ne le confie pas à son destinataire naturel, Bottai, de peur qu'il ne cumule trop de pouvoirs, et place à sa tête un journaliste provenant des rangs nationalistes, Dino Alfieri, qui deviendra pendant la guerre un terne ambassadeur à Berlin. Ce précédent a provoqué un tel traumatisme que l'Italie, seul ou presque parmi les pays occidentaux, a disposé jusqu'en 2021 d'un simple ministère « des Biens culturels[35] » en lieu et place d'un véritable ministère de la Culture.

Le Duce impose le même style martial à l'Italie officielle. Les réunions ministérielles se tiennent souvent debout et ne durent habituellement que quelques minutes, le temps de distribuer les instructions à chaque participant[36]. Hiérarques et ministres doivent s'entraîner à la course et parfois, pour les moins bedonnants, s'adonner à des épreuves plus risquées, comme le saut à travers un cercle de feu. Ils doivent s'initier au maniement des armes et de préférence prendre des leçons de pilotage, l'avion étant l'arme « fascistissime », en attendant le conflit d'Éthiopie et la guerre de 1940, où tous seront censés se porter « volontaires ». Les maisons closes, vieille tradition d'un pays catholique, sont soumises à un strict contrôle policier et sanitaire : la virilité est exaltée mais les abus défendus, et toute prestation hors norme classée comme « perverse » (ou « française »)

34. Dans un roman autobiographique de l'écrivain, psychiatre et futur résistant Mario Tobino (*Bandiera nera*, Milan, Mondadori, 1962, p. 14), des étudiants s'interrogent sur l'avenir : « Nous sommes nés dans le fascisme, nous ne connaissons rien d'autre. Un jour, peut-être, nous combattrons pour un autre idéal. Mais pour l'instant, la condition est de devenir de bons médecins », ce qui impliquait de prendre la carte du parti et de participer aux « Lictoriales ».

35. Le gouvernement présidé par M. Draghi, entré en fonction le 13 février 2021, vient de modifier l'intitulé du ministère des Biens culturels en ministère de la Culture. Il n'aura fallu que soixante-quinze ans de vie républicaine pour y parvenir.

36. Un diplomate qui était alors en fonction au cabinet m'a raconté qu'au palais Chigi, siège du ministère des Affaires étrangères (aujourd'hui de la présidence du Conseil), il n'y avait pas, à proprement parler, de salle de réunion. Les rencontres de travail se tenaient dans les bureaux de Ciano ou d'Anfuso, ou, si les participants étaient plus nombreux, dans un angle du couloir.

expose le coupable à des peines de prison ou même à l'hôpital psychiatrique, tout comme l'homosexualité. La consommation de tabac, d'alcool, de café, de graisse et de plats en sauce est mal vue : les buralistes, les cabaretiers et les négociants doivent dénoncer à la police les trop gros consommateurs. Le menu des réceptions officielles, à moins qu'il n'y ait des hôtes étrangers, devient celui des cantines ouvrières : du pain en abondance, des pâtes à l'huile et à la sauce de tomate, des légumes, du blanc de poulet, du poisson grillé, des fruits, de la tarte aux pommes, le tout servi avec une carafe d'eau. L'Italie impériale doit suivre le régime de son chef et s'adapter à son ulcère.

Mussolini savait pertinemment qu'il n'agissait pas dans le vide, que le terrain était fertile et préparé d'avance. On a dit qu'il cherchait à se débarrasser des restes du fascisme-mouvement pour consacrer définitivement le fascisme-régime. En vérité, il entend toujours proposer une synthèse des deux, dont il se veut le seul garant. La voix, les yeux, la mandibule saillante[37], les poses martiales, les apparitions bien scandées et de plus en plus chorégraphiques deviennent la source de l'*instrumentum regni*[38]. La période qui va de 1929 à 1934 – et nous pourrions l'élargir jusqu'à l'affaire d'Éthiopie, en 1935-1936 – fut incontestablement celle « du plus grand consensus et de la plus grande solidité du fascisme et de Mussolini en particulier[39] ». Même au plus fort de la crise économique mondiale, le régime, et surtout son chef, apparaissent comme le rempart des classes populaires contre l'oppression d'un patronat peu enthousiaste des orientations socialisantes de la « charte du travail ». « Vive le Duce ! Mais nous voulons manger », scande la foule des chômeurs, des femmes et des enfants qui défile dans les rues de Turin en novembre 1930, arborant des pancartes contre les industriels qui ont procédé à des licenciements massifs[40]. Il leur répondra d'un catégorique : « Je vous ai compris ! » Une formule qui fera fortune ailleurs... Le grand capital et la bour-

37. Parmi les nombreux sobriquets dont Mussolini sera gratifié par les antifascistes, il y aura celui de *mascellone*, ou grande mâchoire, ce qui correspond à l'idée selon laquelle les prédateurs sont armés de crocs redoutables. Mais comme c'est le maxillaire inférieur qui saillait chez le Duce, le terme de *mandibolone* aurait été anatomiquement plus correct.

38. Luzzatto, *Il corpo del duce*, *op. cit.*, p. 20.

39. De Felice, *Mussolini il duce*, I, *Gli anni del consenso*, *op. cit.*, p. 55.

40. *Ibid.*, p. 81.

geoisie s'en sortiront naturellement bien mieux que le prolétariat. Le Duce arrive cependant à donner l'impression que sans son intervention les revendications agricoles et ouvrières n'auraient obtenu aucun résultat, ce qui lui permettra de faire passer sans trop de difficultés une réduction substantielle des salaires.

La culture doit suivre la même pente savonneuse. En 1925, Gentile est devenu le premier président de l'Institut national fasciste de culture[41], qui s'implante dans toutes les régions et toutes les provinces mais dont l'activité sera finalement modeste. À la fin de 1931, les professeurs d'université, jusque-là relativement épargnés, doivent prêter serment au régime et non plus seulement à l'État. Une très faible minorité refuse d'obtempérer : de douze ou treize à une vingtaine, selon les reconstructions, sur un ensemble de 1 200 titulaires de chaires. Les réfractaires sont mis en retraite anticipée, en attendant l'épuration, à la fin 1938, des enseignants d'origine juive. L'initiative vise autant les catholiques, qui se croyaient protégés par le concordat, que les derniers opposants intellectuels proprement dits ; *L'Osservatore romano*, organe du Saint-Siège, a donné immédiatement son consentement à l'initiative. Ambivalence typique dans une dictature : Gentile, qui a pourtant été un des promoteurs du serment fasciste[42], ouvrira alors les portes de sa grande institution, l'*Encyclopédie italienne*, aux intellectuels frappés d'interdiction, y compris plus tard les Juifs, leur assurant une dignité scientifique et un gagne pain. Parmi l'immense majorité qui accepte de se plier à cet ordre, des antifascistes déjà convaincus affirmeront, dans l'après-guerre, ne pas avoir voulu laisser l'éducation des jeunes générations aux mains des suppôts de la dictature. L'argument est légitime mais provoquera des polémiques qui durent encore[43].

Le gigantisme fasciste, inauguré au début des années 1930, trouvera rapidement des admirateurs et des prosélytes à l'étranger. Certains

41. Il s'était opposé à la dénomination d'Institut national de *culture fasciste*, que l'organisme prendra après l'évincement du philosophe en 1937.

42. L'idée qu'il l'ait fait pour contourner les accusations de fronde et même d'antifascisme qu'il recevait de la part des « durs » du parti (selon Salvatorelli-Mira, *Storia d'Italia nel periodo fascista*, *op. cit.*, p. 527) n'est pas invraisemblable. Cf. S. Romano, *Giovanni Gentile, un filosofo al potere*, nouvelle édition, Milan, Rizzoli, 2004.

43. La question se posera en Espagne avec le retour, dans les années 1950, du philosophe libéral José Ortega y Gasset dans le pays dominé par le franquisme. Sans parler, en France, des « vichysto-résistants ».

d'entre eux sont des esprits iconoclastes, attirés vers la nouvelle Italie essentiellement par goût du paradoxe et de la rébellion, comme George Bernard Shaw, James Joyce, Percy Wyndham Lewis, George Santayana et d'autres. Il faudrait toutefois nuancer. Ainsi l'Irlandais Joyce manifestera une sympathie superficielle pour le régime en raison de son hostilité foncière au pouvoir britannique. Le seul personnage de grande envergure qui se réclamera ouvertement de l'idéologie fasciste, et le prouvera par ses écrits et ses émissions pendant la guerre, sera l'Américain Ezra Pound[44]. Les autres considèrent essentiellement le régime comme une recette bonne pour l'Italie, mais non exportable dans le monde anglo-saxon[45]. Et les notations ironiques ne manqueront pas à l'appel :

> À l'époque, le nom de Hitler était connu tout au plus d'une douzaine d'étudiants de Cambridge. Mussolini jouissait, en revanche, d'une certaine popularité. De rudes gentilshommes de province et des champions d'aviron appelaient « Musso » leur chien de chasse préféré[46].

D'autres sont des fascisants ou carrément des fascistes en puissance, et là les Français se taillent la part du lion : des traditionalistes Léon Daudet, Jacques Bainville, Henri Béraud, René Benjamin, Pierre Gaxotte ou Henri Massis, à la jeune droite de Robert Brasillach et Jean-Pierre Maxence, en passant par un marginal irréductible comme Drieu la Rochelle[47]. À cette longue liste ne manquent que Maurras et ses proches : les divergences entre l'Action française légitimiste et le fascisme italien, qui garde certaines sympathies jacobines, sont déjà sensibles. Même des intellectuels catholiques de centre gauche plaident pour une attitude compréhensive envers le régime italien, à l'ombre

44. Il y eut néanmoins d'autres cas non négligeables. Citons deux esthètes anglais : J. S. Barnes, auteur très bienveillant de *Fascism* (1931) et de *J'aime l'Italie* (1939), et John Amery, qui suivra l'aventure fasciste jusqu'à Vichy et à Salò, et sera pendu à Londres en 1945.

45. Voir l'étude d'ensemble d'A. Hamilton, *L'Illusion fasciste : les intellectuels et le fascisme, 1919-1945*, traduction française, Paris, Gallimard, 1973.

46. C. Isherwood, *Lions and Shadows. An Education in the Twenties* (1938), Londres, Methuen, 1953, p. 73.

47. Voir la thèse très documentée de C. Poupault, *À l'ombre des faisceaux. Les voyages français dans l'Italie des Chemises noires (1922-1943)*, Rome, Publications de l'École française de Rome, 2014.

du concordat[48]. Une université hongroise propose Mussolini pour le prix Nobel de la paix. Aux États-Unis, il obtient à plusieurs reprises les couvertures de *Time* et de *Life*. En Allemagne, on ne dénombre pas moins d'une vingtaine de biographies laudatrices du Duce, avant et, bien entendu, après l'avènement du Troisième Reich ; une déferlante qui ne s'arrêtera pas à l'heure de Salò. La plus infatigable est la publiciste Louise Diel, qui jouit alors d'une certaine notoriété et lui consacrera à elle seule une demi-douzaine de volumes. Elle était tombée amoureuse du Duce après une rencontre au palais de Venise, le bombardait de lettres et de déclarations. L'intéressé, peu attiré par ses dehors trop teutons, ne savait pas comment s'en débarrasser et évita de lui offrir les colloques intimes auxquels elle aspirait.

Le régime investit beaucoup de ressources dans l'image de l'Italie fasciste à l'étranger. L'Office national du tourisme connaît alors un remarquable développement. Partout en Europe, l'homme de la rue, sans se classer encore nécessairement à droite, est sensible à l'idée que le pays a été sauvé de l'anarchie. Les visiteurs sont en général ébahis par les « trains qui arrivent à l'heure » (pas toujours), les rues propres et les foules en liesse[49]. Le racolage sexuel et homosexuel est officiellement interdit, mais il y a des exceptions, souvent soumises au contrôle et au chantage policier. Journalistes et correspondants étrangers, généralement hébergés aux frais de la princesse, apportèrent à la promotion du régime des fioritures et des compléments, qui brillaient rarement par leur acuité ou leur clairvoyance[50]. Cette approche conciliante, parfois même un peu paternaliste, selon laquelle un peuple longuement en proie au désordre[51] avait enfin trouvé un chef capable de le discipliner,

48. Cf. R. Havard de La Montagne, *Chemins de Rome et de France. Cinquante ans de souvenirs*, Paris, Nouvelles Éditions Latines, 1956.

49. Le régime a financé des péplums antiquisants et patriotiques, dont le plus connu fut *Scipion l'Africain*, de Carmine Gallone, tourné au moment de la guerre d'Éthiopie. Mais il a aussi promu, suivi par le Troisième Reich et Staline, une cinématographie de détente (ou d'illusion) romantique dite des « téléphones blancs » : symbole accrocheur, qui figurait dans tous ces films. Les années 1930 marquent également l'essor du réalisme (Blasetti, Camerini, Castellani, le premier De Sica...) qui ouvrira la voie au néoréalisme de l'après-guerre. Cf. J. Gili, *Le Cinéma italien à l'ombre des faisceaux, 1922-1945*, Paris, Institut Jean-Vigo, 1990.

50. J'ai encore assisté à cette « opération sourire », avec force distribution de caviar et autres... charmes, dans l'URSS du début des années 1980.

51. Ce qui est faux. Avec toutes ses limites, l'*Italietta* de 1914 était moralement supérieure à celle d'après 1922. Elle le montra pendant la Grande Guerre.

est alors très fréquente dans la presse internationale. Mussolini lance de temps à autre à Ciano, Starace ou Bottai qu'il faudra organiser une marche sur Naples et y brûler toutes les mandolines, symbole de la vieille indignité nationale – il n'en fera strictement rien. Le « voyage en Italie » enregistre ainsi un essor remarquable, porteur d'excellentes devises, et les antifascistes déçus semblent anticiper la réplique amère d'Alain Resnais concernant l'Espagne franquiste dans *La guerre est finie* (1966) : « Comment faire la révolution dans un pays qui reçoit chaque année des millions de touristes ? »

La police sévit partout, omniprésente, efficace. C'est le premier instrument d'une dictature digne de ce nom. Une nouvelle institution, l'OVRA (Œuvre volontaire de répression antifasciste), créée dès 1927, est renforcée dans les années 1930. Elle n'a de volontaire que le nom – une hypocrisie de plus. Ses agents, triés sur le volet, sont bien rétribués mais soumis à un contrôle strict ; ils risquent la destitution ou l'emprisonnement à la moindre bavure[52]. Son concepteur, le préfet Arturo Bocchini, est un flic aux allures de bon vivant qui préfère la délation et la corruption à la violence. Il arrive ainsi à démanteler discrètement les dernières cellules d'opposants de la péninsule. Après la constitution de l'Axe, il rencontrera cordialement à plusieurs reprises ses homologues nazis, les criminels sériels Heinrich Himmler et Reinhard Heydrich, les assurera la main sur le cœur, en jurant sur la Madone et saint Michel Archange (patron de la police), de son désir de collaborer[53]. Il évitera néanmoins de leur fournir, dans la mesure du possible, les informations très précises qu'il détient sur le passage des réfugiés allemands et des Juifs étrangers en Italie. L'homme a son éthique à respecter : un (excellent) limier n'est pas un assassin. Il ne limite d'ailleurs pas son action aux adversaires du régime. Il accumule les dossiers, qu'il transmet régulièrement au Duce, sur l'enrichissement de hiérarques comme Farinacci ou

52. À la différence des archives du parti fasciste, détruites pendant la dernière phase de la guerre, celles de l'OVRA sont conservées dans un ordre impeccable à l'Archivio centrale dello Stato à Rome. Elles contiennent en particulier la liste de tous les pseudonymes des agents employés. Cela m'a permis de vérifier que, malgré les légendes noires qui ont longtemps circulé sur lui, le nom de Curzio Suckert (Malaparte) n'y figure pas.

53. Il réussit si bien à les convaincre de sa bonne foi que toute la nomenklatura des SS et de la Gestapo se précipita à Rome pour suivre son enterrement, qui devint une cérémonie plus nibelungienne que méditerranéenne. Une seule bombe bien placée aurait libéré l'humanité de ces monstres.

Costanzo Ciano, les mœurs dépravées de deux secrétaires du parti, Turati et Starace, ou encore les relations illicites de membres en vue de la famille royale. Cet amateur inconditionnel de bonne chère (et de jeune chair), négligeant les prescriptions diététiques en vigueur, mourra d'un infarctus en novembre 1940, après des agapes bien arrosées dans un hôtel de Rome au cours desquelles il aurait ingurgité une dizaine de homards à la crème.

Officiellement, il n'y a plus de crimes, ni crapuleux, ni passionnels, ni bien entendu politiques : l'Italie fasciste est devenue un jardin d'enfants. En revanche, la presse doit rendre compte de tous les scandales à l'étranger et, si possible, en rajouter : on parlera ainsi de l'enlèvement et du meurtre du bébé Lindbergh aux États-Unis ou de l'affaire Stavisky en France presque plus que dans leurs pays respectifs. La répression de la Mafia est une des fiertés du régime. L'implacable « préfet de fer », le Lombard Cesare Mori, médaillé de la Grande Guerre, est envoyé en Sicile avec des pouvoirs exceptionnels. Il rase des villages, incendie des récoltes, séquestre le bétail, confine comme otages les femmes et les enfants des chefs de clan. Il réussira à décapiter l'un après l'autre les divers échelons de l'organisation, jusqu'au principal dirigeant du PNF de Sicile, Alfredo Cucco, qui sera radié du parti, mis en accusation, enfin acquitté aux assises dans des circonstances houleuses. C'est le signal que Mori est allé trop loin. Farinacci, protecteur de Cucco, dénonce les méthodes autoritaires du préfet, ce qui, venant de lui, ne manque pas de culot. Le Duce finit par le rappeler à Rome et lui octroie l'immanquable fauteuil de sénateur. Ce dévoué serviteur de l'État sera nommé commissaire de la fertilisation agraire du Frioul, une autre sinécure, avant de s'éteindre en 1942. Cucco, réhabilité, resurgira dans la République sociale et deviendra plus tard un des fondateurs du parti néofasciste MSI. La Mafia relèvera la tête au moment du débarquement américain en Sicile en 1943, et reconquerra ses anciennes positions avec l'apport des puissantes familles italo-américaines de Cosa Nostra.

Cette situation globale peut satisfaire le Duce qui ne se trouve plus confronté à une résistance massive à l'intérieur ni à la méfiance qu'il a suscitée lors de ses premiers pas sur la scène internationale. Le régime fasciste est désormais un fait accompli ; seule loi qui règle et domine la vie politique. Les principaux noyaux d'opposition à l'étranger se trouvent alors à Paris – où s'est constituée une « concentration antifasciste » des partis démocratiques – et à Moscou. Dans les deux cas, les *fuoriusciti*, comme on appelle ces exilés, sont de moins en moins influents. Il faudrait en théorie opérer une distinction, car si en France les Nitti, Salvemini, Nenni, Lussu, Tasca jouissent encore d'un certain crédit dans les milieux intellectuels et en général de la gauche, la direction du PC italien en exil à Moscou est totalement soumise aux ordres du Komintern. Cependant, ni les dirigeants d'une Troisième République, entrée dans sa courbe descendante à partir des événements du 6 février 1934, ni Staline, tout à la création du socialisme dans un seul pays, ne sont disposés à sacrifier leurs objectifs pour des questions de principe. L'antifascisme est au plus bas. La politique, n'en déplaise aux belles âmes, est dictée par les vainqueurs ; Mussolini a démontré qu'il appartient à ce club restreint d'où ses pairs n'ont plus d'intérêt à le déloger dans l'immédiat. Il est vrai qu'il n'est pas, et ne deviendra jamais, le maître absolu de la nation. Nous avons déjà mentionné l'influence de l'Église sur la population et les élites, qu'elle renforcera à l'ombre du concordat. Mais le dictateur doit également ménager la monarchie. Alors que l'appellation *Der Führer* devient obligatoire en Allemagne après la mort du président Hindenburg en août 1934, l'emploi du terme *Duce* est plus compliqué. Dans le protocole d'État, sur lequel le roi se montre très pointilleux, Mussolini, « Premier ministre, chef du gouvernement de S.M. », vient derrière les princes de sang. Dans toutes les manifestations publiques, l'hymne fasciste, *Giovinezza*, est exécuté après la marche royale. Le *saluto al Re* précède encore officiellement le *saluto al Duce*, bien que les escamotages se multiplient et que le bras droit levé devienne obligatoire dans la pratique. César, même au faîte de son rayonnement, ne pourra jamais s'entendre dire, comme Hitler au *Parteitag* de Nuremberg par son adjoint Hess : *« Der Führer ist Deutschland »* ; ni se faire proclamer *Gröfaz* – acronyme rébarbatif de *Grösster Feldherr Aller Zeiten*, « plus grand général de tous les temps » – par les généraux de la Wehrmacht, après la guerre éclair de 1940 ; il est vrai que les succès militaires manqueront cruellement à l'appel. Il n'y aura jamais de drapeau national où campent les faisceaux, comme la croix gammée sur celui du Troisième Reich[54]. Certes, Victor-Emmanuel

54. Les faisceaux deviendront néanmoins un symbole ajouté sur le fuselage et les ailes des avions de combat et de bombardement, ainsi que dans certaines formations d'élite de l'armée comme les parachutistes.

ne s'oppose pas à la politique intérieure du régime, sauf sur quelques points de détail touchant ses prérogatives. Même bienveillance en politique étrangère, où la thèse fasciste du « poids déterminant » différait peu de celle qui avait inspiré pendant des siècles les ducs puis princes de Savoie pour assurer leur survie et leur indépendance parmi de bien plus puissants voisins. Tout cela explique la complicité du roi jusqu'aux défaites de 1942-1943.

Un élément va gangrener progressivement leurs rapports. La notion d'État éthique, césarien, totalitaire, que Mussolini élabore inlassablement dès son accession au pouvoir, implique qu'il n'y ait qu'un maître à bord. Dans les pays autoritaires d'Europe centrale et balkanique – Yougoslavie, Grèce, Roumanie, Bulgarie –, la direction des affaires est réservée au roi, qui choisit et renvoie les ministres. Ailleurs – en Pologne, en Hongrie, en Autriche, au Portugal, en attendant l'Espagne franquiste –, l'homme fort du moment ne dépend pas d'un souverain. C'est naturellement le modèle auquel Mussolini aspire. Or, s'il arrive à contrôler la plupart des rouages de l'administration, doublés et surveillés par des structures parallèles du parti, il n'arrive pas à s'emparer de l'armée, le rempart des Savoie. Certes, bon nombre de généraux et d'amiraux se sont publiquement rangés à la cause du régime, et il les a couverts d'honneurs et de prébendes. Mais il sait qu'à une ou deux exceptions près, comme Costanzo Ciano, inamovible président de la Chambre de 1924 à sa mort, en 1939, ils ne lui sont pas vraiment acquis. L'aviation a beau être l'arme proclamée « fascistissime », son serment la lie avant tout au souverain. Quant aux carabiniers, corps fondé en 1814 par Victor-Emmanuel Ier, de stricte obéissance monarchiste, ils constituent une alternative à la police dont ils entravent parfois l'action. Ce sont d'ailleurs eux qui procéderont à l'arrestation de Mussolini, au sortir de l'audience royale, dans l'après-midi du 25 juillet 1943. Ajoutons-y deux autres enclaves : d'abord le Sénat, tout normé et inoffensif qu'il soit, où plusieurs notables de la « vieille » Italie ont trouvé refuge en attendant la suite des événements. Enfin et surtout, le milieu très fermé de la Cour, dominé par une petite et moyenne noblesse d'épée ou de robe, principalement piémontaise et sarde, dont l'allégeance à la maison de Savoie se perd dans les siècles. Mussolini y est encore méprisé comme un parvenu, toléré comme l'homme du « moindre mal ». Les raisons pour lesquelles il n'a pas essayé de briser ce clan de courtisans, qui lui restent foncièrement hostiles alors qu'ils entretiennent des rapports suivis avec Galeazzo Ciano, Grandi, De Vecchi et Federzoni, sont difficiles à expliquer. Il les considérait sans doute comme quantité négligeable, ce en quoi il avait tort.

Cet état de choses a produit un phénomène unique dans une dictature occidentale, qui prendra le nom de dyarchie[55]. Peut-on imaginer Hitler continuant à partager le pouvoir avec un Hindenburg qui ne serait pas mort en 1934 ou un Guillaume II revenu sur le trône[56] ? C'est l'épine dans le flanc du Duce, alors que toutes les autres oppositions ont été muselées et que même l'Église n'est plus un problème (dans l'immédiat). Toute velléité résiduelle de remplacer le roi par son détesté cousin, le duc d'Aoste, encore populaire dans la base fasciste, disparaît avec la mort de ce dernier en juillet 1931. Mussolini doit donc attendre et, s'il le faut, sait attendre. La guerre d'Éthiopie lui permettra de conférer à Victor-Emmanuel le titre d'empereur qu'aucun de ses prédécesseurs n'a jamais obtenu. Mais la gratitude n'a jamais été une grande qualité de la dynastie, surtout chez ce monarque frigide, ce petit hibou disgracieux dont seuls les plis du visage semblent gravés par mille ans d'histoire, qui déteste les frasques traditionnelles des Savoie[57] et n'aime rien ni personne en dehors de son épouse[58] et de sa collection numismatique dont il est un expert internationalement réputé, pas même son fils, le trop populaire et élégant prince Humbert[59]. Dans une des rares concessions psychologiques qu'il se soit permises, De Felice explique par la

55. Le Moal en offre une illustration dans sa biographie *Victor-Emmanuel III. Un roi face à Mussolini*, Paris, Perrin, 2015, p. 302-325.

56. L'ancien Kaiser, exilé aux Pays-Bas, cultivait cette illusion et avait poussé deux de ses fils à entrer dans le parti hitlérien dans l'espoir que cela faciliterait son retour en Allemagne. Le Führer l'interdit. Guillaume mourra en 1941, sans pouvoir sortir du château de Doorn dont les entrées étaient gardées par une double haie de SS.

57. On avait glissé dans son lit dès l'adolescence, selon la tradition, des courtisanes expertes. Il en fut révulsé.

58. Le seul épanchement connu du monarque est la photo que, jeune, timide et malheureux héritier au trône, il envoya à celle qui n'était pas encore sa fiancée, marquée de ces mots en anglais : *We met*, « nous nous sommes rencontrés ». Cet amour fusionnel dura cinquante ans, jusqu'à leur mort.

59. Une fois qu'on se permit de soulever devant lui la question des prérogatives qui auraient dû être attribuées à Humbert pour le préparer (un jour) à la succession, le souverain explosa en patois piémontais : « Pourquoi ? Parce qu'il est beau ? » Pourtant, la naissance de l'héritier mâle, en 1904, avait sauvé, au moins formellement, la dynastie des ambitions des prétendants Aoste.

« non-sentimentalité » le lien qui unit pendant vingt ans le roi et son Premier ministre. J'aurais tendance à croire que cet élément commun de leurs caractères aura contribué à la (relative) bienveillance du premier envers le second, alors que je ne pense pas que la réciproque ait joué[60]. Mussolini supportera de moins en moins la tutelle du souverain, dont la seule présence est un obstacle pour sa dictature et le perfectionnement de l'État éthique[61].

Deux ans seront encore nécessaires pour que le Duce, assisté de Bottai et de quelques juristes accommodants, mette au point dans la plus grande discrétion sa nomination en tant que premier maréchal de l'Empire, titre qui lui sera décerné le 30 mars 1938 par une Chambre soumise et un Sénat consentant. Comme une réaction virulente du roi pris au dépourvu était à prévoir, l'astuce consista à instituer un double maréchalat, ce qui remettait à peu près les choses dans l'équilibre constitutionnel. Victor-Emmanuel signa sans aucun enthousiasme le décret préparé à l'avance[62] ; les conséquences en seront désastreuses. Ainsi, l'Italie se paiera le luxe, en plus de ses immenses retards matériels, d'entrer en guerre, le 10 juin 1940, avec *deux* commandants en chef des armées… dont aucun n'était en vérité capable de les commander.

60. « Les rapports furent toujours cordiaux, jamais amicaux », écrira Mussolini dans *Histoire d'une année*, *op. cit.*, p. 38.

61. Voir les observations de Perfetti, « Luci e ombre di un lungo Regno », qui ouvre le dossier sur « Le mystère du roi », *Nuova Storia Contemporanea*, septembre-décembre 2019, p. 5-61.

62. « À partir de ce moment, Victor-Emmanuel jura de se venger et n'attendit que le moment propice » (*Histoire d'une année*, *op. cit.*, p. 118-119). Dans ce cas, pourquoi Mussolini ne s'en était-il pas rendu compte à temps ?

5

Hitler à l'horizon

Et l'Allemagne ? Le premier contact de Mussolini avec ce pays n'avait rien eu à voir avec Hitler. Sur l'impulsion de Margherita Sarfatti, il effectua sa première visite à Berlin en janvier-février 1922, alors qu'il était encore en marge du pouvoir, pour y rencontrer les principales personnalités de la république de Weimar, Walther Rathenau et Gustav Stresemann, qui lui firent l'un et l'autre une forte impression, détaillée dans une série de correspondances pour son journal. Quatre mois plus tard, Rathenau tombera sous les balles d'un commando d'extrême droite ; encore quatre mois et Mussolini déclenchera la marche sur Rome. Néanmoins, dix ans après, il dresse un éloge vibrant des deux hommes à Ludwig[1], ce qu'il s'empressera d'oublier lorsqu'il sera devenu l'allié du Führer.

Mussolini ne croyait pas à l'avenir de la république de Weimar, une conviction qui s'accentua après la mort de Stresemann, en octobre 1929. Il recevra encore à Rome, en août 1931, le chancelier Brüning, qui essaie vainement d'enrayer la montée des nazis et des communistes par des lois d'exception. Le Duce l'écoute attentivement mais reste convaincu, comme en 1922, que « l'Allemagne n'est pas républicaine et ne peut pas être pacifiste[2] ». Or, quelles sont les alternatives ? Un de ses émissaires en Allemagne, l'attaché de presse Antinori, a déjà rencontré Hitler, sur la demande de celui-ci, le 12 décembre 1927, dans la demeure berlinoise de Mme Bechstein,

1. *Entretiens*, *op. cit.*, p. 189-190.

2. Mussolini, « Maschere e volti della Germania », *Gerarchia*, mars 1922. Il s'agit d'une synthèse des articles publiés dans *Il Popolo d'Italia* au cours de son voyage d'instruction en Allemagne.

héritière de l'entreprise de fabrication de pianos, une des nombreuses égéries (platoniques) du futur Führer qui financent généreusement le parti nazi[3]. À cette date, la République allemande traverse encore la lune de miel de l'après-Locarno, et Stresemann, fort de son rapport personnel avec Briand et Austen Chamberlain, semble pouvoir ancrer durablement Weimar à la politique de détente pro-occidentale. Au cours de l'entrevue, Hitler, après avoir dénoncé violemment Stresemann et « ses protecteurs juifs, socialistes et francs-maçons », qui, accessoirement, « détestent le fascisme et Mussolini », insiste sur le fait que les deux pays n'ont aucun intérêt incompatible, mais que leur « expansion vitale » respective est menacée par les agissements de la France et de sa créature, la Tchécoslovaquie. Il serait donc essentiel que l'Italie aide les « courants oppositionnels » qui se battent contre le gouvernement de Prague. Pour mieux rassurer le destinataire de son message, il ajoute que délivrer de l'oppression les 4 millions d'Allemands des Sudètes et de la Bohême constitue un devoir historique pour lui, alors que le problème ne se pose pas pour les « 200 000 Allemands du Haut-Adige[4], entourés d'un bloc compact de 42 millions d'Italiens[5] ».

Mussolini, dans l'immédiat, va faire la sourde oreille. Il n'a pas encore confiance dans l'astre de Hitler : après tout, ce « disciple » a raté sa réplique de la marche sur Rome lors du putsch avorté de Munich en novembre 1923. S'il évite encore de le rencontrer, il lit et souligne attentivement tous les rapports qu'il reçoit sur la montée du national-socialisme. D'ailleurs, en parlant à d'autres interlocuteurs italiens, Hitler ne cachera pas une certaine ambivalence : l'Anschluss sera tôt ou tard inévitable pour déjouer également les plans français visant à incorporer l'Autriche dans la Petite Entente ; mais il répète vigoureusement que la question du Tyrol italien ne se pose pas. Les élections de septembre 1930 amorcent un tournant. Le parti nazi obtient, dans des conditions encore relativement démocratiques, 6,5 millions de voix et cent sept députés. Pour le réaliste Mussolini,

3. À noter que Hitler a reçu au cours de son ascension des fonds beaucoup plus importants de la part du grand capital allemand que ceux dont avait pu bénéficier Mussolini en Italie.

4. Le Tyrol méridional, devenu italien lors du traité de Saint-Germain.

5. Texte dans De Felice, *Mussolini e Hitler i rapporti segreti 1922-1933*, Florence, Le Monnier, 1975, p. 145-147.

c'est un signal dont il faut tenir compte. L'éditorial qu'il inspire ou autorise dans sa revue, *Gerarchia*, donne le ton : « L'idée fasciste avance dans le monde. » Pourtant, même les hiérarques intransigeants, à l'exception de l'antisémite Preziosi, qui a déjà gagé sur la victoire des nazis, se montrent perplexes et réservés. Les plus lucides d'entre eux perçoivent que l'avènement du Troisième Reich ne se traduira pas en un gain de prestige et d'influence pour le fascisme italien : bien au contraire. À un niveau plus élevé, le prétendu « philosophe du régime », Giovanni Gentile, rejoint son frère séparé, l'antifasciste Benedetto Croce, dans la conviction que le national-socialisme n'est qu'une basse idolâtrie, un travesti de la raison d'État hégélienne. Un autre cas révélateur est celui d'Oswald Spengler, théoricien de la « révolution conservatrice », auteur visionnaire du *Déclin de l'Occident* (1918-1923). Dépité par sa rencontre avec Hitler, il multipliera les mises en garde à l'adresse de Mussolini, qu'il admire. Le Duce, flatté, répondra poliment à ses avances, sans y donner suite. Il recevra également au palais de Venise, au printemps 1935, le leader « national-bolchevique » Ernst Niekisch, un des derniers opposants internes de Hitler, incarcéré peu après[6].

Mussolini semble également entrevoir les dangers d'un réarmement allemand qui figure dans le programme électoral de Hitler. Lors des négociations en cours à Genève et à Londres, l'Italie se montre pour la première fois prête à accepter un niveau de réduction des armements correspondant à celui de toutes les autres puissances continentales[7]. La *Machtergreifung*, la « prise de pouvoir » par Hitler, le 30 janvier 1933, dont le Duce n'avait pas conçu l'ampleur, et l'enivrante chorégraphie de torches et de parades nocturnes qui l'accompagne dans toutes les villes allemandes, le glacent. Le communiqué du Grand Conseil – qui se fera attendre jusqu'au 10 mars – se limite à parler d'« esprit nouveau qui se nourrit, directement ou indirectement, du complexe solide de doctrines et d'institutions à partir desquelles l'Italie a créé l'État moderne[8] ». Une revendication de primauté idéologique destinée à

6. J'ai étudié le rapport Spengler-Niekisch-Mussolini dans mon ouvrage *La ferita della modernità*, Bologne, Il Mulino, 1992, p. 79-126.

7. L'occasion ne sera pas saisie par la diplomatie française, comme l'a démontré M. Vaïsse dans son ouvrage de référence, *Sécurité d'abord. La politique française en matière de désarmement (1930-1934)*, Paris, Publications de la Sorbonne, 1981.

8. De Felice, *Mussolini e Hitler*, *op. cit.*, p. 260-261.

devenir de plus en plus pathétique au fil des événements. Du nouveau chancelier émane une volonté manifeste de détruire l'ordre international, qui chez Mussolini semble, à ce stade, sinon assagie, du moins maîtrisée. Le Duce pressent alors que deux chemins s'ouvrent devant lui. Va-t-il s'opposer à ce nouveau venu, cet intrus qui formellement se réclame de son exemple, ou au contraire essayer de composer avec lui ? Là encore, son choix le poussera à se ranger du côté du plus fort. Même après la proclamation de l'Axe, en octobre 1936, il attendra encore trois ans – jusqu'en 1939, en fait jusqu'à la guerre éclair sur le front français de mai-juin 1940 – pour choisir définitivement son camp. Des historiens ont affirmé que l'entente entre les deux dictatures était inévitable, ce qui apparaît rétrospectivement comme difficile à contester. Or, Mussolini se serait-il rangé du côté du Troisième Reich si les démocraties occidentales étaient parvenues à le retenir, ce qui était encore possible, de 1933 au début de 1936 environ ? On peut, tout au moins, se poser la question[9].

Une des conséquences de l'ascension de l'hitlérisme sera la compétition idéologique qui confronte le « vieux » fascisme mussolinien à cette nouvelle et insidieuse variante, qui suscite déjà l'enthousiasme des mouvements d'extrême droite en Europe et dans le monde. Nous avons vu que le Duce avait accordé des financements aux *oustachis* croates, aux indépendantistes arabes et juifs en Palestine, ou à des mouvements comme les *Blackshirts* de Sir Oswald Mosley, personnage alors protégé par son statut de membre de la classe dominante britannique. Mais il ne s'était pas laissé entraîner par l'idée d'un fascisme « universel ». Il est cependant significatif que le terme de « civilisation » peut-être repris de la lecture hâtive des œuvres que Spengler déverse sur son bureau avec des dédicaces flatteuses longues d'une page[10], entre alors dans ses discours et ses articles. Or, le propre d'une civilisation est de s'étendre au-delà des frontières d'un État national. Après en avoir ajourné le projet à plusieurs reprises, Mussolini accepte finalement, en juillet 1933, l'idée de créer une Internationale fasciste. Les CAUR, ou Comités d'action pour l'uni-

9. Par conséquent, l'idée exprimée par Mack Smith, *Mussolini*, *op. cit.*, p. 232 et suivantes, selon laquelle il aurait pensé dès l'avènement de Hitler « à la possibilité de mettre en place un axe Rome-Berlin », paraît très discutable.

10. Je les ai vues et déchiffrées : Mussolini a fait déposer ces livres, généralement non coupés, à la bibliothèque du ministère des Affaires étrangères.

versalité de Rome, sont à première vue une réplique aux agissements du Komintern, mais ils visent également à désamorcer l'astre montant du national-socialisme. Le congrès international fasciste, qui se tient à Montreux en décembre 1934, dresse un bilan apparemment satisfaisant. À côté de vieilles connaissances d'Europe centrale et balkanique, on y trouve des Danois, des Norvégiens, des Irlandais, des Lituaniens : en tout, les « délégués » de treize pays du continent, qui voient encore officiellement Rome comme leur rempart... contre quoi ? Le communisme, certes, la démocratie parlementaire et « sociétaire » sans doute ; mais, à fleurets mouchetés, le Troisième Reich aussi, dont aucun représentant ne participera aux travaux. Il est vrai que cinq mois plus tôt, des nazis autrichiens, armés et encadrés par Berlin, ont tenté le coup de force à Vienne en supprimant le chancelier Dollfuss, le protégé de Mussolini. Outrage personnel au Duce : l'épouse et les enfants de Dollfuss sont alors ses hôtes pour les vacances d'été à Riccione, sur la côte romagnole. Il envoie des troupes au col du Brenner, alors que les chancelleries européennes hésitent et que le putsch a déjà fait faillite[11]. L'évidence s'impose. Le Führer a renié les engagements pris en 1927, répétés aux émissaires italiens successifs, de ne pas toucher au « tampon » autrichien et d'observer le *statu quo* dans le Tyrol italien. L'affrontement entre les deux dictatures semble alors possible. Cette réaction musclée fera croire, même à des intellectuels libéraux comme Freud et Zweig, que le Duce reste le principal défenseur de l'indépendance autrichienne. Ils seront vite déçus.

Mussolini, la crise passée, demeure prudent. Officiellement, le régime ne traite que d'État à État, et il ne veut pas s'exposer en reconnaissant des groupuscules composés souvent d'aventuriers et de simples délinquants politiques. Il a évité de dépêcher à Montreux, à la présidence du congrès, un membre du gouvernement ou même du parti. Les CAUR restent formellement indépendants, confiés à un homme sûr, Eugenio Coselschi, qui avait débuté comme secrétaire de D'Annunzio à Fiume, avant de se rallier à lui. Les CAUR s'implanteront également hors d'Europe, dans les deux Amériques et dans le

11. Selon l'ambassadeur britannique à Vienne, Sir Walford Selby, Mussolini fut effectivement le seul leader européen qui se montra prêt à fournir une aide militaire au gouvernement autrichien. Voir ses Mémoires : *Diplomatic Twilight 1930-1940*, Londres, John Murray, 1953, p. 29-35.

monde arabe, pour exalter l'union entre fascisme et islamisme contre les empires périmés. Coselschi animera une cascade de conférences, de publications, de manifestations « spontanées », par le truchement du ministère des Affaires étrangères[12], des filiales du parti et des associations d'Italiens à l'étranger. Un second congrès aura encore lieu à Montreux, à la fin avril 1935, précédé par deux réunions à Paris et Amsterdam, en contrepoint au « mouvement Amsterdam-Pleyel » des intellectuels antifascistes lancé par Barbusse et Rolland face à la montée de l'hitlérisme. Cette activité torrentielle engloutira des fonds importants pour des résultats négligeables : lorsque les CAUR seront dissous, à la veille de la guerre de 1939, presque tous ses membres étrangers graviteront désormais dans la sphère de l'Allemagne nazie. La bataille idéologique à droite est perdue. Mussolini est recalé à la seconde place bien avant le début des hostilités.

Lorsque après beaucoup d'hésitations et de renvois, il acceptera de rencontrer Hitler à Stra, près de Venise, du 14 au 16 juin 1934, l'échec est dans l'air. Le nouveau coéquipier ou rival se présente, piteusement sanglé dans un imperméable informe, sous un chapeau bosselé, face à César casqué et botté, qui le dévisage sans aménité. La date est mal choisie. Hitler ne s'est encore débarrassé ni de l'aile gauche et révolutionnaire de son mouvement – les SA de Röhm, qui seront liquidés dans la Nuit des longs couteaux, deux semaines plus tard[13] –, ni de la tutelle du président Hindenburg à l'article de la mort, entouré d'espions nazis, dont son propre fils. Les conversations n'apportèrent rien de neuf, dans un climat vaguement cordial. Il n'en

12. Plutôt par le canal des consuls, provenant souvent des rangs du parti. Ciano, qui n'aimait ni Coselschi ni l'action parallèle des CAUR, essaiera de réduire les fonds des comités après sa nomination à la tête du ministère. De toute façon, leur influence était déjà passée.

13. Luchino Visconti consacrera à cet épisode son film célèbre *Les Damnés* (1969). Ce qui est moins connu, et que je tiens de sources fiables, est qu'il était à l'époque très lié avec des officiers de Röhm, tous homosexuels. La répression des SA, revendiquée par Hitler comme la liquidation d'une tentative de putsch (inexistante) de la part d'« individus aux mœurs perverses », déterminera l'engagement antinazi (puis antifasciste) du grand cinéaste. Mussolini aurait mis en garde Hitler à Stra contre les agissements de Röhm (selon De Felice, *Mussolini il duce*, I, *Gli anni del consenso*, *op. cit.*, p. 436-437, qui se base sur une source allemande contestée). Le Duce sera néanmoins très impressionné par ce bain de sang, qui représentait un avertissement indirect à ses opposants internes à la Farinacci.

reste aucun procès-verbal, car les plus significatives eurent lieu en tête à tête, et l'allemand scolaire du Duce fut mis à dure épreuve, comme toujours par la suite, face à l'intarissable flot verbal à l'accent nasillard austro-bohémien de son interlocuteur[14]. Hitler répéta son engagement mensonger de se désintéresser de la question autrichienne, ceci à l'avant-veille de la tentative de putsch à Vienne du 25 juillet, et Mussolini feignit d'y croire. Pour le reste, l'habituelle enfilade de propos contre la Société des Nations, les mirages du désarmement ou les menées de la France en Europe centrale constitua l'essentiel du menu. Aucune décision commune ne s'ensuivit. Le Duce sortit des entretiens, heurté par les boniments de cet hystérique à la mèche en bataille et aux yeux larmoyants, bouffi par les pâtisseries dont il redemandait constamment, qui le dévisageait en amoureux en essayant de lui agripper la main, ce dont il avait physiquement horreur. Il fut néanmoins très impressionné par son fanatisme et sa « lucidité féroce, au-delà de la raison, que rien ne saura arrêter[15] », comme il l'écrira à sa sœur. A-t-il repensé à la détermination d'un autre Allemand qui l'avait marqué, Walther Rathenau ? Mais le grand capitaliste et humaniste juif de Weimar est, tout comme Jaurès en 1914, un homme du passé, le bouc émissaire d'une utopie qu'il a payée de sa vie. Son ardeur de réconciliation européenne a été condamnée par les événements et un fasciste ne s'attardera pas du côté des perdants[16]. Avec Hitler, Mussolini a enfin trouvé l'homme capable de subjuguer l'Europe, celui sans doute qu'il aurait souhaité être. Oui, ce « type » est un fanatique dangereux, prêt à aller jusqu'au bout ; mieux vaut donc l'amadouer, sans prendre d'engagements, en attendant de voir ce que feront les démocraties.

L'ascension de Hitler semble en effet les avoir sorties de leur atonie. Dès le 17 octobre 1932, alors qu'on voyait se profiler les changements en Allemagne, Mussolini avait préconisé, dans un dis-

14. Par la suite, l'ambassadeur allemand à Rome, von Mackensen, proposa discrètement de faire parler Mussolini en italien ou en français, laissant à l'interprète officiel de Hitler le soin de la traduction. La suggestion (si quelqu'un osa la présenter au Duce) fut repoussée.

15. E. Mussolini, *Mio fratello Benito*, *op. cit.*, p. 147-148.

16. La comparaison Rathenau-Hitler est esquissée avec son habituelle finesse par Sebastian Haffner dans *Histoire d'un Allemand. Souvenirs 1914-1933*, Arles, Actes Sud, 2003. Je garde un précieux souvenir d'un long entretien qu'il m'accorda à Berlin en 1981, où il enrichit ma vision de cette confrontation redoutable.

cours à Turin, un accord des quatre puissances européennes pour sauvegarder la paix sur le continent. Bouée de sauvetage lancée à la république agonisante de Weimar ? Plutôt une énième torpille contre l'impuissance de la Société des Nations et les illusions de Locarno. C'est un prix fort à payer et les réactions des chancelleries seront mitigées. À Paris, l'humeur contre l'Italie fasciste reste vive, surtout au Quai d'Orsay où Alexis Leger s'apprête à succéder comme puissant secrétaire général à Philippe Berthelot, dont il partage et ravive le préjugé anti-italien[17]. Mais la prise de pouvoir à Berlin change la donne. Mussolini revient à la charge en mars 1933 et des négociations parallèles, italo-françaises et italo-anglaises, s'engagent à Rome. Le Duce arrive à convaincre l'ambassadeur Henry de Jouvenel qu'on ne peut exclure le nouveau régime allemand d'une solution européenne. « Le président du Conseil Daladier n'est pas hostile à une révision modérée du traité pour sauver la paix[18]. » Les Anglais, qui ont porté à la tête d'un gouvernement d'union nationale le travailliste dissident James Ramsay MacDonald, se montrent encore plus disponibles. La France veut maintenir ses engagements envers la Petite Entente et sauvegarder la stabilité en Europe centrale dans le cadre de la Société des Nations. MacDonald, à la veille de se rendre à Rome le 20 mars 1933, se fera précéder par une proclamation au peuple italien en disant sa fierté de « pouvoir m'entretenir avec votre grand chef ». Mais la montagne va accoucher d'une souris : « Pendant deux mois, on allait assister à un mouvement pendulaire entre le projet italien, qui mécontentait les alliés de la France, et le projet français, qui mécontentait l'Italie[19]. »

Le pacte à Quatre, vidé de toute substance, jusqu'à n'avoir plus qu'une valeur déclamatoire, sans engagements effectifs, sera signé

17. Ils n'ont laissé de Mémoires ni l'un ni l'autre et ont très peu parlé de leur engagement personnel. Les historiens se partagent entre ceux qui estiment qu'il s'agissait d'une méfiance envers l'Italie en général (sensible chez Berthelot dès 1914) et ceux qui revendiquent une aversion commune envers l'expansionnisme mussolinien. Je renvoie pour plus de précisions aux imposantes biographies de J.-L. Barré, *Philippe Berthelot, l'éminence grise, 1866-1934*, Paris, Plon, 1999, de R. Meltz, *Alexis Léger dit Saint-John Perse*, Paris, Flammarion, 2008, et d'H. Levillain, *Saint-John Perse*, Paris, Fayard, 2013. (J'écris Leger sans accent, comme il le faisait lui-même.)

18. Cf. G.-H. Soutou, *L'Europe de 1815 à nos jours*, Paris, PUF, 2007, p. 227-228.

19. Ainsi J.-B. Duroselle, *Politique extérieure de la France. La décadence, 1932-1939*, Paris, Imprimerie nationale, 1979, p. 70-75, très critique envers l'attitude d'Alexis Leger, « italophobe convaincu » (p. 390).

à Rome, le 15 juillet 1933, avec l'adhésion *in extremis* de… Hitler, dont le souci est de ne pas se trouver isolé au moment où il n'a pas encore atteint le pouvoir absolu en Allemagne. Il ne s'agira que d'une pause diplomatique, dont les effets seront d'ailleurs négatifs. L'Union soviétique dénonce la formation d'une nouvelle croisade impérialiste à ses frontières. Les États-Unis n'envoient qu'une vague bénédiction. Genève a été dépossédée de ses droits et s'affaiblit davantage. Le Japon a déjà quitté la SDN en mars 1933, sur le coup de la crise du Mandchoukouo, et l'Allemagne le suivra en octobre. Les Grands restent méfiants, les « petits » États plus encore. La Pologne – éconduite – et les trois États baltes se rapprocheront de l'Allemagne nazie, dans une posture antirusse. Varsovie signera en janvier 1934 un pacte de non-agression valable dix ans avec Berlin, qui sera bafoué par Hitler en 1939. Edvard Beneš, président d'une Tchécoslovaquie déjà fissurée par ses minorités, ne cesse d'alerter Paris et Londres sur le risque mortel représenté par les vues hitlériennes concernant l'« espace vital ». La Petite Entente risque d'éclater en morceaux à la moindre menace d'outre-Rhin. Ainsi s'écroulera rapidement l'édifice lézardé de la sécurité collective mis en place à Locarno. Mais ce qui s'effondrera tout autant sera l'utopie mussolinienne de pouvoir se tailler un rôle de médiateur-gendarme « bismarckien » en Europe, pour lequel ni lui ni son régime ne disposent du crédit et de l'autorité requis[20].

Tous les problèmes reviendront rapidement à la case départ. Le seul qui ne soit pas mécontent est, cependant, le Duce. Il a prouvé qu'il garde un « poids déterminant » dans la politique européenne. Il a préservé l'amitié anglaise et montré à la France qu'il reste disponible pour négocier. Il a fait preuve de bonne volonté, rien de plus, envers la nouvelle Allemagne, sans susciter de réaction contraire de ses protégés, l'Autriche surtout, alors que Paris doit faire face aux soupçons de la Petite Entente. Il reste convaincu, dans cette première phase, qu'il sera le seul arbitre du rapport de forces entre Hitler et les démocraties européennes. Cette illusion l'amènera l'année suivante à se dresser en apôtre d'une relance du désarmement européen, ce qui revient dans les faits à autoriser le réarmement allemand – première revendication de Hitler – mais dans un cadre graduel et vérifiable, avec des garanties précises, autrement dit à neutraliser l'éventualité

20. Cf. Bosworth, *Italy and the Wider World*, *op. cit.*, p. 45-46.

d'un réarmement unilatéral. Le Führer, encore entouré par les diplomates traditionnels de la Wilhelmstrasse, dont le ministre des Affaires étrangères, le conservateur Konstantin von Neurath, aurait-il respecté les engagements pris ? On a affirmé que, par ce biais, Mussolini se rangeait déjà du côté des objectifs de conquête nazis. Une analyse des documents disponibles prouverait plutôt le contraire. Car Mussolini n'ignore pas que les assurances de l'aimable Neurath ne comptent pour rien, et que la seule façon de s'imposer à Hitler consiste à lui prouver que l'Europe ne cédera pas à ses menaces. Il partage cette conviction avec Louis Barthou, revenu au gouvernement comme ministre des Affaires étrangères dans le cabinet Doumergue, après les émeutes du 6 février. Barthou veut créer un vaste front antihitlérien pour obliger l'Allemagne à réduire la voilure de ses ambitions ; et il est convaincu qu'il faut associer l'Italie à ce projet. La coopération bilatérale, qui sommeillait depuis le départ de Poincaré, semble redémarrer. Elle conduira également à une amorce de rapprochement entre Rome et Belgrade, selon les vœux du ministre français, facilitée par le tournant autoritaire du roi Alexandre Ier de Yougoslavie, qui éprouve une certaine sympathie envers le fascisme italien. La thèse, longtemps entretenue, selon laquelle l'Italie aurait armé les *oustachis* croates qui assassinèrent à Marseille, le 9 octobre 1934, le roi Alexandre Ier et Barthou apparaît aujourd'hui peu crédible. S'il est vrai que le régime fasciste misait toujours sur la déstabilisation de la Yougoslavie, Mussolini n'avait aucun intérêt immédiat à provoquer le meurtre du souverain yougoslave et surtout de l'italophile patron de l'italophobe Quai d'Orsay[21]. Ils envisageaient d'ailleurs d'effectuer une visite conjointe à Rome.

Pendant cette phase cruciale – essentiellement en 1934-1935, mais qu'on peut prolonger jusqu'aux premiers mois de l'année suivante –, Mussolini *semble* croire – mais *veut*-il réellement le croire ? – que les démocraties occidentales ne démissionneront pas devant le Troisième Reich. Plus que jamais, pour lui, l'histoire est faite par les hommes : où en trouver, à ce moment-là ? À Londres, deux véritables hommes d'État, Austen Chamberlain, tempérament froid et décidé derrière ses

21. Le gouvernement yougoslave demandera peu après l'extradition de terroristes *oustachis* résidant en Italie et suspectés du double meurtre ; Mussolini ne s'y opposera pas. Cf. Kirkpatrick, *Study of a Demagogue*, *op. cit.*, p. 290.

allures compassées, et le sanguin « bulldog » Churchill sauraient tenir tête à Hitler. Mais les tendances à l'*appeasement* – cet apaisement qui sera en fait une reddition – serpentent au gouvernement et à Westminster. Dans la France de la Troisième République déclinante, « peuple de notaires », comme la définit Mussolini[22], personne, après la mort de Barthou, ne semble disposé à reprendre le flambeau de Foch et de Poincaré. Ce sera finalement le Duce qui prononcera le 6 septembre 1934 à Bari, soit moins de trois mois après sa rencontre avec Hitler, une admonition aux ambitions nazies, relevée à la sauce césarienne :

> Généreux peuple des Pouilles ! Chemises noires de la révolution ! Sur les rives de la Méditerranée sont nées les grandes philosophies, les grandes religions, la grande poésie d'un empire qui a laissé des traces indélébiles dans l'histoire de tous les peuples civilisés. Trente siècles d'histoire nous permettent d'envisager avec une souveraine pitié certaines théories soutenues au-delà des Alpes par les descendants d'hommes qui ignoraient l'écriture – par quoi ils auraient pu au moins documenter leur propre existence – à l'époque où Rome avait César, Virgile, Auguste.

Ce morceau d'(incontestable) bravoure oratoire restera sans lendemain, de même qu'un nouvel accord de désarmement européen[23]. Demeure en vie la possibilité d'une entente entre Paris et Rome, que le successeur de Barthou, Pierre Laval, semble disposé à réaliser, malgré les résistances d'une partie de sa majorité, toujours hostile au régime fasciste. Mussolini accueille favorablement cette nomination : il connaît depuis longtemps les origines socialistes du « Gitan auvergnat » et son parcours politique accidenté qui présente des analogies avec le sien. Des observateurs crédibles comme l'ambassadeur Léon Noël ont mentionné une certaine « vulgarité » comme trait commun entre les deux hommes. Je ne puis m'exprimer au sujet de Laval, mais il me semble avoir suffisamment montré que la vulgarité de Mussolini

22. Lagardelle, *Mission à Rome*, *op. cit.*, p. 75.

23. Ainsi Ludwig, dans son premier livre écrit dans l'exil américain, *Nine Etched from Life*, New York, McBride, 1934, p. 311-342, proposera à nouveau un portrait bienveillant du Duce, « Mussolini, the italian autocrat », en exprimant la conviction qu'il était encore le principal garant de la paix en Europe.

n'était qu'un instrument de son arsenal de comédien. Il sera d'ailleurs interloqué par la propreté douteuse, la mauvaise haleine et le tabagisme incontinent du ministre français. Les pourparlers entre les deux capitales progresseront rapidement à la fin de 1934, touchant aussi bien les vieux contentieux bilatéraux (Tunisie, Côte française des Somalis, chemin de fer en Abyssinie) que les questions ouvertes par l'avènement de Hitler : désarmement généralisé (avec reconnaissance par Rome du maintien d'une supériorité française, en cas de réarmement allemand), garantie internationale renouvelée sur l'indépendance autrichienne et pacte d'amitié italo-yougoslave, renforcé par l'engagement italien à endiguer l'activité des *oustachis* croates[24]. Mussolini y introduisit quelques modifications, sans trop d'insistance. Ce qui lui importait était d'obtenir la visite de Laval à Rome, à la place de celle que Barthou avait prévu d'y effectuer. Elle eut enfin lieu, au début de janvier 1935, dans un décorum imposant, avec une audience du Saint-Père[25]. Mais l'événement majeur, la rencontre en tête à tête au palais Farnèse, le soir du 6 janvier, n'eut ni témoin ni procès-verbal, ce qui autorisera des interprétations divergentes et contradictoires. Le but du Duce était évident : il était prêt à accorder à Paris de larges assurances sur les contentieux bilatéraux et les questions touchant l'Europe pour avoir les « mains libres » en Éthiopie. On pourra dire de Laval tout ce que l'on veut, sur la base de son triste parcours à l'heure de la collaboration. Mais peut-être avait-il compris que l'Éthiopie n'était pas un prix démesuré à payer pour maintenir Mussolini dans l'alliance antihitlérienne ? Aurait-il suffi ? C'est, bien sûr, une autre question. Un accord de principe se traduisit par un échange de lettres assez anodin le jour suivant, dont la phrase centrale stipulait que « le gouvernement français ne recherchera en Éthiopie la satisfaction d'autres intérêts que des intérêts économiques relatifs au chemin de fer de Djibouti à Addis-Abeba [...] et aux droits de ses ressortissants et

24. Mémorandum Pignatti (ambassadeur à Paris)-Leger, reproduit dans De Felice, *Mussolini il duce*, I, *Gli anni del consenso*, *op. cit.*, p. 519-520. À noter qu'on n'y mentionnait pas l'activité des émigrés antifascistes en France, sujet constant de difficultés entre les deux capitales.

25. Elle se déroula dans un climat cordial, jusqu'à ce que Laval, dans le souci d'élargir sa base électorale, s'enhardisse à demander le pardon de l'Action française, condamnée par le Saint-Office en décembre 1926. Pie XI le remit à sa place en répondant que les questions d'ordre doctrinal concernaient exclusivement l'Église. Cf. L. Noël, *Les Illusions de Stresa. L'Italie abandonnée à Hitler*, Paris, Éditions France-Empire, 1976, p. 44.

protégés ». Cette formule ambiguë autorisait toutes les interprétations. Selon ce qu'affirma Laval, elle n'impliquait que l'acceptation de fait d'une prépondérance *économique* italienne dans le pays africain ; l'interprétation italienne fut celle d'un blanc-seing à une pénétration *politique* et à une éventuelle expédition militaire. Mussolini aurait mentionné explicitement cette éventualité ; Laval se serait limité à un clin d'œil, haussant les épaules en signe d'acquiescement. L'ambassadeur Noël, qui accompagnait ce dernier, ajoute : « Au moment de l'échange des signatures, il dit à Mussolini – lui-même me l'a raconté : "Vous avez les mains libres pour une pénétration économique mais n'en abusez pas ! Modérez ces mains qui sont fortes."[26] » Cependant, la duplicité du « Bougnaparte », même avec ses collaborateurs, n'avait rien à envier à celle de son interlocuteur[27].

Le Duce, satisfait dans l'immédiat, sera dépité dans les mois suivants par la froideur du Quai d'Orsay, qui essaie de limiter la portée des engagements pris et considère que l'ambassadeur à Rome, Charles de Chambrun, subit le charme du dictateur italien, comme son prédécesseur, Jouvenel[28]. Le ton monte des deux côtés. Mussolini suspend l'accord avec la Yougoslavie, reprend ostensiblement dans la presse les appels en faveur des revendications allemandes, lance une nouvelle salve d'invectives contre la Petite Entente. Le climat est tendu mais le Duce envisage une nouvelle percée diplomatique, après le pacte à Quatre, mort-né. Hitler vient de refuser la proposition britannique d'un « Locarno de l'air », afin de favoriser le développement unilatéral de la Luftwaffe de Goering. La dérobade du Führer remet l'Italie au centre du débat. De surcroît, Hitler bafoue coup sur coup deux autres obligations du traité de Versailles, avec le plébiscite de la Sarre, le 13 janvier 1935, et le rétablissement du service militaire obligatoire, le 16 mars. Mussolini convoque alors à Stresa, sur le lac Majeur, du

26. Noël, *Les Illusions de Stresa*, *op. cit.*, p. 88.

27. Le discrédit qui entoure encore le Laval de la collaboration a fait oublier qu'il fut au milieu des années 1930, après Barthou, l'homme politique français qui s'activa le plus pour arrimer l'Italie mussolinienne et l'URSS de Staline à une alliance antihitlérienne. Sa vision de la politique étrangère fut alors plus lucide que celle des autres dirigeants de la Troisième République, y compris Blum, Daladier et Reynaud. Voir sa monumentale biographie par R. Meltz, *Pierre Laval. Un mystère français*, Paris, Perrin, 2018.

28. Leger souhaitait d'ailleurs le rappeler à Paris. Mais le mariage de René de Chambrun, neveu préféré de Charles, avec Josée Laval rendait la chose peu opportune. Il le fera en 1936, quand Laval aura quitté les affaires.

11 au 14 avril, une conférence réunissant les trois chefs de gouvernement (lui-même, MacDonald et Flandin), assistés de leurs ministres des Affaires étrangères (pour la France, Laval surveillé par Leger). En principe, sa position est forte : Français et Britanniques sont prêts, en échange d'une ferme mise en garde tripartite à l'Allemagne, à y inclure la clause de l'indépendance autrichienne, qui constitue un intérêt vital pour l'Italie. Or, ce n'est pas l'Autriche, mais l'Éthiopie, qui domine déjà les pensées de l'hôte : immense erreur ! Pendant les sept séances, « où le Duce me frappa par la lucidité de son esprit, la clarté de ses vues, la maîtrise de soi[29] », il rôde inlassablement autour du problème, sous le regard complice de Laval, dans le mutisme bougon des Anglais. À la fin des travaux, il obtient apparemment gain de cause. La déclaration, sans prévoir de gages formels, exprime l'opposition des trois puissances à « toute répudiation unilatérale des traités susceptible de mettre en danger la paix *en Europe* ». Les deux derniers termes, introduits à la demande de Mussolini, impliquent que hors des frontières du continent, donc vers l'Éthiopie, l'Italie s'estime autorisée à poursuivre sa propre politique. Laval sourit, MacDonald ajoute : « Oui, je connais vos vues… » Le Duce rehaussera cette mention au Sénat, quelques semaines plus tard, en déclarant qu'il n'accepterait pas d'être immobilisé au Brenner et empêché de se diriger « vers un autre point du globe[30] ».

Mussolini sortira de la conférence, convaincu d'avoir obtenu au moins l'assentiment de la Grande-Bretagne à l'expansion italienne en Éthiopie, après celui que Chamberlain lui avait déjà vaguement accordé en décembre 1925[31]. Reste la France. Le retour de Laval à la tête d'un gouvernement dans lequel il garde le portefeuille des Affaires étrangères, le 7 juin 1935, pousse le Duce à exiger une confirmation des accords de Rome. Mais l'Auvergnat, cette fois, tergiverse. Les échanges de lettres entre eux, de décembre 1935 à février 1936, ne précisent rien, et Laval, pressé par une Chambre en tumulte, se défend d'être allé au-delà de concessions exclusivement économiques. Chacun reste donc sur ses positions. Mussolini, croyant ou feignant de croire au « clin d'œil » des rencontres de Rome et de Stresa, donne le feu vert à une convention

29. Noël, *Les Illusions de Stresa*, *op. cit.*, p. 63.
30. *Ibid.*, p. 79.
31. Lagardelle, *Mission à Rome*, *op. cit.*, p. 132.

militaire entre les états-majors des deux pays, qui ne sera dénoncée qu'en décembre 1938. S'il n'a pas encore décidé à quel moment intervenir en Éthiopie, il semble considérer que la France – comme l'Angleterre – le laissera tacitement accomplir son grand dessein.

En définitive, Stresa et ses suites n'auront abouti qu'à un « faux-semblant » (Noël) dans lequel tous les participants gardent une part de responsabilité. Mussolini avait révélé à demi-mot que l'entreprise coloniale comptait à ses yeux davantage que la constitution d'un front antihitlérien ; ou, mieux, qu'elle en constituait la condition préalable. Au lendemain de la conférence, il fera d'ailleurs savoir à un Hitler assombri par les nouvelles provenant de Stresa qu'un rapprochement italo-allemand reste dans ses vœux[32]. Mais l'inverse vaut pour les Français et les Anglais, réfractaires à comprendre à quel point la conquête de l'Éthiopie constituait désormais la priorité principale du Duce : et ce non seulement en politique étrangère, mais pour renforcer sa dictature césarienne à l'intérieur. À cet objectif il était prêt à sacrifier dans l'immédiat les bons rapports avec Paris et Londres, sans d'ailleurs prévoir qu'ils seraient durablement compromis. Il est peut-être excessif de définir Stresa comme une grande occasion manquée, car la base d'une entente réelle entre les trois puissances restait trop faible et mouvante. Le Royaume-Uni sera le premier à torpiller l'esprit de cet accord[33] – et les dispositions restantes du traité de Versailles, ainsi que du pacte de Locarno – en concluant, le 18 juin 1935, sans consulter préalablement ni Paris ni Rome, le traité naval anglo-germanique qui autorisait l'Allemagne à construire une flotte de guerre au tonnage correspondant à trente-cinq pour cent de celui de la Royal Navy (quarante-cinq pour cent pour les sous-marins, dont on sait le rôle meurtrier qu'ils joueront dans l'Atlantique) : une concession supérieure à celle que Londres avait été disposée à accorder à la Kaiserliche Marine en 1914, et qui avait représenté une des causes de la Grande Guerre ! Comme toutes les fois où elle s'est montrée divisée, et partant inexistante, l'Europe s'apprêtait à céder aux dictateurs.

32. De Felice, *Mussolini il duce*, I, *Gli anni del consenso*, *op. cit.*, p. 665-666.

33. Soutou, *L'Europe de 1815 à nos jours*, *op. cit.*, p. 228. Le ministre anglais Sir Samuel Hoare essaie d'en fournir une justification policée mais peu convaincante dans ses Mémoires : Viscount Templewood, *Nine Troubled Years*, Londres, Collins, 1954, p. 135-148. La politique d'apaisement de Neville Chamberlain en fut une conséquence mais n'en fut pas responsable.

6

« *Faccetta nera,* belle Abyssine... »

Il est difficile de connaître le moment exact où Mussolini a envisagé la conquête de l'Éthiopie. Il s'agit vraisemblablement d'une décision mûrie par étapes successives, en tenant compte des dérapages et des hésitations de ses adversaires. Il pensait à l'expansion coloniale depuis le début, pour mettre fin à l'émigration italienne en Europe et aux Amériques, qu'il ressentait comme une mortification nationale : il avait été témoin en Suisse de la situation dégradante des immigrés. Les colons italiens se tailleraient en Afrique une place bien plus gratifiante. Cependant, même quand il martèle le pays de slogans contre les anciens alliés qui, à la conférence de la paix, ont exclu l'Italie de la répartition des colonies allemandes et ottomanes[1], le Duce n'est pas sincère. Sa vision, comme d'ailleurs celle de Hitler, est beaucoup plus impérialiste que colonialiste. Ce n'étaient pas les « richesses » africaines qui l'attiraient vraiment, mais l'acquisition de nouveaux et vastes territoires, constituant une base nécessaire pour renforcer la puissance de l'Italie à cheval sur deux continents[2].

Pendant dix ans, de 1923 à 1932, son souci avait été de perfectionner l'occupation de la Libye en reliant la Tripolitaine à la Cyrénaïque[3]. Les premières esquisses d'une stratégie offensive datent de la fin de 1925, après les assurances calfeutrées qu'il obtint, ou cru obtenir, de Chamberlain. Mais l'idée l'habitait depuis plus longtemps. Il est plus aisé de comprendre pourquoi son choix s'est porté sur le seul État

1. Ce qui n'était pas (tout à fait) vrai.
2. Où revient peut-être le lointain enseignement de Pareto à Lausanne (voir la première partie).
3. Ostenc, *Mussolini, op. cit.*, p. 125.

indépendant d'Afrique, empire millénaire dont l'origine se perd dans la mythologie, à la christianisation fervente, au point de décerner à son souverain, le *negus neghesti*, les titres de « Lion conquérant de la tribu de Judah », « Lumière du monde qui triomphe des ténèbres », « Élu de notre seul Dieu-Tout-Puissant ». Or, justement, cette indépendance rassurait le Duce : il ne risquait pas de concurrencer d'autres puissances européennes. Ce premier point implique que Mussolini ne s'attendait pas à une réaction aussi ferme de Londres et de Paris, qu'il vécut comme un acte délibéré d'hostilité et un affront à sa personne. Suivent d'autres perspectives d'ordre géostratégique : une Éthiopie « italienne » se trouverait au centre d'un vaste empire dans la Corne de l'Afrique, allant des possessions de l'Érythrée, au nord, à la Somalie, au sud-est, jusqu'à la Libye, par un couloir traversant le Soudan. Il en résulterait une « masse » considérable de territoires et de populations, permettant au régime fasciste de s'ériger en puissance africaine. Viennent enfin les considérations de prestige : car c'est en Éthiopie, à la bataille d'Adoua du 1er mars 1896, que les troupes du négus Ménélik avaient mis fin à la première tentative de pénétration italienne. Cet événement avait fortement ébranlé le cadre de l'*Italietta*, la « petite » Italie préfasciste. Il s'agissait désormais de montrer à son peuple et au monde que César triompherait du Lion de Judah : l'effet sur la popularité du régime, et sur la sienne en particulier, serait immense. Quant aux aspects économiques, ils restaient comme toujours secondaires dans la vision d'un Mussolini convaincu que « l'intendance suivrait ». Le conflit coûtera d'ailleurs à l'Italie plus que l'empire mort-né – qui prendra fin avec l'arrivée des troupes britanniques en mai 1941 – ne lui rapportera.

Le Saint-Siège ne représentait plus une opposition incontournable, surtout après le concordat. Certes, l'Éthiopie revendiquait son origine chrétienne depuis les rois Salomon et David, et les successeurs de Ménélik jusqu'au négus alors en titre, Hailé Sélassié, se proclamaient chrétiens de rite oriental, religion d'État depuis le début du XVIIe siècle. Cependant, le pays, malgré l'effort de modernisation accompli, n'avait pas aboli la pratique de l'esclavage, de la lapidation et, dans certaines régions, de l'infibulation et de la polygamie, incompatibles avec la doctrine de la foi. Tout cela permettrait de présenter l'aventure comme une mission civilisatrice de la nouvelle Rome. L'attitude de neutralité officielle que le Saint-Siège maintiendra tout au long du conflit dissimulait à peine une position largement favorable à l'agresseur. C'est surtout en France que les intellectuels se déchaîneront, à coups de manifestes pour ou contre l'intervention italienne[4]. Toutefois, la mobilisation pour la défense de l'Occident chrétien, qu'escomptait Mussolini, ne se manifestera que chez des prédicateurs zélotes. Pour le climat de croisade contre l'Antéchrist, il faudrait attendre la guerre d'Espagne.

La décision de procéder à une intervention militaire est arrêtée le 30 décembre 1934, quelques jours après l'incident de Welwel, dans le territoire de l'Ogaden, à la frontière somalienne, où les troupes italiennes et éthiopiennes (en fait, des milices irrégulières) s'étaient affrontées dans une escarmouche qui fit une centaine de morts. Le Duce envoie alors un plan d'action très détaillé au chef d'état-major, le maréchal Badoglio, où figurent deux options : guerre *limitée* ou guerre *totale*, mais c'est vers la seconde qu'il penche déjà[5]. Les dates sont importantes : elles prouvent que le Duce, contrairement à l'interprétation plus flexible fournie par d'autres témoins, comme les Français Lagardelle et Noël, qui ne pouvaient connaître ce document secret, avait prévu d'agir au moment opportun, avant même les entretiens de Rome avec Laval et les résultats de l'entrevue de Stresa. Une amélioration du climat en Europe était encore considérée comme une « condition essentielle mais non préjudiciable de notre action ». En d'autres termes, si les démocraties occidentales se pliaient à cette décision en contrepartie de sa participation au front antihitlérien, tant mieux ; sinon, il les prendrait de court, dans la conviction qu'elles se limiteraient à des protestations de principe. Le début de l'intervention militaire, *« more nipponico*[6] *»*, c'est-à-dire sans déclaration de guerre – s'agissant formellement d'« opérations purement défensives » –, était prévu pour l'automne 1935. L'incident de Welwel pouvait suffire comme *casus belli*.

4. Max Gallo en avait publié un florilège dans son livre *L'Affaire d'Éthiopie. Aux origines de la guerre mondiale*, Paris, Éditions du Centurion, 1967, un des rares ouvrages consacrés en France à ce sujet.

5. Cf. De Felice, *Mussolini il duce*, I, *Gli anni del consenso*, *op. cit.*, p. 606 et suivantes.

6. La référence concernait l'invasion japonaise de la Mandchourie, débutée en septembre 1931, qui avait beaucoup impressionné le Duce. Son admiration pour le militarisme japonais s'y trouva confirmée.

Mis à part les dates, ce document est révélateur à deux points de vue. D'une part, Mussolini ne s'embarrasse d'aucun scrupule humanitaire ni de droit international, en ayant notamment recours aux gaz asphyxiants, dont l'utilisation délétère sur les fronts de la Grande Guerre avait conduit, en 1925, lors de la troisième convention de Genève, au bannissement des armes chimiques. Il doit vaincre à n'importe quel prix, et comme Badoglio exige encore plusieurs mois pour la préparation des troupes, il veut bien s'accorder une dernière pause diplomatique, mais rien de plus. D'autre part, il ne semble pas concevoir que des empires coloniaux comme la France et le Royaume-Uni, auxquels on peut ajouter l'Espagne, qui ont réprimé avec une extrême rigueur les révoltes coloniales des années 1920-1930, puissent lui faire grief d'utiliser des méthodes aussi radicales. La suite lui prouva rapidement qu'il avait tort. Le négus demanda à la Société des Nations un arbitrage sur l'incident de Welwel, aux termes de l'accord italo-éthiopien de 1928. La requête fut appuyée par le jurisconsulte français qui représentait l'Éthiopie. Mussolini en fut d'autant plus ulcéré que, lors de consultations militaires bilatérales, l'Italie venait de s'engager à envoyer en France neuf divisions et de l'aviation en cas d'agression allemande sur le Rhin[7]. Le Foreign Office britannique se rangea encore plus ouvertement du côté d'Addis-Abeba, en contre-tendance avec les accords Mussolini-Chamberlain de 1925. Une dernière médiation, confiée à un comité des Cinq (Angleterre, France, Espagne, Pologne, Turquie), prévoyait de placer *de facto* l'Éthiopie sous la tutelle de la SDN, ce qui était juridiquement un non-sens, vu qu'elle y avait été admise en 1923 comme membre à part entière. Après cet échec, Mussolini jugea le moment venu d'agir. Le négus lui en offrit le prétexte formel en mobilisant son armée le 28 septembre 1935. La guerre sera déclenchée dans la nuit du 2 au 3 octobre, dans les temps prévus par le plan d'action du 30 décembre 1934.

Badoglio, qui avait « pacifié » la Cyrénaïque quelques années plus tôt, s'esquiva, prétextant qu'un chef d'état-major et « cousin du roi » (en tant que chevalier de la très sainte Annonciade) serait déplacé à la tête d'une expédition coloniale. Cet homme rusé et désabusé, recordman italien pouvant aspirer au titre de champion du monde

7. Cf. Duroselle, *Politique extérieure de la France. La décadence, 1932-1939*, *op. cit.*, p. 130-138, qui conclut : « On peut dire qu'alors est atteint le sommet du rapprochement franco-italien. »

dans l'art de profiter des erreurs d'autrui en minimisant les siennes[8], n'était pas convaincu du succès de l'entreprise et inclinait à croire que les puissances interviendraient pour la stopper. Victor-Emmanuel et les militaires partageaient son scepticisme. Le maréchal avait essayé de reporter les opérations d'au moins un an, à l'automne 1936, en espérant que d'ici là la situation internationale conduirait Mussolini à changer d'avis. Le commandement des troupes fut donc confié au général Emilio De Bono. Le Duce n'ignorait pas que ce militaire débonnaire à la soyeuse barbe blanche, déjà âgé pour l'époque – il était né en 1866[9] –, était d'une médiocrité universellement reconnue. Mais il lui avait manifesté son dévouement, comme quadrumvir de la marche sur Rome et surtout comme très obligeant chef de la police lors de l'affaire Matteotti. De surcroît, De Bono, bien vu dans les milieux de la Cour, pouvait représenter la soudure entre le régime et la dynastie, au moment de la première grande épreuve de force de l'Italie fasciste.

Pour des raisons évidentes, Mussolini tenait beaucoup à ce que des formations « volontaires » de Chemises noires, encadrées par les troupes régulières mais avec une structure parallèle de commandement, pussent se distinguer dans le conflit. Farinacci, dont on ne peut nier alors la lucidité, le mit en garde sur les limites de cet apport et la nécessité de regrouper les forces. Mais comme l'ambition de l'éternel numéro deux était clairement de prendre la tête du corps expéditionnaire, le Duce préféra laisser tomber la suggestion. Le résultat sera que les milices fascistes ne joueront qu'un rôle secondaire, à côté de l'armée de métier mieux équipée et entraînée. Leur « grand moment », très gonflé par la propagande, fut la marche sur Gondar, au centre du pays, et l'occupation du lac Tana par la colonne du secrétaire du PNF, Starace. Sans compter l'engagement du sexagénaire Marinetti à la tête du bataillon futuriste « 28 octobre » (1922), qui anticipe sa participation, encore plus pathétique, à la campagne de Russie, quelques années plus tard, d'où il reviendra à l'article de la mort.

8. Comme il l'avait prouvé après le désastre de Caporetto en 1917 – lorsqu'il était arrivé à passer entre les gouttes lors des investigations de la commission d'enquête – et le prouvera encore en 1940 puis dans la crise de juillet-septembre 1943, ainsi que nous le verrons par la suite.

9. Ce qui lui vaudra la discutable distinction d'être le plus vieux condamné à mort de l'histoire italienne, lorsqu'il sera fusillé le 11 janvier 1944, à près de quatre-vingts ans, avec Ciano et les accusés du procès de Vérone. Il mourut dignement, comme les autres.

Mussolini arriva ainsi à balayer les dernières hésitations du souverain. Mais il savait qu'il risquait tout dans cette aventure et que son renvoi aurait été certain en cas de défaite. Que se serait-il passé alors ? Un coup d'État antimonarchique ? Aucun des *ras* du parti encore influents, ni Balbo à droite, ni même Farinacci à gauche, ne l'auraient probablement suivi dans cette dérive bonapartiste. Les Chemises noires, comme à la veille de la marche sur Rome, auraient difficilement pu tenir tête à l'armée. Nous revenons ainsi à la raison pour laquelle Mussolini joue toute sa carrière, en 1935 – comme il l'avait fait en 1922 et le refera en 1940 –, sur une victoire qui doit cimenter l'État éthique : la dictature aux pieds d'argile, dont il est à la fois le centre et la faiblesse.

L'enjeu explique pourquoi ce dictateur si peu sanguinaire et si peu convaincu que les Éthiopiens constituent une race « inférieure » – le thème racial n'interviendra qu'ultérieurement dans sa vision – est prêt à conduire une véritable guerre d'extermination afin d'obtenir gain de cause[10]. Tous les hiérarques et les ministres ayant reçu un minimum d'instruction militaire seront dépêchés au front, dont les deux fils aînés du Duce, Vittorio et Bruno, et son gendre Ciano[11]. Ils choisissent pour la plupart l'aviation car l'ennemi, hormis quelques formations de mercenaires anglo-saxons, n'en dispose pas. Bombarder et raser des villages et des colonnes de paysans en fuite avec leur bétail, à la *Apocalypse Now*, n'a rien de bien dangereux (ni de bien honorable). Mais les Éthiopiens sont des combattants aguerris, et les affronter de près ou tomber entre leurs mains n'a rien d'une réjouissance. Entre-temps, la guerre se déroule sans résultat appréciable, au risque de s'enliser. Adoua, ville-symbole de la déroute de 1896, a été « libérée », mais on est loin du *Blitzkrieg* fasciste qu'appelait

10. Cependant, l'idée de « génocide racial » et de « nettoyage ethnique » exprimée par Milza, *Mussolini* (*op. cit.*, p. 671-673), partagée par une vaste littérature, nous paraît excessive en ce sens que l'intervention ne découlait pas d'une motivation idéologique ou biologique. Mis à part le fait que toutes les guerres coloniales avaient connu (et connaîtront encore par la suite) des horreurs comparables, le Duce n'était pas animé par la haine (il avait appuyé en 1928 la nomination du négus au rang de chevalier de la très sainte Annonciade), mais par le froid calcul de donner à l'Italie *son* empire. Cela ne l'exonère évidemment pas de ses graves responsabilités, mais les replace dans leur contexte.

11. Observons qu'en revanche aucun des hauts dirigeants nazis – de Goebbels à Hess, de Heydrich à Bormann, y compris Goering, qui avait été un as de l'aviation dans la Grande Guerre – ne participera à la moindre action militaire dans le nouveau conflit.

de ses vœux Mussolini. Ignorant les avertissements des africanistes compétents, on n'a par ailleurs anticipé ni la vaillance de l'adversaire ni sa maîtrise du terrain. Ces tribus dites « barbares » sont prêtes à mourir pour leur patrie et leur Dieu, qui est le même que celui de l'assaillant.

La tentative de mettre le monde – et surtout Londres et Paris – devant le fait accompli échoue jour après jour. À Genève, le climat est tendu à l'extrême : la Société des Nations n'a encore jamais rien connu de tel. Dans sa courte histoire, elle a su résoudre des conflits mineurs ; mais jamais un d'une pareille ampleur, plaçant un membre fondateur à la tribune des accusés. Il est impossible de résumer ici cette complexe confrontation diplomatique[12]. Limitons-nous à dire que la préoccupation essentielle de Mussolini devient alors de ne pas couper les ponts avec le Royaume-Uni. Selon l'article 16 de son statut, la SDN, le 7 octobre 1935, condamne l'Italie comme État agresseur avec une majorité écrasante : cinquante-deux membres votent en ce sens ; seules l'Autriche, l'Albanie et la Hongrie se dissocient. Pour éviter l'application des sanctions économiques, qui suivront inévitablement cette condamnation, Mussolini se déclare disposé à transformer la conquête de l'Éthiopie (qui n'a pas encore eu lieu) en mandat, assurant à l'Italie l'occupation des zones frontalières et le contrôle du noyau central du pays. Paris et une partie du cabinet britannique se montrent d'abord plutôt ouverts à cette solution. Un plan conçu en décembre 1935 par Laval et le ministre britannique des Affaires étrangères, Sir Samuel Hoare, sera torpillé par le successeur de celui-ci, le jeune « faucon » Anthony Eden[13]. Même durcissement de la part du Quai d'Orsay, où les rapports entre Laval et Leger sont alors au plus bas. C'est un autre échec, auquel le Duce ne s'attendait pas. Cependant, les sanctions, entrées en vigueur le 18 novembre, ne seront pas appliquées avec une égale fermeté par tous les signataires, notamment par les États d'Amérique du Sud, la Roumanie, la Turquie et l'URSS. Les pays non sociétaires – Brésil, États-Unis, Japon et

12. Le lecteur français peut en suivre la progression dans le *Journal* cité de l'ambassadeur Aloisi, document non destiné à la publication, foncièrement objectif.

13. Hoare ne cachera pas son amertume pour l'intransigeance d'Eden en raison des conséquences que l'affaire d'Éthiopie aura sur le rapprochement entre Mussolini et Hitler. Voir ses Mémoires : Viscount Templewood, *Nine Troubled Years*, *op. cit.*, p. 156 et suivantes.

Allemagne[14] – garantiront leurs échanges avec l'Italie. Le cas allemand est particulièrement significatif parce qu'il montre que Hitler a déjà tablé sur la reconnaissance de Mussolini[15]. La Belgique, la Bulgarie, la Chine, la Grèce, la Pologne acheminent leurs produits par des voies intermédiaires, souvent par le truchement financier de la City de Londres, selon l'éternel principe *pecunia non olet.* Même le pro-« genevois » président tchèque, Beneš, dira à l'ambassadeur d'Italie avec un clin d'œil appuyé : « Il est évident que le gouvernement ne peut pas tout contrôler… » En définitive, l'impact des sanctions sera moins lourd que prévu. Néanmoins, politique toujours, Mussolini en profite pour relancer et renforcer la campagne antisociétaire et antioccidentale dans l'opinion publique[16]. Il exalte l'« autarcie » et l'autosuffisance économique, et couvre la péninsule de proclamations contre les « sanctions infâmes », sculptées ou placardées sur le fronton des mairies, les permanences du parti et les édifices publics. Là encore, Castro et, de nos jours, le président vénézuélien Maduro suivront cet exemple.

Il sait cependant que si Washington cède aux pressions britanniques en instituant un embargo sur le charbon et le pétrole, toute sa stratégie s'effondrera : sans essence pour les troupes, il devra piteusement faire marche arrière à Genève et, sans doute, plier bagage à Rome. Le 17 décembre, De Bono est limogé avec tous les honneurs – il sera nommé maréchal et chevalier de la très sainte Annonciade –, pour sauver la face de l'intéressé et de… celui qui l'a voulu à ce poste[17]. Badoglio est finalement convaincu de le remplacer par le roi qui, à ce stade, risque également de subir les conséquences d'un désastre africain. La situation ne changera pas du jour au lendemain, mais s'améliorera progressivement. Badoglio, qui n'est ni Wellington ni

---

14. Rappelons que ces deux derniers ont quitté la SDN, respectivement en mars et en octobre 1933.

15. Cf. G. Mann, *Deutsche Geschichte 1919-1945*, Francfort, Fischer, 1961, p. 153.

16. Salvatorelli-Mira, *Storia d'Italia nel periodo fascista*, *op. cit.*, p. 862-864.

17. De Bono se défendra en affirmant avoir suivi les directives d'attaque de Mussolini qu'il ne partageait pas. Les rapports entre les deux hommes s'envenimèrent. Il est probable que cela influa sur le vote du général contre le Duce, dans la nuit du Grand Conseil. Il est moins évident que ce ressentiment ait joué dans la décision de Mussolini de ne pas lui concéder, après le procès de Vérone, une grâce à laquelle les durs du parti étaient indifférents, le militaire très âgé n'étant qu'un figurant à leurs yeux. Mais comment pouvait-il gracier De Bono et non Ciano ? Il préféra s'en laver les mains.

Foch (et le sait, un bon point pour lui), démarre en professionnel expérimenté une campagne méthodique, évitant de rencontrer l'ennemi là où il n'est pas sûr de pouvoir l'écraser. Son détesté adjoint, Rodolfo Graziani, avance fougueusement depuis la Somalie, en inaugurant la tactique de la terre brûlée, avec l'emploi indiscriminé des gaz et de projectiles explosifs. L'agresseur est dénoncé à Genève pour crimes contre l'humanité. Les délégués italiens nieront l'évidence et présenteront à leur tour une série de rapports sur les tortures et les mutilations pratiquées par l'ennemi. Les Éthiopiens répondront qu'il s'agit de trucages. L'étaient-ils vraiment ? Les *fake news* n'ont pas été inventées de nos jours.

Hailé Sélassié recevait des armes et des munitions, généreusement payées, de fournisseurs suisses, néerlandais, américains et surtout français. Comme Mussolini s'était engagé lors des accords de Rome à respecter les intérêts de Paris sur le chemin de fer Djibouti-Addis-Abeba, et s'y astreignit rigoureusement, Laval fit en sorte de retarder ces approvisionnements. La chute de l'Auvergnat et son remplacement par un gouvernement Sarraut-Flandin, en janvier 1936, suscita de vives inquiétudes au palais de Venise. Le nouveau cabinet français se limita à relancer l'offre de négociations de paix qui furent immédiatement acceptées par le négus et, après quelques hésitations, par Rome. Les troupes italiennes étaient enfin passées à l'offensive sur tous les fronts et Mussolini ne voulait pas compromettre sa part de butin, mais il devait manifester sa bonne volonté.

Sur ces entrefaites, le 7 mars 1936, Hitler procède à la remilitarisation de la Rhénanie. La SDN, si active dans le conflit éthiopien, ne réagit pas. Le Duce, qui n'en avait pas été préalablement informé, saute immédiatement sur l'occasion de mettre en difficulté Paris et Londres. Cynisme de sa part, certes : mais était-ce lui qui le premier avait sabordé l'éphémère front de Stresa ? La tenaille diplomatique autour du cas éthiopien se décrispe au moment où Badoglio, qui livre les batailles décisives – à Maychew, dans la région du Tigré, fin mars, puis sur le lac Ashanghi, début d'avril –, met en déroute les restes de l'armée éthiopienne. Sa position renforcée sur le terrain, mais voulant éviter une extension des sanctions, Mussolini formule un dernier projet de paix, qui consiste en un démembrement de l'Éthiopie, selon un plan anticipant curieusement la crise tchécoslovaque, deux ans plus tard : les principales régions frontalières seront rattachées à l'Érythrée et à la Somalie ; ne restera d'autonome qu'un royaume croupion de la Choa, démilitarisé et sous contrôle italien. Ce Munich africain avait-il une chance d'aboutir ? Il y a peu de doutes qu'en cas d'acceptation franco-anglaise, le Duce se serait rapidement employé à noyauter ce reste d'indépendance pour en provoquer l'annexion définitive. Là encore, face aux Français qui hésitent, l'intraitable Eden annonce le 6 avril à la Chambre des communes que le gouvernement de Sa Majesté va demander à la SDN l'extension des sanctions. Cependant, Édouard VIII, qui ne cache pas ses sympathies pour le fascisme, accordera une audience, le 29 avril, à Grandi, ambassadeur à Londres, pour l'assurer de la modération britannique. La situation militaire évolue définitivement en faveur de l'agresseur : après le départ d'Hailé Sélassié, qui embarque le 1er mai à Djibouti sur un navire de guerre anglais, l'anarchie s'installe sur les arrières du front, où des bandes de pilleurs et de soldats en désordre menacent les biens des ressortissants étrangers. L'occupation italienne est alors vue par l'opinion publique occidentale comme le moindre mal. Lorsque Badoglio entre le 5 mai 1936 à Addis-Abeba, Mussolini déclare à la foule massée sous le balcon du palais de Venise que « la guerre est finie et la paix rétablie ». C'est le message que son pays, naturellement peu belliqueux, désire entendre, et il reçoit un accueil triomphal. Le Duce attendra encore quatre jours pour proclamer que « l'Italie a enfin son empire ». Dans l'intervalle, il redouble les messages adressés aux capitales et à la presse internationale, assurant que l'Italie victorieuse « ne provoquera jamais une guerre en Europe[18] ». Il s'exprime de la même façon conciliante avec des interlocuteurs français comme le publiciste Bertrand de Jouvenel, l'ancien ministre radical-socialiste Louis Malvy et le général de Castelnau. Mais la débilité des démocraties occidentales – fortes avec l'Italie, faibles avec Hitler – est déjà évidente à ses yeux et renforce son ire à leur encontre. Le 12 mai, un dernier et digne appel d'Hailé Sélassié à la tribune de la SDN, interrompu plusieurs fois par les huées des journalistes italiens massés dans la tribune, est accueilli par l'embarras des délégués. Mussolini a remporté le match : en tout cas la première mi-temps.

Il est incontestable – comment aurait-il pu en être autrement ? – que la conquête de l'Éthiopie représenta le zénith du consensus populaire

18. De Felice, *Mussolini il duce*, I, *Gli anni del consenso*, *op. cit.*, p. 743 et suivantes.

autour du régime et de son chef victorieux. L'homme avait remporté, après la marche sur Rome, le pari le plus dramatique de sa carrière ; et, cette fois, il l'avait remporté seul, contre vents et marées. Même des opposants le reconnurent, et quelques-uns d'entre eux se convertirent alors au régime. L'organisation clandestine du parti communiste, qui restait la plus active de la péninsule, en fut déroutée au point de se demander s'il ne fallait pas changer radicalement de tactique. Les appels à la réconciliation des Italiens, « fascistes et antifascistes », se multiplièrent dans la presse de l'émigration. On se disait que, comme Napoléon III dans la seconde phase de l'Empire, Mussolini pouvait opter pour une libéralisation, ou du moins une atténuation de la dictature[19]. Cette interprétation semble à la fois généreuse et irréaliste. Les tyrans prennent rarement leur retraite et ils détestent la quiétude de l'embourgeoisement. Leur force – et bien entendu leur limite – est de ne pas croire à la reconnaissance de leurs sujets. Lorsque le 4 juillet 1936 l'Assemblée de la SDN approuve la révocation des sanctions à une majorité écrasante, le triomphe du Duce est internationalement acquis. Il eut néanmoins l'intelligence politique de partager la victoire avec ses coéquipiers. Victor-Emmanuel devint empereur, Badoglio vice-roi d'Éthiopie et duc d'Addis-Abeba – et ainsi de suite pour tous les autres, dans un déluge de prébendes et de décorations. Badoglio, repu, quittera son poste au bout d'un mois et repartira en Italie en emportant le trône du négus[20]. Sa place sera prise par Graziani, promu marquis de Neghelli, qui s'illustrera par une implacable campagne de représailles contre la guérilla locale. Bottai, qui avait participé au conflit comme major d'infanterie, sera nommé gouverneur d'Addis-Abeba, pour lier symboliquement cette fonction à celle de gouverneur de Rome qu'il détenait toujours. Quant au Duce, il refusa à dessein le titre de prince. Selon sa femme, il aurait répondu au souverain : « Majesté, je ne souhaite que porter mon nom, qui est celui de générations de paysans et dont je suis fier[21]. » Beau geste, en apparence, mais ce titre l'aurait

19. Salvatorelli-Mira, *Storia d'Italia nel periodo fascista*, *op. cit.*, p. 885-887.

20. L'anecdote selon laquelle le trône (« un modeste fauteuil ») serait devenu la niche de son chien favori m'a été confirmée par le petit-fils du maréchal. Celui-ci conteste néanmoins – ayant résidé enfant dans cette demeure – que Badoglio y ait également entreposé des œuvres d'art et des bijoux provenant du Trésor éthiopien.

21. Dès le 29 juillet 1935, il avait fait apposer à l'entrée de la maison familiale la plaque suivante : « Dans ce domaine vécurent et travaillèrent de 1600 à 1900 les générations paysannes des Mussolini et ici naquit mon père. »

chevillé à la maison de Savoie, alors qu'il souhaitait garder sa marge de manœuvre… pour l'avenir. Sa feinte modestie le conduira à procéder à un remaniement ministériel, le 11 juin 1936, au cours duquel il laissera trois des portefeuilles qu'il détenait. Il confiera les Colonies (qui deviendront le ministère de l'Afrique italienne) et les Corporations à des comparses ; mais les Affaires étrangères échoiront à son gendre Galeazzo Ciano. Il prendra toutefois sa revanche dans et par la pierre : l'Éthiopie sera parsemée de stèles, de sculptures et d'ex-voto arborant le profil du Duce, rarement celui du roi et encore moins de Badoglio.

Tout compte fait, le conflit n'avait occasionné que des pertes limitées : moins de 5 000 hommes, un peu plus dans les rangs des troupes indigènes, les ascaris[22], sur près de 400 000 soldats déployés. À titre de comparaison, la seule bataille d'Adoua, en 1896, avait fait environ 7 000 morts du côté italien, dont plus de 2 000 ascaris. La campagne avait surtout prouvé que l'Italie possédait une armée et une aviation modernes et (assez) bien commandées, quoique confrontées à des troupes très inférieures en matériel et en armement. L'obélisque d'Axoum, monument sacré datant des premiers siècles de l'ère chrétienne, fut acheminé vers Rome et érigé en face du ministère de l'Afrique italienne, actuel emplacement de l'Organisation des Nations unies pour l'alimentation et l'agriculture (FAO)[23]. Mais le coût économique du conflit et le poids des sanctions étaient effarants : mis à part l'« or à la patrie », que nous avons déjà évoqué, on avait démantelé jusqu'aux ferronneries des gares et aux grilles des jardins publics pour les faire fondre[24]. Les estimations se situent entre 30 et 40 milliards de lires, environ 1 ou 2 milliards de nos euros actuels[25],

22. Ces bataillons de soldats érythréens et libyens, équivalents des harkis de l'armée française, s'illustreront par leur dévouement et leur loyauté dans toutes les guerres africaines de l'Italie, y compris pendant la Seconde Guerre mondiale. Ils n'ont pas encore trouvé la reconnaissance historique qu'ils méritent.

23. Après de longs retards causés principalement par les remous que traversera l'Éthiopie après la chute d'Hailé Sélassié en 1974, l'obélisque, parfaitement restauré, sera restitué au début des années 2000 et installé dans son site original.

24. Ainsi, la *Circumvesuviana*, la ligne de chemin de fer autour du Vésuve, était, dans les années 1900, d'un luxe digne des meilleurs trains de la Belle Époque. En 1935-1936, les stations et les wagons furent dépouillés de leurs dorures, décorations et ameublement, qu'on remplaça par des bancs en bois et des lampes au kérosène.

25. Mais il faudrait surtout tenir compte du pouvoir d'achat. Une chanson célèbre de l'époque, *Si je pouvais avoir mille lires par mois*, exprime le vœu d'un modeste employé de pouvoir disposer de ce salaire pour fonder un foyer.

une somme qui pèse comme une massue sur le bilan de l'État et sur la dette publique, car les emprunts de guerre ne sont que du papier sans valeur. Mussolini avait parlé de l'Éthiopie comme d'une « terre promise », riche en matières premières et en ressources minières, qui faisaient cruellement défaut au conquérant[26]. C'était vrai. Mais pour mettre en valeur le sous-sol et les zones fertiles du pays, il fallait un équipement colossal, créer des infrastructures, des digues et des voies de communication, défricher des millions d'hectares, procéder à l'assainissement des terres arides.

Les Italiens répondirent à l'appel avec un enthousiasme imprévu. Il s'agissait pour l'essentiel de paysans et de maçons du Mezzogiorno ; mais l'on compta aussi des médecins, des architectes, des ingénieurs, des archéologues, des instituteurs. Les dizaines de milliers de colons qui se ruèrent sur l'Éthiopie étaient sans doute attirés par l'appât du gain, mais rapidement ils furent conquis par le pays qu'ils avaient conquis. La Libye, la Somalie italienne, l'Érythrée avaient déjà suscité cet engouement, l'Éthiopie le couronna. Il y aura, après la fin de l'Empire, pendant au moins deux générations, un « mal d'Afrique » que les Français peuvent bien comprendre. Ils construiront des routes, des ponts, des aéroports, des entreprises agricoles, des centres d'artisanat, des écoles, des hôpitaux, des bureaux de poste, des casernes, des bâtiments modernes, des égouts et des usines de traitement des déchets. Le plan d'urbanisme d'Addis-Abeba, qui est encore essentiellement celui de la capitale actuelle, et des principales autres agglomérations du pays fut élaboré entre 1936 et 1938. S'agissait-il d'exploitation ou de développement ? La question est complexe et nous ne pouvons l'affronter ici. Il suffira néanmoins d'observer qu'Hailé Sélassié, remis sur le trône par les Anglais en mai 1941, garantira le maintien dans le pays des colons qui s'y trouvaient encore (plus tard internés par les Anglais) et fera à nouveau appel à la main-d'œuvre spécialisée italienne, de préférence à la britannique, dès les années 1950.

Mussolini se réjouit de cette situation, mais au début seulement. Nous avons dit que les avantages économiques de sa conquête ne l'intéressaient finalement que pour la galerie. Il avait favorisé cet essor pour rallier les indécis à l'œuvre révolutionnaire et émancipatrice du fascisme. Dès 1934, il avait d'ailleurs été le premier chef d'une puis-

26. Ostenc, *Mussolini*, *op. cit.*, p. 191.

sance coloniale à accorder à des indigènes (libyens, en l'occurrence) la « petite citoyenneté », qui permettait notamment aux plus méritants de continuer leurs études dans les universités nationales. Cependant, la situation de l'Éthiopie restait difficile, car des poches de résistance armée, soutenues par les chefs de clan et le clergé local, se manifestaient âprement dans plusieurs régions[27]. Mais il y avait pire à ses yeux. Les rapports sur la « fraternisation » des soldats et des colons avec les jeunes femmes locales, souvent d'une exceptionnelle beauté, chrétiennes en plus, s'accumulaient sur son bureau en suscitant sa fureur. Ironiquement, la plus célèbre chanson de la guerre s'intitulait *Faccetta nera*, et composait un message, en gros, « bienveillant », dont voici le refrain : « Petite frimousse noire / Belle Abyssine / Attends dans l'espoir / Que l'heure déjà s'approche / Où nous t'apporterons / Une autre loi, un autre roi… » Cette bonhomie était utile pour gagner les esprits au message civilisateur de Rome, alors que l'aigle impérial resserrait ses griffes sur le Lion de Judah. Selon toute vraisemblance, le Mussolini « raciste » mûrit alors, indépendamment de Hitler et de la question juive. Il n'a pas conquis un empire pour que les Italiens s'abâtardissent dans la promiscuité et le métissage ! Des lois strictes sont promulguées contre les mariages mixtes et les rapports sexuels avec la population[28]. Dans les cas extrêmes, et passant outre aux directives de l'Église, il se déclare prêt à autoriser l'avortement et la stérilisation. Une ségrégation raciale rigoureuse est introduite dans les villages et les quartiers urbains : les maisons closes pour militaires et colons seront « ravitaillées » exclusivement en péripatéticiennes provenant de la métropole ; ce qui prêterait parfois à sourire, s'il ne s'agissait pas de l'annonce d'un dénouement funeste.

27. Le général d'aviation Magliocco, considéré comme l'instigateur des bombardements au gaz moutarde, sera massacré par les rebelles dans un guet-apens près de la ville de Nekemte, fin juin 1936. La répression sera effroyable.

28. Il en existe de nombreux témoignages, dont le beau roman d'Ennio Flaiano, *Un temps pour tuer* (1947), traduction française, Paris, Gallimard-Le Promeneur, 2009.

7

Vers l'Espagne

Après la conquête de l'Éthiopie, tout en étant convaincu que l'éphémère front de Stresa n'existe plus, Mussolini ne veut pas encore rompre avec Londres et Paris. Le régime est – ou paraît – enfin solidement enraciné, sa popularité personnelle, même sur le plan militaire, dépasse largement celle du *Re soldato*, le peuple surtout l'adore. Sa main prédatrice se rapproche de l'État éthique et totalitaire, couronnement de toutes ses ambitions. Mais l'année 1936, qui devrait consacrer son triomphe, lui apportera des déceptions imprévues. En mai, le Front populaire remporte en France une nette victoire aux élections législatives. Le 4 juin, Léon Blum devient le premier président du Conseil d'un pays occidental à former un gouvernement dont la majorité repose sur les voix communistes qui l'appuient de l'extérieur : même le cabinet de *Frente Popular*, dirigé par Santiago Casares Quiroga[1], qui l'a précédé en Espagne, miné, dès le début, par ses dissensions internes, n'est pas allé si loin. L'Angleterre est frappée de plein fouet par la crise dynastique qui portera en décembre à l'abdication d'Édouard VIII, provoquée par son engouement pour une divorcée américaine[2]. Mais la cause véritable, telle que nous la connaissons aujourd'hui, réside dans l'attirance que le souverain « réformateur » éprouve pour les régimes de Rome et surtout de Berlin. Lorsque le Premier ministre Baldwin, dans l'audience résolutive, lui dira sèchement : *« Sir, it's time to go »*, derrière la liaison sentimentale, qui fera pleurer

1. Père de l'actrice Maria Casarès.

2. L'idée selon laquelle Mme Wallis Simpson aurait été la maîtresse et l'espionne de l'ambassadeur du Reich en Grande-Bretagne et futur ministre des Affaires étrangères Joachim von Ribbentrop constitue une des nombreuses licences historiques de la série télévisée *The Crown*. Voir M. Bloch, *Ribbentrop*, tr. fr. Paris, Perrin-Tempus, 2011 ainsi que du même auteur, *The Duchess of Windsor*, Londres, Weidenfeld, 1996.

jusqu'à nos jours des millions d'âmes pieuses, se dessinent les ombres des faisceaux et de la croix gammée. Et pour preuve, les néoduc et duchesse de Windsor seront, en voyage de noces, les hôtes de marque du Führer[3]. Tous les collaborateurs et confidents de l'ex-roi seront immédiatement écartés de la scène. Seul Churchill réussira à prendre ses distances au dernier moment, ce qu'il néglige un peu de préciser dans ses Mémoires.

L'affaire d'Espagne n'est pas prioritaire pour Mussolini. Le souci essentiel reste la consolidation définitive de son pouvoir à l'intérieur du pays. La Couronne, l'armée, l'Église, les fascistes dissidents, les antifascistes résiduels, tous doivent comprendre que rien ne se fera plus sans lui et qu'il est désormais impossible de revenir en arrière. La sacralisation de la figure du chef devient la condition nécessaire (et antidynastique) de la pérennité de la nation[4]. Si le Duce n'est pas l'État, comme le Führer, au moins cet État nouveau n'existerait plus sans lui. Cependant, dégrisé de son triomphe africain et plus lucide qu'on l'a souvent affirmé, il comprend que les espoirs suscités dans les couches populaires par la conquête de l'Éthiopie risquent d'être contrecarrés par l'attitude toujours attentiste et opportuniste des vieilles classes dirigeantes. La campagne antibourgeoise qu'il attise alors se traduira dans les excès grotesques de l'« anticosmopolitisme » de Starace[5]. Elle vise surtout à démarquer les jeunes du patriotisme étriqué de leurs parents et enseignants d'antan. Si Napoléon avait promu des généraux de trente ans, Mussolini va s'adresser résolument à une génération qui n'a pas participé aux débuts du mouvement et à la marche sur Rome. D'ailleurs, même s'il apparaît toujours mal à l'aise sur les photos de propagande, entouré de classes d'écoliers (encore l'instituteur !)[6] ou caressant (prudemment) les nourrissons[7], il n'y aura

3. Prévoyaient-ils également de le prolonger en Italie ? Il paraît que Victor-Emmanuel, tout en gardant une certaine affection pour son « neveu David », qui jadis prince de Galles l'avait rejoint sur le front italien dans la Grande Guerre, y fut opposé.

4. Aquarone, *L'Organizzazione dello Stato totalitario*, *op. cit.*, troisième partie ; Musiedlak, *Mussolini*, *op. cit.*, p. 284-288.

5. Un exemple parmi d'autres (mais dont la décision revient à Mussolini) : l'abolition de l'arbre de Noël, symbole nordique et non méditerranéen, en 1935. L'Église applaudit.

6. Les organisations locales de « fils et filles de la Louve [romaine] » prenaient le nom, dès les classes primaires, de « martyrs de la révolution fasciste », dont il fallait apprendre par cœur les exploits.

7. L'exaltation des femmes du peuple, donnant de nombreux enfants à la patrie, est un élément de la campagne démographique contre les classes aisées, coupables de dissocier le plaisir sexuel de la fertilité.

pas d'exaltation du Duce, en version « petit père des peuples ». Le fascisme est un régime de jeunes, et jeune, éternellement, doit rester son chef. L'objectif, proche en cela de celui poursuivi à la même époque par Staline, est de préparer la « seconde ondée » révolutionnaire, une refonte des élites qui doit souder totalitarisme césarien et nation en armes. C'est la grande bataille idéologique qu'il livre alors pour façonner l'homme (et la femme) fasciste, à laquelle il se consacrera jusqu'au nouveau conflit mondial. Il la perdra avant même la déroute militaire car, pour des motivations que nous examinerons plus tard, les jeunes ne le suivront pas jusqu'au bout. Cette « révolution manquée[8] » devait ancrer le fascisme comme phénomène de longue durée dans l'histoire nationale et européenne[9]. Pour ce faire, il devait cumuler les victoires, bien au-delà de l'Éthiopie, qui n'en constituait que le point de départ.

Le rapprochement avec le Troisième Reich deviendra inévitable dans cette perspective, à partir de juin-juillet 1936[10]. Le journal de Bottai – qui est alors le seul hiérarque de la vieille garde avec lequel Mussolini maintienne des rapports de collaboration non conflictuels, et de loin le plus intellectuellement lucide – témoigne que le Duce conservait tous ses préjugés à l'égard du nazisme et de l'expansionnisme allemand ; mais il ne cachait plus son admiration jalouse pour les réalisations du Führer. En trois ans à peine, celui-ci avait obtenu ce pouvoir absolu que lui n'avait pas encore atteint en trois lustres d'inlassable activité ! Et Hitler continuait de bafouer les démocraties occidentales à tel point que la Pologne, dont la sécurité était garantie par les accords de Locarno, se tournait désormais vers l'Allemagne. La Hongrie, la Bulgarie, ainsi que la Roumanie et la Yougoslavie, membres de la Petite Entente, suivront bientôt cette dérive. Si même ces deux derniers pays, qui devaient leur positionnement d'après guerre aux traités de paix et à la Société des Nations, cherchaient désormais leurs garanties à Berlin, pourquoi Mussolini n'aurait-il pas fait de même ?

Entre-temps, la situation s'est dégradée en Espagne. L'*alzamiento nacional* des généraux putschistes, dont Franco n'est pas encore le chef

8. Titre d'un ouvrage du sociologue et théoricien corporatiste Camillo Pellizzi, paru en 1948, qui reste une des meilleures analyses de ce phénomène.

9. Même après sa mort physique ? On peut en discuter.

10. De Felice, *Mussolini il duce*, II, *Lo Stato totalitario*, Turin, Einaudi, 1981, p. 307.

reconnu, éclate le 17-18 juillet 1936. Le Duce appuie immédiatement mais secrètement les insurgés. Les avions italiens rejoignent le Maroc espagnol depuis la Sardaigne, en même temps que les escadrilles allemandes, pour y établir le pont aérien qui transportera les troupes d'Afrique sur le territoire national. Aux Baléares, les « volontaires » fascistes du squadriste Arconovaldo Bonaccorsi, *alias* « El Conde Rossi », se signalent immédiatement par leurs exactions dans les rangs des « *Dragones de la muerte* »[11]. Georges Bernanos, qui en fut témoin, en laissera un récit inoubliable dans *Les Grands Cimetières sous la lune* (1938). Cependant, Mussolini propose à Léon Blum de signer une déclaration commune de non-intervention en Espagne. Blum ne lui répondra pas, qui aurait alors affirmé : « Je ne puis oublier la mort de Matteotti[12]. » Noble propos, qui sera vite contredit par la suite. La fermeture de la frontière des Pyrénées, le 8 août, implique déjà que ni la France progressiste ni encore moins l'Angleterre conservatrice ne sont disposées à venir en aide à la République. Le Duce sait que le Front populaire suscite beaucoup de réserves dans le cabinet conservateur de Londres. La preuve viendra peu après avec la proposition par Blum d'un accord général de non-intervention auquel le Foreign Office enlève toute portée effective. Leger obtient enfin la tête de l'italophile Chambrun, qui sera laissé sans successeur au palais Farnèse jusqu'à l'arrivée de François-Poncet, deux ans plus tard[13] : grave faux pas, car il n'y aura pas, dans cette phase cruciale, de représentant attitré de la France avec lequel le Duce pût amorcer un dialogue. Or, il hésite encore sur l'attitude à tenir. L'affaire éthiopienne classée, les caisses de l'État exsangues, est-il utile de se lancer ouvertement dans un conflit qui ne menace pas directement les intérêts italiens et dans lequel il n'est pas sûr de pouvoir disposer

11. Le sinistre Bonaccorsi, adhérent du MSI néofasciste dans l'après-guerre, sera encore reçu avec tous les honneurs par Franco à Madrid à la fin des années 1950.

12. Noël, *Les Illusions de Stresa, op. cit.*, p. 104.

13. En fait, le gouvernement français nomma un nouvel ambassadeur, le comte de Saint-Quentin, directeur de l'Afrique-Levant, qui s'était signalé pour son zèle au moment des sanctions. C'était déjà une provocation. De surcroît, ses lettres de créance ne comportaient pas la diction « S.M. le roi d'Italie, *empereur d'Éthiopie* ». L'agrément fut donc refusé par Rome, ce qui était prévisible et peut-être voulu. La sagesse diplomatique aurait suggéré de contourner le problème en prolongeant la mission de Chambrun. C'est ce que firent les Anglais avec leur envoyé, lord Perth, qui restera à Rome d'octobre 1933 à avril 1939.

du fameux « poids déterminant » ? Plusieurs hiérarques le lui déconseillent, comme Grandi et même le jusqu'au-boutiste Farinacci.

Le premier choix du Duce avait été le marquis José Antonio Primo de Rivera, grand d'Espagne, son ami et disciple, chef de la formation profasciste de la *Falanje Española*. Mais celui-ci était tombé immédiatement aux mains des républicains. Mussolini multiplia les tentatives pour le sauver[14] : certains dirigeants modérés, à Madrid, semblaient disposés à l'épargner, en échange d'un désistement italien. L'attitude de Franco fut beaucoup plus frileuse et José Antonio sera exécuté le 20 novembre 1936[15]. C'était pour lui un rival de moins, après la mort du général Sanjurjo, premier chef désigné des putschistes, dans un accident d'aviation, le 20 juillet précédent. Franco continuera à mener, pendant et même après la guerre civile, une sourde lutte pour neutraliser le mouvement phalangiste[16]. Mais le message était clair : devenu enfin l'homme fort des insurgés, le *Generalísimo* – en attendant de devenir officiellement le Caudillo et chef de l'État après la victoire – poursuivra une politique exclusivement nationale où l'idée d'une solidarité entre les régimes fascistes ne comptera qu'autant qu'il y trouvera un intérêt, et pour la forme. Mussolini semble l'avoir très vite compris : « Cette guerre reste au fond une guerre entre Espagnols qui veulent organiser leur pays sur les dimensions réelles de leurs idéologies[17] », déclare-t-il. Mais alors, pourquoi s'enferrer dans ce piège ?

À Burgos, siège du gouvernement provisoire nationaliste, l'Italie, précédant le Troisième Reich, s'empresse d'accréditer un ambassadeur.

14. De tous les leaders fascisants européens, José Antonio Primo de Rivera et Oswald Mosley furent les seuls pour lesquels Mussolini éprouva un certain attachement. L'admiration qu'éprouvaient pour lui ces deux patriciens, de surcroît des athlètes très virils, le confortait dans son rôle. La mort de Primo de Rivera fut pour lui presque un deuil personnel, alors qu'il n'acceptera plus de rencontrer le chef des *Blackshirts*, après que celui-ci se sera rapproché de Hitler.

15. Ses propos émurent les juges : « Que mon sang soit le dernier destiné à abreuver notre sainte patrie. *¡ Arriba España, una, grande, libre !* » Il arriva au moins à sauver son frère et sa sœur du gibet.

16. Il en reprit néanmoins l'hymne, *Cara al sol* (« Visage au soleil »), jusqu'aux années 1970. Le texte est intéressant car José Antonio Primo de Rivera avait hésité entre deux formulations, « Visage au soleil, avec la chemise *noire* » ou « Visage au soleil, avec la chemise *neuve* », et choisit finalement la seconde.

17. Cf. De Begnac, *Taccuini mussoliniani*, *op. cit.*, p. 563. Il est possible que cette remarque, non datée, ait été ajoutée ultérieurement.

Il s'agit de l'ancien parlementaire et publiciste Roberto Cantalupo, un conservateur jadis plutôt francophile, rallié sans trop de zèle au fascisme. En poste précédemment à Rio de Janeiro, il avait œuvré avec succès pour éviter l'adhésion du Brésil à la politique des sanctions, ce qui lui avait valu l'estime du Duce. Mais les mises en garde de l'ambassadeur sur l'opportunisme du *listo Gallego*, le « rusé Galicien », un des sobriquets de Franco, déplurent à Ciano qui le rappellera à Rome deux mois plus tard, sur probable pression des Espagnols. Même le Duce ne voudra plus le recevoir[18]. L'intervention de l'Italie est fixée dans un accord bilatéral du 28 novembre. Ce texte d'une page et demie à peine liait l'allié au sort de l'insurrection nationaliste sans véritable contrepartie. Les clauses militaires n'étaient pas spécifiées : pour secret que fût le document, la prudence s'imposait. Mussolini s'engageait à garantir à Franco son « appui » pour toute la durée de la guerre civile, sans la moindre revendication économique ou territoriale aux Baléares ou dans le Maroc espagnol : là où Londres et Paris subodoraient que l'Italie voulait établir une tête de pont stratégique. Le Duce ne l'exigea pas, alors que Franco, à ce moment d'incertitude, l'aurait probablement accordée, quitte à la renier ensuite. En échange, Mussolini n'obtint qu'une obligation des deux parties à ne prendre part à aucune alliance dirigée contre un des signataires. Rarement dans sa longue carrière il aura poussé si loin des concessions unilatérales.

Pourquoi une pareille mansuétude ? Pourquoi ce calculateur-né, qui avait manifesté tout au long des années 1920 sa méfiance à l'égard d'un quelconque fascisme universel, s'engouffre-t-il dans une croisade idéologique pour soutenir les ambitions d'un militaire insurgé qui n'est même pas fasciste au sens strict ? Farinacci s'est précipité en Espagne, d'où il… bombarde le Duce de messages pour lui dire que la Phalange décapitée ne compte plus pour rien et que Franco l'a truffée d'hommes de confiance. Mais là encore, Mussolini n'écoutera pas le remuant hiérarque, qui vise à remplacer l'ambassadeur Cantalupo. De nombreuses explications ont été proposées : nous pouvons en retenir trois. La première semble justifier l'acuité politique de Mussolini, les autres vont en sens inverse. Il est tout d'abord convaincu que le

18. Cantalupo a laissé un intéressant et un peu plaintif témoignage de sa mission avortée : *Fu la Spagna*, Milan, Mondadori, 1948.

front nationaliste va l'emporter ; et donc qu'il faut se ranger, comme toujours, du côté du vainqueur. Mis à part les facteurs qui militent contre la République – dont l'attitude hostile du Vatican, bien plus explicite qu'au moment de l'agression de l'Éthiopie –, il a définitivement compris que Paris et Londres n'interviendront pas pour sauver la démocratie en Espagne. S'il nourrit plus de doutes sur l'attitude de Staline, il ne pense pas que les conservateurs anglais accepteront de se ranger derrière l'URSS pour venir en aide à la République. De cette prémisse, qui sera confirmée par les faits, découlent deux considérations boiteuses. D'une part, la longue visite de Ciano dans la capitale allemande, du 22 au 25 octobre 1936, conduira à la signature des protocoles de Berlin, noyau de l'Axe futur : si les termes en sont encore assez vagues, une unité d'action se dessine entre les deux régimes pour ébranler l'ordre européen. D'autre part, même si le sort de l'Espagne a été à peine effleuré dans ces colloques, Mussolini ne doute plus que le Führer profitera de la guerre civile pour réaliser ce qu'il a lui-même essayé de faire en Éthiopie : la démonstration de la suprématie de son instrument militaire. Le bourbier espagnol deviendra ainsi le centre d'une compétition non seulement entre dictatures et démocraties, mais entre les dictatures elles-mêmes.

C'est alors que les contingents italiens vont affluer massivement en Espagne, après les Chemises noires des premiers mois du conflit. Le Corps des troupes « volontaires », le CTV, fort de quatre divisions, pour un total de 50 000 hommes, est créé en février 1937 et placé sous le commandement d'un général de l'armée régulière proche du régime, Mario Roatta[19]. On a affirmé que Mussolini ne dirigeait vers l'Espagne que des soldats souvent mal équipés et peu motivés, alors que les Allemands y envoyèrent leurs meilleures escadres d'avions de chasse et de bombardiers. Ce n'est pas exact. Il est vrai que le bersaglier Mussolini restait lié à la notion périmée d'« armée du peuple », ce qui

19. L'ouvrage principal est encore celui de J. F. Coverdale, *Italian Intervention in the Spanish Civil War*, dernière édition, Princeton, Princeton University Press, 2015. Roatta, ancien responsable du puissant service d'informations militaires, puis chef d'état-major de l'armée en 1941-1942, sera arrêté à la fin de la guerre sous de nombreuses inculpations, dont la complicité dans le meurtre des intellectuels antifascistes Carlo et Nello Rosselli en France. Il réussira à s'évader et à se réfugier en Espagne, d'où il reviendra, amnistié, en 1966. Dans son cas, comme dans ceux de Bonaccorsi, du prince Borghese et d'autres, Franco se montra reconnaissant envers ses anciens « camarades » italiens. En aurait-il fait de même avec le Mussolini en fuite de 1945 ? Nous y reviendrons dans l'épilogue.

aura des conséquences néfastes durant la Seconde Guerre mondiale. Cependant, dans un conflit où l'aviation est destinée à jouer un rôle considérable, l'Italie fournira 6 000 pilotes et techniciens, en partie encadrés par l'armée de l'air nationaliste, et 763 avions, pour les deux tiers des trimoteurs Savoia-Marchetti SM.79 et des biplans de chasse Fiat CR.32 de la dernière génération. Parmi les aviateurs se distingueront Ettore Muti et Bruno Mussolini, qui affrontera l'Américain Derek Dickinson, un des as de l'aviation républicaine, dans un duel (conclu à parité) dont parlera la presse du monde entier[20]. Les incursions de l'« aviation légionnaire » seront plus nombreuses et non moins performantes que celles de la légion Condor allemande, même s'il n'y aura pas, et heureusement !, de bombardement meurtrier de Guernica à leur imputer. Si on y ajoute l'emploi des navires et des sous-marins pour le patrouillage des côtes – ce qui entraînera une grave crise diplomatique lors du torpillage, le 14 décembre 1936, du cargo soviétique *Komsomol* –, ainsi que les forces de l'ordre et les auxiliaires, on peut affirmer que la participation militaire italienne fut de l'ordre de 75 000 à 80 000 hommes : un nombre supérieur à l'armée régulière de Franco au début de l'insurrection (hormis les troupes coloniales), alors que les *Freiwillige* (« volontaires ») allemands, aviation exclue, ne dépasseront pas les 19 000. Ironie peu mussolinienne : comme Rome a formellement adhéré à l'accord de non-intervention, le bureau du ministère des Affaires étrangères chargé de coordonner la participation italienne au conflit prendra ostensiblement le nom de « Ufficio del *non* intervento ».

Une reconstruction des trois ans de la guerre civile échappe au cadre de ce récit : elle a d'ailleurs provoqué une immense littérature qui ne tarit pas de nos jours. Mais deux points essentiels sont à retenir ici. Tout d'abord, Mussolini n'a pas prévu l'onde de choc de la propagande antifasciste, dans laquelle les opposants italiens jouèrent un rôle considérable. Il suffira de rappeler le vibrant appel « Aujourd'hui ici, demain en Italie ! », lancé le 13 novembre 1936 à la radio de Barcelone par Carlo Rosselli, qui sera assassiné l'année suivante à Bagnoles-de-l'Orne avec son frère Nello par des cagoulards de mèche avec les services secrets fascistes. Mais le Duce a également sous-estimé la

20. Le récit du duel fut publié par *Time*, le 28 mars 1938. On a tendance à croire aujourd'hui qu'il ait été inventé.

vulgate patriotique à laquelle Franco donnera libre cours – surtout après sa chute en 1943 et celle du Troisième Reich en 1945 –, qui visera à une dévalorisation systématique de la contribution italo-allemande, mais principalement italienne, à la victoire nationaliste[21]. Certes, les rapports furent difficiles dès le début car Mussolini, comme Hitler, refusa de placer son contingent sous commandement espagnol, et l'amour-propre du *Generalísimo* s'en offusqua. Celui-ci tancera vertement l'ambassadeur Cantalupo : « Vos gens (*gente*, péjoratif espagnol pour soldats) croient que l'Espagne est l'Abyssinie. Ils ne comprennent rien à notre guerre ! » Il est pourtant difficile de concevoir que cette victoire, surtout après l'arrivée des renforts soviétiques du côté républicain, aurait pu se concrétiser sans l'assistance des deux pays fascistes.

Le cas d'espèce est représenté par la bataille de Guadalajara, sur la route de Madrid (8-23 mars 1937). Elle sera célébrée dans le monde entier comme un triomphe des Brigades internationales qui mirent en déroute les troupes de Mussolini. Or, tout en rendant hommage au courage et au sacrifice des brigadistes, dont seule une minorité avait reçu une instruction militaire adéquate[22], les historiens militaires savent que la *première* phase de la bataille avait été remportée par la percée des divisions italiennes, et que c'est l'inaction des nationalistes, amassés sur le fleuve Jarama, qui ne permit pas de terminer le mouvement en tenaille qui aurait écrasé l'adversaire. La *seconde* phase de la bataille vit la réaction des républicains, appuyés par les tanks soviétiques, qui reconquirent une partie du terrain, mais sans provoquer la déroute des troupes du CTV, selon la légende immédiatement propagée par les milieux antifascistes. Comment expliquer cette inertie des meilleures troupes dont Franco disposait, sinon par le souci d'éviter que des Italiens – alliés oui, mais toujours *extranjeros*[23] –

21. Ainsi le cinéaste Augusto Genina tournera dès 1938 un (bon) film de propagande de coproduction italo-espagnole, *Le Siège de l'Alcazar*. Dans le final, les assiégés invoquent le nom de Mussolini, tandis que des avions italiens les ravitaillent en denrées et équipement. Cette séquence sera coupée de la version espagnole du film.

22. Le récit magnifique de George Orwell, *Hommage à la Catalogne* (1938), Paris, 10/18, 2000, est sur ce point (et sur d'autres) accablant.

23. Les nationalistes avaient repris l'appel patriotique de la guerre de 1808-1813 contre Napoléon, « *¡Fuera los extranjeros !* » : ce qui concernait par essence les étrangers (renforts soviétiques et Brigades internationales) qui combattaient du côté républicain. Mais le Caudillo s'empressa d'obtenir le départ de tous les contingents du sol espagnol – y compris ses alliés italiens et allemands – une fois sa victoire assurée.

fussent les premiers à entrer à Madrid ? L'orgueil national n'aurait pu y consentir, tout l'édifice de la *cruzada* serait tombé en miettes. Autant retarder la chute de la capitale, afin que les propres troupes de Franco y pénètrent en premier, ce qui sera fait le 26-28 mars 1939, mettant fin à la guerre civile. Franco sera moins cauteleux lorsque le CTV prendra une part décisive à la prise de Santander et de Bilbao, à la « libération » du Pays basque espagnol en 1937, puis à l'offensive d'Aragon, enfin à celle de Catalogne en 1938-1939. On peut en conclure que « la présence du CTV, qui représente plus de vingt pour cent des troupes nationalistes, est souvent décisive[24] ».

Le second élément négatif réside dans le faux calcul de Mussolini en termes de perception internationale du conflit. Apparemment, il semble avoir bien joué sur le front diplomatique. À la conférence du Comité de non-intervention de Londres, en septembre 1936, puis à celle de Nyon, un an plus tard, sous les auspices de l'agonisante Société des Nations, à laquelle Rome et Berlin refuseront de participer, la farce de la « non-intervention » en Espagne des deux dictatures n'est pas dévoilée par la France et l'Angleterre, qui disposent pourtant d'une documentation écrasante[25]. L'URSS n'arrivera pas à faire condamner l'Italie pour l'activité de ses sous-marins, qui ont coulé un second cargo soviétique après le *Komsomol*. Mussolini avait misé sur ce manque d'impavidité des Occidentaux, qui conduira, après les accords platoniques de Nyon, à une convention anglo-franco-italienne à la fin de septembre, qui accordera à Rome un rôle paritaire dans l'action de patrouillage en Méditerranée. L'assaillant est désormais promu au rang de coarbitre et le Duce peut commencer à rapatrier par étapes le CTV, qui quittera définitivement l'Espagne en avril 1939, après la prise du port d'Alicante. Entre-temps, avec les accords bilatéraux de Pâques du 16 avril 1938, sur lesquels nous reviendrons, Londres (sans Paris) a reconnu aussi bien la mainmise italienne sur l'Éthiopie que la volonté de Rome de procéder au retrait des « milices » du front

24. Cf. le court mais excellent chapitre de M. Schiavon dans son ouvrage *Mussolini. Un dictateur en guerre*, Paris, Perrin, 2016, p. 85-94.

25. Ce débat est alors présenté en termes très clairs et assez objectifs en français par un professeur de l'université catholique de Milan : G. Balladore Pallieri, « Quelques aspects juridiques de la non-intervention en Espagne », *Revue de droit international et de législation comparée*, Bruxelles, 2/1937.

espagnol : lourde concession diplomatique, qui implique… qu'il n'y a pas de troupes régulières italiennes sur le terrain.

L'aventure espagnole se révèle néanmoins un échec. Au-delà des pertes en hommes et en matériel, égales sinon supérieures à celles de l'entreprise africaine[26], elle aura coûté aux caisses de l'État, déjà saignées par la conquête de l'Éthiopie, la somme considérable de 8,5 milliards de lires, sans compter les frais de fonctionnement et de ravitaillement du CTV, entièrement pris en charge par l'Italie. Il s'agit du double du montant de l'assistance économique allemande et de l'équivalent de l'aide soviétique – payée avec l'or de la Banque d'Espagne acheminé vers Moscou. Peut-on au moins à l'avenir compter sur la reconnaissance de Franco ? Ce serait mal le connaître. Le Caudillo n'offrira à Hitler, six mois après l'entrevue d'Hendaye (23 octobre 1940), que la participation symbolique, quoique vaillante, de la division « Azul » à la campagne de Russie. À Mussolini, il a encore moins à concéder : après avoir copié la déclaration fasciste de « non-belligérance » au début de la Seconde Guerre mondiale, Franco fera la sourde oreille lorsque à la rencontre de Bordighera, les 11 et 12 février 1941, le Duce lui demandera en vain d'entrer en guerre aux côtés de l'Axe, ou au moins de favoriser une opération italo-allemande sur la base anglaise de Gibraltar. Malgré cette rebuffade, il continuera à espérer dans la carte espagnole jusqu'au printemps 1943, alors qu'elle aura perdu tout intérêt pour Hitler.

Si Mussolini a vraiment voulu lancer en Espagne une grande bataille de prestige pour prouver qu'il est *encore* le leader du fascisme mondial, le résultat va doucher ses espoirs. Ni Franco ni Hitler ne sont disposés à lui attribuer un quelconque primat. La réalité est qu'il n'y eut aucune véritable « solidarité fasciste » en Espagne et que l'Italie n'en tira aucun avantage, ni stratégique ni d'autre nature[27]. En revanche, le conflit, perdu sur le terrain par les républicains, deviendra la matrice de l'antifascisme international où se retrouveront idéalement réunis les exilés de Paris, les communistes d'obédience soviétique et

26. 3 819 morts et 11 000 à 12 000 blessés, 759 avions, 1 801 canons, 157 tanks, 6 791 camions et une quantité importante de matériel. Chiffres fournis par De Felice, *Mussolini il duce*, II, *Lo Stato totalitario*, *op. cit.*, p. 465.

27. Cf. A. J. P. Taylor, « Spain and the Axis », dans *Rumours of Wars*, Londres, Hamilton, 1952, p. 181-183.

les libertaires du Nouveau Monde. On a souvent défini la guerre d'Espagne comme une guerre civile des intellectuels européens. Si leur engagement direct et leur sacrifice personnel ne pesèrent que modestement sur les enjeux militaires et politiques, leur influence fut considérable[28]. Pour le dire simplement, la victoire militaire des fascistes accouchera d'une défaite morale. Même des modérés anglais, belges ou français, qui avaient reconnu au Duce des circonstances atténuantes dans l'affaire d'Éthiopie, exprimeront leur intransigeance au sujet de l'Espagne : le cas, une fois encore, de Bernanos, qui venait de la droite monarchiste de la première Action française, est exemplaire. En Italie, de jeunes mandarins et licteurs élevés par le régime amorceront alors la prise de conscience qui les conduira à l'antifascisme militant puis à la Résistance[29]. Les fronts idéologiques se raidissent. La tentative de distinguer le fascisme romain de sa variante nazie va perdre rapidement toute crédibilité. Mussolini a anéanti la capacité de manœuvre qu'il avait su, tant bien que mal, préserver jusqu'alors, ce que confirmera son adhésion, le 6 novembre 1937, au pacte anti-Komintern conclu l'année précédente entre le Troisième Reich et le Japon. Ce choix, qui contredisait sa politique d'attention envers l'URSS, sera suivi par le retrait, plus prévisible, de l'Italie de la SDN. Celui qui avait été un virtuose du double jeu se prépare ainsi, inexorablement, à n'être plus qu'un partenaire, en attendant de devenir avec la guerre un simple comparse.

28. Cf. Serra, *Une génération perdue…*, chap. IV, « Vers l'Espagne », *op. cit.*
29. Cf. R. Zangrandi, *Le Long Voyage à travers le fascisme*, *op. cit.*, p. 114 et suivantes.

8

De l'Anschluss à Munich : l'accord au forceps

La radicalisation de la politique étrangère fasciste ne fait plus aucun doute dans la seconde moitié des années 1930. Certains historiens l'attribuent au « choix désastreux » de la nomination de Ciano[1], alors que d'autres sont plus nuancés[2]. Certes, le jeune et flamboyant ministre se montre au début plus orienté encore que son beau-père vers le Troisième Reich : sa « conversion » antinazie n'interviendra qu'à la veille de la guerre. Mais cette germanophilie impulsive ne doit pas être surévaluée. Le but de Ciano est d'élargir sa base de pouvoir et de peaufiner son rôle de dauphin présomptif à la Cour et dans le parti, sans oublier le Saint-Siège. Ses choix sont dictés par une vanité personnelle qui n'échappe pas aux Allemands et les conduit à le traiter avec une déférence marquée[3]. Ses complexes envers les hommes de la « première génération » qui, parfois à peine plus âgés que lui, sont issus des tranchées puis des luttes squadristes, y jouent également un rôle. Il essaie, sans succès dans l'immédiat, de rappeler le trop expéri-

1. Milza, *Mussolini*, *op. cit.*, p. 683. Les historiens anglais (Kirkpatrick, Deakin, Seton-Watson, Hibbert) ont également beaucoup insisté sur la comparaison Grandi-Ciano tout à l'avantage du premier. Mais, ainsi que je le rappelais dans la première partie, Grandi a effectué dans l'après-guerre une discrète mais efficace campagne de relations dans les milieux anglo-saxons pour rétrodater son engagement antimussolinien.

2. Notamment ses meilleurs biographes, italien et français, Guerri et Ostenc.

3. La diplomatie à l'horizontale, à laquelle il était très sensible, y joua également sa part. Les Allemands s'en souviendront lorsque à la fin de 1943 ils glisseront dans la cellule du prisonnier de Vérone une belle infirmière-espionne pour s'emparer de son journal. Mais cette Frau Beetz tomba amoureuse de lui et l'aventure risqua de terminer en pochade plutôt qu'en drame. Cf. ma préface au *Journal politique* du comte Ciano, *op. cit.*

menté Grandi de l'ambassade à Londres[4]. Pour le reste, dévoyé par la *dolce vita* de la capitale et ses faciles succès mondains, il voguera au gré des circonstances et de ses intérêts personnels (l'Albanie, la Grèce) dans une quête inlassable de reconnaissance. Le Duce le sait, et c'est paradoxalement la raison – avec l'insistance d'Edda – pour laquelle il l'a promu à cette fonction trop haute pour lui. Une personnalité plus assurée ne lui aurait pas convenu, à un stade où les derniers diplomates de la vieille garde doivent s'effacer : dix ans après Contarini, ce sera le cas de Suvich, de Cantalupo, d'Aloisi, de Cerruti à Paris et d'autres, tous « europhiles » et opposés à l'Axe, inexorablement mis au rancart. Ne resteront sur place qu'Attolico à Berlin et Rosso à Moscou qui s'efforceront de leur mieux de tenir l'Italie en dehors du conflit.

C'est donc Mussolini seul qui s'enlise progressivement, inéluctablement dans le pacte faustien avec Hitler, avec des hésitations et des incartades, mais sans plus pouvoir changer de direction. Il sait qu'une fraction importante de ses acolytes, les *trinceristi* de la Grande Guerre, les Balbo, Grandi, Bastianini[5], Muti, qui ont combattu aux côtés des Français et des Anglais, restent foncièrement germanophobes. Il va quand même effectuer une visite officielle dans cette Allemagne si différente de celle qu'il avait connue au début de 1922. Au lieu de lui ouvrir les yeux sur la réalité du Troisième Reich, cette expérience l'aveuglera définitivement. Le voyage, longuement et minutieusement préparé, a lieu du 25 au 29 septembre 1937. « Le programme était d'une telle habileté pédagogique que Hitler s'abstint de l'alourdir par ses discours. Il n'y eut pas de conversations politiques. Tout devait aller de soi[6]. » On était désormais loin de la rencontre de Stra, trois ans plus tôt, où le « caporal de Bohême » n'avait pas payé de mine dans son imperméable étriqué face à son hôte martial. Mussolini fut ébahi par le déploiement de troupes et de matériel[7], les manœuvres

4. Il avait également un complexe envers des personnages de sa génération qui s'étaient déjà taillé un rôle international, comme Anthony Eden et surtout Ramón Serrano Suñer (1901-2003), le *cuñadisimo* (« beau-frère ») de Franco et longtemps son principal adjoint. Le sobriquet de *generissimo*, « sur-gendre », circula alors en Italie pour désigner Ciano.

5. Celui-ci, un des plus honnêtes hiérarques, volontaire à dix-huit ans dans les *arditi*, disait notamment de Ciano : « Ce garçon n'a jamais lutté comme nous contre les Allemands. Il n'a jamais appris à les haïr. »

6. Anfuso, *Du palais de Venise*, chap. II, « La visite des deux caporaux », *op. cit.*

7. Le diplomate Albrecht von Kessel, qui l'accompagnait en tant que chef de protocole, raconte dans ses Mémoires (*Contre Hitler et pour une autre Allemagne*, Vienne,

militaires dans le Mecklembourg et dans la mer Baltique, la discipline et l'enthousiasme des foules dans les campagnes et dans les villes au passage des trains parallèles du Duce et du Führer, l'ordre et la propreté qui régnaient partout, sans oublier le potentiel industriel des usines d'armement Krupp à Essen. Seule la lourde pitance tudesque suscita quelques perplexités dans la délégation italienne ; mais comme Mussolini se cantonnait à sa provision de légumes, de fruits et de yaourt, la généreuse hospitalité qui lui était réservée n'attenta pas à son ulcère. À Berlin, au champ de Mai, couronnement de la visite, introduit par un hommage délirant de Hitler, il tint un bref discours à un million de personnes massées sous une pluie battante, en déployant tous les effets de torse et de menton, dans un allemand très scandé, plein de fioritures, mais assez pauvre en substance politique. Tout impressionné qu'il fût, il restait vigilant. Ciano, qui l'accompagnait, s'en rendit compte et commenta :

> Du point de vue de la forme, le voyage n'a rien ajouté aux protocoles de Berlin. La solidarité de deux régimes sera-t-elle assez forte pour tenir vraiment unis deux peuples que race, civilisation, religion, goûts mettent aux antipodes l'un de l'autre ? Nous verrons bien[8].

Quelques mois plus tôt, fin avril 1937, l'ancien socialiste Hubert Lagardelle, qui rencontre pour la dernière fois son vieux camarade Benito à Rome, le trouve encore disponible pour reprendre le dialogue avec Paris. Il faut en finir avec la querelle abyssine, lui dit-il : une déclaration de bonne volonté franco-anglaise, à laquelle d'autres membres pourraient se ranger, suffirait pour tourner la page. « L'Italie reprendrait sa place à Genève, et l'ambassadeur de France au palais Farnèse. Notre collaboration serait de nouveau possible et fructueuse. » Lorsque Lagardelle lui demande sur quels points précis cette collaboration pourrait être reprise, le Duce lui parle de « reconstruction

Böhlau Verlag, 2008… titre un peu avantageux) que l'ancien bersaglier fut conquis par la prestance et l'allure des soldats de la compagnie d'honneur qui défilaient devant lui. « Je lus dans ses yeux écarquillés qu'il venait de faire son choix. » Le pas de l'oie, rebaptisé bien évidemment « pas romain », sera introduit peu après la visite. Mussolini niera néanmoins qu'il s'agît d'une influence étrangère (*Histoire d'une année*, *op. cit.*, p. 102).

8. *Journal politique* du comte Ciano, I, *op. cit.*, à la date du 29 septembre 1937, p. 99-100.

de l'Europe » en termes évasifs ; puis, pressé par son interlocuteur, il finit par mentionner la question autrichienne[9]. Ce sera le troisième moment de vérité, le point de bascule après l'Éthiopie et l'Espagne. Selon plusieurs témoignages, Mussolini ne semble pas concevoir que Hitler prépare un nouveau putsch à Vienne, du moins à brève échéance. L'Autriche, même après le meurtre de Dollfuss en juillet 1934, continue à graviter formellement dans l'orbite italienne, et des consultations bilatérales se poursuivent aux termes d'un accord d'amitié renouvelé en avril 1936. Mussolini avait déjà manifesté, le 6 janvier précédent, à l'ambassadeur allemand à Rome, Ulrich von Hassell, son désir de décrisper la question en admettant le principe d'une « satellisation » du pays au profit du Troisième Reich[10]. Mais au sommet de la crise éthiopienne, il était prêt à aller très loin pour éviter une participation allemande au front des sanctions. Le nouveau chancelier, Kurt von Schuschnigg, rejeton d'une famille patricienne du Tyrol « conquis » en 1918 par l'Italie, cherche à s'émanciper de la tutelle de Rome qu'il supporte mal. Face à l'inertie des démocraties occidentales, il décide d'entamer des négociations directes avec Berlin. C'est un pari risqué mais il n'y a pas d'autres choix, le nouveau rapport de forces en Europe centrale l'exige. Le chancelier est prêt à accepter l'idée d'un protectorat italo-allemand pour sauver le principe de l'indépendance autrichienne. Cette éventualité ne déplaît pas au Duce, qui se rend compte que Londres et Paris sont encore moins disponibles qu'en 1934 pour intervenir à ses côtés afin de sauver un régime « austro-fasciste ». Malheureusement, Hitler l'a compris aussi, et ses exigences redoublent. Ce n'est plus un putsch qu'il veut, mais la reddition de Vienne à l'union – l'Anschluss – avec l'Allemagne. Schuschnigg résiste tant qu'il peut ; puis, en désespoir de cause, annonce au Duce qu'il va jouer la seule carte qui lui reste : un référendum, sous la garantie de la Société des Nations, qui pourrait encore donner une majorité de voix au maintien de l'indépendance.

C'est une solution irrecevable pour le Führer, qui voit sa proie s'éloigner, peut-être pour toujours. Il lui faut barrer la route au référendum en obtenant d'urgence l'assentiment italien à une action

9. Lagardelle, *Mission à Rome*, *op. cit.*, p. 262-265. L'auteur affirme avoir fait parvenir, avec l'assentiment de Mussolini, cette proposition au Quai d'Orsay qui la jugea « captieuse ».

10. De Felice, *Mussolini il duce*, II, *Lo Stato totalitario*, *op. cit.*, p. 337.

de force. Son envoyé de confiance auprès de Mussolini est le prince Philippe de Hesse-Cassel, époux d'une autre fille de Victor-Emmanuel, Mafalda de Savoie, qui, en 1944, mourra à Buchenwald, où les nazis l'auront internée[11]. Mais Hitler veut hausser le ton et dépêche en hâte à Rome Goering, le pittoresque numéro deux effectif du régime, après l'insignifiant Hess[12]. Le maréchal « débarqua sur les bords du Tibre, remorquant ses nombreux uniformes et un complet gris perle, qui détonnait dans ce cadre harmonieux[13] ». Mussolini et Ciano ont jugé bon de s'éclipser, dans l'attente d'un message de Genève, Paris ou Londres qui n'arrive toujours pas : pourtant, si le front de Stresa avait une raison de se reformer, c'était bien à cette occasion. Le Führer lance alors son ultimatum à Vienne et le Duce abandonne son protégé à son sort. Schuschnigg doit révoquer le référendum et céder la place au chef des nazis autrichiens, Arthur Seyss-Inquart, qui demande immédiatement l'« intervention fraternelle » de Berlin : une formule qui aura beaucoup de succès au XXe siècle. Les troupes du Reich entrent en Autriche le 12 mars 1938 sous les acclamations de la foule. Un plébiscite le 10 avril, contrôlé par les nouveaux maîtres et non par la SDN, donnera plus de quatre-vingt-dix-neuf pour cent des suffrages à l'Anschluss, tandis que se déchaîne une hideuse chasse aux Juifs et aux opposants. La prétendue union fut à tous points de vue une annexion : l'Autriche, incorporée (*eingegliedert*) comme simple province au *Deutsches Reich*, ne jouira d'aucun statut privilégié. Hitler s'était vengé de sa mal-aimée patrie d'origine, comme il l'avait annoncé dans *Mein Kampf. Finis Austriae* et fin de toute velléité de Mussolini de pouvoir agir à égalité avec son partenaire, bien avant la Seconde Guerre mondiale.

L'Anschluss fut pour Mussolini un « échec cuisant[14] » que les déclarations « nibelungiennes » de reconnaissance de son partenaire ne firent que souligner. Le « Duce, je ne l'oublierai jamais ! » d'un

11. Le manque d'empressement de Philippe de Hesse pour essayer de sauver son épouse suscitera beaucoup d'interrogations.

12. Goering n'était déjà plus, à ce stade, qu'une épave morphinomane dans la cour de Hitler. Il avait pourtant été un pilote de tout premier rang durant la Grande Guerre. Des aviateurs anglais et américains essaieront en 1945 de l'arracher au tribunal de Nuremberg, mais ses responsabilités étaient accablantes et il parvint à se suicider à la veille de sa pendaison.

13. Anfuso, *Du palais de Venise*, *op. cit.*, p. 82 et suivantes.

14. De Felice, *Mussolini il duce*, II, *Lo Stato totalitario*, *op. cit.*, p. 467.

Hitler ému jusqu'aux larmes sera une bien modeste consolation pour son amour-propre bafoué. Mais que pouvait-il faire ? Pour Londres et Paris, au point de renoncement où on en était arrivé, la fin de l'indépendance de la petite et révisionniste Autriche n'était pas un drame majeur. On pouvait même espérer qu'elle calmerait – pour un temps – les appétits d'expansion du Führer[15]. Pour Mussolini, au contraire, il s'agissait d'une double perte de prestige et d'influence en Europe centrale, d'autant plus que son autre bastion dans la région, la Hongrie, gravitait de plus en plus dans l'orbite germanique. Le Saint-Siège, qui au nom des évêques autrichiens avait effectué une démarche auprès de Ciano, s'était heurté à l'impuissance humiliante du régime fasciste. Le discours dans lequel, le 16 mars, Mussolini justifiera à la Chambre son comportement en imputant au raidissement de Schuschnigg la responsabilité des événements est un des plus décevants de sa carrière, malgré les rodomontades qui le ponctuent. Même les députés serviles en furent interloqués, comme en témoignent leurs applaudissements mitigés. Au Grand Conseil, Balbo éructe en vain : « Nous verrons les Allemands déferler à Trieste ! » Grandi et même l'éternel provocateur Farinacci ne ménagent pas leurs critiques. Le Troisième Reich domine maintenant la frontière du Brenner, contre tous les objectifs de sécurité stratégique de l'Italie depuis la Grande Guerre. Pourquoi avoir obtenu en 1918 la dissolution de l'empire des Habsbourg pour voir se reconstituer, vingt ans après, un Reich autrement plus puissant aux portes de la péninsule ? Cette perspective cauchemardesque réduisait à néant les velléités de la politique fasciste. En mai 1938, Hitler était attendu, comme il le souhaitait, à Rome, Naples et Florence... à croire qu'il avait lu son Stendhal ! C'était là que le nœud coulant de l'Axe allait se resserrer autour du cou du Duce.

Une lueur d'espoir viendra avec le retour de Daladier à la tête du gouvernement français, le 10 avril 1938. Ce n'est pas encore formellement la fin de la majorité du Front populaire, mais le départ de Blum est quand même une bonne affaire pour Rome. Le « taureau du Vaucluse » est vu comme un vieux routier de la politique politi-

15. L'ambassadeur britannique à Vienne, Selby, reconnaît dans ses Mémoires (*Diplomatic Twilight*, *op. cit.*, p. 95-97) que « notre refus de garantir la frontière italienne du Brenner, en cas d'attaque de Hitler, ne laissait malheureusement pas d'autre choix à Mussolini ». De même Schuschnigg dans ses Mémoires.

cienne, un autre Laval issu du réservoir radical-socialiste, avec lequel on pourrait trouver le moyen de s'entendre. Aux Affaires étrangères s'installe Georges Bonnet, autre personnage qui n'est pas hostile à un rapprochement avec l'Italie. Le nouveau ministre donne effectivement le feu vert à une reprise des contacts bilatéraux, mais sur la base des accords Mussolini-Laval de janvier 1935 : ce qui est déjà partir du mauvais pied, attendu que les deux capitales donnaient une interprétation radicalement différente de ce document. Néanmoins, Ciano acceptera de rencontrer à plusieurs reprises le chargé d'affaires au palais Farnèse, Jules Blondel[16]. Le fait que le ministre ait personnellement négocié avec un fonctionnaire de rang inférieur, contrairement aux usages diplomatiques, confirme l'importance que revêtait pour Rome une conclusion positive des pourparlers. Des contacts se poursuivent plus facilement avec les Anglais en vue de la résolution de toutes les issues pendantes (reconnaissance *de facto*, sinon *de jure*, de l'occupation de l'Éthiopie, liquidation du problème de la non-intervention en Espagne, régime du trafic naval en Méditerranée, libre transit du canal de Suez) sur la base d'un *gentlemen's agreement* conclu en janvier 1937 entre Ciano et l'ambassadeur anglais, lord Perth. L'ensemble de ces accords, dits de Pâques, paraphés à Rome le 16 avril 1938, laissait prévoir une solution rapide du contentieux avec la France. Mussolini aurait pu récupérer ainsi une certaine liberté d'initiative entre les démocraties occidentales et Hitler. Ce fut un espoir de courte durée car Paris exigea d'autres gages et préféra attendre les résultats de la visite du Führer en Italie, prévue à partir du 3 mai suivant pour une huitaine de jours.

La visite – présentée triomphalement comme l'apogée de la solidarité entre les deux pays, les deux régimes et les deux despotes – ne fut en réalité qu'une édition amplifiée du voyage du Duce en Allemagne l'année précédente : accueil triomphal de l'hôte et de sa lugubre délégation toute de noir vêtue[17], chorégraphie spectaculaire,

16. On lui doit un pénétrant rapport du 27 janvier 1938 sur la personnalité de Mussolini et ses vues politiques, publié en appendice à De Felice, *Mussolini il duce*, II, *Lo Stato totalitario*, *op. cit.*, p. 893-906. Blondel servit utilement les intérêts de son pays dans le (trop) long intérim entre Chambrun et François-Poncet.

17. « Sur le corso passe un messager infernal / Parmi les vivats de ses braves [...] L'eau ronge toujours les grèves / Mais plus personne n'est innocent » (E. Montale, *Le Printemps hitlérien*).

grands travaux d'aménagement, déploiement de toutes les ressources militaires, aéronautiques, navales du pays, arcs de triomphe, parades, expositions, feux d'artifice et manifestations artistiques en tout genre (y compris d'ordre culinaire… revanche sur la pitance tudesque), jusqu'à des quiproquos bouffons[18]. Seul insuccès diplomatique : le pape Pie XI refusa de recevoir le Führer païen, malgré les sollicitations de Mussolini. Ce dernier, qui gardait un reste de flair pour les humeurs populaires, nourri par les rapports de police, savait que la carte allemande et surtout nazie restait très impopulaire dans la péninsule, et même dans la base du parti. Le poète Trilussa compose pour l'occasion un quatrain (anonyme) que le public s'arrache sous le manteau : « Rome de travertin / Refaite en carton / Salue le peintre en bâtiment / Son prochain patron. » Pourtant, le Duce arrive à se soustraire aux avances répétées de son interlocuteur. Le désagréable et hautain Ribbentrop, devenu ministre des Affaires étrangères après l'incolore Neurath, souhaite conclure un pacte d'assistance militaire, public ou secret, peu importe, et harcèle Ciano dans les coulisses. Mussolini veut gagner du temps, d'autant que le roi, qui a éprouvé une répugnance physique (réciproque) à l'encontre du Führer, copie plus prolétaire de l'hystérique manchot Guillaume II, se montre hostile à cette éventualité[19]. Ciano, sur l'ordre de son beau-père, contre-propose une entente sur la délimitation des zones d'intérêt respectives en Europe centrale, méridionale et balkanique. Cette proposition recouvre un objectif personnel du ministre italien, qui veut obtenir un désistement formel du Reich sur sa propre « réserve de chasse » en Albanie. Mais « Monsieur Gendre » demande aussi un engagement sur le respect des frontières, avec une référence évidente au Brenner, ce qui plaît beaucoup moins à Berlin. Diversion cette fois du côté allemand, mais ouverture de principe à un règlement de la question du Tyrol méridional (Haut-Adige), prévoyant le « rapatriement » dans le Reich des 200 000 Néo-Italiens d'ethnie

18. Hitler, qui logeait au Quirinal, sonna un soir pour demander « une femme ». Embarras du protocole qui avait misé sur la chasteté du Führer. On finit par comprendre à temps qu'il s'agissait d'une femme… de chambre pour refaire son lit. Cf. *Journal politique* du comte Ciano, I, *op. cit.*, à la date du 7 mai 1938, p. 279.

19. Avant la Grande Guerre, dans l'échange de titres coutumier dans les familles royales, Guillaume II avait nommé son minuscule « cousin » caporal d'honneur des grenadiers de la Garde, dont la taille exigée était d'un mètre quatre-vingt-dix. Le rancunier Victor-Emmanuel n'oublia ni ne pardonna jamais cet affront.

germanique. Cette solution – qui désavoue les assurances données jadis par Hitler aux émissaires de Mussolini – place le Duce devant une situation impossible car, outre les difficultés qu'engendrerait un transfert forcé des populations, elle contredirait publiquement sa politique d'italianisation tous azimuts de la région. C'est un dialogue de sourds et la visite se conclura sans engagements réels, malgré les trémolos verdiens et wagnériens.

Dans un discours retentissant, prononcé à Gênes le 14 mai, après le départ de Hitler, Mussolini exalte en termes assez creux la « collaboration entre les deux révolutions ». Mais il n'oublie pas de souligner avec force l'accord avec le Royaume-Uni, « qui s'étend de la Méditerranée à la mer Rouge et à l'océan Indien », ni de mentionner les « conversations en cours avec la France, sur lesquelles je dois rester circonspect ». C'est un modeste mais non négligeable rameau d'olivier. Berlin enrage. Paris pourrait être raisonnablement rassuré, d'autant que Blondel n'a pas manqué de mettre en relief la réserve de Mussolini face à Hitler. Mais cela ne suffit pas à convaincre le Quai d'Orsay, où Leger ne croit plus à une réconciliation avec Rome – si jamais il y avait cru... – et estime que l'Italie est d'ores et déjà acquise à Berlin. Mussolini perdra rapidement tout intérêt à la possibilité d'une entente avec la France, qui lui apparaît de plus en plus comme le ventre mou du « concert » continental[20]. Bonnet, revenant sur ses premières ouvertures, envoie à Blondel une série de treize conditions (y compris le renoncement à toute prétention nouvelle concernant le statut des Italiens de Tunisie) propres à maintenir... la « persistance de notre différend avec l'Italie[21] ». Un mémorandum analogue est remis le 28 mai au chargé d'affaires italien à Paris. Le résultat de ces longues et épuisantes palabres fut que l'occasion d'un rapprochement italo-français sera perdue et que les accords de Pâques resteront le dernier pacte souscrit (et observé) par l'Italie fasciste avec une démocratie occidentale. Mais il s'agira de l'Angleterre, non de la France, désormais exclue de son jeu diplomatique, qui s'enferre de plus en plus dans un tête-à-tête perdant avec l'Allemagne.

Au cours du séjour du Führer, le Duce avait esquivé un autre sujet dangereux en évitant de se rallier à toute solution de force dans les

20. De Felice, *Mussolini il duce*, II, *Lo Stato totalitario*, *op. cit.*, p. 501.
21. Noël, *Les Illusions de Stresa*, *op. cit.*, p. 122-123.

Sudètes, qui impliquerait le démembrement de la Tchécoslovaquie. Cette éventualité, qui suscitait la vive préoccupation des chancelleries européennes, alertées par les mises en garde du président Beneš, n'entraînait pas de grands émois à Rome. Mussolini n'éprouvait aucune sympathie envers cet État factice à ses yeux, « inventé » par la France en 1918 comme bouclier antirévisionniste. Ciano voyait plutôt dans le sort de la Tchécoslovaquie une monnaie d'échange avec le Troisième Reich pour assurer à l'Italie fasciste (et à lui au premier chef) l'annexion du protectorat albanais. Dans son calcul, en apportant une autre couronne à Victor-Emmanuel, il se serait définitivement installé dans le rôle de dauphin, sans plus avoir besoin de l'assentiment du Duce et encore moins du parti. Cependant, l'activisme du gendre n'arriva pas à surmonter les réserves du beau-père. Mussolini fit clairement comprendre qu'il n'avait aucune intention de se mêler à une confrontation aux conséquences hasardeuses entre les Occidentaux et Hitler pour un pays qui demeurait marginal dans sa stratégie. Si Londres et Paris n'avaient pas voulu « mourir pour Vienne », pourquoi aurait-il dû le faire pour Prague ? Les Allemands comprirent la teneur du message et revinrent à la charge en adaptant habilement leur proposition de pacte militaire. Ribbentrop déclara à l'ambassadeur italien à Berlin, Attolico, que l'Italie pourrait garder sa neutralité en cas de conflit avec la Tchécoslovaquie. Pour une fois, Mussolini ne tomba pas dans le piège : « Il faudra expliquer aux Allemands que je ferai l'alliance quand elle sera populaire », dit-il à Ciano. Et même s'il ajouta : « Je travaille à la rendre telle[22] », cela n'impliquait encore aucune obligation de sa part.

Qu'est-ce qui provoqua alors le revirement qui, dans la crise d'août-septembre 1938, conduisit Mussolini à intervenir pour sauver la paix en Europe ? Une part, mineure, vint de l'insistance des gouvernements polonais et hongrois à ne pas abandonner *toute* la Tchécoslovaquie à Hitler, ce qui les aurait privés de leur part de butin. Mais la raison principale fut d'une autre nature : après la déception en Espagne et la mortification de l'Anschluss, le Duce se lança dans la dernière aventure diplomatique de sa vie avec la conviction que lui seul pouvait arbitrer entre les deux camps. Si le sort de la Tchécoslovaquie lui

22. *Journal politique* du comte Ciano, I, *op. cit.*, à la date du 27 juin 1938, p. 313. Phrase à mettre en relation avec la campagne raciale déjà en cours.

importait toujours aussi peu, c'était l'occasion ou jamais de prouver que l'Italie fasciste gardait un « poids déterminant » dans les enjeux continentaux. À ce stade, la possibilité d'une guerre généralisée, vue comme un cauchemar à Paris et à Londres, n'engendrait aucun enthousiasme chez lui. Il savait que son pays n'était pas prêt et, surtout, il n'avait pas encore définitivement choisi le possible vainqueur sur lequel miser. Hitler, en revanche, avait donné l'ordre à ses généraux encore récalcitrants de mettre au point le plan Vert d'attaque (*Fall Grün*) pour le 1er octobre 1938. Aucun doute que, pour préserver la paix sur le continent, « la seule solution passait par Mussolini[23] ».

L'État tchécoslovaque était la seule démocratie parlementaire d'Europe centrale, et surtout le seul pays industrialisé de la région : les mines des Sudètes et les usines d'armement de Bohême étaient spécialement convoitées par le Troisième Reich. Pourtant, mis à part les tensions entre Tchèques et Slovaques, la République avait incorporé, sans référendum ni droit à l'autonomie, sur un peu plus de 13 millions d'habitants, 3,5 millions d'Allemands ethniques, plus de 1 million de Hongrois et plusieurs centaines de milliers d'Ukrainiens (Ruthènes) et de Polonais, ce qui en faisait des citoyens de seconde classe, toujours suspects de séparatisme[24]. Locarno et ses suites avaient essayé de résoudre le problème dans le cadre du respect paneuropéen des frontières. Tout cela ne comptait plus face à la stratégie de Hitler visant, étape par étape, au renversement de l'équilibre continental. Londres et Paris restaient formellement engagés dans la défense de l'intégrité du pays. Cependant, alors qu'un traité d'amitié franco-tchécoslovaque avait été signé en 1924, renforcé par une convention d'assistance militaire l'année suivante, les obligations anglaises étaient plus floues. Neville Chamberlain, demi-frère de Sir Austen, désormais à la tête du gouvernement d'« apaisement » fort de l'appui, il faut le rappeler, de vastes secteurs de l'opposition libérale et travailliste, avait dépêché à Prague, au début du mois d'août, un ancien ministre libéral, lord Runciman, connu pour ses vues pacifistes, afin de conduire une médiation entre les autorités centrales et les Allemands des Sudètes dont le leader était, bien évidemment, un nazi aux ordres de Berlin, Konrad Henlein. Le rapport de l'envoyé, plutôt favorable aux revendications

23. Taylor, *Rumours of Wars*, *op. cit.*, p. 196.
24. Cf. Fejtö-Serra, *Le Passager du siècle*, *op. cit.*, p. 133-139.

allemandes, suggéra un rattachement des Sudètes au Reich, sans toucher au noyau essentiel du pays[25]. Beneš se déclara disposé à accorder une large autonomie aux Sudètes, mais avertit les pays amis et protecteurs que les convoitises de Hitler ne s'arrêteraient pas là. Excédé par la résistance tchèque, Chamberlain décida de passer outre[26]. Daladier et Bonnet, discrètement informés, firent de même. Le Führer espérait vaincre sur toute la ligne : il reçut Chamberlain à Bad Godesberg le 23 septembre pour lui dire que comme « cadeau » offert aux bonnes relations avec le Royaume-Uni, il accepterait de se limiter à l'annexion des Sudètes, au lieu de détruire la Tchécoslovaquie par la force. Il ajouta, et répéta dans un discours public, qu'il s'agissait « absolument de la dernière exigence » de sa part visant des acquisitions territoriales. Mais il fixa – toujours contre l'avis de ses généraux[27] – un ultimatum expirant à 14 heures le 28 septembre. La Tchécoslovaquie mobilisa. Paris et Londres, la mort dans l'âme, s'apprêtaient à faire de même. On était à un pas du gouffre.

Restait la carte italienne. Mussolini était informé de la marche des événements par les contacts de Grandi avec Runciman et le ministre britannique des Affaires étrangères, lord Halifax, les rapports d'Attolico à Berlin, et surtout par les messages de Hitler, relayés à Rome par le prince de Hesse. Comme son instinct lui disait que le Führer bluffait, il bluffa à son tour. Il chargea Ciano de proposer à Ribbentrop une rencontre « en vue de mettre au clair les conditions de l'intervention italienne[28] »... que les Allemands ne réclamaient même pas. Puis, ayant montré à Hitler sa « bonne foi », il adhéra immédiatement à la proposition de Chamberlain d'assumer un rôle de médiateur pour une conférence résolutive à quatre, « d'ici sept jours ». Le Führer ne

25. Il sera successivement accusé d'avoir été entouré d'espions nazis et même d'avoir cédé à des chantages sexuels. Son fils, Sir Steven Runciman, le grand historien des croisades, que j'ai connu à Londres dans les années 1990, s'érigera en défenseur de la mémoire paternelle. Selon lui, le plan aurait ôté à Hitler le prétexte du démembrement de la Tchécoslovaquie. L'hypothèse mérite réflexion, mais les choses allèrent différemment.

26. De cette façon Chamberlain s'est mérité une solide renommée de félonie face à la postérité. On oublie que Churchill fera plus tard pis encore en reniant tous les engagements pris avec le gouvernement démocratique polonais en exil à Londres pendant la guerre (dont les adhérents avaient vaillamment combattu pour la cause des Alliés) afin de livrer le pays à Staline.

27. Cf. l'ouvrage classique de J. W. Wheeler-Bennett, *The Nemesis of Power. The German Army in Politics, 1918-1945*, Londres, MacMillan, 1954, p. 393-398.

28. *Journal politique* du comte Ciano, I, *op. cit.*, à la date du 25 septembre, p. 371-372.

pouvait pas refuser, « s'il le faisait, il s'attirerait la haine du monde entier et porterait toute la responsabilité du conflit[29] ». Facteur non secondaire : Roosevelt avait télégraphié le 26 septembre à Hitler, ainsi qu'à Chamberlain, Daladier et Beneš, mais pas à Mussolini, pour exprimer l'espoir d'une solution consensuelle. Le Troisième Reich ne souhaitait pas, à cette date, compromettre ses rapports avec les États-Unis et gêner la propagande nazie, très active auprès des Américains d'origine allemande[30]. Le Duce, en décidant de se rendre à Munich, savait donc déjà que la paix était sauvée. Chamberlain et Daladier aussi, qui étaient prêts à toutes les concessions. Les Tchécoslovaques, exclus des entretiens, ce qui était contraire au droit international et à un minimum de moralité, comprirent qu'ils n'étaient plus qu'une proie à dépecer. L'URSS, qui n'avait pas de frontière commune avec la Tchécoslovaquie, pays slave avec lequel elle avait conclu un traité d'assistance militaire, corollaire du traité franco-soviétique du 2 mai 1935, fut également écartée des négociations. Staline, dépité mais point surpris, en tira ses conclusions : l'idée d'un rapprochement avec le Führer, nouvel homme fort de l'Europe, tout anticommuniste qu'il fût – ce qui lui était parfaitement indifférent[31] –, fut confortée dans l'esprit du despote géorgien par la démission des démocraties.

La conférence de Munich, qui se tint dans un décor d'opérette viennoise[32], a fait l'objet de plusieurs descriptions, dont celle d'André François-Poncet[33], très impressionné par l'autorité d'un Mussolini qui alterne en virtuose des phases d'ennui morose et des déferlements

29. *Ibid.*, I, à la date du 28 septembre, p. 375-377.

30. Un « German-American Bund » avait été créé en 1936 par l'activiste Fritz Kuhn et comptait à l'époque plusieurs milliers d'adhérents. Il n'exercera aucun rôle politique véritable et sera dissous en 1941. Néanmoins, les États-Unis sont encore aujourd'hui le pays au monde qui compte probablement le plus grand nombre de groupuscules néonazis, dont plusieurs légalement admis aux termes du « quatrième amendement » de la Constitution.

31. Nous ne pouvons pas entrer ici dans le rôle, historiquement prouvé, que le KPD allemand, aux ordres de Moscou, avait eu dans la fin de Weimar et l'ascension de Hitler.

32. On ne peut s'empêcher de penser à l'inoubliable question de Chamberlain dans son parler dental, *« Do you like fishing, Prime Minister ? »*, à un Mussolini qui le dévisageait les yeux larges comme des soucoupes.

33. *Souvenirs d'une ambassade à Berlin, 1931-1938*, nouvelle édition, préface et notes de J.-P. Bled, Paris, Perrin, 2016. François-Poncet, déjà mal vu à Berlin, décida sur-le-champ que l'heure était venue de poursuivre sa mission à Rome. Il surestimait hélas, comme nous le verrons dans la troisième partie, la lucidité politique du Duce et sa véritable marge d'action.

soudains d'énergie. Il dirige de fait les travaux, s'arroge même les fonctions d'interprète, ce qui est facilité par le fait que Chamberlain et Daladier desserrent à peine les dents[34]. Hitler, à sa droite, semble réduit au rang d'ordonnance, littéralement pendu aux lèvres du Duce. Il y eut quelques moments de tension, notamment lorsque le Führer « oublia » de serrer la main de Leger, détesté à Berlin[35]. Finalement, le texte adopté reprenait toutes les conditions posées par Hitler à Bad Godesberg, remises en *bel canto* par son acolyte italien, avec quelques assouplissements formels. Les Anglais avaient sauvé la face, ce qui leur suffisait. L'ambassadeur à Berlin, Henderson, qui avait assisté Chamberlain lors de la difficile entrevue de Bad Godesberg, en attribuera le mérite essentiellement au Duce :

> La présence de *signor* Mussolini agit comme un frein sur Hitler. Il présenta avec beaucoup de tact une combinaison des propositions allemandes et des franco-anglaises, arriva à déjouer un schéma outrancier élaboré par Ribbentrop et obtint assez facilement l'agrément de tous les participants en prenant part directement à la rédaction des différents textes car il était le seul à pouvoir s'exprimer dans les trois langues[36].

34. Une grande production cinématographique intitulée *Munich* est actuellement en tournage en Angleterre. Je crains un peu le rôle clownesque qu'elle pourra réserver à Mussolini.

35. « En dépit de son opposition personnelle à la politique dite d'apaisement et de l'hostilité connue de Hitler à son égard, le secrétaire général se trouve appelé, malgré lui, à assister à la conférence, les ministres des Affaires étrangères n'ayant pas été convoqués à cette réunion » (Saint-John Perse, « Biographie », dans *Œuvres complètes*, Gallimard, coll. « Bibliothèque de la Pléiade », 1982, p. XXII). Trois inexactitudes en quelques lignes : 1) deux ministres des Affaires étrangères étaient présents, Ribbentrop et Ciano, alors que Chamberlain, qui se méfiait de lord Halifax, avait choisi de se faire accompagner par son conseiller en politique étrangère, Sir Horace Wilson ; 2) s'il est vrai que Bonnet avait prudemment évité d'intervenir à la conférence, Leger avait voulu y être pour surveiller le trop malléable Daladier qu'une partie des radicaux voulaient déjà évincer du pouvoir ; 3) Leger n'était pas tant mal vu des Allemands pour son opposition, encore discrète, à la politique d'apaisement que pour son engagement en faveur de la Tchécoslovaquie et de la Petite Entente hérité de Berthelot. Ajoutons le préjugé racial du Führer à l'encontre du diplomate d'origine antillaise.

36. *Sic*. Quatre avec l'italien… Cf. Sir N. Henderson, *Failure of a Mission. Final Exposure of Hitler*, Londres, Hodder & Stoughton, 1940, chap. V, en particulier p. 166-167. Le « schéma Ribbentrop » n'était qu'une fiction pour magnifier l'attitude modérée du Führer. Henderson était entièrement acquis à la cause de l'apaisement. Comme son Premier ministre, il aurait probablement déjà sacrifié toute la Tchécoslovaquie au Führer pour éviter la guerre.

En clair, les Sudètes seraient *de facto* incorporés au Reich, à partir du 10 octobre : un délai très court, qui empêchait tout démantèlement des infrastructures minières et industrielles destinées à tomber aux mains des nazis. Une commission internationale (qui ne se réunit jamais) aurait dû décider du sort des autres territoires contestés. Si Prague refusait d'obtempérer, elle perdrait l'appui de ses alliés occidentaux ce qui, dans le cas français, équivalait à une forfaiture pure et simple des traités de 1924-1925. Beneš, encore récemment le bien-aimé de Paris et de Londres, dut démissionner. La suite du morcellement de la Tchécoslovaquie aura lieu bien avant la guerre, avec la constitution du protectorat de Bohême-Moravie (16 mars 1939) et la création la veille d'un vassal du Troisième Reich, la république de Slovaquie, sous la présidence d'un religieux catholique, Mgr Jozef Tiso[37]. Entre-temps, la Pologne et la Hongrie avaient activement pris part à la curée.

De toute évidence, cet accord au forceps était pour Hitler – et, pour d'autres raisons, pour Mussolini – un test qui leur permettait de mesurer, après la remilitarisation de la Rhénanie et l'Anschluss, le degré de faiblesse des dirigeants occidentaux. Le *« It's peace in our time »*, qu'un Chamberlain d'excellente humeur[38] et un Daladier surpris et dégoûté par cet enthousiasme ramenaient chez eux comme preuve de leur honteux désistement, n'avait pas été réellement en danger. Lorsque à la fin des travaux Hitler se tourna vers ses généraux en leur disant : « Ce bonhomme [Chamberlain] m'a privé du plaisir de faire mon entrée à Prague[39] ! », il savait que son bon plaisir n'était différé que de quelques mois, en attendant le moment où il serait prêt à déclencher la guerre en Europe. De ce fait, les distinctions entre « munichois » et « antimunichois » – *appeasers and not* – qui ont lacéré l'intelligentsia à la fin des années 1930 étaient déjà dépassées par les événements. On appliquait des critères périmés, hérités des Lumières, de la Révolution française et du « printemps

37. Pendu en 1947 pour crimes de guerre, Tiso est encore vénéré dans certains milieux nationalistes comme un martyr et un précurseur de l'indépendance slovaque. Le Saint-Siège n'a jamais tranché sur son cas.

38. Lorsqu'il déclara peu après aux Communes : « Malgré nos différends sur plusieurs sujets, je dois remercier le Premier ministre Mussolini de son rôle constructif dans ce dénouement », le dictateur italien fut ovationné par les députés. Churchill, qui était présent, évite de préciser s'il s'unit aux applaudissements.

39. Rapporté par G. Mann, *Deutsche Geschichte 1919-1945*, *op. cit.*, p. 175.

des peuples » de 1848, là où la marche fatale de la *Realpolitik* portait les totalitarismes à se rapprocher, indépendamment des idéologies et dans le plus souverain mépris de l'internationalisme. Les intellectuels, plus encore qu'en Espagne, ne jouèrent qu'un rôle de façade dans ces enjeux. Le pacte germano-soviétique du 23 août 1939, doublé de protocoles secrets dont le plus important actait le partage de la Pologne, mettra un point final à ces illusions.

9

La traîtrise de la « race »

Au retour de Munich, le Duce avait également été accueilli par une foule à l'enthousiasme pour une fois spontané, lorsqu'il avait proclamé au balcon du palais de Venise : « C'est la paix dans la justice ! » Il aurait dû se réjouir de cette consécration de son rôle d'arbitre de l'Europe. Mais il reçut surtout l'énième confirmation que *son* peuple ne voulait pas de guerre ; il en fut d'autant plus contrarié qu'on pouvait déjà voir l'attitude consternée de la population devant l'adoption des lois raciales, introduites officiellement au début du mois[1].

Certains adeptes de la tendance historique qu'on pourrait appeler « reconstructiviste » ont affirmé que les germes du Mussolini raciste se trouvent déjà dans sa jeunesse socialiste et qu'il y aurait donc une cohérence (négative) de fond dans son approche du problème juif. L'interprétation généralement acquise reste néanmoins que le fascisme n'a à l'origine aucune composante antisémite, cas à peu près unique parmi les mouvements d'extrême droite en Europe[2]. Mussolini l'avait encore fortement souligné dans ses entretiens avec Ludwig, sachant bien sûr que le grand reporter weimarien était lui-même d'origine juive. « L'antisémitisme n'existe pas en Italie[3] », lui déclara-t-il : un point c'est tout. Mis à part le cas déjà évoqué d'Aldo Finzi, un Juif, Guido Jung avait été un excellent ministre des Finances dans les années 1930 : on l'écartera discrètement, le moment venu, de ses autres fonctions, mais il restera membre de la Chambre fasciste

1. De Felice, *Mussolini il duce*, II, *Lo Stato totalitario*, *op. cit.*, p. 537 et suivantes.

2. Même les *Blackshirts* de Mosley, dans l'Angleterre qui avait donné au XIXe siècle un Premier ministre comme Benjamin Disraeli, n'échappaient pas à ce funeste penchant qui les rapprochera idéologiquement du nazisme beaucoup plus que du fascisme.

3. Ludwig, *Entretiens*, *op. cit.*, p. 109-110.

jusqu'au début de la guerre[4]. Deux Juifs – Margherita Sarfatti et le mathématicien Salvatore Pincherle[5] – avaient été en 1925 parmi les premiers signataires du manifeste des intellectuels fascistes de Gentile. D'autres intellectuels, comme l'archéologue Alessandro Della Seta, l'historien de l'Antiquité Mario Attilio Levi, le physiologue Carlo Foà, le juriste Giorgio Mortara, le philosophe du droit Giorgio Del Vecchio, avaient été des personnalités en vue de la culture officielle des années 1920-1930[6]. S'il y avait un préjugé envers le « peuple déicide » dans la tradition italienne, il était plutôt d'origine cléricale. Les termes *giudeo*, *giudaico* étaient souvent préférés à ceux de *ebreo*, *ebraico*, car ils renvoyaient à la tradition catholique de la trahison du Christ par Judas et à son reniement par le peuple juif. Nous avons déjà mentionné le cas de Preziosi, le plus redoutable propagandiste antisémite du régime[7], qui était un prêtre défroqué. L'émancipation des Juifs italiens, après Napoléon, avait accompagné et illustré toute l'histoire de l'unité nationale, du *Risorgimento*[8] à la Grande Guerre. Ainsi, à Trieste, rattachée à l'empire des Habsbourg jusqu'en 1918, « Juif » et « Italien irrédentiste » (c'est-à-dire patriote) étaient devenus des synonymes aux yeux des autorités austro-hongroises[9]. Autre

4. Il rompra définitivement avec le régime en 1943 et rejoindra le royaume du Sud (voir la troisième partie), où il retrouvera son poste de ministre des Finances dans le cabinet Badoglio. Jung aura eu ainsi la « distinction » quasiment unique d'avoir siégé trois fois dans des fonctions dirigeantes : avant Mussolini, sous Mussolini et après Mussolini.

5. Cousin éloigné de l'écrivain Alberto Moravia, dont c'était le nom de famille. Les Pincherle étaient une des grandes familles de l'aristocratie intellectuelle et sociale juive dans l'Italie des XIXe et XXe siècles.

6. Le cas de Del Vecchio est le plus troublant. Caché dans un couvent pendant l'occupation allemande et converti au catholicisme, il restera proche du MSI néofasciste dans l'après-guerre. Un témoin fiable m'a dit qu'il conserva jusqu'à sa mort un buste de Mussolini sur son bureau, à côté de la lettre – encadrée – dans laquelle le Duce lui exprimait son « regret » de devoir l'éloigner au moment des lois.

7. Il ne fut pas le seul : un soi-disant philosophe, ésotériste et faux baron sicilien, Julius Evola, qui, à la différence de Preziosi, jouissait de l'estime de Mussolini, a tenu dans un jargon pseudo-érudit des propos non moins infâmes dans une avalanche d'œuvres qui conservent leur lot d'admirateurs – même en France – de nos jours. Dans les années 1960-1970, ce Heidegger de pizzeria, paralysé des membres inférieurs depuis un bombardement à Vienne en 1945, était devenu le maître à penser d'extrémistes et de terroristes de droite en rupture de ban avec la ligne « parlementariste » de la majorité du MSI.

8. Lorsqu'on reprocha au comte de Cavour, le plus grand homme d'État italien, d'avoir un secrétaire juif, il répondit à ses adversaires : « C'est un bien meilleur patriote que vous. »

9. J'en parle longuement dans ma biographie *Italo Svevo, ou l'Antivie*, *op. cit.*, à laquelle je me permets de renvoyer le lecteur pour plus de détails.

exemple : Ernesto Nathan avait été, de 1907 à 1913, un maire efficient et modernisateur de la Rome « jadis » des papes. Cet apport avait été essentiel : la population juive italienne, forte de quelques dizaines de milliers d'âmes à peine[10], avait manifesté son dévouement à la cause nationale, autant que les Juifs français, anglais, autrichiens et allemands dans leurs camps respectifs, ce dont témoigne leur conduite exemplaire pendant la Grande Guerre.

Comme de surcroît les membres des communautés juives, surtout dans le centre-nord de la péninsule[11], étaient d'un niveau intellectuel et social très élevé, parfois reconnu par des titres de noblesse, il en découle qu'ils étaient – légitimement – surreprésentés au niveau de la classe dirigeante du pays, dans les assurances, la finance, l'université, les sciences et les professions libérales, mais aussi dans l'administration et l'armée. Il s'agissait d'un enrichissement pour la société italienne dans son ensemble qui ne créait pas les moindres prodromes d'un « problème » juif. Situation idéale, donc ? Oui et non. Dans leur majorité, les Juifs italiens, religieux ou non, étaient de vocation libérale ou conservatrice (avec une forte minorité socialiste), et ils assistèrent à la montée du fascisme avec une extrême circonspection. Cependant, pour des raisons complexes que nous ne pouvons détailler ici[12], la progression du régime conforta la plupart d'entre eux dans l'idée qu'il fallait composer avec la nouvelle réalité de l'État italien. Ainsi, s'il y aura trois Juifs parmi les treize professeurs d'université qui refusèrent de prêter le serment de fidélité au fascisme, ils furent également très nombreux parmi les 1 200 qui s'y plièrent. Le lecteur français en trouvera l'analyse la plus subtile dans les récits de Giorgio Bassani, le grand écrivain qui à mon avis a le mieux retracé ce parcours sinueux dans toute son œuvre – bien connue en France[13]. Cette situation

10. Comme la communauté protestante, qu'on oublie trop souvent de mentionner et qui sera également ostracisée.

11. Mis à part une très ancienne (la plus ancienne de l'Occident) implantation à Rome, composée surtout de commerçants et d'artisans, la population juive était numériquement insignifiante dans le sud de la botte.

12. Je renvoie aux deux premiers chapitres de l'ouvrage de référence : De Felice, *Storia degli ebrei italiani, sotto il fascismo*, Turin, Einaudi, 1961, plusieurs fois republié et augmenté. Une abondante littérature s'est ajoutée depuis.

13. Cf. G. Bassani, *Le Roman de Ferrare*, Paris, Gallimard, coll. « Quarto », 2006. On doit également citer d'autres importants écrivains comme Alberto Vigevani, auteur notamment d'*Un dénommé Ramondès*, préface de M. Serra, Paris, Cahiers de l'Hôtel de Galliffet, 2019.

changera dramatiquement avec les lois raciales et conduira, dans certains cas, à une rétrodatation de l'engagement antifasciste des Juifs italiens et des communautés qui les représentaient[14].

Revenons à la question initiale : si le fascisme n'avait pas d'origine antisémite, peut-on dire que la campagne raciale lancée par les lois introduites le 5 septembre 1938 correspondait à un coup de théâtre, une sorte de « lugubre surprise » tout à fait inattendue ? Là encore, oui et non. L'idée d'une « défense de la race italienne » était ancienne chez Mussolini : il l'avait exprimée notamment au début de l'ample discours programmatique de l'Ascension du 26 mai 1927, que nous avons déjà cité à propos de Locarno. Certes, il s'agissait encore essentiellement de mesures de santé publique contre la pellagre, la tuberculose, l'alcoolisme, la dénatalité et ainsi de suite. La campagne démographique avait été un des mots d'ordre du régime. Par ailleurs, le Duce avait cultivé les rapports avec des leaders sionistes comme Chaïm Weizmann, futur premier président de l'État d'Israël : c'était l'autre tenant de sa politique proarabe, les deux agissant dans une optique essentiellement antianglaise en Palestine et au Moyen-Orient[15]. Mais il était peut-être dans l'ordre des choses que la volonté de façonner l'homme nouveau, selon le projet totalitaire-césarien des années 1930, conduise à un durcissement théorique et politique. Contaminée à partir de l'avènement de Hitler, la propagande fasciste assume un caractère de plus en plus antisémite. Le journal de Farinacci, *Il Regime fascista* de Crémone, donne le coup d'envoi. Mais on retrouve le même ton dans le quotidien de Mussolini, *Il Popolo d'Italia*, dénonçant les profits que la finance internationale (juive) de Londres et de New York tire des sanctions contre l'Italie.

Les Juifs italiens n'étaient-ils pas, pour l'essentiel, des bourgeois cosmopolites, dans la ligne de mire de la « seconde ondée » du fascisme ? Leur marginalisation aurait dû garantir que cet homme nouveau – qui n'existait que dans les délires de Mussolini et de Bottai – s'affranchirait de vieilles tendances au pacifisme et à l'accommodement, tendances

14. Il y eut, inversement, le cas très affligeant de Juifs fascistes qui conservèrent leur engagement après les lois raciales et publièrent jusqu'au conflit une petite revue, *Notre drapeau*. Son animateur, un riche banquier turinois, sera massacré par les SS en octobre 1943. L'écrivain Alain Elkann, un de ses neveux, s'est inspiré de son cas dans un roman angoissant, *Piazza Carignano*, Paris, Régine Deforges, 1989.

15. De Felice, *Storia degli ebrei italiani*, *op. cit.*, p. 162-170.

« typiquement » juives. Entre-temps, le Duce s'est convaincu qu'ils entretiennent des rapports suivis avec l'antifascisme international, à Moscou comme à Paris et aux États-Unis. En fait, des principaux opposants en exil, seuls les socialistes Giuseppe Emanuele Modigliani[16] et Claudio Treves, décédé à Paris en 1933, et des intellectuels plus jeunes comme Carlo Levi, Leo Valiani, Emilio Sereni et les frères Rosselli, assassinés en 1937 en France, et quelques autres, étaient juifs. Un seul Juif – Umberto Terracini[17] – figurait avec Gramsci, Bombacci et Togliatti dans le premier groupe dirigeant du PCI, dénommé Parti communiste d'Italie en 1921. La situation changera évidemment après l'introduction des lois raciales et la guerre. Ainsi, le philosophe et résistant Eugenio Colorni sera assassiné à Rome, pendant la République sociale, en mai 1944, dans un guet-apens des milices fascistes. Il en sera de même pour une autre éminente personnalité, l'historien Leone Ginzburg, mort en prison des suites des tortures subies[18].

Ce n'était donc pas d'une vision « biologique » qu'il s'agissait, mais d'une vision « culturelle », ce qui la rendait peut-être encore plus sinistre. Les Juifs n'étaient pas (nécessairement) « inférieurs », mais tout simplement « autres », ce qui ne changeait pas fondamentalement la question, vu qu'ils devaient être expulsés du corps actif de la nation. Les risques de métissage, après l'occupation de l'Éthiopie, jouèrent également une part non négligeable dans l'adoption des lois raciales, comme nous l'avons déjà dit. Que Mussolini ait cru ou non à l'idée abstruse d'une « race italienne », un concept qui plongeait ses racines confuses dans le positivisme du XIXe siècle, le racisme devenait un élément mobilisateur utile dans un grand projet de reconquête idéologique[19]. En revanche, le rapprochement avec le Troisième Reich fut moins décisif à cet égard, du moins dans un premier temps. Mussolini avait invité Hitler, au lendemain de son

16. Modigliani (frère aîné du grand peintre Amedeo) sera le courageux avocat de la famille Matteotti au procès des assassins du député socialiste défendus par Farinacci. L'éloquence déployée par les deux adversaires à la barre mériterait de trouver son dramaturge.

17. Cousin des écrivains d'expression italienne et française Enrico et Jeanne Terracini, qui furent pour moi des amis chers.

18. A. D'Orsi, *L'intellettuale antifascista. Ritratto di Leone Ginzburg*, Milan, Neri Pozza, 2019. Il était le mari de l'écrivaine Natalia Ginzburg et le père de l'historien Carlo Ginzburg.

19. Cf. l'analyse approfondie de M.-A. Matard-Bonucci, *L'Italie fasciste et la persécution des Juifs*, Paris, Perrin, 2007.

triomphe, à « ne pas exagérer » dans la question juive, pour rassurer les milieux internationaux[20]. L'excuse absolutoire selon laquelle le Duce aurait été porté – voire contraint – à introduire la législation sous pression allemande, alors que l'Axe n'avait pas encore abouti à une alliance formelle, ne tient pas debout. S'il ressentait la nécessité de se rallier à la plateforme idéologique du national-socialisme, il voulait le faire à son rythme et à sa façon, sans donner l'impression de copier qui que ce soit[21]. Cette attitude ondoyante, qui lui ressemble tellement, continuera pendant quelques années.

En 1934, autour de la première rencontre avec Hitler à Stra, il autorise la traduction italienne de *Mein Kampf*, qui sera publiée avec un financement ministériel car l'éditeur doute du succès commercial de ce « pavé illisible ». À la même époque – dédoublement typiquement mussolinien ! –, il autorise la reconversion de l'Institut d'études germaniques de Rome, sur l'impulsion de Gentile, en centre d'accueil des intellectuels allemands persécutés par le Troisième Reich – surtout des Juifs. Parmi les personnages considérables qui y furent accueillis, citons le philosophe Karl Löwith, le poète Karl Wolfskehl, l'écrivain Rudolf Borchardt, l'historien de l'art Percy Gothein et de nombreux autres[22]. Mussolini laissa faire, à tel point que l'on a calculé que jusqu'en 1938 l'Italie fasciste accueillit environ 20 000 réfugiés allemands – et autrichiens après l'Anschluss, dont le plus illustre fut Robert Musil, qui travaillera en Italie puis en Suisse à *L'Homme sans qualités* –, parmi lesquels 18 000 Juifs. Dès que la situation changea, ils obtinrent presque tous de partir vers la Suisse, les États-Unis, l'Australie ou la Nouvelle-Zélande[23]. Aucun d'entre eux, à ce qu'il apparaît, ne sera livré aux nazis, du moins jusqu'à Salò. Les Juifs italiens n'eurent pas droit à tant d'égards.

20. Rapport du major Renzetti à Mussolini du 14 mai 1933, dans De Felice, *Mussolini e Hitler*, *op. cit.*, p. 291-294.

21. De Felice, *Storia degli ebrei italiani*, *op. cit.*, p. 246-248.

22. Cf. l'ouvrage, entre histoire et Mémoires, de K. Voigt (lui-même fils d'un de ces réfugiés), *Zuflucht auf Widerruf. Exil in Italien 1933-1945*, 2 vol., Stuttgart, Klett-Cotta, 1989, ainsi que Serra, *La ferita della modernità*, *op. cit.*, p. 109-115.

23. Parmi ceux qui choisirent de rester, protégés par des familles italiennes, Borchardt mourra épuisé en 1945 dans le Tyrol ; une fin semblable à celle de Walter Benjamin à la frontière franco-espagnole en septembre 1940. Un autre écrivain d'envergure, le catholique Stefan Andres, se cachera avec son épouse juive dans le village de Positano, sur la côte amalfitaine, qui lui a consacré une belle promenade.

La promulgation des lois raciales fut précédée par une des plus grandes campagnes d'escobarderie de l'histoire du *ventennio* : en niant l'inéluctable jusqu'à la veille ou l'avant-veille, le régime visait surtout à éviter des passations de biens qui auraient permis aux Juifs italiens de se défaire à temps de leurs capitaux dans des conditions relativement décentes. Cependant un premier signal contraire fut donné par la publication et la large diffusion, le 14 juillet 1938, d'un anonyme « Manifeste de la race » : ce galimatias pseudo-scientifique, qui avait été revu personnellement par Mussolini, provoqua une telle consternation dans l'opinion publique que dix jours plus tard le PNF publia la liste des dix signataires, pour la plupart des chercheurs et assistants de second ordre, mais dont deux au moins étaient des savants réputés : l'endocrinologue Nicola Pende et le démographe et statisticien Franco Savorgnan[24]. Entre septembre et novembre, la législation fut mise en place avec une détermination et une rapidité qui prouvent que l'outillage administratif avait été élaboré depuis longtemps. Le moment capital fut la discussion au Grand Conseil du fascisme du 6 octobre, sur laquelle il suffira de lire le témoignage de Ciano :

> Problème des Juifs. Balbo, De Bono et Federzoni[25] parlent en faveur [d'une atténuation des lois, surtout pour les anciens combattants[26]]. Les autres, contre. Bottai surtout, qui me surprend par son intransigeance : « Ils nous détesteront parce que nous les avons chassés, ils nous mépriseront si nous les laissons rentrer. » Le Duce, pendant la suspension de la séance, me dit : « L'antisémitisme est à présent inoculé dans le sang des Italiens. Il continuera à circuler tout seul et à se développer. Et puis, même si je suis conciliant ce soir, je serai très dur dans la préparation des lois[27]. »

24. Tous deux sortiront indemnes des mesures de l'épuration et reprendront après la guerre leur carrière universitaire. Pende, en particulier, affirmera que le texte avait été manipulé et fit valoir l'assistance offerte par les hôpitaux qu'il dirigeait à Rome à des ressortissants juifs, lors des rafles allemandes et fascistes de 1943-1944.

25. L'absence remarquée du monarchiste et ancien quadrumvir De Vecchi pouvait être interprétée comme un signe des doutes du souverain.

26. Selon le journal de Bottai, qui fournit une version plus ample mais non divergente, y compris la phrase qui le concerne.

27. *Journal politique* du comte Ciano, I, *op. cit.*, p. 388.

Il avait tort, heureusement, du moins dans sa première proposition. L'écrasante majorité des Italiens n'avaient pas la fibre (ou le cancer) antisémite et ne la contracteront ni avec la législation de 1938, renforcée au début de la guerre, ni après. Les historiens de la Shoah concordent sur ce point. Pendant le conflit, l'attitude des militaires et des diplomates italiens sera honorable sur tous les fronts, suscitant bien souvent les protestations des nazis et de leurs avortons balkaniques[28]. Mais cela ne signifie pas qu'il y eut une quelconque opposition à ces mesures en vertu desquelles les Juifs devenaient des citoyens de seconde classe[29]. Gêne, consternation, voire pitié tant qu'on voudra, mais ce fut tout. Le parti et le gouvernement s'inclinèrent docilement, sauf Balbo en Libye et quelques anciens hiérarques qui ne comptaient plus, comme Arpinati à Bologne. L'inepte Starace lança la machine du PNF contre la « menace judaïque » sans même savoir de quoi il parlait. Farinacci tonitrua, en nouvel Hérode, tout en gardant auprès de lui sa fidèle secrétaire juive. Le roi signa les décrets, après quelques vagues remontrances à propos des cinquante officiers supérieurs et amiraux d'origine juive mis à la retraite, parmi lesquels le général Pugliese, l'homme qui avait arrêté la première vague squadriste sur la capitale en 1922. L'administration appliqua diligemment ces mesures, y compris les directives de boycott des commerces juifs. Dans la presse, au cinéma, sur les affiches publicitaires et dans la littérature, jusqu'aux romans policiers[30], le Juif devint, par touches successives, parfois subliminales, le parangon du traître et du malfaiteur[31].

28. Pour le cas de la zone d'occupation italienne en France, autour de Nice et de la Côte d'Azur, il suffira de citer le témoignage de Simone Veil, *Une vie*, Paris, Le Livre de Poche, 2007, p. 44-45, qu'elle a repris à de nombreuses autres occasions.

29. Giorgio Bassani, jeune espoir du tennis de Ferrare avec son coéquipier, le futur cinéaste Michelangelo Antonioni, fut alors exclu du plus huppé cercle sportif de la ville (on retrouve l'épisode dans son roman, *Le Jardin des Finzi Contini*). Même l'intervention de Balbo et du directeur du quotidien fasciste de la ville, Nello Quilici, amis de longue date de sa famille, ne put l'empêcher. La décision fut prise par un très zélé fonctionnaire qui deviendra dans l'après-guerre un intellectuel antifasciste connu.

30. J'ai devant moi un « polar » de l'anglais Edgar Wallace, alors très populaire en Italie, traduit et publié fin novembre 1938 dans une collection de poche de Mondadori. Sur la couverture, le « méchant » de l'histoire est portraituré sous des dehors sémitiques, ce qui n'a rien à voir avec le contenu du livre.

31. Les étapes de la discrimination raciale, des antécédents de 1936 jusqu'à 1943, sont reconstruites dans Sarfatti, *Gli ebrei nell'Italia fascista*, *op. cit.*, chap. IV, intitulé « La période de la persécution des droits des Juifs ».

Et les intellectuels ? Si l'on peut imaginer que des « philosémites » connus comme Pirandello, Marconi ou D'Annunzio s'en seraient offusqués, ils étaient déjà morts : un problème de moins. Gentile[32] et Marinetti[33] protestèrent : on les ignora. La plupart des autres ne bronchèrent pas. Le 29 novembre 1938, Angelo Fortunato Formiggini, descendant d'une lignée d'argentiers et d'orfèvres de Modène qui remontait aux ducs d'Este, humoriste un peu fou comme il se doit, éditeur raffiné[34], inventeur de l'esperanto italien, figure incontournable de tous les salons et bistrots citadins, au rire sardonique haut perché, se jette de la tour de la Ghirlandina, principal monument de la ville, aujourd'hui patrimoine de l'Unesco, en muette protestation contre l'horreur qui avance. Mussolini marmonna quelques propos d'estime et de regret. Ce fut tout[35].

On assista parfois à des « conversions » imprévues. Le publiciste sicilien Telesio Interlandi avait fait preuve d'audace avant-gardiste dans ses premières publications, comme le quotidien *Il Tevere* et l'hebdomadaire *Quadrivio*. Il acceptera pourtant d'assumer la direction de la feuille la plus honnie de l'antisémitisme italien, *La Difesa della razza* (« La défense de la race »), dont la couverture représentait la tête d'un jeune Apollon gréco-latin, séparée par un glaive de celles d'un Juif caricatural et d'une jeune femme noire (par référence sans doute

32. Le grand orientaliste et sémitiste Giorgio Levi Della Vida (un de ses élèves sera, dans l'exil américain, Noam Chomsky) relate une histoire saisissante dans ses Mémoires. Sa fille se présenta à une des séances d'examen de l'université de Rome réservées aux étudiants juifs, sous l'œil de la police. Gentile y assistait pour témoigner publiquement de son opposition à la discrimination. Le philosophe, redouté pour son extrême sévérité, interrogeait les jeunes candidats juifs avec une prévenance et une gentillesse qu'on ne lui connaissait pas. Quand il se trouva devant la jeune fille, il l'embrassa, les larmes aux yeux, et lui dit à haute voix : « Mon petit, ton père est un immense savant, une perte pour la Nation et un ami fraternel ! » Or, commente Levi Della Vida avec humour, il n'avait eu avec Gentile que des rapports distants et frileux dans le milieu universitaire.

33. Il acceptera néanmoins de faire partie d'une commission ministérielle censée purger l'édition italienne d'ouvrages « défaitistes », préfascistes et antifascistes, italiens et étrangers, fréquemment d'origine juive. L'initiative sombrera rapidement dans le ridicule et l'oubli.

34. Parmi ses nombreuses publications, les cent cinq volumes des « Classiques du rire », allant de l'Antiquité à Wilde et Courteline, sont encore très prisés par les bibliophiles.

35. Un cas tout aussi douloureux mais quasiment oublié est celui du lieutenant-colonel Giorgio Morpurgo, combattant en Espagne dans les troupes du CTV, qui choisit de s'immoler dans une mission suicidaire en décembre 1938. Il obtint la dernière médaille d'or que l'Italie fasciste attribua à un officier « juif », ce qui évidemment ne figura pas dans la citation.

aux « croisements sexuels », en Éthiopie et ailleurs). Des charlatans à la Julius Evola y déballèrent leur camelote « ésotérique ». Malgré ce battage, la revue n'eut aucun retentissement réel et sa diffusion ne fut assurée que par les abonnements obligatoires des services publics. Elle paraîtra jusqu'en 1943, après quoi Interlandi se traînera dans les coulisses de Salò et sera épuré à la Libération.

Mussolini toléra (comme et plus que Hitler) des « aryanisations » éclatantes de financiers, médecins, juristes ou architectes ; mais il n'avait sans doute pas prévu que le concept de « discrimination » introduit par la législation provoquerait une énorme vague de corruption et de pots-de-vin. Le fascisme découvrit alors pour tout le monde son véritable visage, en associant la vénalité à la persécution. On assista à des cas de conscience tourmentés. Les « menacés » firent ce qu'ils purent, comme plus tard sous Vichy, pour échapper à la sanction : présentation de certificats de baptême rétrodatés[36] ; titres plus ou moins faux de noblesse terrienne ; déclarations selon lesquelles on n'était pas fils de deux parents juifs, mais de la liaison d'une mère juive avec un « Gentil », qui se prêtait à le déclarer sous serment, le plus souvent moyennant argent, et ainsi de suite. Les enrichissements plus ou moins licites éclaboussèrent jusqu'aux sommets de la hiérarchie – le cas du clan Ciano à Livourne, peut-être exagéré, était dans toutes les bouches –, suscitant l'irritation du Duce qui dans ses égarements sur l'homme nouveau n'avait pas envisagé cette dérive véreuse, qui continuera jusqu'aux derniers jours du fascisme. Ainsi, la dernière vente aux enchères de biens saisis à la communauté juive aura lieu à Florence, avec un grand concours d'acheteurs, à l'avant-veille de la libération de la ville, en août 1944. Certains défenseurs posthumes de Mussolini ont affirmé que la « véritable » persécution antisémite n'aurait eu lieu qu'à Salò, sous la contrainte et la direction des Allemands. C'est doublement faux. D'une part, dès 1941, une main-d'œuvre juive fut astreinte à des travaux de réfection (aménagement des berges du Tibre) et de fortification d'abris antiaériens – d'une valeur militaire quasiment nulle, mais qui devaient servir à humilier la communauté « cosmopolite » : il en reste des documents

36. La circonspection des autorités catholiques – à la différence en général du bas clergé – au cours de cette première phase de la persécution (après 1943, elles seront plus engagées) a suscité, comme en France et ailleurs, des interrogations et des recherches parfois accablantes.

photographiques indéniables. D'autre part, comme nous le verrons, lorsque la République sociale autorisera la « chasse au Juif », elle le fera en se référant à la législation préexistante.

Les lois raciales ne furent pas seulement un crime, le plus abject de l'histoire du fascisme, et sans doute de toute l'histoire nationale italienne, mais également une faute. On a souvent affirmé que l'antisémitisme nazi priva l'Allemagne d'une grande partie des savants qui auraient pu lui donner la première bombe atomique et la victoire dans la guerre mondiale. Or, l'Italie se trouvait dans un cas semblable. L'école de physique mathématique, dès le début du siècle, était une des plus développées du monde et c'est largement à des Juifs qu'elle le devait (Castelnuovo, Cremona, Enriques etc.). Elle avait participé vaillamment par ses découvertes à l'effort de la Grande Guerre. À l'instigation d'un des techniciens ralliés au régime, le ministre Orso Mario Corbino, qui était lui-même un savant d'envergure, le régime avait accepté de financer modestement les recherches d'Enrico Fermi, prix Nobel en 1938, et de ses jeunes assistants, dont le nom dans l'histoire de la science restera celui des *ragazzi di via Panisperna* (les « gars de la rue Panisperna », la rue du centre de la capitale où se trouvait leur institut), le plus important noyau de physiciens que l'Italie ait connu depuis Galilée[37]. On peut leur rattacher, distant de tous, comme toujours dans sa courte ou longue vie (nul ne le saura), le génial mathématicien Ettore Majorana, présumé disparu en mer en mars 1938[38]. Or, faisaient partie de cette petite équipe, qui arrivera en 1934 à découvrir les neutrons lents, premier fondement du réacteur nucléaire, deux savants d'origine juive : Emilio Segrè, prix Nobel en 1959, et Bruno Pontecorvo[39], qui quitteront le pays, ainsi que Fermi

37. Une autre influence positive fut, encore une fois, celle de Gentile, dont le fils aîné, Giovanni junior, physicien réputé, avait contribué à certaines recherches de l'institut.

38. Sciascia lui a consacré un petit livre fascinant et discuté, *La Disparition de Majorana*, Paris, Flammarion, 1975. Toutes les hypothèses ont été formulées à ce sujet. Sa mort ne sera officiellement déclarée qu'en 1959, mais on a continué longtemps à localiser sa présence dans des couvents de trappistes, des villages d'Amérique latine, etc.

39. Issu d'une famille exceptionnellement douée de la grande bourgeoisie pisane – son frère aîné, Guido, fut un éminent généticien, un de ses frères cadets, Gillo, le réalisateur, contesté en France, de *La Bataille d'Alger*, sans oublier leur cousin, le philosophe Colorni –, Bruno Pontecorvo, dit Brouno Maksimovitch Pontekorvo, deviendra un cas politique lorsqu'en 1950 il rejoindra l'URSS qui en fera le père putatif de la bombe atomique soviétique. Il ne réapparaîtra publiquement qu'à la fin des années 1970. Je

dont l'épouse était également juive. Ils poursuivront avec d'autres savants exilés aux États-Unis les recherches qui mèneront au « projet Manhattan » et à la production de la première bombe atomique. Elle ne sera pas lâchée, comme prévu, sur l'Allemagne, qui s'était rendue à temps, mais sur les villes japonaises d'Hiroshima (le 6 août 1945) et Nagasaki (le 9) : une décision qui suscite encore aujourd'hui bien des questions et des déchirements éthiques et scientifiques.

L'exode des savants d'origine juive ne s'arrêtera pas là. Il suffira de citer, parmi des centaines d'autres, le microbiologiste Salvador Luria, prix Nobel en 1969, l'économiste Franco Modigliani, prix Nobel en 1985, et la neurologue Rita Levi-Montalcini, prix Nobel en 1986[40]. C'est une raison de fierté – et un peu de honte – pour un Italien de ma génération de constater à quel point ces persécutés garderont un attachement profond à leur mère patrie. Ainsi, Rita Levi-Montalcini sera nommée sénateur à vie de la République et jouira jusqu'à sa mort, en 2012, d'une autorité publique que sa gentillesse, sa sérénité et son humour rendaient infiniment touchante[41].

l'ai rencontré à Moscou où il acceptait alors nos invitations à l'ambassade. Rarement un homme portant beau, quoique déjà affecté par la maladie de Parkinson, habillé d'un costume soviétique quelconque, d'une politesse exquise, n'échangeant que des propos évasifs dans son bel accent toscan, dont le regard un peu fuyant semblait tourné vers des horizons inaccessibles, m'aura autant impressionné, par-delà sa légende. J'ai appris après cela beaucoup de choses sur sa vie privée non moins tourmentée. Trente ans plus tard, à Genève, dans les milieux du CERN, le Conseil européen pour la recherche nucléaire, tous les scientifiques que je croiserai me confirmeront qu'il aurait largement mérité le prix Nobel. À une exception près : l'un d'eux me dira qu'il en aurait mérité… deux, un pour la physique et un pour la paix, ayant évité par ses découvertes une troisième guerre mondiale entre l'Est et l'Ouest. À sa biographe, Miriam Mafai (également d'origine juive et ancienne persécutée), qui lui demandait, à la veille de sa mort : « Quelle est ta patrie, l'URSS ou l'Italie ? », il répondit : « L'Italie ». Décédé en 1993, il est inhumé au cimetière non catholique de Rome.

40. Elle provoquera un petit incident diplomatique à Stockholm lorsque, devenue citoyenne des États-Unis, elle demandera à être accompagnée à la cérémonie par l'ambassadeur… italien (qui me l'a raconté). À la fin, il s'accordera avec son collègue américain pour l'escorter ensemble.

41. Il faudrait également mentionner, parmi les Justes, le grand rabbin de Rome, Elio Toaff (1915-2015), qui, ayant survécu aux persécutions fascistes et nazies, œuvrera inlassablement pour la réconciliation entre Juifs et Italiens. Il accueillera en 1986 Jean-Paul II lors de la première visite d'un pontife à la synagogue de Rome.

10

Miser sur le mauvais cheval

Le succès diplomatique, suivi d'un éphémère retour de popularité internationale, n'a pas rassuré le Mussolini de l'après-Munich. Sa position centrale n'arrive pas à satisfaire sa boulimie de reconnaissance. Lorsque Ciano écrit dans son journal : « Nous devons tenir les deux portes ouvertes[1] », c'est la pensée de son beau-père qu'il interprète. D'une part, le Duce est désormais convaincu que Hitler ne s'arrêtera pas là, malgré ses promesses : un menteur sait reconnaître d'instinct un autre menteur. La conférence n'aura donc marqué qu'une pause dans la progression inévitable vers la guerre. D'autre part, son instinct, qui pour une fois ne le trahit pas, lui dit que Paris, et surtout Londres, ne céderont plus la prochaine fois. Là où ses adjoints, y compris le très fin et expérimenté Grandi, semblent croire à la volonté anglaise d'éviter à tout prix un conflit, Mussolini reste sceptique sur les limites de la politique « d'apaisement ». Il confie néanmoins qu'il pourra tirer son épingle du jeu, comme il a su le faire tant de fois par le passé. En un peu plus d'un an, il gâchera tout et perdra tout.

Si les rapports avec la France restent difficiles[2] – nous y reviendrons en évoquant la mission de François-Poncet à Rome –, les relations italo-britanniques évoluent de façon plus constructive. Après la normalisation des accords de Pâques 1938, les sujets contentieux entre les deux pays semblent mis de côté, sinon résolus. Un grand ambassadeur, lord Perth, qui a étudié de près la complexe psycho-

1. *Journal politique* du comte Ciano, I, *op. cit.*, à la date du 27 octobre 1938, p. 408.

2. Au point que Duroselle définira cette dernière phase comme celle de l'« impossible rapprochement franco-italien ». Cf. *Politique extérieure de la France. La décadence, 1932-1939*, *op. cit.*, p. 389-396.

logie de Mussolini, ne cesse de répéter au Foreign Office qu'il faut ménager le dictateur italien et flatter son amour-propre. Mais les faucons à la Anthony Eden, qui a quitté le gouvernement mais reste influent dans les coulisses, rament à contre-courant. Perth arrivera néanmoins à organiser une visite de Chamberlain et de son ministre des Affaires étrangères, lord Halifax, à Rome, les 11 et 12 janvier 1939. L'accueil de Mussolini, à la gare de la capitale, est chaleureux et contredit le compte rendu plus distancié de Ciano. Les actualités Pathé nous montrent un Duce souriant et affable, sanglé dans un uniforme noir qui lui descend peu avantageusement jusqu'aux pieds, mais sans salut romain ni poses de centurion, qui serre longuement (contrairement à ses principes idéologiques et hygiéniques...) la main un peu frileuse de l'hôte anglais, en redingote et parapluie, sous les vivats de la communauté britannique en Italie[3]. Pour un peu, il donnerait l'impression d'être plus à l'aise que dans ses rencontres avec le Führer... Du côté italien, on souhaite encore une intervention de Londres pour relancer le dialogue avec Paris. Chamberlain ne cache pas sa préoccupation au sujet des visées allemandes dont Mussolini se fait, peu opportunément, l'avocat. L'échec, entouré de compliments réciproques, est dès lors inévitable, et Perth quittera bientôt Rome, remplacé par un successeur honnête, sans plus, Sir Percy Loraine, qui n'aura jamais véritablement accès au Duce. On peut être un ambassadeur efficace, encore faut-il que ce soit au bon moment.

En revanche, l'entente italo-allemande avance au pas de course... ou au pas de l'oie. Le 15 mars 1939, après avoir provoqué la veille la sécession de la Slovaquie, Hitler convoque à Berlin le faible et souffrant successeur de Beneš, Emil Hácha, et le force, sous la menace de bombarder Prague et en lui faisant administrer une piqûre par un médecin SS, à ratifier la création du protectorat de Bohême-Moravie. C'est du pur banditisme, mais les capitales se taisent. Le Führer entre à Prague, dans une atmosphère bien plus lugubre qu'à Vienne et parade au château des rois de Bohême dans le silence et les pleurs étouffés d'un peuple digne que l'Europe abandonne indignement à son sort. Seul et triste dénominateur commun dans les deux cas :

3. Le talentueux cinéaste Franco Zeffirelli a gâché un bon film réalisé pour le public américain, *Un thé avec Mussolini* (1999), en montrant un Duce en version Al Capone, en train de rouler dans la farine un petit groupe d'excentriques dames anglaises pour s'approprier leur villa sur les hauteurs de Florence.

la persécution raciale qui démarre immédiatement. Les sœurs de Franz Kafka, le génie littéraire qui a prédit l'horreur du xxe siècle, en seront bientôt victimes. Le démembrement de la Tchécoslovaquie est complété, les accords de Munich n'existent plus. Face à la lâche résignation des démocraties, c'est Mussolini qui pique une crise de colère : Munich est *sa* créature, il y a investi *son* prestige diplomatique, et voilà que *son* compère ne l'a même pas averti préalablement de ses intentions !

Mis devant le fait accompli, le Duce décide de rendre la pareille à son compétiteur. Mais alors que le bon sens impliquerait de resserrer les liens avec Londres et Paris, il donne son feu vert à Ciano pour procéder à l'invasion de l'Albanie, projet que son gendre cultivait depuis longtemps, comme nous l'avons dit, pour donner à Victor-Emmanuel une autre couronne et se présenter en successeur incontournable du beau-père. L'expédition est déclenchée le 7 avril : « Si les Albanais avaient disposé d'un corps de pompiers bien entraîné, ils nous auraient rejetés à l'Adriatique[4] », note un Anfuso sarcastique. L'entreprenant ministre livournais truffera sa conquête de collaborateurs et spéculateurs à sa main, à tel point qu'on appellera sa proie « le nouveau grand-duché de Toscane ». Cette promenade militaire suscite les compliments intéressés du Führer, que Mussolini doit accepter de bonne grâce. En revanche, elle sera très mal reçue au Foreign Office, qui voit dans cette tête de pont adriatique une menace pour les intérêts britanniques en Grèce et dans la mer Égée, jusqu'à Malte et à l'Égypte. Néanmoins, l'« apaisant » Chamberlain hésite à dénoncer les accords de Pâques ; une lueur demeure au fond du tunnel. C'est la dernière occasion pour Mussolini de prendre ses distances d'avec le Troisième Reich. Or, après s'être rongé le foie pendant quelques jours, il prendra le parti contraire. Comme toujours, l'idée de se ranger du côté du plus fort domine. La décision de transformer l'Axe en alliance militaire, décision qu'il a évité de prendre depuis près de trois ans, le projet étant encore relativement flou en octobre 1936, intervient alors[5].

Plusieurs facteurs y contribuèrent. Hitler, qui savait toucher la vanité du Duce bien plus que les démocraties, lui envoya le 25 mars une

4. *Du palais de Venise*, *op. cit.*, p. 117-120.

5. De Felice, *Mussolini il duce*, II, *Lo Stato totalitario*, *op. cit.*, p. 593 et suivantes.

véritable déclaration d'amour – « non platonique », eut-il le mauvais goût d'ajouter ! – pour lui dire que le destin des deux régimes et des deux peuples était scellé, à la vie, à la mort. Qu'un vieux conspirateur méfiant et averti comme Mussolini se soit laissé tenter par ces doucereux propos, témoigne de son désarroi. Ravalé au rang de « brillant second », il s'efforce de croire à la possibilité d'une relation paritaire avec son envahissant allié. Sur un plan plus concret, Ribbentrop renouvelle à Ciano les assurances que l'Allemagne ne conçoit pas un conflit en Europe avant dix-huit mois ou deux ans : répit indispensable à l'Italie, qui n'est pas prête militairement. Le Duce mise également sur la crise d'une Troisième République agonisante pour espérer tenir la France en dehors du conflit : sans elle, le Royaume-Uni n'aura ni les moyens ni, peut-être, la volonté de se lancer dans un affrontement continental comme en 1914. Inversement, il ne croit pas que l'URSS restera indifférente au renversement du rapport de forces à ses frontières. Dans l'attente, il autorise Ciano à signer, sans qu'il y ait presque de négociation préalable, le pacte d'Acier avec Ribbentrop le 22 mai 1939 à Berlin, en présence de Hitler. Nous verrons cependant que Mussolini se réserve le droit de ne pas donner à l'alliance ainsi conçue une signification automatique. Il espère encore, malgré ses déclarations tonitruantes à Goering et à d'autres émissaires hitlériens sur l'inévitabilité de la guerre, que ce bluff lui permettra de se tenir à l'écart du conflit sans perdre la face, son obsession majeure depuis l'Anschluss. D'où, vraisemblablement, sa décision de ne pas être présent à la signature de l'accord, ce qui dépitera le Führer.

Arrêtons ici le récit des événements pour nous demander à nouveau comment il est possible que Mussolini soit tombé dans le piège de Hitler. Pendant une quinzaine d'années, ses correspondants officieux en Allemagne, bien introduits et bien informés, l'avaient mis en garde sur la personnalité du futur dictateur allemand et les finalités du nazisme. Cette grenade dégoupillée n'attendait que le moment opportun pour exploser. Le Duce ne pouvait nourrir aucun doute à ce sujet et leurs rencontres successives avaient suffi pour lui faire éprouver une crainte teintée de répulsion à l'égard du maître du Troisième Reich. La conviction que Hitler était désormais l'homme fort du continent, conjuguée à un mépris grandissant pour l'inertie des démocraties, sera le facteur essentiel de son choix. Dans sa conception déterministe, l'histoire était faite par les « hommes illustres ». Il n'aimait pas le précédent trop imposant de Cavour : sa finesse, sa souplesse, son sens presque mathématique et jamais sentimental des réalités, bref tout ce qui lui manquait. Mais il en reprenait l'idée que l'Italie avait besoin d'un grand partenaire : la place de Napoléon III, à l'heure du *Risorgimento*, était désormais prise par Hitler pour l'Italie fasciste. D'autre part, si Churchill et de Gaulle avaient déjà été à la place de Chamberlain et Daladier en 1939, et si Roosevelt et Staline ne lui avaient pas donné l'impression de se désintéresser du sort de l'Europe occidentale, son attitude eût peut-être été différente. Toute la carrière de Mussolini – dans sa période socialiste, interventionniste en 1914-1915, révolutionnaire-légalitaire en 1922, et même après, au cours du *ventennio* – reposait sur le principe de soumettre l'idéologie à la tactique, d'avancer ou de savoir reculer à temps, au gré des opportunités, et de poursuivre exclusivement le principe de la *combinazione* victorieuse. Le pouvoir n'avait aucune valeur mystique à ses yeux, malgré l'État éthique et la « religion des licteurs » ; il fallait simplement s'en servir, là où des mains plus faibles l'avaient laissé choir, et le conserver le plus longtemps possible. La dérive césarienne-totalitaire avait embrumé son pragmatisme, mais pas au point d'annihiler entièrement son instinct d'animal politique. Et si une loi ne tolérait aucune exception à ses yeux, c'était bien celle selon laquelle « un régime, n'importe quel régime, croule sous le poids de la défaite », comme il l'écrira encore à la fin, dans *Histoire d'une année*.

Nous verrons que l'idée de la « guerre parallèle », qu'il reprenait de la tradition savoyarde-italienne[6], sera une tentative perdante de se démarquer de l'hégémonie allemande au cours du conflit. Le Duce, qui n'était pas « fou », n'avait pas compris qu'il s'acoquinait à un « fou » ou, mieux, à un nihiliste. Ses meilleurs biographes ont mis en relief ce message univoque de l'hitlérisme : vaincre ou périr[7]. On a, à bon droit, comparé le Führer à un malade halluciné en phase terminale qui, sachant qu'il lui reste dix ans à vivre, veut mettre le

6. Il suffira de rappeler qu'après la signature du pacte de Londres d'avril 1915 l'Italie se limitera à déclarer la guerre à l'Autriche-Hongrie. Il faudra attendre août 1916 pour qu'elle se décide à la déclarer également à l'Allemagne, sous la pression des Alliés.

7. Il posera l'alternative en ces termes, lors de la réunion du comité des chefs d'état-major le 23 novembre 1939. En mai 1940, la violation de la neutralité de la Belgique et surtout des Pays-Bas – qui avaient donné asile au Kaiser en 1918 – sera une autre démonstration de sa volonté de brûler tous les ponts derrière lui.

feu aux poudres pour conserver son nom dans l'histoire au prix d'un immense embrasement. Il y est arrivé, hélas. Lorsque le 3 septembre 1939 Chamberlain prononça presque timidement à la radio les mots qui l'absolvaient de ses hésitations précédentes – *« This Country is at War with Germany »* –, un Hitler frétillant et défiant se tourna vers ses acolytes un peu moins convaincus pour leur dire : *« Meine Herren, wir spielen Vabanque ! »*, « Messieurs, nous jouons tout sur cette mise ! ». Rien n'était plus loin de la psychologie de Mussolini que cette roulette russe (ou brune), dans laquelle il ne compterait plus.

TROISIÈME PARTIE

SA FAILLITE

« Les coupables attribuent toujours leurs fautes aux circonstances. »

Salluste, *Guerre de Jugurtha*, I

1

« Drôle de paix », « drôle de guerre »

L'attitude de la France fut déterminante pour provoquer la décision finale de Mussolini d'entrer dans le conflit. Les souvenirs d'André François-Poncet[1] nous renseignent sur les occasions perdues d'un côté comme de l'autre. La mission de l'envoyé français, au lendemain de Munich, était née apparemment sous de bons auspices. D'un commun accord, les deux gouvernements avaient enfin décidé de mettre en réserve les sujets épineux : la question africaine, l'Espagne, l'action des réfugiés antifascistes en France. Les lettres de créance du nouvel ambassadeur étaient adressées cette fois à Victor-Emmanuel, « empereur d'Éthiopie », ce qui clarifiait la volonté conciliante de Paris. Le diplomate fut néanmoins reçu par une démonstration orchestrée à la Chambre, aux cris de « Tunisie ! Corse ! Savoie ! ». En réalité, le seul objectif de cet accueil désobligeant concernait la reconduction du statut de la communauté italienne en Tunisie, et encore. Le reste n'était que bruyante rhétorique pour créer un avantage psychologique au moment d'une reprise des pourparlers. Le roi, en particulier, était très opposé à toute mention de la Savoie : il y allait du respect des engagements pris par sa dynastie en 1860.

C'est alors que les problèmes non résolus revinrent à la surface. François-Poncet demanda à Ciano – dont il dresse dans ses Mémoires un portrait un peu trop généreux[2] – si, du côté italien, on considérait comme encore valable l'accord Mussolini-Laval de janvier 1935. La

1. *Au palais Farnèse. Souvenirs d'une ambassade à Rome, 1938-1940* (1961), nouvelle édition, Paris, Perrin, coll. « Tempus », 2019. Je renvoie à mon ample préface pour d'autres approfondissements.

2. On peut le comprendre. Je cite encore une fois la princesse del Drago, qui le connaissait très bien : « Galeazzo pouvait être vaniteux, arrogant, parfois odieux. Mais dès qu'il se trouvait en face d'une personne de qualité et plus âgée, il redevenait

démarche était risquée et provoqua immédiatement cette dénonciation que l'Italie avait évité de formaliser pendant plus de trois ans. Au moins cela permettait de faire place nette pour repartir sur des bases plus réalistes. Or, ce ne fut pas Rome mais Paris qui, au grand dépit de l'ambassadeur, refusa d'ouvrir à nouveau les négociations. Mussolini reçut le diplomate le 29 novembre, avec une « parfaite politesse », et l'assura qu'il préconisait toujours une entente des quatre puissances pour sauver la paix. Mais il déchaîna en même temps une virulente campagne, faisant relayer dans la presse que la France avait renforcé son dispositif militaire sur les Alpes et en Méditerranée pour préparer une attaque préventive contre la péninsule. Une rencontre italo-allemande entre les deux chefs d'état-major des armées, Pariani et Keitel, s'était tenue en grand secret à Innsbruck, en avril 1939, pour examiner l'éventualité d'une action contre l'Hexagone. À noter que le francophile maréchal Badoglio, supérieur de Pariani, en avait été écarté, ou plutôt, connaissant le personnage, s'en était fait écarter. Par ailleurs, la fermeté de l'engagement britannique déjoua le projet de diviser les deux démocraties.

Il était difficile de renouer le dialogue dans ce contexte houleux, d'autant plus que la visite de Chamberlain et lord Halifax, en janvier 1939, rendra le Duce « plus insolent », selon François-Poncet. Un émissaire officieux, le financier Paul Baudouin, futur ministre du maréchal Pétain, débarqua à Rome au début de février pour y rencontrer Ciano, à l'insu de l'ambassadeur mais vraisemblablement pas de Daladier et de Bonnet. Comme en tant d'autres cas de « diplomatie parallèle », l'initiative se révéla un échec. Pourtant, François-Poncet gardait l'espoir. Après avoir été ulcéré par l'occupation de Prague, Mussolini n'était pas disposé à accepter une mainmise de Hitler sur la Pologne. Il y allait des restes de son prestige, mais également du rapport des forces en Europe centrale, qui risquait de marginaliser définitivement les intérêts italiens déjà compromis par l'Anschluss. C'était aussi l'impression du très subtil ministre des Affaires étrangères roumain, Grigore Gafencu, qui sera reçu à plusieurs reprises au palais de Venise. Bucarest s'inquiète alors d'un autre axe de pénétration allemande, dirigé cette fois vers les Balkans, et espère enrôler l'Italie,

empressé, attentif, courtois. C'étaient les deux aspects de sa nature, qui variaient selon les interlocuteurs. J'ai bien observé les deux. »

à côté de la France, dans une tentative de contenir l'hégémonie du Reich[3]. François-Poncet redouble ses pressions sur Paris, « qui fait la sourde oreille », mais il obtient enfin de revoir Ciano, le 25 avril 1939. Celui-ci lui soumet des propositions qu'il estime « raisonnables » : « une zone franche à Djibouti, la cession d'un secteur du chemin de fer d'Addis-Abeba, deux places pour l'Italie au conseil du canal de Suez, une révision des tarifs du canal et, en Tunisie, le retour au statut de 1896[4] ». Paris hésite à réagir « aux clins d'œil qui lui ont été adressés » et à des conditions pourtant bien inférieures à celles que le gouvernement Reynaud formulera, un an plus tard, pour obtenir la neutralité italienne. Entre-temps, le coup de force en Albanie n'a peut-être pas « purgé la rancune du Duce envers l'Allemagne », comme l'écrit dans un excès d'optimisme François-Poncet ; il l'a convaincu, au contraire, qu'il faut hâter la conclusion du pacte d'Acier. L'ambassadeur s'efforcera encore de promouvoir une reprise des consultations bilatérales sur la Méditerranée, mais n'arrivera pas à obtenir gain de cause[5].

Sur un point, François-Poncet avait vu juste : Mussolini était désormais convaincu de l'inéluctabilité d'un conflit en Europe… mais pas avant deux ou trois ans. Les préparatifs étaient en cours à Rome pour l'Exposition universelle de 1942, vitrine grandiose des réussites du régime. Le quartier « moderniste » né au sud de la capitale prit le nom de E42 ou celui, qu'il garde encore, de EUR (*Esposizione Universale Roma*). Et le Duce rechignait toujours à l'idée d'un *casus belli* provoqué par la question polonaise. La formulation du pacte d'Acier, si hâtivement négocié, lui conservait néanmoins une toute petite marge de manœuvre dans la teneur ambiguë de son article principal :

> Article 3 : Si, malgré les désirs et les espoirs des parties signataires, il devait arriver à l'une d'elles d'être engagée dans des complications belliqueuses avec une autre ou plusieurs puissances, l'autre partie signataire se mettra immédiatement comme alliée à

3. Cf. son importante contribution *Derniers Jours de l'Europe. Un voyage diplomatique en 1939*, Paris, Égloff, 1947. Exilé en France, Gafencu y mourra en 1957.

4. François-Poncet, *Au palais Farnèse*, *op. cit.*, p. 135-140 ; De Felice, *Mussolini il duce*, II, *Lo Stato totalitario*, *op. cit.*, p. 613 et suivantes.

5. Gafencu impute principalement à Bonnet et à Leger la rupture de ces pourparlers : « Le secrétaire général n'estimait pas que la situation en Italie permît une œuvre sérieuse de rapprochement » (*Derniers Jours de l'Europe*, *op. cit.*, p. 208-238).

ses côtés pour la *soutenir*[6] avec toutes ses forces militaires en terre, en mer et dans l'air.

En revanche, Hitler ne voulait plus attendre : recevant Ciano à Salzbourg et Berchtesgaden, les 12 et 13 août 1939, il lui dit qu'il souhaitait également un délai de deux ou trois ans – « mais pas plus » – avant le début du conflit ; mais il ajouta que les « provocations » de la Pologne rendaient inévitable une action militaire[7]. Mussolini s'y attendait peut-être ; ce fut néanmoins un coup très dur. Le Führer voulait encaisser un chèque en blanc avant de forcer l'issue de la crise. Et lorsque, dix jours plus tard, gardant le plus grand secret vis-à-vis de son allié italien, il dépêchera Ribbentrop à Moscou pour signer le « pacte infernal » avec Molotov, le Duce réalisera que toute sa stratégie visant à faire de la Pologne un double rempart contre le déferlement de l'URSS à l'ouest et de l'Allemagne au centre-est de l'Europe était réduite à néant.

Les jours et les mois qui s'ouvrent alors – jusqu'à l'entrée en guerre de l'Italie, le 10 juin 1940 – sont incontestablement les plus tourmentés de toute l'aventure politique de Mussolini. Même sa chute et son arrestation, le 25 juillet 1943, ne semblent pas avoir provoqué chez lui un tel ravage intérieur. Cela dit, il semble que certains historiens, à partir de De Felice[8], insistent un peu trop sur son malaise psychologique à l'idée de ne pas tenir la parole donnée et de « se dégonfler » face au Führer. Il était encore l'homme qui, en 1914, avait tourné casaque en un tour de main, d'abord neutraliste puis résolument interventionniste. Son opportunisme l'avait guidé et préservé en toutes circonstances. Par ailleurs, Hitler lui avait déjà donné tant de preuves de duplicité, qu'invoquer une dette morale de loyauté à son égard était risible. Ciano accumulait les dossiers sur la traîtrise allemande ; mais cet adolescent en pantalons trop longs pour sa taille, surnommé avec raison *Cianus bifrons*, ne fit pas la seule chose qui lui

6. La formule était moins explicite que : *entrer en guerre*. C'est exactement ce qui joua au moment de la « non-belligérance ».

7. Ici commence la partie la plus controversée du *Journal politique* (I, *op. cit.*, p. 630 et suivantes) où Ciano a embelli (et peut-être successivement revu et accentué) la portée de sa conversion antibelliciste et antiallemande. Un document plus fiable est constitué par les procès-verbaux des entretiens, rédigés par lui ou ses collaborateurs, recueillis dans *Les Archives secrètes du comte Ciano, 1936-1942*, nouvelle édition, Paris, Nouveau Monde Éditions, 2014.

8. De Felice, *Mussolini il duce*, II, *Lo Stato totalitario*, *op. cit.*, chap. VI, p. 626 et suivantes.

eût été utile, pourtant claironnée chaque jour à ses collaborateurs : démissionner. Son beau-père l'aurait pardonné et l'aurait peut-être envoyé comme ambassadeur au Saint-Siège avec quatre ans d'avance. On ne peut même pas exclure que le Duce n'aurait pas tiré parti de la démission de son gendre en lui imputant la responsabilité du pacte d'Acier : nous avons vu qu'il avait évité d'être présent à sa signature. Mais Edda, qui se voyait devenir un jour « Ducesse » de l'Italie aux côtés d'un époux complaisant, veillait à empêcher cette éventualité.

En fait, le maître tacticien ne savait plus comment s'en sortir entre deux solutions plus mauvaises l'une que l'autre : la neutralité, au risque de passer pour un lâche et de se priver de conquêtes, ou l'entrée en guerre comme « second » de Hitler, au risque de tout perdre. Le roi et le Vatican – horrifié par le sort des catholiques polonais, un peu moins par celui, encore plus abominable, des Juifs[9] – s'opposaient encore à une participation de l'Italie au conflit aux côtés du Troisième Reich. Mais au point où le Duce en était arrivé, ni Paris ni Londres, encore moins Moscou, ne l'auraient « protégé » de la vengeance nazie. Il exagérait peut-être ce dernier danger. La Wehrmacht estimait qu'une bienveillante neutralité serait préférable à une intervention italienne en Méditerranée et en Afrique occidentale, objectifs alors secondaires pour la stratégie de guerre allemande. Et dans cette phase préparatoire, Hitler acceptait encore (parfois) l'avis de ses généraux. Mussolini le savait par les écoutes des services de renseignements ; mais là intervenait son amour-propre blessé, car il ne pouvait pas accepter d'être déconsidéré par son puissant partenaire. En réalité, les qualités d'endurance du soldat italien étaient plus appréciées par les Allemands qu'on ne le croit généralement[10], et les formations d'élite (pilotes, parachutistes, tankistes, personnel de choc des torpilleurs) jouissaient d'un prestige réel. Mais le retard accumulé en termes de matériel et d'équipement était considérable[11]. Mussolini s'était décidé à créer tardivement, au moment des sanctions éthiopiennes, un commissariat général pour

9. Il faudra attendre le pape polonais Jean-Paul II pour que le Saint-Siège se justifie de son silence officiel.

10. Les témoignages sont nombreux. Voir notamment les souvenirs du général des *Panzertruppen* Frido von Senger und Etterlin, qui combattra avec les troupes italiennes en Russie, en Sicile et pendant la campagne d'Italie de 1944-1945, *Krieg in Europa* (« La guerre en Europe »), Cologne, Kiepenheuer & Witsch, 1960.

11. Cf. Schiavon, *Mussolini. Un dictateur en guerre*, *op. cit.*, p. 119-122.

les fabrications de guerre ; mais il n'avait accordé qu'une attention distraite aux mises en garde des techniciens qui le dirigeaient. Le premier commissaire, le général Dallolio, excédé, demandera d'ailleurs sa mise à la retraite en septembre 1939[12]. Son successeur, Favagrossa, plus politique et inscrit au parti, rédigea quand même un mémorandum très détaillé qui mettait l'accent sur la vétusté des systèmes de communication et l'absence presque absolue de défenses côtières et de batteries antiaériennes. Compte tenu des retards à rattraper, il indiquait comme date souhaitable pour l'entrée en guerre… 1949, ou en tout cas pas avant 1943[13]. Le rapport suscita chez le dictateur une irritation profonde, mais cette fois il devait le prendre au sérieux. Certains historiens estiment que ce retard avait été délibérément exagéré par les militaires pour éviter la guerre. Des industries d'armement, comme Ansaldo, à Gênes, atteignaient déjà un bon volume de production, même si les matières premières manquaient. Quant aux stocks de textiles, de nourriture et de pièces de rechange comme les pneumatiques, d'immenses dépôts encore à peu près intacts seront accaparés par les Allemands après la chute du fascisme et serviront à approvisionner le Reich jusqu'aux derniers jours du conflit.

Un Ciano affolé, qui trois mois plus tôt avait signé le pacte d'Acier sans broncher, mit alors au point avec l'ambassadeur à Berlin, Attolico, également très opposé au conflit, un long projet de lettre au Führer ; le Duce y aurait revendiqué le bon droit de l'Italie à une interprétation « non automatique » de l'alliance et proposé une nouvelle conférence à quatre sur le sort de la Pologne. L'initiative était audacieuse mais pouvait peut-être réussir. Or, Mussolini biffa toute la partie juridique – qui représentait sa dernière bouée de sauvetage – et s'en sortit de la pire des façons : par un stratagème « à l'italienne » – lui qui se vantait de mépriser ce genre de *combinazione*. Dans un échange de lettres avec Hitler des 26

12. Il est vrai qu'il venait d'avoir… quatre-vingt-six ans (il mourra centenaire, combatif jusqu'au bout). Ministre de l'Armement durant la Grande Guerre, Dallolio était depuis toujours un partisan convaincu de la modernisation de l'instrument militaire. Son cas prouve qu'il n'était pas nécessaire d'être un jeune général napoléonien pour évaluer les retards de l'armée italienne.

13. Cf. F. W. Deakin, *The Brutal Friendship. Mussolini, Hitler and the Fall of Italian Fascism*, Londres, Weidenfeld & Nicolson, 1962, p. 14. La version italienne que nous utilisons a pour titre *Storia della Repubblica di Salò*, Turin, Einaudi, 1963, quoique l'aventure de la RSI ne concerne que la seconde partie de cet important ouvrage.

et 27 août, il commença par faire semblant d'approuver le pacte Molotov-Ribbentrop pour rassurer son interlocuteur. Après cela, il rappela leur accord de principe de ne pas commencer les hostilités avant 1942, puis conclut, en reprenant sans le nommer le mémoire de Favagrossa, que « notre intervention peut être cependant immédiate si l'Allemagne nous donne tous les armements et toutes les matières premières nécessaires pour résister à l'action que Français et Anglais dirigeront principalement contre nous[14] ». C'était une double humiliation. Il devait reconnaître l'état d'impréparation des forces armées – dont les commandants se précipitaient chez Badoglio et à la Cour pour éviter cette catastrophe – et avouer qu'il l'avait caché à son partenaire au moment de signer crânement le pacte d'Acier. La missive fut préparée avec l'appui de l'ambassadeur du Reich à Rome, von Mackensen[15], qui se faisait l'écho des milieux militaires allemands opposés, comme nous l'avons dit, à une participation italienne au conflit, au moins dans un premier temps où tout l'effort devait porter sur la prise de la *Festung Europa*, la « forteresse Europe ». Ce subterfuge prendra le nom de « liste molybdène », métal de transition alors très utilisé dans l'industrie militaire. Mussolini, sans la moindre pudeur, doubla les chiffres déjà vertigineux des inventaires dressés par les experts en ajoutant que ***tout*** cet équipement devrait être livré avant l'entrée en guerre de l'Italie : une impossibilité absolue, surtout dans de si courts délais. Ce machiavélisme de basse-cour suscita la froideur résignée du Führer. Il s'était déjà rendu compte que le « dernier des Romains » n'était pas entouré d'un peuple d'Horaces, et que peut-être il ne l'était pas non plus lui-même. Il se limita à exiger le rappel du pugnace Attolico, remplacé par l'opaque Alfieri[16]. Les Allemands

14. De Felice, *Mussolini il duce*, II, *Lo Stato totalitario*, *op. cit.*, p. 663 et suivantes.

15. Fils d'un maréchal prussien qui s'était illustré dans toutes les guerres depuis 1870 (et un des rares officiers supérieurs qui osera protester devant Hitler contre la guerre d'extermination à l'Est), Mackensen n'avait pas l'envergure de son prédécesseur von Hassell, pendu après le complot du 20 juillet 1944, mais était également un modéré plutôt italophile. Son adjoint, le ministre Otto Christian von Bismarck, un arrière-neveu du « chancelier de fer », nazi déclaré, jouera un rôle plus ambigu. Son épouse, une beauté suédoise, était une des égéries dont se servait Ribbentrop pour surveiller Ciano.

16. Sur le changement d'atmosphère à l'ambassade après le départ d'Attolico et la fin des illusions sur la « non-belligérance », voir le journal de L. Simoni (M. Lanza), *Berlin, ambassade d'Italie, 1939-1943*, Paris, Laffont, 1947.

n'en furent pas moins outragés, d'autant plus que l'Italie, même après le déclenchement des hostilités, continuera à vendre au prix fort des armements et des matériels connexes, comme les moteurs Isotta-Fraschini… à la France[17].

Ce fut néanmoins Mussolini qui effectua une ultime tentative pour sauver la paix en Europe, après l'invasion de la Pologne, le 1er septembre. À la différence de la Tchécoslovaquie, ce pays au régime autoritaire et à la très large majorité catholique entretenait de fructueuses relations avec l'Italie fasciste, très appréciées également au Saint-Siège. Pendant soixante-douze heures, Ciano, sur les instructions de son beau-père, s'évertua à promouvoir l'idée d'un Munich polonais. Paris se divisa, comme d'habitude, entre faucons et colombes ; Berlin, irritée, se déroba. Le projet tomba définitivement à l'eau lorsque Londres exigea le retrait préalable de la Wehrmacht des territoires envahis. C'était la fin des espoirs de médiateur du Duce, son dernier rôle manqué depuis Munich. Staline en tirera les conséquences et attendra la dissolution de l'héroïque armée polonaise pour pénétrer, le 17 septembre, dans les régions orientales du pays et les « libérer », c'est-à-dire les annexer. Une parade militaire germano-soviétique couronnera le 23 septembre ce pacte scélérat. Il ne restait plus à Mussolini qu'à déclarer, la mort dans l'âme, la « non-belligérance » de l'Italie. Cette formule ambiguë, qui ne correspondait pas à une neutralité stricte, suscita les soupçons légitimes de Paris et de Londres. Franco l'adoptera à son tour quelques mois plus tard. Sur le plan interne, en revanche, ce ne fut pas une mauvaise affaire. La Bourse rebondit positivement, confirmant que la communauté financière et industrielle de la péninsule misait encore sur la possibilité de maintenir l'Italie en dehors du conflit[18].

Pourtant, le dictateur n'avait pas encore renoncé à ses velléités de frondeur. Il vivait la « non-belligérance » comme une mortification personnelle : elle ressemblait trop à la « non-intervention » de 1914-1915, conspuée plus tard par le régime[19]. Il devait faire entendre

17. « L'Italie souhaite cyniquement profiter du malheur d'autrui pour s'enrichir », écrit le négociateur français (H. Alphand, *L'Étonnement d'être. Journal 1939-1973*, Paris, Fayard, 1977, p. 24, à la date du 14 septembre 1939). Sans doute : mais ces fournitures furent alors fort utiles. Face aux protestations allemandes, elles cesseront en mars 1940.

18. Bosworth, *Italy and the Wider World*, *op. cit.*, p. 89.

19. *Ibid.*, p. 51-52.

sa voix pour être pris encore au sérieux. Le 7 décembre, il autorise – ou, plus vraisemblablement, pousse[20] – son gendre à tenir au Grand Conseil une relation très critique sur les rapports avec l'Allemagne. Le 16, il fait prononcer par Ciano à la Chambre[21] un discours, « à première vue purement antibolchevique, alors que dans sa substance il est dirigé contre l'Allemagne[22] », qui contient un hommage appuyé au courage de l'armée polonaise, discours qui déconcertera Berlin. Peu après, le 5 janvier 1940[23], le Duce écrira une longue lettre au Führer qui peut être considérée comme sa dernière leçon de doctrine géostratégique[24]. C'est un document étonnant, où l'ancien instituteur – « né révolutionnaire, je n'ai pas modifié ma mentalité » – monte au créneau et brandit la « bannière antibolchevique et antisémite » pour asséner des coups de massue à son interlocuteur : n'y manque même pas une citation de Spengler, le philosophe, disparu entretemps, que Hitler détestait... Le dictateur blessé pourfend d'un bout à l'autre le rapprochement germano-soviétique : propos où percent ses véritables sentiments à l'égard du pacte Molotov-Ribbentrop, « qui met pratiquement fin au pacte anti-Komintern ». Il revendique l'appui italien à la « vaillante résistance finlandaise » contre l'URSS pour mettre encore plus Hitler dans l'embarras[25]. Il réaffirme que l'« espace vital » germanique se trouve à l'Est et non à l'Ouest. Dans ce cadre, le maintien d'une « modeste Pologne entièrement polonaise et débarrassée de ses éléments juifs ne peut constituer une menace pour le grand Reich ». Il assaisonne le message de propos très cri-

20. Selon Kirkpatrick, *Study of a Demagogue*, *op. cit.*, p. 415-417, ce fut une initiative de Ciano. Personnellement j'en doute, mais il est vrai que les Allemands la lui attribueront et ne la lui pardonneront pas.

21. Devenue en janvier 1939 la Chambre des faisceaux et des corporations.

22. *Journal politique* du comte Ciano, II, *op. cit.*, p. 70-71.

23. La minute est du 3 janvier. On trouve ainsi le message reproduit avec l'une ou l'autre date.

24. Elle avait tellement frappé Fejtö qu'il voulut en citer et commenter des extraits dans *Le Passager du siècle*, *op. cit.*, p. 142-146. Kirkpatrick, dans *Study of a Demagogue*, *op. cit.*, p. 417-419, arrive à la définir : « Le comble de l'antigermanisme qui s'était diffusé en Italie pendant les premiers quatre mois de guerre et qui avait frappé Mussolini lui-même. »

25. La « guerre d'hiver » russo-finlandaise avait éclaté le 30 novembre 1939. Elle prendra fin le 13 mars suivant. Selon les clauses secrètes du pacte Molotov-Ribbentrop, la Finlande gravitait dans la sphère d'influence soviétique. La Luftwaffe apportera néanmoins un appui aérien dissimulé aux Finlandais. L'Italie en fera de même.

tiques à l'encontre de Paris et de Londres, tout en insinuant qu'une guerre à l'Ouest doit être évitée, « car les États-Unis ne permettront pas une totale défaite des démocraties ». Et il conclut en déclarant que « l'Italie fasciste peut constituer votre réserve dans le sens d'une solution politico-diplomatique ».

Mis à part les fioritures et les propos antisémites glissés pour rassurer le destinataire, le message était pour une fois clair : à tel point que Hitler tardera deux mois, jusqu'au 8 mars, pour lui envoyer une réponse mi-figue mi-raisin. Dans le fond, Mussolini mentait, comme d'habitude : il cherchait alors, malgré son assistance militaire secrète à la Finlande, la façon de conclure son propre pacte de non-agression – sans protocole secret ! – avec l'URSS. Moscou ne se montrait pas insensible à ces avances. Le 20 juin 1940, Molotov reçut obligeamment l'ambassadeur italien à Moscou, Rosso, pour examiner la question « dans un esprit constructif », et deux jours plus tard Ciano en fit de même avec l'envoyé soviétique à Rome. Les Allemands s'en rendirent compte et Ribbentrop intervint pour bloquer le projet, déjà bien avancé. Mais le véritable enjeu de la lettre était l'extension du conflit à l'Ouest, que le Duce souhaitait encore éviter par une paix de compromis. La « drôle de guerre » sur le front occidental semblait autoriser ses espoirs.

Cette pause de trois mois environ – jusqu'à la campagne de Norvège au début d'avril – enregistra encore une tentative italienne, cette fois du côté des États-Unis. Comme nous l'avons dit, Mussolini n'avait qu'une vague idée de l'immense potentiel de ce pays. Mais il nourrissait une admiration mal dissimulée à l'égard du « paralytique » Roosevelt, lequel avait résolu la crise des années 1930 au moyen d'une large intervention de l'État dans l'économie, qui n'était pas sans rappeler les théories corporatistes. Il savait également, par les rapports de ses ambassadeurs – Fulvio Suvich jusqu'en 1938, puis son successeur, le prince Ascanio Colonna –, que la vaste communauté italo-américaine était de sentiment généralement favorable au fascisme (à part quelques noyaux d'intellectuels), mais d'une entière allégeance à sa patrie d'adoption. C'est sans doute la raison pour laquelle les Américains de souche italienne jouiront d'un traitement de faveur pendant la guerre, à la différence des Allemands et surtout des Japonais, déportés dans des camps de concentration insalubres. Balbo avait vainement essayé de se faire nommer ambassadeur à Washington, où ses exploits aéronautiques l'avaient rendu très populaire, pour enrayer la marche vers la guerre. Ajoutons qu'il y avait à la Cour, dans la diplomatie et l'armée, un clan non négligeable d'américanophiles, à la suite des mariages contractés, dès le XIXe siècle, par des membres de la haute société romaine, florentine et napolitaine avec des héritières du Nouveau Monde. Ainsi le sous-secrétaire d'État Benjamin Sumner Welles était cousin de la mère du marquis Blasco Lanza d'Ajeta, sous-chef de cabinet de Ciano, un diplomate qui jouera plus tard un rôle dans les tentatives de paix avec les Alliés à l'été 1943[26]. L'Allemagne wilhelminienne avait été le principal investisseur dans la péninsule, mais avant la Grande Guerre. Encore dans les années 1930, les milieux d'affaires et la finance étaient beaucoup plus orientés vers Washington que vers Berlin ; ce n'est qu'à la veille du nouveau conflit que l'Allemagne nazie avait repris sa place de premier partenaire commercial (mais non financier) du pays. L'influente Banca Commerciale disposait de crédits américains. Fiat avait établi dès 1927 de fructueuses relations avec General Motors. La confédération des industriels, présidée depuis 1934 par Alberto Pirelli, en avait fait de même avec Standard Oil et d'autres compagnies. Ciano avait conclu en 1937 un accord avec les sociétés de production de cinéma de Hollywood pour l'utilisation des établissements romains de Cinecittà encore en construction. L'accord sera annulé deux ans plus tard, mais cet objectif très reconnaissable sera épargné par les bombardements sur la capitale et deviendra, dans les années 1950 et 1960, la plus importante succursale européenne des productions américaines, surtout les coûteux « péplums ». Par ailleurs, si Roosevelt devait tenir compte de la tendance isolationniste de l'opinion publique, il était déjà clair qu'il n'abandonnerait pas l'Europe à Hitler. Mussolini et Ciano en auront la preuve lors de la mission de bonne volonté que Sumner Welles effectuera en Europe en février-mars 1940, y compris une étape au Saint-Siège, où le président avait accrédité quelques mois plus tôt le premier ambassadeur des États-Unis, l'entrepreneur, philanthrope et universitaire Myron Taylor[27], qui sera également très impliqué dans les affaires italiennes.

26. Deux autres membres de l'entourage de Ciano, l'ambassadeur à Moscou, Rosso, et le ministre Vitetti (futur ambassadeur à la fin des années 1950 à Paris, où il forgera d'excellentes relations avec le général de Gaulle), avaient épousé des dames en vue de la société américaine.

27. Il poursuivra sa mission au Vatican jusqu'en 1950 sous le président Truman. Taylor jouera aussi un rôle considérable pour garantir la neutralité « bienveillante »

Le Duce reçut cordialement l'émissaire de Roosevelt, le 26 février, au palais de Venise et lui exposa point par point son projet de retour à la paix, centré sur la reconstitution d'un embryon d'État polonais, qui aurait dû inclure les ressortissants des régions annexées par l'URSS[28]. Il y ajouta la démilitarisation du protectorat de Bohême-Moravie et de la Slovaquie – un sujet qu'il n'avait pas discuté préalablement avec Hitler et sur lequel il n'y avait aucune indication d'un accord de ce dernier –, en échange de la fin du blocus de la Royal Navy en Méditerranée occidentale et à Suez. Cette mesure visait évidemment le trafic naval allemand ; mais elle risquait d'avoir un effet encore plus dramatique sur l'Italie en coupant ses ravitaillements provenant des colonies africaines, comme le pétrole libyen, et les approvisionnements de matières premières dans des pays tiers (Turquie, Suède, et les Pays-Bas alors neutres). Or, les Anglais venaient d'annoncer que les dérogations introduites en faveur de l'Italie, au moment de la déclaration de « non-belligérance », prendraient fin à la date du 1er mars 1940. Cette décision risquait d'assujettir Rome à une dépendance énergétique quasiment totale envers le Troisième Reich. Le plan italien semblait, en l'état, plutôt raisonnable. Sumner Welles en prit acte avec intérêt et s'en fit l'écho dans les autres étapes de son périple. Mais, face à l'intransigeance de Hitler et de Ribbentrop, les ouvertures prudentes de Paris et de Londres restèrent sans effet. Le diplomate américain revint alors à Rome, où il chercha à œuvrer, en accord avec Taylor et les hiérarchies vaticanes, pour le maintien de la neutralité italienne. Il repartit pour Washington sans obtenir d'assurances formelles mais avec la nette impression que Mussolini s'y conformerait[29].

---

de l'Espagne et du Portugal dans le conflit, ainsi que dans la réalisation ultérieure du plan Marshall.

28. Détail intéressant : Mussolini savait-il, par les services italiens, et peut-être par des informations provenant du Vatican, que les Soviétiques procédaient déjà à une dépolonisation systématique ? Le massacre de dizaines de milliers de cadres de l'armée polonaise à Katyń, découvert en 1943, commença à ce moment-là.

29. Cf. E. Di Nolfo-M. Serra, *La gabbia infranta. Gli Alleati e l'Italia dal 1943 al 1945*, Bari, Laterza, 2010, chap. I. Sumner Welles parle de sa mission, non sans exprimer sa déception pour la volte-face du Duce, dans ses Mémoires de guerre, *The Time for Decision*, New York, Harper & Brothers, 1946. Il y brosse un tableau sévère du vieillissement précoce du dictateur et de son bredouillage parfois incohérent.

2

Le Rubicon

C'était également le vœu, de plus en plus mince, de François-Poncet. L'ambassadeur présumait sans doute un peu trop de l'opposition à la guerre du souverain et de Badoglio, ainsi que de l'absence d'enthousiasme de la population. Les rapports entre Rome et Londres étaient passés d'une relative cordialité au gel presque total. Ciano avait enfin obtenu, le 22 septembre 1939, le rappel de son ennemi Grandi. Son successeur, Giuseppe Bastianini, était un autre personnage dont le ministre souhaitait se débarrasser. Cet ancien squadriste, homme sec et droit, un des promoteurs de la marche sur Rome, avait amorcé une conversion vers la paix pendant son ambassade à Varsovie, lorsqu'il avait multiplié les alertes au sujet des visées de Hitler. Mais à Londres il ne pourra quasiment rien faire : il était trop tard. Le climat avait changé avec la guerre et le cabinet d'« apaisement » savait ses jours comptés. Il y aura une dernière tentative de renouer avec Chamberlain, à la fin de mars 1940, à travers un homme d'affaires maltais, Adrian Dingli, proche du Premier ministre. Mussolini lui répéta les propositions faites à Sumner Welles. Elles demeurèrent sans effet et brisèrent les derniers espoirs de ceux qui au Royaume-Uni misaient encore sur le bon sens du dictateur :

> Il nous semble incroyable d'apprendre que l'Italie va finalement entrer en guerre. Mussolini n'est pas un idiot : s'il le fait il doit être convaincu de notre proche défaite. C'est bien ce qui m'attriste : non pas l'Italie comme ennemie, mais l'Italie, nation intelligente et bien informée, qui mise sur la victoire allemande[1].

1. H. Nicolson, *Diaries and Letters*, I, *1939-1945*, édition N. Nicolson, Londres, Collins, 1967, à la date du 5 mai 1940, p. 75.

Paris pouvait représenter la dernière lueur d'espoir[2]. Le nœud était toujours celui du prix exigé par Rome, idée à laquelle une partie du gouvernement et le Quai d'Orsay de Leger restaient farouchement opposés. La situation changea avec l'invasion allemande de la Norvège et du Danemark, au début d'avril, qui mit fin à la « drôle de guerre » et fut reçue avec dépit par un Mussolini mis au pied du mur[3]. Reynaud, devenu président du Conseil en mars, prit alors l'initiative d'écrire au Duce, le 22 avril, pour lui proposer une rencontre au sommet. Le geste était habile : en se dérobant, Mussolini aurait prouvé à l'opinion publique internationale (et surtout à Roosevelt) qu'on ne pouvait mettre aucune confiance en lui. Le refus n'en arriva pas moins quelques jours plus tard. Les pourparlers tournèrent au roman policier avec l'affaire du « télégramme secret » 946 signé par Daladier, ministre des Affaires étrangères par intérim, mais bien difficilement à l'insu de Reynaud, contenant d'énormes compensations en faveur de l'Italie si elle passait de la « non-belligérance » à la neutralité effective : rectification de la frontière avec la Libye et cession de vastes territoires jusqu'à la côte congolaise, ainsi que de la Côte française des Somalis, accord sur le chemin de fer d'Addis-Abeba, révision très favorable du statut des Italiens de Tunisie. Le télégramme fut d'abord transmis à Londres, où Churchill, qui venait d'arriver au pouvoir à la suite du désastre norvégien, s'opposa résolument à ces concessions[4]. Le message connut d'autres péripéties et, en fin de compte, ne fut pas envoyé à Rome. Entre-temps, le déclenchement de la « guerre éclair » sur le front occidental annula les ultimes espoirs d'un désistement italien[5].

« Si vous remportez des victoires, il ne se produira rien. Dans le cas contraire, je ne peux rien vous garantir », répliqua Ciano à

2. J.-B. Duroselle, avec son sens aigu du dramatisme historique, a détaillé les trois tendances qui se dessinent alors sur l'échiquier politique français face à l'Italie : les matamores, les apaiseurs et, entre les deux, les neutralistes. Cf. *Politique étrangère de la France. L'abîme, 1939-1945*, Paris, Imprimerie nationale, 1982, p. 35-38.

3. Kirkpatrick, *Study of a Demagogue*, *op. cit.*, p. 192.

4. Il faut se rappeler ce point précis, à la lueur de ce que nous écrirons dans l'épilogue.

5. Cf. ma reconstruction dans la préface des *Souvenirs d'une ambassade à Rome*, *op. cit.*, de François-Poncet, p. 35-36, ainsi que Duroselle, *Politique étrangère de la France. L'abîme, 1939-1945*, *op. cit.*, p. 149-152. Il y eut vraisemblablement d'autres tentatives officieuses à l'égard de Rome. En témoigne cette phrase du journal de Ciano : « Mussolini craint que les Allemands n'aient peut-être découvert, parmi les documents français, quelque chose de compromettant pour nous » (t. II, p. 209, à la date du 4 juillet 1940).

l'ambassadeur français. Cynisme, soit, mais aussi leçon de *Realpolitik* qui, n'en déplaise aux idéalistes, a reçu bien plus de confirmations que de démentis en politique internationale jusqu'à nos jours. Ce faisant, Ciano était honnête, comme rarement il le fut, et reflétait les vues de son beau-père. S'il est certain que Mussolini répugnait à la notion d'une neutralité avare à la Franco, il attendait l'issue du combat décisif pour faire incliner son « poids déterminant » vers le vainqueur. Le *Blitzkrieg* allemand le prit de court, une fois de plus. Dans la lettre que Hitler lui envoya le 3 mai pour le renseigner sur la campagne de Norvège et ses suites, rien n'annonçait le début imminent des opérations sur le front occidental[6]. Cela prouve à quel point la confiance « nibelungienne » du Führer restait mitigée à l'égard de l'allié et surtout de son entourage. La communication officielle ne parviendra qu'à 5 heures du matin, le 10 mai 1940, par une autre missive que l'ambassadeur von Mackensen lui apporta à la villa Torlonia, au moment exact où la Wehrmacht déferlait en Belgique, au Luxembourg et aux Pays-Bas, selon les directives du plan Manstein, en violant leur neutralité. Le Duce répondit assez vaguement au Führer, en l'assurant « de la confiance et de l'esprit de camaraderie avec lesquels je suis l'action de vos troupes ». Il ne s'attendait sans doute pas à une combativité opiniâtre des pays du Benelux. Mais la France était une autre affaire. Malgré ses vues sur l'agonie de la Troisième République et ses préjugés sur la décadence démographique d'un peuple alcoolique, tabagiste et jouisseur – ce qui anticipait presque à la lettre les appels de la Révolution nationale ! –, Mussolini restait convaincu que l'appareil militaire français demeurait de tout premier ordre. Il croyait que le dispositif de la ligne Maginot résisterait encore longtemps à l'attaque allemande. Il ne prévoyait pas une fin de la campagne avant l'automne ou l'hiver : et d'ici là… Les dimensions imprévues de l'effondrement français modifièrent radicalement sa vision des choses[7].

Le 14 mai, il reçut un message de Roosevelt, et deux jours plus tard, de Churchill. Dans les deux cas, on invoque sa capacité de discernement pour l'exhorter à rester en dehors de l'affrontement.

6. De Felice, *Mussolini il duce*, II, *Lo Stato totalitario*, *op. cit.*, p. 794 et suivantes.
7. Ainsi que l'affirme Mack Smith, *Mussolini*, *op. cit.*, p. 317 : « Mussolini espérait que les Allemands subissent quelques durs revers avant leur victoire finale. »

À tout autre moment – songeons à l'Éthiopie ! – l'ancien révolutionnaire eût été flatté à l'idée que ces deux patriciens anglo-saxons s'adressent à lui avec déférence. Dans les circonstances présentes, l'effet fut exactement l'inverse. Il suivait sur la carte la progression fulgurante de l'armée allemande, regrettant de ne pas y prendre part. La question n'était plus de savoir de quel côté entrer en guerre, mais à quel moment le faire. Le 28 mai, après la capitulation du roi Léopold III des Belges, frère de la princesse Marie-José, épouse du prince héritier Humbert[8], un Duce rayonnant annonça à von Mackensen sa décision de mettre fin à la « non-belligérance ». Ce fut maintenant au tour de Hitler de freiner : à un pas du triomphe, il ne voulait pas le partager avec un allié de la vingt-cinquième heure. Lorsque la date de l'intervention italienne fut fixée dans une réunion au palais de Venise pour le 5 juin, un Führer courtois mais ferme « pria » son grand ami d'attendre au moins trois jours. Mussolini, dépité, s'en plaignit auprès de Ciano et d'Anfuso : « Nos adversaires sont maintenant les Allemands, qui veulent prendre Paris et terminer la campagne avant notre intervention[9]. » Tel était bien le cas. Ce même jour, la Wehrmacht brisa le front de la Somme et s'ouvrit la route de la capitale en déjouant les efforts désespérés de Weygand, qui venait de remplacer Gamelin *in extremis*.

Mussolini, comprenant que désormais il ne pourrait plus exercer aucun « poids déterminant » dans la campagne – même s'il ne s'attendait pas à la déconfiture de la guerre des Alpes –, revint à son penchant pour la recherche d'une solution politique. La défaite de la France pouvait impliquer l'acceptation par l'Angleterre d'une paix de compromis qui semblait, à ce stade, également dans les vœux de Hitler. Les quatre pays de Munich, y compris une France diminuée et dirigée par un gouvernement « ami », autoritaire et antiparlementaire, plus l'URSS, qu'il ne jugeait plus possible d'exclure des délibérations, et éventuellement l'Espagne, se seraient repartagé l'assiette du continent et les colonies. Ces illusions s'évanouiront en quelques mois : l'Angleterre continuera la lutte, forte de l'appui

8. Ce fut une des raisons qui pousseront la princesse à œuvrer plus tard pour un armistice de l'Italie avec les Alliés.

9. Anfuso, *Du palais de Venise*, *op. cit.*, p. 146-147. Et l'auteur d'ajouter : « Mussolini est entré en guerre, en juin 1940, sur le pari d'une campagne courte, mais pas trop courte. »

indirect des États-Unis ; Hitler perdra toute disponibilité (s'il en avait réellement) à réduire la voilure de ses conquêtes continentales, et la faillite de la visite de Molotov à Berlin en novembre 1940 le poussera à avancer les plans de conquête à l'Est qui étaient déjà dans ses intentions depuis *Mein Kampf*.

Dans ce contexte, le « coup de poignard dans le dos » de Mussolini à la France, finalement reporté au 10 juin, se soldera par un double échec militaire et politique. L'expression a fait florès, on retrouvera « Juin poignardé » jusque dans les vers du poème *Les Lilas et les Roses* d'Aragon. Elle est cependant impropre du point de vue du droit international, car les deux pays n'étaient alors ni alliés ni amis, mais plutôt en état de guerre larvée, ce qui juridiquement exclut la traîtrise. Le geste était néanmoins moralement déshonorant et Mussolini s'en rendait compte. Le risque d'un conflit italo-français était, hélas, dans l'air depuis longtemps, les fortifications avaient été renforcées sur la chaîne alpine et les deux armées multipliaient les projets d'une action préventive[10]. Mussolini avait au moins eu le souci formel de faire remettre par Ciano la déclaration de guerre à François-Poncet et à l'ambassadeur britannique, Sir Percy Loraine, alors que Hitler avait évité de le faire à l'égard de la Pologne, de la Norvège, du Danemark et des pays du Benelux. La guerre des Alpes a fait l'objet de plusieurs études que nous ne pouvons que rappeler ici[11]. Il y a cependant un aspect de cette page insensée entre toutes qui mérite d'être mentionné : après avoir trépigné auprès des Allemands pour pouvoir intervenir avant la chute de la France, Mussolini autorisa le toujours prudent Badoglio à ne pas bouger pendant onze longs jours – mis à part, des deux côtés, quelques

10. Je renvoie à nouveau à ma préface aux *Souvenirs d'une ambassade à Rome*, *op. cit.*, de François-Poncet, p. 44 et suivantes.

11. La plus complète est celle de Schiavon et Le Moal, *Juin 1940. La guerre des Alpes*, Paris, Economica, 2010. Sur le plan littéraire, rappelons au moins les témoignages de Malaparte, *Le soleil est aveugle*, n. éd., Paris, Folio, 2000, de M. Rigoni Stern, *En guerre : campagnes de France et d'Albanie, 1940-1941*, Lyon, La Fosse aux ours, 1999, et de M. Mohrt, *La Campagne d'Italie*, Paris, Gallimard, 1965. Presque à la veille de son décès, Mohrt m'offrit un exemplaire du livre émaillé d'une émouvante dédicace : « À M.S., trop jeune pour m'avoir combattu dans la Vésubie quand j'étais éclaireur-skieur dans les Alpes maritimes. En toute amitié, très forte comme lorsque je combattais les Alpini. Quelle aventure absurde ! M.M. »

incursions de la marine et de l'aviation[12] – avant de déclencher la bataille de quatre jours (21-24 juin) qui faillit se transformer pour les Italiens en défaite cuisante. Le plan de campagne approuvé par le vieux maréchal-renard – qui avait préalablement poussé l'obligeance jusqu'à prier l'attaché militaire français à Rome, le général Parisot, d'en informer dans les grandes lignes « mon ami Gamelin » ! – était purement défensif, dans la prévision d'une « fausse guerre ». Ce plan fut chamboulé par la décision de Mussolini de passer à l'offensive à la veille de l'armistice franco-allemand de Rethondes. Il allait ainsi obtenir les « 600 morts » (il y en eut 642 exactement, sans compter les congelés et les amputés) qui lui servirent pour s'asseoir « honorablement » à la table de la paix[13].

L'armistice de la villa Incisa, à Rome, le 25 juin, fut très favorable au « vaincu », avec l'acceptation quasi totale des demandes françaises d'assouplissement, dans une atmosphère chevaleresque digne du film *La Grande Illusion* : ce l'était en effet[14]. On était très loin des revendications outrancières sur la Tunisie, la Corse, la Savoie et même des dernières propositions désespérées de Daladier et Reynaud. Un reste de pudeur poussa le Duce (mais non Ciano) à éviter d'y plastronner devant les caméras et à donner l'ordre de ne pas montrer ces images dans les actualités. L'Italie n'exigera pas la livraison des *fuoriusciti* antifascistes résidant en France, alors que les Allemands l'avaient obtenue pour ses ressortissants, conformément à l'odieux article 19 de l'armistice de Rethondes. La petite zone d'occupation dans les Alpes-Maritimes, successivement étendue au cours moyen et supérieur du Rhône – en excluant l'agglomération de Lyon –, sera élargie après

12. Le prétendu mitraillage des colonnes de civils de l'exode par des avions italiens, dont se fera l'interprète parmi d'autres l'écrivain (d'origine italienne) François Cavanna, n'eut jamais lieu, même si on ne peut exclure des cas isolés. Le rayon d'action de la chasse italienne ne dépassa pas la Provence et ses objectifs furent exclusivement militaires.

13. Il y eut en fait une pénétration italienne en territoire français de trois à huit kilomètres en moyenne, une trentaine en direction de Menton. L'armistice intervint à un moment où une contre-attaque française aurait pu repousser l'assaillant bien en deçà de la frontière italienne.

14. À Badoglio, qui se montra meilleur diplomate que stratège et passa outre aux dernières revendications de la délégation italienne en abrégeant : « C'est firmé [*sic*, pour signé], donc ça suffit comme ça », le plénipotentiaire français, le général Hutzinger, répondit, les larmes aux yeux : « Vous êtes un soldat, Badoglio, et pas seulement un maréchal. » Compliment ? Je pense que oui. Cf. aussi Duroselle, *Politique étrangère de la France. L'abîme, 1939-1945*, *op. cit.*, p. 201-203.

le débarquement allié en Afrique du Nord d'octobre 1942, jusqu'à comprendre la Savoie et la Corse, puis évacuée après l'armistice italien, le 8 septembre 1943. La zone jouira de conditions de vie relativement privilégiées et deviendra le havre d'innombrables réfugiés provenant de Vichy et de la zone occupée par les Allemands. Sur le plan militaire, elle aurait pu constituer une base importante pour des frappes en profondeur dans la Méditerranée. Lorsque le successeur de Badoglio, le maréchal Cavallero, proposa cette éventualité, les Allemands y opposèrent un refus qui reflétait les rapports méfiants qui s'étaient instaurés entre les deux états-majors.

Tout compte fait, Mussolini ne s'était pas trop mal tiré de cette peu reluisante aventure. On ne parlera plus en France de « coup de poignard » jusqu'en 1944-1945. L'attaque anglaise (sans sommation) de Mers el-Kébir, qui provoqua du côté français non pas une quarantaine de victimes, comme la guerre des Alpes, mais 1 300, la fera pâlir en comparaison. Même Roosevelt, qui avait utilisé cette expression dans un premier temps, fera volte-face devant la réaction de l'influente communauté italo-américaine, à la veille de sa réélection. Dans les mois suivants, plusieurs dirigeants vichyssois, Laval, Baudouin, Monzie et d'autres, rechercheront une médiation du Duce avec le Reich : il n'en fera rien. S'il cultivait plutôt l'intention contraire – c'est-à-dire éviter un rapprochement franco-allemand, tel qu'il se dessinait après l'entrevue de Montoire du 24 octobre 1940 entre Hitler et Pétain[15] –, il ne souhaitera pas se compromettre et esquivera toutes les tentatives de rencontre avec le Maréchal[16]. Tout au long de 1940-1941, un accord avec Vichy sera invoqué par les diplomates et les militaires italiens pour disposer de bases à Bizerte et Tunis, qui auraient allégé la pression anglaise sur la Libye. Mussolini y renonça : ce fut une erreur inexplicable. Le fait est que la France occupée ne comptait plus à ses yeux. La rancune qui perçait

15. C'était d'ailleurs la suite, pour ainsi dire actualisée, de son attitude au moment de l'occupation de la Ruhr puis de son anti-« locarnisme » quinze ans plus tôt (voir la deuxième partie) : empêcher que l'Italie ne devienne la victime d'une réconciliation franco-allemande.

16. Pétain exprimera son désir de rencontrer le Duce notamment au général Vacca Maggiolini, chef de la commission italienne d'armistice, le 15 novembre 1941, en marge des obsèques du général Huntziger. Cf. De Felice, *Mussolini l'alleato*, t. I, *L'Italia in guerra, 1940-1943*, vol. 1, *Dalla guerra « breve » alla guerra lunga*, Turin, Einaudi, 1990, p. 148-149.

parfois dans ses propos était l'expression de l'amour déçu car – nous l'avons dit – aucun pays n'avait autant signifié à ses yeux, après le sien. De la France libre il ignorera presque tout, même s'il écrira à Hitler, le 19 octobre 1940, avec une certaine perspicacité : « Vichy et de Gaulle se sont échangé les rôles et les Français ne s'estiment pas battus[17]. » Sur le front intérieur, il avait donné une forte secousse à la « dyarchie » en forçant la main d'un roi récalcitrant à sortir de la neutralité. Si Mussolini risquait de perdre sa tête dans le conflit, Victor-Emmanuel risquait de perdre le trône pour lui et pour ses héritiers, comme cela se produira[18]. Après la défaite, dans des confidences apocryphes, le souverain déchu revendiquera d'avoir été le seul à s'opposer à l'« esprit belliqueux » de son Premier ministre, ce qui est douteux[19]. La décision malencontreuse, à la veille de la guerre des Alpes, de confier le commandement du groupe d'armées Ouest au prince Humbert lui sera attribuée, même si elle fut prise en plein accord avec Mussolini.

La pierre d'achoppement résidait dans l'état d'impréparation des forces armées, que le Duce connaissait parfaitement. L'idée, là encore fréquente dans la vulgate néofasciste et révisionniste, selon laquelle il aurait été « trompé » par les rapports optimistes de ses commandants est contredite par une vaste documentation. Et s'il avait eu tendance à croire qu'on lui noircissait à dessein la situation, par pusillanimité ou attentisme, la « petite » guerre des Alpes suffit à lui prouver le contraire[20]. La situation de la marine et de l'aviation était meilleure que celle de l'armée de terre ; le personnel y était généralement plus préparé et motivé, quoique suspect d'anglophilie chez les amiraux. Mais dans le premier cas on manquait de matériels de dernière génération (surtout de radars sophistiqués comme ceux dont disposait la

17. Cité dans De Felice, *Mussolini l'alleato*, t. I, *L'Italia in guerra 1940-1943*, vol. 1, *Dalla guerra « breve » alla guerra lunga*, *op. cit.*, p. 137 et suivantes. C'était la thèse « du bouclier et de l'épée », alors assez répandue.

18. Né en 1869, il avait à peine connu son grand-père, Victor-Emmanuel II, le roi du *Risorgimento* (mort en 1878), et ses rapports avec son père, Humbert Ier, dont la prestance l'humiliait, furent froids et distants. Mais il vivait dans l'obsession de les égaler.

19. Cf. F. Perfetti, *Parola di Re. Il diario segreto di Vittorio Emanuele*, Florence, Le Lettere, 2006, p. 140-144. Mais à son aide de camp, il avouera son impuissance : « Alors on ne pouvait pas s'opposer au chef du gouvernement » (général P. Puntoni, *Parla Vittorio Emanuele III*, Milan, Palazzi, 1958, p. 315).

20. De Felice, *Mussolini il duce*, II, *Lo Stato totalitario*, *op. cit.*, p. 805 et suivantes.

Royal Navy[21]) et dans le second de pièces de rechange – pour une production encore trop limitée. Badoglio, qui était un professionnel réaliste, respecté à l'étranger par ses pairs (sauf les Allemands, qui le détestaient déjà), ne perdait pas une occasion de le répéter avec plus ou moins d'énergie, selon son caractère fluctuant. Le maréchal, qui à la différence de Ciano ne risquait plus rien, n'avait pas donné sa démission : le roi y avait peut-être veillé. Il sera contraint de le faire six mois plus tard, lors de l'échec de l'attaque contre la Grèce. Après quoi, il ne cessera de comploter pour se venger de son limogeage.

La « liste molybdène » avait été une supercherie utile pour retarder la guerre ; mais les Allemands l'avaient bien compris et aucune livraison substantielle n'eut lieu dans les mois suivants. Au début, Mussolini réagit avec son volontarisme coutumier, en répondant au chef de l'intendance militaire : « Je ne peux pas attendre des années que l'armée soit prête. Nous ferons ce que nous pourrons. » Mais il déchanta vite. « Jeter le cœur au-delà de l'obstacle » ne suffisait plus. Les voies de communication maritimes, plus essentielles encore pour l'Italie péninsulaire que pour l'Allemagne continentale, étaient cadenassées par le blocus de la Royal Navy, sortie quasiment indemne de l'évacuation de Dunkerque. Les réserves de pétrole, de charbon, de matières premières pouvaient suffire pour quelques semaines tout au plus. Quant à la situation économique, le pays commençait à peine à se relever de la récession des années 1930 et de la saignée des affaires d'Éthiopie et d'Espagne. De plus, il restait divisé entre le Nord et le Mezzogiorno, où, à l'exception de quelques îlots de modernité, comme la Foire du Levant, créée en 1929 à Bari, le régime avait à peine atténué des retards séculaires.

S'il avait cultivé le noble art des échecs – mais nous savons qu'il méprisait tous les « passe-temps »[22] –, Mussolini aurait compris qu'il avait déjà techniquement perdu la partie, dès son entrée en jeu. Le seul espoir qui lui restait était la continuation de la « guerre éclair » jusqu'à la défaite des Britanniques, restés seuls. Il donna comme instructions à Ciano, qui se rendait à Berlin le 19 juillet, de manifester à Hitler son intention de participer à une attaque contre la Grande-

21. Une production réduite de radars de dernière génération ne sera mise en ligne qu'au début de 1943, à la veille de l'effondrement du pays.

22. Il existe pourtant une rare photo de Mussolini qui, dans le désœuvrement de Salò, médite devant un échiquier.

Bretagne. Or le ministre se trouva en face d'un Führer insolitement prudent, qui lui déclara que la bataille d'Angleterre serait « dure et sanglante ». On a beaucoup spéculé sur les raisons qui portèrent Hitler à retarder puis à supprimer l'opération *Lion de mer* mise au point par la Kriegsmarine – cette marine de guerre qui avait été développée légalement aux termes de l'accord naval anglo-allemand de 1935 ! – pour envahir les îles Britanniques : Mussolini en fut extrêmement contrarié et soupçonna son acolyte de rechercher un accommodement avec Londres derrière son dos, par l'entremise du roi de Suède, ce qui n'était pas tout à fait invraisemblable[23]. En tout état de cause, si les perspectives du *Blitzkrieg* s'évanouissaient, il ne lui restait plus qu'à mettre toutes ses chances du côté de la « guerre parallèle ».

23. *Journal politique* du comte Ciano, II, *op. cit.*, à la date du 6 août 1940, p. 220.

3

La « guerre parallèle » : ses velléités

(octobre 1940-printemps 1941)

« Commencer avec fermeté signifie déjà remporter la moitié de la bataille », affirmait Garibaldi. C'est exactement ce que Mussolini ne fit pas, dès les premiers jours de l'intervention. La déclaration de guerre, prononcée le lundi 10 juin 1940, peu après 17 heures, et relayée par de puissants émetteurs jusqu'aux bourgs les plus éloignés de la péninsule, avait suscité la perplexité résignée de la population, malgré les vivats des activistes massés depuis des heures sur la place de Venise, sous un soleil de plomb.

Ce fut une des interventions les plus courtes de la carrière du Duce, moins de sept minutes, prononcée d'une voix presque neutre, sans effets oratoires : rien à voir avec le « discours des bivouacs », après la marche sur Rome, ou la proclamation de l'Empire. Superstitieux comme il l'était parfois, il aurait pu songer que c'était exactement le seizième anniversaire de l'enlèvement et du meurtre de Matteotti, lorsqu'il avait failli tout perdre. Les Anciens y auraient vu un mauvais présage… Parmi de nombreux témoignages, citons d'abord celui d'un observateur d'expression française :

> Lorsque la porte vitrée du balcon se fut refermée, je me mêlai à la foule. Aucun signe d'enthousiasme, je dirais même un air d'abattement, de lassitude. On rentrait chez soi accablé. Je vis un petit groupe de jeunes Allemands portant des drapeaux italiens et allemands. Les passants ne s'occupaient guère de leur manifestation, ils défilaient sans un applaudissement, sans un murmure, à travers une foule totalement indifférente[1].

1. W. Sperco, *L'Écroulement d'une dictature. Choses vues en Italie durant la guerre 1940-1945*, Paris, Librairie Hachette, 1946, p. 31.

Puis celui, peut-être plus réaliste, de l'écrivain Alvaro :

> La foule, comme soulagée d'un grand poids, riait en déferlant sur le Corso. Une masse vivace, ignare, ni préoccupée ni sereine. Dans l'ombre, un frisson plus fort de vie animale. Annonce du couvre-feu. Rome retombée tout à coup dans un autre temps, sans histoire, comme aux époques barbares[2].

Deux facteurs contribuèrent à provoquer cet engourdissement collectif. D'une part, les Italiens ne nourrissaient dans leur ensemble aucun grief à l'égard de la France et de l'Angleterre, malgré la propagande qui sévissait contre ces deux pays depuis la période des sanctions. D'autre part, la population ne ressentait pas d'attraction et éprouvait même une certaine aversion pour le Troisième Reich : ces *Tedeschi* étaient les successeurs – plus redoutables encore – des Autrichiens qui avaient dominé la péninsule pendant des siècles, jusqu'au *Risorgimento* et à la Grande Guerre. On ne les connaissait pas, on se méfiait d'eux, et donc, instinctivement, on ne les aimait pas. Il y avait de nombreux émigrants, installés parfois depuis des générations, en France, en Belgique, au Royaume-Uni (sans parler des deux Amériques) : il n'y en avait quasiment aucun en Allemagne. Hitler n'avait fait battre aucun cœur féminin, ni de princesse ni de midinette, durant sa visite en mai 1938 ; et le cœur féminin compte beaucoup dans l'imaginaire des Italiens. Une partie au moins des hiérarchies vaticanes et les catholiques avertis s'étaient rendu compte que le *Reichskonkordat* de 1933 n'avait été qu'un leurre : l'essence de l'hitlérisme demeurait intrinsèquement païenne[3]. Des intellectuels encore germanophiles en 1914, rendant hommage à la grande *Kultur* de la science et de la philosophie, rejetaient désormais la mystique casquée et bottée du *Lebensraum*, ou « espace vital », et de l'antisémitisme d'État. Benedetto Croce avait exprimé ce refus dans un essai remarqué de 1936, *L'Allemagne que nous avons aimée*, inspiré

2. Alvaro, *Quasi una vita*, *op. cit.*, p. 240-241.
3. La conduite du pape Pie XII face au nazisme demeure très controversée et a fait l'objet de nombreuses études, en général très critiques. Cependant, il choisit comme proche collaborateur Mgr Montini, futur pape Paul VI, qui était déjà connu pour son opposition au nazisme et au fascisme.

par la décision de l'université nazifiée d'Heidelberg de modifier sa devise, « À l'esprit vivant [universel] », en « À l'esprit allemand » ; Mussolini avait d'ailleurs autorisé la circulation de ce texte. Et ne négligeons pas des éléments plus terre à terre : il n'y avait pratiquement plus de tourisme allemand en Italie par manque de devises – finis les esthètes à la Aschenbach de Thomas Mann qui venaient mourir au Lido de Venise ! –, ni de chansons, d'opérettes, de films (et d'actrices), de tendances de la mode et du spectacle d'importation germanique, alors qu'on faisait la queue devant les cinémas, de Turin à Palerme, pour applaudir *Quai des brumes* ou *Autant en emporte le vent.* Les Jeux olympiques de 1936 enregistrèrent, comme nous l'avons dit, un bref mouvement de sympathie envers la parfaite et relativement libérale organisation sportive berlinoise. Mais les suffrages allèrent beaucoup plus aux exploits de Jesse Owens et aux succès des champions italiens, comme Ondina Valla et Silvano Abba[4], qu'aux athlètes allemands.

Il est peut-être exagéré d'affirmer, comme le fera en 1946 Enrico De Nicola, premier et très digne président de la République, que « le peuple italien entra dans la guerre contre sa volonté » : tout simplement, personne ne lui avait demandé de l'exprimer. Il est vrai cependant que les Italiens ne « sentaient » pas la nécessité, l'inéluctabilité du conflit, à la différence de 1915. Ils n'étaient pas disposés à partir, en 1940, la fleur au fusil. Cet état d'esprit était détaillé non seulement dans les rapports de police, mais dans les communications assez objectives et souvent préoccupées provenant des fédérations locales du PNF. Bref, on ne peut sciemment affirmer que le Duce n'était pas informé de la détérioration de l'humeur populaire. Mussolini avait beau conspuer – avec ses collaborateurs, de Ciano à Bottai et Anfuso – le défaitisme des « Italiens », comme s'il s'agissait d'un peuple autre, il n'avait pas réussi à les prédisposer à une guerre dont, intimement, ils ne voulaient pas. Le parti surtout l'avait déçu. Après avoir renvoyé en novembre 1939 l'incapable Starace, en lui attribuant des responsabilités qui étaient largement les siennes, il avait fait appel à un autre homme de main, Ettore

4. Tombé le 24 août 1942 dans la charge victorieuse du régiment Savoia Cavalleria à Izboushensky, sur le Don, qui fut probablement la dernière charge de cavalerie de la Seconde Guerre mondiale. Médaille d'or militaire à titre posthume.

Muti, organisateur encore plus inepte quoique moins servile, et, de surcroît, germanophobe connu[5].

Cela dit, il serait erroné d'affirmer, comme on l'a fait parfois, que ce manque d'enthousiasme se traduisit en opposition larvée ou même active à la « guerre de Mussolini », comme on l'a appelée depuis. Si, par absurde, la population était descendue dans les rues contre le conflit, le Duce n'aurait eu ni le cran ni les moyens de faire tirer sur la foule, comme Hitler ou Staline l'auraient certainement fait à sa place. Les Italiens demeuraient un peuple sceptique, malgré dix-huit ans de régime. Pourtant, on comptera 25 000 volontaires dans les rangs des « licteurs », l'élite de la jeunesse, dont certains n'avaient pas atteint l'âge de la conscription militaire. Ce n'est qu'à partir de la fin 1941 – avec l'invasion de la Russie et l'entrée en guerre des États-Unis – que s'amorcera un changement d'attitude. Et encore, pendant la phase suivante – jusqu'à la bataille d'El-Alamein (octobre-novembre 1942) et à la victoire soviétique à Stalingrad (janvier-février 1943) – une partie de l'opinion publique continua à croire que le Troisième Reich allait remporter le conflit, même si l'Italie fasciste ne constituait plus qu'un allié mineur[6]. Tous les historiens militaires crédibles, à commencer par les « adversaires » anglo-saxons, attestent qu'en 1940-1943 le soldat italien s'est battu avec moins d'entrain et moins de bonne fortune qu'en 1915-1918 ; mais enfin, il s'est battu[7].

Le pacte tripartite, signé à Berlin le 27 septembre 1940 entre l'Allemagne, l'Italie et le Japon, puis élargi (ou imposé) à tous les

---

5. Simoni relate l'embarras des diplomates italiens dans les salons de l'ambassade truffés de micros, lorsque Muti, en visite de « fraternisation » à Berlin en octobre 1939, se mit à éructer : « Mais qu'attendent les Anglais, les Français pour venir les bombarder ? L'Allemagne doit être détruite et elle ne pourra être battue que par la guerre aérienne. » Cf. *Berlin, ambassade d'Italie*, *op. cit.*, p. 14-15. Il obtiendra néanmoins, dans une avalanche de médailles qui en feront probablement le soldat le plus décoré de l'armée italienne de tous les temps, les deux croix de guerre allemandes de 1re et 2e classes.

6. Une documentation très abondante, rédigée et envoyée tout au long de 1942 par les organisations régionales et provinciales du PNF, a été retrouvée dans les archives et publiée par Guerri, *Rapporto al Duce*, nouvelle édition, Milan, Bompiani, 2020.

7. Ainsi que le souligne le spécialiste J. Gooch dans le dernier ouvrage solide paru à ce jour (*Mussolini's War : Fascist Italy from Triumph to Collapse, 1935-1943*, Londres, Allen Lane, 2020) : « Que le soldat italien se soit battu, souvent dans des conditions défavorables, avec tant de ténacité et de hardiesse, a vraiment de quoi surprendre. »

alliés mineurs, ne fut qu'une manifestation apparente d'unité de vues. Du côté allemand, il s'agissait de l'admission implicite qu'après le débarquement reporté pour toujours sur les îles Britanniques, la guerre serait longue et, implicitement, non limitée à l'Europe. Les plans de l'*Oberkommando* de la Wehrmacht se basaient essentiellement sur le facteur temps : si le Japon pouvait tenir les Américains en échec dans le Pacifique pendant quelques années, le Troisième Reich parviendrait à « digérer » ses futures conquêtes à l'Est (la Pologne n'en représentant que le préalable) pour pouvoir gérer le partage du monde, d'égal à égal, avec le pôle américain et celui nippon-asiatique. En revanche, le pacte fit espérer un temps à Mussolini qu'une coalition des « petits vassaux » se formerait, dont il prendrait la tête pour constituer un contrepoids à la suprématie de Hitler. Pour ce faire, il comptait encore sur l'aide de Franco. Mais Serrano Suñer arriva alors dans la capitale allemande pour confirmer que son pays resterait en dehors du conflit. Après quoi, le *cuñadisimo* évita d'assister à la signature du pacte et repartit en souriant sous sa petite moustache bien soignée, en laissant de glace Ribbentrop et surtout son ancien ami Ciano.

Ulcéré par le refus du Führer d'engager toutes ses ressources dans les opérations contre le Royaume-Uni – la chasse italienne participera néanmoins avec distinction à la bataille d'Angleterre –, le Duce se lança dans une nouvelle campagne africaine. Elle était en principe nécessaire pour briser l'étau du blocus ennemi, mais elle débuta trop hâtivement et sans cette coordination avec les Allemands qui se révélait déjà indispensable. Voulant procéder à « sa » guerre parallèle sans consensus de l'allié, il donna l'ordre au général Graziani, successeur de Balbo en Libye, d'entamer une vaste offensive en direction de l'Égypte. Le « boucher du Fezzan » – gracieux sobriquet qu'il s'était mérité pour ses exactions contre la population indigène – essaya en vain de lui faire comprendre que sa supériorité en troupes ne correspondait pas à un avantage suffisant en termes de matériel, de transports motorisés et de couverture stratégique aérienne pour conduire une campagne de longue haleine dans le désert. Il pénétra sans rencontrer trop de résistance sur une centaine de kilomètres en territoire égyptien, jusqu'au bourg de Sidi Barrani, et là s'arrêta judicieusement pour regrouper ses forces. Mais les Anglais l'attendaient au rendez-vous et, le 9 décembre 1940, déclenchèrent la contre-attaque – opération *Compass* – qui repoussa les Italiens jusqu'à Tobrouk, sur la côte orientale de la Libye, qui sera conquise en janvier 1941. Les divisions motorisées anglaises, indiennes et australiennes déferlaient sur la « via Balbia » (encore aujourd'hui l'autoroute côtière libyenne) que le maréchal avait fait construire à grands frais dans la seconde moitié des années 1930. Cette déroute, qui provoqua la perte de tout l'équipement et d'environ 40 000 hommes (grossis à 100 000 par l'efficace propagande britannique), dont la plupart dispersés ou prisonniers, ne fut rétablie que par l'intervention du premier noyau de l'Afrikakorps allemand. Mussolini limogea Graziani, qui n'était coupable qu'à demi, et la situation se stabilisa simplement parce que les Anglais, qui ne s'attendaient pas à avancer si profondément en territoire ennemi, n'avaient pas les moyens de poursuivre leur offensive. Entre-temps, la Royal Navy avait obtenu un autre succès considérable en torpillant (mais sans les couler, comme on l'affirma) trois des cinq cuirassés italiens dans le port de Tarente, la nuit du 11 au 12 novembre 1940[8].

En Afrique orientale, les premières opérations avaient autorisé beaucoup d'espoirs. En août 1940, les troupes italiennes, bien commandées par le général Guglielmo Nasi, occupèrent le Somaliland britannique et progressèrent successivement au Soudan et au Kenya : ce fut leur dernier exploit. La guerre continua âprement pendant encore dix mois, avec une forte participation des troupes coloniales, les ascaris érythréens et éthiopiens, qui luttèrent avec un dévouement admirable. Pour leur éviter les terribles représailles qui les attendaient en cas de victoire ennemie, on les libéra de leur serment : seule une très faible minorité voulut en profiter. Le 17 mai 1941, le dernier vice-roi d'Éthiopie, Amédée d'Aoste, duc des Pouilles, volontaire à seize ans dans la Grande Guerre, époux d'Anne d'Orléans, aviateur et explorateur, fils aîné et beaucoup moins fasciste que son père Emanuele Filiberto, se rendit après une dernière résistance acharnée sur les hauteurs de l'Amba Alagi, dans la région du Tigré. Devant le régiment britannique qui lui rendait les honneurs militaires, ce grand taiseux, dans la tradition des Savoie, prononça simplement le mot *« Ritorneremo »*, qui n'a donc pas été inventé par le général MacArthur, après la perte des Philippines. Le

8. Le commandant de la flotte italienne, Inigo Campioni, sera fusillé à Parme le 24 mai 1944, avec son collègue Luigi Mascherpa, à la suite du « procès des amiraux » : un triste subterfuge de Mussolini, pendant la République sociale, pour faire endosser à la marine – « anglophile » – les responsabilités de la défaite.

duc mourra de tuberculose en captivité, ayant refusé d'être rapatrié en Italie. Des poches de guérilla continueront la lutte pendant des mois, parfois des années. Le 5 mai, le négus, Hailé Sélassié, rentra à Addis-Abeba dans une Alfa Romeo décapotable et retrouva tous ses biens et ses palais – sauf ceux pillés par les hommes de Badoglio et de Graziani – conservés par Amédée dans un ordre parfait. Son premier message, qui visait à rassurer les milliers d'Italiens résidant encore dans la capitale[9], fut pacifique : « Oublions par la volonté de Dieu tout-puissant le mal qui nous a été fait. » L'illusion de l'empire mussolinien avait duré tout juste cinq ans.

L'Afrique occidentale résistait principalement grâce aux Allemands, l'Afrique orientale fut perdue sans eux. La Royal Navy intercepta, coula ou endommagea plus d'un tiers du tonnage italien en Méditerranée, en troupes et en ravitaillement, dès les premiers mois de la guerre. L'aviation « fascistissime » se battait vaillamment, mais perdait plus d'avions que l'industrie « autarcique » n'arrivait à en fabriquer. Que restait-il à César, condottiere en chef ? Ses généraux et amiraux le conjuraient de faire pression sur Hitler pour effectuer un débarquement conjoint à Malte, principal bastion anglais de la Méditerranée, après le refus de Franco d'autoriser une action sur Gibraltar. Le bon sens l'imposait. Mais cela signifiait se mettre formellement sous la tutelle du haut commandement allemand[10]. Il s'y refusa catégoriquement. Puisque le Troisième Reich contrôlait désormais les trois quarts de l'Europe continentale, c'était à lui de lancer sa propre guerre parallèle en direction des Balkans. Le Duce pensa tout d'abord en finir avec la Yougoslavie, devenue l'ennemi héréditaire en 1918, à la place de l'Autriche-Hongrie défunte. Cette campagne aurait été bien plus populaire que la guerre des Alpes, en tout cas parmi les Italiens « irrédents » d'Istrie et de Dalmatie, et aurait pu profiter du long investissement fasciste sur les *oustachis* croates, viscéralement antiserbes. Mais à Belgrade, le régent, le prince Paul

9. Dont une grande partie fut néanmoins internée par les Anglais.

10. Mack Smith, *Mussolini*, *op. cit.*, p. 314, 323, arrive à affirmer, sur la base de la documentation militaire allemande, que « Hitler, dans les premiers mois du conflit, était tout à fait disposé à aider les Italiens à chasser les Anglais du théâtre méditerranéen [...] et [que] c'est Mussolini qui refusa à plusieurs reprises les offres allemandes ». Cavallero était tout aussi prudent.

Karadjordjević, qui gouvernait d'une main de fer depuis le meurtre de son cousin Alexandre à Marseille, s'était progressivement rapproché des Allemands tout en proclamant la neutralité de son pays. Hitler ne semblait pas disposé à autoriser une action de force de son allié latin. C'est le moment que choisit Ciano pour sortir son vieux projet d'une attaque de la Grèce, pays qui avait également proclamé sa neutralité. L'occupation du pays mettrait fin à la suprématie de la Royal Navy dans l'Égée et permettrait de menacer directement les bases anglaises en Égypte. Mussolini, à court d'idées stratégiques, finit par céder. Il éprouvait une certaine sympathie pour le Premier ministre Ioánnis Metaxás, un général qui s'inspirait ouvertement du modèle fasciste. Mais Metaxás et son souverain, Georges II, cousin préféré du roi d'Angleterre, étaient probritanniques et auraient refusé la perspective d'une satellisation que, de toute façon, Londres veillerait à empêcher. Un diktat diplomatique « à la tchèque » se révélait donc impensable, tandis que l'Albanie représentait un excellent point d'appui pour mener à bien l'entreprise. Ceci, en tout cas, sur le papier. La suite prouvera qu'il s'agissait de très mauvais papier.

L'opération est confiée à un protégé de Ciano, le général Visconti Prasca, qui se targue assez improbablement de descendre des anciens seigneurs de Milan pour renforcer ses titres de condottiere. Attaché militaire à Paris dans les années 1930, il a étudié et traduit les ouvrages du colonel de Gaulle et la prophétique *Histoire de l'armée allemande* de Benoist-Méchin. La guerre sur le front occidental a renforcé ses convictions sur les mérites du *Blitzkrieg*, mais ses conceptions suscitent la méfiance de Badoglio qui, une fois de plus, ne croit pas à l'expédition et lui rabote les forces nécessaires. C'est déjà un mauvais point de départ. Au lieu des (rares) divisions d'élite qu'il réclame, et que le Duce destine à une contre-offensive africaine vers l'Égypte et le canal de Suez[11], Visconti Prasca se voit offrir des régiments peu entraînés au combat sur un front montagneux et escarpé. Le Duce voulait toujours sa « guerre du peuple », avec trente ans de retard sur des conceptions déjà périmées en 14-18. C'est en tout cas la thèse que le général formulera dans son autodéfense de l'après-guerre et, sur ce point au moins, il est difficile de ne pas lui donner raison.

11. De Felice, *Mussolini l'alleato*, t. I, *L'Italia in guerra 1940-1943*, vol. 1, *Dalla guerra « breve » alla guerra lunga*, *op. cit.*, p. 185 et suivantes.

De surcroît, son plan, jugé trop audacieux, fut remanié à la dernière minute par Mussolini et Badoglio : le transfert des troupes en Albanie fut interrompu pour ne pas alerter les Grecs et surtout les Allemands, qu'il fallait mettre devant le fait accompli. L'indispensable occupation de l'île de Corfou, là où avait eu lieu le fameux incident de 1923, tête de pont méridionale de l'invasion, fut ainsi reportée. Ciano et son proconsul à Tirana, Jacomoni, comptaient également sur une cinquième colonne albanaise prête à soulever l'Épire, colonne qui n'existait que dans leur fantaisie, alimentée par les magouilles de chefs de bande locaux émargeant au budget du Trésor italien. Quant à l'armée grecque, on supposa à tort qu'elle n'opposerait qu'une résistance de façade. Mis tardivement et très vaguement au courant des préparatifs, l'ambassadeur d'Italie à Athènes, Grazzi, submergea Rome de messages pour rappeler que Metaxás jouissait de l'appui inconditionnel de ses troupes, dont il avait fait un bon outil professionnel, le meilleur des Balkans, avec une parfaite connaissance du terrain, et que les Anglais ne laisseraient pas occuper la Grèce sans envoyer des renforts massifs pour la défendre. Mais ce fonctionnaire responsable fut traité comme Cantalupo en Espagne : il gênait, on ne l'écouta pas.

L'aventure aux allures d'opérette débuta effectivement sur des airs de Puccini. Dans la soirée du 27 octobre 1940, la famille régnante, Metaxás, l'ambassadeur d'Italie et le fils du compositeur assistaient dans la loge royale à une représentation de *Madame Butterfly* à l'opéra d'Athènes, pavoisée aux couleurs des deux pays. Il y avait aussi dans l'assistance, paraît-il, une grosse jeune fille boutonneuse et myope, promise à un avenir radieux : Maria Callas. À son retour chez lui, Grazzi trouva un message à déchiffrer d'extrême urgence. Il s'agissait de l'ultimatum à remettre immédiatement au Premier ministre grec, qui exigeait, « à l'allemande », l'autorisation de laisser entrer sans résistance les troupes italiennes ; dans le cas contraire, les hostilités commenceraient à l'aube du 28 octobre, dix-huitième anniversaire de la marche sur Rome. C'était un acte de délinquance enrobé de mauvaise foi diplomatique. Mais Metaxás était fait d'un autre matériau que son malheureux collègue tchèque, Hácha. Il reçut l'émissaire en robe de chambre, essuya ses fortes lunettes, lut le bref message et répondit d'une voix ferme : « Inutile d'attendre, la réponse est *okhi*, non ! » Les deux hommes, qui s'estimaient, se serrèrent la main en silence. Il était 3 heures du matin : cette date est devenue en Grèce, à juste raison, la fête nationale connue comme le « jour du non ».

Dans les semaines suivantes, on passa rapidement de l'opérette au drame. Ce ne fut pas l'armée grecque, mais la prétendue cinquième colonne albanaise qui se volatilisa au premier coup de feu. Les conditions météorologiques en mer et à terre, auxquelles, comme en juin dans les Alpes, on n'avait accordé aucune importance, furent épouvantables : neiges prématurées sur les cimes, tempêtes sur l'Adriatique. Les Grecs, bien commandés par le général Papágos[12], se retirèrent en bon ordre devant le premier assaut italien vers l'Épire : l'effet *Blitzkrieg* était perdu. Au lieu des contingents d'élite que réclamait Visconti Prasca, une masse de régiments mal coordonnés encombraient les modestes infrastructures portuaires de l'Albanie pour se diriger vers le front par des routes périlleuses qui croulaient sous des torrents de boue. Avec l'appui de la Royal Air Force et assisté sur terre par six divisions britanniques, Papágos lança une contre-attaque qui repoussa l'assaillant bien au-delà de la frontière. L'offensive en Grèce se transforma ainsi en défense acharnée de l'Albanie. Fou de rage, Mussolini destitua Visconti Prasca, mais il profita de l'occasion pour obtenir enfin la tête de Badoglio.

Son successeur, Ugo Cavallero, avait beau être originaire du Piémont, à quelques kilomètres du lieu de naissance du maréchal (mais dix ans après lui), et provenir du même milieu de la petite bourgeoisie anoblie par un bon mariage, il en représentait à tout point de vue l'opposé. Le destin du personnage, que nous retrouverons, mérite d'être exposé. Cavallero était un militaire hors norme, lunetté et ventripotent, à la fausse allure débonnaire qui cachait une intelligence froide et opportuniste : lorsque son supérieur et mentor durant la Grande Guerre, le général Capello, fut impliqué dans l'attentat contre Mussolini que nous avons évoqué, Cavallero intervint pour bloquer le recours en grâce présenté par presque tous les officiers supérieurs (sauf lui) qui avaient servi sous ses ordres. Il avait fait des études supérieures de mathématiques, nourrissait une passion pour la géométrie, parlait couramment trois ou quatre langues, dont l'allemand, était enfin très apprécié par les cadres

12. Futur commandant en chef des troupes royalistes dans l'affreuse guerre civile de 1946-1950, puis Premier ministre de 1952 à 1955.

de la Wehrmacht, ce qui avait contribué à lui forger une solide réputation de germanophile. Badoglio rassurait par son immobilisme, son paternalisme, son refus de toute aventure. Cavallero était trop vif, trop remuant, trop innovateur : presque un général allemand en uniforme italien. C'était déjà assez pour susciter la méfiance de Mussolini, outre l'amitié affichée entre le général et son éternel adversaire Farinacci. Pourtant Cavallero avait manifesté immédiatement son allégeance au régime : en 1927, sous-secrétaire d'État à la Guerre, il avait donné l'ordre de rendre les honneurs militaires aux emblèmes de la milice fasciste et des faisceaux[13]. Il s'était également lié à Ciano quand sa fille avait épousé Jacomoni, gouverneur de l'Albanie, dit « le grand argentier », collaborateur intime du ministre. À la fin des années 1920, alors que sa carrière était bloquée par Badoglio, Cavallero, qui avait toujours cultivé les rapports avec le monde industriel, réussit à se faire nommer à la tête des usines Ansaldo de Gênes, où il parraina un vaste programme de modernisation de l'appareil militaire. Mais comme l'homme (ce qui au moins le rapprochait de Badoglio) n'était pas insensible aux bénéfices qu'il pouvait tirer de ses prestations, des rumeurs de pots-de-vin l'avaient à nouveau mis en difficulté. Il s'en était sorti à la veille de la guerre, lorsque, peut-être pour complaire aux Allemands, Ciano l'avait nommé vice-président de la commission chargée de l'application des clauses économiques et militaires du pacte d'Acier. Il s'acquitta de sa tâche avec un zèle qui augmenta la considération de Berlin à son égard.

Figure ambiguë, donc, par maints aspects, mais brillant stratège, Cavallero prit personnellement la direction de la campagne de Grèce, qui se jouait maintenant en Albanie, et réussit non sans peine à colmater la brèche. Mais Mussolini voulait « sa » proie, même au prix d'une humiliante requête auprès du Führer qui, très contrarié par la fuite en avant de son partenaire, décida finalement d'intervenir en janvier 1941. Il fallut trois mois pour que la situation change radicalement, ce qui n'était pas un temps si bref si on pense au *Blitzkrieg* en Pologne et en France, preuve que les Anglo-Grecs savaient se défendre même en face de la Wehrmacht. À la fin avril, les Allemands investirent Athènes, laissant aux Italiens la capture des îles Ioniennes, et fin mai, après la chute de

13. Salvatorelli-Mira, *Storia d'Italia nel periodo fascista, op. cit.*, p. 409, précisent qu'à cette date la Cour de cassation n'avait pas encore reconnu à la milice le caractère de corps armé de l'État.

la Crète, la Royal Navy dut transférer en Angleterre et en Égypte les restes de l'armée grecque. Le pays fut alors occupé nominalement par l'Italie, mais Hitler exigea le contrôle des centres principaux : Athènes, Salonique, la Macédoine, la Crète, alors que la Thrace fut annexée à la Bulgarie. La campagne de Grèce, réplique désastreuse de toutes les erreurs de la guerre des Alpes, n'avait pas coûté « 600 morts » mais 14 000. Metaxás décédé entre-temps et le général Papágos déporté à Dachau, un gouvernement fantoche fut installé dans la capitale. Or, face à l'effroyable spoliation nazie et à la famine qui provoqua des dizaines de milliers de victimes, surtout dans les campagnes, la présence des troupes italiennes fut rapidement ressentie comme un refuge par la population meurtrie. On assista à une fraternisation sans équivalent dans toute l'histoire de la Seconde Guerre mondiale, sauf peut-être, comme nous le verrons, en Ukraine. La maxime qui se propagea alors, « Italiens et Grecs, même face, même race », n'était pas un mince compliment venant du creuset de la civilisation occidentale. Ce ne fut d'ailleurs pas un investissement à sens unique. Après l'armistice du 8 septembre 1943, des centaines de soldats italiens débandés furent cachés et sauvés des représailles allemandes par des paysans, des villageois et des pêcheurs grecs, au risque de leur vie, parfois même par des formations de partisans[14]. La situation sera plus difficile en Albanie : ce peuple fier n'avait jamais accepté la domination italienne, même si c'était en grande partie à la vénalité et aux divisions de ses chefs féodaux qu'il la devait. Et la situation s'envenimera lorsque, dans la dernière phase du conflit, le communiste Enver Hodja, alors suppôt de Staline, émergera comme homme fort de la résistance albanaise[15].

L'humiliation grecque avait empêché Mussolini de résister à l'appropriation par Hitler d'un autre acteur essentiel, en fait le principal de la région balkanique : la Roumanie. Cet ancien membre de la Petite Entente se trouvait dans une situation équivoque. Le régime du roi Carol II s'était libéré dans un bain de sang de la Garde de fer de Codreanu ; mais le pays restait l'ami de Londres et de Paris et avait proclamé sa neutralité en 1939. Or, ses gisements d'hydrocarbures étaient nécessaires à l'effort de guerre germanique, surtout dans la

14. Un mauvais roman et un mauvais film hollywoodien, *La Mandoline du capitaine Corelli*, en donneront néanmoins une idée.

15. Citons, à ce propos, un roman du grand écrivain Ismaïl Kadaré, *Le Général de l'armée morte*, Paris, Albin Michel, 1970.

perspective d'une invasion de l'URSS. Le Führer lui avait donc imposé, avec le consentement mou du Duce, le second arbitrage de Vienne (30 août 1940)[16], très favorable à la Hongrie qui récupéra la Transylvanie septentrionale dont elle avait été amputée par le traité de Trianon. Les remous de l'accord provoqueront l'énième coup d'État à Bucarest. Le *Conducător* général Ion Antonescu prend alors le pouvoir et force Carol II à s'exiler au Portugal. Seul maître à bord, Antonescu inaugure un régime ouvertement profasciste et pronazi, l'État légionnaire, avec l'appui des gardes de fer survivants. En échange de la garantie formelle par Berlin et Rome de l'indépendance du pays amputé d'un tiers, il permettra à l'Allemagne (il aurait difficilement pu s'y opposer) de s'emparer des puits de pétrole qu'elle convoitait. L'Italie n'en recevra que les miettes ou, mieux, les gouttes.

Avant de continuer dans le récit de la « guerre parallèle », arrêtons-nous un instant sur le rapport entre le Duce et les hiérarchies militaires. Soucieux de respecter formellement les prescriptions de la « dyarchie » et le serment prêté au roi par les militaires, il avait encore moins « fascisé » les cadres supérieurs de l'armée et de la marine (l'aviation, nous l'avons dit et répété, était une autre affaire) que la diplomatie ou la magistrature. Cette attitude changea à peine pendant le conflit, alors que Hitler, Staline et même Churchill bousculèrent les hiérarchies vermoulues et promurent des généraux de trente ou quarante ans. Ce sera d'ailleurs une des accusations que les derniers extrémistes de Salò porteront contre leur chef défaillant. Or, depuis la prise du pouvoir, tout en proclamant le contraire, Mussolini avait soigneusement évité de faire du parti un instrument militaire réellement autonome – ce qu'avait réclamé (et pas par hasard) Farinacci – dont il aurait pu devenir… la victime. Si, dès 1922-1924, il avait constitué la « Milice volontaire pour la sécurité nationale » (MVSN), placée sous la direction du PNF mais encadrée par le *regio esercito*, l'armée royale, son but était essentiellement de mettre sous tutelle l'activisme anarchique des Chemises noires. Les formations de la MVSN combattirent en Éthiopie et en Espagne, parfois avec

16. Le premier arbitrage (2 novembre 1938) avait « légalisé » l'appropriation par la Hongrie d'une partie de la Slovaquie méridionale et de la Ruthénie subcarpatique appartenant à la défunte Tchécoslovaquie.

distinction ; mais le Duce n'accepta jamais d'en faire l'équivalent des *Leibstandarte* SS de Hitler. Pendant la guerre, il autorisera la refonte de la MVSN en « bataillons M » (comme… Mussolini), qui combattront sur tous les fronts du conflit. Quoi qu'on puisse penser de cet engagement, le régiment « Giovani fascisti », formé de volontaires, se fera massacrer sur place lors de la seconde bataille de Bir el-Gobi sur le front libyen (3-7 décembre 1941), en immobilisant la 7ᵉ division cuirassée anglo-indienne jusqu'à l'arrivée des renforts[17]. Rommel, peu suspect de sympathie envers les Italiens, la citera comme exemple à l'Afrikakorps. Au début de 1943, se rendant compte que sa situation personnelle était compromise, Mussolini décida qu'une partie des « bataillons M » devait être rapatriée pour assurer sa protection. Il confia aux SS la formation de ces unités. Ce sera une de ses plus grandes déceptions car ces « inconditionnels » ne bougeront pas après son renvoi et son arrestation le 25 juillet : le vent avait tourné. Leur commandant, le médiocre centurion Galbiati, essaiera vainement à Salò de justifier son inertie ; un Duce furieux refusa de lui confier la moindre fonction militaire dans la République sociale.

Revenons à la situation de 1940-1941. La raison principale qui justifiait aux yeux de Mussolini la relative autonomie de l'armée, outre le respect formel envers les prérogatives du souverain, était la discorde, pour ne pas dire la haine, qui existait entre des généraux dont aucun n'avait une autorité suffisante pour pouvoir l'inquiéter. Ces rancunes dataient de l'autre guerre et de la déroute de Caporetto dont les responsabilités réelles n'avaient jamais été entièrement éclaircies. Ralliés souvent par opportunisme au fascisme, mais en général assez mollement, les hauts gradés avaient passé leur temps à intriguer l'un contre l'autre. Ils avaient au moins réussi à évincer le général Enrico Caviglia, le meilleur commandant de la Grande Guerre, qui avait rétabli le front à Vittorio Veneto à la fin de 1917, animé la contre-

17. Le régiment perdit au combat 1 338 de ses 2 204 hommes (âgés pour la plupart de dix-huit à vingt ans), dont presque tous les officiers. On inventa pour l'occasion le lancement de bouteilles de bière et de chianti remplies d'essence et munies d'un morceau de tissu faisant office de mèche : variante méditerranéenne du cocktail Molotov. La première bataille, en novembre, avait été remportée par les « boîtes de sardines » de la division de chars « Ariete » (« Bélier »), qui obligèrent les tanks anglais à la retraite, sans intervention des réserves allemandes.

offensive victorieuse de 1918, puis chassé D'Annunzio de Fiume, deux ans plus tard. Mais l'indépendance de son caractère et sa fidélité aux Alliés de jadis déplaisaient. Et Mussolini n'oubliait pas que, ministre de la Guerre en 1919, Caviglia avait proposé d'utiliser les troupes pour la répression des *squadre* naissantes (et, accessoirement, contre les « *arditi* du peuple » à gauche). Depuis lors, le général, promu maréchal, sénateur et chevalier de la très sainte Annonciade pour dorer sa retraite, vivait dans sa thébaïde de la côte ligure, gardant une réserve « orientale » tant il avait été influencé par son expérience d'attaché militaire à Tokyo pendant le conflit russo-japonais. Il recevait encore de temps en temps, sous l'œil de la police, ses anciens officiers ou des parlementaires de l'époque libérale, mais ne fera plus reparler de lui jusqu'à la crise de 1943, où nous le retrouverons[18].

Dans l'ensemble, le haut commandement ne semble pas mériter (entièrement) le blâme qui lui a été réservé par les historiens pour une déroute militaire dont la responsabilité principale repose, de toute évidence, sur le Duce. Certains divisionnaires – comme Nasi en Afrique orientale, Bastico en Afrique occidentale, Messe en Russie puis en Tunisie, pour ne pas parler des aviateurs et des marins – furent excellents sur le terrain et essayèrent en vain de s'opposer aux ordres trop audacieux d'avancées en profondeur qui ne venaient pas seulement du dictateur mais aussi d'officiers allemands, de Rommel en particulier. On a parfois mis l'accent sur le contraste entre les généraux « francophiles » et les amiraux « anglophiles », dont Badoglio s'était fait le porte-parole, d'un côté, et les « germanophiles » à la Cavallero, de l'autre. Cette distinction présente un fond de vérité mais reste très flouc. La véritable opposition, après la déclaration de guerre, ne sera pas d'ordre idéologique, mais traduira plutôt l'affrontement entre les réalistes et les aventuristes ou « utopistes » qui misaient sur une victoire allemande avant l'entrée en guerre des États-Unis, tout en faisant confiance aux ressources et à la détermination du pays du Soleil-Levant pour paralyser la flotte américaine du Pacifique. Le Duce oscillera constamment entre les deux positions et ses directives contradictoires manifestent toute l'incertitude de ses choix (ou non-choix)

18. Il a laissé plusieurs ouvrages d'histoire militaire, dont en français *Les Trois Batailles de la Piave*, Paris, Éditions de la Nouvelle Revue critique, 1935, et surtout un journal politique 1925-1945, publié après sa mort, qui est un des meilleurs documents sur cette époque.

stratégiques. Si chaque défaite italienne aggravait son ulcère – « Ma maladie s'appelle convois, convois, convois ! [les convois trop souvent coulés, NdR] », clamait-il –, chaque victoire allemande lui provoquait désormais une crise de foie. La suprématie de l'allié n'était plus sa garantie mais devenait son obsession. Après la faillite de la double guerre éclair – celle de Hitler contre l'Angleterre et la sienne en Afrique occidentale et contre la Grèce –, il plaçait ses espoirs dans une guerre « longue et épuisante pour l'Allemagne [qui] se termine par un compromis qui sauvegarde notre indépendance[19] ». Mais avant d'en arriver là, il était passé par deux autres entreprises fatales : la guerre de Yougoslavie et surtout l'attaque de l'URSS.

Une opération contre Belgrade était dans ses intentions dès les premiers jours du conflit. Nous avons dit que Hitler s'y était alors opposé mais la situation se détériorait rapidement dans le pays balkanique. Le régent Paul avait fini par adhérer au pacte tripartite en mars 1941. Cette décision provoqua un putsch militaire probritannique pour placer sur le trône le jeune Pierre II, fils d'Alexandre, dont fut proclamée la majorité anticipée. Un des premiers actes du nouveau gouvernement fut de rejeter le pacte. Ce défi suscita la réaction violente du Führer et la Luftwaffe bombarda la capitale et les principaux centres du pays au début d'avril. Or Mussolini ne voulait pas renoncer à sa part du butin, d'autant plus qu'à la différence de ce qui s'était passé en Grèce, les Anglais se trouvaient dans l'impossibilité de faire parvenir une aide appréciable au gouvernement de Belgrade. L'Albanie, d'une part, et l'attitude bienveillante de la Bulgarie[20], de l'autre, assuraient une couverture méridionale à l'offensive. Les divisions de la Wehrmacht déferlèrent suivant l'axe Zagreb-Belgrade et le cours du Danube, tandis que les Italiens remontaient le littoral adriatique et pénétraient à l'intérieur jusqu'à Ljubljana. Les ethnies antiserbes se soulevèrent et en quinze jours l'affaire parut réglée. Le roi Pierre s'enfuit en Angleterre et le pays fut démembré « à la tchèque ». Les Allemands annexèrent la Slovénie du Nord et installèrent à Belgrade un gouvernement fantoche. La

19. *Journal politique* du comte Ciano, II, *op. cit.*, à la date du 20 juillet 1941, p. 370-371.

20. Rappelons que le tsar Boris III, de souche allemande Saxe-Cobourg-Gotha, était également gendre de Victor-Emmanuel.

Croatie devint un protectorat italo-allemand sous le régime de terreur du chef *oustachi* Ante Pavelić, devenu à son tour le *Podglavnik* ou Duce[21]. L'Italie annexa à la région du Frioul-Vénétie julienne un territoire considérable, bien au-delà des revendications de 1918 et de toute justification « irrédentiste », comprenant la partie restante de la Slovénie, avec sa capitale Ljubljana, la Dalmatie et les îles de l'Adriatique. Le Monténégro – dont était originaire l'épouse bien-aimée de Victor-Emmanuel, la reine Hélène – devint un autre protectorat italien sous un gouverneur nommé par Rome. Les alliés mineurs de l'Axe ne furent pas oubliés : la Hongrie obtint la Voïvodine et la Bulgarie s'empara de la Macédoine.

Tout allait bien, enfin, pour le Duce ? Au contraire : les vrais problèmes commencèrent alors. La dynastie des Karadjordjević n'avait pas réussi à unifier en profondeur le pays « inventé » par les traités de paix, qui vivait une transition précaire, surtout après le meurtre d'Alexandre Ier, autoritaire mais réformateur. Cependant, l'occupation étrangère et les exactions de ses suppôts provoquèrent la naissance d'un sentiment national largement partagé. Dans une nébuleuse de groupuscules politiques et religieux, deux courants prendront bientôt la direction de la résistance : d'une part les tchetniks, unités principalement mais non exclusivement serbes, provenant des rangs de l'armée royaliste et fidèles au roi Pierre, aux ordres du général Draža Mihailović ; de l'autre les partisans communistes, dont le leader est alors l'ultrastalinien Josip Broz, dit Tito, un militant croate qui s'est formé à Moscou et dans le secrétariat du Komintern, survivant à toutes les purges. Ces deux mouvements se livreront une lutte acharnée, parfois plus âpre que celle qui les opposa aux envahisseurs et aux *oustachis*. Cette situation contribuera à faire de la Yougoslavie un des plus effroyables charniers de la Seconde Guerre mondiale, dont les séquelles reviendront dans les luttes de sécession des années 1990. Il suffira de rappeler que Mihailović sera capturé et fusillé en 1946, alors que la Yougoslavie est devenue une république populaire, sous l'inculpation d'avoir collaboré avec les occupants. Les historiens ont tendance aujourd'hui à exclure une telle collaboration, en dehors de contacts sporadiques qui eurent lieu sur le

21. À la fin du conflit, il réussira à s'enfuir en Argentine, puis dans l'Espagne accueillante de Franco. Il mourra en 1959 à Madrid, des blessures reçues au cours d'un attentat.

terrain entre des formations de tchetniks et principalement les troupes italiennes. Mihailović sera lâché par Churchill qui, pour des raisons trop complexes à analyser ici, paria sur Tito comme futur homme fort du pays et garant d'un accord avec Moscou, avant le début de la guerre froide[22]. Il est connu, en revanche, que le général de Gaulle, qui avait été le camarade de Mihailović à l'école militaire de Saint-Cyr, refusera toujours de recevoir Tito en France.

Pour l'Italie, les guerres intestines dans l'ex-Yougoslavie constituèrent un casse-tête que Mussolini n'avait pas prévu. Sur le plan politique, l'annexion de vastes portions de territoire, sans aucune implantation ethnique italienne pour la justifier, était une opération hasardeuse, revancharde et administrativement ingérable. Elle rejoignait la campagne d'italianisation forcée déjà conduite en Istrie et en Dalmatie occidentale avant 1940, encore plus brutale que celle qui avait sévi dans le Tyrol méridional[23]. L'occupation attisa des haines anciennes et profondes. Les attentats de la Résistance communiste yougoslave visèrent de plus en plus souvent les contingents italiens, dont les commandants répondirent en fusillant des partisans et des otages, ou en pillant leurs biens et le bétail, tout en incendiant des villages. Dans l'île d'Arbe (Rab en croate), l'armée (et non le PNF) implantera en 1942 un camp de concentration où seront confinés jusqu'à 20 000 « suspects », femmes et enfants compris, dans des conditions abominables qui déshonoraient le drapeau tricolore qui flottait sur cet abîme de misère. Seuls les Juifs yougoslaves furent épargnés de la déportation et protégés des rafles allemandes. De surcroît, les forfaits des *oustachis* prirent l'allure d'un véritable génocide contre les Serbes, les Slovènes, les Croates dissidents et les autres nationalités, suscitant l'hostilité de toute la population. Malaparte en fournira une description implacable dans *Kaputt*. Le Duce se réjouit que ses troupes appliquent, pour une fois, les méthodes de la guerre allemande. Mais il finit par comprendre à quel point cela pouvait lui nuire. Les crimes de Pavelić et de ses sicaires, dénoncés dans les

22. Et de deux : avec le lâchage, que nous avons déjà cité, des démocrates polonais par le même Churchill. Voir l'excellente biographie de J.-C. Buisson, *Mihailović (1893-1946). Héros trahi par les Alliés*, Paris, Perrin, coll. « Tempus », 2011.

23. L'écrivain Boris Pahor en fournit le témoignage dans toute son œuvre, largement traduite. Mais citons également le romancier italien de mère slave Fulvio Tomizza, dont on pourra lire en français *La Vie meilleure*, Arles, Picquier, 1987.

rapports alarmés des généraux et des diplomates italiens, risquaient de l'éclabousser également, d'autant plus que l'ancien protégé favorisait une pénétration allemande plutôt qu'italienne en Croatie[24]. Il se tourna alors vers le duc Aimone d'Aoste, frère cadet du malheureux défenseur de l'empire d'Éthiopie. Il s'agissait d'une tentative subtile d'associer étroitement la maison de Savoie à un conflit de plus en plus impopulaire. Cet amiral distingué accepta d'abord avec beaucoup de réticences, le 18 mai 1941, la couronne de Croatie, sous le nom de Tomislav II. Mais après avoir étudié dans son quartier général de Florence la situation de son « royaume », il finit par refuser d'y mettre les pieds et d'être sacré à Zagreb.

Les conséquences de la guerre italo-yougoslave seront très lourdes. Dès 1944-1945, Tito, après avoir liquidé les tchetniks, parfois en les livrant aux représailles allemandes, entreprit le nettoyage ethnique systématique de la communauté italienne d'Istrie et de Dalmatie. Il le poursuivra après la guerre, surtout après la rupture avec Staline, sous l'œil bienveillant de Paris et de Londres, médusés par le charisme de ce cruel satrape qui laissera en héritage à sa mort, en 1980, un pays à la veille de se dissoudre dans une nouvelle et épouvantable guerre civile. Environ 80 000 Italiens périront, pour la plupart lapidés ou massacrés à coups de crosse, ou encore *infoibati*, jetés vivants dans des ravins (*foibe*), pour épargner les balles qui manquaient. Environ 400 000 survivants, dont l'implantation locale remontait souvent au Moyen Âge et même avant, durent s'exiler en abandonnant tous leurs biens ; quelques milliers restèrent, qui durent renier leur nom, leur langue et les tombes ravagées de leurs ancêtres. L'Italie républicaine se désintéressera officiellement de leur sort pendant quatre décennies[25]. Il ne s'agissait, dans l'esprit d'alors, que de victimes collatérales de la guerre fasciste.

24. Cf. Ostenc, *Mussolini*, *op. cit.*, p. 258.

25. Il fallut attendre 2004, après la fin du mythe de Tito longtemps entretenu par la gauche italienne, pour que l'éminent président de la République que fut Carlo Azeglio Ciampi institue la « Journée du souvenir de l'exode », qui est célébrée depuis lors tous les 10 février.

4

La « guerre parallèle » : sa faillite

(juin 1941-juillet 1943)

Un an après son début, la « guerre parallèle » n'est déjà plus qu'une « guerre subalterne[1] » et le « poids déterminant » s'est dissous au profit de Berlin[2]. Cependant, il y a encore une mince possibilité de sortir du gouffre : concentrer tout l'effort militaire dans la Méditerranée et en Afrique occidentale en guettant l'occasion propice de s'en tirer par une paix de compromis. Il n'est pas exclu que les Anglais auraient alors accepté cette solution ; par ailleurs, certains militaires allemands y auraient vu l'occasion bienvenue de jeter du lest en se débarrassant de frais secondaires. Ce ne serait pas le pinacle de la transparence et de l'honneur militaire, certes, mais tout de même infiniment mieux que ce qui allait se produire au printemps-été 1943. Or, la crainte que le Duce avait toujours nourrie à l'égard du Führer était devenue, après les premières défaites italiennes, une véritable hantise. Son amère confession à Ciano, le 10 juin 1941, un an exactement après l'entrée en guerre : « Pour le moment, il n'y a rien à faire. Il faut hurler avec les loups[3] », traduit parfaitement cet état d'esprit.

Mussolini n'avait pas été tenu au courant des préparatifs de l'opération *Barbarossa* contre l'URSS. La communication officielle lui parvint, encore une fois, par un message du Führer, dans la nuit

1. Schiavon, *Mussolini, un dictateur en guerre*, *op. cit.*, p. 183-184 ; Ostenc, *Mussolini*, *op. cit.*, p. 257-258.

2. Bottai proposa alors à Mussolini de la transformer en « guerre révolutionnaire » avec le concours de tous les peuples européens pour réduire l'hégémonie allemande. Il lui donna à lire un texte portant ce titre du jeune et talentueux philosophe Ugo Spirito (un fascinant irrégulier, devenu plus tard maoïste). Mussolini le parcourut, en donna un jugement vaguement positif et ne fit rien.

3. *Journal politique* du comte Ciano, II, *op. cit.*, p. 347.

du 21 au 22 juin 1941, alors que la Wehrmacht pénétrait déjà en territoire russe. Cependant, par de nombreux indices, dont les comptes rendus du service d'informations militaires, une des branches les plus efficaces de l'armée, ainsi que les rapports de l'ambassade à Berlin, il savait que l'invasion était imminente[4]. Au fond, il avait prédit, dès sa lettre à Hitler du 5 janvier 1940, qu'une confrontation entre le nazisme-fascisme et le communisme soviétique serait, tôt ou tard, inévitable. Il venait de le répéter, lors de leur entrevue au Brenner, le 2 juin, se portant volontaire pour le « dernier combat ». Cette revendication outrancière suscite bien des perplexités. Son anticommunisme n'avait pas entravé, comme nous l'avons vu, de fructueuses relations avec l'Union soviétique dans les années 1920-1930. S'il escomptait l'appui des masses catholiques, et surtout des hiérarchies vaticanes, à une participation italienne au conflit, il avait compris depuis l'Espagne que ses compatriotes étaient peu sensibles à l'esprit de croisade idéologique[5]. D'autre part, il ne dédaignait pas l'éventualité que le Troisième Reich pût « laisser des plumes dans sa lutte avec l'URSS[6] ». Alors, pourquoi engager l'Italie déjà très affaiblie dans cette aventure ? Pourquoi se plier entièrement aux intérêts stratégiques hitlériens ?

Comme dans l'autre décision absurde qu'il prendra quelques mois plus tard, la déclaration de guerre aux États-Unis, on hésite à trouver une explication satisfaisante à son comportement, d'autant plus que les Allemands ne l'y poussaient pas ; sauf à considérer que le Duce avait perdu tout instinct politique, voire carrément la raison. Grandi et Bottai, ses deux adjoints les plus perspicaces, parleront ensuite, plus ou moins dans les mêmes termes, d'une folie compensatoire de grandeur. Mais quelle grandeur pouvait-il y avoir à creuser sa propre tombe ? Dans ces conditions, le coup d'État qui le renversera

---

4. De Felice, *Mussolini l'alleato*, t. I, *L'Italia in guerra 1940-1943*, vol. 1, *Dalla guerra « breve » alla guerra lunga*, *op. cit.*, p. 390 et suivantes.

5. Un long et somptueux mélodrame fut alors tourné par le cinéaste Goffredo Alessandrini, *Addio, Kyra !*, qu'on a qualifié de réplique fasciste à *Autant en emporte le vent* ou d'anticipation du *Docteur Jivago* et qui donna à la jeune Alida Valli son plus beau rôle avant *Senso*, de Visconti, dix ans plus tard. Le film est centré sur le drame idéel et sentimental d'un ancien bolchevik honnête confronté à la corruption et à l'imposture du système soviétique. Certains critiques ont voulu y lire, après coup, une transposition du régime mussolinien, ce qui me semble un peu exagéré.

6. *Journal politique* du comte Ciano, II, *op. cit.*, à la date du 6 juin, p. 343.

aurait pu avoir lieu alors, avec deux ans d'avance, épargnant au pays de terribles épreuves. Le Duce ne se méfiait pas encore assez d'une Couronne qui lui devenait de plus en plus hostile. Ainsi, lorsqu'il exigera en décembre 1941 le commandement exclusif des forces armées, mettant fin formellement à la « dyarchie », Victor-Emmanuel acceptera de bon gré, lui laissant l'entière responsabilité des désastres qui s'annonçaient à l'horizon.

Les espoirs de la Wehrmacht d'un *Blitzkrieg* à l'Est furent balayés après l'avancée fulgurante des premiers mois. Moscou ne tomba pas à l'hiver 1941, Léningrad non plus. Mussolini déclara alors à ses proches qu'il fallait s'attendre à une guerre longue et leur cita Napoléon, ce qui n'était pas de très bon augure. Un Corps d'expédition italien en Russie (CSIR) fut constitué dès les premiers jours du conflit et confié à un commandant avisé, le général Giovanni Messe : cet ancien sous-officier ne croyait pas non plus à une guerre courte. Il eut l'excellente idée de faire acheter en Roumanie et en Finlande un stock de pelisses, de vêtements de ski et de bottes pour ses régiments qui n'étaient équipés que pour une campagne d'été[7]. Le CSIR pénétra profondément en Ukraine en repoussant quelques attaques et s'y installa sans trop de dommages et avec très peu de pertes, de juillet 1941 au printemps 1942, sous le haut commandement de la Wehrmacht, ce qui revenait déjà à mettre les Italiens au niveau des contingents hongrois, roumains, espagnols, baltes et croates[8]. Cette première phase de l'invasion répliqua l'expérience française et grecque et conduisit à une fraternisation avec la population qui fut dénoncée par les Allemands et plongea le Duce dans l'embarras. L'attitude de ces Italiens *brava gente*, qui distribuaient spaghettis et pénicilline, vaccinaient les paysans dans les villages[9], dansaient avec

7. On a souvent parlé des « souliers de carton » des soldats italiens. Or, le CSIR était dans l'ensemble bien équipé, à la différence de son successeur, l'ARMIR.

8. Seuls les Bulgares, restés fidèles à l'amitié russe – la Russie les avait délivrés du joug ottoman durant les guerres balkaniques de 1912 et 1913 –, refusèrent d'y prendre part. Le roi Boris en paiera le prix ; il sera empoisonné en août 1943, très vraisemblablement par les nazis. Cela n'empêchera pas son frère et toute la classe dirigeante bulgare d'être massacrés trois ans plus tard par les Soviétiques. L'enfant-tsar Siméon II et sa mère Jeanne de Savoie réussiront à fuir. Après le retour de la Bulgarie à la démocratie, Siméon deviendra Premier ministre (2001-2005), cas unique en Europe de l'Est à la suite de la chute du Rideau de fer.

9. Des bandes d'actualités montrent des files de paysans devant les dispensaires médicaux italiens, ainsi que d'autres scènes de fraternisation. Mussolini en interdit la diffusion.

les filles (et leur faisaient parfois des enfants) et surtout ignoraient l'ordre de passer par les armes les commissaires du Parti et les Juifs ou de les livrer à la Gestapo[10], se révéla payante. Des trêves avec les partisans furent respectées des deux côtés, malgré la « guerre sainte » proclamée par Staline contre l'envahisseur[11].

La situation périclita à l'été 1942. Le CSIR fut grossi, sur les instructions de Mussolini, jusqu'à composer une pléthorique « Armée italienne en Russie » (ARMIR), forte de 220 000 hommes, aux ordres du général des armées Italo Gariboldi, ce qui formellement (mais formellement seulement) l'émancipait de la tutelle de la Wehrmacht. L'amour-propre du Duce était sauvé, alors qu'il s'apprêtait à perdre tout le reste. L'ARMIR reçut l'ordre d'avancer jusqu'à l'embouchure du Don pour assurer la ligne de défense de l'aile gauche des deux groupes d'armées allemands (A et B) lancés sur Stalingrad. On passait ainsi à la « vraie » guerre, pour laquelle les troupes italiennes, composées de divisions d'infanterie avec un nombre insuffisant d'unités mécanisées, étaient peu préparées. L'Armée rouge attaqua, au début du mois d'août, leurs positions sur un front de près de 300 kilomètres. Cette première bataille du Don se conclut, après vingt jours de combats acharnés, par le maintien de presque toutes les positions initiales. Mais les Russes avaient compris que l'ARMIR, devenue la 8e armée, ne résisterait pas à une nouvelle offensive et attendirent l'arrivée de renforts sibériens et mongols pour repartir à l'assaut, alors que les Allemands étaient déjà encerclés à Stalingrad. Le général Messe, qui avait bien réagi à la première attaque et ne s'était jamais entendu avec le commandement allemand, fut rappelé en Italie puis envoyé en Afrique. Quant à Gariboldi, qui avait déjà prouvé son insuffisance en Libye, s'il n'y avait qu'une voyelle pour distinguer son nom de celui du héros du *Risorgimento*, elle comptait beaucoup. La seconde bataille du Don, de début décembre à la fin de janvier 1943, se solda par un désastre qui mit fin aux velléités de conquête de Mussolini. Le front fut percé le 17 décembre et un

10. Parfois même à la Wehrmacht, dont l'honorabilité n'est pas sortie indemne de l'invasion de la Russie.

11. On sait que le despote géorgien n'inclura pas les Ukrainiens dans les nationalités « collaborationnistes » déportées à la fin du conflit seulement en raison de leur nombre. Mais le rapport tourmenté entre Ukrainiens et Grands-Russes, qui durait depuis des siècles, y trouva une nouvelle source d'animosité qui se prolonge, hélas, de nos jours.

regroupement hâtif ne permit pas de résister à une seconde avancée encore plus violente le mois suivant. La campagne de Russie se transforma ainsi en retraite, dans des conditions climatiques effroyables, sous le harcèlement des partisans soviétiques qui ne manifestaient plus à l'égard de ces soldats en fuite la bienveillance de l'année précédente. En définitive, entre les morts au combat, de froid, les dispersés et les prisonniers, l'ARMIR aura perdu, comme d'ailleurs la 6e armée allemande anéantie à Stalingrad, quatre-vingt-dix pour cent de ses effectifs. Des quelques milliers de survivants qui parvinrent à regagner l'Italie, après des mois de souffrances sans nom, la plupart n'étaient plus que des invalides permanents[12].

La déroute en Russie, la plus grave et coûteuse défaite de toute l'histoire unitaire de l'Italie, à en faire pâlir Caporetto, comporta trois effets dévastateurs pour Mussolini. D'abord, son autorité de condottiere fut définitivement annihilée : le roi et même le germanophile Cavallero étaient restés en marge de ses agissements. Ensuite, la résistance héroïque de l'URSS suscita en Italie non pas la haine escomptée, mais un fort courant de sympathie. Le parti communiste clandestin redressa la tête ; il déclenchera en mars 1943 une série de grèves ouvrières que le régime aura du mal à étouffer. Le mythe soviétique gagnait du terrain dans l'opinion publique en général, surtout parmi les intellectuels. La revue de Malaparte, *Prospettive*, parut avec un titre en caractères rouges en pleine page – « Sang ouvrier » – qui était une exaltation de la défense de Léningrad. Enfin, les rapports de camaraderie militaire entre partenaires de l'Axe, rarement amicaux, parfois tendus, mais encore corrects sur les autres fronts de guerre, se dégradèrent en Russie où la Wehrmacht accusa l'ARMIR d'inefficience, de lâcheté, voire de trahison, tandis que les Italiens ripostèrent en fustigeant l'impitoyable conduite de guerre nazie et la sous-évaluation du potentiel de l'ennemi. C'est alors que Mussolini se convertit à l'éventualité d'une paix de compromis à l'Est : un « nouveau Brest-Litovsk[13] », comme il le dira à Goering,

12. Voir notamment les romans-chroniques d'Eugenio Corti, très appréciés en France : *Le Cheval rouge*, Genève, L'Âge d'Homme, 1996, et *La plupart ne reviendront pas*, Paris, De Fallois, 2004, ainsi que le récit classique de M. Rigoni Stern, *Le Sergent dans la neige*, Paris, Denoël, 1954.

13. Localité de Biélorussie où fut signé, le 3 mars 1918, le traité de paix entre les Empires centraux (en fait, l'Allemagne) et la Russie révolutionnaire.

reçu à Rome en décembre 1942, avec la médiation du Japon encore neutre. Ce sera sa dernière idée fixe, avant et encore après sa chute, en juillet 1943. À la veille de la débâcle de Stalingrad, une partie des militaires allemands n'étaient plus hostiles à cette approche. Hitler autorisera de timides contacts en ce sens avec l'ambassadeur japonais à Berlin, le général Ōshima, mais sans résultat[14]. Et nous verrons que le Duce déjà vacillant n'aura plus le courage d'affronter directement la question avec le Führer.

Entre-temps, Mussolini avait déclaré la guerre aux États-Unis, le 11 décembre 1941. Cette décision, dans laquelle un psychanalyste pourrait voir un choix délibéré de suicide politique, était d'autant plus insensée que la lettre du pacte tripartite ne la justifiait pas : l'article 3 prévoyait une assistance militaire en cas d'attaque d'un des trois signataires « par une puissance non encore présente dans cette guerre », ce qui visait évidemment les États-Unis. Or, comme c'était le Japon qui avait attaqué la flotte américaine à Pearl Harbor, il n'y avait aucune obligation juridique d'alignement de ses deux alliés. Hitler attendra d'ailleurs presque vingt-quatre heures pour en faire autant. Le Duce était convaincu, dès le début des hostilités, bien avant sa lettre à Hitler du 5 janvier 1940, que Washington n'abandonnerait pas l'Europe au Troisième Reich et agirait pour sauver l'Angleterre. Alors, pourquoi cette déclaration démente ? Certes, il n'avait jamais visité les États-Unis, mais pouvait-il en ignorer à ce point la puissance industrielle et militaire[15] ? Croyait-il que la pression américaine, conjuguée à l'échec du *Blitzkrieg* en URSS, allait contraindre Hitler à accepter une paix de compromis, qui aurait découpé le monde en nouvelles zones d'influence, où une Italie endommagée aurait pu conserver sa (modeste) place ? L'hypothèse a été formulée ; mais ces

14. Deakin, *Storia della repubblica di Salò*, *op. cit.*, p. 89-90, 107-109.

15. Parmi de nombreux témoignages, citons celui de George Nelson Page, rejeton d'une grande famille de Virginie, dont le grand-père avait été ambassadeur des États-Unis à Rome au début du siècle. Naturalisé italien, il deviendra dans les années 1930-1940 une des voix officielles de la propagande fasciste vers l'Amérique. Dans ses Mémoires, riches en détails intéressants, il raconte la réaction d'un ancien émigré des Abruzzes, au moment de la déclaration de guerre : « Mais *lui*, a-t-il jamais mis les pieds *là-bas* ? » (G. Nelson Page, *L'americano di Roma*, Milan, Longanesi, 1950, p. 638.) Staline non plus : mais on peut réfléchir au fait qu'en pleine guerre froide (septembre 1959) son successeur, Nikita Khrouchtchev, s'empressa d'aller visiter les États-Unis.

calculs semblent excessifs, même pour la nature tortueuse de Mussolini. Pourtant, certains faits curieux doivent être évoqués. Au début de 1942, l'ambassadeur italien à Washington, le prince Ascanio Colonna, qui s'embarquait pour l'Italie à la fin de sa mission écourtée par la guerre, reçut la visite d'un haut fonctionnaire du département d'État. Celui-ci lui remit un message officieux extrêmement conciliant, qui s'ouvrait en ces termes :

> 1. Les États-Unis jugent la situation de l'Italie d'une façon complètement différente de celle du Reich allemand. 2. Les États-Unis n'ont pas de raisons de conflit avec le peuple italien, qui a été entraîné dans la guerre sur l'ordre des Allemands. 3. Dans notre pays il n'existe aucune animosité envers l'Italie comparable à l'extrême aversion à l'égard de l'Allemagne et du Japon[16].

Suivait un éloquent appel à la recherche d'une paix séparée... moins d'un mois après la déclaration de guerre ! Cette perspective n'était pas dans les intentions (ni dans les possibilités) de Mussolini, alors qu'elle tentait déjà les milieux de la Cour et les fascistes modérés à la Grandi. La réalité – qui n'est pas sans certaines analogies avec ce qui se produisit dans la première partie de la campagne de Russie – est qu'il n'y eut pratiquement pas de confrontation militaire entre l'Italie et les États-Unis pendant un an et demi, jusqu'en mai 1943 (reddition de l'armée italo-allemande en Tunisie), puis deux mois plus tard, lors du débarquement allié en Sicile. Encore en 1940, selon des estimations officielles américaines, les investissements américains dans l'industrie italienne étaient de l'ordre de 75,5 millions de dollars, en particulier dans le secteur du pétrole et de ses dérivés, et les prêts financiers d'institutions publiques et privées à l'Italie totalisaient la somme encore plus considérable de 450,8 millions de dollars. Deux grands instituts de crédit, la National City Bank of New York et la Banca d'America e d'Italia, géraient ces flux, ainsi que les généreux versements de la communauté italo-américaine[17]. Certes, les antifascistes – comme l'ancien ministre des Affaires étrangères, Carlo Sforza, l'ancien secrétaire du Parti populaire, Don Luigi Sturzo, et

16. Texte complet et commentaire dans Di Nolfo-Serra, *La gabbia infranta*, *op. cit.*, p. 11 et suivantes.

17. Nous avons déjà évoqué l'intérêt des *majors* du cinéma américain pour Cinecittà.

de nombreux intellectuels –, bien introduits dans les milieux américains, répétaient que Mussolini n'était plus que l'otage de Hitler. Mais l'attitude de la Maison-Blanche et du département d'État restait prudente : la guerre du Pacifique demeurait la priorité stratégique et l'offensive japonaise battait son plein. Ce qui finira par changer cette perspective sera l'idée, avancée par les Britanniques, que l'attaque de la « forteresse Europe » devrait partir de son maillon le plus faible : l'Italie, justement.

Le redressement de la situation en Afrique occidentale restait le seul espoir à court terme de Mussolini. Hitler nomma en novembre 1941 un brillant aviateur de la Luftwaffe, Albert Kesselring – un des douze maréchaux promus après la « guerre éclair » de 1940 –, chef des opérations du théâtre sud (*Oberkommando Süd*) regroupant l'Afrique, la Méditerranée, la Grèce et les Balkans, c'est-à-dire tous les secteurs prioritaires pour Rome, ce qui plaçait *de facto* tout le dispositif militaire italien sous contrôle allemand. Le Duce avait résisté pendant un an et demi, maintenant il devait céder. Il s'agissait néanmoins d'un bon choix, le meilleur possible. Kesselring n'était pas seulement un excellent soldat, mais un diplomate aux allures d'italophile, surnommé « Albert le souriant », qui ne fit pas peser sa supériorité effective à son homologue Cavallero, avec lequel il entretenait de bons rapports (dont nous verrons la fin moins idyllique...). Mais il y avait un bémol : Rommel, subordonné du maréchal, avait gardé une entière autonomie dans la conduite de l'Afrikakorps par la volonté du Führer, qui avait un faible pour lui[18]. Le « renard du désert » cachait à peine son manque de considération envers l'allié, hérité de son expérience dans la Grande Guerre, lors de la déroute de Caporetto. Or, les troupes italiennes d'Afrique occidentale étaient désormais aux ordres du général Ettore Bastico, jadis le meilleur divisionnaire en Éthiopie, puis en Espagne, où il avait obtenu la confiance de Mussolini, puis bon gouverneur de l'Égée en 1940-1941. Ce sexagénaire rétif – ses colères étaient telles qu'on l'avait surnommé « *Bombastico* » –, rap-

18. Curieux retournement des choses en 1944 : Rommel, compromis dans la tentative de putsch contre Hitler, obtiendra la « grâce » de se suicider pour éviter le procès et la pendaison. Kesselring, qui n'avait jamais été proche des hiérarques nazis, évitera au contraire de participer au complot et pourra ainsi conserver son rôle militaire jusqu'à la fin des hostilités.

pelé au service actif, n'acceptait pas d'être placé sous les ordres de Rommel, avec lequel les relations devinrent rapidement détestables. « *Diese Scheiße*, cette m… d'Italien ! », claironnait l'Allemand, assez fort pour qu'on pût l'entendre. L'autre répondait par un choix plus varié de jurons de caserne, où la moralité de la mère de son collègue était lourdement remise en question. Leurs officiers durent parfois s'interposer pour les séparer. On arriva quand même à la reprise de Tobrouk, après un an et demi d'occupation anglaise.

Ce succès, à la suite duquel Rommel et Bastico, sans oublier Cavallero, furent élevés au grade de maréchal, ne suffit pas à aplanir leurs divergences. Cavallero, Bastico et même Kesselring se trouvèrent d'accord pour exiger des garanties avant de continuer l'offensive vers l'Égypte : notamment l'invasion de Malte, qui avait été reportée l'année précédente[19]. Mais Hitler était plus que jamais subjugué par les plans audacieux de Rommel : la conquête d'Alexandrie et du Caire ouvrait à son imagination toutes les possibilités. Il se voyait déjà, à l'instar du « Gréco-Aryen » Alexandre le Grand, maître d'un immense empire qui s'étendrait jusqu'aux rives de l'Indus. Mussolini n'était pas sujet à une telle ivresse. Il avait cependant jadis reçu des dignitaires libyens une luxueuse « épée de l'Islam » (forgée en Italie et payée par les caisses du Trésor), qu'il avait brandie à Tripoli, en mars 1937, en équilibre instable sur un pur-sang… ce qui avait exigé autant d'habileté de la part des opérateurs des actualités. Après cela, il avait dû la remettre dans le fourreau et l'entreposer dans sa propriété romagnole de la Rocca delle Caminate, dans l'attente d'une nouvelle occasion de l'exhiber. Qui sait si finalement l'occasion n'était pas à portée de la main ? En tout état de cause, la Rocca delle Caminate sera pillée après le 25 juillet 1943. L'épée n'a jamais été retrouvée, même si certains antiquaires désinvoltes n'ont pas manqué d'en revendiquer la possession.

Rommel obtint ainsi le feu vert pour une offensive placée sous son commandement exclusif, à la tête d'une armée blindée italo-

19. Voir l'important témoignage de l'attaché militaire adjoint allemand à Rome, F.-K. von Plehwe, *Schicksalsstunden in Rom. Ende eines Bündnisses*, Berlin, Propyläen Verlag, 1967 (« Heure du destin à Rome. La fin d'une alliance »), notamment p. 61-62, où il écrit : « Nos fréquents échanges sur la situation en Méditerranée me convainquirent que les propositions italiennes étaient plus justes et réalistes. Kesselring le pensait également. »

allemande refondue, tandis que les convois de ravitaillement étaient toujours implacablement coulés, l'un après l'autre, au large de Malte. Le 23 octobre 1942, alors que l'Armée rouge resserrait son étau à Stalingrad, l'offensive africaine fut stoppée par la 8e armée britannique de Montgomery, qui comprenait un contingent important de la France libre, équipée de tanks américains Sherman et Grant. La plus grande bataille dans le désert, avant les guerres du Golfe, se poursuivit jusqu'au 5 novembre et entraîna l'anéantissement des deux dernières formations d'élite italiennes : la division de chars « Ariete » (« Bélier »), qui avait stoppé six mois plus tôt l'avancée anglaise à Bir el-Gobi, et la division de parachutistes « Folgore » (« Foudre »), qui continua le combat jusque dans l'après-midi du 6[20], alors que Rommel avait déjà ordonné le repli en direction de la Tunisie. Le débarquement allié en Afrique du Nord, le 8 novembre 1942, fut suivi par les négociations avec le général Giraud, que les Américains préféraient à de Gaulle. Ces événements complexes, que nous ne pouvons relater ici, ralentirent les suites de l'opération *Torch* et permirent le regroupement des unités italo-allemandes. Rommel réussit à arrêter brillamment les Alliés à la bataille de Kasserine (février 1943) ; après quoi, rappelé par Hitler, il laissa le commandement de l'armée blindée à son adjoint, le général von Arnim, puis à l'Italien Messe, rappelé en toute hâte du front russe, qui évita l'encerclement des troupes italo-allemandes sur la ligne du Mareth. De toute façon, l'état-major allemand considérait désormais que le front africain était perdu : il fallait se préparer à une grande offensive alliée contre la « forteresse Europe ». Rommel sera envoyé sur le front italien puis français en 1943-1944, tandis que Messe arrivera à retarder la chute de la Tunisie jusqu'à la mi-mai.

La passivité de Mussolini, après les revers en Afrique occidentale et en Russie, fut impressionnante. Farinacci n'était plus le seul à affirmer qu'il était complètement dépassé par les événements. L'écroulement

20. Exactement à 14 h 35. Ayant détruit tout leur matériel, les quelques centaines de parachutistes survivants de la division, dernier anneau de l'armée italo-allemande d'El-Alamein, cessèrent le combat sans hisser le drapeau blanc, refusant formellement de se rendre. Ils attendirent immobiles, au garde-à-vous, les Anglais qui leur rendirent les honneurs militaires. La guerre du désert, nous l'avons dit, était une guerre de seigneurs. On peut lire sur l'ossuaire d'El-Alamein cette phrase de Rommel : « Le soldat allemand a surpris le monde. Le soldat italien a surpris le soldat allemand. »

psychique et physique de janvier-février 1943 l'obligea à garder le lit pour des journées entières[21]. Les voix qui avaient déjà commencé à murmurer sur l'opportunité d'une succession, à l'époque de sa mystérieuse maladie en octobre 1942[22], s'intensifièrent pour de bon. On reparla à mi-mot de cancer, de syphilis. Il prit néanmoins deux décisions apparemment incohérentes, dans un dernier sursaut d'énergie. Le 2 février 1943, il congédia Cavallero et nomma à sa place le général Vittorio Ambrosio, un ancien collaborateur de Badoglio connu pour sa fidélité absolue au roi et son manque d'enthousiasme pour l'Axe. C'était une tentative malhabile de laisser au maréchal la responsabilité des revers militaires et en même temps de se rapprocher du souverain. Ce remplacement fut mal reçu à Berlin où Cavallero était vu comme le garant de la collaboration étroite entre les deux armées et jouissait d'une crédibilité nourrie par l'animosité croissante que Kesselring et l'état-major de la Wehrmacht ressentaient à l'égard de l'« aventurisme » de Rommel. Si Mussolini avait voulu nommer un autre général apprécié des Allemands, il lui restait Graziani ; mais celui-ci était encore sous le coup d'une enquête militaire pour le désastre africain de 1941. Le 6, nouveau serrage de vis. Il procéda au renvoi de neuf des douze ministres du gouvernement, dont trois poids lourds : Grandi, Bottai et Ciano. Celui-ci, très contrarié, se hâta de choisir l'ambassade au Saint-Siège pour éviter celle de Berlin ou le poste, désormais périlleux, de lieutenant du roi dans son ancien fief d'Albanie. Le Duce reprit en main la direction du ministère, ce qui aurait dû rassurer Hitler ; mais il choisit comme sous-secrétaire Bastianini, ancien ambassadeur à Varsovie et Londres et actuel gouverneur de la Dalmatie[23], un autre personnage qui ne plaisait pas aux Allemands. Par ailleurs, réalisant que la nouvelle désignation de son gendre pourrait être interprétée à Berlin comme une tentative d'approcher les Anglo-Saxons grâce aux bons offices du Vatican[24],

21. Mack Smith, *Mussolini*, *op. cit.*, p. 363.

22. Voir la première partie.

23. Bastianini s'était montré, de l'avis général, dur mais correct dans cette ingrate fonction (il sera néanmoins condamné à mort par contumace par les titistes à la fin de la guerre). Mussolini eut la très mauvaise idée de le remplacer par un extrémiste, Giovanni Giunta, qui s'était signalé dès le début des années 1920 par ses violences antislaves. C'était jeter de l'huile sur le feu de la poudrière yougoslave.

24. L'extraterritorialité du Vatican permit aux deux très actifs ambassadeurs alliés auprès du Saint-Siège, l'Américain Myron Taylor (déjà cité) et le Britannique Sir D'Arcy

il changea d'avis le lendemain. Trop tard : Ciano avait déjà obtenu l'agrément du Saint-Siège à sa nomination. Mais son ressentiment à l'encontre de son beau-père s'accentuera dans les mois suivants, jusqu'à le porter du côté des conjurés[25].

Mussolini méditait cette reprise en main depuis longtemps ; mais le prétexte fut un faux pas de Ciano venu le voir le 20 janvier pour le solliciter – au nom également de Grandi et de Bottai – de reprendre son « autonomie » dans la conduite de la guerre, surtout sur le front de l'Est. Le Duce répliqua vertement que le destin de l'Italie fasciste était soudé à « cent pour cent » à celui du Troisième Reich. Un rapport sur cette orageuse rencontre fut immédiatement relayé par les services de renseignements allemands à Ribbentrop[26]. Il ne pouvait pas tomber dans des oreilles plus intéressées. Servile mais point sot, le ministre allemand était de tous les hiérarques nazis celui qui avait le mieux compris que la guerre risquait d'être perdue, et il cherchait une porte de sortie, tout en veillant à ne pas s'aliéner son maître. Il se précipita à Rome, porteur d'une lettre du Führer très sévère sur la conduite de guerre italienne en Adriatique et dans les Balkans. Ribbentrop fut reçu deux fois au palais de Venise, les 25 et 26 février. S'il fut rassuré par la détermination du Duce, il écouta attentivement les arguments de Bastianini en faveur d'une paix de compromis à l'Est et hocha une ou deux fois la tête en signe d'approbation[27]. Mais, dès son retour à Berlin, terrorisé par un Führer que le désastre de Stalingrad avait galvanisé dans son désir de se venger de Staline, il fit marche arrière[28]. Dans ce climat, tout ce

Osborne, d'y résider durant toute la guerre. Ils entretenaient également des contacts discrets avec certains milieux italiens. Leur collègue allemand, le modéré Ernst von Weizsäcker (père d'un futur éminent président de la RFA), était non moins actif.

25. Cf. De Felice, *Mussolini l'alleato*, I, *L'Italia in guerra 1940-1943*, 2, *Crisi e agonia del regime*, *op. cit.*, p. 1047 et suivantes.

26. Deakin, *Storia della repubblica di Salò*, *op. cit.*, p. 154-155, avec extraits du rapport. Ciano en offre une version plus édulcorée dans son *Journal politique*, II, *op. cit.*, p. 674-675 : « J'ai dit toute ma pensée. Le Duce a commencé par réagir contre mes paroles, mais ensuite il m'a écouté avec attention. »

27. Voir, outre les Mémoires de Bastianini (*Je voulais retenir Mussolini*, dernière édition, Milan, Garzanti, 2005), M. Bloch, *Ribbentrop*, Paris, Perrin, coll. « Tempus », 2011, p. 371-373.

28. Deakin, *Storia della repubblica di Salò*, *op. cit.*, p. 183-200, 207, 244-246. Ribbentrop essaiera néanmoins par la suite de s'emparer du *Journal politique* de Ciano pour faire disparaître les preuves de ses responsabilités.

que ses collaborateurs obtinrent de Mussolini, ce furent deux lettres adressées en mars au Führer, où il glissait des phrases chantournées sur la Russie, qui furent glacialement accueillies. Et surtout le Duce n'osa piper mot quand il rencontra peu après son irascible partenaire au château de Klessheim, près de Salzbourg (7-10 avril)[29].

L'évincement fut le plus beau cadeau que Mussolini pouvait faire à ses opposants internes. Grandi et Bottai, qui ne s'aimaient pas et représentaient *grosso modo* la droite et la gauche du fascisme, privés tout à coup de responsabilités politiques, continuèrent à se rapprocher l'un de l'autre. Ils étaient très différents, nous l'avons dit, mais sortaient du lot par l'intelligence, l'expérience et l'audace. Le premier considérait que l'aventure du Duce était terminée une fois pour toutes et se voyait déjà dans la posture du seul homme capable d'assurer la transition, moyennant la restitution de toutes ses prérogatives au souverain... qui l'aurait nommé Premier ministre. Après avoir admiré Talleyrand et la Restauration, il se croyait désormais de Gaulle mais deviendra Giraud[30]. Le second gardait un attachement plus affectif, plus tourmenté, comme tout un pan de son caractère, à l'égard de son chef abaissé ; il savait surtout que la chute de Mussolini entraînerait la fin de ce fascisme auquel il avait peut-être été le seul hiérarque à croire réellement en tant que révolution idéologique. Ce qui unissait les deux conjurés était la conviction que l'alliance allemande conduirait le pays à la catastrophe. Grandi détenait, depuis la mort de l'amiral Ciano en juin 1939, la présidence de l'insignifiante Chambre des faisceaux et des corporations, charge qu'il avait cumulée, jusqu'à son renvoi, avec celle de ministre de la Justice. Il en profita pour étendre la toile de relations qu'il avait commencé à tisser bien avant la déclaration de guerre avec la Cour, les forces armées, l'industrie et même les représentants de l'ère préfasciste qui se morfondaient et vieillissaient dans l'espoir d'avoir encore un rôle à jouer. Badoglio, qui n'avait pas digéré son renvoi en 1940, complotait avec Ambrosio et les généraux « attentistes » qui lui étaient restés fidèles. Quant à Bottai, personne ne se rendait compte autant que lui que les jeunes

29. Cette séquence est bien retracée par Simoni, *Berlin, ambassade d'Italie*, *op. cit.*, p. 369-392.

30. Il le niera, de façon peu convaincante, dès la préface de ses Mémoires : « Ayant rendu ce dernier service, je considérai que ma vie politique prenait fin alors » (*Il mio paese*, *op. cit.*, p. 14).

intellectuels fascistes qu'il avait nourris et protégés se tournaient maintenant vers d'autres modèles : l'héroïsme soviétique pour la plupart ; Radio Londres[31] et la Résistance dans l'Europe asservie au Troisième Reich pour d'autres. Ainsi, le seul « vrai » fasciste de la vieille garde (avec Farinacci, et plus que Mussolini lui-même) était conscient de sa faillite qui s'identifiait à celle du régime.

Le printemps et le début de l'été 1943 furent caractérisés par des tentatives velléitaires et confuses de paix séparée qui tournaient autour de Mussolini, vu comme le seul personnage encore capable, malgré ses déconfitures, d'obtenir du Führer le désistement des satellites du Reich. Les Hongrois et les Roumains, qui se voyaient acculés par le déferlement de l'Armée rouge, avant même la défaite décisive de la Wehrmacht à la bataille de Koursk en juillet, multiplièrent leurs pressions sur le Duce. Des militaires allemands se manifestèrent également, avec toute la discrétion nécessaire, car il y allait de leur peau[32]. Mussolini les écouta vaguement, autorisa à mi-mot Bastianini à sonder les Alliés à travers des banquiers bien introduits au-delà de l'Atlantique et d'autres passeurs officieux, mais ne fit strictement rien pour infléchir le cours des événements[33]. Bastianini arriva à élaborer une utopique « charte de l'Europe », sorte d'alliance des alliés mineurs et des pays conquis autour de la Hongrie, de la Roumanie et de la France de Vichy, pour renforcer la main chancelante de Mussolini. Elle suscita l'intérêt de Ribbentrop qui invita Bastianini à Klessheim pour en parler. Le ministre allemand, comme nous venons de le dire, ne souhaitait plus jouer *Vabanque*, le « tout ou rien », et cherchait déjà le moyen de s'en sortir en cas de défaite. Mais le Duce savait qu'il n'avait plus aucune chance de se désolidariser de la « guerre totale » que Goebbels venait de proclamer.

31. Les émissions de la BBC vers l'Italie, commencées en 1938 et renforcées pendant la guerre, étaient excellentes. La rédaction était composée surtout d'émigrés antifascistes, mais la « voix » la plus connue était celle de l'affable colonel Harold Stevens, un distingué militaire moustachu, de lointaine origine napolitaine – qui n'est pas sans rappeler le major Thompson de Pierre Daninos. Le courtois *Buonasera* avec lequel il commençait ses commentaires, toujours factuels et énoncés sur un ton très éloigné de l'hystérie de la propagande fasciste, en fit un personnage populaire, rapidement surnommé *Colonnello buonasera*.

32. Cf. von Plehwe, *Schicksalsstunden in Rom. Ende eines Bündnisses*, *op. cit.*, p. 83 et suivantes. Cependant, son affirmation selon laquelle « Mussolini fut le premier à sonder les Alliés » semble excessive. Il avait laissé agir Bastianini, prêt à le désavouer si nécessaire.

33. Cf. dans le détail Di Nolfo-Serra, *La gabbia infranta*, *op. cit.*, chap. I et II.

Le Führer n'avait plus rien à perdre. Ce n'était pas le cas du César vacillant de Rome ; mais, accumulant défaite sur défaite, qu'avait-il seulement à lui opposer ? L'homme était usé, se savait discrédité et se sentait perdu. Selon la formule célèbre de Talleyrand : « C'était le commencement de la fin. »

L'ouverture d'un second front en Europe était réclamée par Staline, pour alléger la résistance acharnée de la Wehrmacht en Russie. En janvier, la conférence de Casablanca entre Roosevelt et Churchill avait fait émerger d'autres contrastes. Les Anglais insistaient sur le principe *Germany first* pour mettre fin aux attaques meurtrières des U-Boote allemands dans l'Atlantique et aux bombardements ennemis sur le Royaume-Uni, alors que les Américains considéraient que la priorité stratégique demeurait le théâtre du Pacifique où la foudroyante expansion japonaise avait été enrayée à la bataille aéronavale de Midway (juin 1942), puis durant l'épuisante campagne de Guadalcanal (août 1942-février 1943), mais sans assurer encore aux États-Unis la victoire décisive. Le compromis fut le débarquement en Italie, « ventre mou » de l'Axe. Cette stratégie visait à neutraliser le principal allié européen de Hitler, *sans* engager une offensive dirigée vers le cœur du Reich, encore prématurée à ce moment-là. Or nous verrons qu'on fera croire le contraire aux Italiens, convaincus qu'ils mettraient fin à la guerre en se débarrassant de Mussolini. Les directives de l'opération *Husky* furent finalement approuvées par Eisenhower, nommé commandant en chef des troupes anglo-américaines. Après quelques hésitations de Churchill, qui ne dédaignait pas l'hypothèse d'un gouvernement postfasciste Victor-Emmanuel-Grandi, sous contrôle allié, on s'accorda pour imposer à l'Italie la formule de la « reddition inconditionnelle », qui avait déjà été arrêtée pour l'Allemagne et le Japon. Les bombardements commencés en juin 1942 sur les infrastructures et les centres industriels de Milan, Gênes et Turin, qui visaient également des quartiers populaires pour démoraliser les habitants, en constituaient l'avant-goût.

Les partenaires de l'Axe s'attendaient également à un débarquement en Italie. Hitler et son état-major s'obstinaient à croire que les Alliés allaient choisir la Sardaigne, ou éventuellement la Corse, afin d'y créer une tête de pont pour un second débarquement en Toscane. Pour une fois les Italiens virent juste : la perte de la Tunisie rendait préférable et prévisible une action sur la Sicile. Mussolini demanda des renforts allemands qui furent assez lentement acheminés vers l'île. Les défenses côtières furent renforcées avec l'appui du 14e corps blindé de la Wehrmacht. L'invasion débuta le 9 juillet 1943, précédée en juin par la chute des îles fortifiées de Pantelleria et de Lampedusa, tombées sans presque combattre. Il faut néanmoins reconnaître que les Alliés préparèrent soigneusement l'opération, afin d'éviter tout risque d'être rejetés à la mer. L'escadre navale, aux ordres de l'amiral anglais Cunningham, se composait de plus de 2 500 bâtiments, dont deux porte-avions. L'aviation disposait de près de 5 000 chasseurs et bombardiers. Deux imposantes formations, la 7e armée américaine du général Patton et la 8e armée britannique de Montgomery, le vainqueur d'El-Alamein, totalisaient plus de 160 000 soldats. C'était, à tout point de vue, une anticipation du débarquement en Normandie l'année suivante. La résistance à l'invasion fut incontestablement plus opiniâtre de la part des troupes allemandes, mieux encadrées et commandées, surtout dans la partie orientale de l'île[34], que du côté italien. Cependant, la conquête de la Sicile, qui ne sera complète qu'à la mi-août, ne correspond pas entièrement à l'image bonhomme que l'écrivain Leonardo Sciascia en a fournie dans une nouvelle, où il décrit l'arrivée des « oncles » et des « cousins » d'Amérique, acclamés dans son village[35]. Alors que le comportement des troupes britanniques et canadiennes fut généralement correct, les Américains, qui ne s'attendaient pas à une résistance par endroits farouche, se rendirent responsables d'exactions comme le massacre de Biscari, au cours duquel furent fusillés plusieurs dizaines de prisonniers militaires et civils italiens (et quelques Allemands), épisode que Patton couvrit de son autorité[36]. Pis encore, on avait agrégé à la 7e armée, comme « conseillers » et « spécialistes », de notoires mafieux italo-américains, qui furent souvent installés d'office comme maires ou conseillers municipaux dans les villes et les bourgs libérés. Les exilés antifascistes aux

34. Le témoignage déjà cité du général von Senger est très précis et également généreux envers la résistance des régiments italiens placés sous ses ordres.

35. L. Sciascia, *Les Oncles de Sicile*, Paris, Gallimard, 2002.

36. Il y aura plusieurs témoignages accablants à ce propos. Un ami me raconta que tous les hommes valides de seize (son âge à l'époque) à soixante ans avaient été embrigadés, armés de fusils de la Grande Guerre, pour une « levée en masse » qui rappelle celle du Reich dans les derniers mois du conflit. Plusieurs furent désarmés et remis en liberté par les Américains. D'autres, qui avaient essayé de résister, furent abattus, parfois après leur reddition.

États-Unis avaient vainement essayé de mettre en garde les autorités contre l'utilisation de ces personnages. Des caïds locaux, que le préfet Mori avait fait coffrer quinze ans plus tôt, furent remis en liberté et recommencèrent leurs malversations au grand jour, généralement couverts par l'impunité que leur accordait le gouverneur militaire Charles Poletti, fils d'émigrés italiens, ancien gouverneur de l'État de New York, convaincu que le véritable danger résidait dans une implantation communiste dans l'île. De la non-guerre italo-américaine de 1941-1943 on était ainsi passé à une relation équivoque qui sera à la base de la gestion confuse par Washington du cas italien jusqu'à la Libération[37], et même après.

37. Poletti, qui avait réussi à évincer son collègue britannique en Sicile, le général Francis Rennell Rodd (fils d'un grand ambassadeur à Rome et lettré italianisant), deviendra en 1945 gouverneur de la Lombardie, où le terrain était moins fertile pour les infiltrations mafieuses. Était-il proche de Cosa Nostra ? On l'a affirmé, mais aucune preuve n'a émergé à ce jour.

5

La première chute du fascisme

(25 juillet 1943)

Il n'existe pas d'épisode de l'histoire du fascisme, même pas la marche sur Rome, qui ait fait couler plus d'encre que les événements qui conduisirent, en un mois et demi à peine, à l'effondrement du régime, puis à l'armistice avec les Alliés et à la division de l'Italie qui sera suivie par une affreuse guerre civile de six cents jours dans le centre-nord de la botte. On peut dire sans exagérer qu'il n'y a pas une circonstance, une rencontre, une tentative, une décision (et très souvent une non-décision) de ces journées mémorables sur lesquelles on ne trouve des dizaines de reconstructions, souvent divergentes. Pratiquement tous les personnages qui jouèrent alors un rôle majeur, et ils furent très peu, ou bien secondaire, et ils furent des centaines, ont voulu laisser aux contemporains et à la postérité leur propre interprétation des faits, généralement pour plaider en leur faveur. Le seul à ne pas avoir (directement) parlé est justement celui qui exerça l'influence principale : le roi. Il n'écrira qu'une courte lettre, le 1er juin 1944, à son principal collaborateur, le duc Pietro d'Acquarone : « Je vous autorise à déclarer que depuis janvier 1943 j'avais pris définitivement la décision de mettre fin au régime fasciste et de révoquer le chef du gouvernement, Mussolini. » L'adverbe « définitivement » suscite quelques doutes, la rétrodatation est un peu généreuse ; mais le reste, comme nous allons le voir, est assez vraisemblable[1].

L'historien a encore du mal à s'orienter dans cette énorme littérature, accompagnée d'une documentation à la fois très abondante et par-

1. Un autre gentilhomme du roi, le marquis Alfredo Solaro del Borgo, me déclara, lors d'une entrevue en 1983, que « Sa Majesté prit cette décision toute seule ». Quand exactement ? Peut-être avant même le débarquement en Sicile, certainement peu après.

tielle, où manquent, et manqueront toujours, des pièces fondamentales, détruites ou dispersées par les pillages, la crainte, l'incurie ou la volonté délibérée de supprimer des éléments compromettants. Quiconque s'est penché sur la fin de la Troisième République et l'avènement de Vichy comprendra aisément les termes du problème. Pour éviter de plonger le lecteur dans la confusion, il est donc indispensable de se concentrer sur les faits principaux en écartant du récit de nombreux aspects (et des interrogations toujours ouvertes) qui ont fait l'objet de recherches complexes ou de spéculations pures et simples.

Un premier point à souligner est que la chute du fascisme, dans les conditions de l'Italie à l'été 1943, n'était nullement imprévue, ni à Rome ni à Berlin. Le sentiment anti-italien était de plus en plus vif au cœur du Troisième Reich, surtout au sein du parti nazi, non seulement à cause des défaites, mais de la *dolce vita* qui régnait encore en Italie, notamment dans les beaux quartiers de la capitale, alors que le peuple allemand était soumis à un rationnement strict, à des mesures d'exception et à des bombardements de plus en plus dévastateurs. Goebbels surtout, qui n'avait jamais porté l'Italie dans son cœur, redoublait ses mises en garde à l'adresse du Führer. Il oubliait pour l'occasion ses lunes de miel à Venise au bras des stars et des starlettes du cinéma allemand. Mais sans doute n'avait-il pas oublié les actrices italiennes qui avaient résisté à ses avances, dont celle qui – selon la légende – avait failli gifler en public ce « nabot lubrique »… Le haut commandement de la Wehrmacht restait plus circonspect, sachant pertinemment que l'allié n'était pas le seul responsable de la déroute en Méditerranée. Les diplomates et les militaires stationnés en Italie étaient pour la plupart des modérés (et presque tous des aristocrates), comme les deux ambassadeurs, von Mackensen au Quirinal[2] et von Weizsäcker au Saint-Siège, ainsi que le consul Moellhausen, l'attaché militaire von Rintelen et son adjoint von Plehwe, le commandant de la Luftwaffe von Richthofen, et, au fond, le maréchal Kesselring lui-même[3]. Ces italophiles – appelés parfois les

2. Son prédécesseur Ulrich von Hassell, exécuté après le complot antihitlérien du 20 juillet 1944, avait, comme le Français Charles-Roux, marié une de ses filles à un aristocrate italien, le comte Detalmo Pirzio Biroli. Séparée de ses enfants et déportée par les SS, elle racontera son odyssée dans un émouvant livre de Mémoires.

3. Un personnage extrêmement douteux, pour ne pas dire sinistre, était le colonel SS Eugen Dollmann, historien de l'art très en vue dans la bonne société, en poste à Rome depuis 1938, qui jouissait d'un rapport direct avec Himmler. Dans l'après-guerre, ce spécialiste des doubles et triples jeux, mêlé à toutes les affaires troubles de l'époque,

« Germano-Romains », par référence aux « Gallo-Romains » – maintenaient des rapports suivis avec la Cour, le ministère des Affaires étrangères, l'armée et la bonne société. On pourrait y voir un équivalent de l'engouement que Paris occupé suscita chez les officiers allemands, dont le journal d'Ernst Jünger offre tant d'exemples. La situation changera radicalement après l'armistice, lorsque les SS et la Gestapo auront une prépondérance dans les affaires italiennes. D'ailleurs, Hitler n'avait pas attendu le débarquement en Sicile pour mettre au point l'opération *Alaric*, qui prévoyait l'occupation de la péninsule dans le cas d'un renversement du Duce. Le nom n'avait pas été choisi par hasard : le roi wisigoth avait pris et pillé Rome en l'an 410. Il est vrai que ce succès fut de courte durée, car il mourut peu après au moment de traverser la mer de Calabre... Mais le plan impliquait le transfert de divisions provenant du front de l'Est, des Balkans et de la France, et exigeait une logistique complexe. Le projet fut donc mis en veilleuse, en attendant la suite des événements.

Entre-temps, deux conjurations se nouaient fébrilement dans une atmosphère embaumée par la douceur du printemps romain. D'une part, au sommet du parti, le rapprochement entre Grandi et Bottai avait entraîné le ralliement d'autres hiérarques, pour la plupart encore timorés et indécis. Observons tout de suite qu'il est peu vraisemblable que Mussolini, qui en vingt ans n'avait jamais lâché le contrôle du ministère de l'Intérieur et de la police, n'ait pas été au courant de ce qui se tramait. D'où l'interprétation de certains historiens selon laquelle il aurait laissé faire pour frapper un grand coup le moment venu et se débarrasser une fois pour toutes de ses opposants et dissidents intérieurs (ce qu'il ne fera pas) ; ou encore, épuisé mais lucide, pour se préparer à céder le pouvoir sans être accusé de trahison par Hitler. Il reste que l'atonie qu'il manifestera encore à la veille et dans la nuit du Grand Conseil, et aussi dans les heures suivantes, reste stupéfiante.

L'autre conjuration n'en était pas vraiment une, ce qui revenait au même. Grandi était en excellents termes avec le félin duc d'Acquarone, ministre de la Maison royale depuis 1939, qui était à la fois

a écrit d'une plume alerte plusieurs ouvrages incontestablement informés. Mais certains chercheurs ont eu parfois tendance à attribuer trop de véridicité à ses « révélations ». Von Plehwe relate la crainte qu'il suscitait même à l'ambassadeur von Mackensen, malgré son titre de général honoraire des SS.

l'administrateur[4] et le plus proche collaborateur du monarque, dans la mesure où ce terme peut être employé avec un homme aussi méfiant que Victor-Emmanuel. Il est ardu de présumer des intentions profondes de celui qui pendant les quarante-six ans de son règne – inférieur pour la durée seulement aux deux reines d'Angleterre Victoria et Élisabeth II et à l'empereur Hirohito du Japon – aura observé la règle d'airain du secret : ne pas parler, ne pas écrire, ne pas se confier. Tout au long de son parcours, le souverain avait souhaité se présenter comme une sorte de notaire de la nation, alors qu'en trois occasions essentielles – en 1915, en 1922[5] et en 1940, au moment de l'entrée en guerre – il était allé au-delà des pouvoirs que lui attribuait le *statuto albertino*, la Constitution du royaume. Mais à chaque fois il lui avait fallu un prétexte formel pour remettre les choses dans l'assiette institutionnelle. Après cela, ses rapports personnels avec Mussolini – auquel il devait, après tout, deux (éphémères) couronnes, l'Éthiopie et l'Albanie – avaient été corrects, même s'il ne lui avait jamais pardonné l'affront de la « dyarchie ». Nous avons parlé précédemment d'une sorte d'empathie entre les deux hommes. Or, il n'y eut jamais de rapports privés entre eux. Si Mussolini lui écrivait parfois, à contrecœur, le souverain répondait sèchement : « Monsieur le chef du gouvernement *du roi*, je vous remercie » ; ou pis encore, lui faisait répondre par le duc d'Acquarone : « Sa Majesté vous remercie », en faisant bouillonner l'ulcère du Duce. La thèse de Mussolini dans *Histoire d'une année* – écrite, il convient de le répéter, à l'usage des derniers intransigeants, tous républicains – était donc juste dans l'affirmation que « le roi était au centre du complot », mais fausse dans la prémisse que « depuis vingt ans, il attendait l'occasion propice ». Non, au cours de ces vingt ans, ils avaient été proches, si ce n'est complices ; et maintenant l'associé majoritaire le liquidait, avec l'ingratitude qui était de mise dans la millénaire dynastie de Savoie.

Victor-Emmanuel avait par ailleurs écarté toutes les tentatives de sa famille d'intervenir directement dans les affaires. Farinacci, toujours lui, avait courtisé en vain le prince Humbert, un grand hésitant. Marie-José, princesse de Piémont, réunissait autour d'elle, depuis

---

4. Une partie de la considérable fortune de la maison de Savoie était encore placée dans les coffres de la Banque d'Angleterre. Mussolini attendra l'heure de Salò pour le dénoncer publiquement, alors que cela n'intéressait plus personne.

5. On peut y ajouter fin 1924, quand il couvrit l'affaire Matteotti.

l'Anschluss et Munich, et surtout après la défaite de son frère Léopold III, roi des Belges, un groupe d'intellectuels ouvertement antinazis et moins ouvertement antifascistes. C'était une conspiration de salon, aimable, sans plus. Elle avait trouvé un interlocuteur bien plus adroit au Saint-Siège, dans la personne de Mgr Montini, le plus éclairé des conseillers de Pie XII. Le souverain, qui détestait ces « intrigues » et avait aussi peu de considération pour sa belle-fille que pour le prince héritier, l'avait sommée d'y mettre fin. Plus tard, il l'« exilera » avec ses quatre enfants en bas âge dans une propriété de campagne près de Cuneo. Grâce à une fuite précipitée en Suisse, elle évitera de tomber aux mains des Allemands et de finir à Buchenwald comme son infortunée belle-sœur Mafalda.

Cependant, et tout en voulant écarter la version mussolinienne d'un plan « longuement et minutieusement préparé » contre lui, il existe au moins trois indices qui permettent d'avancer qu'à partir des premiers mois de 1943, si ce n'est depuis janvier, dans le style feutré et jamais explicite qui était le sien, le roi se préparait à renvoyer son Premier ministre. Le premier, nous venons de le dire, fut le remplacement de Cavallero par un militaire cent pour cent « savoyard » comme Ambrosio, mal vu par les Allemands. Il n'y a aucune preuve connue d'une intervention de Victor-Emmanuel dans cette nomination, mais elle ne pouvait en aucun cas lui déplaire. De surcroît, le souverain reçut longuement Badoglio en tête à tête le 5 mars, pour la première fois depuis la « démission » du maréchal en décembre 1940. Un rapport de police arriva au palais de Venise pour signaler au Duce que le roi avait proposé au maréchal de reprendre le commandement des armées et que celui-ci aurait posé comme condition l'éviction de Mussolini des questions militaires. L'autre vieux maréchal, Caviglia, sortit de sa réserve pour envoyer un mémorandum au monarque, l'implorant de remettre le salut du pays dans les mains de l'armée et de dissoudre les structures paramilitaires du parti[6]. Ambrosio s'était immédiatement activé pour réduire l'effort de guerre italien et désengager les troupes résiduelles de l'étreinte de l'Axe. Son adjoint, le général Giuseppe Castellano, un Sicilien vif et rapide, futur signataire de l'armistice avec les Alliés, voyait comme lui dans une paix séparée la seule chance de survie de l'Italie et de la dynastie. Un tel activisme de la part d'un

6. Deakin, *Storia della repubblica di Salò*, *op. cit.*, p. 239-240.

bureaucrate âgé comme Ambrosio, dont la carrière s'était accomplie dans une lente progression ministérielle, était difficilement concevable sans des instructions émanant du roi et, vraisemblablement, de son mentor Badoglio. Ambrosio accompagna Mussolini à la dernière rencontre des deux dictateurs avant la chute du fascisme, le 19 juillet, à Feltre, près de Belluno, à l'ancienne frontière italo-autrichienne[7]. La pénible scène de mutisme de Klessheim se répéta : un Duce apathique n'osa broncher devant le torrent d'invectives du Führer au sujet de la « lâcheté » des troupes italiennes en Sicile. Ambrosio et Bastianini insistèrent vainement pour lui faire obtenir de son irascible interlocuteur l'autorisation de conclure cette paix séparée qui n'aurait pas entraîné un renversement des alliances : ce point est capital et nous y reviendrons. Le sort en était jeté : le pacte faustien de l'Axe se refermait sur le Duce. À leur retour, les deux collaborateurs déconfits savaient, sans avoir besoin de se consulter, que Mussolini n'avait plus de sursis. Le train spécial de la délégation fut d'ailleurs accueilli à son entrée dans la gare de Rome par le plus violent bombardement allié sur la capitale. Mussolini, qui rentrait aux commandes de son avion personnel, vit également les panaches de fumée qui montaient vers le mont Soratte, aux approches de la ville.

Le deuxième indice est la série d'entrevues que le roi accorda à diverses personnalités de l'Italie préfasciste, dont deux anciens chefs de gouvernement : le « président de la Victoire », Vittorio Emanuele Orlando (1917-1919), et le social-réformiste modéré Ivanoe Bonomi (1921-1922). Ces notables ne représentaient plus grand-chose ; ils s'étaient dignement tus pendant le *ventennio*, protégés par leurs fauteuils de sénateur. Mais ils croyaient le contraire, à l'instar d'Herriot ou de Paul Reynaud dans la France de la Libération. Victor-Emmanuel, impassible, écouta leurs griefs et les congédia avec la formule habituelle : « Ayez confiance dans votre roi. » Il s'en plaignit d'ailleurs auprès de Badoglio : « Ce sont des revenants ! » Ce à quoi le maréchal aurait répondu (ce qui est moins sûr) : « Sire, nous deux aussi sommes des revenants… » Ces conciliabules de vieilles gloires déconfites auraient dû inquiéter un Mussolini moins sûr de son invulnérabilité, d'autant plus qu'ils se réunissaient souvent le soir dans la résidence du maré-

7. Le Führer avait renoncé, depuis le début des hostilités, à descendre le long de la péninsule. Par crainte des bombardements alliés ou d'un coup de main italien ?

chal. Mais il les méprisait trop pour les prendre au sérieux[8]. Il eut tort : longtemps inactifs, ils avaient repris du poil de la bête car rien ne rajeunit autant en politique que la vengeance.

Enfin, le troisième indice fut l'attribution à Grandi du collier de la très sainte Annonciade, qui en faisait un « cousin du roi », censé être consulté sur toutes les questions d'intérêt national. Cet ordre équestre, réservé à l'origine aux familles royales, s'était un peu « prolétarisé » au cours de l'histoire récente. Plusieurs hiérarques en avaient bénéficié après Mussolini : les deux Ciano père et fils, Federzoni et De Bono, sans compter des choix étrangers dictés par la raison d'État comme Franco, Ribbentrop et Goering (mais non Hitler à cause de l'insurmontable aversion que le roi ressentait à son égard). Dans ce contexte, la désignation de Grandi revêtait une signification politique explicite, d'autant plus qu'elle avait été prise à l'insu du Duce et sans son consentement préventif. En recevant son nouveau « cousin », le roi lui aurait dit : « Je vous considère comme l'homme de gouvernement le plus fidèle à ma maison[9]… » Grandi se croyait ainsi propulsé vers une succession naturelle. La suite lui prouvera qu'il se trompait.

La soudure était donc établie entre la conjuration des dignitaires fascistes et la « non-conjuration » – terme que le roi jugeait indigne de sa haute fonction – des courtisans et des militaires aux termes du pacte non écrit Grandi-Acquarone. Mussolini n'aura pas tort d'affirmer que « l'ordre du jour Grandi fut mis au point préalablement avec les milieux de la Cour[10] ». Sans oublier les carabiniers royaux, entièrement dévoués à la dynastie, qui auraient probablement suffi à stopper la marche sur Rome vingt ans plus tôt… Il y manquait un dernier élément. Victor-Emmanuel, comme dans les trois cas précédents que nous avons évoqués, exigeait (les exigences voilées d'un Sphinx) de disposer de l'argument juridique qui légitimerait la

8. L'avocat Enzo Storoni, antifasciste intègre qui avait hérité du cabinet de son père la représentation légale des biens de la maison royale, racontera que le duc d'Acquarone, qu'il rencontrait régulièrement pour affaires, évitait rigoureusement toute mention d'ordre politique. Cette attitude changea au printemps 1943, lorsque le duc commença à lui poser des questions de plus en plus pressantes et lui demanda de rédiger un mémoire qui fut sans doute porté à l'attention du souverain.

9. La source est encore Grandi lui-même, *Il mio paese*, *op. cit.*, p. 144.

10. *Histoire d'une année*, *op. cit.*, p. 45.

sanction. Certes, le *statuto albertino* attribuait au monarque une ample latitude d'action dans le choix de son Premier ministre. Cependant, alors qu'allaient sonner les heures les plus angoissantes de l'histoire nationale, le souci du souverain de se couvrir n'était pas seulement dicté par son penchant procédurier, mais par la nécessité d'associer l'ensemble de la classe dirigeante à la mise à l'écart du dictateur. Le coup d'État devait avoir une seule direction, mais s'abriter derrière une apparence de légalité. Il fallait donc qu'il y eût préalablement un vote qui mît Mussolini en minorité. On avait discrètement consulté des constitutionnalistes réputés, tous favorables à cette option. Le Sénat était largement acquis à la dynastie mais n'avait qu'une fonction d'apparat[11]. En revanche, la Chambre des faisceaux et des corporations était composée de membres du PNF, pour la plupart insignifiants, mais qu'il était préférable de ne pas mettre à l'épreuve.

Restait le Grand Conseil du fascisme, institué à la fin de 1922, organe constitutionnel depuis 1928. Mussolini n'avait jamais fait grand cas de ses délibérations, qui lui servaient essentiellement à tester les humeurs des différents courants du parti. L'organisme avait été progressivement dévitalisé et ne se réunissait plus depuis la fameuse session, le 7 décembre 1939, caractérisée par les critiques de Ciano envers les Allemands au sujet de la Pologne. Le Duce n'avait même pas pris la peine de le truffer de ses fidèles. Sa composition rassurait en partie les conjurés : les deux quadrumvirs survivants de la marche sur Rome (De Bono et De Vecchi) étaient acquis au complot, de même que l'ancien président du Sénat et leader nationaliste Federzoni, le diplomate Bastianini et des ministres techniciens comme l'économiste De Stefani et le juriste De Marsico. Une majorité encore ondoyante mais pas encore suffisante se dessinait peu à peu autour du projet d'ordre du jour Grandi, dont le point essentiel était la reprise en main par le souverain de toutes les prérogatives politiques et militaires. C'était le prélude implicite au renvoi de Mussolini, qui cependant *n'était pas* expressément mentionné, pour ne pas apeurer les hésitants. Le républicain Bottai aurait préféré un texte moins obséquieux envers la Couronne et plus centré sur les valeurs révo-

11. Mussolini avait essayé de le noyauter en créant, dès 1926, une Union nationale fasciste du Sénat. De Vecchi en fut longtemps la cheville ouvrière, mais elle ne compta pas pour grand-chose.

lutionnaires du fascisme, trahies par la subordination de Mussolini à l'impérialisme teuton. Il finit par se ranger, la mort dans l'âme, au « ducicide ». Ces hommes avaient lutté, parfois âprement, pour instaurer le fascisme ; maintenant ils allaient devoir le démanteler. Au dernier moment, les conjurés reçurent, non sans un certain embarras, l'adhésion de Ciano, dont on ne voulait pas. L'ex-dauphin en perte de vitesse, détesté dans tout le pays, ne suscitait la sympathie d'aucun, sauf peut-être de Bottai, et la méfiance de tous. Grandi surtout le soupçonnait, à raison, de vouloir redorer son blason auprès du roi pour lui disputer la succession du dictateur, ou à défaut, d'aspirer à un triumvirat avec Bottai et lui. Pourtant, l'intervention passionnée de Ciano, dictée en premier lieu par la rancune à l'égard de son beau-père, sera déterminante pour l'issue des débats.

Posons à nouveau la question capitale : pourquoi Mussolini accepta-t-il de convoquer une réunion d'où il n'était plus sûr de sortir avec un vote qui lui serait favorable ? Grandi a toujours affirmé, avec quelques variantes en cours de route, qu'il demanda à le voir dans l'après-midi du 22 juillet sous un prétexte de travail, pour le mettre au courant, « cartes sur table », du contenu de l'ordre du jour[12]. Le dictateur l'écouta froidement pour conclure de son air le plus redoutable :

> Tu as fini ? Bon, alors écoute-moi bien et réfléchis sur ce que je vais te dire. Primo : la guerre n'est pas du tout perdue et des événements extraordinaires se préparent. L'Allemagne et la Russie vont s'entendre, l'Angleterre sera détruite. Deuzio : je ne céderai le pouvoir à personne, le fascisme est fort, la nation est avec moi. Tertio : il y a des défaitistes, certes, mais crois bien que je m'en chargerai le moment venu. Nous nous reverrons après-demain au Grand Conseil, Tu peux disposer[13].

12. Grandi, *Il mio paese*, *op. cit.*, p. 633-634. Il ajoute, avec une certaine satisfaction, que le maréchal Kesselring, qui se trouvait dans l'antichambre du Duce pour être reçu tout de suite après, dut attendre plus d'une heure la fin de leur entretien, qui dura bien au-delà des rituelles quinze minutes que Mussolini lui avait accordées.

13. La première version de son témoignage se trouve dans les six articles que Grandi rédigera entre septembre et décembre 1944 dans son exil portugais pour le *Daily Express* de Londres, avec l'accord de Churchill, pour rehausser son image. Ils seront intégralement publiés par Perfetti dans le petit volume D. Grandi, *La fine del regime*, Florence, Le Lettere, 2005. La longue tirade de Mussolini, notamment les phrases concernant la Russie et l'Angleterre, n'y figure pas, sauf la phrase finale.

Mussolini niera tout en affirmant que son interlocuteur n'évoqua même pas le sujet, ce qui est franchement invraisemblable[14]. Entre Talleyrand et Napoléon, qui aura le mieux ou le moins menti ? Nous ne le saurons jamais : des deux côtés il y eut une bonne dose de bluff. En revanche, ce qui est à peu près certain, c'est que le dictateur connaissait déjà, par le parti et par la police, le contenu sinon le texte à peu près définitif de l'ordre du jour, qui circulait déjà entre trop de mains[15]. Pourtant, il ne prit même pas la précaution de faire entourer le palais de Venise par le « bataillon M » pour faire arrêter les conjurés, comme le suggérait leur chef, le centurion Galbiati. Or, quinze jours plus tôt, Mussolini avait assisté à une démonstration militaire de cette unité qui s'était tenue, avec un résultat satisfaisant, près du lac de Bracciano. Les « mousquetaires du Duce », la garde d'honneur, qui assistaient normalement aux sessions du Grand Conseil, furent également éloignés de la salle et remplacés par un service d'ordre assez lâche de la police et de la milice. Le général Chierici, chef de la Sûreté, qui se tint toute la nuit à proximité avec des hommes sûrs, ne fut jamais convoqué. Imagine-t-on Hitler ou Staline agir ainsi ? Nous revenons ainsi au vaste débat sur les intentions réelles du Duce, à la veille de sa chute. On a interprété son attitude comme celle d'un homme fatigué, déprimé. Ou ne cherchait-il pas à sortir de l'impasse en déléguant à d'autres les responsabilités d'une guerre perdue ?

La réunion était convoquée pour 17 heures, le 24 juillet 1943. Elle s'ouvrit avec un quart d'heure de retard : le Duce, traditionnellement très strict sur l'horaire, dut y voir une première défaillance de son autorité. Elle allait se terminer à 2 h 40, le 25 juillet, sans sténographes, « dans la salle dite du Perroquet, adjacente à celle de la Mappemonde où travaillait Mussolini, dont le somptueux plafond supportait un lourd lampadaire de fer forgé figurant une roue[16] ». Elle fut épuisante et extrêmement dramatique[17]. Quoi qu'on puisse penser

14. *Histoire d'une année*, *op. cit.*, p. 38.

15. C'est également l'opinion des deux distingués historiens anglais Deakin et Kirkpatrick, qui me semblent cependant un peu trop enclins à privilégier la version de Grandi qui deviendra leur interlocuteur attitré dans l'après-guerre.

16. La meilleure reconstruction en français est encore celle de M. Vaussard, *La Conjuration du Grand Conseil fasciste contre Mussolini*, Paris, Del Duca, 1966, p. 96 et suivantes.

17. Mussolini sera quasiment le seul à affirmer, au contraire, qu'« elle se déroula dans l'ordre et la bonne éducation (!) » et qu'il n'y eut qu'un moment où entre Bastianini

des dignitaires fascistes amollis par le pouvoir, plusieurs d'entre eux n'avaient pas froid aux yeux. Grandi s'était muni de deux grenades enfouies dans ses poches : autre confirmation que Mussolini n'avait prévu aucune surveillance ! Derrière le diplomate et le courtisan policé, le comploteur était redevenu l'homme des tranchées et du premier squadrisme, prêt à vendre chèrement sa vie. D'autres encore étaient armés. Deux hommes, parmi les opposants, suscitaient l'anxiété des conjurés. D'abord Carlo Scorza, le dernier secrétaire du PNF, un dur au crâne rasé comme son chef (sous lequel il n'y avait heureusement pas grand-chose), qui s'était accordé avec Mussolini au début de l'après-midi pour présenter un contrordre du jour qui aurait dû rallier les incertains et les craintifs[18]. L'autre était, comme il se doit, Farinacci, l'éternel rival. Impossible de prévoir quelle serait son attitude. Il avait ses entrées partout : dans les milices du parti, à la Cour, où sa remuante maîtresse aristocratique était bien introduite, chez les militaires et, bien entendu, auprès des Allemands qui le considéraient comme leur plus fidèle soutien depuis le départ de Cavallero. Mais quel rôle allait-il jouer ? Le personnage était tellement imprévisible qu'on aurait pu le voir se mêler à toutes les combinaisons possibles. C'était pour lui la grande occasion, inlassablement poursuivie depuis vingt ans, de prendre sa revanche. Or, il ne fera quasiment rien. Cet homme rompu à toutes les machinations, qui avait toujours guetté le moment où le pouvoir tomberait comme un fruit mûr entre ses mains, se limita à présenter un ordre du jour anodin, copié-collé de celui de Grandi, et attendit à peine le résultat de la séance, avant d'aller se réfugier à l'ambassade d'Allemagne.

La longue réunion enregistra des flottements et des amorces de revirement. Le président du Sénat, Suardo, pleurait tellement qu'il n'y avait pas assez de mouchoirs dans l'assistance pour éponger ses larmes. Grandi détailla inexorablement toutes les fautes du régime en guerre et toutes les prévarications des Allemands, avant de conclure que le Duce

et l'irréductible ministre fasciste Polverelli « on haussa le ton » (*Histoire d'une année*, *op. cit.*, p. 46-47). Il devait alors donner à ses derniers fidèles et à la postérité l'image du chef olympien qui ne perd jamais le contrôle de la situation.

18. Scorza, accusé par les durs de la RSI d'avoir manqué de fermeté la nuit du Grand Conseil puis d'avoir manifesté sa loyauté au gouvernement Badoglio, subira un procès à Salò. Cette fois, Mussolini, qui savait parfaitement que cet acolyte avait agi sur ses ordres, tout aussi ondoyants, interviendra pour le sauver.

devait remettre tous ses pouvoirs au roi, arbitre de la nation. Mussolini, livide, perdu dans ses notes, répliqua à peine, alors que le sens de la repartie avait toujours été une de ses grandes ressources. À la fin, il braqua ses yeux immenses sur l'assistance pour infléchir les indécis. Le César défaillant fit vibrer son *« Tu quoque Brute ? »* devant ses anciens complices dont aucun n'avait osé broncher lorsque la bonne fortune accompagnait le régime – sauf un mort, Balbo, et un radié, Arpinati. À 23 heures, il décida une courte pause des travaux et s'enferma avec ses fidèles Scorza, Galbiati et Buffarini Guidi dans son bureau. À la reprise, Bottai, Federzoni, De Bono, De Vecchi, Bastianini, enfin l'inattendu Ciano se joignirent à Grandi pour asséner au Duce des coups de massue de plus en plus lourds. La scène fut mémorable. Dans un sursaut oratoire qui ne manquait pas de grandeur, Grandi se leva alors et le désigna du doigt : « Voilà où toi, toi et toi seul, nous as conduits ! » Il faut avoir l'oreille italienne pour s'imaginer le martèlement de ce triple *« Tu, tu e tu solo... »*. Il passa sous la table une des grenades à De Vecchi et exigea de mettre aux votes son ordre du jour, nominalement, vers 2 heures du matin. Mussolini acquiesça et se tourna pour dévisager lentement chacun de ses acolytes. D'abord Bottai : « C'est oui », dit son ancien adjoint d'une voix sans crainte mais empreinte de tristesse. Puis Bastianini, impeccable et viril, au garde-à-vous : « Oui, *mio Duce* ! » Puis Ciano dans un lourd silence : « Oui », sans regarder son beau-père dans les yeux. L'ordre du jour obtint dix-neuf voix favorables, sept contraires et une abstention, le saule pleureur Suardo. Le Duce, sans exercer son droit de vote, déclara qu'il était inutile de procéder à l'examen des deux autres textes (Scorza et Farinacci). Selon d'autres témoignages, Farinacci insista pour faire voter son ordre du jour et leva le bras de manchot : un geste théâtral qui ne trouva aucune adhésion. Mussolini mit fin à la réunion en prononçant des mots menaçants (ou soulagés ?) : « Vous avez provoqué la crise du régime. » Les participants se dispersèrent rapidement et plusieurs des conjurés évitèrent de regagner leur domicile. À la sortie, un des irréductibles, le président du Tribunal spécial du fascisme, Tringali Casanuova, croisa Ciano au vestiaire et lui siffla avec mépris : « Tu as très mal agi, *ragazzo*, et tu en paieras les conséquences. »

Parmi ceux qui rentrèrent chez eux comme s'il ne s'était rien passé, il y avait Mussolini : il fallait au moins sauver les apparences, mais l'inquiétude le rongeait. Avant de quitter le palais de Venise, il fit appeler un autre de ses proches, le juriste Carlo Alberto Biggini, qui avait succédé en février à Bottai en tant que ministre de l'Éducation nationale[19]. Il lui demanda si le vote avait un caractère légal, sans obtenir de réponse satisfaisante. Puis, il téléphona à Claretta pour l'inviter à se mettre à l'abri, en ajoutant une phrase qui trahissait son pessimisme : « L'étoile s'est obscurcie. » Sa maîtresse se précipitera au palais de Venise le lendemain : elle ne pourra pas le voir et sera arrêtée quelques heures plus tard. Rachele, qui l'attendait furibonde à la villa Torlonia, exigea un compte rendu détaillé de la réunion ; après quoi elle se répandit en récriminations, prononçant ou non la phrase légendaire : « Tu dois les faire arrêter ! » (Ou, variante : « Tu dois les faire fusiller ! ») Benito, qui craignait sa femme presque autant que Hitler, rétorqua faiblement que le roi lui aurait confirmé sa confiance. Après deux ou trois heures de repos, passées sans fermer l'œil, il se leva tôt, comme à son habitude. À 9 heures, il se rendit de nouveau au palais de Venise, sans modifier le programme prévu pour la matinée. Son premier geste fut de gracier deux résistants yougoslaves : « Aujourd'hui je suis content, écrira-t-il plus tard, que mon dernier acte de gouvernement ait été de sauver deux jeunes vies. » Il trouva sur son bureau la lettre d'excuses d'un des conjurés de la dernière heure, le syndicaliste Tullio Cianetti, ce qui lui vaudra d'éviter la peine de mort au procès de Vérone où il écopera d'une condamnation à trente ans[20].

Mussolini reçut à midi l'ambassadeur Hidaka, auquel il demanda de transmettre au Premier ministre, Tojo Hideki, un message pressant afin que le Japon, encore neutre dans la guerre à l'Est, appuie la demande qu'il s'apprêtait à faire à Hitler de mettre fin aux hostilités avec la Russie. Il lui répéta en somme ce qu'il avait dit à Goering en décembre 1942 et était devenu depuis son idée fixe. Dans *Histoire d'une année*, ouvrage publié en 1944, donc sous contrôle allemand, Mussolini a atténué mais n'a pas omis ce point de désaccord avec le Führer, même s'il n'avait jamais osé lui en parler. Hidaka acquiesça

19. Biggini était plutôt un modéré, ainsi qu'il le prouvera à Salò. Pourquoi alors se trouva-t-il cette nuit-là parmi les irréductibles ? Certains choix sont parfois difficiles à expliquer.

20. Cianetti, comme trois des cinq membres du Grand Conseil successivement exécutés (Gottardi, Pareschi et Marinelli), avait en réalité été trompé par l'attitude ondoyante de Mussolini et l'astuce de Grandi dans toute l'affaire. Le drame de ces comparses est qu'ils étaient sincères et n'avaient rien à voir avec le noyau dur des conjurés (une dizaine tout au plus).

avec la politesse conjuguée d'un diplomate et d'un Oriental, quoiqu'il fût interloqué par des propos aussi inattendus. Mais le plus surpris et gêné fut Bastianini, qui était également présent : il avait été témoin, d'abord à Klessheim, puis quelques jours plus tard à Feltre, du refus obstiné du Duce d'oser seulement affronter le sujet[21].

Deux autres événements marquèrent la matinée. Mussolini fit chercher Grandi pour lui offrir, peut-être, le ministère des Affaires étrangères[22] ; mais le chef de la conjuration resta introuvable. Après la séance du Grand Conseil, il s'était rendu chez un ami, le marquis Mario Zamboni di Salerano[23], pour y rencontrer Acquarone avec lequel il s'entretint jusqu'à l'aube afin de préparer la liste du nouveau gouvernement. C'est là que Grandi dut avaler la plus grande couleuvre de sa carrière, alors qu'il venait de risquer sa peau. Le roi avait décidé de nommer un militaire du plus haut rang pour la succession du Duce. Le choix était donc restreint aux deux maréchaux, chevaliers de la très sainte Annonciade ; Caviglia et Badoglio. La recherche d'une entente possible avec les anciens alliés de la Grande Guerre conduisait au nom du premier ; la volonté d'enrubanner de magouilles et d'ambiguïté la sortie de la guerre impliquait la désignation du second, ce qui advint. Pour le ministère des Affaires étrangères, on avait d'abord songé à Alberto Pirelli, grand industriel relativement peu compromis avec le fascisme[24], connu et apprécié dans le monde anglo-saxon ; mais son nom (comme celui de Caviglia) aurait été interprété à Berlin comme un retournement des alliances. On lui

---

21. Il écrira dans ses Mémoires, un des documents les moins faisandés de cette période, que le Duce ne lui fit aucune allusion à son vote de la nuit précédente et encore moins de reproches. Condamné à mort par contumace au procès de Vérone, malgré une lettre digne qu'il écrira au Duce pour expliquer son attitude, Bastianini se cachera et occupera dans l'après-guerre un modeste emploi dans le secteur privé, gardant jusqu'à sa mort (en 1961) une parfaite réserve tout en acceptant de rencontrer des historiens qualifiés.

22. C'est l'intéressé qui l'affirme (*Il mio paese*, *op. cit.*, p. 641). Mussolini ne mentionne pas l'offre dans *Histoire d'une année*, *op. cit.*

23. J'ai un peu connu cet homme d'influence au soir de sa vie, dans les années 1990. Il me confirma que Grandi et Ciano (il avait été le principal trait d'union entre les deux personnages qui se détestaient jusqu'à la veille) croyaient encore fermement qu'ils auraient un rôle à jouer dans l'après-Mussolini.

24. Vingt ans plus tôt, il avait pourtant rencontré Mussolini, avec son collègue d'origine juive Gino Olivetti, dans les journées de la marche sur Rome, pour l'assurer que le patronat n'était pas opposé à la constitution du premier gouvernement à direction fasciste.

préféra donc un diplomate dodu et souriant, le Napolitain Raffaele Guariglia, ancien ambassadeur à Paris, alors en poste à Ankara, qui partageait avec Badoglio une propension bétonnée au mensonge. Grandi, écumant de rage, essaya au moins de se faire envoyer à Madrid pour approcher les Alliés. Il fut éconduit, comprit enfin qu'il était de trop et, comme les autres, prépara sa fuite.

L'autre événement fut la requête pressante de Mussolini de voir le roi pour… le mettre au courant de la séance du Grand Conseil – dont Victor-Emmanuel était déjà parfaitement informé depuis la rencontre nocturne entre Grandi et Acquarone et par le récit de De Vecchi à l'aide de camp du souverain, le général Puntoni. L'audience fut immédiatement accordée pour l'après-midi à la villa Savoia, résidence du souverain, jugée préférable pour un coup de main à l'immense palais du Quirinal. La conjuration militaire – qui, formellement, n'en était toujours pas une… – avait pris la relève du complot politique. Badoglio et Ambrosio avaient décidé l'arrestation du Duce qui aurait dû être confiée aux carabiniers, non seulement pour leur loyauté, mais aussi parce que cette action de police aurait prouvé que Victor-Emmanuel reprenait toutes les fonctions (et quelques-unes de plus) que le *statuto albertino* lui attribuait. Au début de l'après-midi, le Duce alla très rapidement visiter le quartier bombardé de San Lorenzo, où la population l'accueillit avec une morne indifférence[25]. À 17 heures, vingt-quatre heures pile après le début (officiel) de la séance du Grand Conseil, Mussolini, en civil, accompagné seulement d'un de ses secrétaires, De Cesare, fut introduit à la villa Savoia. Il était en uniforme de la milice la nuit précédente et encore le matin au palais de Venise, puis durant la courte visite à San Lorenzo ; mais il se présentait toujours en civil aux deux audiences hebdomadaires du lundi et du jeudi avec le souverain. Pourquoi donc changer d'habit dans ce cas précis ? Conformité aux usages ? Indifférence ? Pressentiment ? Ironie du sort : le roi l'attendait en uniforme de maréchal d'un empire… qui n'existait plus. Chaque bosquet de la villa abritait un contingent de carabiniers en tenue de guerre : on ne pouvait exclure l'intervention du fantomatique « bataillon M »… qui allait s'évanouir en quelques heures, comme la neige sous le soleil. Il fallut

25. Mussolini affirmera au contraire avoir été « acclamé » par la foule (*Histoire d'une année*, *op. cit.*, p. 37, 49). On peut en douter.

résoudre préalablement un point de détail non secondaire : la reine s'opposait résolument à ce que l'arrestation d'un « hôte » eût lieu à l'intérieur d'une résidence royale. Le souverain, toujours sensible aux propos de son épouse, hésitait. Acquarone et le commandant des carabiniers finirent par le convaincre en insistant sur le fait qu'une action en dehors des grilles de la villa aurait attiré l'attention des passants et comporté des risques incalculables (*sic*).

L'entretien sans témoins dura vingt minutes et fut pénible des deux côtés. À l'exposition bredouillante de Mussolini, le roi répondit d'une voix également mal assurée que le vote du Grand Conseil le plaçait dans l'obligation de lui nommer un successeur en la personne du maréchal Badoglio. Et il ajouta : « Vous êtes devenu l'homme le plus détesté d'Italie. Je veillerai à vous protéger de la fureur populaire. » Mussolini, désormais conscient de la souricière dans laquelle il s'était précipité, essaya vainement de rappeler la nature exclusivement consultative du Grand Conseil… qu'il avait jadis voulu lui-même transformer en organe constitutionnel ! Devenus ennemis, les deux partenaires qui avaient collaboré pendant près de vingt et un ans, ne devaient plus se revoir. À la sortie, le Duce fut fermement invité par un officier des carabiniers à monter dans une ambulance qui le conduisit dans le plus grand secret à une caserne du quartier de Trastevere ; puis, une heure plus tard, à une seconde caserne jugée plus sûre, à la périphérie de la capitale, où il allait passer les deux jours suivants. Le Duce – ou ex-Duce –, apparemment résigné, n'opposa aucune résistance et s'installa docilement dans la petite pièce qu'on lui désigna. Le seul geste qu'il se permit fut de refuser le repas du mess, après quoi on lui apporta des légumes, des fruits et de l'eau minérale[26]. Jamais dans l'histoire millénaire de la dynastie des Savoie n'avait eu lieu une pareille action où la petitesse des acteurs jurait avec l'immensité des enjeux et leurs conséquences. Dans ce dénouement brouillon, les épouses des deux protagonistes semblaient avoir des idées plus claires que leurs maris : Rachele par son instinct d'ancienne conspiratrice ; Hélène par la maîtrise de son métier de reine.

26. Ce déroulé m'a été confirmé dans les années 1990 par un des anciens officiers des carabiniers qui l'arrêtèrent. Il y eut un autre moment assez pénible : « Excellence, pardonnez-moi, je dois vérifier que vous ne portez pas d'arme sur vous. » « Faites votre devoir », répondit Mussolini en ouvrant son pardessus. L'officier ajouta qu'il se comporta dans toute l'affaire avec la dignité d'un homme d'État.

6

Vers l'armistice

(25 juillet-8 septembre 1943)

La nouvelle de la démission « présentée » (*sic*) par Mussolini au roi, qui l'avait « acceptée » (re-*sic*), et de son remplacement par Badoglio fut annoncée à la radio, à 22 h 45, ce fatidique 25 juillet. Le court message sans le moindre commentaire ne postulait pas un changement de régime, mais fut immédiatement interprété comme tel. La foule en liesse, qui descendit spontanément dans les rues pour abattre les effigies du tyran et saccager les permanences du parti, allait beaucoup plus loin que ne le souhaitaient les protagonistes de la conjuration. Le Duce n'incarnait pas seulement le fascisme, mais la guerre ; et c'est avant tout de cette guerre, désormais portée sur le territoire national, que le pays ne voulait plus, si jamais il l'avait voulue.

Les événements qui avaient provoqué la chute du dictateur étaient suffisamment confus et contradictoires ; mais les quarante-cinq jours qui s'ouvrirent alors furent les plus byzantins de l'histoire nationale. Le plus grand penseur politique qu'ait donné l'Italie, Machiavel, doit avoir ri sous cape de ces disciples déboussolés. Se débarrasser de Mussolini avait été bien plus aisé que prévu. Et pendant un mois et demi, on n'entendit plus parler des inconditionnels du dictateur, qui se terrèrent en attendant l'heure de resurgir à Salò. Le cas d'Ettore Muti suffit à leur servir d'exemple. L'ex-secrétaire du PNF, qui se trouvait le 25 juillet en mission en Espagne[1], n'avait pas participé à la séance du Grand Conseil dont il n'était plus membre depuis son limogeage

1. Muti, dont une brochette impressionnante de médailles ornait le torse d'athlète, fut le seul combattant *extranjero* (avec, pour la forme, Hitler, Victor-Emmanuel et Mussolini) auquel Franco attribua la plus haute décoration espagnole, l'ordre des Flèches rouges. Il se serait sans doute sauvé en restant en Espagne après le 25 juillet. Mais ce n'était pas son style – et il en avait.

du secrétariat du parti. Il s'empressa, dès son retour, de déclarer son allégeance au roi, et ce n'était pas par opportunisme, dont l'homme était exempt. À quarante ans, il en avait assez de ces politiciens : qui sait, il aurait peut-être suivi Bottai dans la Légion étrangère. Mais « Gim aux yeux verts » demeurait trop gênant par ses prouesses militaires, son panache, sa popularité. Pour s'en débarrasser, Badoglio envoya au chef de la police un billet – « Cet homme reste une menace. Votre Excellence m'a parfaitement compris... » – digne d'une réplique de *Tosca*. Muti fut abattu dans des circonstances jamais éclaircies, lorsque les carabiniers vinrent l'arrêter, fin août 1943, dans sa demeure aux portes de Rome où il dînait avec sa dernière maîtresse, une soubrette tchèque, et un ami fraternel[2]. La famille récupéra sa casquette militaire trouée d'une balle dans la nuque : or, l'homme n'avait jamais tourné le dos à un adversaire. Son nom sera abusivement donné à plusieurs formations jusqu'au-boutistes de la République sociale, à laquelle il n'est pas du tout certain qu'il aurait adhéré, par dégoût plusieurs fois exprimé de la guerre civile et par détestation des nazis.

Une chose au moins était évidente : après un vote qui avait fourni au souverain et aux militaires le prétexte formel pour reprendre en main la direction des affaires, le Grand Conseil s'était sabordé avec toute la hiérarchie du régime. Les « ducides » s'étaient en somme tués eux-mêmes. Grandi, confiant dans l'amitié de Churchill, avec lequel il entretiendra un très cordial échange de lettres en octobre 1943[3], s'évertuera encore à exercer un rôle jusqu'à ce que Roosevelt, sous la pression des exilés antifascistes aux États-Unis, raie définitivement son nom de toutes les combinaisons gouvernementales. Ce Talleyrand manqué devra se réfugier d'abord au Portugal, puis au Brésil pendant une trentaine d'années. Même de vieux monarchistes comme Federzoni, De Bono et De Vecchi, qui avaient fait preuve d'un courage qu'on ne leur connaissait pas, ne semblaient plus présentables. Les autres n'étaient plus que des fantômes qui cherchaient fiévreusement l'ambassade neutre ou le couvent dans lequel se terrer pour éviter les rigueurs de la justice et le sort, plus néfaste encore, qui

2. La soubrette, « invitée » à se taire, s'éclipsera en Espagne. L'ami aura le temps de raconter sa version à des journalistes avant de mourir peu après dans des circonstances suspectes.

3. Publiées pour la première fois par Deakin, *Storia della repubblica di Salò*, *op. cit.*, p. 516-519, avec l'agrément des deux intéressés.

les attendrait à Salò. D'autres arriveront à passer en Suisse, comme l'ambassadeur Alfieri, qui laissera « vaillamment » ses collaborateurs à Berlin se débrouiller sans lui. Bottai, nous l'avons dit, après un court emprisonnement, gagnera Alger pour s'engager sous un nom d'emprunt dans la Légion étrangère. Le cas le plus pathétique sera celui de Ciano qui, convaincu que sa tardive opposition à l'Axe pouvait le remettre en piste, frappera à toutes les portes – qui se fermeront inexorablement devant lui – et finira par se jeter dans la gueule du loup nazi.

Le vrai problème s'appelait Hitler, et là, personne ne savait comment s'en sortir. Deux choix inéluctables s'affrontaient : l'armistice ou le retournement des alliances. Le second était extrêmement périlleux ; le premier impraticable : c'est pourtant celui que le roi voulait obstinément et qu'il imposera à son conciliant Premier ministre[4]. Les deux hommes, déjà âgés pour l'époque (soixante-quatorze et soixante-douze ans respectivement), étaient encore convaincus de pouvoir sauver la dynastie alors qu'ils s'apprêtaient à précipiter – ou reprécipiter – le pays dans le gouffre. Victor-Emmanuel écrira en ce sens à George VI, comme si on pouvait encore régler la question de « roi à roi » et de « cousin à cousin » : le souverain anglais ne lui répondit, froidement, qu'après la conclusion de l'armistice. Le cafouillage de Victor-Emmanuel et de son Premier ministre peut trouver quelques circonstances atténuantes, pourtant insuffisantes à modifier le jugement sévère que l'histoire a porté sur eux. Le moins qu'on puisse dire est qu'ils avaient perdu le sens des réalités et que mentir aux uns et aux autres devint pour eux la meilleure façon de tout perdre, y compris l'honneur, si ce mot avait encore un sens. Ainsi, au moment d'assumer ses fonctions, Badoglio lança une proclamation claironnante à la radio : « La guerre continue ! L'Italie maintient la parole donnée[5] ! » C'était aller au-delà de l'esbroufe : les Italiens n'y croyaient pas ; les Alliés non plus ; les Allemands moins que tous.

4. Pourtant, Victor-Emmanuel avait été témoin, en 1917, des tentatives de l'empereur Charles de Habsbourg de négocier une paix séparée avec l'Entente : tentatives qui avaient été stoppées par la menace du Kaiser Guillaume II (qui pourtant n'était pas Hitler !) d'envahir l'Autriche. Ce précédent ne lui avait-il rien appris ?

5. Pour rehausser cette comédie, on essaya de faire prononcer des messages semblables aux deux anciens présidents du Conseil préfascistes, Orlando et Bonomi. Ils refusèrent avec plus de dignité que ceux qui leur faisaient cette proposition déshonorante.

Pourquoi avoir éliminé Mussolini, si c'était pour revenir à la case départ, dans des conditions encore plus équivoques ?

En théorie, malgré la déroute en Russie et la perte du continent africain, l'armée italienne conservait des positions non négligeables dans le bassin méditerranéen et les Balkans. Un demi-million de soldats contrôlaient encore une bonne partie de la France méridionale, la Corse, un vaste territoire dans l'ex-Yougoslavie, une partie de la Grèce et de ses îles[6]. Sauf en Croatie, en Slovénie et en Albanie, l'occupation y était douce et ces armées étaient pour l'essentiel intactes. Certes, le débarquement en Sicile avait anéanti les espoirs stratégiques de l'état-major. Mais ces possessions auraient pu représenter une contrepartie, au moment où le pays cherchait une voie pour mettre un terme au conflit. Ce n'est pas un hasard si les Alliés cherchaient avant tout à s'assurer la livraison de la flotte, la partie la plus convoitée du butin militaire italien. On n'en fit rien, comme on ne fit rien pour rapatrier ces troupes fraîches, indispensables à une résistance armée plus que prévisible contre l'ancien allié. Comme si souvent dans les situations houleuses, où des décisions fortes s'imposent, on chercha à gagner du temps en accumulant les erreurs[7].

Les premiers sondages avec les Alliés furent décourageants mais avaient au moins clarifié les termes réels du problème. Londres et Washington demeuraient sur la ligne intransigeante de la reddition inconditionnelle formulée à Casablanca. Aucune possibilité pour l'Italie de sortir du conflit sans déclarer cette guerre au Reich que le roi et son gouvernement avaient nourri l'illusion d'éviter. En regard, Badoglio et son ministre des Affaires étrangères, Guariglia, savaient pertinemment qu'il ne fallait pas louvoyer avec les Allemands, lesquels n'avaient pas formellement réagi à la destitution de Mussolini et se cantonnaient dans un silence lourd de menaces. On fit exactement le contraire. Badoglio jura à l'ambassadeur von Mackensen – moins italophile depuis que sa tête ne pesait plus lourd à Berlin[8] – qu'il n'avait aucune intention de se désolidariser de l'alliance. Il poussa

6. Cf. Musiedlak, *Mussolini*, *op. cit.*, p. 404.

7. Il y aurait d'ailleurs une comparaison intéressante à dresser avec ce qui se passa en 1917 en Russie entre la révolution de Février (équivalent du 25 juillet) et celle d'Octobre (le 8 septembre et ses suites), le roi et Badoglio se partageant le rôle de Kerenski.

8. Il sera en effet rappelé peu après par Hitler et mis à la retraite anticipée. Son nom le sauvera de pires conséquences.

le lyrisme jusqu'à ajouter, la main sur le cœur, face au diplomate perplexe : « Votre père et moi sommes les derniers maréchaux de la Grande Guerre. Oseriez-vous douter de ma parole d'honneur ? » Guariglia répéta le scénario le 6 août à Ribbentrop, qu'il rencontra à Tarvisio, à la frontière du Brenner. Les Italiens eurent désormais l'impression d'être les otages d'interlocuteurs qui les dévisageaient avec la même aménité que leurs chiens policiers (bergers allemands, comme il se doit), provisoirement en laisse mais prêts à leur sauter à la gorge. Guariglia, qui s'était présenté en uniforme diplomatique d'été, tout de blanc vêtu, comme pour exhiber sa candeur, chercha à convaincre son glacial collègue avec une telle fougue napolitaine qu'encore dans ses Mémoires il orthographiera *Ribbentropp* avec deux « p ». Après quoi, le boudiné ministre courut se confesser et préparer sa retraite à l'ambassade d'Espagne. Il n'y avait pas de tromperie au sens strict, d'ailleurs, car on ne négociait *pas encore* : on cherchait désespérément le moyen de le faire. On dépêchait dans les capitales neutres, Madrid et Lisbonne, émissaire sur émissaire (l'un d'eux fut le déjà cité diplomate Blasco Lanza d'Ajeta en raison de sa parenté américaine), sans rien offrir de concret ni rien obtenir de certain. Le nœud coulant se resserrait. Mentir à des criminels peut avoir une justification morale et politique, mais encore faut-il savoir le faire. Pour donner de la crédibilité à cette supercherie, on laissa déferler en Italie les divisions allemandes, qui envahirent le pays en toute tranquillité. C'était donner le feu vert à l'opération *Achse*, variante plus impitoyable de l'opération *Alaric*.

À Rome on commençait enfin à comprendre, entre mille tâtonnements, que l'affrontement avec l'ancien allié revanchard devenait inévitable, jour après jour, heure après heure. Finalement, au cours d'une confrontation dramatique du cabinet restreint, dit le concile de la Couronne, le 1er septembre, il fut décidé d'accepter les termes de l'armistice imposés par les Alliés. Le roi, qui n'avait pas voulu participer à la réunion où il s'était fait représenter par Acquarone, fit attendre son consentement jusqu'au 3, date à laquelle Castellano, le dernier et le plus entreprenant des émissaires, accompagné en guise d'interprète par le consul Montanari[9], signa l'« armistice court » à

9. Fils d'un général tombé au champ d'honneur et médaille d'or de la Grande Guerre et d'une reine de beauté américaine, Montanari était le portrait craché de Gary

Cassibile, près de Syracuse, en Sicile, qui prévoyait à l'article 2 la cessation de toute assistance italienne à l'effort de guerre allemand : cela n'équivalait pas encore à un retournement des alliances – qui sera perfectionné avec l'« armistice long » Eisenhower-Badoglio du 29 septembre. Sur le plan strictement militaire, Rome n'était pourtant pas encore perdue, alors qu'il devenait très difficile, sinon impossible, de défendre le nord de la péninsule. Les Alliés eurent leur part, non secondaire, de responsabilités. Ils mentirent également sans vergogne à leurs désemparés interlocuteurs. Ils avaient pris l'engagement (oral) de ne pas dévoiler l'armistice jusqu'au moment où l'opération *Avalanche*, un débarquement à Salerne, en Campanie, d'une importance comparable à celui en Sicile, aurait permis de neutraliser les contingents allemands dans l'Italie méridionale, évitant ainsi l'occupation de la capitale, sur laquelle serait lancée une division de parachutistes et de marines (opération *Giant 2*). Dans la nuit du 7 septembre, Badoglio reçut chez lui la visite de deux généraux américains, envoyés secrètement dans la capitale. Pour une fois le maréchal fut explicite : il demanda le report de *Giant 2* – les conditions n'étaient pas réunies pour en assurer le succès – ainsi que d'au moins quelques jours de l'annonce de l'armistice[10]. Il répétera le lendemain matin ces requêtes dans un message à Eisenhower, lequel accepta la première mais non la seconde, l'opération *Avalanche* ayant déjà été déclenchée. L'armistice fut ainsi dévoilé par Radio Alger à 17 h 30 le 8 septembre, tandis que le débarquement à Salerne mal planifié, sans un concours de troupes suffisant et une couverture aérienne adéquate, risqua de se transformer en catastrophe. Kesselring, après avoir infligé des pertes considérables aux Alliés, qui faillirent être rejetés à la mer, se retira en bon ordre, établissant une nouvelle ligne stratégique au nord de Naples, qui sera évacuée le 1er octobre[11].

Cooper, du haut de ses presque deux mètres, ce qui ne manqua pas d'impressionner les généraux anglais et américains.

10. Les avis des historiens sont partagés sur ce point crucial : l'opération alliée manquait-elle effectivement de la puissance requise pour en assurer le succès, ou bien Badoglio (c'est-à-dire le roi) avait-il déjà choisi de quitter la capitale sans combattre ? Un doux mélange des deux, sans doute.

11. Les « quatre journées de Naples » (28 septembre-1er octobre 1943) sont encore à l'origine de beaucoup d'interrogations. Émeute populaire provoquée par le manque de vivres ou première manifestation de la Résistance, pour laquelle la ville sera décorée d'une médaille d'or ? En tout cas, les Allemands quittèrent Naples avec des pertes très

En définitive, on se trouva en face d'une volonté, conjointe et délibérée, des Alliés et des Italiens de ne pas défendre la capitale au prix d'une bataille à l'issue incertaine, mais qui n'était pas perdue d'avance. L'attitude des Alliés n'est pas difficile à comprendre : une fois obtenue la reddition de l'Italie, la péninsule redevenait un front secondaire et les forces manquaient pour s'y engager à fond. Pour un second débarquement à Anzio et Nettuno, au sud de Rome, il faudra attendre janvier 1944 (opération *Shingle*), là encore avec des résultats marginaux : après quoi le front s'immobilisera et Rome ne sera libérée que le 4 juin. Les Alliés livraient ainsi l'Italie et sa capitale historique à la vindicte tudesque.

Le comportement des Italiens fut plus complexe et, encore une fois, ambigu. Pour le déchiffrer, il faut laisser momentanément de côté les aspects militaires et se pencher sur ce qu'on pourrait appeler l'approche idéologique des quarante-cinq jours (25 juillet-8 septembre) du premier gouvernement Badoglio, car le maréchal conservera son poste dans le royaume du Sud, jusqu'au lendemain de la libération de Rome. Elle sera marquée par une grande circonspection envers les institutions et les lois d'exception du fascisme. La plus odieuse de ces dispositions, la législation raciale de 1938, ne sera définitivement abrogée que le 20 janvier 1944. Si le Tribunal spécial sera aboli dès le 29 juillet 1943, et le PNF dissous le 2 août, la plupart des règlements de police concernant l'activité politique et le contrôle des syndicats ne seront pas touchés. Ce n'était pas la crainte d'une réaction des irréductibles qui dictera cette attitude, mais plutôt celle qu'un tournant trop rapide vers la « démocratie » n'entraîne une dérive révolutionnaire. Ainsi des grèves ouvrières et des manifestations à Milan, Turin, Gênes et ailleurs seront réprimées avec une rigueur digne du *ventennio*. Le roi et son Premier ministre étaient disposés à dialoguer avec d'inoffensifs notables préfascistes de leur génération, dont quelques-uns furent nommés au gouvernement. Mais on ne voulait pas faire face aux exigences des partis politiques issus de la clandestinité. Ce climat délétère de suspicion contribua à désorienter et envenimer les esprits, alors que le temps manquait et qu'il aurait fallu unir *toutes* les oppositions contre l'agression nazie. La Couronne aurait pu se retrouver à nouveau sou-

limitées, non sans avoir pillé et incendié en représailles les trésors d'art et les archives historiques de la ville.

dée avec les masses, comme en 1915 ; au moins, elle aurait montré l'exemple. Lorsque Lussu et d'autres antifascistes revenus d'exil demanderont qu'on distribue des armes au peuple, à la veille de la bataille de Rome, ils se heurteront au refus des autorités militaires. Même Caviglia, qui n'était certes pas un fieffé réactionnaire, ne croyait pas à l'opportunité d'une telle mesure.

Badoglio, qui avait déjà le pied à l'étrier, fit diffuser un communiqué (enregistré) à 19 h 30 le 8 septembre confirmant la conclusion de l'armistice et exhortant l'armée à réagir « contre d'éventuelles attaques de *toute provenance* ». Même à ce stade, on n'osait pas appeler les Allemands par leur nom ! Dire aux troupes : « Débrouillez-vous ! » aurait été plus réaliste, sinon plus courageux. La fuite du roi, de la reine, de Badoglio et d'une soixantaine de généraux et de courtisans (les ministres et les diplomates furent oubliés dans la hâte) ne constituait pas en soi une infamie : en 1940, les familles royales du Luxembourg, des Pays-Bas, de Norvège et de Grèce en avaient fait autant pour conserver le drapeau national hors de portée de l'envahisseur. La félonie fut d'abandonner à leur sort, sans instructions *réelles*, le demi-million de soldats présents sur les fronts du conflit et un autre demi-million sur le territoire national. Le cas le plus connu – hélas, non le seul – fut celui de l'île de Céphalonie, dans la mer Ionienne, où la division « Acqui » prit les armes contre les troupes allemandes. Dans les combats acharnés qui eurent lieu à la fin de septembre, et surtout après la reddition, plusieurs milliers de soldats, dont leur commandant et presque tous les officiers, furent massacrés dans des conditions hideuses. Hitler intervint personnellement pour donner des ordres inflexibles à la Wehrmacht qui hésitait à procéder d'une manière contraire au droit de la guerre et à la camaraderie d'antan.

La bataille de Rome, qui fit rage du 8 septembre au soir au 10 après-midi, bien au-delà des six heures prévues par Badoglio pour organiser la fuite du roi, a généré les inévitables échanges de récriminations entre les différents responsables de la « défense manquée de la capitale », suivis d'interminables procès dans l'après-guerre. Elle causa néanmoins un millier de morts parmi les grenadiers et les troupes régulières et au moins autant parmi les partisans et les civils. Sans l'attentisme craintif et l'incohérence des instructions communiquées aux trois différents commandants restés dans la capitale – dont un gendre du roi, le général Calvi di Bergolo –, la résistance aurait pu montrer une réelle efficacité, d'autant plus qu'à ce moment-là les forces italiennes sur place étaient encore supérieures à l'assaillant en effectifs et – pour une fois ! – en matériel. Le 9 septembre au matin, le maréchal Caviglia, qui était arrivé à Rome pour y rencontrer le roi absent, prit sur lui tous les pouvoirs militaires en tant qu'officier le plus élevé en grade. Il négocia, assisté de Calvi di Bergolo, un cessez-le-feu avec Kesselring, qui fut signé le 10 à 16 heures et évita les représailles contre la population et les soldats faits prisonniers. Il s'agissait en fait d'un ultimatum, assorti de la menace de faire détruire la capitale par la Luftwaffe. Il y avait là une part de bluff car Kesselring ne disposait pas des deux cents avions qu'il mentionnait[12]. Après quoi, Caviglia repartit pour sa retraite ligure. Le vieux soldat avait rendu un dernier – et amer – service à la patrie en évitant au moins un massacre.

Dans les intentions du Führer, l'opération *Achse* devait comporter non seulement la capture de la famille royale (seule la princesse Mafalda, comme nous l'avons dit, tombera dans ses filets), mais également celle du pape Pie XII, dont l'attitude « nationale » se révélait de plus en plus hostile au nazisme païen. Hitler renoncera à regret à son projet et le Saint-Siège deviendra, pendant l'occupation de Rome en 1943-1944, le principal centre d'accueil des persécutés de toutes tendances ; même des ministres de Salò, comme le maréchal Graziani, ne manqueront pas d'y abriter les leurs. Nous ne pouvons pas aborder ici la complexe question juridique concernant « Rome, ville ouverte ». D'une façon générale, il faut néanmoins observer que le statut d'extraterritorialité de l'ancienne capitale des papes fut davantage observé par les Allemands que par les Alliés, qui la bombardèrent des dizaines de fois, jusqu'à leur entrée l'année suivante dans la ville libérée.

La « fuite de Varennes » du roi et de sa suite vers Pescara, dans les Abruzzes, suscite bien des interrogations. Le parcours vers le sud, en plein jour, par un temps radieux, d'un lent convoi composé d'une quinzaine de voitures et de camions – le prince Humbert s'y joignit en pilotant sa voiture de sport[13] – était parfaitement visible.

12. Bon prince, il accepta, ou proposa lui-même, qu'une division italienne, la « Piave », ne soit pas démobilisée dans l'immédiat pour maintenir l'ordre à l'intérieur de la ville. Un problème de moins pour les Allemands.

13. Il a déclaré dans sa seule longue interview télévisée, en 1979, qu'il fut arrêté deux fois à des postes de contrôle allemands et put repartir après avoir été identifié.

Deux pelotons de parachutistes auraient suffi à l'intercepter. Pourquoi cela ne s'est-il pas produit ? Kesselring, qui restera commandant en chef des forces allemandes en Italie jusqu'à la veille de la Libération, n'a rien révélé à ce sujet à son procès devant un tribunal allié à Mestre, en 1947[14]. Pour aller à l'essentiel, la fuite du roi faisait-elle partie de l'accord conclu entre Kesselring et Caviglia ? Question encore ouverte[15]. Sur la route des Abruzzes, la caravane fit une halte au château de Crecchio, propriété des ducs de Bovino. La duchesse fit préparer en toute hâte un gîte pour les fugitifs et un repas de fortune[16]. L'échange qui suit n'est pas confirmé par toutes les sources mais demeure néanmoins révélateur. Quand elle vit Humbert dans le cortège, cette vaillante femme ne put cacher sa surprise et ses reproches : « Altesse, que faites-vous ici ? Rentrez immédiatement à Rome, votre place est là-bas ! » Sur ce survint la reine Hélène, qui le supplia (en français) : « Beppo, obéis à ton père ! » Badoglio fut tout heureux de mettre un point final à l'affaire : « Altesse, vous êtes général, je suis maréchal. Je vous ordonne de rester. » *Se non è vero*… Le prince baissa la tête, confus[17]. La dernière scène de cette lamentable affaire aura lieu le lendemain, lorsque les hauts

14. Il sera condamné à la peine capitale pour crimes de guerre – dont le massacre des Fosses ardéatines. La sentence sera commuée en emprisonnement à perpétuité après l'intervention du maréchal anglais Alexander, grand admirateur de ses exploits militaires. Il sera relaxé en 1952 en raison de la dégradation de son état de santé, mais restera actif jusqu'à sa mort, en 1960, dans diverses organisations d'anciens combattants.

15. Cf. De Felice, *Mussolini l'alleato*, t. II, *La guerra civile 1943-1945*, *op. cit.*, p. 81.

16. En 1995, le réalisateur Lucio Gaudino a tourné un charmant petit film, *Io e il re* (« Moi et le roi »), basé sur les souvenirs d'une petite-fille des ducs qui assista à cette équipée. L'intrigue est en partie fictive, mais le portrait du souverain esseulé qui interroge la fillette très crédible : « Mademoiselle, étudiez-vous avec profit ? Oui, je vous comprends, j'avais aussi des faiblesses en mathématiques… » Pour conclure avec l'immanquable : « Ayez confiance en votre roi. »

17. Comme son père, avec lequel ses rapports furent toujours compliqués, Humbert a peu parlé et très peu écrit. Il est néanmoins connu qu'il se reprochera cette acceptation toute sa vie. L'homme n'était pas vil, loin de là. En 1944-1945, il essaiera de se faire parachuter derrière les lignes allemandes et de monter au combat en première ligne. À chaque fois, les Alliés lui opposeront un net refus. L'historien Richard Lamb, alors officier d'ordonnance britannique du prince, qui l'accompagna dans ces missions, a écrit dans plusieurs ouvrages et m'a personnellement confirmé dans les années 1990 que « sa témérité impressionna fortement le haut commandement anglais ». Churchill espérait qu'Humbert aurait encore un rôle à jouer dans l'après-guerre, mais les Alliés n'intervinrent pas dans le référendum institutionnel de 1946 qui lui sera défavorable (voir l'épilogue).

gradés, entourant « héroïquement » leur souverain, se bousculèrent et s'écharpèrent dans le petit port d'Ortona pour monter à bord des trois embarcations qui devaient les conduire vers Brindisi, déjà aux mains des Alliés. Seuls quelques-uns d'entre eux, écœurés ou écartés, reprirent le chemin de Rome ou allèrent se cacher ailleurs. Là encore, pourquoi l'omniprésente Luftwaffe n'a-t-elle pas mitraillé les trois corvettes pendant la navigation ? On a affirmé que les hiérarques de Salò, fusillés à Dongo par les partisans le 28 avril 1945, quelques heures après le Duce, ont accepté leur sort avec plus de dignité. L'historien relate, il ne commente pas.

Les Anglo-Américains imposeront au petit royaume du Sud – que le roi et Badoglio pourront nominalement instaurer à Brindisi dans les Pouilles –, sous leur tutelle, de déclarer la guerre à l'Allemagne le 13 octobre 1943 : une décision dangereuse et inutile, qui exposait ultérieurement les troupes, dans la péninsule ou encore stationnées à l'étranger, à la vengeance de la Wehrmacht. En échange les Alliés, au nom des Nations unies (mais sans consulter l'Union soviétique), garantirent que l'engagement de l'Italie royaliste, pour lequel on inventa le terme noble et creux de « cobelligérance », éviterait au pays d'être considéré comme ennemi à la fin du conflit. Or, tandis que l'Allemagne était encore sous administration alliée, l'Italie sera le principal pays vaincu, soumis aux dispositions non négociables du traité de Paris, le 10 février 1947, devant la Roumanie, la Hongrie, la Bulgarie et la Finlande. La Dalmatie italienne et l'Istrie seront perdues. Le sort de Trieste demeurera incertain jusqu'en 1954.

Affaire classée, royaume perdu (le vrai, pas sa caricature du Sud) : il l'aurait été de toute façon. Si le 25 juillet avait représenté la chute d'un dictateur et de son régime, le 8 septembre, le *tutti a casa*, selon une expression tristement célèbre qu'on pourrait traduire par « chacun s'arrange comme il peut[18] », sanctionnera la fin du contrat social entre la monarchie et les Italiens qui datait du *Risorgimento*. Des historiens ont pu parler de « mort de la patrie[19] ». Je crois plutôt

18. C'est le titre d'un film de 1961 de Luigi Comencini, en français : *La Grande Pagaille*.

19. Cf. le débat provoqué par le livre de E. Galli della Loggia, *La morte della Patria. La crisi dell'identità di Nazione tra Resistenza, antifascismo e Repubblica*, Bologne, Il Mulino, 1999.

qu'il s'agit de la conclusion tragique du pari perdant que le souverain avait effectué en 1922 et que, mal conseillé et mal entouré (mais c'était son choix), il se montra incapable de racheter en 1943. Mauvais point de départ, piteuse conclusion. La dynastie paiera pour ce double choix erroné, malgré le comportement honorable d'Humbert (et de Marie-José à ses côtés), d'abord comme lieutenant général du royaume (1944-1946), puis comme « roi de mai[20] ». Le choc que les Italiens ressentirent alors est encore gravé dans leur conscience collective, près de quatre-vingts ans plus tard. Cependant, les institutions passent ; l'existence d'une nation est heureusement plus forte, plus ancienne, plus flexible, gravée dans le sang, la culture et la vitalité de son peuple. Elle demeure.

20. Victor-Emmanuel abdiquera (contre sa volonté) le 9 mai 1946 et Humbert II régnera jusqu'au référendum perdu du 2 juin suivant.

7

Le *Gauleiter* d'Italie

Le premier geste politique de Mussolini, quarante-huit heures après son arrestation, fut de réagir à une lettre mielleuse de Badoglio dans laquelle celui-ci prétendait que « tout ce qui a exécuté à votre égard est uniquement dû à votre intérêt personnel ». Le Duce, redevenu « chevalier », titre qu'il conservait en tant que membre de la très sainte Annonciade, évita de lui répondre directement mais dicta à l'envoyé du maréchal une missive en quatre points qui ne manquait pas d'allure. Il l'assura de son concours : « En souvenir du travail accompli conjointement, aucune difficulté ne sera soulevée de ma part et toute la collaboration possible vous sera fournie. » Il fit suivre cette ouverture diplomatique d'une phrase lourde de sous-entendus : « Je me réjouis de la décision prise de continuer la guerre et je formule mes meilleurs vœux au maréchal Badoglio pour la lourde responsabilité qui lui échoit par la volonté de Sa Majesté, dont j'ai été pendant vingt et un ans, et reste, le loyal serviteur. » Cet échange à fleurets mouchetés n'était pas banal. Si Badoglio avait voulu se ménager une sortie de secours, avec ou sans le consentement de Victor-Emmanuel[1], Mussolini lui prouva qu'il avait repris ses esprits et qu'il restait un adversaire de taille. Tout en manifestant sa loyauté de façade au roi et au maréchal[2], il indiquait clairement que l'alliance allemande demeurait à ses yeux une nécessité inébranlable. Son instinct politique demeurait assez fort pour lui faire comprendre que dans l'entourage du maréchal, si ce

1. De Felice reste dubitatif à cet égard. Cf. *Mussolini l'alleato*, t. I, *L'Italia in guerra 1940-1943*, vol. 2, *Crisi e agonia del regime*, *op. cit.*, p. 1403 et suivantes.

2. On remarquera toutefois qu'il ne l'appelait ni « chef du gouvernement » ni « mon successeur » et qu'il n'utilisait pas non plus de formules semblables.

n'est celui-ci directement, on pensait à l'éventualité de le supprimer. Dans ce cas, sa réponse « constructive » prouverait qu'il s'agirait d'un assassinat pur et simple. Et si jamais les Allemands mettaient la main sur cette correspondance, ils y auraient trouvé la preuve de sa fidélité à l'Axe. N'a-t-il pas repensé alors à un lointain épisode de sa jeunesse ? Au 13e congrès socialiste à Reggio d'Émilie, en juillet 1912, il avait reproché à la majorité réformiste du parti d'avoir envoyé un message de vœux au roi, qui avait survécu à un attentat. Non, hurla Benito à la tribune, le meurtre des tyrans est bien l'exemple à suivre[3]...

Un autre point concernait la localité dans laquelle il aurait souhaité résider, étant sous-entendu qu'il n'y exercerait plus aucune action politique. Il désigna sa propriété de la Rocca delle Caminate où Rachele, appréhendée par la police, avait déjà été envoyée sous le contrôle d'un ignoble sbire ex-fasciste (dont les fortunes continueront dans l'Italie républicaine) qui avait essayé de l'outrager sexuellement pendant le voyage. Entre-temps, la villa Torlonia avait été pillée et Vittorio avait échappé de justesse au lynchage en se cachant dans une maison amie, d'où il sera exfiltré vers l'Allemagne. Edda partageait le sort incertain de son mari, qui tenait vaille que vaille à éviter les rigueurs de l'épuration. Quant aux deux derniers enfants, Romano et Anna Maria, qui se trouvaient en vacances d'été à Riccione, ils seront plus tard réunis à leur mère. Badoglio décida finalement d'expédier Mussolini à l'île de Ponza, au sud de Rome, où il recevra pour son soixantième anniversaire, comme prix de consolation... et d'attente, les œuvres complètes de Nietzsche, don personnel du Führer[4]. De là, il sera transporté, le 7 août, dans l'île plus éloignée de la Maddalena, au nord de la Sardaigne, dans une confortable demeure, la villa Webber, construite à la fin du XIXe siècle par un esthète anglais. Il rédigera entre les deux séjours un texte étrange, les *Pensées pontiennes et sardes*, qui s'ouvre par ces propos : « Tout ce qui est arrivé devait arriver car si cela ne devait pas arriver, ce ne serait pas arrivé[5]. »

3. Ostenc, *Mussolini*, *op. cit.*, p. 19.

4. Personne, à ma connaissance, ne s'est posé la question du choix de ce don, au lieu, à la rigueur, des Mémoires de Bismarck ou du traité *De la guerre* de Clausewitz. Probablement Hitler savait-il que Nietzsche était l'un des auteurs préférés de Mussolini.

5. À rapprocher d'un des *Fragments posthumes* (14 [31]) de Nietzsche, daté du printemps 1888 : « Puisque chaque chose est tellement liée avec toutes les autres, que vouloir en exclure une seule signifie les exclure toutes. »

D'où la question qui restera à jamais sans réponse : Mussolini estimait-il, à ce moment-là, que sa longue aventure politique était terminée ? Les premiers jours avaient été caractérisés par une bien compréhensible prostration. Puis, il s'était relevé, presque délivré d'un poids devenu trop lourd pour ses épaules. De l'avis de tous ceux qui l'entouraient, dont quelques anciens antifascistes encore détenus dans l'île (!), l'homme était en bonne forme physique et d'humeur passable. Il s'entretenait avec l'aumônier du village – qui a toujours refusé de révéler le contenu de leurs conversations –, auquel il offrit ses modestes effets personnels pour les distribuer aux pauvres de la paroisse. Il jouait aux cartes avec les carabiniers de son escorte. Bref, il se croyait à l'île d'Elbe, sinon à Sainte-Hélène. Surtout, il ne manifestait apparemment aucun regret du passé ; s'il lui arrivait de parler du *ventennio,* il le faisait à la troisième personne, avec le détachement d'un témoin ou d'un chroniqueur[6]. Dans les lettres qu'il put envoyer à sa sœur Edvige et à d'autres proches, il déclara que sa carrière était finie et signa « Mussolini, défunt » : une formule qui reviendra à Salò. Il savait, bien sûr, que son courrier était lu par la police, mais ce grand menteur mentait-il encore à ce stade ? À l'amiral Maugeri, son attentif et respectueux surveillant, qui lui expliquait patiemment que le transfert à la Maddalena dérivait de la nécessité d'éviter un coup de main pour s'emparer de sa personne, il répondit avec éclat : « Ce serait la plus grande des humiliations. Pourrait-on imaginer que je souhaite me rendre en Allemagne pour reprendre la tête du gouvernement avec l'appui allemand ? Ah non, vraiment[7] ! »

Hélas, l'amour est parfois meurtrier, et Hitler l'aimait. Il avait confié à une armoire à glace balafrée, le colonel SS Otto Skorzeny, un Viennois qui parlait parfaitement l'italien, la tâche de libérer son « seul ami[8] ». Skorzeny avait entrepris une première tentative sur la Maddalena, où il faillit trouver la mort au cours d'une incursion de la chasse britannique. Dans l'affolement qui régnait alors à Rome, on

6. Une intelligente description psychologique sur ce point est celle de C. Hibbert, *Mussolini. The Rise and Fall of the Duce*, nouvelle édition, Londres, MacMillan, 2008.

7. Cf. De Felice, *Mussolini l'alleato*, t. I, *L'Italia in guerra 1940-1943*, vol. 2, *Crisi e agonia del regime*, *op. cit.*, p. 1409-1410.

8. Réfugié (comme par hasard !) dans l'Espagne franquiste dans les années 1950, Skorzeny continuera jusqu'à sa mort, en 1975, une intense activité dans les milieux de l'extrême droite européenne. Il a laissé un vivace livre de Mémoires, d'une valeur historique quasiment nulle.

désigna Campo Imperatore, perché à près de 2 000 mètres d'altitude, dans les montagnes du Gran Sasso des Abruzzes, comme le troisième abri du plus encombrant prisonnier de la péninsule. Mussolini y passera dix jours, du 2 au 12 septembre 1943, qui furent les plus importants de sa détention[9]. Par plusieurs indices et des contacts à l'intérieur de l'hôtel rustique qui l'hébergeait, il savait que les Allemands étaient sur ses traces. Mais il apprit également que les conditions de l'armistice (on lui avait permis d'écouter la radio) prévoyaient sa livraison aux Alliés[10]. Dans la nuit du 11 au 12 septembre, il essaya de se couper les veines des poignets. Au lieutenant des carabiniers qui se précipite dans sa chambre, il demande de lui passer son pistolet d'ordonnance. Mélodrame ? Oui et non : la tentative bâclée de suicide ne fait aucun doute[11]. Mais quelle en fut réellement la cause ? La vérité est que Mussolini aurait pu se défendre avec son éloquence coutumière devant un tribunal allié en invoquant la responsabilité du roi et de Badoglio (ainsi que de certains gouvernants étrangers) dans nombre de ses décisions. Certes, il aurait fallu pour cela un procès en bonne et due forme. Mais il avait encore moins de chances de sortir vivant d'une nouvelle collaboration avec les Allemands. Quoi qu'il en soit, les dés de son incroyable destin allaient rouler à nouveau. L'intervention des parachutistes, le lendemain, fut rapide et spectaculaire. Les carabiniers s'étaient retranchés dans l'hôtel avec leur prisonnier, prêts à répondre au feu. Mussolini s'interposa et accepta alors de « se livrer » à Skorzeny pour éviter un bain de sang. Il écrira rétrospectivement que : « Dès le début, Mussolini sentait que le Führer aurait fait tout ce qui était

9. De Felice, *Mussolini l'alleato*, t. II, *La guerra civile 1943-1945*, *op. cit.*, p. 16 et suivantes.

10. En fait, cette condition ne figurait pas dans le texte du premier armistice de Cassibile, dit « armistice court », mais à l'article 29 de l'« armistice long », qui, comme nous l'avons dit, sera signé par Eisenhower et Badoglio le 29 septembre, au large de Malte. Mais Mussolini pouvait déjà prévoir quel serait son sort. Les Alliés avaient annoncé à la radio qu'ils exigeraient sa livraison et la nouvelle avait été reprise par Radio Rome et Radio Berlin.

11. Selon De Felice, *Mussolini l'alleato*, t. II, *La guerra civile 1943-1945*, *op. cit.*, p. 24-26. Cette révélation ne figure pas dans *Histoire d'une année*, *op. cit.*, p. 81, 94-95, dans laquelle Mussolini se limite à parler de sa décision de ne pas se laisser livrer vivant aux Anglais et surtout aux Américains. Mais toujours selon De Felice, qui a examiné le manuscrit, Mussolini aurait supprimé cette page au moment de la publication. Peut-être, ajoutons-nous, pour ne pas donner l'impression d'un homme désespéré qui aurait pu nuire à sa dernière incarnation de chef à Salò.

possible pour le sauver[12]. » Ses yeux énormes de bête traquée sous le feutre mou et le col relevé de l'imperméable, son sourire figé, tandis qu'il prend place dans le petit avion Cigogne des « libérateurs », ne révèlent aucun soulagement, bien au contraire, comme s'il pressentait le sort qui serait le sien dix-neuf mois plus tard.

Mussolini fut réuni à sa famille, comme il en avait exprimé le vœu à Skorzeny ; mais à Munich, via Vienne, non à Rocca delle Caminate. Le lendemain, il rencontra Hitler à Rastenburg, et d'autres photos documentent l'extase du Führer, qui serre longuement les mains de son hôte perplexe, lequel se demande manifestement : « Que diable suis-je venu faire dans cette galère ? » Les entretiens qu'ils eurent pendant deux jours, en partie sans témoins, furent néanmoins pénibles. L'alibi imparable (à ses yeux) du Duce devant le tribunal de l'histoire repose sur l'assurance que, sans le « don de sa personne », Hitler aurait procédé à la « polonisation » de l'Italie du centre-nord, soit les deux tiers les plus riches, industrialisés et peuplés de la péninsule : environ 30 millions d'habitants auraient payé alors le prix fort de la brutalisation brune. L'argument, qui sera utilisé également en France au procès du maréchal Pétain, est audible mais pas tout à fait convaincant. Mis à part le Führer, personne ou presque ne misait alors dans le Reich sur une résurrection du Duce. Les candidats au « poste », théoriquement, ne manquaient pas. Les nazis avaient d'abord pensé à Farinacci. Or, l'impression qu'il fit à son arrivée en Allemagne fut désastreuse. On s'attendait à trouver un leader prêt à se lancer dans une collaboration tous azimuts, un meneur de la trempe de Degrelle ou de Doriot ; on ne vit qu'un personnage aigri et incohérent, qui n'avait aucun projet véritable à offrir. La réapparition de Mussolini mit fin aux espoirs de cet éternel perdant qui ne retrouvera plus à Salò, malgré une activité de sape incessante, l'influence qu'il avait tant bien que mal exercée pendant le *ventennio*.

Les militaires, derrière Kesselring qui avait enfin pu se débarrasser de Rommel, envoyé en France pour organiser la défense du front occidental, nourrissaient une vision plus sophistiquée. À leur avis, il fallait installer en Italie un gouvernement « a-fasciste », sous une personnalité militaire respectée, une sorte de Pétain ou d'Antonescu, bien évidemment sous contrôle allemand. Le nom qui s'imposait aurait été

12. *Histoire d'une année, op. cit.*, p. 94. Il y parle toujours de lui à la troisième personne.

celui de Cavallero, sauf qu'à ce moment son drame personnel avait déjà eu lieu. Poursuivi par la malveillance de Badoglio, il avait été arrêté après le 25 juillet sous l'inculpation de préparer un complot inexistant contre la monarchie. C'est là que cet homme très intelligent commit une erreur de débutant : convaincu que sa vie était en jeu (ce qui n'était pas invraisemblable, vu le sort de Muti), il rédigea un mémoire dans lequel il revendiqua avoir été le premier à comploter contre le Duce et à œuvrer pour son remplacement. C'était un peu l'équivalent de la lettre, beaucoup plus habile, que Mussolini avait envoyée à son successeur pour se mettre à l'abri d'une vendetta. Or, Cavallero avait exagéré dans son zèle de néophyte antifasciste et Badoglio poussa la perfidie jusqu'à abandonner une copie du mémoire bien en évidence sur son bureau pour que les Allemands la trouvent au moment de l'occupation de la capitale[13]. C'était fâcheux, mais Kesselring était un homme du monde : il empocha le document, au lieu de l'envoyer (immédiatement) à Berlin. Puis, il « invita » son vieil ami à dîner dans son fastueux QG, la villa Falconieri, de Frascati, un joyau du XVIe siècle dont D'Annunzio avait précédemment rêvé de faire sa thébaïde[14].

Ce qui se passa entre les deux hommes, dans la soirée du 13 septembre, mériterait un film comme *Le Souper* et des comédiens de la classe de Claude Rich et de Claude Brasseur[15]. La reconstruction la plus vraisemblable est que l'Allemand insista, entre un cigare et un cognac, déployant cajoleries et menaces, pour obtenir l'adhésion de l'Italien à un gouvernement fantoche, et que celui-ci refusa désespérément. À la fin du repas, un Cavallero très secoué fut accompagné sous escorte à l'hôtel de Frascati où une chambre avait été réservée pour lui. Son transfert en Allemagne était prévu pour le lendemain. On le retrouva à l'aube, affaissé dans un fauteuil du jardin, son pistolet au sol, frappé d'une balle mortelle à la tempe droite : or, Cavallero était gaucher. Néanmoins, le suicide fut immédiatement établi. Kesselring se dédouanera en envoyant une lettre princière à la veuve et au fils de

13. Le mémoire de Cavallero a été publié par Deakin, *Storia della repubblica di Salò*, *op. cit.*, p. 638-640, puis par d'autres sources.

14. Cette charmante ville d'eaux, résidence d'été des papes depuis la Renaissance, avait été bombardée le 8 septembre par les Alliés, dans le but d'éliminer Kesselring. Le maréchal s'en tira sans une égratignure, alors que des centaines de civils innocents périrent sous les obus et que de nombreuses œuvres d'art furent détruites ou endommagées.

15. Il incarnera un bon Mussolini dans la série télévisée *Edda* de Giorgio Capitani (2005).

sa probable victime : « Le maréchal Cavallero unissait à l'amour de la patrie des qualités de commandement et de vision exceptionnelles. Il est l'exemple le plus accompli de chef militaire que j'aie jamais rencontré. »

Kesselring, essuyant une larme de crocodile, pensa à d'autres éventualités, dont Caviglia ; mais la « libération » de Mussolini bouleversa la situation. Les tentatives des militaires et les doutes des hiérarques nazis, Goebbels et Ribbentrop en tête, se heurtèrent à la volonté inflexible de Hitler de remettre en piste son coéquipier. Le dernier qui pouvait s'y opposer était Mussolini lui-même. Le choix du Führer n'était pas seulement d'ordre affectif, mais reflétait un calcul politique précis : si le prestige du Duce était au ras du sol, celui du roi, de la Cour et des « badogliens » – terme qui devint l'équivalent de félon – était enterré pour toujours. L'abandon des troupes et des trois quarts du pays aux mains du Reich avait entraîné une vague de crainte, mais également de honte et de dégoût, dans une partie non négligeable de la population, surtout chez les jeunes. Plusieurs milliers d'entre eux, qui n'étaient même pas tous fascistes, se déclarèrent, au début, prêts à se battre avec leurs anciens camarades pour prouver que les Italiens ne changent pas de cheval au milieu du gué[16]. Le nom de Mussolini signifiait encore quelque chose à leurs yeux, alors qu'ils ne se seraient pas mobilisés pour Farinacci ou pour un Quisling italien. Au lieu de s'appuyer sur ce noyau dur, les Allemands feront dans la pratique exactement l'inverse. Leur but sera de désarmer définitivement le pays occupé pour en faire un réservoir docile de main-d'œuvre, de matériel et de fournitures alimentaires. Ils retarderont le plus possible le retour des centaines de milliers de prisonniers de guerre, soumis à des traitements souvent dégradants comme travailleurs-esclaves, ainsi que la constitution d'une véritable armée fasciste-républicaine destinée exclusivement à la lutte contre les

16. La participation des femmes fut encore plus impressionnante, sans comparaison avec d'autres États satellisés. Après plusieurs formations constituées dès la chute du fascisme, les auxiliaires et infirmières de la RSI furent réunies en avril 1944 dans le SAF (Servizio Ausiliario Femminile), encadré à Venise par l'armée républicaine. Le SAF était commandé par Piera Gatteschi Fondelli qui obtint le grade de général de brigade. Les 6 000 adhérentes, ou *sorelline* (« jeunes sœurs »), étaient soumises à une stricte discipline qui interdisait toute promiscuité physique avec les combattants hommes, mais aussi de fumer ou de boire de l'alcool. Avec d'autres formations mineures, on arriva à un total d'environ 8 000 à 10 000 auxiliaires. À la Libération, plusieurs centaines d'entre elles furent tondues, outragées, violées et massacrées ; mais le sort des résistantes tombées aux mains des nazis et des milices de Salò n'avait pas été différent.

Alliés, dont la loyauté était jugée douteuse par la Wehrmacht. Bientôt les idéalistes se transformeront souvent en déserteurs, avec des milliers d'autres jeunes gens qui refuseront de prendre ou reprendre les armes dans le cadre d'une guerre civile désormais inévitable.

L'appel de dix minutes que Mussolini prononce en italien à la radio de Munich, le 18 septembre, laisse percer son ébranlement derrière les formules rituelles de la fidélité à l'alliance, souillée par la trahison des Savoie et de Badoglio. Sa voix sourde n'était que l'écho de l'assurance de jadis. Les semaines suivantes furent encore plus difficiles. Il obtint de rentrer enfin à la Rocca delle Caminate, sous la surveillance du général SS Karl Friedrich Wolff[17] et de l'ambassadeur Rudolf Rahn[18], préalablement en poste à Vichy, un spécialiste des États satellisés. Ces deux geôliers, qui le traitent avec une déférence marquée, ne le lâcheront plus… jusqu'à la veille de la Libération, lorsqu'ils négocieront leur départ avec les Américains. Mussolini se met fiévreusement au travail pour regrouper, autour de la République sociale (RSI) et du Parti fasciste républicain (PFR) reconstitué, les troupes hétéroclites dont il pourrait disposer. Il n'est pas exclu qu'il ait hésité avant de formaliser la création du nouvel État fasciste ; mais la proclamation du royaume du Sud ne lui laissait pas d'autre choix[19]. Seule la formule républicaine et *sansepolcrista* de 1919, en rupture de ban avec la monarchie traîtresse, aurait pu être acceptée par les inconditionnels[20]. Son plan était d'assumer seulement la direction formelle du nouvel État, en laissant à d'autres, si possible

17. Wolff sera lourdement impliqué dans l'effroyable répression antipartisane. Mais, dès le printemps 1944, considérant que l'Italie était perdue pour le Reich, il commencera à sonder discrètement les Alliés en Suisse et le Vatican par l'entremise de Mgr Montini et de la princesse Virginia Bourbon del Monte, mère de Gianni Agnelli. Voir l'épilogue.

18. Ce diplomate chevronné a laissé un intéressant mais très partiel livre de souvenirs, non traduit en français : *Ambasciatore di Hitler a Vichy e a Salò* (« Ambassadeur de Hitler à Vichy et à Salò ») (1950). Il est parfois confondu avec Otto Rahn, médiéviste, occultiste et théoricien nazi.

19. En fait, l'objectif des Alliés, dans la décision de reconnaître la souveraineté formelle du royaume du Sud, limitée dans l'immédiat aux quatre provinces des Pouilles et à la Sardaigne, était de permettre la constitution d'un gouvernement italien « légitime », qui souscrirait sans broncher à l'« armistice long », base, comme nous l'avons dit, du traité de paix inique avec l'Italie dans l'après-guerre.

20. « [L'Italie] ne peut resurgir que sous les enseignes de la République », ainsi s'achève *Histoire d'une année*, *op. cit.*, p. 121.

des modérés, la conduite bien plus complexe des affaires : une sorte d'écran à la Pétain-Laval, ou mieux Pétain-Darlan. Il visait trop haut et fut rapidement déçu. Il contacta Caviglia pour lui offrir le commandement des forces armées et Arpinati pour la présidence du Conseil ou l'Intérieur. Le vieux maréchal lui opposa une fin de non-recevoir glaciale. Arpinati, homme sans rancœurs, se déplaça pour aller embrasser l'ancien camarade qui l'avait jadis fait déporter ; mais son refus, assorti de mises en garde antiallemandes, n'en fut pas moins net. Il ne restait plus au revenant qu'à prendre la tête à la fois de l'État et du gouvernement, qui fut intronisé à la Rocca delle Caminate, le 28 septembre. Il nomma sous-secrétaire à la présidence du Conseil Francesco Maria Barracu, un militaire colonial dont nous avons esquissé le portrait, qui le suivra jusqu'au bout. Il conserva également le portefeuille symbolique des inexistantes Affaires étrangères. Si dans certaines capitales (Budapest, Madrid[21], Sofia) il y eut dans un premier temps deux légations concurrentes, tous les fonctionnaires de haut rang se dérobèrent à son appel, à l'exception d'Anfuso, qui de Budapest sera envoyé à Berlin où la situation restait très délicate. Presque tous les diplomates en poste dans la capitale allemande avaient été internés, ayant adhéré au royaume du Sud. La situation était différente parmi les consuls, qui provenaient souvent des rangs du parti et œuvrèrent, dans la mesure du possible, pour améliorer le sort des prisonniers de guerre[22]. À Salò, le comte Serafino Mazzolini deviendra un aimable sous-secrétaire dont les tâches se limiteront pour l'essentiel au protocole des audiences diplomatiques de plus en plus espacées. Ce grand amateur de bridge dans ses longues heures d'oisiveté aura la chance de mourir de mort naturelle avant la Libération[23]. Même réaction, en règle générale, parmi les militaires, monarchistes, donc « badogliens » par définition, qui se défilèrent : seule l'armée de l'air, « fascistissime », donna une bonne fraction de « républicains ». À la fin, la Défense (comme on avait prudemment rebaptisé le ministère de la Guerre) sera confiée à un homme que

21. Où aura lieu la scène burlesque, dans la tragédie générale, de la déclaration de guerre que l'ambassadeur d'Italie (passé au royaume du Sud) voulut présenter à l'ambassadeur d'Allemagne, qui la refusa.

22. Cf. les dernières pages du témoignage cité de Simoni, *Berlin, ambassade d'Italie*, *op. cit.*, et ma préface aux mémoires d'Anfuso.

23. Il a néanmoins laissé un assez intéressant journal, retrouvé et publié récemment.

Mussolini et Kesselring détestaient : le maréchal Graziani. Mais sa haute taille, son allant et sa renommée d'intransigeance avaient impressionné le Führer. Il faut néanmoins reconnaître que Graziani essaiera de créer une armée régulière et de l'engager le moins possible dans la répression antipartisane. Son rayon d'action sera immédiatement limité par la nomination d'un autre exfiltré en Allemagne, l'ancien ministre des Corporations Renato Ricci, au commandement de la Milice volontaire de sécurité nationale refondue (MVSN), avec le titre de ministre d'État. Ce « dur » remplaça le « mou » Galbiati, coupable de n'avoir pas empêché l'arrestation de Mussolini[24].

Les comparses fascistes qui se relaient dans son gouvernement fantoche n'inspirent à Mussolini qu'indifférence ou scepticisme. Il aura plus de chance avec les technocrates, une catégorie qu'il n'aime pas mais qu'il a toujours traitée avec doigté. Il est difficile de comprendre ce qui poussa des hommes pondérés, qui ne provenaient généralement pas des premiers rangs de la militance fasciste, à s'engager dans une bataille où ils risquaient de perdre leur vie si ce n'est leur honneur[25]. Citons Piero Pisenti (ministre de la Justice, après le bref intermède de Tringali Casanuova, mort d'une angine de poitrine fin octobre 1943), Domenico Pellegrini Giampietro (ministre des Finances), Silvio Gai puis Angelo Tarchi (ministres de l'Économie et de la Production industrielle) Edoardo Moroni à l'Agriculture et quelques autres[26]. Ils siégeront à côté d'intransigeants comme Buffarini Guidi, qui couronne enfin son rêve d'obtenir l'Intérieur, Fernando Mezzasoma à la Culture, Ruggero Romano aux Travaux publics et Goffredo Coppola, président de l'Institut national de culture fasciste, qui seront fusillés à Dongo. Au-delà du jugement sans appel que l'histoire a porté sur la République sociale, le fait demeure que les grandes infrastructures y furent assurées : éducation, transports, hôpitaux, cadastre, état civil, commerce, finances, production agricole et industrielle, etc.

24. Sur les contrastes entre Graziani et Ricci, et plus en général entre armée de métier et milices néofascistes, cf. Deakin, *Storia della repubblica di Salò*, *op. cit.*, p. 579-596.

25. S. Bertoldi s'est posé la question dans son ouvrage *Salò. Vita e morte della Repubblica sociale italiana*, Milan, Rizzoli, 1976, dont le défaut est de céder parfois à l'anecdotique de second ordre.

26. Ils bénéficieront après la Libération d'une épuration douce, en reconnaissance de leurs mérites et également… des contacts maintenus avec la Résistance. Furent-ils des patriotes d'une cause perdue placés dans une situation impossible ? Le débat reste ouvert.

Il y aura également une activité littéraire et artistique parfois très intense. Comme dans le Paris de l'Occupation, les théâtres, les cinémas, les salles de concert et de variétés de Milan, Turin et des autres villes sont remplis de public. Les saisons de la Scala de Milan, la Fenice de Venise et l'Opéra sont toujours aussi prisées, y compris par les officiers allemands mélomanes. On organise des foires aux antiquaires à Bologne et des défilés de mode à Florence. Le championnat de football a repris, évidemment sans les équipes du Sud[27]. Les journaux n'ont jamais connu d'aussi bons tirages. Ezra Pound continuera à éructer à la radio de la RSI ses monologues « contre l'usure » dans une langue incompréhensible : c'est ce qui le sauvera lorsque les Américains, au lieu de le condamner pour haute trahison, l'enfermeront en 1945 dans un hôpital psychiatrique. La plupart des intellectuels qui bénéficiaient du régime, les « kangourous géants », se sont évanouis, mais Marinetti[28], Papini, Soffici et quelques autres[29] apportent leur soutien à la République (je traite à part le cas de Gentile). Les structures de Cinecittà seront transférées au « Cinevillaggio » de Venise : deux douzaines de films, parfois d'un bon niveau, y furent tournés entre la fin de 1943 et le début de 1945. Parmi les acteurs brille alors l'étoile du couple maudit : Osvaldo Valenti, un Italien de Constantinople à l'œil languide et au charme fou, officier honoraire de la X Mas, cocaïnomane connu, et sa compagne, la jeune et très belle Luisa Ferida, qu'on pourrait qualifier de Corinne Luchaire de la RSI. Ils seront fusillés après un procès expéditif à la Libération (elle, enceinte de sept mois), sous l'inculpation d'avoir participé à des tortures et des meurtres de partisans dans les geôles de la lugubre « villa Triste » de Milan. Il y avait déjà des doutes sur ces accusations, il en existe davantage aujourd'hui[30].

27. Dino Fiorini, très populaire défenseur du club de Bologne, milicien de la garde nationale républicaine, tombera en septembre 1944 dans une escarmouche avec les partisans.

28. Il avait participé comme officier volontaire, à soixante-six ans, à la campagne de Russie. Revenu affaibli et malade, il ne fera que de la figuration à Salò, avant d'être terrassé par une crise cardiaque en décembre 1944.

29. On n'a quasiment plus parlé en Italie de futurisme, au-delà de quelques spécialistes, jusqu'aux années 1970. De Papini, on redécouvre lentement l'œuvre d'avant 1930, qui est la meilleure et la plus visionnaire. Quant à Soffici, ses peintures et collages de la période parisienne (1900-1907) gardent une certaine cote, alors que ses livres sont oubliés.

30. Ma mère et sa sœur aînée, amies d'enfance de Luisa, jurèrent jusqu'au bout de son innocence. Témoignage de ma tante : « Luisa avait la passion de certaines filles de

Dans l'ensemble, le comportement de la population fut digne et généreux dans l'entraide et envers les persécutés. Les cas de délation, notamment, furent inférieurs à ceux qu'on enregistra dans d'autres pays, également soumis à l'occupation allemande[31].

La rapacité vengeresse de l'occupant – qui exigea, comme dans la France occupée, la prise en charge de la totalité des frais de subsistance des troupes installées sur le sol italien – fut parfois détournée avec ruse ou détermination. Le ministre Pellegrini Giampietro conclut un accord avec les Allemands qui mit fin à la circulation d'une devise parallèle, les Reichskreditkassenscheine. Une partie des réserves en or de la Banque d'Italie furent cachées lorsque les Allemands effectuèrent leur transfert à la Reichsbank. La RSI ne subit pas l'hyperinflation provoquée par les notoires AM-lires du royaume du Sud, que les Américains avaient commencé à émettre dès leur débarquement en Sicile. Milan, Turin, Venise et Gênes connurent alors les bombardements, le couvre-feu, les représailles, les rafles ; mais sans la souillure et la corruption de Naples, étalées, non sans quelques excès de fantaisie macabre, par Malaparte dans *La Peau.* La pratique de la « terre brûlée » et de la spoliation systématique que le Troisième Reich instaura en Pologne, en Grèce et dans la plupart des territoires occupés ne s'abattit pas sur le centre-nord de la péninsule. Certes, la terreur y sévit, mais elle avait des causes en grande partie italo-italiennes, dont les racines et les blessures étaient plus anciennes que les événements du 25 juillet et du 8 septembre.

Le casse-tête pour Mussolini était d'endiguer la mainmise sur cet État, qu'il n'avait pas voulu, des fanatiques de la nouvelle génération comme Pavolini, dont nous reparlerons, et de revenants des luttes du premier fascisme, sur lesquels Farinacci soufflait les relents de sa hargne, sans parler de personnages incontournables comme Buffarini

bonne famille pour les mauvais garçons, mais elle aurait été incapable de faire du mal à une mouche. Valenti n'était qu'un poseur. Son truc était de reluquer les jeunes beautés dans les restaurants ou les cafés, de sortir son revolver et de leur proposer : "Dis, on joue à la roulette russe ?" » Il est aujourd'hui prouvé que l'acteur a sauvé des résistants. Sur le fait qu'il en ait dénoncé ou torturé d'autres, les témoignages sont contradictoires. Le Paris de l'Occupation a bien connu cela.

31. À côté de nombreux témoignages partiels et d'ouvrages consacrés à des aspects ponctuels, il n'existe pas d'ouvrage d'ensemble sur la vie des Italiens pendant la guerre civile, comparable à la grande série d'H. Amouroux, *La Grande Histoire des Français sous l'Occupation*, 10 vol., Paris, Laffont, 1976-1993.

Guidi, dépositaire de trop de secrets. Toute la carrière politique de celui qu'on réapprenait à appeler le Duce – non sans parfois un fond d'amertume ou de dérision chez les derniers adhérents eux-mêmes – s'était basée sur le principe d'utiliser les extrémistes, la *manovalanza*, les rebuts, pour apeurer les adversaires ; puis de les mettre au pas au moment où ils ne lui servaient plus. Maintenant, il n'était plus en état de diviser pour régner, sa force manœuvrière étant réduite à néant. Dans son appel du 18 septembre, il évita de prêcher la vengeance, mais inséra quand même une phrase assassine : « Éliminer les traîtres, en particulier ceux qui, jusqu'à 21 h 30 le 25 juillet, militaient, parfois depuis de longues années, dans le parti et sont passés dans les rangs de l'ennemi. » Une menace qui exprimait beaucoup plus l'état d'âme des inconditionnels que le sien. Or, la référence – anticipée d'une heure environ – concernait l'annonce de son renvoi (et de son arrestation) par le roi. Si c'est de la trahison des hiérarques qu'il voulait parler, elle était intervenue vingt-quatre heures plus tôt, dans la nuit du Grand Conseil. C'est ainsi que l'allusion fut interprétée par ses fidèles et le règlement des comptes avec les « traîtres » commença. Les prémices de la guerre civile se trouvent réunies dans ces propos, et le but de châtier les triumvirs du complot, Grandi, Bottai et surtout Ciano (deux fois traître, au régime et à la famille), passe devant toute autre priorité, y compris la lutte contre le roi et les « badogliens ». À l'inverse de ce qui se passa à Vichy à l'égard de De Gaulle, il n'y eut pas de condamnation (à mort) du roi et de Badoglio à Salò. Et la réciproque vaut à l'égard de Mussolini dans le royaume du Sud. Pour l'heure, on peut encore parler de guerre intestine entre factions fascistes et ex-fascistes. Le procès de Vérone contre les six signataires de l'ordre du jour Grandi sur lesquels on a pu mettre la main en sera le symbole. Je ne reviens pas sur cette mascarade juridique dont Ciano fut l'accusé principal[32]. L'attitude « pilatesque » de Mussolini, qui n'intervint pas dans les délibérations et ignora la demande de grâce, peut se comprendre dans la mesure où ce qui lui restait d'autorité se serait évanoui s'il avait essayé de sauver son gendre. Il aurait perdu la face non seulement devant Hitler, mais devant les « purs et durs » de sa dernière équipée. Ce n'est qu'avec

32. Je l'ai reconstruite en détail dans ma préface au *Journal politique* du comte Ciano, *op. cit.*

la progression de la résistance armée, dans les mois suivants, qu'on passera rapidement à la guerre civile proprement dite.

Mussolini se trouvera ainsi dans l'impossibilité – qui cache une absence de volonté – d'éviter la formation de nombreuses milices parallèles, aux mains d'extrémistes, souvent des délinquants de droit commun en uniforme noir. Parfois – mais pas toujours, loin de là ! – les Allemands se contenteront de vérifier que la « sale besogne » est faite à leur place. Si la garde nationale républicaine avait été constituée dans le but de donner un semblant d'ordre et de légalité, elle se fera vite dépasser par des formations plus ou moins autonomes, encore plus exaltées et sanguinaires, dont les plus honnies furent les Brigades noires, spécialisées, comme sous l'Occupation, dans le marché noir, la torture et le chantage. On en était revenu aux bandes de soudards du Moyen Âge. Face à ces fanatiques, qui le poussent à la solution radicale dont il ne veut foncièrement pas, Mussolini s'efforce de récupérer des miettes d'autorité. Il confiera son testament politique et « sa » vérité (tous les menteurs sériels l'invoquent…) aux derniers interlocuteurs qui l'approchent. Citons au moins le publiciste français Pierre Pascal, ancien maurrassien à l'existence aventureuse, qui l'interviewa à plusieurs reprises, en 1944-1945[33]. C'est l'énième tour de passe-passe du comédien qui va mourir sur scène mais retouche son image pour la postérité ; et peu importe qu'elle soit factice. Ses geôliers-protecteurs allemands suscitent sa suspicion, sa crainte et son mépris, à l'exception du crédule médecin militaire Georg Zachariae, immédiatement tombé sous son charme[34].

Au début, le nouveau régime pouvait compter sur un minimum de reconnaissance internationale, conformément à la situation de l'Europe et du monde en guerre. Mis à part l'Allemagne et le Japon, une vingtaine de nations reconnurent la République sociale, pour la plupart des États croupions, mais aussi quelques pays neutres. Le Duce n'éprouvait qu'aversion pour ces États fantoches et enrageait à l'idée que la RSI fût considérée comme l'un d'eux. Sa plus grande

33. À ne pas confondre avec le slaviste et historien homonyme Pierre Pascal (1890-1983). Le Pascal dont il est question ici avait déjà traduit des textes mussoliniens, comme *Je parle avec Bruno*, *op. cit.*

34. Les « confessions » du Duce à Zachariae, publiées dans l'après-guerre, ont été très contestées. Elles forment pourtant, à nos yeux, un portrait saisissant du dernier Mussolini.

déception fut le refus du Saint-Siège de la reconnaître et d'y nommer un nonce, sous prétexte qu'il s'agissait d'un gouvernement de fait, issu d'une situation de guerre : curieux argument juridique, qui n'avait précédemment valu ni pour Vichy ni pour le régime slovaque de Mgr Tiso. Voilà ce qu'il restait pour Mussolini des illusions du concordat... Autre déception pour lui, mais plus prévisible, l'attitude de Franco, qui finit comme toujours par se dérober. Lorsque, peu après, le ministre Serrano Súñer écrira au Duce, en son nom et en celui du Caudillo, pour demander la grâce pour Ciano, la réponse sera glaciale : inévitable dénouement d'une relation qui n'avait jamais été d'amour entre deux dictateurs sans affinités réelles.

Dans le royaume du Sud, dont la capitale « provisoire » sera transférée de Brindisi à Salerne en février 1944, les Alliés veillaient à museler toute velléité d'autonomie du roi et de Badoglio... qui s'y conformaient volontiers. En revanche, Mussolini caressait encore l'illusion de relancer sa paix de compromis avec l'URSS. Le Japon restait l'interlocuteur essentiel de ce projet. L'ambassadeur Hidaka, qui de Rome l'avait suivi à Salò, partageait cette illusion – autant qu'un diplomate pouvait le faire[35]. Mais il se heurtait à la méfiance de Tokyo et à l'optimisme de son collègue à Berlin, le général Ōshima, encore convaincu que le Troisième Reich pouvait remporter la victoire à l'Est. L'incertitude perdurera jusqu'au moment où, par l'effort parallèle de quelques diplomates « badogliens » et du leader communiste Togliatti, revenu en Italie sur les instructions de Staline, l'URSS reconnaîtra le royaume du Sud, en mars 1944 : ce geste hardi et imprévu de *Realpolitik*, dénommé le « tournant de Salerne », bousculait le contrôle exclusif que les Anglo-Américains comptaient exercer sur le sort de l'Italie postfasciste[36]. Ainsi, le dernier espoir géostratégique de Mussolini s'effondrait : la République sociale perdait toute velléité d'autonomie et son chef se trouvait définitivement acculé au rôle de *Gauleiter* sans pouvoirs, de potiche du déshonneur.

35. Dolfin, *Con Mussolini nella tragedia*, *op. cit.*, p. 175.

36. Il est encore courant d'en attribuer le choix à l'intuition audacieuse de Togliatti et à la vocation « patriotique » du PCI. Il est aujourd'hui prouvé que la décision fut prise par Staline, voir Di Nolfo-Serra, *La gabbia infranta*, *op. cit.*, chap. V.

8

« L'exécrable honneur d'une guerre civile[1] »

L'unicité du phénomène de Salò, dans la triste cohorte des régimes européens inféodés au Troisième Reich, tient à trois particularités essentielles. Nous les avons déjà évoquées en cours de route, mais il est important qu'elles soient bien claires pour le lecteur d'aujourd'hui. La première est que les racines de la République sociale furent *intégralement* italiennes et plongeaient dans le terroir de la guerre civile larvée de 1919-1922. Ce n'est pas un hasard si elle fera rage surtout dans les régions qui avaient connu l'essor du squadrisme, vingt ans plus tôt (Lombardie, Vénétie, Émilie-Romagne, Toscane), avec l'ajout du Piémont, de la Ligurie et du Val d'Aoste. La « collaboration » avec les nazis n'y joua pratiquement aucun rôle sur le plan idéologique, sauf chez des noyaux d'exaltés, encadrés dans les rangs des Waffen-SS, qui n'eurent jamais la consistance de la division « Charlemagne »[2]. Des intransigeants comme le « vieux » Farinacci ou le « jeune » Pavolini, dont les responsabilités sont écrasantes, furent des patriotes dévoyés, mais aucunement des Italiens à la solde du

1. Mirabeau à l'assemblée du Jeu de paume, le 20 juin 1789.

2. Une division de grenadiers de la Waffen-SS réunissant des formations mineures, la division « Italia », sera néanmoins créée en 1944-1945 et employée contre les Alliés sur le front d'Anzio, mais jamais hors de la péninsule, à la différence de la « Charlemagne » qui combattra jusque dans Berlin assiégée. Son membre peut-être le plus connu, avec le grade de lieutenant, fut le peintre, graphiste et publicitaire Gino Boccasile, le principal dessinateur de mode des années 1930, qui deviendra l'affichiste attitré de la propagande de guerre – il inventa le slogan reproduit partout : « Italiens, taisez-vous ! L'ennemi vous écoute ! » – et continuera une activité très intense à Salò. Il reprendra après la Libération son activité de mode (et de dessins érotiques) pour des commanditaires surtout français et suisses, avant sa mort en 1952.

Reich comme on a trop souvent voulu les présenter pour liquider un débat bien plus complexe. La formule selon laquelle « la RSI eut une existence réelle sous l'occupation allemande[3] » nous semble plus pertinente. Encore vingt ans après, un de ses représentants de l'aile modérée, l'ancien ministre de la Justice Pisenti, revendiquera que : « Dans les circonstances d'alors, et compte tenu de l'état d'esprit des Allemands à notre égard, nous fûmes bien plus indépendants, par exemple, que les Français du gouvernement de Vichy[4]. » Point de vue discutable mais qui mérite d'être cité. C'est également pour cela que le terme de *repubblichini* – en opposition avec celui de « républicains historiques » – circule encore pour désigner les adhérents de la RSI, alors que celui de « collaborateur », utilisé en France et ailleurs, n'est pas courant en Italie.

La deuxième particularité est que Salò naît, certes, d'une défaite, comme la plupart des autres États satellisés du continent ; mais il s'agit de la défaite du principal coéquipier de l'Axe, non d'un ennemi de la guerre allemande comme la Pologne en 1939 ou la France en 1940. La division de la péninsule en deux États distincts[5] pose la question délicate de la fidélité ou non à l'alliance de guerre de 1940-1943 ; et après cela, de l'incompatibilité entre serment prêté au roi ou au Duce. La division *de facto* de la péninsule ne comporta pas une « citoyenneté » de la RSI, comme il n'y eut pas de « citoyenneté » du royaume du Sud. Aucun des deux « États » n'évoqua dans sa propagande la scission définitive du pays ni aucune instance séparatiste. Les Italiens, des deux côtés de la ligne de démarcation, guettaient, comme en France, le moment où ils pourraient se réunir à nouveau[6].

Et nous arrivons au troisième point, qui marquera fortement l'après-guerre sur la difficile reconstruction du sentiment national, brimé par le fascisme et le conflit. La notion de guerre civile est aujourd'hui (assez) largement acquise ; elle n'est d'ailleurs pas incompatible avec celle, plus

3. Ostenc, *Mussolini*, *op. cit.*, p. 283.

4. Interview dans Bertoldi, *La guerra parallela (1943-1945)*, Milan, Mondadori, 1966, p. 91.

5. Mais formellement non ennemis. Sur le plan juridique, le royaume du Sud ignorait (sans même la nier) l'existence de la RSI, et vice-versa.

6. Croce (installé dans le Sud) l'exprima en 1944 dans un très beau texte : « Quand la Patrie était coupée en deux, et de part et d'autre souffrait, espérait et ne pensait qu'au moment où elle serait redevenue une seule. »

traditionnelle, de « guerre de Libération[7] ». Toutefois, elle ne concerne que le centre-nord du pays, où elle divisa parfois tragiquement les familles, les amitiés d'enfance, de village, d'usine et autres[8]. Le Sud, aux mains des Alliés dès l'été-automne 1943, ne connut ni les horreurs du fascisme républicain, ni le phénomène de la résistance « du peuple », expression qu'on utilise parfois pour la distinguer de celle des élites antifascistes d'avant guerre. Un détail révélateur de la propagande de Salò fut l'idée que l'ennemi avait pénétré en Italie par le « ventre mou » de la Sicile, alors que le Nord avait « fait » le *Risorgimento*, puis redressé le front, après Caporetto, pendant la dernière phase de la Grande Guerre, sur les contreforts du Pô et sur le Piave, dénommé depuis le « fleuve sacré à la patrie[9] ». Dans un pays où le clivage historique Nord-Sud n'a pas encore été pleinement dépassé de nos jours, cet héritage pèse encore.

Si Mussolini avait espéré donner au gouvernement de la RSI une assise étatique aussi « inclusive » et représentative que possible, il dut rapidement déchanter. Ce n'est pas lui, mais les Allemands, qui ont interdit le nom de « République socialiste-fasciste-prolétarienne » ou d'autres formulations équivalentes : ils voulaient empêcher la nationalisation des industries et des banques qu'ils envisageaient de réquisitionner et de transférer dans le Reich le moment venu. En revanche, le programme *sansepolcrista* du premier fascisme – révolutionnaire, nationaliste, anticapitaliste, antimaçonnique, syndicaliste-social, anticlérical[10] – redevint le drapeau du mouvement à son crépuscule. À défaut de la réforme constitutionnelle incisive que Mussolini aurait souhaité parrainer, la RSI se dotera, le 14 novembre 1943, d'un texte programmatique aussi ambitieux que confus en dix-huit points, la « charte (ou manifeste) de Vérone ». Tout en reconnaissant la centralité de la propriété privée, ce document de

7. Voir les réflexions de Pavone, *Una guerra civile*, *op. cit.*, notamment p. 221-225.

8. Il y eut également des cas d'entraide, moins fréquents, mais il y en eut quand même.

9. Il est cependant intéressant de noter que le MSI néofasciste, parti qui se voulait au départ héritier des « valeurs » de la RSI, ait obtenu dans les années 1950-1970 quelques-uns de ses meilleurs scores dans les régions méridionales, la crise économique aidant.

10. La charte de Vérone définissait au point 6 la confession « catholique, apostolique, romaine » comme religion officielle. Mais la campagne anticléricale, animée par Farinacci et le prêtre défroqué Preziosi, fut intense dans les milieux extrémistes de Salò.

compromis – rédigé principalement par Pavolini et deux proches de Mussolini, le juriste Biggini et l'ancien communiste Bombacci – met fortement l'accent sur la lutte contre l'exploitation du capital au nom des droits essentiels des travailleurs. La plupart de ses revendications ne seront jamais appliquées. En revanche, le 24 décembre, le commissaire ou ministre du Travail de la RSI introduit un service du travail obligatoire pour tous les mâles de seize à soixante ans n'ayant pas d'occupation civile ou militaire reconnue, ce qui les soumet derechef à l'arbitraire de l'État.

Parmi les autres dispositions de la charte, le point 7 contient une formulation ambiguë : « Ceux appartenant à la race juive sont étrangers et seront considérés, pendant cette guerre, comme appartenant à une nationalité ennemie. » Selon De Felice, il s'agissait de renvoyer le problème à la fin du conflit en « rassurant » les Allemands sur le maintien de la législation antisémite[11]. Pourtant, ce statut de « nationalité ennemie » – catégorie assimilable en principe à celle des ressortissants britanniques et américains qui se trouvaient encore en Italie[12] – aurait dû assurer aux Juifs italiens la protection prévue par le droit international en temps de guerre. Or, toutes les dispositions de police prises en 1943-1945 seront dirigées vers la confiscation des biens et la concentration en « camps désignés » des persécutés qui, sauf rares exceptions locales, seront livrés à la Gestapo. La forte participation des Juifs italiens à la Résistance[13] s'identifiera à la lutte contre le fascisme républicain. Des pages poignantes montrent la valeur et la complexité de cet engagement[14].

Dès septembre 1943, les SS et la Gestapo renforcèrent leur présence dans la capitale tout en imposant à la communauté juive la levée d'une taxe de 50 kilos d'or à livrer en trente-six heures pour éviter la déportation de tous ses membres. Le Saint-Siège fit discrètement savoir

11. De Felice, *Storia degli ebrei italiani*, *op. cit.*, p. 446 et suivantes. Selon Sarfatti, *Gli ebrei nell'Italia fascista*, *op. cit.*, p. 245-262, il s'agissait de la proclamation du fait que « le nouvel État était officiellement antisémite ».

12. On en comptait plusieurs milliers, généralement mariés à des Italiens et Italiennes. Ils furent en général peu molestés, au moins avant la guerre civile.

13. Environ 2 000 Juifs militèrent activement dans la Résistance. Cinq d'entre eux, dont une femme, Rita Rosani-Rosenzweig, abattue par un officier de la garde nationale républicaine, seront décorés de la médaille d'or de la Résistance à titre posthume.

14. Cf. les polémiques suscitées par l'ouvrage, comme toujours très documenté et lucide, de S. Luzzatto, *Partigia. Primo Levi, la Résistance et la mémoire*, Paris, Gallimard, 2016.

qu'il contribuerait à la collecte, ce qui ne se révéla pas nécessaire[15]. L'or fut pesé deux fois, comme s'il pouvait représenter l'équivalent de vies humaines : qu'aurait dit Shakespeare[16] ? Le 4 octobre, la Gestapo réquisitionna les fonds, d'une inestimable valeur culturelle et muséographique, des bibliothèques et du temple de la communauté la plus ancienne d'Occident. Le 16 octobre, on s'empara, au mépris des engagements pris, de 1 259 personnes qui, sauf quelques cas de doubles nationaux et de Juifs baptisés, furent envoyées à Auschwitz et Bergen-Belsen. Il est vrai qu'à la différence de la rafle du Vél' d'Hiv, la police italienne, jugée trop peu sûre par la Gestapo, ne participa pas à l'opération. Cependant, le convoi des déportés attendit toute une nuit dans une gare secondaire de Rome avant d'être dirigé vers l'Est, où ces infortunés ne reçurent aucune aide, ni de la Résistance ni de la population[17]. Avec les convois qui suivirent, la déportation des Juifs romains totalisa 2 091 hommes, femmes et enfants. Seule une poignée de survivants, dont aucun enfant, reviendront des camps de la mort. Il faut y ajouter les victimes de massacres, dont le plus effarant fut celui des Fosses ou Caves ardéatines, aux portes de la capitale, le 24 mars 1944, qui fera 335 victimes, pour la plupart des Juifs et des partisans monarchistes, libéraux et socialistes. L'absence de cadres du PCI dans cette hécatombe, qui décapitera en revanche la Résistance romaine non communiste, sera à l'origine d'âpres polémiques dans l'après-guerre, qui ne sont pas encore éteintes aujourd'hui.

Dans l'ensemble, la charte de Vérone mit en évidence le gouffre entre les ambitions du régime et son autorité réelle, déjà inexistante. S'il y eut ultérieurement quelques assouplissements – Biggini introduira des correctifs pour permettre aux étudiants de retarder leur service militaire –, le projet d'une « Constitution de l'an I », que Mussolini avait confié à son ministre de l'Éducation, restera lettre morte. L'ambition initiale de faire de la RSI l'emblème d'une « révolution nationale » fasciste, avec ses caractères propres et ses

15. Cf. De Felice, *Storia degli ebrei italiani*, *op. cit.*, p. 477 et suivantes.

16. On doit au réalisateur Carlo Lizzani un film angoissant et factuel à ce sujet, *L'Oro di Roma* (1961) (le titre français est moins bon : *Traqués par la Gestapo*).

17. Un ami, qui vivait alors à proximité, m'a raconté : « Nous avons entendu leurs cris et leurs appels déchirants toute la nuit. C'était affreux, mais que pouvions-nous faire ? » Cf. le récit bouleversant de G. Debenedetti, *16 octobre 1943*, Paris, Allia, 2001.

appels internationalistes, pour la distinguer et la rehausser à l'intérieur de la nébuleuse collaborationniste du Troisième Reich, n'aura aucune chance d'aboutir. Salò demeurera jusqu'à la fin un régime soumis aux contingences politiques, incapable de s'émanciper de la tutelle de l'occupant. Le Duce s'y trouva confiné dans son rôle de simple figurant et, dès lors, s'en détournera. Ainsi l'obligation pour les fonctionnaires, les magistrats ou les enseignants de prêter un serment de fidélité à la RSI sera reportée à plusieurs reprises, avant d'être abandonnée : ce fut une victoire morale de la Résistance[18].

L'autre échec de Mussolini concerne le parti où afflue une vague d'adhérents aux motivations incertaines : des incendiaires resurgis des luttes de 1919-1922 y côtoient des adolescents qui n'ont pratiquement rien connu auparavant[19]. Des opportunistes qui ont misé sur les « armes secrètes » annoncées alors par Hitler s'acoquinent avec des aventuriers prêts à en découdre et des malfrats qui veulent s'enrichir. Comment mettre de l'ordre dans tout ça, dans les conditions dégradées de l'automne 1943 ? Mussolini avait d'abord pensé confier la direction du parti à Fulvio Balisti, volontaire décoré de la Grande Guerre, légionnaire avec D'Annunzio à Fiume, à nouveau volontaire à cinquante ans en Afrique occidentale, où il a perdu une jambe dans la bataille de Bir el-Gobi. Sans aucune fonction dans le PNF d'antan et dépourvu d'ambition politique, Balisti avait adhéré « pour l'honneur » à la RSI. Mais ce personnage à l'allure ascétique de moine-soldat, opposé aux règlements de comptes, ne convenait ni aux intransigeants ni aux Allemands et ne se verra finalement attribuer que les fonctions largement honorifiques de vice-président du parti[20]. Il sera néanmoins l'un des rares représentants de Salò, avec le ministre de la Justice, Pisenti[21], à essayer de limiter les horreurs de

18. L. Valiani, *Tutte le strade conducono a Roma* (« Tous les chemins mènent à Rome »), Bologne, Il Mulino, 1995, p. 145.

19. Un bon document disponible en français est la chronique de G. Rimanelli, *Tir au pigeon*, Paris, Gallimard, 1957, adaptée au cinéma par G. Montaldo sous le titre *Le Commando traqué*. Le final a été politiquement modifié pour le grand écran, ce qui était inévitable en raison du passage d'un témoignage de droite à la vision d'un réalisateur de gauche.

20. On a parfois évoqué une conjuration des trois « médailles d'or » ou des trois « B » (Balisti, Barracu et l'aveugle de guerre Borsani) pour évincer Pavolini et Buffarini Guidi à la tête du parti. Si elle a réellement existé, il n'en résulta rien.

21. On pourrait y ajouter Piero Parini, *podestà* et préfet de Milan en 1943-1944, qui s'activa pour venir en aide à la population et freiner les persécutions (il hébergea

la guerre civile et ne sera pas inquiété à la Libération. Après lui, le choix se limitait, inévitablement, à Farinacci ou Pavolini. Mussolini, de guerre lasse, finira par accepter le second, qui lui semblait moins dangereux pour lui, appuyé par son fils Vittorio, lequel s'était autoproclamé chef du cabinet politique du Duce. Encore ne le nomma-t-il qu'à titre provisoire : un provisoire qui allait durer jusqu'à la fin de la RSI. La désignation se révéla désastreuse. Quoi qu'on puisse penser de Farinacci, de sa volupté de l'intrigue, de ses proclamations tonitruantes, de ses appels à la lutte sans merci, ce politicien madré, extrémiste dans la forme, calculateur dans le fond, pouvait susciter de fortes haines, mais également des accointances et des complicités dans tous les milieux[22]. Son meilleur moment était passé mais il demeurait trop lucide et trop cynique pour épouser totalement une cause perdue. Si cet homme sans convictions profondes en nourrissait encore une, c'était bien que la guerre civile, à la différence de celle de 1919-1922, n'avait plus aucun sens. Tout en clamant le contraire, il savait que le fascisme « historique » était fini et qu'il s'agissait d'en sauver les restes (et accessoirement sa peau) dans la confrontation entre Allemands et Alliés. Il fut quasiment le seul ancien hiérarque à ne subir aucun attentat de la Résistance et nous avons mentionné l'énergie avec laquelle il se défendra à la Libération dans un semblant de « procès populaire ». Mais la vieille rancune qu'il nourrissait à l'égard de Benito l'élimina définitivement de la scène à l'heure qui pouvait représenter le couronnement éphémère de ses ambitions.

En revanche, le Florentin Alessandro Pavolini, né en 1903, incarnait le cas classique d'un intellectuel en quête de virilité ; un phénomène alors bien connu à l'échelle européenne. Fils d'un éminent indianiste, spécialiste du sanscrit et des littératures nordiques, dont les textes et les traductions font encore autorité, frère cadet d'un raffiné musicologue et homme de théâtre, il avait débuté à vingt ans comme agréable prosateur sans plus. Un psychanalyste pourrait y voir le besoin de compensation-compétition du « vilain petit canard » – chétif, noiraud, emprunté, agité – à l'intérieur d'une famille peu politisée de l'intelligentsia patricienne. On ne peut exclure que la

plusieurs familles juives dans le palais de la préfecture). Mais bientôt il ne pourra plus s'opposer aux exigences des extrémistes et des Allemands et devra démissionner.

22. Son fils, diplomate de carrière, avec lequel il avait officiellement rompu tous les rapports (mais sait-on jamais ?), avait rejoint le royaume du Sud.

mort d'un père trop imposant en 1942 ait contribué à lui ôter ses dernières inhibitions. L'amitié intime avec Ciano le propulsa aux premiers rangs du pouvoir, malgré les doutes de Mussolini sur un caractère qu'il jugeait instable, à raison. À la veille du conflit, Pavolini devint un ministre de la Culture assez libéral. Sa relation avec Doris Duranti, une des actrices les plus en vue du cinéma de l'époque et premiers « seins nus » à l'écran italien[23], semblait l'avoir délivré de ses complexes. La guerre civile le transforma en extrémiste sanguinaire, en Saint-Just d'une cause perdue. Il exigera l'exécution de Ciano, son ancien mentor, parrainera la constitution des Brigades noires, participera personnellement l'arme à la main à la lutte contre la Résistance en ordonnant rafles et exécutions : il sera d'ailleurs grièvement blessé lors d'une confrontation avec les partisans. Atteint à nouveau, lorsque la dernière colonne des hiérarques fut interceptée à Dongo, il sera traîné à demi inconscient sur une civière et fusillé avec ses camarades, avant de subir l'outrage de la piazzale Loreto à Milan[24].

La transformation de la guerre intestine en guerre civile a une date précise. Le 13 novembre 1943, alors que le PFR tient ses assises à Vérone pour y promulguer la charte constitutive de la RSI, arrive la nouvelle de l'assassinat d'Igino Ghisellini, le « fédéral » de Ferrare, désigné personnellement quelques semaines plus tôt par Pavolini. Cet ancien squadriste de la marche sur Rome, combattant en Éthiopie et en Espagne, n'était pas un enfant de chœur, loin de là : en Croatie, il avait activement participé à la répression antititiste, aux côtés des *oustachis*. Cependant, les circonstances de son meurtre ne seront jamais éclaircies : qu'un homme de guerre aussi averti se soit fait surprendre sans réagir – alors qu'il rentrait seul, à 21 heures, au volant de sa voiture, qu'il arrêta de son propre gré à la périphérie de la ville – laisserait supposer qu'il connaissait ses assassins, peut-être des

23. On la retrouvera encore dans quelques films de l'après-guerre, comme *La Minute de vérité*, de Jean Delannoy (1952), aux côtés de Jean Gabin et Michèle Morgan. C'est elle, à ce que l'on dit, qui aurait failli gifler le trop entreprenant Goebbels.

24. Son neveu Luca, communiste et directeur pendant de longues années du quotidien du parti, *L'Unità*, est mort, peut-être par suicide, en 1986. Son petit-fils, l'écrivain Lorenzo Pavolini, est l'auteur d'un complexe roman d'initiation familiale, *Accanto alla tigre* (« À côté du tigre ») (2010).

fascistes dissidents. Quoi qu'il en soit, Pavolini éructa au congrès que les antifascistes devaient payer pour ce crime et exigea un monceau de cadavres. Une expédition punitive fut immédiatement dépêchée à Ferrare, où elle procédera, quarante-huit heures plus tard, à l'exécution de onze notables de la ville, dont plusieurs Juifs, choisis parmi des dizaines d'otages[25]. Le 18 décembre, Aldo Resega, « fédéral » de Milan, est à son tour abattu en plein centre-ville. Dans un « testament spirituel », il demande qu'on évite « toute vengeance sur le sang fraternel » : néanmoins, huit détenus antifascistes, sans aucun rapport avec son assassinat, seront fusillés. Le 26 janvier 1944, Eugenio Facchini, « fédéral » de Bologne, sera frappé de cinq balles par un commando cycliste. Encore une fois, huit antifascistes seront exécutés le lendemain. La spirale de violence fratricide ne s'arrêtera plus.

En principe, l'armée allemande aurait dû demeurer en marge des affrontements italo-italiens et se concentrer dans la défense de la ligne « Gustav » qui coupait le pays en deux, à la hauteur du Latium et des Abruzzes. Elle deviendra en août 1944, après la prise de Rome par les Alliés, la ligne « Gothique » ou ligne « Verte », sur un front fortifié de plus de 300 kilomètres le long des Apennins. Kesselring, devenu proconsul mais toujours bon diplomate, veut se concentrer sur les aspects militaires, sans trop se mêler des affaires internes du pays divisé. C'est une sorte d'extension « morale » de l'accord passé avec Caviglia. Il convie volontiers Graziani et les ministres de Salò à ses dîners frugaux[26] et les congédie à 22 heures pile d'un air narquois : « Pardon, messieurs, je vais me coucher. Demain je fais la guerre. » Derrière les manières civilisées de son principal représentant, le Reich annexe *de facto* deux vastes provinces : la « zone d'opérations du littoral adriatique » (allant de Trieste et Fiume à Ljubljana, en Slovénie) et la « zone d'opérations des Préalpes » (Trente, Bolzano et tout le Tyrol méridional), confiées à des *Gauleiter* d'origine autrichienne, choisis pour leur brutalité et leur haine à l'égard des Italiens comme

25. Giorgio Bassani en a laissé une chronique magistrale dans sa nouvelle *Une nuit de 1943*, qui inspirera, sur un scénario du même auteur et de Pasolini, le film de Florestano Vancini *La Longue Nuit de 43*. La reconstruction la plus complète est celle de l'historien et partisan Carlo Zaghi, qui fut arrêté alors et figurait parmi les otages (*Terrore a Ferrara*, Bologne, Institut d'histoire de la Résistance, 1992). Sa recherche très méticuleuse n'enlève pas tous les doutes sur les responsables de l'assassinat de Ghisellini.

26. Le bon vivant Goering avait établi un classement des meilleures tables des généraux allemands, allant de dix à zéro : « Et puis il y a moins que zéro : il y a Kesselring. »

des Slaves[27]. La persécution antisémite y sera particulièrement atroce. Aux portes de Trieste surgira le seul camp d'extermination, équipé d'un four crématoire, conçu par les nazis dans toute l'Europe occidentale : la Risiera di San Sabba[28]. Kesselring, qui voit sombrer son plan de pacification, tombe alors son masque d'« Albert le souriant ». Il met en garde la population, à la radio, dans la presse et dans des proclamations affichées partout, contre la guerre partisane et les risques de représailles[29]. Le maréchal doit également faire oublier sa renommée d'italophile, désormais peu appréciée à Berlin. Il avoue à ses proches : « J'ai trop aimé les Italiens. Maintenant, je les hais[30]. »

En revanche, SS et Gestapo veulent immédiatement mettre en pratique leurs lugubres méthodes contre les *Banditen*, ou partisans. Le massacre de Boves, près de Cuneo, dans le Piémont, le 19 septembre 1943, montre éloquemment quelle sera l'attitude des nouveaux maîtres. Les SS du *Sturmbannführer* Joachim Peiper, le futur « boucher de Malmédy[31] » dans les Ardennes, incendient le village et fusillent trente-deux personnes, dont le maire et le curé qui s'étaient livrés comme otages, en représailles de la mort, peut-être accidentelle, de deux soldats allemands. Un second massacre, d'une ampleur encore plus terrifiante, aura lieu dans cette commune martyre à la fin de 1943.

27. Il s'agit respectivement de Friedrich Rainer (pendu en Yougoslavie en 1947) et de Peter Hofer, décédé avant de répondre de ses crimes.

28. La Risiera di San Sabba fut conçue par le général SS Odilo Globocnik (suicidé en détention en 1945), un Slovène de souche germanique qui s'était déjà « illustré » en Pologne. C'est là que périrent, parmi des milliers d'autres victimes, les deux neveux sourds-muets de l'écrivain Italo Svevo.

29. Ces documents furent imputés à charge au maréchal dans son procès pour crimes de guerre, en 1947, que nous avons évoqué. Des militaires anglais témoignèrent que son action proprement militaire sur le front italien, notamment sa retraite après les ravages de la bataille de Cassino (janvier-mai 1944), effectuée avec un minimum de pertes et de destructions, fut très professionnelle et « humanitaire ». Le commandant militaire de la Résistance, le général Raffaele Cadorna, n'hésitera pas à préfacer l'édition italienne des Mémoires de Kesselring en 1953. Il n'en demeure pas moins que les responsabilités du maréchal pour avoir couvert de son autorité les pires exactions contre les résistants et les civils sont très lourdes.

30. Cf. les Mémoires du diplomate E. F. Moellhausen, *La carta perdente (25 luglio 1943-2 maggio 1945)*, Rome, Edizioni Sestante, 1948, p. 235.

31. Ce sinistre personnage décédera en 1976 dans des circonstances mystérieuses, peut-être à la suite d'un attentat d'anciens résistants français. L'« affaire Peiper » fut alors très ébruitée.

La première République partisane fut constituée à Montefiorino, entre Modène et Reggio d'Émilie, du 17 juin au 1er août 1944, date à laquelle elle sera envahie par les Allemands qui déporteront la population, coupable d'avoir apporté son soutien aux maquisards. Deux mois plus tard, trois communes du Monte Sole autour de Marzabotto, l'« Oradour italien », une bourgade sur la route de Bologne grossie par les derniers défenseurs de Montefiorino, auront le triste privilège de devenir le siège du plus hideux carnage perpétré en Europe occidentale par les SS et la Gestapo, assistés d'informateurs et de guides fascistes, parfois en uniforme allemand. Seul le bétail fut épargné, pour ravitailler les troupes. Pendant six jours, plus de 1 800 hommes, femmes, enfants et nourrissons[32], dont beaucoup resteront inconnus à jamais, seront livrés aux flammes. Seuls quelques-uns d'entre eux auront la chance de mourir par balles.

L'ancien allié, qui ne fut jamais populaire, est désormais honni par la population. Les nazis, malgré quelques courbettes formelles au Duce imposées par Hitler, se comportent comme dans tous les pays envahis. Ils se montrent d'autant plus durs qu'ils s'estiment « trahis », alors qu'ils auront tout fait pour susciter l'exécration et l'horreur autour d'eux. Il est désormais clair que la RSI ne représente aucun « bouclier » effectif et se révèle impuissante à garantir le seul résultat qui pourrait justifier son existence. La pratique de la torture devient courante[33]. La Résistance gagne alors du terrain partout. Elle connaîtra ses martyrs, comme dans toute l'Europe occupée : le juriste Duccio Galimberti,

32. Des recherches plus récentes indiquent que ce chiffre comprendrait les pertes civiles des mois précédents. Il reste néanmoins effarant. Dans la seule commune de Marzabotto les victimes furent plus de huit cents.

33. Mon père m'a toujours dit que les instructions de la Résistance se basaient sur le (juste) principe que personne, sauf exception, ne résiste humainement à la torture, surtout dans le cas d'un membre de la famille qu'on viole ou mutile sous vos yeux (pratique alors courante). Le tout était donc de ne savoir que le strict minimum et de se taire, en cas d'arrestation, au maximum vingt-quatre heures. C'est ainsi que ma mère fut pendant les premiers temps de leur rencontre l'estafette… inconsciente de son fiancé, dont elle ignorait l'activité clandestine. Inversement, si quelque membre du réseau voulait « en savoir trop », il devenait suspect d'être un informateur des fascistes ou des Allemands et immédiatement soumis à un contrôle strict. Mon père cite, dans ses Mémoires (voir l'épilogue), le cas d'un de ces agents doubles qui posait trop de questions, sur lequel il fut le premier à nourrir des soupçons. Les preuves accumulées ne laissant pas de doutes, il sera exécuté. Mon père me confia que dans ses cauchemars, quarante ans plus tard, il revoyait le visage de cet homme.

le très prometteur écrivain de vingt-quatre ans Giaime Pintor, mort en traversant les lignes ennemies, le carabinier Salvo D'Acquisto, le général Simone Simoni, deux autres généraux et le colonel Giuseppe Montezemolo, torturés et exécutés aux Fosses ardéatines[34], le diplomate Filippo de Grenet, l'avocat Mario Jacchia, issu d'une illustre famille juive de Bologne qui s'était distinguée dans toutes les guerres italiennes depuis le *Risorgimento*, et des centaines et centaines d'autres, dans tous les milieux sociaux et toutes les classes d'âge, jusqu'à des adolescents de quatorze ou quinze ans[35]. Et des femmes, beaucoup de femmes : des paysannes, des ouvrières, des étudiantes, des bourgeoises, des aristocrates, Iris, Gabriella, Irma, Rita, Maria Assunta et leurs sœurs, sur lesquelles s'acharna souvent la bestialité du mâle, et qui ne trahirent jamais. « C'était le visage de l'Italie », parmi ce que notre peuple a donné de meilleur dans ses 3 000 ans d'histoire, dont le Panthéon de Rome ne suffirait pas à contenir les restes.

Depuis quelques années, un débat complexe, souvent plus passionnel que scientifique, fait rage concernant la notion de « zone d'ombre », autrement dit l'attentisme d'une partie de la population (et des élites[36]), qui ne se rangea alors ni aux côtés de la République sociale ni aux côtés de la Résistance[37]. Il faudrait approfondir l'ana-

---

34. L'impuissance de Kesselring à sauver ces officiers supérieurs, qu'il connaissait et estimait (Montezemolo avait agi comme interprète entre Caviglia et lui), face à l'intransigeance de la Gestapo témoigne du véritable rapport de forces entre occupants allemands en Italie.

35. Je ne citerai pour le lecteur français qu'un document presque insupportable : le récit de L. Bolis, *Mon grain de sable*, Lyon, La Fosse aux ours, 1999. Arrêté et torturé par les fascistes, décidé à ne pas parler coûte que coûte, il se lacéra les veines du cou avec une lame de rasoir qui glissa à terre. Alors, à demi inconscient, il élargit la plaie avec ses doigts mais fut sauvé à temps. J'ai rencontré cet ami de mon père : on avait réussi à reconstituer ses cordes vocales, mais il parlait avec une extrême difficulté.

36. Ainsi Dino Buzzati, l'auteur mondialement connu du *Désert des Tartares*, resta à son bureau du *Corriere della Sera*, devenu le principal organe de la RSI, tout en prenant grand soin de ne rien signer de compromettant. Cf. l'excellent mémoire d'E. Mattiato, « Le cas de Dino Buzzati et du *Corriere della Sera* », université de Paris-Ouest Nanterre, 2000. L'expérience d'un autre grand écrivain, Pavese, est beaucoup plus poignante : il avait déjà choisi la Résistance mais ne trouvait pas la force de s'y engager activement. Je pense que ce sera une des raisons de la crise qui le conduira au suicide, en 1950, au faîte d'un succès littéraire qui ne lui suffisait plus pour repousser ses démons intérieurs.

37. De Felice se fit l'interprète de cette thèse dans le chapitre III de *Mussolini l'alleato*, t. II, *La guerra civile 1943-1945*, *op. cit.*, dernier tome inachevé de sa biographie du dictateur, qui s'arrête au printemps 1944. Il la reprit dans un livre d'entretiens, paru

lyse en tenant compte des lieux, des contextes, des motivations, des périodes. D'une manière générale, on trouve cette « zone d'ombre » dans tous les cas équivalents, à commencer par la guerre d'Espagne et l'Occupation en France. Dans les époques obscures, aujourd'hui encore aux frontières de l'Europe, où les civils deviennent trop souvent les victimes des bombardements, des massacres, des razzias, des perquisitions, l'adage antique *primum vivere deinde philosophari* (« vivre d'abord, philosopher ensuite ») l'emporte sur tout le reste. Cette constatation n'ôte rien à l'engagement des minorités qui firent la Résistance, en Italie comme en France ou ailleurs[38]. Quoi qu'il en soit, le vide se fit rapidement autour de l'État, du parti et surtout des milices de la RSI, souvent plus détestées que les Allemands, tandis que grandissait, dans toutes les couches sociales, la solidarité avec le mouvement partisan. Le positionnement de l'Église dans un pays catholique est révélateur en soi. Or, si l'attitude de l'épiscopat fut parfois oscillante, celle du bas clergé, y compris les sœurs de charité, se révéla généralement admirable, animée par un profond sentiment évangélique et patriotique[39]. En témoigne un lot impressionnant de victimes ecclésiastiques, souvent sous la forme d'otages volontaires[40]. Il

à la veille de sa mort, *Les Rouges et les Noirs : Mussolini, la république de Salò et la Résistance*, traduction française, Genève, Georg, 1999, qui souffre d'une approche trop rapide du sujet.

38. Pavone lui-même définit la résistance italienne, « au sens propre », comme l'« œuvre, politiquement et militairement, d'une appréciable minorité [*cospicua minoranza*] » dès la préface à la première édition (1991) de *Una guerra civile*, *op. cit.*, p. XIX. Ce fut quasiment la même chose dans tous les pays européens occupés, au moins au début. Voir l'excellent ouvrage d'O. Wieviorka, *Histoire de la Résistance, 1940-1945*, Paris, Perrin, coll. « Tempus », 2013.

39. Pavone, *Una guerra civile*, *op. cit.*, p. 281-303, en offre une description très nuancée. Cependant, l'idée que la Démocratie chrétienne de l'après-guerre ait été un parti néoconservateur et proaméricain (idée qui circule encore chez des sociologues français) est fausse en ce qui concerne le socle de ses adhérents issus de la Résistance « blanche », d'un courage et d'un dévouement remarquables, y compris chez les religieux. J'ai connu l'un d'entre eux, d'une paroisse de mon village près de Modène. Les fascistes (pas les Allemands) lui avaient brûlé les testicules avec des cigarettes (« de toute façon, ils ne te servent pas »). À la Libération, il plaida pour les coupables. Mystère de la foi.

40. L'écrivain Giovanni Guareschi, prisonnier de guerre en Allemagne, n'adhéra pas à Salò mais devint dans l'après-guerre une des plumes les plus en vue de la droite postfasciste. Il a fourni une version volontairement édulcorée et humoristique, mais très précise, des événements de 1943-1950 dans la série mondialement connue des romans et des films *Don Camillo*. Le protagoniste est un ancien aumônier militaire durant la Grande Guerre, qui apporte la parole du Christ à tous les besogneux, sans distinction

y eut néanmoins des cas de prédicateurs illuminés et d'aumôniers des bandes noires, parfois des sadiques et des drogués, dont quelques-uns seront exécutés à la Libération. Le plus connu est un personnage d'un tout autre niveau, Don Tullio Calcagno, un prêtre de Crémone proche de Farinacci, fondateur de l'hebdomadaire *Crociata italica.* Orateur charismatique, qui remplissait les salles d'enthousiastes et de curieux, il sera excommunié (ce qu'on avait prudemment évité de faire lorsqu'il était populaire) et fusillé à Milan, le 29 avril 1945. Il haranguait en uniforme militaire ; il mourut à genoux, en soutane, en faisant le signe de la croix[41], à côté de l'aveugle de guerre Carlo Borsani, qui avait sauvé des résistants et des Juifs. On emporta leurs corps dans une charrette pour immondices.

Le fossé qui se creusa ainsi entre la population et les institutions factices d'un État mort-né condamnait de fait la RSI et sa prétendue originalité. Alors que des modérés comme le philosophe Gentile, qui le paiera de sa vie[42], se cramponnaient à l'illusion d'une impossible concorde nationale, le seul appel idéologique qui émergea des rangs « républicains » se résuma à l'invocation – d'un romantisme nihiliste – d'une *bella morte*[43]. Rien n'était plus loin du tempérament des Italiens, rien ne correspondait moins au désir d'un peuple exsangue,

d'affiliation ni de foi. D'où le respect et l'autorité qu'il garde auprès du nouveau maire communiste, Peppone, et de ses camarades.

41. Sur Calcagno, voir Bertoldi, *Salò*, *op. cit.*, p. 292-305. Il n'existe à ce jour aucune biographie de ce personnage ; c'est dommage.

42. L'assassinat, le 15 avril 1944, de ce grand esprit, qui avait adhéré à la RSI pour l'honneur mais ne cessait de prêcher la réconciliation entre Italiens, mûrit dans le noyau de ses disciples de l'École normale supérieure de Pise, devenus antifascistes, qu'il aimait comme des fils. Gentile, sans l'escorte qu'il refusait, fut abattu devant les grilles de sa demeure. Aujourd'hui nous connaissons toutes les circonstances de l'attentat, y compris le cri du meurtrier présumé : « Je ne tue pas l'homme mais ses idées ! » L'éventualité que le geste ait été accompli par des fascistes dissidents est très peu vraisemblable. D'ailleurs l'exécution fut immédiatement saluée par le PCI clandestin et Togliatti lui-même prononça des mots d'une vulgarité fielleuse, rares chez ce dirigeant avisé. Mais il fallait déboulonner la statue d'un personnage encore trop respecté par les jeunes intellectuels de toutes les tendances. Après des décennies d'oubli, un timbre-poste (très contesté) lui sera consacré par la République en 1994, pour le cinquantième anniversaire de sa disparition. Aujourd'hui, son abondante œuvre philosophique et philologique, surtout celle d'avant 1922, est redécouverte, et elle le mérite largement.

43. Un témoignage marquant, non traduit en français, est celui de C. Mazzantini, *A cercar la bella morte* (« À la recherche de la belle mort »), Milan, Mondadori, 1986. L'auteur insiste sur son adhésion « virginale » (il avait dix-sept ans) et sur celle de ses camarades, à l'opposé du révoltant sexualisme funèbre du Pasolini de *Salò*.

désireux de recommencer à vivre. La chanson garde sa place dans les bouleversements de l'histoire ; celle qui deviendra l'hymne (non officiel) de la RSI[44] traduit parfaitement cet état d'âme :

Les femmes ne nous aiment plus
Parce que nous portons la chemise noire.
Elles disent que nous méritons des chaînes
Et sommes faits pour la galère.
L'amour avec les fascistes, cela ne convient plus[45].

Notre but n'est pas de raconter ici l'histoire de la guerre civile – on commence à le faire en France[46] –, mais d'analyser la déchéance de Mussolini dans sa dernière incarnation politique et humaine, alors que les contradictions de sa nature vont revenir à la surface pour le submerger. Le pari moral sur lequel il a espéré créer une alternative nationale au royaume du Sud – s'il y a cru véritablement, et on peut en douter – s'évanouit lamentablement dès les premières semaines d'octobre-novembre 1943. L'évolution du conflit lui est tout aussi défavorable. En théorie, la République sociale aurait pu jouer un rôle de tampon dans l'hypothèse d'une offensive alliée foudroyante vers le nord de la péninsule. Une guerre « propre » contre l'envahisseur aurait été préférable à une guerre civile qui dégénéra rapidement en jacquerie, par bandes interposées de lansquenets du XXe siècle. Or, le front italien, nous l'avons dit, était devenu secondaire. Après le résultat mitigé d'un second débarquement à Anzio et Nettuno, en janvier 1944, immédiatement contré par les troupes de Kesselring, les Alliés attendront le printemps suivant pour lancer une nouvelle offensive et s'ouvrir la voie pour la libération de Rome, le 4 juin. Les journaux de la RSI titrent : « Les Nègres au Colisée ! », mais cela

44. L'auteur du texte, Mario Castellacci, un conscrit de dix-neuf ans de la garde nationale républicaine, deviendra dans l'après-guerre un parolier réputé, auquel on doit plusieurs « tubes » des variétés italiennes. Comme Rimanelli et Mazzantini, il ne reniera jamais ses convictions, tout en déplorant publiquement les horreurs de la guerre civile. C'est une autre preuve que, même du côté des perdants, le fascisme « historique » était fini pour toujours.

45. Détail pour les cinéphiles avertis : dans le beau film que Bertolucci a consacré au meurtre des frères Rosselli, *Le Conformiste* (1970), le sicaire fasciste entonne ce couplet : or, l'assassinat eut lieu en 1937 et la chanson est de 1944.

46. Une tentative appréciable est celle de M. Aycard et P. Vallaud, *Salò, l'agonie du fascisme*, Paris, Fayard, 2018.

n'émeut personne[47]. Deux mois plus tard, ce sera l'entrée à Florence, le 11 août 1944[48]. Après quoi, le front s'enlisera à nouveau pendant près de huit mois. L'effort stratégique des Anglo-Américains s'est concentré d'abord sur la préparation du « vrai » débarquement, celui de Normandie, puis sur la libération de la France, de la Belgique et des Pays-Bas, pour remonter vers le cœur du Reich. Les Allemands maintiennent dans un premier temps leur veto à la reconstitution d'une armée professionnelle de la République sociale. Ils se limiteront à permettre quelques vols aériens de reconnaissance et le déploiement d'unités sûres, comme les parachutistes de la « Nembo[49] » contre les Alliés à Nettuno, et la X Mas du prince Borghese, contre les *korpus* de Tito à la frontière orientale[50]. Les Alliés avaient également autorisé la formation d'unités « cobelligérantes » du royaume du Sud, rassurés par le fait que le maréchal Messe, qu'ils tenaient à raison pour le meilleur et le plus judicieux commandant italien, avait enfin remplacé l'opaque Ambrosio comme chef d'état-major. Ces troupes se battirent avec distinction contre les Allemands. Il n'y eut heureusement pas d'affrontements entre formations italiennes du Nord et du Sud. Au moins cela…

Les efforts de Graziani aboutiront en 1944, alors que le front se rétrécit et que la Wehrmacht a besoin de tous les soldats valides, à la levée en Allemagne de quatre divisions de volontaires, recrutés parmi les prisonniers de guerre. Elles ne seront pas utilisées dans la lutte contre les partisans[51] et infligeront des pertes réelles aux Alliés,

47. Cf. B. Spampanato, *Contromemoriale*, II, *L'ultimo Mussolini*, Rome, Edizioni di Illustrato, 1950, p. 195 et suivantes.

48. L'incendie de Florence, décrété par Hitler – la ville avait jadis été l'objet de ses convoitises de peintre raté –, fut évité surtout par l'intervention d'un « bon Allemand », le consul Gerhard Wolf (à ne pas confondre avec le général SS presque homonyme) qui s'était déjà illustré dans le sauvetage de Juifs et de persécutés. Il sera nommé citoyen honoraire de Florence en 1955.

49. Unité reconstituée après le sacrifice de la « Folgore » à El-Alamein, la « Nembo » se divisera entre Nord et Sud.

50. L'aviation fasciste républicaine refusera de se déshonorer dans le bombardement des maquis, tandis que l'emploi de la X Mas dans la répression antipartisane en ternira la renommée de vaillance qu'elle s'était méritée tout au long du conflit. C'est la raison pour laquelle presque tous les pilotes de la RSI seront incorporés dans l'aviation de l'Italie démocratique, après la guerre.

51. Pavone cite néanmoins des cas de représailles de la division « Monterosa » à la suite d'attentats qu'elle avait subis.

qui leur accorderont le statut de formations combattantes à la fin du conflit, sauf cas ponctuels de justice sommaire. La page la plus connue est l'opération *Wintergewitter*, ou campagne de Noël 1944, dans la région montagneuse de la Garfagnana, en Toscane, la petite « bataille des Ardennes » italienne. La contre-attaque de deux divisions de la RSI et d'une division allemande, sous le commandement du général Mario Carloni, un excellent officier qui avait obtenu la croix allemande en or et diamants en Russie, força, après trois jours de combats acharnés, la 92e division de marines « Buffalo » à se replier dans l'attente de renforts. Les pertes furent lourdes des deux côtés. Au total, les forces armées régulières de la République finirent par compter entre 200 000 et 250 000 hommes, selon les calculs – avec un pourcentage de désertions et de cas d'insoumission d'environ vingt-cinq pour cent[52] –, auxquels il faut ajouter environ 120 000 hommes des milices parallèles. Ce ne sont pas des chiffres négligeables.

Mussolini, tout en se réjouissant de cette mobilisation, n'y exerça aucune influence réelle. Il sera le premier surpris lorsqu'en juillet 1944, avant de rencontrer Hitler à Klessheim, il sera ovationné par la division « San Marco », une des quatre formations reconstituées en Allemagne, et porté en triomphe par des soldats qui voulaient rentrer chez eux, pour se battre… ou pour déserter. Pourtant, quelques jours plus tard, le journal officiel de la RSI publiera un décret signé par le Duce qui fixait un délai d'un mois pour la reddition des membres des « bandes armées » : une disposition qui poussera encore plus de jeunes à prendre le chemin des montagnes. Le Mussolini de 1919-1922 avait brandi la menace de la guerre civile pour prendre « légalement » les rênes du pouvoir. C'était maintenant l'inverse : la guerre civile déferlait sur son pré carré et lui ôtait tout semblant de légitimité.

52. Il n'y eut pratiquement pas de désertions parmi les auxiliaires féminines de la RSI.

9

L'agonie du *podestà* de Gargnano

S'agit-il d'une guerre entre fascistes et Italiens, comme on l'a longtemps prétendu ? Ou, presque métaphysiquement, d'un affrontement entre *uomini e no*, « les hommes et les autres[1] », titre d'un roman d'Elio Vittorini sur la Résistance à Milan paru à la Libération[2] ? Lors d'un débat télévisé dans les années 1970, un dirigeant intègre comme l'ancien secrétaire général du PCI, Enrico Berlinguer, répliqua à un journaliste néofasciste : « Je refuse de parler avec les gens comme vous, qui se cachaient derrière les mitrailleuses des SS. » C'était alors l'interprétation officielle à gauche, pratique et rassurante[3]. Elle réduisait la parenthèse de Salò à une anomalie produite par une bande de fanatiques tenant sous le joug de la violence et de la terreur un vaste territoire récalcitrant, tout comme les « débauchés » du collaborationnisme extrême en France.

1. *Les Hommes et les autres*, dernière édition, Paris, Gallimard, coll. « L'Imaginaire », 2007. C'est une œuvre bâclée, alors que sous le régime Vittorini avait réussi à publier un des livres les plus représentatifs de sa génération, *Conversation en Sicile* (1941), dernière édition, Paris, Gallimard, 1990.

2. Cette déshumanisation de l'adversaire (qui, bien entendu, correspondait à celle des nazis et des fascistes) restera courante dans l'immédiat après-guerre. On la retrouvera encore, en 1954, dans un texte célèbre du président de la République Luigi Einaudi (économiste réputé et père de l'éditeur) à propos des massacres commis en 1943-1945 par les « ennemis des hommes ».

3. Cette vision s'est un peu modifiée dans les années 1990, après l'acceptation prudente à gauche de la notion de guerre civile. Ainsi, le président de la Chambre, le communiste Luciano Violante, affirmera dans son discours d'investiture, en mai 1996 : « Il faut essayer de comprendre les raisons qui poussèrent des milliers de jeunes gens, et surtout de jeunes filles [soulignage significatif, NdR], lorsque tout était perdu, à choisir Salò et non les droits et la liberté. » On assiste aujourd'hui à un nouveau durcissement idéologique face à la montée des souverainismes, phénomène qui n'a rien à voir avec le fascisme « historique », ce qui n'implique pas d'en sous-estimer les dangers.

À l'époque, l'« arc constitutionnel », ainsi appelé au Parlement, excluait en principe les néofascistes de la vie politique et morale de la nation. Pourtant, le MSI, légalement reconstitué dès 1946, avait obtenu à chaque consultation politique un nombre non négligeable de suffrages et disposait – cas unique dans une démocratie occidentale – d'un nombre également non négligeable de sénateurs, de députés, de maires et de conseillers régionaux, provinciaux et municipaux, régulièrement élus. Il avait été secrètement courtisé à plusieurs reprises pour faire « converger » ses voix à l'occasion de certaines élections importantes, dont celle d'au moins un président de la République dans les années 1970.

L'insuffisance de cette approche avait été perçue dès l'immédiat après-guerre, notamment par le « jésuite stalinien » Palmiro Togliatti[4]. Il s'était posé, avec une lucidité stratégique et un cynisme inconnus des autres partis de la Résistance, le double objectif de récupérer les élites qui s'étaient fourvoyées à Salò et de reprendre à son compte la socialisation des masses entreprise par le régime fasciste. Ce n'est donc pas un hasard, mais bien une conséquence logique de cette vision, si les avocats de la pacification nationale ont été souvent liquidés – Gentile, Arpinati, l'aveugle de guerre Carlo Borsani, et quelques autres encore –, alors que l'épuration a souvent été bien plus souple à l'encontre d'individus plus compromis mais utilement « convertis ». Sur le front opposé, des personnages qui jouèrent un rôle essentiel dans les rangs de la Résistance et négocièrent pour éviter la destruction des infrastructures industrielles au moment du départ des Allemands[5], comme le banquier Alfredo Pizzorni et l'entrepreneur Luigi Parrilli, furent rapidement mis de côté après 1945, parce qu'ils n'étaient plus utiles[6]. Il en fut quasiment de même pour le chef politique et moral de la Résistance, Ferruccio Parri, un officier décoré de la Grande Guerre et un antifasciste intransigeant de la première heure, qui deviendra le premier président du Conseil de l'Italie libérée et réunifiée. Mais sa petite formation idéaliste et européiste, le Parti d'action, ne survivra pas au retour de la politique politicienne dans

4. La brillante définition de l'écrivain et journaliste Enzo Bettiza a fait florès.

5. Il suffira de penser que le port de Gênes, le plus important de l'Italie du Nord, avait été miné. Il en fut de même pour d'autres installations sensibles.

6. Sur l'action de Pizzorni, Parrilli et d'autres « argentiers de la Résistance », cf. *in extenso* Di Nolfo-Serra, *La gabbia infranta*, *op. cit.*, deuxième partie.

l'après-guerre[7]. Dès lors Parri, statufié malgré la rigueur et la sobriété de son caractère, sera applaudi dans toutes les assises « résistancialistes », sans plus remplir aucun rôle politique effectif. Lussu, que nous avons déjà cité à plusieurs reprises, sera un autre cas de vieil antifasciste marginalisé dans l'« automne de la Résistance ». Deux autres résistants d'une exceptionnelle bravoure, médaillés d'or de la Résistance, le comte piémontais Edgardo, « Eddy », Sogno Rata del Vallino, champion de poker, chef de la brigade monarchiste « Franchi[8] », et le républicain toscan Randolfo Pacciardi (quatre décorations au combat sous le feu ennemi dans la Grande Guerre), jadis un des animateurs des Brigades internationales en Espagne, stratège de la déroute fasciste à Guadalajara et futur vice-président du Conseil et ministre de la Défense à la Libération[9], connurent un sort pis encore. Ils seront poursuivis (puis exonérés) par des juges zélés, dans les années 1970, sous l'accusation fantaisiste de vouloir instaurer en Italie un régime présidentiel gaulliste[10]. La réputation de ces deux patriotes sans peur et sans reproche à la vocation d'irréguliers sera éclaboussée pendant de longues années et ils seront mis politiquement hors d'état d'exercer une quelconque influence, ce qui était sans doute le but de toute l'opération[11].

La controverse historique sur la moralité et l'efficacité de la Résistance est trop complexe pour être explorée ici ; elle rejoint d'ailleurs un débat qui a investi tous les pays d'Europe sous la botte nazie au sujet du rôle effectif de l'« armée des ombres »[12]. Du côté néofasciste

7. Cf. l'anthologie récente de discours et interventions de Parri, *Come farla finita con il fascismo*, Bari, Laterza, 2019.

8. Dans une de ses actions spectaculaires (l'homme adorait le panache), il arrivera, déguisé en officier allemand, à délivrer Parri arrêté par les SS et détenu dans un hôtel de Milan. J'ai connu cet ami de mon père dans les années 1980 : il faisait penser à Chaban-Delmas, y compris… la voix de crécelle.

9. Selon des historiens du cinéma, Pacciardi aurait inspiré le personnage incarné par Humphrey Bogart dans le film *Casablanca* (en exil en Californie, il collabora en tout cas au script du film).

10. La méfiance persistante envers le de Gaulle de la Cinquième République dans une large partie de la gauche italienne y joua un rôle.

11. Il faut dire qu'à la différence de Lussu, plume remarquable et polémiste acéré (avec *La Marche sur Rome… et autres lieux*, *op. cit.*, rappelons son récit de la Grande Guerre, *Les Hommes contre*, Paris, Denoël, 2005), Sogno et Pacciardi furent des publicistes abondants mais assez ternes. Ils mettaient tout dans leur vie. Ils eurent néanmoins droit, l'un et l'autre, à des obsèques nationales (très contestées) à leur mort.

12. C'est la raison pour laquelle mon père, et il ne fut pas le seul, a inconsciemment « préféré » la guerre d'Afrique à la Résistance. La première était une guerre « propre »,

– et en général révisionniste –, on a beaucoup insisté, encore récemment, sur les « crimes » de la Résistance[13]. L'éloge que des politiciens incultes ou de mauvaise foi ont fait – et continuent de faire – des « bons aspects » du fascisme et de Mussolini a ultérieurement desservi le débat. Or, la réalité est relativement simple. Les formations politiques et militaires de la Résistance, quoique fortement divisées sur le modèle de société qu'elles poursuivaient, avaient un but commun. Il s'agissait d'abattre la dernière incarnation du fascisme et de reconstituer l'unité nationale, avec un net (mais non univoque) penchant pour le choix républicain dans l'après-guerre, car la forfaiture du roi avait brisé le contrat entre la dynastie et le peuple. En revanche, la RSI n'avait plus aucun véritable objectif à poursuivre. Même l'éventualité d'une victoire allemande – en raison des fameuses « armes secrètes », derniers espoirs de Mussolini – aurait entraîné une totale subordination au Reich de l'État fantoche, ou plutôt fantôme. Car toute l'aventure de Salò fut faussée par le fait que son existence était superflue. S'il s'agissait de sauvegarder l'identité nationale et de préserver un semblant d'intérêt commun sous le talon ennemi, cet objectif aurait été mieux assuré par le gouvernement idéologiquement neutre d'un militaire ou d'un technocrate : en cela, il faut avouer que Kesselring, théoriquement, n'avait pas tort[14]. Les Allemands furent irrités par les prétentions idéologiques d'un régime agonisant, qui aurait tout simplement dû s'incliner devant leurs ordres et se taire. Les plus lucides d'entre eux désapprouvaient la multiplication des milices noires, qui renforçait la

---

en uniforme, du côté perdant et qui méritait de l'être, mais sans véritable problème de conscience. La seconde était plus noble dans ses buts, mais détournée dans ses moyens et lacérante dans ses développements fratricides. C'est un débat que, comme d'autres hommes de sa génération, il n'a jamais pu résoudre.

13. Des publicistes néofascistes méticuleux – comme Giorgio Pisanò, un rescapé de la RSI – avaient rassemblé dès les années 1950 une documentation importante mais partielle sur ces faits, en minimisant les crimes *contre* la Résistance. Un autre tournant aura lieu au début des années 2000, lorsqu'un journaliste de gauche très connu, Giampaolo Pansa, publiera une série de romans-chroniques sur la guerre civile « vue du côté des vaincus », qui connurent un retentissement considérable et suscitèrent des polémiques acharnées. Il apparut vite que les finalités commerciales de l'opération primaient sur la rigueur de la reconstruction.

14. La réalité lui donna tout de même tort puisque le seul qui aurait pu assumer ce rôle, le maréchal Caviglia, refusa, comme nous l'avons vu, la posture de Pétain italien. L'homme de Vittorio Veneto ne pouvait devenir, comme l'homme de Verdun, le garant de la collaboration. De toute façon, le retour de Mussolini souhaité par Hitler rendait ce choix impossible.

cause de la Résistance et les obligeait à maintenir en Italie des troupes qui auraient été nécessaires ailleurs, surtout après le débarquement en Normandie et l'offensive soviétique massive de l'été 1944[15]. Le régime survivait sur la base de pulsions incohérentes – la haine, la revanche, l'intérêt, l'angoisse, et si l'on veut, pour certains d'entre eux, l'honneur – qui ne correspondaient plus à une stratégie politique proprement dite. C'était une funèbre lutte fratricide qui réclamait chaque jour son tribut de victimes, la plupart innocentes. Les dirigeants eux-mêmes auraient été incapables de détailler leur vision de l'avenir. Ils auraient pu au moins se répéter un vers proverbial de Francesco Berni, grand poète de la première Renaissance : « Il allait combattant et il était mort. » Rétrospectivement, même si ce genre de rapprochement se révèle toujours risqué, on pourrait affirmer qu'il y a eu un nihilisme de Salò comparable au nihilisme du terrorisme de droite et de gauche des « années de plomb ». Selon un vieil adage : si l'histoire va contre ma vision du monde, l'histoire à tort[16].

Mussolini fut le principal responsable de cette équivoque sanglante. Il n'avait rien d'un nihiliste et, dans une première phase au moins, espérait encore s'en sortir. Ses geôliers ne l'avaient pas autorisé à revoir Rome, ne fût-ce que pour un jour ou deux[17]. Même la Rocca delle

15. À Milan, dans les mois terribles de la guerre civile, ma grand-mère maternelle, femme d'une générosité et d'une droiture hors du commun, accueillait tout le monde à sa table, grâce aux modestes ravitaillements qui arrivaient encore de sa campagne de Vicence. Elle ne posait jamais de questions. Les convives, dont plusieurs persécutés, mangeaient en silence et s'éclipsaient le repas terminé. Parfois arrivaient des soldats allemands, qui semblaient très vieux et très las et revenaient pour la plupart du front russe. Elle disait à ses filles : « Si quelque milicien vous moleste, prévenez un soldat allemand aux cheveux blancs. C'est sûrement un père de famille. » Détail me concernant : c'est à cette table que se rencontrèrent mon père, résistant, et ma mère.

16. Je n'oublie pas l'entretien que j'eus avec un ex-terroriste de droite relaxé, lors d'une présentation de mon livre *Les Frères séparés*. Cet homme courtois et cultivé était fasciné par Drieu la Rochelle : « Comme lui, dans notre groupe nous avions décidé qu'il n'y avait plus d'autre issue que le suicide. La police arriva juste à temps. » Il est décédé récemment en ayant purgé sa peine mais sans s'être jamais repenti de son passé.

17. Selon le diplomate Moellhausen, *La carta perdente*, *op. cit.*, p. 201-202, c'est lui qui aurait refusé : « Je reviendrai à Rome lorsque la capitale sera présidée non par les Allemands mais par mon peuple ! » Il tiendra les mêmes propos à son chef de cabinet : « Il nourrit pour la capitale une rancœur sans fin » (Dolfin, *Con Mussolini nella tragedia*, *op. cit.*, p. 66). Il est cependant peu vraisemblable que les Allemands le lui auraient permis.

Caminate était jugée trop proche de la ligne du front. On l'expédia sur les rives du lac de Garde, plus facile à défendre. Comme tel président afghan dont on a dit que son pouvoir effectif se réduisait à celui de maire de Kaboul, Mussolini n'était même plus le *Gauleiter* de l'Italie du Nord. Dans ses moments d'humeur, il répétait qu'il comptait moins que le *podestà*, le maire de la petite localité de Gargnano, proche de Salò : phrase amère mais astucieuse, qui sert à cacher son inertie et surtout à préparer sa justification auprès de ses futurs biographes[18]. Il y sera logé avec sa famille dans la villa Feltrinelli, devenue aujourd'hui – signe des temps – un hôtel cinq étoiles où de riches touristes du Texas ou d'Abu Dhabi peuvent éprouver le frisson de dormir dans la chambre (présumée) du Duce. Demeure cossue mais sans grand caractère, elle était moins luxueuse à l'époque, avec un nombre limité de W.-C., mais suffisamment grande pour qu'il pût y installer dans une aile les services de son cabinet civil et militaire, derrière une double haie de sentinelles allemandes. Pour le protéger ou le surveiller ? Comble de l'humiliation : mis à part deux bataillons SS, c'étaient pour la plupart de « vieux » rescapés du front d'Afrique ou de Russie, qui rêvaient de rentrer chez eux et de déposer les armes. Il se plaignait de cette tutelle opprimante mais ne put rien faire pour l'adoucir. Au début, il aurait souhaité être transféré dans la bien plus imposante villa royale de Monza, pour des raisons de prestige, désormais bien futiles. Choix curieux, d'ailleurs, de sa part : c'est à Monza que le roi Humbert Ier avait été assassiné, le 29 juillet 1900, par un anarchiste… Les ministères, le parti et autres centres essentiels de la RSI étaient dispersés dans toute la région, entre Lombardie et Vénétie. Mais le Duce ne mit que rarement les pieds dans les bureaux de l'évanescente présidence du Conseil, installés à quelques kilomètres, dans le hameau de Fasano del Garda. Il ne quittera sa solitude carcérale que pour deux rencontres avec Hitler en Allemagne – de nouveau à Klessheim, en avril 1944, puis dans son QG de Rastenburg, quelques heures après l'attentat du 20 juillet –, une visite au front sur l'Apennin tosco-émilien, en janvier 1945, et deux ou trois déplacements à Milan, dont celui fatal du 25 avril 1945. Il rencontrait Claretta, délivrée et surveillée par

18. C'est encore l'opinion, plausible, de Moellhausen, *La carta perdente*, *op. cit.*, p. 289-290.

les Allemands, une ou deux fois par semaine, jamais pour une nuit entière, à la villa Mirabella ou à la villa Fiordaliso, deux annexes du Vittoriale, la demeure de D'Annunzio, désormais vide et sans vie. Ironie du sort : c'était lui qui avait imposé au poète de léguer à l'État cette résidence, dont le mauvais goût baroque avait jadis suscité ses sarcasmes quand il était tout-puissant.

Plus de sport, de tennis, d'équitation, parfois un tour à bicyclette de retraité à lunettes dans le parc de la propriété. Par beau temps, une excursion sur les eaux placides du lac avec le petit Romano, dans le canot à moteur conduit par un marin allemand. Le traitement à base de vitamines du docteur Zachariae l'a remis à peu près en forme ; il ne souffre d'aucune maladie sérieuse, mis à part son vieux compagnon, l'ulcère largement psychosomatique, pas même des séquelles d'une « blessure d'amour » de jeunesse, ainsi que le prouvera l'autopsie. Sa vue baisse, mais la cécité qui le hante n'existe que dans son esprit. C'est un sexagénaire encore bien portant. Mais l'homme apparaît négligé, ratatiné dans des vareuses flottantes et des uniformes fripés, chaussé de bottes éculées, non rasé parfois pendant deux ou trois jours d'affilée. Il ne prend plus soin de sa personne, sauf de ses mains qui lui servent à écrire sans cesse. C'est presque de la démesure : un énorme courrier échangé avec *ses* ministres, *ses* généraux, *ses* préfets, *ses* derniers hommes de confiance, impuissants comme lui ; et puis, deux ou trois articles par jour, souvent anonymes ou sous pseudonyme, pour l'agence *Corrispondenza Repubblicana* ou le *Corriere della Sera*, réunis dans *Histoire d'une année (Le temps du bâton et de la carotte)*, son dernier livre, l'un des plus révélateurs. L'écriture lui réserve, ironiquement, ses dernières satisfactions – là au moins il reste le maître – et ses derniers droits d'auteur. Le premier tirage du livre atteint 300 000 exemplaires, chiffre sans doute gonflé. À la fin de 1944, une édition plus ample paraît chez Mondadori, qui la retirera prudemment du commerce l'année suivante, assortie d'une traduction française aux Éditions de l'Aigle, de Montreux[19]. L'aube ou le soir sont consacrés à des traductions inachevées des livrets de Wagner ou de chapitres de *La Chartreuse de Parme*, sans

19. Cf. Musiedlak, *Mussolini*, *op. cit.*, p. 63. Le traducteur, Paul Gentizon, était un prolifique publiciste suisse, auteur dans les années 1930 de livres et d'articles favorables à la cause italienne en Éthiopie, vraisemblablement financés par Rome.

compter des commentaires en marge de livres de sagesse qui ne lui servent plus à grand-chose.

Le « mulet d'Italie », le premier enseignant, le premier journaliste, le premier bureaucrate, le premier démagogue de la nation est devenu un César plumitif et désœuvré. Il se définit lui-même comme un « rêveur naufragé », une « épave à la dérive », un « cadavre vivant et ridicule, surtout ridicule », celui qui « a déjà rédigé l'article qui plaira à ces pauvres gens devenus fous : "Mussolini est mort" »[20]. Il y a toujours une part de théâtre dans les répliques du vieux comédien[21]. Cet homme revenu de tout sait que la fin est proche et donne parfois l'impression de l'appeler de ses vœux. Puis, soudain, la volonté de vivre le reprend, comme Napoléon à Sainte-Hélène. Les invectives qu'il lance contre son peuple, qui « n'a pas été corrompu par le fascisme mais l'a corrompu[22] » et qui invoque un nouvel esclavage de la main des « libérateurs » alliés (ou des Allemands), n'ont pas le côté délirant, mortifère, des derniers propos de Hitler dans son bunker. Il sait parfaitement que si le contrat social entre la dynastie et les Italiens est rompu depuis le 8 septembre, la RSI n'a rien de mieux à leur offrir. « Nous construisons sur des sables mouvants[23] », confie-t-il à son chef de cabinet. Les interlocuteurs sont frappés par son détachement, son dépouillement, son absence de passion, voire « son extrême douceur[24] ». Son apathie est telle qu'un de ses fidèles, le directeur de *La Stampa* de Turin, Concetto Pettinato, publie le 21 juin 1944 un éditorial dont le titre restera exemplaire : « Si tu es encore là, frappe un coup ! »

Sa dernière carte pour prouver qu'il est « encore là » et donner un minimum de dignité idéologique à la RSI, s'appellera la « socialisation ». Certes, les Allemands s'y opposent, ce qu'Anfuso, à chaque retour de Berlin, doit lui confirmer[25]. Mais, à défaut d'autres perspectives, le *podestà* semble croire (le doute, comme toujours, s'impose) qu'une accentuation de la dimension sociale de Salò pourrait

20. Lettres à Claretta du 13 février, 14 février, 29 juin 1944. L'article en question n'a pas été retrouvé, dans *A Clara*, *op. cit.*, p. 106-109, 110, 227.

21. Milza, *Mussolini*, *op. cit.*, p. 870.

22. Lettre à Claretta du 29 mars 1944, dans *A Clara*, *op. cit.*, p. 150.

23. Dolfin, *Con Mussolini nella tragedia*, *op. cit.*, p. VII.

24. Moellhausen, *La carta perdente*, *op. cit.*, p. 289.

25. Anfuso, *Du palais de Venise*, *op. cit.*, p. 352 et suivantes.

représenter une base d'entente avec les formations de gauche du mouvement partisan : les socialistes, les « actionnistes » (membres du Parti d'action) et, surtout, les communistes, et derrière ceux-ci Staline, encore et toujours. Une accentuation de la dimension sociale susceptible aussi, dans une certaine mesure, de le réconcilier avec son passé. Ce plan n'a en réalité aucune chance d'aboutir, car ce sont précisément ces formations qui, au sein du Conseil de la Résistance, ou Comité de libération nationale (CLN)[26], prônent la ligne de l'intransigeance absolue (et appellent à l'élimination physique du dictateur), alors que démocrates-chrétiens, autonomistes, libéraux et monarchistes hésitent encore. Les historiens se sont penchés sur ce supposé retour du Mussolini agonisant au socialisme de ses origines. De Felice, qui avait ouvert cette piste de réflexion, n'a pu parvenir à des conclusions valables, laissant inachevée sa grande œuvre. On a ainsi parlé d'un Mussolini nostalgique de ses débuts, presque sentimental, qui s'entoure d'anciens camarades resurgis d'un lointain passé, comme Bombacci, qui mourra avec lui, et Ottavio Dinale, un disciple de Sorel, qui l'avait suivi en 1914-1915 dans le tournant interventionniste puis fasciste. Ajoutons-y un troisième personnage, le journaliste socialiste Carlo Silvestri, ancien déporté au *confino*, devenu un passeur controversé entre le régime et la Résistance. Était-ce pour se ménager une sortie de secours ? On ne peut l'exclure. Silvestri élaborera jusqu'aux derniers jours, avec un autre socialiste « autonomiste[27] », Corrado Bonfantini, une initiative visant à transférer pacifiquement les pouvoirs de la RSI à la Résistance, en échange de la vie sauve pour Mussolini. Son action sera néanmoins désavouée par les membres du Comité de libération nationale[28].

26. De cette structure composite – parfois jusqu'à la confusion des ordres et des compétences – émanent le Comité de libération de l'Italie du Nord (CLNAI) ainsi que les formations militaires du Corps des volontaires de la liberté (CVL). Mais comme un gouvernement nominalement national siégeait à Rome libérée depuis juin 1944, les rouages de commandement effectif devinrent encore plus compliqués. Je simplifierai pour le lecteur français en parlant de Conseil de la Résistance.

27. En gros, les « autonomistes », plus modérés, refusaient le pacte d'action commune entre les autres socialistes et les communistes.

28. Dans l'après-guerre, Silvestri sera attaqué pour son attitude « ambiguë » par les antifascistes intransigeants. Il se défendit en avançant que ses contacts avec Mussolini lui avaient permis de sauver de nombreux opposants. Quoi qu'il en soit, les volumes et articles qu'il a consacrés à cette période sont d'une vivacité d'expression et d'un intérêt historique non négligeable.

Le Duce autorise alors, et même encourage, un ancien collaborateur libéral de Croce, Edmondo Cione, à fonder en 1944 un éphémère mouvement… d'opposition interne au sein de la RSI, dénommé Regroupement national-républicain socialiste (RNRS), avec son organe, *L'Italie du peuple*, qui émarge aux modestes ressources de la présidence du Conseil. On y retrouve des fascistes modérés, dont Biggini et Parini, des socialistes autonomistes, des républicains mazziniens, des anarchistes et même des « communistes libertaires », comme Bruno Rizzi, un des fondateurs du Parti communiste d'Italie en 1921, qui avait eu l'honneur d'une attaque personnelle de Trotski, ainsi que le partisan Germinal Concordia, personnage de roman, comme son nom l'indique, arrêté par les Brigades noires et peut-être sauvé du peloton d'exécution par l'entremise du dictateur[29]. Le RNRS n'existera que sur le papier et sera condamné par les fascistes aussi bien que par la Résistance. On n'arrive à discerner aucun dessein cohérent dans ces élucubrations qui ne pouvaient plus se traduire en mesures effectives[30]. Lorsqu'un autre proche de Mussolini, le ministre de l'Économie Tarchi, présentera un projet de loi de « corporation sociale », qui prévoyait l'attribution aux travailleurs d'une part des bénéfices de la production industrielle, les Allemands redoubleront leur opposition. En théorie, mais en théorie seulement, on pourrait imaginer que si le Duce avait misé sur la « socialisation » avant l'entrée en guerre – au moment où l'autarcie écrasait le faible pouvoir d'achat des prolétaires –, il aurait pu en obtenir quelques fruits. Mais à partir de 1940, et surtout l'année suivante, avec l'attaque de l'URSS, rien ne pouvait plus rapprocher Mussolini de la classe ouvrière.

Gargnano-Sigmaringen ? La comparaison, qui naît spontanément chez un lecteur français, est plus apparente que réelle. En premier lieu,

29. Témoignage de Cione, dans Bertoldi, *La guerra parallela*, *op. cit.*, p. 106-119. Il sera l'auteur de la première histoire de la République sociale, publiée en 1951. Malgré une activité très abondante de publiciste, Cione sera ostracisé dans l'après-guerre et exclu du MSI. Concordia fondera un minuscule « parti communiste national » dissident et animera jusqu'à sa mort, en 1980, une revue semi-clandestine, *La Comune*.

30. Exaltée par les publicistes fascistes et néofascistes, la « socialisation » a été généralement négligée par les historiens de la Résistance, qui lui ont nié toute signification. Ainsi Pavone ne cite ni cet épisode ni aucun de ces personnages dans son livre, alors que Deakin leur avait consacré un chapitre factuel dans *Storia della repubblica di Salò*, *op. cit.*, p. 653-665. Pour Luzzatto, en revanche, il s'agissait de la « tentative la plus originale conçue par Mussolini comme chef de la RSI », *Il corpo del duce*, *op. cit.*, p. 126-129.

l'aventure de Salò se déroula, du début à la fin, exclusivement sur le territoire national. Mussolini déclara à plusieurs reprises – et pour une fois, peut-être, on peut le croire – qu'il se serait suicidé si on avait essayé de l'emmener en Allemagne par la force. Aucun hiérarque, pas même les pronazis Farinacci, Ricci ou Pavolini, sauf peut-être Preziosi, n'envisagea lucidement de se réfugier dans le Reich, et encore moins d'y constituer un semblant de RSI posthume[31]. En réalité, la République des derniers intransigeants voulait sa « Vendée » coûte que coûte[32]. En deuxième lieu, les Allemands – l'ambassadeur Rahn et surtout le général SS Wolff –, qui négocièrent secrètement avec les Alliés[33] le départ de leurs troupes d'Italie, et les Anglo-Américains, qui ne reprirent leur offensive foudroyante qu'au printemps 1945, n'eurent qu'un rôle secondaire dans la fin de Mussolini et de ses acolytes[34]. Celle-ci fut donc une affaire italo-italienne, comme elle devait l'être moralement, politiquement et même symboliquement. En troisième lieu, l'écroulement, cette fois définitif, du fascisme scella la victoire de la Résistance, c'est-à-dire le rachat du peuple dans son ensemble, avec des chefs et des militants venus essentiellement de l'intérieur, parfois des hommes et des femmes « neufs », qui s'étaient imposés par leur audace et leur sacrifice, souvent sans rapport avec les cadres antifascistes d'avant. Les instructions données par Staline à Togliatti étaient justement de mettre au pas les tendances trop révolutionnaires de militants issus des maquis. Les anciens leaders « populaires » revenus d'exil, comme Don Luigi Sturzo, se trouvèrent également confrontés à une nouvelle génération de dirigeants démocrates-chrétiens formés dans la clandestinité. La différence est que Togliatti reprit le parti d'une main de fer, alors que Don Sturzo le perdit. Le « résistancialisme » a successivement produit, en Italie comme ailleurs, un excès de rhétorique et d'autocélébration guerrière, contre l'admonestation sévère de Parri : « Notre histoire n'est pas

31. Nous verrons dans l'épilogue qu'une des destinations possibles du dernier convoi de Mussolini était le Tyrol, donc la frontière du Reich. Mais il s'agissait justement d'une tentative de survie sans aucune prétention politique.

32. Cf. Le Moal, *Histoire du fascisme*, *op. cit.*, p. 359-360.

33. Plus exactement, à Berne, avec Allen Dulles, directeur pour l'Europe de l'OSS (Office of Strategic Studies) et futur chef de la CIA. Dulles avait été précédemment impliqué dans l'acquisition du journal de Ciano, ainsi que je l'ai précisé dans mon édition de l'ouvrage.

34. Ce n'est pas l'opinion de tous les chercheurs, voir l'épilogue.

une histoire de saints et de héros[35]. » Il n'en demeure pas moins que l'insurrection fut l'élément unifiant de la conscience nationale, que ni Salò ni les Allemands n'avaient prévu[36].

Des témoins, biographes et historiens bienveillants ont mis l'accent sur le rôle de Mussolini pour essayer de conjurer les pires horreurs de la guerre civile. Le mieux qu'on puisse dire est qu'il ne chercha pas à les aggraver[37]. Des proches ont affirmé que, même à Salò, « il ne savait pas haïr[38] ». Soit. Comme nous l'avons dit dans la première partie, le moteur premier de sa vie n'avait pas été la haine, mais plutôt l'ambition démesurée, la rancune, la volonté de s'imposer à tout prix. Sa passivité devant les méfaits qui se multiplient presque sous ses yeux n'est pas que le reflet de son impuissance ; elle provient également de la nappe d'indifférence morale qui l'a toujours caractérisé. « Trop de sang coule, hélas, entre Italiens[39] », écrit-il le 16 avril 1944 à Claretta. Mais qui en est le principal responsable ? Et que fait-il pour l'éviter ? Silence. En ce sens, il partage avec des dictateurs encore plus impitoyables que lui la vieille idée qu'on n'abat pas un arbre sans que des copeaux volent. Le sort des Juifs persécutés en est la preuve. Mussolini, malgré sa détestation de Preziosi – qu'il appelle « l'innommable » – placé en mars 1944,

35. Discours prononcé à Rome en 1960, dans F. Parri, *Come farla finita con il fascismo*, *op. cit.*, p. 92-127.

36. L'épopée de la Résistance a produit, en Italie comme en France, une vaste littérature, bonne et moins bonne. Son auteur le plus inspiré reste à nos yeux le très courageux partisan et écrivain piémontais Beppe Fenoglio (1922-1963), dont on peut lire notamment en français : *La Guerre sur les collines* (Paris, Gallimard, 1973), *Les Vingt-Trois Jours de la ville d'Albe* (Paris, Lebovici, 1987), *Le Printemps du guerrier* (Paris, Denoël, 1988), *L'Embuscade* (Paris, Gallimard, 1994). Pourtant des critiques lui ont reproché – et lui reprochent encore – une excessive « humanisation » des adversaires fascistes. À noter que son éditeur refusa le titre général que Fenoglio voulait donner à son vaste cycle sur la Résistance, *Récits de la guerre civile*, ce terme n'étant pas encore accepté à gauche. Parmi les autres textes disponibles en français, citons : I. Calvino, *Le Sentier des nids d'araignées*, Paris, Julliard 1978 ; C. Cassola, *La Ragazza*, Paris, Seuil, 1962 ; R. Viganò, *Agnès va mourir*, nouvelle édition, Paris, Phébus, 2009 ; enfin le chef-d'œuvre de Pavese, *La Lune et les Feux*, Paris, Gallimard, coll. « L'Imaginaire », 1986.

37. Le 28 décembre 1943, dans la campagne de Reggio d'Émilie, les sept frères Cervi, agriculteurs et résistants catholiques, âgés de vingt-trois à quarante-deux ans, furent fusillés par les Brigades noires. Sur une fiche portant leurs noms, la veille de l'exécution, on a cru reconnaître, dans un soulignage sous les mots « sept frères » suivi d'un point d'interrogation, le fameux crayon rouge de Mussolini. Si l'annotation était bien de lui, cela ne suffit pas à les sauver.

38. Teodorani, *Quaderno 1945-1946*, *op. cit.*, p. 23.

39. *A Clara*, *op. cit.*, p. 161.

sur pression allemande, à la tête du « Département pour la race[40] », ne fera rien d'essentiel pour éviter cette dérive, infamante entre toutes[41]. Alors que la République sociale décrète la « chasse aux Juifs », privés de leurs derniers droits, l'attitude de la population, dans toutes les classes sociales, fut dans l'ensemble non seulement honorable, mais efficace[42]. Les cas de délation furent rares, presque exclusivement dans les villes, et souvent liés à de vieilles querelles, professionnelles ou autres. Dans les campagnes, des paysans qui ne savaient pas ce que « Juif » signifiait, furent fusillés pour avoir hébergé des persécutés (ou des parachutistes anglo-américains). Même des personnages comme Farinacci, Buffarini Guidi, Ricci, Pavolini, pour des raisons diverses, ont pu protéger « certains » d'entre eux. On ne connaît rien de tel de la part de Mussolini. S'il mentionne parfois dans ses articles le « judaïsme », à côté de la franc-maçonnerie et de la grande bourgeoisie, il semble que le problème ne le concerne pas. On dirait qu'il préfère ignorer la dimension de ce drame pour gommer la lourde responsabilité qui lui échoit.

La fin approche. Le 16 décembre 1944, le Duce, qui arrive pour une fois à forcer la main de ses geôliers allemands[43], arrive à Milan. Il prononce au Teatro Lirico – la Scala ayant été gravement endommagée par les bombardements alliés[44] – le « discours de la rescousse ». L'allocution fut incontestablement impressionnante : en témoigne l'enregistrement partiel qui nous est parvenu. Malgré les rigueurs de l'hiver, la rareté des moyens de transport et les privations de la guerre, le théâtre se remplit et la foule se massa jusqu'à la place et

40. Certains hiérarques nazis comme Rosenberg l'avaient même proposé comme président du Conseil. Cf. De Felice, *Storia degli ebrei*, *op. cit.*, p. 453.

41. *Ibid.*, p. 455-459.

42. Selon les estimations du Centre de documentation juive de Milan, reprises par De Felice, *Storia degli ebrei*, *op. cit.*, p. 475, pendant la République sociale, mis à part les Juifs résistants, 5 000 à 6 000 Juifs purent s'expatrier en Suisse, 4 000 se réfugièrent dans le royaume du Sud, 7 000 furent tués ou déportés, mais 27 000 furent cachés et sauvés : un des pourcentages les plus élevés de toute l'Europe.

43. Témoignage du médecin Zachariae, dans *Mussolini si confessa*, *op. cit.*, p. 198.

44. Elle sera reconstruite après la Libération, avec son acoustique unique au monde, et ré-inaugurée le 11 mai 1946 par l'octogénaire Arturo Toscanini, revenu expressément de son exil américain. Le *Maestrissimo*, qui jouissait alors d'une immense popularité aux États-Unis, avait lancé une telle campagne de presse contre la « barbarie » de cette destruction que des fonds américains importants affluèrent pour la restauration. Ce fut l'acte symbolique de la renaissance de l'Italie postfasciste.

aux rues avoisinantes pour écouter par haut-parleur la voix martelée du démagogue agonisant[45]. Le moment semblait favorable car von Rundstedt venait de stopper l'avancée des Alliés dans les Ardennes. En réalité, l'orateur n'avait rien de bien encourageant à dire et répéta les sornettes sur les « armes secrètes » qui seraient en ligne en 1945, puis lança un appel à l'Italie, « qui bientôt deviendrait toute républicaine ». Pourtant ce discours testamentaire est intéressant. Mis à part l'hommage rituel aux camarades allemands – et celui, plus marqué encore, aux Japonais, « dont les exploits s'imposent à l'admiration du monde » –, il insiste sur les deux concepts de la socialisation et de la réconciliation nationale, en déplorant « des excès qui me répugnent », laissant même entrevoir la possibilité de quitter la scène. Son talent oratoire lui vint encore en aide et à la sortie il s'exhiba pour son dernier bain de foule, debout sur un tank[46], sans protection rapprochée, comme il aimait le faire jadis. Il sourit et dispensa alentour des gestes apaisants ; mais lorsqu'il se tourna vers Pavolini, à sa gauche, son expression se figea, le visage contracté, les mâchoires serrées. Si un coup de fusil l'avait abattu alors, son aventure se serait achevée de façon moins lamentable. Mais les résistants, nombreux sur les lieux, jugèrent sans doute qu'il ne méritait pas une belle mort[47].

Milan avait vu la naissance du mouvement et c'est là que le fascisme devait périr. Pavolini et le modéré Barracu avaient caressé, à la fin de 1944, comme nous l'avons dit, le projet dément de transformer la ville en « Stalingrad ou Alcázar de l'Italie ». Mussolini laissa tomber : « Je n'ai pas l'intention de finir dans une vaste tombe, aurait-elle le nom magique de Milan[48]. » En revanche, il fut tenté par l'autre projet, à peine moins absurde, de créer un « réduit » dans les Alpes lombardes de la Valteline, où l'on pourrait concentrer 200 000 fidèles, prêts

---

45. M. Cancogni, *L'ultimo viaggio di Mussolini*, Florence, Le Lettere, 2005. L'image du théâtre rempli « d'au moins 4 000 personnes » semble exagérée : il peut en contenir 1 600. Mais la foule dehors était certainement plus nombreuse.

46. C'est la vulgate guerrière naturellement reprise le lendemain par la presse. Les photos donnent plutôt l'impression d'une estrade improvisée.

47. Le dernier discours de Mussolini est en fait celui qu'il prononcera à Gargnano le 23 mars 1945, pour la « cérémonie du drapeau ». Dans les actualités, où des scènes d'enthousiasme populaire furent peut-être ajoutées, on reconnaît derrière lui le gigantesque Graziani, le petit et frileux Hidaka et une brochette d'officiers allemands.

48. F. Bandini, *Les Dernières Heures de Mussolini*, Paris, Éditions France-Empire, 1961, p. 21.

à s'immoler autour du Duce et des cendres de Dante, prélevées de son tombeau de Ravenne. Détail révélateur : il y ajouta l'ordre d'y transférer l'imprimerie d'un journal. Heureusement, ces « Thermopyles du fascisme » n'eurent pas lieu. Les irréductibles se dispersèrent jusqu'à disparaître en cours de route et les derniers miliciens dépenaillés se rendirent sans combattre, en évitant d'ajouter du sang italien à celui qui avait déjà coulé à flots. Mais on ne peut exclure que le but de Mussolini était d'attendre dans cette position retranchée l'arrivée des Alliés, qui auraient pu lui réserver un autre sort que les partisans. Calcul inutile, de toute façon : l'homme n'a plus qu'à choisir sa fin. Mais à la différence de Hitler, il n'y parviendra pas.

Épilogue

Trois symboles et deux mallettes

« Finir sa vie à propos est une condition nécessaire de l'homme public. »

Chateaubriand, *Mémoires d'outre-tombe*, livre 35e, chap. 3

Le 18 avril 1945, Mussolini quitte définitivement Gargnano et retourne à Milan pour sa dernière équipée. La veille, il écrit à sa maîtresse qu'« il y a encore des possibilités[1] ». Lesquelles ? Vaste débat… Il s'installe dans les locaux de la préfecture, où il est rejoint par son fils Vittorio, ses deux neveux, Vito Mussolini et Vanni Teodorani Fabbri, et quelques fidèles. Rachele et leurs deux enfants en bas âge, Romano et Anna Maria, sont conduits à Côme, d'où ils n'arriveront pas à passer dans le Tessin, où se trouve déjà Edda, hôte d'un couvent de religieuses. Pris en charge par les Anglais à la Libération, ils seront transportés d'abord à Terni puis sur l'île d'Ischia[2]. Sur cette semaine milanaise de Mussolini nous disposons de peu d'éléments fiables. Elle se déroule fiévreusement dans l'attente des contacts que le passeur Silvestri a engagés avec les membres modérés du CLN, en particulier les formations autonomes socialistes « Matteotti » (*sic*). Entre-temps, l'industriel parfumeur Gian Riccardo Cella vient d'acheter les actions et les presses du *Popolo d'Italia*, propriété personnelle de Mussolini,

1. *A Clara*, *op. cit.*, p. 394.

2. Vittorio, Vito et Teodorani arriveront à se sauver sous protection américaine, après quelques jours passés cachés également dans un couvent.

pour 50 millions de lires, dont une bonne partie sera payée en francs suisses. Argent de poche pour la fuite ? Nous verrons. À un jeune milicien de garde à la préfecture, le futur écrivain Giorgio Soavi, le Duce ne semble plus que l'ombre de lui-même : « Pâle, vieilli, nerveux, les gens disaient qu'il souffrait de maux inguérissables[3]. » Un canal parallèle lie Cella à l'avocat démocrate-chrétien Achille Marazza, autre représentant de l'aile modérée. Un accord est enfin trouvé pour organiser une rencontre entre Mussolini et les chefs de la Résistance ; mais où ? On écarte la préfecture et l'habitation de Cella pour arriver à la solution de l'archevêché, sous la haute autorité du cardinal Ildefonso Schuster. Ce prélat d'origine bavaroise avait montré jadis sa bienveillance à l'égard du régime, en saluant l'« œuvre civilisatrice » de l'expédition d'Éthiopie. Son l'attitude s'était révélée plus pastorale au cours de la guerre civile.

L'entretien décisif aura lieu le 25 avril, peu après 17 heures, au palais épiscopal. Mauvais présage : c'est l'heure à laquelle était convoquée la réunion décisive du Grand Conseil, le 24 juillet 1943, et l'heure de l'audience royale du lendemain, qui s'était terminée par l'arrestation du Duce. Mussolini arrive très en avance, accompagné de Graziani et du préfet de Milan Mario Bassi[4], ainsi que de Barracu et du ministre de l'Intérieur Paolo Zerbino, qui vient de succéder à Buffarini Guidi, deux des futurs fusillés de Dongo. Le cardinal tient d'abord à le recevoir en tête à tête. Il lui parle de Napoléon, qui retrouva la foi à Sainte-Hélène : « Comme lui, vous devez vous préparer à une vie d'expiation, dans la captivité ou l'exil, mais l'Italie sera sauvée. » Mussolini ne réagit pas ; hagard, mal habillé, il revendique d'avoir protégé l'Église des mesures hostiles des extrémistes et des Allemands[5]. Enfin, les chefs partisans arrivent, mais sans les socialistes ni les communistes. Mussolini note avec déception leur absence : il sait parfaitement qu'ils incarnent l'aide dure et majoritaire du Conseil de la Résistance. Quelle confiance peut-il bien accorder aux autres ? Le secrétaire du cardinal offre des biscuits et une liqueur bénédictine. A-t-on serré ou pas la main que le Duce tend gauche-

3. G. Soavi, *Un banco di nebbia* (« Un épais brouillard »), Milan, Longanesi, 1965, p. 244-248.

4. Ce personnage très compromis dans les représailles de l'hiver 1944-1945 est un exemple de fasciste intransigeant sauvé par l'« amnistie Togliatti ».

5. Cancogni, *L'ultimo viaggio*, *op. cit.*, p. 21-31.

ment au général Cadorna, à l'avocat Marazza, à l'ingénieur Riccardo Lombardi du Parti d'action qui est déjà désigné comme préfet de Milan insurgée[6] ? Clause de style sans plus d'importance. Alors que le dictateur s'attend à une négociation, Marazza, un peu mal à l'aise, lui stipule que le Conseil exige sa reddition sans conditions[7]. À ce moment, Bassi – ou son collègue, le préfet Carlo Tiengo[8] – apporte la nouvelle que les Allemands traitent pour leur compte avec les Alliés, abandonnant les fascistes à leur sort. Mussolini explose, hurle à cor et à cri qu'ils l'ont trahi, ce qui est vrai.

Pourtant, ce coup de théâtre suscite quelques perplexités. Après des abouchements qui remontaient à l'hiver 1944-1945, le général Wolff négociait en Suisse avec les Américains depuis au moins le début de mars. Il disposait d'une couverture fournie d'abord par Kesselring, puis, après le rappel du maréchal en Allemagne pour assurer l'extrême défense du front du Rhin, par son adjoint et successeur, le général Heinrich von Vietinghoff[9]. Cela suffit à prouver que le Führer était au courant de la décision d'abandonner la République sociale à son sort et l'avait approuvée. Est-il vraisemblable que les fascistes aient poussé la naïveté jusqu'à ignorer ces contacts prolongés ? La fureur de Mussolini, qui a toujours soupçonné ses geôliers de poursuivre un double jeu, a au moins une autre cause[10]. L'entretien lui a confirmé que la distinction entre résistants modérés et intransigeants est un leurre : tous s'accordent désormais pour vouloir sa peau[11], et les Allemands ne sont plus là pour

6. Il se montrera excellent et avisé dans ce rôle, endiguant dans la mesure du possible les vengeances expéditives et assurant le fonctionnement des structures essentielles de la ville. Devenu socialiste, il animera l'aile gauche du parti jusqu'à sa mort, en 1984.

7. Déclarations un peu vagues de Cadorna et de Marazza dans Bertoldi, *La guerra parallela*, *op. cit.*, p. 13-23 et 39-52.

8. Abattu le 11 mai 1945 dans des circonstances non éclaircies. Sans doute un règlement de comptes.

9. Cf. Di Nolfo-Serra, *La gabbia infranta*, *op. cit.*, p. 206-211. La reddition des troupes allemandes en Italie (opération *Sunrise*) aura lieu à Caserte, en Campanie, le 29 avril, date à laquelle la plupart de ces troupes avait en réalité franchi le Brenner ou s'apprêtaient à le faire. Wolff et von Vietinghoff bénéficieront d'une confortable détention alliée, avant d'être relaxés.

10. Je souscris sur ce point à la thèse de Mack Smith, *Mussolini*, *op. cit.*, p. 402.

11. L'affirmation de Valiani selon laquelle « Mussolini, en refusant de se rendre, s'était mis hors la loi » (*Tutte le strade conducono a Roma*, *op. cit.*, p. 276) est cousue de fil blanc, avec tout le respect qu'on lui doit. En obtempérant, Mussolini n'avait pas la moindre chance de survie, et il le savait. D'ailleurs la Résistance avait appelé à l'élimination physique du tyran dès ses premières proclamations.

le protéger. La médiation de Silvestri a également échoué. Il ne peut plus espérer se sauver en se plaçant sous la protection du cardinal : l'Église, qu'il prétendait maîtriser avec le concordat, a prouvé qu'elle est plus forte que lui et durera après lui. Les lèvres minces comme une feuille de papier dans le visage émacié de Son Éminence ne disent pas autre chose. Le Duce quitte alors la séance en donnant rendez-vous à ses adversaires à 20 heures. Ils ne le reverront pas vivant.

Il repart avec sa suite vers la préfecture. Dans l'escalier, il croise le dirigeant socialiste Sandro Pertini, futur président de la République dans les années 1980, lequel affirmera qu'il ne le reconnut pas, « autrement je l'aurais abattu moi-même ». Héroïques propos : le dictateur, entouré de ses derniers prétoriens, était-il si méconnaissable[12] ? Ou n'était-ce pas plutôt que, mis à part les risques d'une fusillade dans un lieu encore bourré de fascistes, on avait déjà envisagé une mise en scène plus spectaculaire pour son exécution ? Avant de s'éloigner de la préfecture, il dissout l'armée et la garde nationale républicaine et transmet tous ses pouvoirs au ministre de la Justice Pisenti. Ainsi, très théoriquement, la RSI pourra se rendre en tant qu'État indépendant. Peine perdue : ni le Conseil ni les Alliés n'ont jamais défini Salò autrement que comme un « pseudo-gouvernement[13] ». Est-ce à ce moment qu'il a décidé sa fuite ? Et si oui, vers quelle destination ? Mis à part l'idée saugrenue d'un sous-marin qui l'aurait conduit jusqu'au Japon (!), il écarta le projet beaucoup plus réalisable d'un vol à destination de la Turquie et surtout de l'Espagne. Au sous-secrétaire à l'Aviation, le commandant Ruggero Bonomi, qui sollicite son adhésion, il répond d'un ton ferme : « Non. Je resterai ici jusqu'au bout. Croyez-vous que ma vieille carcasse m'intéresse encore[14] ? » Cela dit, il n'est pas du tout sûr que l'ingrat Franco

12. Pertini ne confirme pas ces propos guerriers dans son récit à Bertoldi, dans *La guerra parallela*, *op. cit.*, p. 120-134, où il déclare au contraire avoir dit à Tiengo : « Si Mussolini se rend, il ne lui sera pas fait de mal et il sera jugé par un tribunal du peuple. » Mais l'histoire est courante et reprise par Milza, *Mussolini*, *op. cit.*, p. 871, et par d'autres biographes.

13. Néanmoins, sauf cas de ponctuelles et assez rares procédures d'épuration, la Cour de cassation républicaine reconnaîtra les droits d'ancienneté professionnelle des magistrats, préfets et fonctionnaires de la RSI.

14. Témoignage de Bonomi, dans Bertoldi, *La guerra parallela*, *op. cit.*, p. 53-65. L'avion partit le 22 avril 1945 pour Barcelone, ayant à bord les parents et la sœur de Claretta Petacci et quelques autres transfuges italiens et allemands.

aurait accordé l'asile à un personnage aussi encombrant, après avoir évité prudemment de reconnaître la RSI. Le risque infamant d'être appréhendé par les Espagnols puis livré aux Alliés semblait élevé. Souhaite-t-il alors tenter de passer la frontière suisse ? Cette version, très largement véhiculée dans l'après-guerre pour accréditer l'idée de la lâcheté du dictateur, n'a pas trouvé de réponse satisfaisante. Zachariae, qui l'encourage à tenter cette voie, prêt à la couvrir de son autorité de médecin militaire – « s'agissant du droit d'asile reconnu par les conventions internationales pour un homme gravement malade » (ce que Mussolini n'était pas) –, se heurte également à son refus : « Son honneur lui imposait de rester fidèle jusqu'à la fin à ses camarades[15]. » Plus concrètement, le représentant diplomatique suisse à Milan, qui a rencontré le dernier chef de cabinet du Duce le 20 avril, lui a déjà fait comprendre que la Confédération lui ouvrira difficilement ses portes[16]. Nouvelle impasse donc. Demeure sur la table le « réduit » de la Valteline : est-ce une option véritable ? La réalité est qu'il n'y a aucun plan de fuite établi et qu'un Mussolini désemparé vague au gré des humeurs du moment. Les historiens aiment les réponses rationnelles : il est difficile d'en trouver dans la suite des événements telle que nous allons essayer de la reconstruire.

Entre-temps, l'insurrection a éclaté à Milan. Elle prendra officiellement la date du 25 avril – fête nationale de l'Italie démocratique avec le 2 juin, proclamation de la République en 1946 – alors que seules quelques grèves éclatent dans l'après-midi et que la Libération proprement dite n'aura lieu que le lendemain[17], lorsque les derniers Allemands quitteront la ville sans combattre pour prendre la route du Brenner[18]. À 17 heures le 26 avril, horaire décidément fatidique

15. Zachariae, *Mussolini si confessa*, *op. cit.*, p. 212-214. Et il ajoute, on ne sait sur quelles bases, cette affirmation surprenante : « Je suis certain que j'aurais obtenu cette concession des autorités helvétiques, d'autant plus que les Alliés s'y étaient également dits favorables. Je n'envisageais donc aucune difficulté. »

16. Bertoldi, *Salò*, *op. cit.*, p. 270-271.

17. La veille, un officier allemand donna son Luger à mon père en lui disant : « Nous avons perdu et nous partons. » Mon père l'a gardé jusqu'à sa mort. Après quoi je l'ai rendu aux carabiniers de mon arrondissement, n'ayant ni le permis de détention d'armes ni le moindre intérêt pour ce genre de vestiges.

18. Valiani, *Tutte le strade conducono a Roma*, *op. cit.*, p. 274-275, doit le reconnaître à mi-mot. Les derniers affrontements entre partisans et Allemands eurent lieu en Piémont (où aura lieu à Grugliasco, près de Turin, le 30 avril le dernier massacre nazi qui fera 67 victimes) et dans la partie lombarde et émilienne de la vallée du Pô, non à Milan.

dans l'histoire du fascisme, après sa reddition au représentant militaire du Conseil de la Résistance, le colonel comte Federigo Serego degli Alighieri, le commandant Borghese ordonne de baisser la bannière de la X Mas, dernier drapeau combattant de la République sociale. Il la replie, la baise et la passe au vainqueur qui lui rend le salut militaire. Aucun Allemand n'est présent, qui ne serait pas le bienvenu. Ainsi un prince romain de sang se rendait à un descendant (un peu latéral) de Dante : un bon point pour l'histoire nationale. « Nous nous mettons au garde-à-vous, partisans et fascistes, tous soldats, tous Italiens[19] », affirmera un témoin. Vision optimiste : les règlements de comptes vont reprendre avec entrain. Mais au moins, la guerre civile est – officiellement – finie. Le fascisme aussi.

La colonne des fuyards fascistes, qui rappelle curieusement celle des fuyards royaux du 9 septembre 1943, se compose d'une centaine de dignitaires et de militaires, parfois accompagnés de leurs femmes et enfants, entassés dans une douzaine de camionnettes et de voitures, dont l'Alfa Romeo découverte du Duce, et deux blindés allemands, qui composent son escorte aux ordres du lieutenant des Waffen-SS Fritz Birzer, un bien modeste gradé comme dernier protecteur. Direction : la préfecture de Côme, à 40 kilomètres de Milan, et là première halte à la nuit tombante. Claretta, son frère Marcello, sa compagne et ses deux enfants se sont unis au groupe, ce qui suscite l'irritation du Duce qui essaie sans succès de leur faire rebrousser chemin. La ville lombarde n'est pas sur l'itinéraire du réduit de la Valteline, mais bien sur celui de la douane suisse à Ponte Chiasso. À noter que les partisans, qui contrôlent les cols, n'ont pas plus attaqué le convoi que Kesselring n'avait empêché le retrait de Victor-Emmanuel et de Badoglio vers les Abruzzes. Or, le maréchal allemand voulait permettre la fuite du roi : ici, au contraire, prépare-t-on une souricière, ou manque-t-on d'indications plus précises ? Difficile à dire.

Au cours de la nuit, Mussolini, qui n'a pas fermé l'œil, écrit à Rachele : « Me voici parvenu à la dernière phase de ma vie… » Nous avons vu qu'elle se trouve également à Côme, mais il évite de la ren-

Les coups de feu qu'on entendra dans l'après-midi, sauf quelques escarmouches isolées, seront des tirs « de joie ».

19. Spampanato, *Contromemoriale*, II, *L'ultimo Mussolini*, p. 382-383.

contrer avec leurs deux jeunes enfants. Pour ne pas leur faire partager son sort ? Il y aura ensuite un dernier et court échange téléphonique entre eux : le ton très las de Benito ne laissera plus aucun espoir à sa perspicace épouse[20]. Vers 4 h 30, le 26 au matin, le convoi repart en direction de Menaggio, de Cadenabbia et de Grandola, riantes stations touristiques où les Brigades noires viennent d'effectuer un massacre de patriotes. Mussolini tourne autour de la frontière suisse sans oser s'y présenter ; ses acolytes s'en rendent compte et commencent à le lâcher. Graziani le quitte alors pour rentrer à Milan, où il se rend à son homologue Cadorna ; il passera aux mains des Alliés non sans avoir risqué sa vie dans un attentat au cours de sa première nuit en prison. Buffarini Guidi, qui a essayé en vain dans les semaines précédentes, comme d'autres hiérarques, d'établir un contact avec la Résistance, joue son va-tout : d'abord accueilli sous un faux nom par les douaniers helvétiques, puis refoulé, il sera traîné devant un peloton d'exécution, après avoir essayé de s'empoisonner, et fusillé dans des conditions déshonorantes, semblables à celles de Pierre Laval[21].

Mussolini lance des directives confuses et les Allemands de son escorte sont de plus en plus désemparés. La colonne, grossie par une trentaine de camions allemands transportant des troupes qui refluent de Milan vers le Brenner, est très visible sur ces routes de montagne. Le temps est détestable, le printemps est en retard. Finalement on décide de s'installer, sous une pluie tombante, à l'hôtel de Grandola, aux portes de Menaggio. Personne ne va se coucher, dans l'attente

20. La lettre, publiée dans les souvenirs de Rachele, porte la date du 27, mais fut vraisemblablement écrite dans la nuit du 25 au 26. Cela importe peu : dans les deux cas Mussolini, formellement encore libre, sait que tout est fini.

21. Un autre petit groupe, qui s'est détaché à temps du gros des fuyards, arrivera à se sauver. Parmi eux le fédéral de Milan, Vincenzo Costa (qui a laissé d'intéressants Mémoires posthumes intitulés *Je n'ai pas trahi*), et le numéro deux du PFR, Pino Romualdi, qui deviendra après la guerre… l'éternel numéro deux du MSI. Je l'ai rencontré une fois à Berlin-Ouest, au début des années 1980, avec une délégation parlementaire. Il ressemblait au Duce, dont on a longtemps affirmé qu'il était un des fils naturels (né, de surcroît, à Predappio). Lors de la visite à notre ancienne ambassade, jadis un fleuron de l'Axe, il échangeait poliment de pertinents propos d'ordre historique et architectural avec les délégués communistes et socialistes (dont l'un lui répliqua : « Si c'est pas toi qui sais ces choses… »). C'était encore, des deux côtés, une génération de militants ayant un sens de l'histoire impensable aujourd'hui. Son fils, le philosophe Adriano Romualdi, mort à trente-deux ans dans un accident de voiture dans les années 1970, disciple favori de Julius Evola, est considéré encore aujourd'hui comme l'un des maîtres à penser de l'extrême droite européenne.

de Pavolini qui devrait rejoindre le groupe avec un fort contingent motorisé. Les heures passent alors que la route de la Valteline est encore ouverte : preuve que Mussolini n'y croit plus, si jamais il y a cru. Le secrétaire du parti arrive finalement vers 4 heures du matin sur un véhicule blindé, toutes griffes dehors, mais il n'a qu'une poignée de fidèles avec lui. Il jure que des milliers de miliciens marchent sur Côme, prêts à combattre jusqu'à la mort. Mussolini en a assez. Il abandonne l'Alfa Romeo dans laquelle il laisse tous ses effets personnels, sauf deux mallettes, qu'il ne quitte jamais, pour monter dans le blindé avec Claretta et la belle auxiliaire Elena Curti, ce qui provoque l'énième scène de jalousie de la part de sa maîtresse. On repart pour Dongo, autre petite ville plus au nord, d'où l'on peut reprendre le chemin du Tyrol, mais également celui de la Valteline. Je persiste à croire qu'il n'y a aucune cohérence dans ces zigzags, et les Allemands le pensent également. Imaginons un automobiliste exténué conduisant dans le noir et traversant plusieurs ronds-points sans savoir quelle direction emprunter[22]. L'arrivée de Pavolini avec sa maigre suite a définitivement fait comprendre à Mussolini que le réduit de la Valteline est une illusion. Le Tyrol ? Peut-on croire qu'il veuille se précipiter dans les bras de Hitler et partager sa fin nibelungienne dans l'embrasement du Reich millénaire ? S'il en proclame l'intention, pour rassurer les Allemands qui l'escortent, cela ne prouve pas grand-chose au point où il en est[23]. Et dire que dix ans plus tôt, le journaliste Price avait suivi un tout autre Duce, dressé dans son Alfa Romeo comme le dieu de la guerre, Mars, pendant les manœuvres militaires au Brenner[24] !

Nouveau départ, un peu avant l'aube. Enfin, le 27 avril, à 7 heures du matin, à un kilomètre environ du hameau de Musso (véridique !), la colonne est arrêtée par un barrage de troncs et de grosses pierres mis en travers de la route. C'est un avant-poste de la Résistance. Le détachement de la brigade Garibaldi « Luigi Clerici » est placé sous les ordres de deux hommes de tendance monarchiste et libérale : le commandant « Pedro », comte Pier Luigi Bellini delle Stelle, et son

22. C'est également l'opinion de Kirkpatrick, *Study of a Demagogue*, *op. cit.*, p. 619.

23. Je partage ici l'avis de Cancogni, *L'ultimo viaggio*, *op. cit.*, p. 19, alors que d'autres historiens, comme Mack Smith, *Mussolini*, *op. cit.*, p. 403, et Milza, *Mussolini*, *op. cit.*, p. 874, penchent pour la piste du Tyrol.

24. Cf. *I Know These Dictators*, *op. cit.*, p. 112.

adjoint « Bill » (Urbano Lazzaro), un officier de la garde des finances, la police douanière et financière italienne. On parlemente : les partisans, selon les instructions du Conseil de la Résistance, sont prêts à faire passer les soldats allemands, mais pas les Italiens. Les heures passent interminablement. Entre-temps, un peloton de la Luftwaffe en fuite s'est joint aux autres militaires, qui veulent laisser les Italiens se débrouiller seuls. Le lieutenant Birzer a bien du mal à maintenir l'ordre. Il suggère finalement à Mussolini de prendre place dans un des camions, affublé d'une capote et d'un képi allemands. Il doit regarder à terre et feindre d'être ivre. Solution peu honorable, certes, mais Louis XVI n'était-il pas déguisé en valet de chambre sur le chemin de Varennes ? Et Napoléon ne s'était-il pas embarqué pour l'île d'Elbe sous uniforme autrichien[25] ? D'autres dignitaires essaient également de s'éloigner dans la confusion générale ; tous seront capturés, sans réaction des Allemands impatients de repartir. Mussolini est reconnu. Il se débarrasse de son accoutrement et on l'aide à descendre du camion. « Il me regarde avec un étrange sourire et dit : "Je sais qu'ils ne me feront pas de mal"[26] », racontera le partisan qui l'a identifié. Ou bien est-ce un des soldats allemands qui le lui a indiqué d'un geste ou d'un regard pour pouvoir déguerpir sans encombre ? Nous ne le saurons jamais.

Les dernières vingt-quatre heures de la vie de Mussolini sont entourées des témoignages souvent discordants d'une bonne quinzaine de personnages : certains mourront peu après dans des circonstances dramatiques, tandis que d'autres changeront de version plusieurs fois durant l'après-guerre, au gré des polémiques et des affiliations politiques. La commission d'enquête gouvernementale, confiée mollement à un général discrédité à gauche, n'aboutira à aucun résultat définitif. Ce *gran finale* d'opéra verdien a ainsi autorisé toutes les interprétations, comme le meurtre des Romanov à Ekaterinbourg en juillet 1918[27] ou la fin de Hitler dans le bunker de Berlin[28].

25. Ainsi que le rappelle Milza, *Mussolini*, *op. cit.*, p. 874.
26. Bandini, *Les Dernières Heures de Mussolini*, *op. cit.*, p. 125.
27. Digne du *Boris Godounov* de Moussorgski.
28. À choisir entre *Le Crépuscule des dieux* et la *Quatrième Symphonie* de Bruckner, dernière œuvre exécutée par l'Orchestre philharmonique de Berlin, le 16 avril 1945, alors que l'Armée rouge avançait déjà dans les faubourgs de la capitale.

Ainsi que nous l'avons fait au cours de ce récit, limitons-nous, pour une meilleure compréhension du lecteur, aux données sûres... ou à peu près. Une fois le Duce appréhendé, on demande des instructions à Milan. Le commandant Pedro, gentilhomme romantique de vingt-cinq ans, profite de la cohue pour confier Elena Curti à un prêtre, alors que Claretta refuse de s'éclipser de la même façon : décidément, un livret pour Verdi, avec un soupçon de Puccini... Mussolini est séparé du groupe de ses fidèles, sauf du fédéral de la Lombardie, Porta, qui sera fusillé plus tard avec les autres. On l'installe sans violence, et même avec certains ménagements, dans une salle de la municipalité de Dongo. Il accepte un café, lui qui n'en boit jamais, et s'entretient avec les partisans et les villageois qui l'entourent et le tutoient. S'est-il revu pour un instant dans l'estaminet de Romagne où papa Alessandro servait des tournées de gros rouge en disant : « Camarades, écoutez Benito, ce garçon en sait plus que nous tous ! » ? Deux heures plus tard, on l'embarque pour la caserne de la garde des finances toute proche, à Germasino, à un pas de la frontière suisse. Il semble enfin calme, détendu. La traque terminée, presque avec soulagement, il compose une dernière fois son personnage : « *Ragazzi*, souvenez-vous que la poussière est la gloire, et la gloire poussière ! » Puis il cite à nouveau Napoléon. Il est déjà 18 heures, il pleut et il fait froid. Quelqu'un lui a passé un pardessus rouille à la place de la capote allemande. Il dévore une omelette et fait signe discrètement à Pedro de s'approcher : « Commandant, je vous confie cette personne. » « De qui s'agit-il ? » Longue hésitation. « Mme Petacci. » Pedro l'assure qu'il fera de son mieux. On l'enferme pour la nuit, le confiant à la garde du brigadier des douanes Giorgio Buffelli, qui doit subir un monologue interminable du prisonnier à sa décharge : « Ce n'est pas moi qui ai voulu la guerre, mais le roi et le peuple... » Avant de s'écrouler sur un lit improvisé, le captif rédige la brève déclaration qu'on lui demande : « Le traitement qui m'a été réservé, pendant et après ma capture, fut correct[29]. » C'est le dernier document qu'on connaisse de sa main : le style est précis, très mussolinien.

29. La relation de Buffelli, reproduite par Bandini dans *Les Dernières Heures de Mussolini*, *op. cit.*, p. 117-142, a fait l'objet de contestations, comme d'ailleurs presque tous les témoignages recueillis.

Son sommeil ne durera qu'une heure ou deux. Peu après minuit, Pedro revient et le réveille pour lui annoncer qu'il doit le conduire à Côme sur l'ordre du général Cadorna, donc de la Résistance militaire : c'est rassurant. L'itinéraire est cependant complexe : il faut d'abord arriver à Moltrasio, sur les rives du lac, d'où il sera transféré en canot à moteur sur la rive opposée, à Blevio, et provisoirement hébergé dans la villa isolée de l'industriel de l'agroalimentaire Cademartori, dans l'attente des Alliés. Les Américains ont en effet informé le Conseil qu'ils enverront un avion militaire à l'aérodrome de Bresso, au nord de Milan, pour prendre en charge le prisonnier vers 18 heures, le 28 avril. Il n'est pas sûr que Pedro le sache, mais il connaît la première partie de ce que nous appellerons le plan A (sauvetage, livraison) et cela lui suffit. On bande la tête de Mussolini pour le rendre à nouveau méconnaissable (et de deux !) en lui disant que le bref parcours est truffé d'embûches : déserteurs allemands, maraudeurs, fascistes en fuite. Il se laisse faire, comme toujours, sans réagir. Aux portes de Dongo, les deux voitures sont arrêtées par un petit groupe. Il s'agit de Claretta et des trois résistants, deux hommes et une femme, auxquels Pedro l'avait confiée. L'un des hommes, « Lino » (Giuseppe Frangi), mourra le 5 mai suivant, dans un mystérieux accident de chasse. L'autre, « Sandrino » (Guglielmo Cantoni), paradera dans les jours suivants dans les estaminets du lac, avant de comprendre qu'il a intérêt à se taire. Quant à la femme, « Gianna » (Giuseppina Tuissi), c'est une belle et forte ouvrière de vingt ans, entrée dans le maquis après le meurtre de son fiancé par les milices fascistes. Arrêtée et torturée par les SS et les Brigades noires, elle est arrivée à survivre, mais de lourds soupçons pèsent sur elle. En quelques heures à peine, elle s'est liée d'amitié avec Claretta, qui lui aurait offert en souvenir sa trousse ou son petit revolver ciselé[30]. Moins de deux mois plus tard, le 23 juin, Gianna disparaîtra à son tour – probablement abattue du rituel coup de pistolet dans la nuque des traîtres (ou prétendus tels) et jetée dans le lac. Les coupables, rapidement identifiés, ne seront jugés – et amnistiés – qu'en 1957.

30. Le lendemain après-midi, au moment d'être conduite sur le lieu de l'exécution, Claretta laissera dans la hâte son sac à main à la maison De Maria. En avait-elle deux ou plusieurs ? Probable.

Que s'était-il passé ? Logée dans un hôtel de la petite ville avec son frère – qui cache son identité au moyen d'un passeport diplomatique espagnol – et sa famille[31], Claretta a supplié Pedro d'être réunie avec son homme, ce qu'il a fini par accepter[32]. Mussolini est surpris, ce qui nous vaut la dernière réplique d'Ancien Régime de cette incroyable aventure : « Vous ici, *signora*, pourquoi ? » « Pour être avec vous, Excellence. » Selon d'autres versions : « Pour mourir avec vous, Excellence », ce qui revient au même. Vers 3 heures du matin, on arrive à proximité de Moltrasio, mais pas de canot à moteur en vue. On décide alors une nouvelle halte à Giulino di Mezzegra, dans le hameau de Bonzanigo, commune de Tremezzina, dans la ferme des agriculteurs De Maria. L'endroit a été choisi par le capitaine « Neri » (Luigi Canali) communiste et chef d'état-major de la brigade « Clerici », surveillé de près par l'athlétique commissaire politique « Pietro Gatti » (Michele Moretti), autre communiste intransigeant et ancien footballeur de l'équipe de Côme[33]. Neri, devenu l'amant de la partisane Gianna, est suspecté, comme elle, d'avoir été un informateur des fascistes.

Mussolini et Claretta passeront à la ferme leurs dernières dix ou douze heures de vie. Mme De Maria, dont le témoignage a été généralement considéré comme digne de foi, leur offre du café – c'est-à-dire de la chicorée –, qu'elle accepte et qu'il refuse. Puis ils montent se coucher au premier étage, sous la surveillance des jeunes partisans Lino et Sandrino, auxquels le Duce demande la permission de fermer la porte de la chambre – « Allons, *ragazzi*, soyez gentils... » –, ce qu'il obtient. Plus tard, le commandant Pedro sera réprimandé pour

31. Marcello Petacci sera séparé de sa compagne et de ses deux enfants quelques heures plus tard et fusillé avec les autres hiérarques qui protestèrent à l'idée d'être exécutés à côté d'une « crapule ».

32. Le témoignage de Pedro a été dévalorisé, notamment par Bandini. Pourtant, je ne vois pas pourquoi il n'aurait pas agi de bonne foi, convaincu comme il l'était encore que Mussolini aurait droit à Milan à un procès « régulier ». Peut-être pensait-il, dans sa naïveté de gentilhomme, que la présence de la jeune femme émouvrait les juges. Il sera néanmoins cité comme complice du meurtre de Claretta dans la plainte déposée par la famille Petacci en 1955.

33. *Nomen est omen* : le terroriste des Brigades rouges Mario Moretti (sans parenté) sera en 1978 l'organisateur du rapt et – selon ses propres aveux – le meurtrier d'Aldo Moro. « Notre » Moretti est en général désigné comme Pietro dans les reconstructions ; mais nous optons pour Gatti afin que le lecteur ne le confonde pas avec le commandant Pedro.

avoir confié la garde de l'homme le plus recherché d'Italie à deux blancs-becs ; mais Neri et Gatti veillent dans les environs, prêts à intervenir, et Mussolini devait le penser aussi, si jamais il avait caressé l'espoir d'une fuite. Ses ronflements prouvent qu'il s'endormit de son habituel sommeil de plomb, alors qu'on entendit Claretta sangloter doucement toute la nuit, ou ce qu'il en restait. Le lendemain matin, Mme De Maria leur offre ce qu'elle a : de la polenta au lait pour elle, du pain et une tranche de saucisson pour lui. Claretta souhaite faire un brin de toilette et la fermière l'accompagne aux cabinets dans la cour, très impressionnée par sa beauté, sa tristesse digne et sa gentillesse. Là encore, comme auparavant avec Gianna, la sympathie semble éclore entre les deux femmes, alors que lui ne bouge pas de la pièce et regarde par la fenêtre, vers le lac, l'œil torve.

Pourquoi a-t-on renoncé à passer le lac à Moltrasio ? L'ancien conspirateur devait se le demander aussi. On aurait bien pu attendre encore un peu le canot à moteur, ou bien affréter ou réquisitionner une des nombreuses barques dans la rade de ce village de pêcheurs. Or, l'intermède de Giulino di Mezzegra est le point de bascule de l'épilogue. Neri et Gatti veulent éviter que les avant-gardes américaines de la 34e division d'infanterie, qui sont déjà arrivées à Côme, puissent s'emparer du prisonnier. Mais surtout, il s'agit de gagner du temps tandis qu'un homme quelconque, à la fine moustache et aux petites lunettes, coiffé d'un béret basque à la André Marty, s'apprête à effectuer en toute hâte le parcours inverse, de Milan à Dongo, dans une Fiat 1100 ahanante. C'est le comptable piémontais Walter Audisio, nom de guerre « colonel Valerio », un de ces individus gris jusqu'à l'effacement auxquels l'histoire attribue parfois un destin extraordinaire. Ce permanent de deuxième ordre, originaire d'Alexandrie, en Piémont, qu'une pleurite a préservé des guerres mussoliniennes, s'est médiocrement illustré dans la Résistance. Il a même une tache sur son passé, car, envoyé au *confino* dans les années 1930, il avait écrit une lettre humiliante au Duce pour être relaxé. En revanche, son second, « Guido Conti » (Aldo Lampredi), est un militant chevronné, passé par les prisons fascistes, l'école des cadres de Moscou et la guerre d'Espagne. Ils vouent l'un et l'autre une obéissance aveugle au parti ; or, contrairement à ce que l'on pourrait penser, c'est le premier qui a la responsabilité de l'opération. Selon plusieurs chercheurs, il était impensable que le parti confie une tâche d'une pareille importance à un individu aussi insignifiant. J'en suis, pour ma part, convaincu, sauf preuve du contraire. Ce choix semble en effet correspondre à une logique politique bien précise : si Mussolini avait été le personnage le plus en vue de l'Italie pendant plus de vingt ans, il fallait que son « justicier » sorte des rangs anonymes du peuple pour y rentrer toute de suite après. Preuve en est que l'identité réelle du colonel Valerio sera soigneusement cachée au public pendant près de deux ans. En février 1947, l'enquête d'un journaliste néofasciste prouvera que Valerio n'est autre qu'Audisio. Le journaliste le paiera de sa vie, abattu en pleine rue par des militants de l'organisation paramilitaire du PCI, la « Volante rossa[34] ». Mais le « justicier » va maintenant pouvoir apparaître au grand jour, dans une manifestation publique à Rome, le 30 mars suivant, son éternel béret basque vissé sur le crâne. Sa clandestinité a assez duré et n'est plus nécessaire. Dès lors, il sera promené dans toutes les commémorations de l'après-guerre comme l'homme qui a abattu le tyran « au nom du peuple italien[35] ». Qui se souvient du nom du geôlier et bourreau du tsar Nicolas II et de la famille impériale ? Au fond, c'est encore Pirandello qui revenait sur scène, avec un de ses chefs-d'œuvre, *Un, personne et cent mille* (1926), où un homme ordinaire transforme le grand monde qui s'agite autour de lui en théâtre de marionnettes. C'est le *premier de nos trois symboles.*

Valerio a attendu pour se mettre en mouvement les instructions formelles du Conseil de la Résistance à 8 heures du matin[36]. Elles sont claires et définitives : le dictateur ne doit pas tomber aux mains des Alliés, et comme il ne s'est pas rendu sans conditions,

34. « Officiellement » dissoute en 1949.

35. Titre d'un des livres d'Audisio, qui a beaucoup parlé et écrit sur ces événements pour ne rien dire. Il fera une modeste carrière de parlementaire, apprécié pour son amabilité jusqu'à sa mort en 1973. Bertoldi, qui l'a interviewé comme tant d'autres, n'arrivant pas à le sortir de sa réserve, en a tracé un magnifique portrait dans *La guerra parallela, op. cit.*, p. 66-78 : « Je cultive des fleurs sur ma terrasse. Les fleurs sont les seules choses au monde qui ne font pas de mal et ne se vengent pas. »

36. Pourtant Valiani affirme les avoir transmises à Longo et Lampredi, supérieurs de Valerio, « dans la matinée du 27 » (*Tutte le strade conducono a Roma, op. cit.*, p. 276). Qu'ont fait alors les communistes pendant près de vingt heures avant de réagir ? Attente des nouvelles sûres sur l'arrestation de Mussolini ? Délai nécessaire pour sélectionner le peloton d'exécution et mettre au point les derniers détails ? Nécessité d'obtenir le laissez-passer de l'agent américain Daddario ? Toutes ces éventualités sont plausibles.

il doit être traîné devant un tribunal du peuple et exécuté. C'est le plan B. Finies les tergiversations de la rencontre à l'archevêché ! L'aile dure de la Résistance s'est imposée sur les hésitations des âmes pieuses démocrates-chrétiennes et des militaires : c'est-à-dire les communistes, les socialistes et les actionnistes, où Valiani a évincé son supérieur Parri, de peur qu'il ne s'oppose à une justice sommaire. Valerio dispose également d'un laissez-passer (ou de deux) signé par Cadorna et par le capitaine italo-américain des services de l'OSS Emilio Q. Daddario, qui est dans la vie civile un avocat influent, proche du Parti démocrate. Valerio et Conti arrivent à Dongo vers 14 heures le 28 avril. Il leur a fallu près de six heures pour couvrir un parcours qui aujourd'hui se ferait en moins de deux ; mais il faut tenir compte de l'état désastreux des routes et des nombreux postes de contrôle. Leur voiture est suivie par une camionnette dans laquelle ont pris place quatorze camarades triés sur le volet, aux ordres de « Riccardo » (Alfredo Mordini), jadis conducteur de train[37], un quadragénaire calme et massif, ancien d'Espagne et du maquis français dans les rangs des FTP : on dit que jadis il a étranglé à mains nues un espion de la Gestapo. Bref, un dur de dur.

Valerio se méfie de Pedro et de Bill, mollasses et procéduriers. La confrontation entre le comte florentin de belle allure et l'implacable bureaucrate stalinien n'aura pas de chroniqueur ; mais elle fut très âpre. Valerio déclare que Mussolini et les hiérarques qui l'accompagnent, sans exception, doivent être exécutés. « J'ai des consignes et je vais les appliquer ! » Pedro n'a que des scrupules à lui opposer. Il cherche une échappatoire, propose de réunir à nouveau Mussolini et ses complices, pour gagner encore quelques heures ; puis il plaide en vain pour Claretta, la seule femme, et la médaille d'or Barracu. D'ailleurs, hormis trois ou quatre des plus compromis, à commencer par Pavolini, les hiérarques auraient eu de bonnes possibilités de se défendre devant un tribunal régulier. À la fin, Pedro cède, comme Cadorna avant lui. Même s'il le voulait, comment s'opposer, encadré comme il l'est par Neri et Gatti, aux hommes armés de Riccardo plantés devant la porte ? Tout ce qu'il obtient est de se tenir à l'écart de la tuerie, ce qui convient parfaitement à Valerio, qui ne veut pas

37. Le lecteur constatera que les chemins de fer italiens ont donné un nombre considérable de militants aux fascistes comme aux communistes.

de témoins compromettants. L'Italie des élites modérées se défile comme elle l'avait fait après la marche sur Rome. Si l'historien se faisait romancier, il pourrait se demander ce que des résistants épris de vraie justice, comme Sogno, Pacciardi ou d'autres, auraient fait à la place de Pedro : une fusillade entre partisans se serait peut-être ensuivie[38]. Le sort du Duce est désormais entre les mains de ses adversaires de toujours, qui n'ont rien oublié ni pardonné. Au fond, c'est un compte à régler qui remonte à 1919-1922 : la guerre mondiale puis la guerre civile n'y ont ajouté qu'un surplus de drame. Le PCI n'est pas le « parti des fusillés » : d'autres formations partisanes ont subi des pertes plus lourdes en proportion de leurs effectifs. Mais il se prépare à établir son hégémonie de l'après-guerre sur la Résistance. Et les étrangers – alliés ou allemands – doivent rester en marge du dénouement. C'est le *deuxième symbole.*

Avant de passer au grand final, interrogeons-nous sur l'attitude des Alliés. La région pullule de leurs agents : mis à part Daddario et son adjoint Michael Angelo (rien de moins !) Musmanno, autre avocat, citons l'enseigne de marine Giuseppe Dessy, deux membres des services britanniques, Valerian Lada-Mocarski et Max Salvadori, beau-frère d'Emilio Lussu, et d'autres encore. On ne peut nier que les Alliés aient dépêché sur la piste du Duce leurs meilleurs limiers[39]. Localiser le lieu où il se trouve, dans un territoire escarpé mais grand comme un mouchoir de poche, et s'emparer d'un prisonnier dont Pedro serait trop heureux de se débarrasser, ne constituerait qu'un jeu d'enfants pour ces hommes expérimentés. Nous avons dit aussi que des éclaireurs américains sillonnent déjà les environs du lac. Eh non, il faut tranquillement attendre sans rien faire l'avion qui doit arriver à la fin de l'après-midi, comme si on se trouvait à un pique-nique dans les montagnes Rocheuses... Autre question : pourquoi Daddario a-t-il contresigné le laissez-passer de Valerio, lui donnant le feu

38. Et Lussu ? J'ai posé la question pour la forme à un de ses biographes : « Fidèle à son personnage, il aurait peut-être jeté un revolver aux pieds de Mussolini en lui disant : ramasse, bersaglier, c'est toi ou moi. » Aurait-il épargné Claretta ? « Qui sait ? »

39. Après le conflit, Daddario et Musmanno, personnalités progressistes alors très connues aux États-Unis, se distingueront dans l'opposition à la guerre du Vietnam, les luttes pour les droits civils et l'émancipation des minorités ethniques, religieuses et sexuelles. Ils ont représenté le meilleur de la communauté italo-américaine.

vert ? Un avocat et agent américain de son niveau pouvait-il croire que l'émissaire communiste suivrait des instructions autres que celles émanant de son parti et lui livrerait tranquillement Mussolini ? Pour aller à l'essentiel : y a-t-il eu un double jeu des services américains et britanniques pour *faire semblant* de vouloir sauver le Duce selon le plan A, alors qu'on avait déjà accepté le plan B ? Si oui (et je souligne *si*), c'est vraisemblablement parce qu'un procès régulier de Mussolini aurait pu se révéler gênant pour Washington et surtout pour Londres. Nous entrons dans les sables mouvants des hypothèses, où nous ne souhaitons pas nous embourber, comme tant d'autres. Mais les doutes subsistent et rendent moins invraisemblable la version de ceux qui estiment que des agents alliés – on a évoqué à nouveau Daddario et Salvadori, qui l'ont, évidemment, nié[40] – étaient présents, sinon à l'exécution (peu vraisemblable), du moins à proximité, pour s'assurer du dénouement.

La suite est relativement simple, bien qu'on l'ait entortillée dans plusieurs versions contradictoires. Vers 16 heures, le 28 avril, Valerio et ses hommes font irruption à la ferme De Maria et s'emparent des prisonniers qui se sont à nouveau couchés. Ils les font sortir en toute hâte. Claretta n'a même pas le temps de retrouver dans le lit un sous-vêtement intime. Le lendemain, au moment de la pendaison des cadavres par les pieds piazzale Loreto, un prêtre arrivera à ligoter sa jupe pour éviter qu'elle ne s'ouvre, exhibant son sexe nu au voyeurisme[41] de la foule.

Que Valerio se soit présenté à Mussolini pour l'amadouer en lui disant « Je suis venu en ami pour te libérer » et que celui-ci lui ait répondu « Je te donnerai un empire ! », ou qu'il ait au contraire prononcé la sentence de mort, appartient à la petite histoire qui se

40. Salvadori rédigera dans les années 1990 un mémoire à la demande de De Felice, qui n'eut pas le temps de l'utiliser et qui sera publié par l'historien Perfetti (« La fine di Mussolini », *Nuova Storia Contemporanea*, VIII/5, septembre-octobre 2004, p. 145-148). Le texte est anodin mais non dépourvu d'intérêt entre les lignes. Salvadori affirme notamment que le Conseil de la Résistance souhaitait régler le sort du dictateur « avant l'entrée en fonction de la juridiction militaire alliée (AMG) sur l'ensemble du territoire italien ». En d'autres termes, si l'exécution de Mussolini avait lieu *avant cette date*, il s'agissait d'une question encore italienne ; *après cette date*, sa livraison aux Alliés aurait été nécessaire.

41. Luzzatto emploie le même terme, *Il corpo del duce*, *op. cit.*, p. 86. On peut néanmoins voir ses jambes magnifiques, jusqu'aux cuisses, sur les clichés de la pendaison.

glisse si souvent dans la grande. Ils montent dans la Fiat 1100 qui ne parcourt que 200 ou 300 mètres avant de s'arrêter à un tournant devant la grille de villa Belmonte, une gentilhommière à la limite du village. C'est l'endroit idéal pour l'exécution, choisi vraisemblablement au cours d'une reconnaissance des lieux[42]. Claretta descend la première ; elle offre son trois-quarts de fourrure au militant interloqué qui conduit la voiture. Ce geste prouve qu'elle a tout compris. Elle aide un Mussolini chancelant (le talon d'une de ses bottes a cédé) à franchir les derniers pas. Le peloton d'exécution est composé de Valerio, Conti, Neri et Gatti ; Riccardo et ses hommes se tiennent en retrait. La mitraillette Thompson de Valerio s'enraie. Il s'empare de celle de Gatti et tire la rafale meurtrière. Claretta, qui s'est jetée devant son homme en hurlant « Vous ne pouvez pas faire cela ! », tombe immédiatement. Mussolini râle au sol. Valerio s'approche, extrait son pistolet et lui donne le coup de grâce[43]. Il est à peu près 16 h 30. Les exécutants se dévisagent, encore incrédules, puis on emmène rapidement les deux cadavres. Neri disparaîtra le 6 mai ; son corps n'a jamais été retrouvé. Gatti, d'abord exfiltré vers la Yougoslavie de Tito, reviendra en Italie en 1947. Conti assumera plusieurs fonctions d'un rang intermédiaire dans les rouages du PCI jusqu'à sa mort, en 1973, la même année que son complice Valerio. Plusieurs des hommes de Riccardo, si ce n'est lui-même, finiront dans les rangs de la « Volante rossa » paramilitaire, très active dans les règlements

42. Mon père s'unit le lendemain, 29 avril, à un groupe de correspondants anglais et américains qui avaient décidé de refaire le parcours de la fuite et de l'exécution de Mussolini. À Dongo, devant la villa Belmonte, il croisa le propriétaire, l'ingénieur retraité Bellini. Celui-ci lui dit (ce qu'il répétera plus tard à Monelli et à d'autres enquêteurs) qu'il se trouvait la veille avec sa famille dans le jardin. Ils avaient entendu des bruits et des détonations mais n'avaient pas assisté à l'exécution. Après quoi il lui offrit, « parce que vous êtes un Italien comme moi », la photo qu'il avait prise de la grille, en marquant de deux croix l'endroit où Mussolini et Claretta avaient été abattus. Mon père, rentré à Milan, se précipita à la rédaction de son journal, *Italia libera*, organe du Parti d'action. « Ça n'intéressera personne », lui dit le rédacteur en chef. Indigné, il interpella le directeur Valiani, lequel accepta de publier l'article, qui ne parut que le surlendemain (1er mai)... coupé et sans photo. Mon père avait été trop rapide : c'était au PCI, et à lui seul, de fournir la première reconstruction des faits, avec un article paru dans *L'Unità* du 30 avril. Cf. E. Serra, *Tempi duri. Guerra. Resistenza*, Bologne, Il Mulino, 1996, p. 246-251.

43. Selon les premières déclarations recueillies par Monelli (*Mussolini petit bourgeois*, *op. cit.*, p. 280-282, 304-305), c'est Gatti qui aurait tiré, impatienté par l'impair de Valerio. Et selon le partisan Sandrino, il n'y aurait pas eu de coup de grâce.

de comptes du « triangle de la mort » (les trois bouches de la plaine du Pô) jusqu'en 1948[44].

Le « commando » repart pour Dongo afin de régler leur sort aux hiérarques, dont le comportement fut digne : aucun n'implora la grâce qu'il n'aurait pas obtenue[45]. Cette fois, l'« honneur » de les fusiller reviendra à Riccardo et à ses hommes[46]. Un prêtre accouru donna l'absolution aux cadavres. Avec un peu de romantisme historique à la Michelet j'arriverais à dire que les fuyards de Dongo, qui avaient une cause, méritaient d'être abattus par des hommes qui en avaient une autre. Un hidalgo espagnol aurait dit : *« Es una solución entre Italianos. »* Cela conférait une certaine grandeur à un dénouement par ailleurs expéditif. Si on s'était arrêté là, la guerre civile aurait eu une fin véritable, sans l'ignominie qui suivit.

Après quoi, il fallut aller chercher un camion pour charger et ramener à Milan les dix-huit dépouilles, auxquelles on ajoutera sur place celle de Starace. L'endroit choisi est la piazzale Loreto, où le 10 août 1944 les miliciens de Salò ont fusillé quinze partisans et otages qui sont restés exposés au sol pendant vingt-quatre heures. C'était atroce : pourquoi se mettre au même niveau ? Comme il est déjà tard, on attendra le lendemain matin pour décharger les corps et procéder à la « boucherie mexicaine », selon les mots d'un Parri indigné, qui avait encore une fois été tenu à l'écart. Qui donc a décidé cette mise en scène macabre ? Nous ne le saurons vraisemblablement jamais. La pendaison par les pieds, qui nous semble aujourd'hui la page la plus dégradante de l'affaire, aura lieu quelques heures plus tard, pour empêcher la populace de réduire en bouillie les pauvres restes. Combien de celles et ceux qui s'acharnaient ainsi avaient encore applaudi le Duce moins de six mois plus tôt au Teatro Lirico ? Gustave Le Bon, l'auteur de la *Psychologie*

44. Plusieurs responsables, identifiés et condamnés, réussiront à gagner les pays socialistes, surtout la Tchécoslovaquie où sera implantée une « Radio Prague » italienne : c'est une autre histoire de ces années terribles. Mordini, inadapté à une carrière de petit fonctionnaire du parti, redevint ouvrier mécanicien et se tut, en vrai combattant, malgré les fortes sommes que lui offrait la presse. Il est mort pauvre et oublié, en 1969, ayant servi ses idéaux.

45. Pavolini, blessé dans une escarmouche avec les partisans, fut fusillé sur une civière adossée au parapet. Marcello Petacci, qui se jeta dans le lac, fut repêché à temps pour rejoindre les autres.

46. Les hiérarques avaient été séparés des membres de leurs familles. Néanmoins il y eut parmi ces derniers d'autres victimes dans les jours suivants.

des foules qui avait nourri le jeune Benito, aurait pu ajouter un chapitre à son livre… D'ailleurs Parri fut quasiment le seul à exprimer son horreur, sur le moment et longtemps après. Jusqu'aux années 1960, l'« exemplarité » de ce final de Grand-Guignol – ou plutôt de film *pulp* – sera revendiquée par la mémoire collective de la Résistance[47]. Les vers publiés dix ans plus tard par un « compagnon de route », le poète Salvatore Quasimodo, prix Nobel de littérature en 1959 – « Pourquoi, mère, craches-tu / sur ce cadavre pendu par les pieds à une poterne… » –, ne seront pas unanimement appréciés[48]. « Piazzale Loreto » deviendra un slogan menaçant de la gauche extraparlementaire dans les « années de plomb ». Les photos de cette exhibition macabre, qui feront immédiatement le tour du monde, arriveront jusqu'au bunker de Berlin où elles trouveront un spectateur particulièrement intéressé en la personne d'Adolf Hitler, qui redoublera les instructions pour que son corps et celui d'Eva Braun soient incinérés, lorsqu'il se suicidera avec elle quelques heures plus tard.

Trois questions principales entourent ce dernier acte – mis à part les reconstructions, parfois fantaisistes, sur les circonstances précises de l'exécution, et même l'endroit présumé où elle eut lieu, qui ne tarissent pas de nos jours[49]. La première : Mussolini est-il mort en lâche, jusqu'à s'abriter derrière sa maîtresse, comme on l'a prétendu dans les premières versions dévalorisantes (dont celle de Valerio), ou en combattant napoléonien, écartant les bords de sa capote en disant : « Tirez à la poitrine ! », selon les témoignages du chauffeur et, tardivement, de Lampredi (Guido Conti) ? Il s'agit en fin de compte d'un point de détail : tout être est seul devant sa mort et l'affronte comme il peut. La deuxième question concerne la possible présence sur les lieux de hauts dirigeants de la Résistance – plus précisément communiste –, venus s'assurer que tout s'effectuait selon les instructions données, ou même participer à l'exécution. Cette thèse a

47. Luzzatto en offre d'éloquents exemples dans son livre.

48. Quasimodo les fera précéder par un hymne aux quinze otages fusillés en 1944. On lui reprochera aussi ce rapprochement.

49. En particulier, le publiciste et sénateur néofasciste Pisanò se consacra à décortiquer toutes les versions précédentes dans son livre *Gli ultimi cinque secondi di Mussolini*, Milan, Il Saggiatore, 1996. Voir également la synthèse de P. Milza, *Les Derniers Jours de Mussolini*, Paris, Fayard, 2010.

obtenu un regain de vraisemblance lorsque au début des années 1990 l'ancien partisan Bill affirma dans plusieurs interviews, après un long silence qu'il attribua aux menaces qu'il avait reçues et qui l'avaient conduit à s'expatrier au Brésil, que Mussolini avait été tué non par Valerio, mais par Luigi Longo, chef de la Résistance communiste et futur secrétaire du PCI après Togliatti. Or, il a été prouvé que Longo se trouvait le matin du 29 à Milan pour y célébrer la Libération[50]. D'ailleurs, pourquoi aurait-il dû faire le déplacement ? Le groupe était étanche. Lampredi (Guido Conti), son bras droit, surveillait Valerio, Gatti surveillait Neri et les hommes de Mordini (Riccardo) surveillaient tout le monde. Une autre piste évoquera le nom de Sandro Pertini, le très populaire président de la République de 1978 à 1985[51]. Ces « révélations » suscitèrent d'inévitables polémiques à l'époque ; elles n'ont plus grand intérêt aujourd'hui.

Troisième point : le cas de Claretta, le plus délicat, moralement et juridiquement. À l'époque, son sort n'émut et n'indigna personne. J'ai déjà mentionné les termes déshonorants dont elle fut gratifiée. L'antifascisme victorieux avait peur d'une femme qui était morte pour son homme. Ce n'est que plus tard qu'on élabora la thèse selon laquelle elle aurait été tuée par erreur, dans la tentative de protéger le Duce avec son corps. Cela ne tient pas debout, pour

50. Le premier à parler d'une présence de Longo, sur la base de vagues déclarations de Valiani, fut le journaliste Bandini dans son volume *Vita e morte segreta di Mussolini*, Milan, Mondadori, 1978, p. 297-333 et 430-432. Or, mis à part le fait que les témoignages recueillis par Bandini (dont celui de la compagne de Marcello Petacci, qui aurait reconnu Longo) sont douteux, sa reconstruction est boiteuse. Selon lui, en anticipant de quelques heures la fin de Mussolini, Longo aurait pu regagner Milan dans l'après-midi du 28, lorsqu'il fut vu et photographié avec d'autres « gros bonnets » de la Résistance. Cela n'est pas possible, montre en main : il aurait fallu un hélicoptère. Ou alors Longo aurait dû partir pour Dongo dans la nuit du 27-28 (précédant la colonne de Valerio), exécuter Mussolini à l'aube et rentrer en début d'après-midi. C'est très invraisemblable et démenti par les témoignages formels de Mme De Maria et de l'ingénieur Bellini. Néanmoins, d'autres chercheurs ont suivi la piste de Bandini, en y ajoutant des détails qui ne la rendent pas plus convaincante.

51. Bandini fait également peser de lourds soupçons à son égard. Mais il devait être plus prudent. En 1978, Longo, très malade, n'était plus que président honoraire du PCI (il mourra deux ans plus tard). En revanche Pertini venait d'être élu président de la République et le code pénal italien prévoit le crime grave de diffamation envers le chef de l'État. Or, mis à part le fait qu'il aurait dû lui aussi emprunter un hélicoptère pour pouvoir être sur les lieux, Pertini était socialiste, quoique représentant de l'aile alors la plus à gauche du parti, et les communistes voulaient conserver l'affaire entre eux.

trois raisons au moins. La première est que les hommes de Valerio avaient parfaitement les moyens, soit de ne pas la conduire sur le lieu de l'exécution, soit de la séparer par la force du condamné au dernier moment ; ce fut le cas de la compagne de Marcello Petacci, quelques heures plus tard[52]. En deuxième lieu, Claretta n'avait joui d'aucun rôle public, ni dans le régime ni dans la RSI, et elle ne figurait, à la différence de son frère, dans aucune liste de profiteurs du régime ; elle aurait donc dû être immédiatement relaxée, comme le suggéra le commandant Pedro. Mais surtout, en admettant que sa fin ait été le fruit du hasard, pourquoi promener son corps jusqu'au dernier outrage piazzale Loreto ? La raison en était, encore une fois, exemplaire et dévalorisante[53]. Il s'agissait de montrer à une Italie qui demeurait dans le fond catholique et moralisatrice que le tyran s'apprêtait à fuir avec sa maîtresse, en abandonnant non seulement ses camarades, mais aussi son épouse légitime et ses enfants (qui auraient été mis en pièces si on avait pu s'emparer d'eux). Claretta devenait ainsi coupable par procuration, avec une forte empreinte machiste, et pratiquement aucune voix ne se lèvera pour plaider en sa faveur. La plainte avec requête de dédommagements présentée par sa famille en 1955 fut déboutée par le tribunal : il s'agissait d'« actes de guerre ». Le général Cadorna affirmera, dans les années 1960, que « personne d'entre nous ne pensait à l'exécution de Claretta[54] ». Or, nous avons vu que ce probe soldat n'était pas au courant de tout ce qui se tramait autour de lui. En 1974, le cinéaste Carlo Lizzani, proche du parti communiste, tourna un bon film, *Mussolini ultimo atto* (en français, *Les Derniers Jours de Mussolini*)[55], qui confirmait

52. Je ne crois pas, sauf preuve du contraire, à la thèse selon laquelle elle aurait été violée avant sa mort. Le déroulé des dernières heures n'autorise pas à le concevoir et cela ne correspondait pas aux mœurs staliniennes. Franchement, je n'arrive pas à imaginer Valerio, Lampredi et encore moins un combattant estimable comme Riccardo-Mordini violant une femme qu'ils s'apprêtent à abattre. Cela dit, il est vrai qu'il n'y eut pas d'autopsie du corps de Claretta.

53. On dira aussi qu'elle avait imploré les « justiciers » de l'épargner. Or nous avons vu qu'à trois occasions au moins elle aurait pu se sauver et refusa de le faire.

54. Témoignage donné à Bertoldi, dans *La guerra parallela*, *op. cit.*, p. 22. Précisons que Cadorna, quoique commandant militaire, n'était pas membre de la direction du Conseil de la Résistance, entièrement aux mains des partis.

55. L'acteur qui tenait le rôle-titre, Rod Steiger, y reprend les mêmes expressions désabusées du Napoléon à Waterloo qu'il venait d'incarner quelques années plus tôt. Dernière analogie entre l'Empereur et Mussolini !

la version officielle sur grand écran. Claretta arrive à se délivrer du partisan qui la retient assez mollement, se jette devant Benito et meurt avec lui. J'appréciais beaucoup Lizzani, ainsi que je l'ai écrit à plusieurs reprises, homme ouvert et fin, à la forte sensibilité sociale, et je me suis permis de lui demander si quelqu'un lui avait suggéré ce dénouement. Il ne m'a pas répondu, ce qui était une manière de réponse[56].

*

*   *

Nous arrivons ainsi à l'autre énigme, qui concerne les deux mallettes presque identiques dont Mussolini ne se sépara jamais au cours de sa fuite. Les partisans s'en emparèrent dans des conditions qui ont autorisé toutes les spéculations. Limitons-nous encore une fois à l'essentiel. Une des mallettes contenait une somme importante d'argent liquide. L'expression « l'or de Dongo » – ou « le trésor de Dongo » – est devenue proverbiale depuis, avec beaucoup d'exagération, presque au même titre que le chaudron des sorcières de Macbeth, alors qu'on n'a plus entendu parler du non moins substantiel magot que Farinacci transportait avec lui au moment de sa capture.

Commençons par éliminer ce que ce « trésor » ne contenait vraisemblablement pas, comme le prétendu butin des rafles contre les Juifs. On a parlé aussi des alliances de la campagne de « l'or à la patrie » de 1936, ce qui suscite également des doutes, vu qu'elles avaient été immédiatement fondues et timbrées à la Monnaie d'État. S'agissait-il alors de lingots de la Banque d'Italie cachés à la cupidité allemande ? Il aurait été impossible de les transporter dans une mallette, ni dans les deux ou trois valises d'effets personnels de son Alfa Romeo – mais, en théorie, dans les camions de la suite, oui. Or, aucun n'a été retrouvé. L'inventaire, effectué par les partisans Neri et Gianna, avec l'aide d'une comptable de la mairie, aurait indiqué la somme de 1,7 million de lires en chèques et 160 livres anglaises or, mais on n'a pas retrouvé le bordereau original. De toute façon,

56. Il s'est suicidé en 2013, peu après notre dernière rencontre, à quatre-vingt-dix ans. Il venait de terminer un film angoissant sur un massacre de Juifs commis par les nazis sur les rives du lac Majeur à l'automne 1943.

ce n'était pas une somme démesurée. Il faut ajouter au contenu de la mallette les bijoux de Claretta (qu'elle tenait de sa famille) et les espèces et autres objets de valeur confisqués aux hiérarques de la suite : un montant certainement considérable, car ces derniers s'étaient munis de tout l'argent qu'ils pouvaient emporter pour faire face à leurs besoins et à ceux de leurs familles en Suisse, en Valteline ou en Allemagne, si on arrivait à passer le col du Brenner. Enfin, on récupérera dans les bagages de Mussolini, transportés dans les camions allemands puis jetés dans un lac de montagne, des devises, pour la plupart étrangères, surtout des francs suisses, mais également des dollars américains, des livres anglaises, des pesetas espagnoles et des escudos portugais. Bref, au total le trésor représenterait entre 52 et 66 kilos d'or, selon les différentes estimations[57].

Nous savons que Neri et Gianna disparaîtront, lui après quelques jours, elle quelques semaines plus tard. Leur mort était-elle liée aux vieux soupçons sur leurs accointances avec les fascistes, ou à quelque impair qu'on leur reprocha au cours de l'inventaire ? Ou encore, tout simplement, parce qu'ils n'étaient plus considérés comme fiables ? Il est quasiment impossible de s'orienter dans l'enchevêtrement de pistes qui s'ouvrent alors, où chaque enquêteur a voulu apporter sa version et sa propre estimation de la valeur réelle du pécule. Il semble que deux faits – le premier certain, le second plus hypothétique – doivent être retenus, sans donner le tournis au lecteur :

1) Nous avons vu que Mussolini avait vendu les presses du *Popolo d'Italia* à l'industriel Cella quelques jours avant de quitter Milan. Il serait donc logique qu'il ait emporté avec lui les fonds perçus dans cette transaction – dont il fit parvenir une partie à Rachele –, en plus d'autres sommes qu'il détenait. Quel usage pouvait-il en faire ? Dans le cas d'un passage en Suisse ou en Espagne, il aurait difficilement pu conserver ces avoirs sur lui. Auraient-ils servi à corrompre ou payer des passeurs ? Ou à lui permettre de survivre jusqu'à l'arrivée des Alliés ? Probablement ne le savait-il pas lui-même ; mais, comme pour tout homme traqué, l'idée d'avoir de l'argent sur lui devait le rassurer.

2) S'il est vrai – et je souligne le *si* encore une fois – que « l'or de Dongo », passé par la filière locale et nationale du parti communiste, a

57. Voir la reconstruction très minutieuse de G. Oliva, *Il tesoro dei vinti. Il mistero dell'oro di Dongo*, Milan, Mondadori, 2015, surtout les chapitres V et VI.

contribué à acheter le siège du PCI à Rome, ainsi que… les presses de son quotidien, *L'Unità*, comme on l'a affirmé par la suite[58], voici notre *troisième symbole* – le noir et le rouge –, qui se passe de commentaires.

Reste enfin l'autre mallette, qui n'a jamais été retrouvée. Le commandant Pedro fut le premier à l'ouvrir, après l'avoir confisquée à Mussolini, et a déclaré qu'elle contenait un certain nombre de classeurs sensibles : « Trieste », « Procès de Vérone », « Bandes partisanes », « Prince de Piémont », etc. Jusque-là tout le monde est d'accord. Le plus délicat était sans doute l'épais dossier de police sur les mœurs privées du prince Humbert, lieutenant général du royaume depuis juin 1944 et futur « roi de mai » en 1946. En théorie, cela pouvait être utile à Togliatti comme instrument de pression sur la maison de Savoie. Il est vrai que l'attitude du PCI sera assez ambiguë, au moment du référendum de 1946, entre monarchie et république[59]. Mais franchement, le pays en ruine avait des questions bien plus urgentes et importantes à affronter que les frasques du monarque. En outre, plusieurs copies de ces rapports circulaient déjà, dont une qui finira sur la table du démocrate-chrétien Alcide De Gasperi, président du Conseil après l'intermède de Parri à la Libération[60]. Pourquoi dans ces conditions aurait-on eu besoin des pièces détenues par Mussolini ?

58. Notamment l'ancien secrétaire de Togliatti, Massimo Caprara, qui est normalement une source très informée, quoique contestée. Oliva, *Il tesoro dei vinti*, *op. cit.*, p. 6-8, ajoute que le butin fut également utilisé pour financer la démobilisation des bandes de partisans communistes des montagnes, donner un salaire aux employés du parti et régler le coût d'autres tâches administratives.

59. Le référendum fut remporté largement par les voix républicaines dans l'Italie du Centre-Nord, tandis que la monarchie obtint la majorité des suffrages dans une partie du Sud. Humbert II, tout en contestant le résultat pour la forme, a bien mérité de la patrie en décidant de s'expatrier immédiatement sans exploiter les dissensions. La République, plus craintive et moins généreuse, a nié par disposition constitutionnelle au dernier roi d'Italie (mort en 1983) et à ses héritiers mâles le droit de revenir dans la péninsule jusqu'en 2002. Victor-Emmanuel méritait l'exil, Humbert, non. Pendant trente-sept ans, sa réserve, sa tenue et son patriotisme seront dignes du souverain qu'il aurait pu être en d'autres circonstances. Prieur par droit millénaire de l'abbaye de Hautecombe, en Savoie, le dernier roi de la plus ancienne dynastie d'Europe repose en territoire aujourd'hui français.

60. Les meilleurs collaborateurs d'Humbert, comme le nouveau ministre de la Maison royale Lucifero, successeur d'Acquarone, et l'attaché naval l'amiral Garofalo, étaient au courant du dossier. Mais leur problème principal était de présenter une image « sociale » et moderne du monarque à la veille du référendum. Le reste importait peu.

Le véritable brûlot se rapporte à la correspondance avec Churchill. Pedro, en ouvrant la mallette, ne se souvient pas de l'avoir vue, mais il n'affirme pas le contraire. Certes, le fait que le leader britannique, qui venait de perdre les élections face au travailliste Attlee, ait décidé de passer ses premières vacances depuis 1940 sur les rives du lac de Côme, en septembre 1945, pour s'y adonner à son goût de la peinture, suscite quelques réflexions. D'autant plus qu'entre deux (mauvaises) aquarelles il voulut rencontrer tous les témoins... survivants de la fin de Mussolini, notamment Dante Gorreri, responsable de la section du PCI de Côme et premier dépositaire connu de « l'or de Dongo[61] ». D'autre part, si le Duce garda vraiment avec lui, jusqu'à la fin, les originaux ou les doubles des messages échangés avec Churchill *durant l'entre-deux-guerres*, on peut comprendre qu'il l'ait fait pour renforcer sa défense au cours d'un éventuel procès devant un tribunal allié[62]. Les éloges de Churchill dans les années 1920-1930 étaient un secret de Polichinelle : ils furent souvent prononcés en public, comme nous l'avons vu. Peut-être étaient-ils encore plus explicites en privé, ce qui pouvait se révéler désagréable au moment où le grand vainqueur de la guerre se préparait à dorer son portrait pour la postérité[63]. Mais Churchill, qui avait une couenne de sanglier, en avait vu d'autres, et sa place dans l'histoire était désormais assurée.

61. Gorreri, qui détenait de multiples secrets, avait été en 1921-1922 l'ennemi juré des squadristes de Balbo dans les luttes sanglantes en Émilie. Ce petit homme gentil et fluet, réélu au Parlement jusqu'à sa retraite, en 1972, s'est toujours tu sur l'essentiel. Parmi tant de fanfarons, on ne peut qu'admirer (jusqu'à un certain point...) la réserve et l'endurance de ces militants entrés au parti comme à la Trappe. Ils me font penser à ce vieil exilé antifasciste ayant survécu aux prisons de Mussolini et aux purges staliniennes que j'ai rencontré à Moscou dans les années 1980 et qui me déclarait : « Si on m'avait ordonné de partir pour un camp en Sibérie, je m'y serais rendu en marchant sur mes propres jambes. »

62. Bandini, dans *Vita e morte segreta, op. cit.*, p. 96-100, se fonde sur une déclaration très confuse du préfet de Côme et sur d'autres sources qu'il ne révèle pas pour affirmer qu'il y aurait eu quatre lettres envoyées par Churchill, premier lord de l'Amirauté, à Mussolini entre la fin 1939 et le début 1940. [Non. Il y eut encore la lettre du 16 mai 1940 pour maintenir l'Italie hors du conflit que nous avons citée à point nommé (NdA).] Mais sa conclusion est en queue de poisson : « Vraisemblablement le dialogue s'interrompit alors, mais laissa chez le Duce l'impression d'un accord non écrit. »

63. L'historien Deakin sera le principal collaborateur de Churchill pour la rédaction de ses Mémoires. Dans le final de son livre si documenté, il se limite à deux petites pages anodines sur la mort de Mussolini, sans mentionner bien entendu leur correspondance. De même, Kirkpatrick, in *Study of a Demagogue, op. cit.*

Bien différente serait l'éventualité que leurs échanges aient continué *durant le conflit*, ce qui aurait été d'une tout autre gravité. Une vulgate encore répandue, surtout dans les milieux qu'on pourrait qualifier de « révisionnistes », a entretenu la légende selon laquelle Mussolini serait entré en guerre, à la demande de Churchill et du président Lebrun, pour éviter une victoire totale des Allemands. Cette version n'a pas trouvé, à ce jour, l'ombre d'une preuve[64]. Mais outre son invraisemblance, elle nous semble fondée sur la méconnaissance totale des rouages d'une démocratie parlementaire en temps de guerre. Churchill, rappelé au pouvoir non sans peine le 10 mai 1940, à la tête d'un gouvernement de salut public, n'était pas – et ne sera jamais – un chef absolu à la Hitler ou à la Staline. Il est vrai que sa marge d'action fut très ample pour la tradition britannique, mais il ne put jamais agir sans l'accord de son cabinet et de Westminster. Il était entouré (donc surveillé) par des services de renseignements très efficaces : et à qui aurait-il pu confier un message secret pour le Duce ? Aux postes de Sa Majesté, avec un reçu signé par l'huissier du palais de Venise ? De surcroît, comme son parcours politique avait été en dents de scie, il prit grand soin de rompre toute relation avec d'anciens amis tombés en disgrâce (notamment les anciens membres de l'entourage de l'ex-roi Édouard VIII) et laissa moisir en prison le leader des *Blackshirts*, Oswald Mosley et son épouse, lady Diana, une des célèbres et remuantes sœurs Mitford, qui était la cousine préférée de la sienne. Il fit également renforcer le règlement de police « 18B », héritier du « 14B » de la Grande Guerre, qui permettait d'appréhender sans preuves ni procès tout sujet de la Couronne suspect d'intelligence avec l'ennemi. L'Angleterre restée seule à combattre connaissait son

64. Autre variante : en 1995, un aristocrate milanais, jadis affilié à l'aile modérée de la Résistance, Luigi Carissimi Priori di Gonzaga, a déclaré avoir eu connaissance, à la Libération, des photostats de soixante-deux lettres échangées entre Mussolini et Churchill *avant* le 10 juin 1940. Selon lui, la dernière lettre contenait l'offre de Nice, de la Corse et de la Tunisie en échange de la neutralité italienne. Cf. M. Viganò, « Il carteggio Mussolini-Churchill : una precisazione e una testimonianza », *Nuova Storia Contemporanea*, VIII/5, septembre-octobre 2004, p. 133-144. Or, à quel titre le Premier ministre anglais pouvait-il disposer ainsi de territoires français, sans être mandaté par Lebrun et Reynaud ? Il est évident que le suspicieux Mussolini n'aurait pu prendre une telle proposition au sérieux. Et n'oublions pas (voir la troisième partie) que Churchill avait déjà bloqué les offres, celles-là bien réelles, de Reynaud à Mussolini.

moment de vérité, c'est-à-dire de vie ou de mort face à Hitler[65]. Pourquoi son Premier ministre, qui avait courtisé ce poste pendant quarante ans (et ne l'aurait probablement pas obtenu sans la guerre), aurait-il risqué sa carrière (et son cou) pour entretenir un canal secret avec un Mussolini qui comptait peu en 1940, et de moins en moins au cours du conflit[66] ?

Dès lors, toutes les hypothèses ont été formulées, y compris celle de doubles de la correspondance que Mussolini aurait confiés à des hommes sûrs, comme le ministre Biggini (mort d'un cancer, sous fausse identité, en novembre 1945) ou l'ambassadeur japonais Hidaka. Malheureusement, ils n'ont pas refait surface à ce jour. Mais les recherches continuent fiévreusement. N'excluons donc pas, par principe, l'existence d'un copieux *« Caro Benito, My Dear Winston... »*, vu que tant de confrères y ont investi leur crédibilité. Dans l'attente, nous pouvons nous arrêter ici.

*

* *

Mussolini méritait tout, sauf un sort de martyr. Sa désacralisation corporelle revêtait une signification éminemment politique : prouver que le feu « corps du roi » appartenait désormais à *son* peuple anonyme, qui pouvait en faire ce qu'il voulait. Cette fin infamante eut au moins l'avantage d'éviter des légendes nébuleuses, comme celles de la fuite de Hitler du bunker ou de la survie

65. Et en 1945 Churchill n'interviendra pas pour sauver de la pendaison John Amery, le « traître de Sa Majesté », fils de Leo Amery, plusieurs fois ministre, qui était depuis toujours un de ses plus intimes collaborateurs et amis.

66. À la fin de 1943 (l'aventure de Salò n'y est pas mentionnée), parut à Londres chez l'éditeur progressiste Victor Gollancz un curieux petit livre très documenté, *The Trial of Mussolini*, qui se vendit rapidement à 100 000 exemplaires. L'auteur, « Cassius », imaginait un procès du Duce devant une cour britannique ; étaient appelés à la barre des témoins, des journalistes (Ludwig, Price), ainsi que toutes les personnalités britanniques ayant frayé avec le dictateur : les deux Chamberlain, Eden, Halifax, Hoare, à l'exception de... Churchill. On donna enfin la parole à l'accusé pour son autodéfense, après quoi la cour se retira pour exprimer un verdict... qui est laissé au lecteur. On découvrit plus tard que « Cassius » était le pseudonyme de Michael Foot, alors jeune intellectuel et activiste radical, qui serait dans les années 1980 le leader du Parti travailliste opposé à Mme Thatcher. Foot, longtemps soupçonné d'avoir été un agent soviétique, gagnera au soir de sa vie un retentissant procès pour diffamation contre le *Sunday Times*.

d'une des filles du tsar Nicolas II. Non, la dépouille était bien là, dans un réalisme charnel très italien, à la merci de tout héroïque opposant de la vingt-cinquième heure, qui pouvait impunément uriner sur elle ou lui enfoncer un doigt dans l'orbite. Néanmoins, son aventure terrestre ne se terminera ni piazzale Loreto ni avec l'autopsie, qui trouvera son corps (ou ce qu'il en restait) en bon état pour son âge, mis à part le fameux ulcère duodénal. Le cadavre sera enterré anonymement au cimetière milanais de Musocco. Le secret était tel qu'il sera... déterré peu après et enlevé par des « nostalgiques » – terme qui deviendra proverbial –, puis récupéré par les forces de l'ordre, enfin rendu à la famille en 1957 et inhumé dans la crypte de Predappio, où il gît toujours et qui ne désemplit pas. « Pendant plus de dix ans la République a eu peur d'un défunt et a traité un symbole funéraire comme un otage[67]. » Difficile de le nier.

Accordons à cette dépouille le repos que Mussolini ne réserva ni à nombre de ses adversaires ni aux centaines de milliers de soldats engloutis dans les sables d'Afrique et les neiges de Russie et des Balkans, aux persécutés disparus dans les camps, aux résistants jetés dans les charniers et les fosses communes, à ses propres disciples fourvoyés. Battu par ses adversaires, humilié par ses alliés, exécuté par ses compatriotes, il aura au moins triomphé de ses acolytes, redevenus des comparses, ce qu'ils ne méritaient peut-être pas. Le Troisième Reich, au-delà de Hitler, englobe dans la mémoire collective Goebbels, Himmler, Goering et les autres. Le stalinisme accorde une place à Molotov, Beria, Jdanov, Khrouchtchev, à côté du despote géorgien. L'Occupation associe Pétain, Laval, Darlan, mais aussi Doriot, Déat, Céline, Brasillach et Drieu. Derrière Mussolini, personne : comme il le voulait. Farinacci, Muti, Pavolini, trop gênants, furent oubliés rapidement, sauf par les historiens[68]. Grandi n'intéresse que les spécialistes d'histoire diplomatique, Bottai les chercheurs sur la culture des années 1920-1930 et Balbo les passionnés de l'aviation. On se souvient de Ciano parce qu'il était beau garçon et a laissé un journal

67. Luzzatto, *Il corpo del duce*, *op. cit.*, p. 13-14. Voir également Musiedlak, « The metamorphoses of Mussolini's body », *Journal of Genocide Research*, vol. 20, n° 2/2018, p. 236-246.

68. Pourtant, à l'inverse de Balbo, Grandi et Ciano, aucun des trois n'a encore la biographie d'envergure qu'il mérite. C'est dommage surtout pour Farinacci.

considérable ; mais on colporte encore la sornette qu'il fut mis à mort par son beau-père[69]. Quant aux deux rois, l'un perdit la dynastie et l'autre ne put sauver le trône.

Plutôt que de blinder son cercueil, n'est-il pas préférable de comprendre Mussolini en le dépouillant de son masque et, dans la mesure du possible, de son mystère ? C'est, en tout cas, ce que nous avons essayé de faire dans ces pages.

69. Churchill encore, pour terminer. À un dîner bien arrosé, comme d'habitude, il se tourna vers son gendre, le jeune ministre Duncan Sandys un peu interloqué : « Tu sais ce que j'ai admiré chez *that old fellow Musso* ? La façon dont il s'est débarrassé de Ciano… »

Index

A

B

C

D

E

H

I

J

K

L

M

N

O

P

Q

R

S

T

U

V

W

Z

Table

Pour en savoir plus
sur les Éditions Perrin
vous pouvez consulter notre site Internet

www.editions-perrin.fr

lisez!

et nous suivre sur les réseaux sociaux

Editions Perrin

@EditionsPerrin

@editionsperrin

MIXTE
Papier issu de
sources responsables
FSC® C003309

L'éditeur de cet ouvrage s'engage dans une démarche
de certification FSC® qui contribue à la préservation
des forêts pour les générations futures.

Pour en savoir plus :
www.editis.com/engagement-rse/

Imprimé en France par CPI en septembre 2021 - N° d'impression : 3045300